Brandl, Denkhaus, Geiger, Wölfel, Simon,
Schober, Hörmann, Ahlers-Reimann

Praxiswissen für Kommunalpolitiker

Das Standardwerk für Mandatsträger, Mitarbeiter und Quereinsteiger

Zur besseren Lesbarkeit wird in diesem Buch überwiegend die traditionelle männliche Form verwendet. Sie dient ausschließlich der sprachlichen Vereinfachung und schließt alle Personen unabhängig von ihrem Geschlecht ein. Auf differenzierende Formen wird verzichtet, um den Textfluss nicht zu beeinträchtigen; dies impliziert keinerlei Wertung oder Ausschluss.

Praxiswissen für Kommunalpolitiker

Das Standardwerk für Mandatsträger, Mitarbeiter und Quereinsteiger

von

Dr. Uwe Brandl

Erster Bürgermeister der Stadt Abensberg a.D., Präsident des Bayerischen Gemeindetages

Dr. Wolfgang Denkhaus

Leitender Ministerialrat, Bayerisches Staatsministerium für Digitales

Klaus Geiger

Finanzreferent beim Bayerischen Landkreistag

Dipl.-Geogr. Roland Wölfel

Geschäftsführer Deutschland der CIMA Beratung + Management GmbH

Matthias Simon

Direktor beim Bayerischen Gemeindetag

Wilfried Schober

Direktor beim Bayerischen Gemeindetag

Christian Hörmann

Geschäftsführer Deutschland der CIMA Beratung + Management GmbH

Sabine Ahlers-Reimann

Direktorin beim Bayerischen Landkreistag

6. Auflage 2026

jehle

Praxiswissen für Kommunalpolitiker

Herausgegeben von
Dr. Uwe Brandl

Bibliografische Information Der Deutschen Nationalbibliothek

Die Deutsche Nationalbibliothek verzeichnet diese Publikation in der Deutschen Nationalbibliografie; detaillierte bibliografische Daten sind im Internet über http://dnb.d-nb.de abrufbar.

Bei der Herstellung des Buches haben wir uns zukunftsbewusst für umweltverträgliche und wieder verwertbare Materialien entschieden. Der Inhalt ist auf elementar chlorfreiem Papier gedruckt.

ISBN 978-3-7825-0651-9
Verlagsgruppe Hüthig Jehle Rehm GmbH
Im Weiher 10, 69121 Heidelberg
Satz: TypoScript GmbH, München
Druck und Bindung: CPI books GmbH, Birkstr. 10, 25917 Leck

Vorwort zur 1. Auflage

In den Gemeinden, Städten und Landkreisen unseres Landes werden mit Beginn der neuen Wahlperiode ab 1. Mai 2002 viele Frauen und Männer erstmals in die Verantwortung für unsere Kommunen gestellt. Sie übernehmen ein Amt, das neben der Bereitschaft, sich für eine Gemeinschaft einzusetzen, auch eine Vielzahl von Kenntnissen und Fähigkeiten verlangt. So ist es wichtig, in diesem Zusammenhang persönliche und berufliche Lebenserfahrung einzubringen. Die zunehmende Kompliziertheit unserer Lebensverhältnisse macht es aber auch notwendig, dass sich der einzelne Mandatsträger – mehr denn je – um einschlägiges Fachwissen über die vielfältigen Bereiche kommunalen Handelns bemüht.

Das vorliegende Handbuch schließt eine bisherige Lücke und bietet leicht verständliches Praxiswissen. Es behandelt die wichtigsten Bereiche der Kommunalverwaltung und der Kommunalpolitik und greift alle Fragen auf, die im kommunalen Alltag auftreten. Die Autoren sind langjährige Praktiker, die wissen, worauf es ankommt. Ein umfassender lexikalischer Teil erklärt die Begriffe. Konkrete Hinweise und Tipps erleichtern es auch dem Neuling, sich in der komplexen Welt der kommunalen Wirklichkeit zurechtzufinden. Im empfehle das Handbuch jedem, der sich schnell und zielgenau in das große Aufgabenfeld kommunaler Gestaltung einarbeiten will. Auch für erfahrene Mandatsträger bietet es viele nützliche Informationen. Es ist für den Kommunalpolitiker eine wichtige Hilfestellung, Problemlösungen selbst zu suchen und zu finden.

München, im April 2002

Heribert Thallmair

Präsident des Bayerischen Gemeindetages

Vorwort des Herausgebers zur 6. Auflage

Kaum ein anderer Bereich politischer Arbeit prägt das tägliche Leben der Bürgerinnen und Bürger so unmittelbar wie die Kommunalpolitik. Hier werden die Entscheidungen getroffen, die „vor Ort" wirklich zählen – von Infrastruktur und Bildung über Umweltfragen bis hin zur Daseinsvorsorge. Zugleich ermöglicht die kommunale Ebene wie keine andere, politische Prozesse transparent zu erleben und aktiv mitzugestalten.

Doch die Rahmenbedingungen sind anspruchsvoll: Knappe Finanzmittel, zunehmende Bürokratie und ein wachsendes Anspruchsdenken stellen Kommunalpolitikerinnen und Kommunalpolitiker vor große Herausforderungen. Nach der Wahl ist vor der Wahl – deshalb gilt es, sich optimal zu rüsten. Innovation und Kreativität brauchen ein solides Fundament: Kompetenz.

Die Neuauflage 2026 dieses bewährten Standardwerks berücksichtigt den aktuellen Rechtsstand und greift neue Entwicklungen und Themenfelder auf, die besonders relevant sind. Herausgeber und Autorenteam vermitteln einen praxisnahen Überblick über Strukturen, Aufgaben und Herausforderungen der kommunalen Ebene.

Dank klarer Gliederung und verständlicher Sprache bietet das Werk einen schnellen Zugang – ohne an fachlicher Tiefe zu verlieren. Damit bleibt das Praxiswissen für Kommunalpolitiker auch in der 6. Auflage ein verlässlicher Begleiter im kommunalpolitischen Alltag – ein Nachschlagewerk, das sowohl Einsteigerinnen und Einsteigern als auch erfahrenen Amtsinhaberinnen und Amtsinhabern Sicherheit und Orientierung bietet.

Abensberg, im März 2026

Dr. Uwe Brandl

Präsident des Bayerischen Gemeindetags

Inhaltsverzeichnis

Seite

Teil 1 ABC der kommunalen Praxis

Abfallwirtschaft

Ist ein Zweig der gewerblichen Wirtschaft. Im öffentlichen Bereich meint man damit vor allem alles, was die Verwertung, Vermeidung, Reduzierung und Entsorgung von gewerblichem häuslichem und industriellem Abfall betrifft. Ziele der Abfallwirtschaft sind in dieser Reihenfolge: Abfallvermeidung, Schadstoffminimierung, Abfallverwertung, Abfallbehandlung und Abfallablagerung.

Abgaben

Abgaben sind hoheitlich auferlegte Lasten, die in Geld vom Bürger zu erbringen sind. Im Wesentlichen sind das Steuern, Beiträge und Gebühren.

Ablauforganisation

Ablauforganisation sind die Regelungen zur Abfolge bestimmter Arbeitsabläufe.

Abstandsflächen

Geregelt in Art. 6 BayBO. Abstandsflächen sind nach Art. 6 Abs. 1 Satz 1 BayBO Flächen, die vor den Außenwänden von Gebäuden von oberirdischen baulichen Anlagen freizuhalten sind. Sie sollen dazu dienen, dass Gebäude einen bestimmten Mindestabstand voneinander einhalten, damit sie insbesondere hinreichend belichtet, besonnt und belüftet werden können, damit ein ausreichender Brandabstand gewährleistet ist und damit auch ein hinreichender „Sozialabstand“ sichergestellt wird. Am ehesten kann man sich Abstandsflächen als abgeklappte Außenwände vorstellen. Abstandsflächen müssen prinzipiell auf dem Baugrundstück liegen und dürfen sich nicht überdecken.

Neben Gebäuden müssen auch andere baulichen Anlagen Abstandsflächen einhalten, wenn von ihnen Wirkungen wie von Gebäuden ausgehen. Gemeint sind hier beispielsweise Mauern oder Einfriedungen.

Im Detail sind die Regelungen der Bayerischen Bauordnung über die Abstandsflächen extrem kompliziert. Äußerst vereinfacht gilt, dass die Tiefe der Abstandsflächen grundsätzlich 1 H beträgt, mindestens jedoch 3 m, wobei H für die Wandhöhe steht. Nach Wahl des Bauherrn reicht aber für zwei Außenwände eines Gebäudes die halbe Abstandsfläche, wenn diese Außenwände nicht länger sind als 16 m (sog. 16 m-Privileg). In Kerngebieten und urbanen Gebieten beträgt die Tiefe 0,5 H, mindestens 3 m und in Gewerbe- und Industriegebieten 0,25 H, mindestens 3 m. Ausnahmen von der Pflicht, Abstandsflächen einhalten zu müssen, gibt es beispielsweise für Garagen oder für andere Gebäude ohne Aufenthaltsräume und Feuerstätten, wenn sie bestimmte Größenbegrenzungen nicht überschreiten (sehr grob: 9 m Wandlänge und 3 m Wandhöhe).

Abwägungsfehler

Grundsätzlich verfügt die Gemeinde bei der Aufstellung von Bauleitplänen über einen breiten planerischen Bewertungsspielraum, der von den Gerichten nur auf Rechtsfehler hin überprüft werden kann. Die Abwägungsfehlerlehre der Rechtsprechung kennt dabei vier Varianten von Abwägungsfehlern, die zur Unwirksamkeit der Planung führen:

Abwägungsausfall: Eine (sachgerechte) Abwägung findet überhaupt nicht statt.

Abwägungsdefizit: In die Abwägung werden Belange nicht eingestellt, die nach Lage der Dinge in sie hätten eingestellt werden müssen.

Abwägungsfehleinschätzung: Die Gemeinde verkennt die Bedeutung der betroffenen Belange.

Abwägungsdisproportionalität: Die Gemeinde nimmt den Ausgleich zwischen den von der Planung berührten Belangen in einer Weise vor, die zur objektiven Gewichtigkeit einzelner Belange außer Verhältnis steht.

Innerhalb des so gezogenen Rahmens wird das Abwägungsgebot nicht verletzt, wenn sich die zur Planung berufene Gemeinde in der Kollision zwischen verschiedenen Belangen dafür entscheidet, den einen zu bevorzugen und damit notwendig den anderen zurückzustellen.

Abwasserbeseitigungsanlagen

Der Bau von Abwasserbeseitigungsanlagen wird durch **Beiträge** und durch Zuschüsse aus dem **Kraftfahrzeugsteuerverbund** finanziert. Der Betrieb wird durch **Gebühren** finanziert.

Abwehrender Brandschutz

Abwehrender Brandschutz bedeutet, dass akut drohende Brand- oder Explosionsgefahren beseitigt und Brände wirksam bekämpft werden. Dazu gehört, dass die Feuerwehren möglichst schnell Menschen retten sowie Schadenfeuer begrenzen und wirksam bekämpfen. Ein Schadenfeuer ist ein Feuer, das außerhalb einer Feuerstelle entstanden ist oder eine solche verlassen hat und das sich aus eigener Kraft weiterentwickelt, es sei denn, dass es sich unter Kontrolle befindet und einem bestimmten Zweck dient.

Agenda 21

Die Vereinten Nationen haben 1992 in Rio de Janeiro ein umfassendes Nachhaltigkeitsprogramm für das 21. Jahrhundert beschlossen. Die dort niedergelegten Leitlinien haben viele Kommunen zum Anlass genommen eigene, bürgerorientierte Prozesse zu starten und kommunalbezogene Entwicklungsgrundsätze und Ziele zu beschliessen, die im Rahmen des eigenen Handelns Berücksichtigung finden sollen. Vgl. Teil 4 1.5.4.

Allgemeiner Steuerverbund

Unter einem Steuerverbund versteht man die Beteiligung der Kommunen mit einem bestimmten Prozentsatz an bestimmten staatlichen Einnahmen. Beim allgemeinen Steuerverbund sind die Kommunen an den Einnahmen des Landes aus der Einkommensteuer, Körperschaftsteuer, Mindeststeuer, Umsatzsteuer und der Gewerbesteuerumlage beteiligt. Dieser Anteil beträgt in Bayern 13,3 % (2026) bzw. 13,5 % (ab 2027). Aus dem allgemeinen Steuerverbund werden in erster Linie die **Schlüsselzuweisungen** finanziert.

Allgemeines Wohngebiet

Geregelt in § 4 BauGB. Das allgemeine Wohngebiet ist ein Baugebietstyp der BauNVO, der als Art der baulichen Nutzung in einem Bebauungsplan festgesetzt werden kann. Allgemeine Wohngebiete dienen vorwiegend dem Wohnen, aber auch bestimmte andere, das Wohnen nicht störende Nutzungen werden durch die Vorschrift zugelassen.

Altersteilzeit

Im Altersteilzeitgesetz finden sich Regelungen über die Regelung der Arbeitszeit im Übergang zur Rente. Grundsätzlich gibt es die Möglichkeit bei angepasster Bezahlung eine gewisse Zeit vor Renteneintritt nur mehr mit reduzierter Arbeitszeit zu arbeiten oder im Blockmodell eine gewisse Zeit voll zu arbeiten, und dann bis zum Renteneintritt bei Bezahlung von der Arbeitsleistung freigestellt zu werden. Vgl. Teil 4 3.4.2.

Antragsmanager (Formularserver)

Basisdienst des Freistaats Bayern, über den Formulare zentral bereitgestellt werden. Das digitale Ausfüllen der Formulare wird unterstützt (z.B. Plausibilitätsprüfung) und die eingegebenen Daten werden elektronisch an die zuständige Behörde übermittelt. Die bereitgestellten Formulare können über den BayernStore abonniert werden.

Arbeitsgemeinschaft

Das Gesetz zur interkommunalen Zusammenarbeit in Bayern, KommZG sieht in Art. 4, 5 die Arbeitsgemeinschaft als Kooperationsform vor. Das ist die lockerste, formalisierte Art der gemeindeübergreifenden Zusammenarbeit.

Art der baulichen Nutzung

Geregelt in § 1 ff. BauNVO. In den §§ 2 bis 11 BauNVO werden dabei insbesondere die von der BauNVO für den Bebauungsplan zur Verfügung gestellten Baugebietstypen beschrieben. Die Gemeinde kann diese Typen unverändert festsetzen, aber auch im Rahmen der Feinsteuerung nach § 1 Abs. 4 ff. BauNVO modifizieren. Ein Baugebietserfindungsrecht steht ihr aber grundsätzlich – mit Ausnahme der Sondergebiete – nicht zu.

Aufbauorganisation

Aufbauorganisation ist der Aufbau im Sinne der Gliederung einer Behörde.

Aufgabendelegation

Als Aufgabendelegation bezeichnet man die Übertragung von Aufgaben an eine Arbeitseinheit oder auch im staatlichen Bereich auf einen anderen, als den primär zuständigen Rechtsträger. So ist etwa das Passwesen eigentlich eine Bundesangelegenheit. Der Bund hat die damit verbundene Verwaltungsarbeit aber an die Kommunen delegiert (= übertragen). Auch der Bürgermeister und die Kollegialorgane können eigene Aufgaben delegieren, Art. 39, 43 BayGO.

Aufhebungsvertrag

Rechtsverhältnisse, insbesondere Verträge können auf unterschiedliche Weise beendet werden. Zum Beispiel durch ordentliche oder außerordentliche Kündigung (= mit oder ohne Frist). Ein Vertrag, der in der Regel zwischen zwei Vertragspartnern besteht, kann aber durch diese Parteien auch mit einem weiteren Vertrag, einem Aufhebungsvertrag, beendet werden. Diese Form der Vertragsbeendigung ist vor allem bei der Beendigung von Arbeitsverträgen häufig. Vgl. Teil 4 3.4.4.

Aufsichtsbehörden

Aufsichtsbehörden nennt man die gesetzlich dazu benannten Kontrollbehörden. Die Rechts- und Fachaufsicht über kreisangehörige Kommunen führt das staatliche Landratsamt. Die Rechts- und Fachaufsicht über die

Landkreise und kreisfreien Kommunen führen die Bezirksregierungen, die Rechtsaufsicht über die Bezirke das Staatsministerium des Innern. Vgl. Teil 4 5.7.1.

Aufstellungsbeschluss

Geregelt in § 2 Abs. 1 Satz 2 BauGB. Der Aufstellungsbeschluss ist gleichsam der Startschuss für jede Bauleitplanung. Er ist öffentlich bekannt zu machen. Er ist insbesondere Voraussetzung für eine Veränderungssperre nach § 14 BauGB oder für den Antrag auf Zurückstellung des Baugesuchs nach § 15 BauGB.

Ausnahme

Geregelt in § 31 Abs. 1 BauGB. Von den Festsetzungen eines Bebauungsplans können solche Ausnahmen zugelassen werden, die im Bebauungsplan nach Art und Umfang ausdrücklich vorgesehen sind. Setzt die Gemeinde beispielsweise ein allgemeines Wohngebiet fest, sind die in § 4 Abs. 3 BauNVO aufgezählten Nutzungen – etwa Betriebe des Beherbergungsgewerbes oder Tankstellen – ausnahmsweise zulässig. Die Ausnahme wird im Rahmen des Genehmigungsverfahrens – oder bei genehmigungsfreien Vorhaben isoliert – von der Bauaufsichtsbehörde im Einvernehmen mit der Gemeinde erteilt.

Außenbereich

Geregelt in § 35 BauGB. Der Außenbereich ist einer der drei planungsrechtlichen Bereiche (Geltungsbereich eines qualifizierten Bebauungsplans, Außenbereich, Innenbereich). Er stellt die Auffangkategorie bei der planungsrechtlichen Beurteilung von Einzelbauvorhaben dar. Außenbereich ist damit jede Fläche, die nicht qualifiziert überplant ist und keinem im Zusammenhang bebauten Ortsteil angehört. Damit zählen auch Flächen innerhalb einer Splittersiedlung, der die Ortsteileigenschaft fehlt, zum Außenbereich.

Ausschuss

Jeder Gemeinderat hat die Möglichkeit, beschließende und nicht beschließende Ausschüsse zu bilden (Art. 32 BayGO). Dabei handelt es sich um ein verkleinertes Gremium, das dem Stärkeverhältnis der im Gemeinderat vertretenen Gruppierungen zu entsprechen hat. Vergleichbare Regelungen gibt es auch für die Ebene der Landkreise und Bezirke.

Ausschuss der Regionen (AdR)

Der AdR ist ein 1994 eingerichtetes Beratungsorgan der EU, das aus 329 regional und lokal gewählten Vertretern besteht, die auf Vorschlag der Mitgliedstaaten ernannt werden. Durch die Abgabe von Stellungnahmen bringt der AdR den Standpunkt der Regionen und Kommunen in den EU-Rechtsetzungsprozess ein. Die Kommission und der Rat müssen den AdR in Bereichen anhören, die lokale und regionale Interessen unmittelbar betreffen. Der Ausschuss kann auch auf eigene Initiative Stellung nehmen. Mit dem Vertrag von Lissabon wurden ihm mehr Rechte zugestanden, wie z. B. bei Verletzung des Subsidiaritätsprinzips ein Klagerecht vor dem EuGH. Deutschland hat 24 Sitze im AdR, davon jedoch nur drei kommunale.

Authega

Authega ist eine IT-Komponente, die in der BayernID eine sichere Authentifizierung mittels eines digitalen Zertifikats bei Online-Verfahren ermöglicht. Mit Einführung von ELSTER als neue Anmeldeoption wurde die Registrierung mit einem Authega-Zertifikat deaktiviert. Eine Anmeldung mit Ihrem bestehenden Authega-Zertifikat ist weiterhin möglich.

Authentifizierung

Elektronischer Prozess, der die Bestätigung der elektronischen Identifizierung einer natürlichen oder juristischen Person oder die Bestätigung des Ursprungs und der Unversehrtheit von Daten in elektronischer Form ermöglicht.

Barrierefreiheit (Informationstechnik)

Technische Gestaltung von Internet- und Intranetauftritten und -angeboten sowie von grafischen Programmoberflächen so, dass sie von Menschen mit Behinderung grundsätzlich uneingeschränkt genutzt werden können.

Basisdienst

Digitale Verwaltungsinfrastrukturen, die der Freistaat Bayern zur behördenübergreifenden Nutzung bereitstellt (Art. 37 Abs. 1 Satz 1 BayDiG).

Baugrenze

Geregelt in § 23 Abs. 3 BauNVO. Die Baugrenze ist eine Festsetzung über die überbaubaren Grundstücksflächen. Ist eine Baugrenze festgesetzt, so dürfen Gebäude und Gebäudeteile diese nicht überschreiten. Lediglich ein geringfügiges Vortreten von Gebäudeteilen kann zugelassen werden.

Bauleitplanung

Geregelt in § 1 ff. BauGB. Die Bauleitpläne sind die planerischen Instrumente zur Umsetzung der gemeindlichen Planungshoheit. Man unterscheidet den Flächennutzungsplan als vorbereitenden Bauleitplan und den Bebauungsplan als verbindlichen Bauleitplan. Die wesentlichen inhaltlichen Bindungen der Bauleitpläne sind in § 1 Abs. 3 bis Abs. 7 BauGB sowie in § 1a BauGB enthalten.

Baulinie

Geregelt in § 23 Abs. 2 BauNVO. Die Baulinie ist eine Festsetzung über die überbaubaren Grundstücksflächen. Ist eine Baulinie festgesetzt, so muss auf dieser Linie gebaut werden. Lediglich ein geringfügiges Vor- oder Zurücktreten von Gebäudeteilen kann zugelassen werden.

Baumassenzahl (BMZ)

Geregelt in § 21 Abs. 1 BauNVO. Die Baumassenzahl ist eine Festsetzung des Maßes der baulichen Nutzung. Sie gibt an, wie viel Kubikmeter Baumasse je Quadratmeter Grundstücksfläche zulässig sind. Bedeutung hat die BMZ vor allem in Gewerbe- und Industriegebieten.

Baunutzungsverordnung

Die Baunutzungsverordnung enthält wichtige Instrumente zur Festsetzung der Art der baulichen Nutzung, zum Maß der baulichen Nutzung, zur Bauweise und zur überbaubaren Grundstücksfläche. Sie gilt ganz regelmäßig nicht aus sich selbst heraus, sondern die darin enthaltenen Regelungsinstrumente werden durch Festsetzung in den Bebauungsplan gleichsam inkorporiert.

Bauturbo

Der Bauturbo ist eine im Jahr 2025 geschaffene Sondervorschrift, mit der Baurecht ohne die Änderung oder Aufstellung eines Bebauungsplans vereinfacht von den Gemeinden zugelassen werden kann.

Bauweise

Geregelt in § 22 BauNVO. Man unterscheidet die offene, die geschlossene und die atypische Bauweise. In der offenen Bauweise werden die Gebäude mit seitlichem Grenzabstand errichtet, in der geschlossenen Bauweise ohne seitlichen Grenzabstand. Im Bebauungsplan kann auch eine atypische Bauweise festgesetzt, also z. B. bestimmt werden, dass an die hintere Grundstücksgrenze gebaut werden muss oder dass ein einseitiger Grenzausbau zulässig ist.

Bayerisches Behördennetz

Geschlossenes Netzwerk für staatliche und sonstige angeschlossene Stellen (z. B. Landkreise, kreisfreie Städte).

BayernID

Die BayernID ist das digitale Bürgerkonto des Freistaats Bayern. Damit können sich Bürgerinnen und Bürger in Bayern für die Nutzung von staatlichen und kommunalen Verwaltungsleistungen anmelden und ihre Identität bestätigen. Zum Bürgerkonto gehört auch ein elektronisches Postfach für den sicheren und verschlüsselten Empfang von Nachrichten.

BayernPortal

Das BayernPortal als allgemeines Verwaltungsportal des Freistaats Bayern bietet bayernweit einen zentralen Zugang zu staatlichen und kommunalen Verwaltungsleistungen. Es ist Teil des Portalverbunds Bayern.

BayernPackages

Auswahl von Onlinediensten, die zentral für alle bayerischen Kommunen zur Verfügung gestellt werden. Ein Großteil der Leistungen wird gemeinsam von Freistaat und Kommunen über den BayernPackages-Finanzierungsmechanismus finanziert.

BayKommun

Die BayKommun unterstützt die Kommunen bei der Bereitstellung digitaler Verwaltungsleistungen, insbesondere durch das Ausrollen der Leistungen aus den BayernPackages über den Digitalmarkt. Gemeinsame Träger der BayKommun sind der Freistaat Bayern sowie die Gemeinden, Landkreise und Bezirke.

Bebauungsplan

Geregelt in § 1 Abs. 2, § 8 ff. BauGB. Der Bebauungsplan ist der verbindliche Bauleitplan in der Gemeinde. Er enthält rechtsverbindliche Festsetzungen für die städtebauliche Ordnung. Er ist grundsätzlich mit Normenkontrolle nach § 47 VwGO anfechtbar. Man unterscheidet den qualifizierten Bebauungsplan nach § 30 Abs. 1 BauGB, den vorhabenbezogenen Bebauungsplan nach § 30 Abs. 2 und den einfachen Bebauungsplan nach § 30 Abs. 3 BauGB.

Bedarfszuweisungen/Stabilisierungshilfen

Bedarfszuweisungen/Stabilisierungshilfen sind Leistungen aus dem **Finanzausgleich** (Art. 11 BayFAG). Bedarfszuweisungen werden gewährt, wenn der Ausgleich des Haushalts einer Kommune nicht mehr gewährleistet ist. Insbesondere bei hohen Gewerbesteuerausfällen sowie zum Ausgleich von Schäden bei Naturkatastrophen. Stabilisierungshilfen sollen Kommunen, die aufgrund objektiver Indikatoren als strukturschwach gelten bzw. von der negativen demografischen Entwicklung besonders betroffen sind und sich unverschuldet in einer finanziellen Schieflage befinden bzw. deren finanzielle Leistungsfähigkeit gefährdet ist, als staatliche Hilfe zur Selbsthilfe dienen.

Befreiung

Geregelt in § 31 Abs. 2 BauGB. Von zwingenden Vorschriften eines Bebauungsplans kann befreit werden, wenn die Grundzüge der Planung nicht berührt werden und

- Gründe des Wohls der Allgemeinheit die Befreiung erfordern oder
- die Abweichung städtebaulich vertretbar ist oder
- die Durchführung des Bebauungsplans zu einer offenbar nicht beabsichtigten Härte führen würde

und wenn die Abweichung auch unter Würdigung nachbarlicher Interessen mit den öffentlichen Belangen vereinbar ist. Die Befreiung wird im Rahmen des Genehmigungsverfahrens – oder bei genehmigungsfreien Vorhaben isoliert – von der Bauaufsichtsbehörde im Einvernehmen mit der Gemeinde erteilt.

Behördlicher Datenschutzbeauftragter

Nach Art. 37 Abs. 1 Buchst. a DSGVO hat jede öffentliche Stelle einen Datenschutzbeauftragten zu benennen. Die Stellung und die Aufgaben des behördlichen Datenschutzbeauftragten ergeben sich aus Art. 37 bis 39 DSGVO und Art. 12, 24 Abs. 5 BayDSG.

Beiträge

Beiträge dienen dazu, den Investitionsaufwand einer öffentlichen Einrichtung ganz oder teilweise zu decken. Die Beitragspflicht trifft denjenigen Grundstückseigentümer, der die Möglichkeit hat, Vorteile aus einer solchen Anlage zu ziehen. Beiträge werden insbesondere zur Finanzierung von Wasserversorgungs- und Abwasserbeseitigungsanlagen sowie für die erstmalige Herstellung von Straßen erhoben.

Benchmarking

Benchmarking ist eine Maßnahme der **Verwaltungsreform,** bei der vergleichende Untersuchungen über die Erfüllung einzelner Aufgaben zwischen Kommunen oder Einrichtungen innerhalb einer Kommune angestellt werden. Auf der Grundlage dieser Untersuchungen lassen sich Aussagen und Empfehlungen zu Wirtschaftlichkeit und Effizienz kommunalen Handelns treffen.

Beschleunigtes Verfahren

Geregelt in § 13a BauGB. Das beschleunigte Verfahren kann unter bestimmten Voraussetzungen auf Bebauungspläne der Innenentwicklung zur Anwendung kommen. Das sind Bebauungspläne für die Wiedernutzbarmachung von Flächen, die Nachverdichtung oder andere Maßnahmen der Innenentwicklung. Im beschleunigten Verfahren gelten die Vorschriften über das vereinfachte Verfahren entsprechend, sodass insbesondere kein Umweltbericht erstellt werden muss. Darüber hinaus sind die Bebauungspläne vom Entwicklungsgebot befreit und sie dürfen – bis zu einer gewissen Größenordnung – auch ohne naturschutzrechtliche Ausgleichsmaßnahmen aufgestellt werden.

Beschluss

Der Beschluss als EU-Rechtsakt ist in allen Teilen für den Adressaten verbindlich. Adressaten eines Beschlusses können sowohl die Mitgliedstaaten als auch natürliche und juristische Personen sein. Er ist mit einem Verwaltungsakt vergleichbar und ist daher häufig genutztes Instrumentarium der EU-Kommission im Vergabe- und Beihilferecht.

Beschränkte Ausschreibung

Die Beschränkte Ausschreibung ist eine Verfahrensart im Vergabewesen. Sie gibt es in zwei Varianten: Bei einer Beschränkten Ausschreibung mit Teilnahmewettbewerb fordert die Kommune eine unbeschränkte Anzahl von Unternehmen öffentlich zur Abgabe von Teilnahmeanträgen auf. Nach der Eignungsprüfung fordert die Kommune mehrere geeignete Bewerber auf, ein Angebot abzugeben; sie kann dabei die Zahl der aufgeforderten Bewerber begrenzen. Bei einer Beschränkten Ausschreibung ohne Teilnahmewettbewerb fordert die Kommune ohne vorherige Durchführung eines Teilnahmewettbewerbs mehrere Unternehmen nach Prüfung ihrer Eignung auf, ein Angebot abzugeben.

Besonderes elektronisches Behördenpostfach

Sicherer Übermittlungsweg für die elektronische Kommunikation insbesondere mit den Gerichten. Das beBPo beruht auf der Infrastruktur des Elektronischen Gerichts- und Verwaltungspostfachs (EGVP).

Besonderes Wohngebiet

Geregelt in § 4a BauNVO. Das besondere Wohngebiet (WB) ist ein Baugebietstyp der BauNVO, der als Art der baulichen Nutzung in einem Bebauungsplan festgesetzt werden kann. Dieser Typus kommt nur in bereits überwiegend bebauten Bereichen infrage, die – wie die Vorschrift regelt – aufgrund ausgeübter Wohnnutzung und vorhandener sonstiger Anlagen eine besondere Eigenart aufweisen und in denen unter Berücksichtigung dieser Eigenart die Wohnnutzung erhalten und fortentwickelt werden soll. Besondere Wohngebiete haben gerade in kleineren Gemeinden kaum Bedeutung erlangt.

Beteiligungsquorum

Bei plebiszitären Entscheidungen ist in vielen Einzelgesetzen in der Regel ein sogenanntes Beteiligungsquorum vorgesehen. Das heißt, eine bestimmte Anzahl der wahlberechtigten Bevölkerung muss sich schriftlich hinter ein Begehren stellen z. B. beim Bürgerbegehren nach Art. 18a BayGO bei Gemeinden bis 10.000 Einwohnern mind. 10 % der wahlberechtigten Bevölkerung. Auch beim später anschließenden Bürgerentscheid ist ein Beteiligungsquorum notwendig, u. a. bei Gemeinden bis zu 50.000 Einwohnern müssen mind. 20 % der Wahlberechtigten sich für einen Bürgerentscheid aussprechen.

Betriebs- und Organisationshandbuch (BOH)

Über § 50 IV WHG und § 4 TrinkwasserVO ergibt sich für den Wasserbereich die Einführung von BOHs. Aus Gründen der Haftungsminimierung, der Dokumentation, der Fixierung von Ablauf und Zuständigkeitsprozessen hat sich die Erstellung von BOHs in vielen Bereichen der Verwaltung bewährt. In Fachbereichen gibt es dafür auch Regelwerke, wie im Bereich der Wasser- und Abwasserwirtschaft. Auch bei Bauhöfen haben sich BOHs etabliert. Der Bayer. Gemeindetag vermittelt die externe Erstellung und berät über Sinn und Nutzen der BOHs.

Bezirksumlage

Die Bezirke sind nach Art. 21 BayFAG berechtigt, ihren durch sonstige Einnahmen nicht gedeckten Bedarf auf die kreisfreien Städte und Landkreise umzulegen. Die Bezirksumlage ist die Haupteinnahmequelle der Bezirke. Umlagegrundlagen sind die **Steuerkraft** der Gemeinden und 80 % der Gemeindeschlüsselzuweisungen des Vorjahres **(Umlagekraft).**

Billigungs- und Auslegungsbeschluss

Er ist im Gesetz nicht ausdrücklich vorgesehen. Der Billigungs- und Auslegungsbeschluss ist ein Verfahrensschritt bei der Bauleitplanung. Er wird von der Gemeinde regelmäßig nach der frühzeitigen Öffentlichkeitsbeteiligung und der Beteiligung der Träger öffentlicher Belange gefasst. Er bringt den Bauleitplanentwurf auf einen solchen Konkretisierungsstand, dass die förmliche Bürgerbeteiligung durchgeführt werden kann. Ab diesem Zeitpunkt kann materielle Planreife eintreten.

Biodiversität

Darunter versteht man die Artenvielfalt in Flora und Fauna. Nach den alarmierenden Berichten der jüngeren Vergangenheit sind aktuell rund 1/8 aller Spezies entweder ausgestorben oder unmittelbar vom Aussterben bedroht. Es muss auch ein kommunales Anliegen sein, mit Natur und Umwelt schonend umzugehen und zum Erhalt der Artenvielfalt beizutragen.

Brandwache

Die Brandwache ist also ein spezieller Wachdienst von Feuerwehrdienstleistenden, der nach der erfolgreichen Brandbekämpfung geleistet werden muss. Es geht darum, sicherzustellen, dass die Brandgefahr endgültig beseitigt ist und etwaige Glutnester, die noch im Verborgenen glimmen, kein neues Schadenfeuer hervorrufen. In der Regel verbleiben zwei oder drei Feuerwehrdienstleistende noch eine angemessene Zeit am Einsatzort, um die rauchenden Trümmer zu beaufsichtigen und gegebenenfalls ein Wiederaufflammen im Keim zu ersticken.

BSI-Grundschutz

Methodik des Bundesamts für Sicherheit in der Informationstechnik. Der IT-Grundschutz ist eine ganzheitliche Vorgehensweise, um für Institutionen aller Arten und Größen eine angemessene Informationssicherheit umzusetzen.

Bürgerantrag

Gem. Art. 18b BayGO können Gemeindebürger einen Antrag stellen, dass das zuständige Organ eine gemeindliche Angelegenheit behandeln muss. Ein Bürgerantrag ist zu begründen und muss bis zu drei Personen benennen, die vertretungsberechtigt für die Unterzeichner sind. Der Bürgerantrag muss mindestens von 1 % der Gemeindeeinwohner unterschrieben sein. Ein zulässiger Bürgerantrag muss innerhalb von drei Monaten behandelt werden.

Als plebiszitäres Element, also als Mitwirkungsmöglichkeit der Bürgerschaft in demokratischen Entscheidungsprozessen werden Volksentscheide, Volksbefragung bzw. Volksbegehren verstanden, die von der Begrifflichkeit her, insbesondere auf Bundesebene und Landesebene, vorkommen. Daneben gibt es aber auch, etwa auf kommunaler Ebene die Möglichkeiten des Bürgerantrags, des Bürgerbegehrens und des Bürgerentscheids, die ebenfalls eine unmittelbare, politische Teilhabe durch die Bürgerschaft vorsehen und bei deren Zulässigkeit und Erfolg das Bürgervotum anstelle des Votums eines repräsentativen Organs steht.

Bundesamt für Sicherheit in der Informationstechnik (BSI)

Das 1991 gegründete Bundesamt gehört zum Geschäftsbereich des Bundesministeriums des Innern und ist für die Informationssicherheit auf nationaler Ebene zuständig.

Bundesnetzagentur

Eigentlich Bundesnetzagentur für Gas/Elektrizität/Telekommunikation/Post und Eisenbahnen. Der Sitz ist in Bonn. Die Behörde ist als Wettbewerbskontrolleur für diese Bereiche zuständig.

CISIS12

CISIS12 ist ein Informationssicherheitsmanagementsystem (ISMS) in 12 Schritten. CISIS12 besteht aus einer Norm, dem Maßnahmenkatalog sowie einem Handbuch als Grundlage der Umsetzung.

City-Management

City-Management oder auch City-Marketing fokussiert die Anwendung des Marketings auf einen bestimmten räumlichen Bereich (Stadtzentrum = City), der als Mittelpunkt und Identifikationsort der Gesamtstadt und der Region gilt. Die Anziehungskraft des Stadtzentrums entsteht im Zusammenspiel der Angebote, durch städtebauliche und gestalterische Qualität, Erreichbarkeit sowie Erlebnis- und Aufenthaltsqualität und soll durch konzeptionelles City-Management erhalten, gefördert und weiter ausgebaut werden.

Das erfordert das strategische Abstellen der Angebots- und Leistungspalette auf die Anforderungen aktueller und potentieller Nutzer sowie die

Erhaltung einer lebendigen Nutzungs- und Wirtschaftsvielfalt. Eine Herausforderung in Zeiten, in denen die bisherige Leitfunktion stationärer Handel zunehmend an Bedeutung verliert. Hauptakteure sind Kommunalpolitik und Wirtschaft, die Integration anderer Akteure erfolgt projektbezogen.

Cloud Computing

Cloud Computing ist ein Modell, das es erlaubt, bei Bedarf, jederzeit und überall bequem über ein Netz auf einen geteilten Pool von konfigurierbaren Rechnerressourcen (z.B. Netze, Server, Speichersysteme, Anwendungen und Dienste) zuzugreifen, die schnell und mit minimalem Managementaufwand oder geringer Service-Provider-Interaktion zur Verfügung gestellt werden können.

Corporate Identity (Abkürzung: CI)

Das bezeichnet die Identität eines Unternehmens im Sinne der Gesamtheit der dieses Unternehmen kennzeichnenden Merkmale. Also die Summe der besonderen Merkmale eines Unternehmens repräsentiert die unverwechselbare Unternehmensidentität.

Corporate Design (Abkürzung: CD)

Dieser Begriff betrifft das Unternehmenserscheinungsbild nach außen, also insbesondere die vorrangige Gestaltung der Werbe- und Wortzeichen, die eine Markenbekanntheit wiedergibt.

Cluster

Unter Cluster versteht man im Bereich der räumlichen Entwicklung die Zusammenfassung und Vernetzung von Betrieben und Organisationen, auch Bildungseinrichtungen mit vergleichbaren Schwerpunktsetzungen, mit dem Ziel, dass sich diese ergänzen und raumwirksam Arbeitsplätze geschaffen und neue wirtschaftliche Kraftpotenziale gehoben werden.

Daseinsvorsorge

Der Begriff der Daseinsvorsorge spielt im Rahmen unseres Selbstverwaltungsverständnisses eine herausragende Rolle. Wir verstehen im Deutschen Rechtsraum inklusive Österreich, Schweiz und Südtirol darunter alle wesentlichen öffentlichen Dienstleistungen, die als für alle Bürger notwendig erachtet werden. Die Bayer. Verfassung umschreibt dabei einige Teilbereiche wie Versorgung mit Wasser, Elektrizität, Abwasserentsorgung, Ortsplanung, Feuerschutz etc.

Datenschutz

Recht des Bürgers, über seine personenbezogenen Daten grundsätzlich selbst zu verfügen. Ausformung des Grundrechts auf informationelle Selbstbestimmung. Erfasst und begrenzt die Verarbeitung ihrer personenbezogenen Daten durch öffentliche und nichtöffentliche Stellen.

Datenschutzgrundverordnung (DSGVO)

Im Rahmen der zunehmenden Digitalisierung hat es die EU für notwendig erachtet personenbezogene Daten und deren Verarbeitung verbindlich zu regeln. Verordnung EU 2016/679. Sie gilt seit dem 25. Mai 2018 in allen Mitgliedstaaten unmittelbar. Sie ist auch und besonders für die öffentliche Verwaltung zu beachten.

Datenschutz-Folgeabschätzung

Hat eine Form der Verarbeitung, insbesondere bei Verwendung neuer Technologien, aufgrund der Art, des Umfangs, der Umstände und der Zwecke der Verarbeitung voraussichtlich ein hohes Risiko für die Rechte und Freiheiten natürlicher Personen zur Folge, so führt der Verantwortliche vorab grundsätzlich eine Abschätzung der Folgen der vorgesehenen Verarbeitungsvorgänge für den Schutz personenbezogener Daten durch (Art. 35 DSGVO).

De minimis

De minimis beschreibt ein Prinzip, wonach sich der Staat oder das Recht nicht um unbedeutende Angelegenheiten kümmern soll. Demnach gilt im EU-Recht die De-minimis-Regel, dass geringfügige Subventionen (bis aktuell 300.000 Euro pro Unternehmen in drei Jahren) nicht der Anmeldepflicht bei der EU unterliegen, da nicht davon auszugehen ist, dass diese den Handel in der EU verfälschen.

Deregulierung

Verfolgt das Ziel, ineffiziente und überbordende Vorschriften und Regeln abzuschaffen, um größere Entscheidungsspielräume zu schaffen und Prozesse zu beschleunigen und Kosten zu reduzieren.

Digitalisierung

Überführung von der analogen in die digitale Form, wie etwa beim **ersetzenden Scannen.** Im weiteren Sinne steht Digitalisierung für einen umfassenden Prozess intelligenter Vernetzung und die damit zusammenhängenden Veränderungen.

Digitalmarkt

Der Digitalmarkt ist eine zentrale Plattform der BayKommun, über die bayerische Kommunen digitale Verwaltungsleistungen rechtssicher bestellen und nachnutzen können.

Die drei Staatsgewalten

Legislative = Gesetzgebung; Exekutive = Verwaltung; Judikative = Rechtsprechung

Dienstleistungen von allgemeinem wirtschaftlichem Interesse (DAWI)

Eine Dienstleistung i. S. v. DAWI beschreibt im EU-Beihilfenrecht eine wirtschaftliche Tätigkeit, die spezifischen Gemeinwohlverpflichtungen unterliegt und typischerweise im Rahmen der staatlichen Daseinsvorsorge erbracht wird.

Direktionsrecht

Direktionsrecht ist das Recht des Dienstvorgesetzten, Beschäftigten verbindliche Anweisungen zu Art und Umfang ihrer Dienstleistungen zu geben.

Disziplinargewalt

Disziplinargewalt ist das Recht des Disziplinarvorgesetzten, Ahndungsmaßnahmen gegen Beamte auf der Grundlage des Disziplinarrechts zu verhängen.

Dokumentenmanagementsystem (DMS)

Ein DMS ist ein System zur Verwaltung und Archivierung von elektronischen Dokumenten. Dokumentenmanagementsysteme kommen im Rahmen der elektronischen Aktenführung zum Einsatz und ermöglichen z. B. die Versionierung von Dokumenten.

Dorfgebiet

Geregelt in § 5 BauNVO. Das Dorfgebiet (MD) ist ein Baugebietstyp der BauNVO, der als Art der baulichen Nutzung in einem Bebauungsplan festgesetzt werden kann. Dorfgebiete dienen der Unterbringung der Wirtschaftsstellen land- und forstwirtschaftlicher Betriebe, dem Wohnen und der Unterbringung von nicht wesentlich störenden Gewerbebetrieben sowie der Versorgung der Bewohner des Gebiets dienenden Handwerksbetrieben. Die Festsetzung eines so strukturierten Dorfgebiets „auf der grünen Wiese“ dürfte kaum denkbar sein. Ein Dorfgebiet sollte nur dann festgesetzt werden, wenn – ggf. unter Einbeziehung bereits vorhandener landwirtschaftlicher Betriebe innerhalb des Geltungsbereichs – eine echte Durchmischung der in der Zweckbestimmung genannten Nutzungen erfolgt.

Doppik

Die doppelte kommunale Buchführung – Doppik – arbeitet mit dem Finanzhaushalt, dem Ergebnishaushalt und der Bilanz. Rechtsgrundlage ist Art. 61 Abs. 4 GO und die Verordnung über das Haushalts-, Kassen- und Rechnungswesen der Gemeinden, Landkreise und Bezirke nach den Grundsätzen der doppelten kommunalen Buchführung (KommHV-Doppik). Die Doppik ordnet die Erträge und Aufwendungen (einschl. Abschreibungen) dem Ergebnishaushalt zu. Dieser ist das Planungsinstrument des doppischen Haushaltsrechts. Der Finanzhaushalt beinhaltet alle Einzahlungen und Auszahlungen und stellt die Veränderung des Geldvermögens dar. Die Bilanz enthält die Darstellung von Vermögen und Schulden.

Efa

Efa steht für einer für alle. Es ist ein Prinzip der digitalen Verwaltung in Deutschland. Ein Bundesland oder Dienstleister entwickelt eine digitalisierte Verwaltungsleistung, die für alle anderen Länder und Behörden zugänglich und verwendbar ist.

E-Government

Zielgerichteter Einsatz von Informations- und Kommunikationstechnologien zur Erfüllung von Verwaltungsaufgaben.

E-Government-Pakt

Der E-Government-Pakt regelte von 2002 bis 31.07.2022 die Zusammenarbeit zwischen dem Freistaat Bayern und den Kommunalen Spitzenverbänden im Bereich des E-Governments. Der E-Government-Pakt wurde mit Inkrafttreten des Bayerischen Digitalgesetzes ab 01.08.2022 abgelöst durch den Kommunalen Digitalpakt.

Ehrenamtliches Engagement

Ehrenamtliche Tätigkeit und ehrenamtliches (bürgerschaftliches) Engagement: Zu unterscheiden ist zwischen dem Ehrenamt, zu dem die Kommunal(wahl)gesetze verpflichten (z. B. Mitglied eines kommunalen Organs oder eines Wahlvorstandes), und der freiwilligen ehrenamtlichen Mitarbeit z. B. im sozialen oder kulturellen Bereich.

Eigenbetrieb

Eigenbetriebe sind kommunale Unternehmen, die außerhalb der allgemeinen Kommunalverwaltung als organisatorisch selbstständige Einrichtungen ohne eigene Rechtspersönlichkeit geführt werden. Sie sind als Sondervermögen weitgehend haushaltsrechtlich verselbstständigt. Der Eigenbetrieb wird durch eigenständige Organe (Werkleitung, Werkausschuss) verwaltet.

Eigener Wirkungskreis

Die Kommunen als ursprüngliche Gebietskörperschaften erfüllen eigene und übertragene Aufgaben. Im eigenen Wirkungskreis sind das die Aufgaben, die unmittelbar dem Selbstverwaltungskern der der Kommunen entspringen, wie Feuerschutz, Erwachsenenbildung, Versorgung der Bevölkerung mit Wasser, Licht und Elektrizität. Vgl. Art. 83, Art. 11 II BV; Art. 7 BayGO. Natürlich sind die Kommunen dabei an Gesetz und Recht gebunden, verfügen aber über Ermessensspielräume, und unterliegen „nur" der Rechtsaufsicht. Vgl. Art. 109 BayGO.

Eigengesellschaft

Eigengesellschaft sind kommunale Unternehmen, die in Rechtsformen des Privatrechts betrieben werden und bei denen die Kommune alle Anteile hält.

Einbeziehungssatzung

Geregelt in § 34 Abs. 4 Satz 1 Nr. 3 BauGB. Mit der Einbeziehungssatzung kann die Gemeinde einzelne Außenbereichsflächen in die im Zusammenhang bebauten Ortsteile einbeziehen, wenn die einbezogenen Flächen durch die bauliche Nutzung des angrenzenden Bereichs geprägt sind. Damit ist die baurechtsbegründende Aufnahme einer Außenbereichsfläche in den Innenbereich möglich.

Einfacher Bebauungsplan

Geregelt in § 30 Abs. 3 BauGB. Einem einfachen Bebauungsplan fehlt mindestens eine Festsetzung des § 30 Abs. 1 BauGB. Das bedeutet, dass der einfache Bebauungsplan für sich allein kein Baurecht im planungsrechtlichen Sinn enthält, sondern dass dort, wo er nicht regelt auf § 34 BauGB oder auf § 35 BauGB zurückgegriffen werden muss. Bedeutung hat der einfache Bebauungsplan vor allem in im Zusammenhang bebauten Ortsteilen, bei denen die Gemeinde nur einen ganz bestimmten Bereich regeln – z. B. die Zahl der Wohnungen in Wohngebäuden begrenzen – will.

Einfügungsgebot

Geregelt in § 34 Abs. 1 BauGB. Das Einfügungsgebot ist das zentrale Instrument zur Beurteilung der planungsrechtlichen Zulässigkeit von Vorhaben im Innenbereich. Vorhaben müssen sich dabei nach der Art und dem Maß der baulichen Nutzung, der Bauweise und der Grundstücksfläche, die überbaut werden soll in die Eigenart der näheren Umgebung einfügen. Weitere Kriterien, die in § 34 Abs. 1 BauGB nicht genannt werden, etwa die Zahl der Wohnungen, können nicht herangezogen werden.

Einheimischenmodell

Ein Einheimischenmodell dient insbesondere der Versorgung der ansässigen Bevölkerung mit Wohnraum. Zum Teil wird mit Einheimischenmodellen nach bestimmten Auswahlkriterien, z. B. Einkommen, Familienstand etc. Ortsansässigen beim Kauf von Bauland nicht nur Vorrang eingeräumt, sondern sogar ein wirtschaftlicher Vorteil. Einheimischenmodelle dienen insbesondere der Sicherung und Stabilisierung der Baulandpreissteigerung.

Das Einheimischenmodell ist eine besondere Form des städtebaulichen Vertrags. Dabei werden Vereinbarungen zwischen dem Grundstückseigentümer und der Gemeinde geschlossen, die sicherstellen sollen, dass bei der Bebauung neuer Wohnbauflächen Ortsansässige bevorzugt zum Zug kommen. Man unterscheidet sog. Zwischenerwerbsmodelle, bei denen die Gemeinde Flächen ankauft, um sie nach Überplanung vergünstigt an Einheimische weiter zu veräußern, und sog. Vertragsmodelle, bei denen sich der ursprüngliche Grundstückseigentümer gegenüber der Gemeinde dazu verpflichtet. Im Einzelnen sind die konkreten Vertragsausgestaltungen sehr unterschiedlich.

Im Rahmen eines Vertragsverletzungsverfahrens der EU wurde festgelegt, dass eine Veräußerung unter Verkehrswert nur an bedürftige Ortsansässige erfolgen darf, die bestimmte Einkommens- und Vermögenshöchstgrenzen nicht überschreiten.

Einkommensteuer

Die Einkommensteuer (einschl. Lohn- und Abgeltungssteuer) ist die wichtigste Einnahmequelle der öffentlichen Haushalte. Die Gemeinden sind am Aufkommen mit 15 % beteiligt. 2024 betrug der Anteil der Gemeinden in Bayern 10,1 Mrd. €.

Einvernehmen

Geregelt in § 36 BauGB. Über alle genehmigungspflichtigen Bauvorhaben mit Ausnahme der plankonformen Vorhaben entscheidet die Bauaufsichtsbehörde im Einvernehmen mit der Gemeinde. Das Einvernehmen darf aber von der Gemeinde nur aus planungsrechtlichen Gründen verweigert werden. Ein rechtswidrig verweigertes Einvernehmen kann von der Bauaufsichtsbehörde nach Anhörung der Gemeinde ersetzt werden. Das Einvernehmen der Gemeinde gilt im Übrigen als erteilt, wenn es nicht innerhalb von zwei Monaten nach Eingang des vollständigen Antrags bei der Gemeinde verweigert worden ist (Einvernehmensfiktion). Im Rahmen des Bauturbogesetzes wurde mit § 36a BauGB ein Planersatzzustimmungsrecht der Gemeinden geschaffen, welches deutlich weitreichender ist als das Einvernehmen in § 36 BauGB.

Einwohnergewichtung/Einwohnerveredelung

Der Freistaat Bayern hat ein komplexes Finanzausgleichssystem entwickelt. Durch diesen Finanzausgleich soll jeweils der Versuch unternommen werden, die unterschiedliche Wirtschafts-und Finanzkraft der kommunalen Ebene auszugleichen. Dies geschieht durch finanzielle, staatliche Transferleistungen, die sogenannten Schlüsselzuweisungen. Schlüsselzuweisungen erhalten je nach Wirtschafts- und Finanzkraft die Gemeinden in unterschiedlicher Höhe. Das derzeitige Finanzausgleichssystem geht von der Grundannahme aus, dass zentrale Orte und Großstädte grundsätzlich andere und überregional bedeutsame Aufgaben wahrzunehmen haben.

Dies führt im derzeitigen System des Finanzausgleichs dazu, dass bei der Berechnung der Schlüsselzuweisung die Einwohner der zentralen Orte „mehr“ wert sind als die Einwohner kleinerer Einheiten.

Diese sogenannte Einwohnerveredelung oder Einwohnergewichtung führt zu erheblichen Mehraufwüchsen der staatlichen Zuweisungen in den zentralen Orten.

Elektronische Akte

Eine elektronische Akte ist eine logische Zusammenfassung sachlich zusammengehöriger oder verfahrensgleicher Vorgänge und/oder Dokumente, die insbesondere alle aktenrelevanten E-Mails, sonstige elektronisch erstellte Unterlagen sowie gescannte Papierdokumente umfasst und so eine vollständige Information über die Geschäftsvorfälle eines Sachverhalts ermöglicht.

Elektronische Bekanntmachung

Elektronische Bekanntmachung von veröffentlichungspflichtigen Mitteilungen und amtlichen Verkündungsblättern über das Internet.

Elektronische Identifizierung

Prozess der Verwendung von Personenidentifizierungsdaten in elektronischer Form, die eine natürliche oder juristische Person oder eine natürliche Person, die eine juristische Person vertritt, eindeutig repräsentieren.

Elektronische Kommunikation

Übermittlung elektronischer Dokumente, setzt Zugangseröffnung durch die Beteiligten voraus.

Elektronische Rechnung

Eine Rechnung ist elektronisch, wenn sie in einem strukturierten elektronischen Format ausgestellt, übermittelt und empfangen wird, das ihre automatische und elektronische Verarbeitung ermöglicht.

Elektronischer Rechtsverkehr

Der elektronische Rechtsverkehr ermöglicht eine sichere und rechtsverbindliche Kommunikation mit den Gerichten.

Elektronische Signatur

Daten in elektronischer Form, die anderen elektronischen Daten beigefügt oder logisch mit ihnen verbunden werden und die der Unterzeichner zum Unterzeichnen verwendet.

Empfehlung und Stellungnahme

Empfehlung und Stellungnahme sind im Gegensatz zur Verordnung, Richtlinie und Beschluss nicht verbindliche EU-Rechtsakte. Rechtliche Bedeutung kann diesen zukommen, wenn der EU-Vertrag deren Abgabe als Prozessvoraussetzung vorsieht.

Ende-zu-Ende-Verschlüsselung

Durchgängige Verschlüsselung zwischen Sender und Empfänger.

Energienutzungsplan

Beim Energienutzungsplan handelt es sich um ein zwar unverbindliches, aber dennoch sinnvolles Planungsinstrument für die Kommunen. Der Energienutzungsplan wertet energetische Bedingungen aus und leitet Handlungsempfehlungen an. Es geht um Energieeffizienz, Energievermeidung und Energieerzeugung. Besonders versiert, wirtschaftlich hinterfüttert und mittlerweile auch in die digitale Dimension erweitert werden Studierende an der OTH Amberg Weiden mit der Thematik der ENPs vertraut gemacht

Entflechtungsgesetz und Bayer. Gemeindeverkehrsfinanzierungsgesetz

Der Bund gewährt den Ländern Finanzhilfen für Investitionen zur Verbesserung der Verkehrsverhältnisse in Gemeinden. Gefördert wird der Bau verkehrswichtiger Straßen, besonderer Fahrspuren für Omnibusse, Straßen im Zusammenhang mit der Stilllegung von Eisenbahnstrecken und Eisenbahnkreuzungsmaßnahmen.

Entwicklungsgebot

Geregelt in § 8 Abs. 2 Satz 1 BauGB. Ein Bebauungsplan ist nur dann rechtlich einwandfrei zustande gekommen, wenn er auf dem gültigen Flächennutzungsplan fußt und dessen Aussagen umsetzt und konkretisiert. Dabei ist aber zu beachten, dass der Flächennutzungsplan in seinen planerischen Aussagen von vornherein erheblich unschärfer ist als der spätere Bebauungsplan. Daraus folgt, dass der Bebauungsplan durchaus von dem notwendig groben Raster sachlich und räumlich abweichen darf, solange die Grundkonzeption des Flächennutzungsplans gewahrt bleibt.

E-Payment

E-Payment betrifft das elektronische Bezahlen kostenpflichtiger Verwaltungsleistungen über das Internet.

Erforderlichkeit der Planung

Geregelt in § 1 Abs. 3 Satz 1 BauGB. Bauleitpläne sind dann aufzustellen, sobald und soweit es für die städtebauliche Entwicklung und Ordnung erforderlich ist. Wann dies der Fall ist, bestimmt sich allerdings nach der planerischen Konzeption der Gemeinde, sodass auch insoweit ein weiter Spielraum für die Gemeinden existiert. An mangelnder Erforderlichkeit scheitern Bauleitpläne nur selten; wichtige Fallgruppen dafür sind: bloße Gefälligkeitsplanungen oder reine Verhinderungsplanungen ohne positive Planungsvorstellung der Gemeinde.

Ergänzendes Scannen

Scanprozess, bei dem das Papieroriginal nach dem Scannen weiterhin aufbewahrt wird.

Ersatzvornahme

Im Verwaltungsrecht besteht die Möglichkeit, dass Aufsichtsbehörden an Stelle der ursprünglich zuständigen Behörde handeln und selbst (ersatzweise) für diese tätig werden, Art. 113 BayGO. Im Bereich der öffentlichen Zwangsvollstreckung (VwZVG) spricht man von einer Ersatzvornahme, wenn die Behörde (Gemeinde) an Stelle des verpflichteten Bürgers eine Handlung vornimmt. Dieser trägt dann die Kosten.

Ersetzendes Scannen

Scanprozess, bei dem das Papieroriginal nach dem Scannen vernichtet wird.

Erwachsenenbildung

Vertiefung der in Schule, Hochschule oder Berufsausbildung erworbenen Bildung, hauptsächlich an Volkshochschulen in Trägerschaft von Gemeinden und/oder Landkreisen.

Europäische Bürgerinitiative

Mit dem Vertrag von Lissabon (2009) wurde die Europäische Bürgerinitiative eingeführt, um die Bürger stärker an den Entscheidungsprozessen der EU teilnehmen zu lassen. Unionsbürger haben damit die Möglichkeit, die EU-Kommission zur Unterbreitung eines Vorschlags aufzufordern. Voraussetzung ist, dass ihre Anzahl mindestens eine Million beträgt und dass es sich dabei um Staatsangehörige einer Mindestanzahl von Mitgliedstaaten handelt. Näheres ist in einer Verordnung geregelt.

Europäische Gemeinschaften

1957 beschlossen die sechs Länder Belgien, Deutschland, Frankreich, Italien, Luxemburg und die Niederlande die Zusammenlegung ihrer Wirtschaft und die Einrichtung eines gemeinsamen Entscheidungsgremiums in Wirtschaftsfragen. Hierzu gründeten sie die drei Organisationen: die Europäische Gemeinschaft für Kohle und Stahl (EGKS), die Europäische Atomgemeinschaft (Euratom) und die Europäische Wirtschaftsgemeinschaft (EWG). Diese sind als die Europäischen Gemeinschaften bekannt. Die EWG wurde bald die wichtigste Organisation. Mit Inkrafttreten des Vertrages von Maastricht 1993 wurde aus der EWG die Europäische Gemeinschaft (EG), die die Grundlage der heutigen Europäischen Union (EU) bildet.

Europäische Kommission

Die Kommission ist das Initiativ- und Exekutivorgan der EU. Sie ist politisch unabhängig und vertritt die Interessen der EU, indem sie Rechtsakte, Politikbereiche und Aktionsprogramme vorschlägt und für die Umsetzung der Beschlüsse von Parlament und Rat sowie für die Haushaltsverwaltung verantwortlich ist. Die Kommission vertritt die Union in internationalen Organisationen.

Europäischer Gerichtshof (EuGH)

Der EuGH ist das Rechtsprechungsorgan der EU, das die Auslegung und Anwendung der Gemeinschaftsverträge sowie des Sekundärrechts sichern soll. Das Gericht hat seinen Sitz in Luxemburg und handelt als überstaatliches Organ frei von den Interessen der Mitgliedstaaten.

Europäischer Rat

Als Europäischer Rat wird das Zusammentreffen der Staats- und Regierungschefs der EU-Mitgliedstaaten sowie des Präsidenten der Europäischen Kommission bezeichnet. Es ist das höchste Beschlussfassungsorgan der EU und legt die allgemeinen Leitlinien der Politik fest.

Europäisches Parlament

Hervorgegangen aus der Gemeinsamen Versammlung der Europäischen Gemeinschaft für Kohle und Stahl (EGKS) wurde das Parlament erstmals 1979 in allgemeiner und direkter Wahl gewählt. In seiner aktuellen Wahlperiode (ab Mitte 2024) besteht es aus 720 Abgeordneten, auch MdEPs abgekürzt. Deutschland stellt mit 96 die größte Anzahl an MdEPs. Die Sitzverteilung erfolgt in Fraktionen, nicht nach nationaler Zugehörigkeit. In den meisten Fällen übt das Parlament die Gesetzgebungsbefugnis gemeinsam mit dem Rat der EU aus. Zudem übt es die demokratische Kontrolle über die EU-Kommission aus.

Europarat

Der Europarat ist keine EU-Institution, sondern eine 1949 gegründete intergouvernementale Organisation mit Sitz in Straßburg. Er besteht aus dem Ministerkomitee, der Parlamentarischen Versammlung und dem Kongress der Gemeinden und Regionen Europas. Ziel ist der Schutz der Menschenrechte, die Förderung der kulturellen Vielfalt und die Bekämpfung sozialer Probleme und Fremdenfeindlichkeit.

Exekutive

Der im 18. Jahrhundert im Französischen geprägte Begriff der pouvoir executif meint die Ebene und damit Staatsgewalt, die sich mit dem Vollzug und der Umsetzung von Gesetzen befasst. Das sind Regierung und Verwaltung.

Fachaufsicht

Die staatliche Aufsicht kann bei der Erfüllung von Aufgaben des übertragenen Wirkungskreises über die Rechtskontrolle hinaus auch fachliche Weisungen erteilen.

Fachkompetenz

Fachbezogene und fachübergreifende Kenntnisse und Fähigkeiten, die zur Bewältigung der gestellten Anforderungen erforderlich sind.

Festlegungssatzung

Geregelt in § 34 Abs. 4 Satz 1 Nr. 2 BauGB. In der Festlegungssatzung kann die Gemeinde bebaute Bereiche im Außenbereich als im Zusammenhang bebaute Ortsteile festlegen, wenn diese Flächen im Flächennutzungsplan als Bauflächen dargestellt sind. Bebaute Bereiche sind Bebauungszusammenhänge, denen die Ortsteileigenschaft – noch – fehlt. Die Festlegungssatzung ersetzt diese Ortsteileigenschaft. Aus der vormaligen Splittersiedlung im Außenbereich wird ein im Zusammenhang bebauter Ortsteil im Sinn des § 34 BauGB. Ein Hinausgreifen in den Außenbereich aus dem Bebauungszusammenhang hinaus ist aber mit der Festlegungssatzung nicht möglich. Dazu bedürfte es einer Einbeziehungssatzung nach § 34 Abs. 4 Satz 1 Nr. 3 BauGB.

Finanzausgleich

Der Begriff Finanzausgleich ist ein Oberbegriff. Er umfasst den bundesstaatlichen Finanzausgleich (Bund/Länder), den Länderfinanzausgleich und den kommunalen Finanzausgleich. Der kommunale Finanzausgleich in Bayern hat insbesondere zum Ziel, die Finanzausstattung der Kommunen zu verbessern, damit sie ihre Aufgaben angemessen erfüllen können, und soll zudem eine angemessene Finanzverteilung zwischen den Kommunen gewährleisten. Dieser Ausgleich erfolgt in erster Linie über die Schlüsselzuweisungen, Umlagen und die Investitionsförderung.

Finanzhoheit

Die Finanzhoheit der Kommunen ist wichtiger Bestandteil des Selbstverwaltungsrechts. Sie gibt den Kommunen im Rahmen der Gesetze die Befugnis, die notwendigen Mittel zu beschaffen und über deren Verwendung zu entscheiden. Gemeinden erheben in Ausübung ihrer Finanzhoheit **Gebühren, Beiträge** und **Steuern.** Sie stellen den **Haushalt** auf und bewirtschaften ihr Vermögen.

Finanzzuweisungen

Pauschaler Ausgleich der Kosten, die den Gemeinden und Landkreisen bei der Durchführung von Aufgaben des übertragenen Wirkungskreises entstehen. Kreisangehörige Gemeinden und Landkreise erhalten in Bayern einen Kopfbetrag von je 18,42 €, kreisfreie Städte 36,84 €. Die kreisfreien Städte erhalten zudem eine ergänzende Zuweisung zu ihren staatlichen Aufgaben im übertragenen Wirkungskreis in Höhe von 2 € je Einwohner. Den Landkreisen wird daneben noch das volle Aufkommen der vom Landratsamt festgesetzten Kosten überlassen. Hinzu kommen Pauschalzuweisungen für verschiedene Aufgaben.

First-Responder-Einheiten

Es handelt sich hierbei um eine Art „schnelle Eingreiftruppe", bestehend aus mit Erste-Hilfe-Maßnahmen sehr vertrauten Feuerwehrangehörigen, die – in der Regel ausgestattet mit einem schnellen Fahrzeug – die Erstversorgung von Verletzten am Einsatzort vornehmen. Es hat sich gezeigt, dass Kräfte des Rettungsdiensts im Flächenstaat Bayern gerade in ländlichen Gegenden oftmals nicht rechtzeitig am Einsatzort eintreffen und Unfallbeteiligte sowie andere Verkehrsteilnehmer aus Angst, Fehler zu machen, keine Erste Hilfe leisten. Ersthelfergruppen (neudeutsch: „First Responder") der Feuerwehren nehmen die Erstversorgung von Verletzten vor.

Flächenmanagement

Geht über ein reines Leerstandsmanagement hinaus und ergänzt es um eine strategische Komponente. Auf Basis einer Standortkonzeption zum weiteren Betriebs- und Branchenmix werden über den Aufbau einer Datenbank Maßnahmen für sinnvolle Übergangs- bzw. Zwischennutzungen sowie im optimalen Fall eine erfolgreiche Vermarktung in die Wege geleitet. Der Aufbau und die Pflege von Kontakten zu Immobilieneigentümern, kommunalen Interessengruppen, möglichen Investoren und Expansionsabteilungen bilden einen Schwerpunkt in diesem Aufgabenfeld.

Flächennutzungsplan

Geregelt in §§ 1 Abs. 2, 5 ff. BauGB. Der Flächennutzungsplan ist der vorbereitende Bauleitplan in der Gemeinde. Er stellt für das ganze Gemeindegebiet die sich aus der beabsichtigten städtebaulichen Entwicklung ergebende Art der Bodennutzung nach den voraussehbaren Bedürfnissen der Gemeinde in den Grundzügen dar. Als Gemeindeinternum wirkt er nicht baurechtssetzend nach außen. Wenn die Gemeinde Bebauungspläne aufstellt, muss sie diese allerdings aus dem Flächennutzungsplan entwickeln.

Förmliche Öffentlichkeitsbeteiligung

Geregelt in § 3 Abs. 2 und Abs. 3 sowie in § 4a BauGB. Die förmliche Öffentlichkeitsbeteiligung ist ein Verfahrensschritt bei der Bauleitplanung. Nach dem Billigungs- und Auslegungsbeschluss ist der Entwurf eines Bauleitplans mit der Begründung und den nach Einschätzung der Gemeinde wesentlichen, bereits vorliegenden umweltbezogenen Stellungnahmen auf die Dauer eines Monats, mindestens jedoch für die Dauer von 30 Tagen, oder bei Vorliegen eines wichtigen Grundes für die Dauer einer angemessenen längeren Frist öffentlich auszulegen.

Förmliches Rechtsmittel

a) Widerspruch gegen einen hoheitlichen Verwaltungsakt.

b) Klage zu den zuständigen Gerichten.

Formloser Rechtsbehelf

Dienstaufsichtsbeschwerde, Aufsichtsbeschwerde sowie Beschwerde. Sie ist form- und fristlos an den jeweiligen Vorgesetzten oder an die zuständige Fachaufsichtsbehörde zu richten.

Fraktionszwang

Wie für die Abgeordneten der Bundes- und Landesparlamente gibt es für kommunale Mandatsträger keinen förmlichen Fraktionszwang. Auch für sie gilt das sog. freie Mandat, das sie von Weisungen unabhängig macht. Im kommunalpolitischen Alltag ergeben sich allerdings ständig Situationen, die Rücksichtnahmen und indirekte „Zwänge“ begründen. Dadurch, dass sich eine Kommunalvertretung entsprechend dem Wahlergebnis strukturieren muss, entstehen mit den Fraktionen Organisationseinheiten, die verständlicherweise für ihr „Innenleben“ Regeln benötigen und aufstellen. Meist und größtenteils sind solche Regeln nicht in Geschäftsordnungen gefasst, was aber nicht bedeutet, dass sie wirkungslos oder zu vernachlässigen wären. Da sowohl von den Mitgliedern als auch von den Wählern als konstituierendes Merkmal einer Fraktion Gemeinsamkeit erwartet wird, entstehen für den einzelnen Mandatsträger vor allem beim Abstimmungsverhalten häufig faktische Zwänge. Verstöße gegen die damit erforderliche Fraktionsdisziplin können wegen ihres informellen Charakters grundsätzlich auch nur mit informellen Sanktionen „geahndet" werden; nur im Ausnahmefall ist ein Fraktionsausschluss möglich.

Freistellungsverfahren

Geregelt in Art. 58 BayBO. Das Freistellungsverfahren lässt es zu, dass Vorhaben bis zur Grenze des Sonderbaus ohne Baugenehmigung entstehen dürfen, wenn

- sie im Geltungsbereich eines qualifizierten oder eines vorhabenbezogenen Bebauungsplans liegen,
- sie den Festsetzungen des zugrundeliegenden Bebauungsplans nicht widersprechen – also ohne Ausnahme oder Befreiung zulässig sind – und auch die örtlichen Bauvorschriften einhalten,
- die Erschließung im Sinne des BauGB gesichert ist,
- es sich – vereinfacht ausgedrückt – nicht um Vorhaben handelt, die der Seveso III-Richtlinie (Gefahr schwerer Unfälle mit gefährlichen Stoffen) unterliegen, und
- die Gemeinde nicht innerhalb eines Monats erklärt, dass das vereinfachte Baugenehmigungsverfahren durchgeführt werden soll oder eine vorläufige Untersagung nach § 15 Abs. 1 Satz 2 BauGB beantragt.

Die Gemeinde kann allerdings durch örtliche Bauvorschrift festsetzen, dass das Freistellungsverfahren nicht auf bestimmte handwerkliche und gewerbliche Bauvorhaben angewendet wird.

Freiwillige Aufgaben

Nicht nur die Art der Durchführung, sondern bereits die Entscheidung über das Ob der Erledigung steht im Ermessen der Kommune.

Frühzeitige Öffentlichkeitsbeteiligung

Geregelt in § 3 Abs. 1 BauGB. Die frühzeitige Öffentlichkeitsbeteiligung ist der erste Teil der zweistufigen Öffentlichkeitsbeteiligung im Rahmen der Aufstellung von Bauleitplänen. Die Gemeinde hat die Öffentlichkeit frühzeitig über die allgemeinen Ziele und Zwecke der Planung, sich wesentlich unterscheidende Lösungen, die für die Neugestaltung oder Entwicklung eines Gebiets in Betracht kommen, und die voraussichtlichen Auswirkungen der Planung öffentlich zu unterrichten.

Gebietskörperschaft

Gebietskörperschaft ist die mitgliedschaftlich organisierte juristische Person des öffentlichen Rechts, die alle auf ihrem Gebiet lebenden Menschen als Angehörige erfasst. Als juristische Person ist die Gebietskörperschaft rechtsfähig, parteifähig und prozessfähig. Gemeinden, Landkreise und Bezirke können daher als solche Eigentum erwerben, Verträge abschließen, klagen und verklagt werden.

Gebühren

Sie werden erhoben für die Benutzung einer öffentlichen Einrichtung (Benutzungsgebühren) oder für eine Amtshandlung der Verwaltung (Verwaltungsgebühren). Der Gebühr steht immer eine Gegenleistung gegenüber, die der Gebührenpflichtige tatsächlich in Anspruch nimmt.

Gebundene/offene Ganztagesbetreuung

Seit etwa 2010 werden bundesweit die Betreuungsformen an Schulen ausgebaut. Um dem politischen Ziel einer bestmöglichen Vereinbarkeit von Beruf und Familie einerseits gerecht zu werden, andererseits aber auch Kostengesichtspunkte nicht zu vernachlässigen entstand ein duales Betreuungssystem für Schülerinnen und Schüler.

Bei der gebundenen Ganztagesbetreuung handelt es sich um ein schulisches Angebot, bei dem der Unterricht rhythmisiert bis 15.30 Uhr (oder später) über den ganzen Tag verteilt überwiegend durch staatliches Lehrpersonal stattfindet.

Bei der offenen Ganztagesbetreuung handelt es sich per definitionem um ein Betreuungsangebot der Jugendhilfe für dessen Organisation, Durchführung und personelle Absicherung der jeweilige Träger der Jugendhilfe bzw der Schulaufwandsträger zuständig ist. Das sind für die Grund- und Mittelschulen die Kommune. Die offene Betreuungsform bietet mehr Flexibilität und längere Betreuungszeiten.

In vielen Fällen findet man beide Betreuungsformen, oft auch in zeitlicher Kombination.

Gemeinde

Organisatorischer Oberbegriff i. S. d. Bayer. Gemeindeordnung, der Bayer. Verfassung und des Grundgesetzes in Abgrenzung zu Landkreisen und Bezirken. Funktional kann unterschieden werden zwischen kreisangehörigen und kreisfreien Gemeinden. Zu den kreisangehörigen Gemeinden gehören die Großen Kreisstädte; sie sind zumeist ehemalige kreisfreie

Städte, die im Rahmen der Gebietsreform zu kreisangehörigen Städten wurden. Sie haben bestimmte Aufgaben erhalten und unterliegen im Bereich der übertragenen Aufgaben einer besonderen Fachaufsicht gem. Art. 115 Abs. 2 GO.

Gemeindebürger/Gemeindeeinwohner

Es gibt zwei Arten von Gemeindeangehörigen: Gemeindeeinwohner und Gemeindebürger (vgl. Art. 15 BayGO). Gemeindeeinwohner ist jede Person, die in einer Gemeinde wohnt. Alter und Staatsangehörigkeit sind dabei bedeutungslos. Die Wohndauer spielt nur insofern eine Rolle, als es sich nicht nur um einen vorübergehenden Aufenthalt handeln darf wie bei einem Touristen oder einem auswärtigen Krankenhauspatienten. Die Wohnung ist dabei nicht identisch mit dem Begriff des Wohnsitzes. Demgegenüber ist der Begriff des Gemeindebürgers „anspruchsvoller“: Er ist an das Wahlrecht gekoppelt. Ein Gemeindebürger muss also Deutscher im Sinne des Grundgesetzes oder Angehöriger eines Mitgliedstaates der Europäischen Union sein, das 18. Lebensjahr vollendet haben, sich seit mindestens zwei Monaten mit dem Schwerpunkt seiner Lebensbeziehungen in der Gemeinde aufhalten und darf nicht vom Wahlrecht ausgeschlossen sein (Art. 1 GLKrWG).

Gemeingebrauch

Dieser Begriff grenzt im Straßen- und Wegerecht das allgemeine, kollektiv bestehende Nutzungsrecht an öffentlichen Straßen von der sogenannten Sondernutzung, also einer besonderen, einzelfallbezogenen Nutzung ab. Vgl. Teil 4 1.6.1.

Generalunternehmer

Der Generalunternehmer ist alleiniger Vertragspartner des Auftraggebers. Er übernimmt Aufträge für mehrere Gewerke, ohne diese alle selbst auszuführen; stattdessen bedient er sich hierfür aufgrund einer entsprechenden Vereinbarung mit dem Auftraggeber eines oder mehrerer Subunternehmer oder Nachunternehmer. Der Generalunternehmer trägt für die Gesamtleistung die Verantwortung.

Geodaten

Geodaten haben als kennzeichnendes Element einen Raumbezug, über den sie miteinander verknüpft und dargestellt werden können. Sie beschreiben Objekte und Sachverhalte, die durch eine Position im Raum direkt (z. B. durch Koordinaten) oder indirekt (z. B. durch Beziehungen) referenzierbar sind.

Geschäftsordnung

Jede Gemeinde erlässt für die Handhabung von Sitzungen, die Formalien der Einladung, die Zuständigkeitsregelungen, Fristen etc. eine eigene Satzung, die Teil des sogenannten Gemeindeverfassungsrechtes ist.

Geschäftsverteilungsplan

Das ist das ausformulierte Organigramm einer Gemeindeverwaltung. Im GVP finden sich die Sachgebiete, deren Aufgaben, die zuständigen Mitarbeiter und Vertretungsregelungen.

Geschossflächenzahl (GFZ)

Geregelt in § 20 Abs. 2 BauNVO. Die Geschossflächenzahl ist eine Festsetzung für das Maß der baulichen Nutzung in einem Bebauungsplan. Sie gibt an, wie viel Quadratmeter Geschossfläche je Quadratmeter Grundstücksfläche zulässig sind.

Gesetzmäßigkeit der Verwaltung

Die Gesetzmäßigkeit der Verwaltung leitet sich aus dem Rechtsstaatsprinzip (Art. 20 III GG) ab. Die Verwaltung ist an Recht und Gesetz gebunden. Dieser Rechtssatz umfasst auch den sogenannten Vorbehalt des Gesetzes und den Vorrang des Gesetzes.

Vorbehalt des Gesetzes meint das Erfordernis einer gesetzlichen Ermächtigungsgrundlage. Für die tägliche Arbeit heißt das: „Nie ohne ein Gesetz".

Vorrang des Gesetzes meint Verwaltungshandeln findet nicht im rechtsfreien Raum statt: Für die tägliche Arbeit „Nie gegen ein Gesetz".

Gewaltenteilung

Gem. Art. 20 Abs. 3 des Grundgesetzes ist die Staatsgewalt dreigeteilt und wird durch die Gesetzgebung (Legislative), die vollziehende Gewalt (Exekutive) und die Rechtsprechung (Judikative) ausgeübt. Die drei Staatsgewalten sollen sich gegenseitig hemmen und mäßigen. Sie sind an die verfassungsmäßige Ordnung, Gesetz und Recht gebunden.

Gewerbegebiet

Geregelt in § 8 BauNVO. Das Gewerbegebiet (GE) ist ein Baugebietstyp der BauNVO, der als Art der baulichen Nutzung in einem Bebauungsplan festgesetzt werden kann. Gewerbegebiete dienen vorwiegend der Unterbringung von nicht erheblich belästigenden Gewerbebetrieben.

Gewerbesteuer

Die Gewerbesteuer ist eine Gemeindesteuer. Sie wird in einem zweistufigen Verfahren festgesetzt und erhoben. Die Finanzämter ermitteln die Besteuerungsgrundlagen und erlassen einen Gewerbesteuermessbetragsbescheid. Unter Anwendung des durch Satzung festgelegten Hebesatzes setzt die Gemeinde die Steuer fest. Bei mehreren Betriebsstätten wird der Steuermessbetrag auf die betroffenen Gemeinden zerlegt. Aufkommen 2024 in Bayern: 13,3 Mrd. €, wovon die Gewerbesteuerumlage von 1,3 Mrd. € an Bund und Land abzuführen ist. Das Gewerbesteueraufkommen netto 2024 beträgt: 11,9 Mrd. € in Bayern.

Große Kreisstadt

Kreisangehörige Gemeinde, der jedoch bestimmte Aufgaben des Landratsamts als Staatsbehörde durch Rechtsverordnung übertragen sind. Große Kreisstädte sind frühere kreisfreie Städte, die im Rahmen der Gebietsreform ihre Kreisfreiheit verloren haben bzw. als kreisangehörige Gemeinde zu Großen Kreisstädten erhoben wurden. Sie haben bestimmte Aufgaben erhalten und unterliegen im Bereich der übertragenen Aufgaben einer besonderen Fachaufsicht gem. Art. 115 Abs. 2 GO.

Grüner Deal der EU

Der Europäische Deal ist ein umfassendes politisches Konzept mit dem Ziel, die EU bis zum Jahre 2050 zum ersten klimaneutralen Kontinent der Welt zu machen. Seine ambitionierten Ziele werden aktuell durch den „Clean Industrial Deal", der die Industrie- und Wettbewerbsstärkung der EU fokussiert, wieder abgemildert.

Grunderwerbsteuer/Grunderwerbsteuerverbund

Die Grunderwerbsteuer ist eine Landessteuer und besteuert den Grundstücksverkehr. Der Steuersatz beträgt 3,5 %. Die Kommunen sind an diese Landessteuer mit 8/21 (38 %) beteiligt. Kreisfreie Städte und Große Kreisstädte erhalten den Kommunalanteil in voller Höhe. Kreisangehörige Gemeinden erhalten 3/7 und Landkreise 4/7 des Kommunalanteils. Maßgebend ist jeweils das örtliche Aufkommen. Der Kommunalanteil beträgt in Bayern 2026 voraussichtlich 763 Mio. €.

Grundflächenzahl (GRZ)

Geregelt in § 19 Abs. 1 BauNVO. Die Grundflächenzahl ist eine Festsetzung für das Maß der baulichen Nutzung in einem Bebauungsplan. Sie gibt an, wie viel Quadratmeter Grundfläche je Quadratmeter Grundstücksfläche eines Baugrundstücks überbaut werden dürfen. So dürfen bauliche Anlagen beispielsweise bei einer GRZ von 0,3 bei einem Baugrundstück mit 1.000 m^2 300 m^2 überdecken.

Grundsteuer

Die Grundsteuer besteuert den in der Gemeinde liegenden Grundbesitz. Für Betriebe der Land- und Forstwirtschaft gilt die Grundsteuer A (Aufkommen 2024: 87,5 Mio. €), für die übrigen Grundstücke die Grundsteuer B (Aufkommen 2024: 1.934 Mio. €). Die Grundsteuer ist eine Gemeindesteuer und wird in einem zweistufigen Verfahren festgesetzt und erhoben. Das Finanzamt ermittelt den Grundsteuermessbetrag. Unter Anwendung des durch Satzung festgelegten Hebesatzes setzt die Gemeinde die Grundsteuer fest. Seit 2025 gilt in Bayern ein wertunabhängiger, flächenbezogener Ansatz für die Bemessung der Grundsteuer.

Hauptamt/Ehrenamt

Wichtige Regelungen finden sich in Art. 19, 20a, 31 und 34 BayGO. Die Gemeindeordnung verpflichtet Gemeindebürger sogar zur ehrenamtlichen Tätigkeit. Ob ein Bürgermeister hauptamtlich oder ehrenamtlich tätig ist richtet sich nach der Größe der Gemeinde und danach, was der Gemeinderat entscheidet. Ab 10.000 Einwohnern gibt es die Möglichkeit hauptamtliche, sogenannte berufsmäßige Stadt- oder Gemeinderäte einzusetzen, die allerdings kein Stimmrecht haben.

Haushalt

Das Recht den Haushalt aufzustellen, ist ein wichtiger Teil der kommunalen **Finanzhoheit** und damit Teil des Rechts der Gemeinden auf Selbstverwaltung. Mit dem Erlass der Haushaltssatzung (Rechtsnormteil) erhält der Haushaltsplan (Zahlenteil) seine Rechtsverbindlichkeit. Der Haushalt kann nach den Grundsätzen der **Kameralistik** oder der doppelten kommunalen Buchführung – **Doppik** – aufgestellt werden (Art. 61 Abs. 4 GO). Die Haushaltsgrundsätze sind in Art. 61 ff. GO enthalten.

Hebesatz

Hebesätze gibt es insbesondere für die **Grund-** und **Gewerbesteuer.** Die Hebesätze werden durch Satzung (Hebesatzsatzung oder Haushaltssatzung) vom Gemeinderat im Rahmen der Finanzhoheit der Gemeinde festgesetzt. Über die Hebesätze bestimmen die Gemeinden die Höhe der Grundsteuer A und B sowie der Gewerbesteuer.

Hoheitliches Handeln

Wenn der Staat oder Hoheitsträger einseitig gegenüber Dritten handeln werden sie hoheitlich tätig. Eine hoheitliche Tätigkeit ist der Erlass eines Gesetzes, einer Rechtsverordnung oder Satzung. Aber auch der Gebührenbescheid, die Baugenehmigung sind hoheitliche Rechtsakte. Man nennt diese einseitigen hoheitlichen Rechtsakte auch Verwaltungsakt. Daneben gibt es aber auch vertragliche Gestaltungsmöglichkeiten. Der öffentlich-rechtliche Erschließungs- und Folgekostenvertrag ist dafür ein Beispiel.

Home-Office

Im Rahmen der Digitalisierung, aber auch bei der Rekrutierung von Personal nimmt das Home-Office eine immer größere Bedeutung ein. Gemeint ist damit ein voll funktionstüchtiger Arbeitsplatz, der es dem Mitarbeiter ermöglicht von zu Hause aus uneingeschränkt seiner Arbeit nachzugehen. Home-Office-Plätze einzurichten ist vor allem mit Blick auf Datensicherheit und Datenschutz eine besondere Herausforderung, aber auch eine Chance, Berufsfelder attraktiv zu machen. Vgl. Teil 4 3.3.3.

Hundesteuer

Die Hundesteuer kann aufgrund des Art. 3 Abs. 1 des Kommunalabgabengesetzes (KAG) von den Gemeinden als Jahressteuer erhoben werden. Ihr Aufkommen betrug im Jahr 2024 in Bayern 41,2 Mio. €.

Hybride Akte

Akte, die sowohl elektronische Bestandteile als auch solche in Papierform enthält. Gerade bei hybrider Aktenführung ist eine Festlegung wichtig, ob die elektronische Akte oder die Papierakte die „führende Akte“ ist.

Identifikation

Die Wiedererkennung, das Gleichsetzen, Übereinstimmen mit einer Sache oder einem Individuum. Inhalte, Sachverhalte bzw. Ansichten von Institutionen oder Personen werden übernommen (Wir-Gefühl, „unsere Gemeinde“). Je höher die Identifikation desto höher ist auch die Bereitschaft zum Engagement vor Ort.

ILE – Integrierte Ländliche Entwicklung

Die integrierte ländliche Entwicklung beabsichtigt eine gezielte und umfassende Entwicklung bestimmter Handlungsfelder, die für das sozialökonomische Zusammenleben in einem Raum bedeutend sind. Grundlage der integrierten ländlichen Entwicklung ist in der Regel ein sogenanntes Integriertes Ländliches Entwicklungskonzept, abgekürzt ILEK, in dem die Bereiche Leben, Arbeiten, Erholung und Natur einer besonderen Betrachtung und Untersuchung zugeführt werden. Das Konzept basiert in der Regel auf einer Stärke-/Schwäche-Analyse und beabsichtigt ein konsequentes Aufspüren besonderer Handlungsfelder, die insbesondere im Bereich der kommunalen Zusammenarbeit forciert angegangen werden sollen. In der Regel werden sowohl die Entwicklung derartiger Konzepte aber auch die Umsetzung von dort vorgeschlagenen Einzelmaßnahmen durch den Freistaat Bayern gefördert. Zuständig in Bayern für die Entwicklung von integrierten ländlichen Entwicklungskonzepten sind die Ämter für ländliche Entwicklung.

Image (Fremd-/Eigen-)

Wahrnehmung und/oder Gesamteindruck von Städten und Regionen. Drückt aus, welche Eigenschaften und Werte Außenstehende und Bewohner mit diesem Ort verbinden (gemütlich, dynamisch, rückständig oder auch: Frankfurt am Main = Bankenstadt) und dann dem Ort und ggf. auch den Menschen als Gemeinsamkeit zuschreiben. Fremd- und Eigenimage können sich stark voneinander unterscheiden.

Das Fremd-/Eigen-Image wird im Rahmen einer Grundlagenanalyse zur Erstellung eines Standortprofils analysiert.

Imperatives Mandat

Das imperative Mandat ist ein an den Willen und das Interesse der jeweiligen Wähler gebundener Auftrag des gewählten Repräsentanten. Dieser entscheidet in der Beschlusskörperschaft, in die er gewählt wurde, entsprechend der Interessenlage seiner Wählerschaft. Das imperative Mandat steht im Gegensatz zum freien Mandat, bei dem der Repräsentant nur seinem Gewissen unterworfen ist.

Industriegebiet

Geregelt in § 9 BauNVO. Das Industriegebiet (GI) ist ein Baugebietstyp der BauNVO, der als Art der baulichen Nutzung in einem Bebauungsplan festgesetzt werden kann. Industriegebiete dienen ausschließlich der Unterbringung von Gewerbebetrieben, und zwar vorwiegend solcher Betriebe, die in anderen Baugebieten unzulässig sind.

Informationssicherheit

Informationssicherheit hat das Ziel, Informationen jeglicher Art und Herkunft zu schützen. Dabei können Informationen auf Papier, in IT-Systemen oder auch in den Köpfen der Benutzer gespeichert sein. Die klassischen Grundwerte der Informationssicherheit sind Vertraulichkeit, Integrität und Verfügbarkeit.

Informationssicherheitskonzept

Konzept mit technischen und organisatorischen Maßnahmen, um die Sicherheit der informationstechnischen Systeme der Behörden im Rahmen der Verhältnismäßigkeit sicherzustellen (Art. 43 Abs. 1 BayDiG).

Informationssicherheitsbeauftragter

Informationssicherheitsbeauftragte haben in der Regel die Aufgabe, auf die Sicherheit der informationstechnischen Systeme in der Behörde hinzuwirken. Im Gegensatz zum behördlichen Datenschutzbeauftragten sind die Aufgaben und Befugnisse des Informationssicherheitsbeauftragten nicht gesetzlich geregelt.

Inkompatibilität

Inkompatibilität ist die Unvereinbarkeit von Amt und Mandat.

Innenbereich

Geregelt in § 34 BauGB. Der Innenbereich ist einer der drei planungsrechtlichen Bereiche (Geltungsbereich eines qualifizierten Bebauungsplans, Außenbereich, Innenbereich).

Als Innenbereich bezeichnet man die Flächen, die in einem im Zusammenhang bebauten Ortsteil liegen. Ein Bebauungszusammenhang in diesem Sinne liegt nach der Rechtsprechung des Bundesverwaltungsgerichts dann vor, wenn die tatsächliche Bebauung trotz vorhandener Baulücken den Eindruck der Geschlossenheit und Zusammengehörigkeit vermittelt. Von einem Ortsteil spricht man, wenn es sich um einen Bebauungskomplex handelt, der nach der Zahl der vorhandenen Bauten ein gewisses Gewicht besitzt und Ausdruck einer organischen Siedlungsstruktur ist.

Mit anderen Worten: Innenbereich = Bebauungszusammenhang + Ortsteil (Gewicht + organische Siedlungsstruktur).

Innenbereichssatzungen („Ortsabrundungssatzungen")

Geregelt in § 34 Abs. 4 BauGB. Es gibt drei Formen der Innenbereichssatzungen, nämlich die Klarstellungssatzung, die Festlegungssatzung und die Einbeziehungssatzung. Die Satzungen können auch miteinander verbunden werden und müssen mit einer geordneten städtebaulichen Entwicklung vereinbar sein. In ihnen können auch einzelne Festsetzungen eines Bebauungsplans getroffen werden. Sie werden im vereinfachten Verfahren des § 13 BauGB aufgestellt.

Integriertes Städtebauliches Entwicklungskonzept (ISEK)

Ein ISEK wird üblicherweise für 15–20 Jahre aufgestellt. Aufbauend auf bereits bestehenden Konzepten und Planungen werden alle wesentlichen planungsrelevanten Themen im Gesamtzusammenhang betrachtet. Bei der Erstellung arbeiten alle städtischen Institutionen, Fachplanungen, Unternehmer und die Bürgerschaft im Rahmen von verschiedenen Beteiligungsformaten zusammen. Das Ergebnis ist ein informelles Strategiepapier mit den künftigen Zielen, Handlungsfeldern und Maßnahmen, das als zentrale Leitlinie für städtebauliche Projekte und Planungen herangezogen werden sollte.

Integrität

Grundwert der Informationssicherheit, um die Korrektheit der Daten und die Funktionsweise der Systeme zu schützen.

Interkommunale Zusammenarbeit

Geschieht zur Erfüllung gemeinsamer Aufgaben von Kommunen der gleichen Ebene oder auch unterschiedlicher Ebenen, insbesondere in den Rechtsformen der Arbeitsgemeinschaft, der Zweckvereinbarung oder des Zweckverbands. Zu den wichtigsten Aufgaben gehören Regelungen im Bereich der Raumplanung und der technischen Infrastruktur, aber auch bei Umweltschutz, Kultur und Gesundheitswesen wird häufig kooperiert. Geregelt in den Gesetzen der Länder (GKG – Gesetze über die Kommunale Gemeinschaftsarbeit).

Investitionspauschale

Die Gemeinden und Landkreise erhalten zur Finanzierung kleinerer Investitionsmaßnahmen eine Investitionspauschale, die nach der Einwohnerzahl und der Umlagekraft berechnet wird. Gemeinden mit einem zu erwartenden Bevölkerungsrückgang erhalten einen Demografiezuschlag. Die Investitionspauschale wird auf einen Mindestbetrag aufgestockt. Gemeinden, deren Umlagekraft mehr als das Doppelte des Landesdurchschnitts beträgt, erhalten keine Investitionspauschale.

ISO/IEC 27001

Internationale Norm zum Management von Informationssicherheit, die auch eine Zertifizierung ermöglicht.

IT-Grundschutz

Methodik des Bundesamts für Sicherheit in der Informationstechnik. Der IT-Grundschutz ist eine ganzheitliche Vorgehensweise, um für Institutionen aller Arten und Größen eine angemessene Informationssicherheit umzusetzen.

IT in der Kommunalverwaltung

Informationstechnologien der Kommunalverwaltung; dies bedeutet, dass die modernen Kommunikations- und Datenverarbeitungsmedien auch innerhalb der Kommunalverwaltung Einzug halten.

IT-Planungsrat

Der Planungsrat für die IT-Zusammenarbeit der öffentlichen Verwaltung zwischen Bund und Ländern (IT-Planungsrat) koordiniert die Zusammenarbeit von Bund und Ländern in Fragen der Informationstechnik, koordiniert und unterstützt die Zusammenarbeit von Bund und Ländern in Fragen der Digitalisierung von Verwaltungsleistungen, steuert ihm zugewiesene E-Government-Projekte und übernimmt bestimmte Aufgaben für das Verbindungsnetz.

IT-Sicherheit

IT-Sicherheit als Teilmenge der Informationssicherheit konzentriert sich auf den Schutz elektronisch gespeicherter Informationen und deren Verarbeitung.

Judikative

Die Umsetzung von Recht in Form der Überprüfung rechtskonformen Verhaltens ist die Aufgabe der unabhängigen Rechtsprechung mit den unterschiedlichen Zweigen der Gerichtsbarkeit. Die Rechtsprechung ist eine der drei Staatsgewalten.

Jugendhilfe

Förderung der Jugend in der Entwicklung und Erziehung zu einer eigenverantwortlichen und gemeinschaftsfähigen Persönlichkeit. Jugendarbeit, Jugendsozialarbeit, Förderung der Erziehung in der Familie, Förderung von

Kindern in Tageseinrichtungen und Hilfe für junge Volljährige. Öffentliche Jugendhilfe erfolgt subsidiär nach der freien Jugendhilfe von anerkannten Trägern.

Kameralistik

Die Kameralistik arbeitet mit dem Verwaltungs- und Vermögenshaushalt. Rechtsgrundlage ist Art. 61 Abs. 4 GO und die Verordnung über das Haushalts-, Kassen- und Rechnungswesen der Gemeinden, der Landkreise und der Bezirke nach den Grundsätzen der Kameralistik (KommHV-Kameralistik). Die Kameralistik ordnet die Einnahmen (Steuern, Zuweisungen) und Ausgaben (Personal, Umlagen, Mieten) im Verwaltungshaushalt. Im Vermögenshaushalt erscheinen alle vermögenswirksamen Einnahmen und Ausgaben (Erwerb/Veräußerung von Anlagevermögen, Rücklagenzuführungen und -entnahmen, Kreditaufnahmen und -tilgungen.

Kämmerer

Der Kämmerer ist der Leiter der kommunalen Finanzabteilung.

Kernbereiche der Selbstverwaltung

Das Bundesverfassungsgericht hat wiederholt entschieden, dass das Selbstverwaltungsrecht Art. 28 II GG der Kommunen nicht ausgehöhlt werden darf. Dazu gehört zum Beispiel im Rahmen der Bildungslandschaft ein ausreichendes Mitwirkungsrecht der kommunalen Aufgabenträger bei den entsprechenden Planungsprozessen. Vgl. BVerfG v. 19.11.21014.

Kerngebiet

Geregelt in § 7 BauNVO. Das Kerngebiet (MK) ist ein Baugebietstyp der BauNVO, der als Art der baulichen Nutzung in einem Bebauungsplan festgesetzt werden kann. Kerngebiete dienen vorwiegend der Unterbringung von Handelsbetrieben sowie den zentralen Einrichtungen der Wirtschaft, der Verwaltung und der Kultur. Es handelt sich bei Kerngebieten ganz regelmäßig um innerstädtische Gebiete größerer Orte.

Kinderbildungs- und -betreuungsgesetz

Seit Einführung des BayKiBiG erhalten die Kommunen vom Staat eine finanzielle, kindbezogene Unterstützungsförderung, die an qualitative Voraussetzungen gebunden ist. Es muss unter anderem ein bestimmter Mindestbetreuungsschlüssel erfüllt sein. Das bedeutet für eine bestimmte Anzahl von Kindern muss eine bestimmte Anzahl von qualifiziertem Betreuungspersonal vorgehalten werden.

Klarstellungssatzung

Geregelt in § 34 Abs. 4 Satz 1 Nr. 1 BauGB. Mit der Klarstellungssatzung kann die Gemeinde die Grenzen für die im Zusammenhang bebauten Ortsteile festlegen. Die Satzung hat – für sich allein genommen – aber nur deklaratorische Wirkung. Sie stellt lediglich dar, welche Flächen zum Innenbereich und welche zum Außenbereich gehören, und kann daher für Außenbereichsflächen kein Baurecht schaffen.

Kleinsiedlungsgebiet

Geregelt in § 2 BauNVO. Das Kleinsiedlungsgebiet (WS) ist ein Baugebietstyp der BauNVO, der als Art der baulichen Nutzung in einem Bebauungsplan festgesetzt werden kann. Kleinsiedlungsgebiete dienen vorwiegend der Unterbringung von Kleinsiedlungen einschließlich von Wohngebäuden mit entsprechenden Nutzgärten, landwirtschaftliche Nebenerwerbsstellen. Die Kleinsiedlungsgebiete haben in der Praxis kaum Bedeutung.

Kollegialorgan

Ein Kollegialorgan ist ein Gremium, das aus gleichberechtigten Mitgliedern besteht und seine Wirkung z. B. bei Entscheidungen nur insgesamt als Kollegium entfalten kann. Kollegialorgane sind der Gemeinderat, der Stadtrat, der Kreistag und der Bezirkstag.

Kommunales Behördennetz

Unter einem Kommunalen Behördennetz (KomBN) wird ein gemeinsames elektronisches Netzwerk zwischen dem Landratsamt und den Gemeinden im Landkreis mit (mindestens) zentralem Übergang zum Bayerischen Behördennetz verstanden.

Kommunale Selbstverwaltung

Selbstverwaltung ist das Recht, die eigenen Angelegenheiten im Rahmen der bestehenden Rechtsordnung selbst und eigenverantwortlich zu regeln. Die kommunale Selbstverwaltung meint das verfassungsmäßige Recht der Gebietskörperschaften (Gemeinden, Landkreise und Bezirke), ihre Angelegenheiten entsprechend zu organisieren und zu erledigen (Art. 28 Abs. 2 GG; Art. 11 BV). Zum Wesensinhalt des Selbstverwaltungsrechts gehören u. a. die eigenverantwortliche Rechtssetzung, die Verwaltungshoheit, die Finanz- und Personalhoheit, die Organisationshoheit sowie die Planungshoheit.

Kommunaler Hochbau

Der Freistaat Bayern gewährt den Kommunen Zuwendungen gem. Art. 10 BayFAG insbesondere zum Bau von Schulen, schulischen Sportanlagen, Kindertageseinrichtungen und kommunalen Theatern, um sicherzustellen, dass in allen Regionen in etwa die gleiche Infrastruktur vor allem im Bereich der Schulen und Kindertagesstätten angeboten werden kann. Gefördert wird nach sog. Kostenrichtwerten.

Kommunales Haushaltsrecht

Art. 61 ff. GO regelt im Grundsatz das kommunale Haushaltsrecht. Gemeinden sind verpflichtet, ihren Haushalt zu planen und Einnahmen und Ausgaben klar und transparent offenzulegen. Die Haushaltswirtschaft ist dem Gebot der Sparsamkeit und Wirtschaftlichkeit unterworfen.

Kommunales Kollegialorgan

Darunter versteht man die aus Mandatsträgern zusammengesetzten Handlungseinheiten wie Gemeinderat, Ausschüsse, Kreistag, Bezirkstag etc.

Kommunalunternehmen

Kommunalunternehmen sind organisatorisch und rechtlich selbstständige Anstalten des öffentlichen Rechts, denen von der Kommune einzelne oder alle mit einem bestimmten Zweck zusammenhängenden Aufgaben ganz oder teilweise übertragen werden. Das Kommunalunternehmen wird durch eigene Organe (Vorstand, Verwaltungsrat) verwaltet.

Kommunen

Alle Gebietskörperschaften des öffentlichen Rechts, d. h. kreisangehörige Gemeinden (einschl. Große Kreisstädte), kreisfreie Gemeinden (Städte), Landkreise und Bezirke.

Konnexitätsprinzip

Darunter versteht man die Verpflichtung des Staates, für den Fall, dass er Aufgaben auf die kommunale Ebene überträgt, für die Deckung der Kosten zu sorgen (vgl. Art. 83 Abs. 3, Abs. 7 BV).

Konsultation

Konsultation nennt man die gesetzlich verordnete Beteiligung. Zum Beispiel sind die kommunalen Spitzenverbände im Rahmen des **staatlichen Finanzausgleichs,** oder bei konnexitätsrelevanten Vorgängen zu beteiligen, Art. 83 VII BV. Konsultationen auf EU-Ebene sind zudem eine gängige Form der Einbindung von Bürgern und Interessensgruppen, um Meinungen zu Gesetzesentwürfen oder Politikfeldern einzuholen (Ansatz der besseren Rechtsetzung).

Körperschaft des öffentlichen Rechts

Es gibt verschiedene Möglichkeiten abstrakte, das heißt von natürlichen Personen unabhängige Rechtsträgerschaft zu begründen. Eine juristische Person des öffentlichen Rechts, die selbst Träger von Rechten und Pflichten sein kann ist die Körperschaft des öffentlichen Rechts. Der Bayer. Gemeindetag hat diese Rechtspersönlichkeit und damit auch beamtenrechtliche Dienstherreneigenschaft.

Kraftfahrzeugsteuer/Kraftfahrzeugsteuerersatzverbund

Aufgrund einer Änderung des Grundgesetzes steht ab 1.7.2009 dem Bund das Aufkommen an der Kraftfahrzeugsteuer zu. Die Länder erhalten dafür als Kompensation einen jährlichen Festbetrag aus dem Steueraufkommen des Bundes. Der Kommunalanteil aus diesen Einnahmen liegt seit 2020 bei 70 % (2026: 1.084 Mio. €). Diese Mittel werden insbesondere für den kommunalen Straßenbau, die Abwasserförderung, den öffentlichen Personennahverkehr und für Zuweisungen an die Bezirke verwendet.

Krankenhausumlage/Krankenhausförderung

Das Land fördert auf Antrag Krankenhausinvestitionen. Im Rahmen des kommunalen Finanzausgleichs 2026 wurden hierfür 800 Mio. € bereitgestellt, wovon die Landkreise und kreisfreien Städte die Hälfte über die Krankenhausumlage aufbringen.

Kreisangehörige Gemeinden

Kreisangehörige Gemeinden gehören einem Landkreis an. Zur Abgrenzung siehe **Kreisfreie Gemeinden.**

Kreisfreie Gemeinden/Kreisfreie Städte

Kreisfreie Gemeinden/kreisfreie Städte gehören keinem Landkreis an. Die Verwaltungsspitze ist ein Oberbürgermeister. Der Aufgabenumfang ist umfangreicher als der einer kreisangehörigen (Art. 9 Abs. 1 GO); personelle Ausstattung und Kommunalaufsicht sind anders geregelt (Art. 110, 115 GO).

In ihrem Gebiet erledigen sie sowohl die gemeindlichen Aufgaben als auch die Aufgaben, die sonst dem Landratsamt als Staatsbehörde und als Kreisbehörde obliegen.

Kreislaufwirtschaft

Die Kreislaufwirtschaft (Circular Economy) ist ein ökonomisches und ökologisches Ordnungsprinzip, das darauf abzielt, die Lebensdauer von Produkten und Materialien zu maximieren und Abfall zu vermeiden. Im kommunalen Kontext wird sie als neuer, harter Standortvorteil und als Konzept für die Revitalisierung von Innenstadt-Leerständen (z. B. durch Second-Hand-Läden) genutzt, um neue, kaufkräftige Zielgruppen anzuziehen und die regionale Wertschöpfung zu stärken.

Kreisumlage

Die Landkreise haben keine nennenswerten eigenen Steuerquellen. Sie legen gemäß Art. 18 BayFAG ihren durch sonstige Einnahmen nicht gedeckten Bedarf auf die kreisangehörigen Gemeinden um. Die Kreisumlagesätze in Bayern 2025 liegen zwischen 42,8 % und 56,5 %. Der Kreisumlagesatz wird vom Kreistag festgesetzt. Berechnungsbasis ist die Steuerkraft und 80 % der Schlüsselzuweisungen des Vorjahres der kreisangehörigen Gemeinden.

Kreisverwaltungsbehörde

Vorsicht, der Begriff führt leicht in die Irre! Wenn das Landratsamt als untere Staatsbehörde und nicht als reine Verwaltungsbehörde des Landkreises auftritt, zum Beispiel als Baugenehmigungsbehörde, als Veterinärbehörde oder Ausländerbehörde, handelt sie als Kreisverwaltungsbehörde.

Kulturarbeit und Kulturförderung

Freiwillige Aufgabe für das kulturelle Wohl der Einwohner.

Kumulieren

Kumulieren nennt man die Möglichkeit des Wählers, einem zur Wahl stehenden Listenkandidaten mehr als eine Stimme zu geben. Die Möglichkeit des Kumulierens bei Kommunalwahlen (Gemeinde und Landkreis) ist unterschiedlich geregelt. In Bayern lässt Art. 34 Abs. 5 des Gemeinde- und Landkreiswahlgesetzes (GLKrWG) das Kumulieren zu.

Landrat

Kommunaler Wahlbeamter des Landkreises, jedoch mit Doppelfunktion als Leiter des Landratsamts als Staatsbehörde (insoweit den Weisungen der vorgesetzten Staatsbehörden unterworfen) und des Landratsamts als Kreisbehörde (insoweit nur staatliche Rechts- und ggf. Fachaufsicht, Vollzug der Beschlüsse des Kreistags und seiner Ausschüsse, Kontrolle durch den Kreistag).

Landratsamt

Doppelbehörde als Verwaltungsbehörde des Landkreises (Kreisbehörde) und als untere staatliche Verwaltungsbehörde (Kreisverwaltungsbehörde).

Soweit das Landratsamt als Staatsbehörde handelt (Erledigung von staatlichen Aufgaben), sind der Kreistag und seine Ausschüsse nicht zuständig.

Legaldefinition

Eine Begriffsbestimmung durch das Gesetz selbst nennt man Legaldefinition.

Art. 1 GO beinhaltet z. B. die Legaldefinition des Begriffs „Gemeinde“.

Legislative

Die gesetzgebende Gewalt (Landtag, Bundestag).

Leistungszulagen

Nach der Bundesleistungsbesoldungsverordnung BLBV in Verbindung mit § 42 BBesG können Beamte für besondere dienstliche Leistungen Prämien erhalten. Für Angestellte im öffentlichen Dienst regelt das § 18 IV TVöD. In der Regel erfolgt die Zulage aufgrund einer Leistungsbewertung oder Beurteilung und dient der Motivation oder Honorierung einer überdurchschnittlichen Leistung des Beschäftigten. Bei Angestellten hat einmal jährlich eine entsprechende Evaluation stattzufinden. Vgl. Teil 4 3.3.2.

Leitbild

Ein Leitbild bildet das Zielsystem für alle an der Entwicklung beteiligten Interessengruppen. Deshalb werden im kommunalen Leitbild idealerweise alle Entwicklungsbereiche einbezogen, in denen Leistungen erbracht und Maßnahmen vollzogen werden (z. B. Handel, Verkehr, Stadtgestaltung, Soziales, Kultur, Umwelt). Das Leitbild ist – verabschiedet vom Stadt- oder Gemeinderat – eine wichtige Richtungslinie für die zukünftige örtliche Entwicklung. Es ist ein nach innen gerichtetes Produkt, das den Akteuren des Stadtmarketings Orientierung liefert.

Lückenfüllungssatzung (= Außenbereichssatzung)

Geregelt in § 35 Abs. 6 BauGB. Die Gemeinde kann für bebaute Bereiche im Außenbereich, die nicht überwiegend landwirtschaftlich geprägt sind und in denen eine Wohnbebauung von einigem Gewicht vorhanden ist, durch Satzung bestimmen, dass Wohnzwecken dienenden Vorhaben nicht entgegengehalten werden kann, dass sie einer Darstellung im Flächennutzungsplan über Flächen für die Landwirtschaft oder Wald widersprechen oder die Entstehung oder Verfestigung einer Splittersiedlung befürchten lassen. Dadurch, dass diese wichtigen öffentlichen Belange gleichsam ausgeblendet werden, schafft die Außenbereichssatzung die grundsätzliche Möglichkeit, Splittersiedlungen im Außenbereich nach innen zu verdichten.

Management auf Zeit

Kann vorübergehend zur Förderung aller Aktivitäten für einen bestimmten Bereich und in einem festgelegten Zeitraum (Monate, Jahre) eingerichtet werden. Die Verantwortlichen im „Management auf Zeit" übernehmen dabei vor Ort die Schnittstellenfunktion zwischen privater und öffentlicher Hand und koordinieren die Zusammenarbeit.

Typisches Beispiel ist das Innenstadt- oder Quartiersmanagement, das die dortige Attraktivitätssteigerung verfolgt. Das Management auf Zeit steuert als Motivator und Ideengeber die Zusammenarbeit und setzt in einem dialogorientierten Prozess gemeinsame Ziele und Maßnahmen um bzw. entwickelt diese neu.

Mandatsträger

Mandatsträger nennt man die gewählten Mitglieder der jeweiligen Kommunalparlamente, also die Mitglieder des Stadtrates, Gemeinderates, Kreistages bzw. Bezirkstages. Vgl. Teil 3 2.1.

Marke/Markenbildung

Der allgemeine Standortwettbewerb und die zunehmende Professionalisierung kommunaler Handlungen erfordern klare Abgrenzungen. Dies kann durch die Aufstellung einer Marke, als Ergebnis eines Markenbildungsprozesses vor Ort gelingen. In diesem Prozess werden Differenzierungs- und Alleinstellungsmerkmale herausgearbeitet und mit passenden, umsetzungsorientierten Maßnahmen aus den Bereichen Kommunikation und Werbung, aber auch Stadtmarketing- und sogar Stadtentwicklung unterlegt. Die Marke hilft dabei als wichtige Leitplanke zur Ausrichtung jeglichen außenwirksamen Handelns.

In diesem Zusammenhang werden auch häufig die Begriffe Profilierung, Positionierung, Branding und/oder Dachmarke verwendet.

Maß der baulichen Nutzung

Geregelt in § 16 ff. BauNVO. Im Bebauungsplan kann das Maß der baulichen Nutzung bestimmt werden durch Festsetzung der Grundflächenzahl oder der Größe der Grundfläche der baulichen Anlagen, der Geschossflächenzahl oder der Größe der Geschossfläche, der Baumassenzahl oder der Baumasse, der Zahl der Vollgeschosse oder der Höhe der baulichen Anlagen. Ein Bebauungsplan, der das Maß der baulichen Nutzung regelt, muss mindestens Festsetzungen über die **Grundflächenzahl** oder die Größe der Grundfläche sowie regelmäßig über die Zahl der Vollgeschosse oder die Höhe baulicher Anlagen enthalten.

Medienbruchfreiheit

Durchgängig digitale Verarbeitung. Ist bei der Verarbeitung der Information ein Übergang auf ein anderes Medium (z. B. Papier) erforderlich, liegt hierin ein Medienbruch.

Mehrheitswahl

Die Mehrheitswahl ist eine Persönlichkeitswahl. Gewählt ist, wer die meisten Stimmen auf sich vereinigt. Bei der sog. relativen Mehrheitswahl gilt die jeweils höchste Stimmenzahl bzw. gelten die höchsten Stimmenzahlen. Bei der sog. absoluten Mehrheitswahl muss der Kandidat die absolute Mehrheit, also mehr als 50 % der abgegebenen Stimmen erreichen.

Mehrjähriger Finanzrahmen

Der Mehrjährige Finanzrahmen (MFR) ist das langfristige finanzielle Planungsinstrument der EU, das die Ausgabenobergrenzen für sieben Jahre festlegt und die EU-Politikbereiche strukturiert. Der aktuelle Rahmen läuft noch bis 2027 und hat ein Volumen von rund 1.216 Milliarden Euro. Dazu kommen rund 807 Mrd. Euro aus dem Wiederaufbauprogramm „Next Generation EU".

Metadaten

Metadaten bzw. Metainformationen sind strukturierte Daten, die Informationen über andere Informationsressourcen enthalten („Daten über Daten").

Methodenkompetenz

Fähigkeit, Arbeitstechniken zur Lösung, Kontrolle und Durchführung von Problemen zu erkennen und anzuwenden.

Mischgebiet

Geregelt in § 6 BauNVO. Das Mischgebiet (MI) ist ein Baugebietstyp der BauNVO, der als Art der baulichen Nutzung in einem Bebauungsplan festgesetzt werden kann. Mischgebiete dienen dem Wohnen und der Unterbringung von Gewerbebetrieben, die das Wohnen nicht wesentlich stören. Auch hier muss die Durchmischung von Wohnen und Gewerbe wirklich gewollt sein. Die Festsetzung eines MI als Puffer zwischen einem Gewerbegebiet und einem Wohngebiet ist regelmäßig unter dem Gesichtspunkt des Etikettenschwindels problematisch und führt nicht selten zu erheblichen Schwierigkeiten in der Umsetzung.

Multi-Channeling

Auch Cross- oder Omni-Channeling genannt. Bezieht sich darauf, dass im Einzelhandel mittlerweile die Kombination aus klassischer Offline-Werbung mit Online-Marketing als Voraussetzung gilt, um Kunden zu erreichen und Produkte sowohl im Laden als auch im Netz erfolgreich zu verkaufen.

Multimodalität

Die Multimodalität beschreibt im Verkehrssektor die nahtlose Verknüpfung und den bequemen Wechsel zwischen verschiedenen Verkehrsmitteln (z. B. ÖPNV, Car-Sharing, Fahrrad) auf einem Weg. Sie ist ein zentrales Instrument, um die Auto-Dominanz in Zentren zu reduzieren und den sogenannten Umweltverbund zu stärken.

Nachtragshaushalt

Wenn die Abweichungen vom **Haushalt** ein solches Gewicht annehmen, dass sie das ursprüngliche Haushaltsbild entscheidend verändern, dann ist nach Art. 68 GO ein Nachtragshaushalt aufzustellen.

Neues Steuerungsmodell

Die Kommunale Gemeinschaftsstelle für Verwaltungsmanagement (KGSt) hat im Jahre 1993 unter dem Oberbegriff „Neues Steuerungsmodell" eine Reihe von Maßnahmen der Verwaltungsreform zusammengefasst und miteinander verknüpft. In einem „Bauplan" der Verwaltung setzt die KGSt u. a. auf klare Verantwortungsabgrenzung zwischen Politik und Verwaltung, Führung durch Absprachen und Vereinbarungen, Delegation, zentrale Steuerung mit Controlling und Berichtswesen sowie Wettbewerb zwischen Kommunen oder Einrichtungen innerhalb einer Kommune. Später wurde das Modell zum Kommunalen Steuerungsmodell weiterentwickelt.

Normsetzendes Handeln

Der Erlass und die Vorbereitung eines Gesetzes durch das zuständige Legislativorgan wir normsetzendes Handeln genannt.

Öffentliche Ausschreibung

Die Öffentliche Ausschreibung ist eine Verfahrensart im Vergabewesen. Sie fordert in einem förmlichen Verfahren einen unbeschränkten Kreis von Unternehmen öffentlich zur Abgabe von Angeboten auf.

Öffentliche Belange

Geregelt in § 35 Abs. 3 BauGB. Die öffentlichen Belange sind entscheidend bei der Beurteilung von Außenbereichsvorhaben. Privilegierten Vorhaben dürfen die öffentlichen Belange nicht entgegenstehen, sonstige Vorhaben dürfen öffentliche Belange nicht beeinträchtigen. Wichtige öffentliche Belange sind insoweit beispielsweise die Darstellungen eines Flächennutzungsplans, die Belange der natürlichen Eigenart der Landschaft sowie die Befürchtung der Entstehung, der Verfestigung oder der Erweiterung einer Splittersiedlung. Die in § 35 Abs. 3 BauGB enthaltene Aufzählung ist nicht abschließend, spricht aber die in der Praxis wichtigsten Belange an.

Öffentlichkeitsarbeit

Um Verständnis und Anerkennung für die eigenen Anliegen und Interessen zu fördern, den Bekanntheitsgrad zu steigern, ein eigenständiges Erscheinungsbild zu schaffen und eine Vertrauensbasis gegenüber der Öffentlichkeit aufzubauen, werden durchgeplante Kommunikationsmaßnahmen an die Öffentlichkeit gebracht. Beispiele: Pressekonferenzen und -mitteilungen, website, Info-Blog (siehe auch Kommunikation extern). Wichtig dabei: vorausschauend agieren und heikle Themen antizipieren, um diese rechtzeitig auffangen zu können.

Örtliche Aufgaben

Erledigung der Angelegenheiten der örtlichen Gemeinschaft, die über das Gemeindegebiet nicht hinausgehen.

Örtliche Bauvorschriften

Geregelt in Art. 81 BayBO. In dieser Vorschrift findet sich eine Reihe von Ermächtigungsgrundlagen, aufgrund derer die Gemeinde örtliches Satzungsrecht schaffen kann.

Wichtige Beispiele sind Gestaltungssatzungen oder Stellplatzsatzungen. Gemäß Art. 81 Abs. 2 BayBO und § 9 Abs. 4 BauGB können die örtlichen Bauvorschriften auch Bestandteil eines Bebauungsplans sein.

Omnibus EU

Als EU-Omnibus wird eine Sammel-Gesetzesinitiative bezeichnet, die mehrere Gesetzesänderungen in einem einzigen Paket bündelt. Hauptziel ist die Entbürokratisierung.

Once Only Prinzip

OOP ist ein digitaler Ansatz, der darauf abzielt, dass Bürgerinnen und Bürger sowie Unternehmen ihre Daten nur einmal an eine Behörde übermitteln müssen und diese Daten innerhalb der Behörden allen zur Verfügung stehen.

Online-Initiativen/Online-Plattformen (lokale)

Lokale Initiativen (z. B. Werbegemeinschaft, City-Management, Wirtschaftsförderung, sonstige Händler- oder Gastrozusammenschlüsse etc.) entwickeln verstärkt kollektive Online-Aktivitäten zur Stärkung des Wirtschaftsstandorts und der einzelnen Unternehmen. Im Resultat werden häufig alle Angebote über eine gemeinsame Online-Plattformen mit lokalem oder regionalem Fokus gebündelt dargestellt. Informationen zu den teilnehmenden Unternehmen, aktuelle Angebote, aber auch Tipps für städtische Veranstaltungen sind der Standard dieser Websites. Die Online-Sichtbarkeit der Unternehmen steht dabei im Fokus. Stärker ausdifferenzierte Plattformen bieten auch Shopfunktionen an. Die weitere Marktentwicklung ist aufgrund der rasanten digitalen Entwicklung schwer abschätzbar.

Opportunitätsprinzip

Ein wichtiger Begriff der Ermessensausübung. Im Rahmen der Gesetzmäßigkeit kann die Verwaltung selbst entscheiden, ob ein hoheitliches Handeln im konkreten Fall nötig ist. Verhängt der Polizist eine Geldbuße oder belässt er es bei einer mündlichen Verwarnung.

Organisationskonto

Einheitliches Nutzerkonto von Bund und Ländern, das juristischen Personen, Vereinigungen, denen ein Recht zustehen kann, natürlichen Personen, die beruflich oder wirtschaftlich tätig sind oder wirtschaftliche Fördermaßnahmen in Anspruch nehmen, Land- und Forstwirten sowie Behörden zur Inanspruchnahme der Verwaltungs- und Justizleistungen zur Verfügung steht.

Organisationsportal Bayern

Verwaltungsportal des Freistaats Bayern, das die landesweite elektronische Abwicklung aller Verwaltungsleistungen und sonstigen Verwaltungsverfahren ermöglicht, die über das Organisationskonto abgewickelt werden können.

Outsourcing

Beim Outsourcing bedient sich die Kommune bei der Erfüllung ihrer Aufgaben privater Dritter. Dabei handelt es sich im Regelfall um Leistungen, die nicht zum Kernbereich der jeweiligen Aufgabe gehören, sondern lediglich die eigentliche Aufgabenerfüllung unterstützen sollen (z. B. Reinigung des Rathauses, Wäscherei in einem Krankenhaus, EDV-Betreuung).

Im Gegensatz zur materiellen Privatisierung kommunaler Aufgaben bleibt die Kommune Aufgabenträger.

Panaschieren

Panaschieren nennt man die Möglichkeit des Wählers, die zu vergebenden Stimmen auf mehr als einen Wahlvorschlag zu verteilen.

Partizipation/Bürgerbeteiligung

Bürgerbeteiligung ist ein wesentlicher Bestandteil erfolgreicher Planungsprozesse. Sei es durch Gesetze, Richtlinien der Förderprogramme, dem wachsenden Erfordernis privaten Engagements, aufgrund mangelnder finanzieller Spielräume der Kommunen oder durch die steigende Erwartungshaltung unserer Gesellschaft nach direkter Demokratie. Sie ist aber auch einer der größten Kostentreiber in Planungsprozessen und kann unerfüllbare Erwartungshaltungen wecken. Eine an die Fragestellung und die lokalen Beteiligungsbedingungen angepasste Methodenauswahl ist unerlässlich, um effiziente und erfolgreiche Resultate zu erzielen.

Zu unterscheiden ist die formelle (z. B. in der Bauleitplanung) und informelle (z. B. im Stadtmarketing) Bürgerbeteiligung.

Personalhoheit

Personalhoheit ist das von der Selbstverwaltung umfasste Recht, eigenes Personal zu beschäftigen und Personalausstattung sowie -struktur zu formen.

Personalplanung

Das ist der laufende und strategische Prozess, den Personalbestand anzupassen und zu strukturieren. Zur Personalplanung gehört im weiteren Sinn auch die Organisationsplanung, denn neue Aufgaben erfordern in der Regel anders strukturierten oder neuen Personaleinsatz. Personalplanung ist eine strategische Planung, für die der jeweilige Leiter einer Behörde zuständig ist.

Persönliche Kompetenz

Darunter versteht man die eigenen personenbezogenen Fähigkeiten, Interessen und Eigenschaften.

Personenbezogene Daten

Personenbezogene Daten sind alle Informationen, die sich auf eine identifizierte oder identifizierbare natürliche Person beziehen.

Petition

Ist das Recht für jedermann sich mit Beschwerden an Behörden, Dienststellen oder die Volksvertretung (Landtag, Bundestag, Gemeinderat) zu wenden. Die Petition ist ein formloser, verfassungsrechtlich verankerter Rechtsbehelf, vgl. Art. 115 BV, Art. 17 GG.

Phase 0

Die Phase 0 bezeichnet die vorgelagerte, informelle Planungsphase von Bau- und Entwicklungsprojekten, die vor dem Beginn offizieller Planungsleistungen (z. B. nach HOAI) liegt. In dieser Phase werden alle relevanten Akteure (Verwaltung, Politik, Nutzer) eingebunden, um die Risiken zu minimieren, das Zielbild zu schärfen und die Akzeptanz zu erhöhen, bevor hohe Planungskosten entstehen.

Pflichtaufgaben

Ihre Erledigung ist gesetzlich vorgeschrieben. Sie haben Vorrang vor den **freiwilligen Aufgaben.**

Planreife

Geregelt in § 33 BauGB. Bereits während des Aufstellungsverfahrens für einen Bebauungsplan können unter bestimmten Voraussetzungen auf seiner Grundlage bereits Baugenehmigungen erteilt werden, insbesondere wenn der Entwurf planreif ist. Dabei unterscheidet man die formelle Planreife (= die öffentliche Auslegung nach § 3 Abs. 2 BauGB ist durchgeführt und die Behörden sind nach § 4 BauGB beteiligt worden) und die materielle Planreife (= es ist davon auszugehen, dass der Bebauungsplanentwurf in seiner jetzigen Gestalt beibehalten werden wird).

Plebiszit

Das Plebiszit ist eine Abstimmung, bei der die stimmberechtigten Bürger selbst eine Entscheidung über Sachfragen herbeiführen (Volksabstimmung). Im Staatsrecht ist das Plebiszit ein Merkmal der unmittelbaren (direkten) Demokratie. Das Plebiszit steht im Gegensatz zur Repräsentation.

Pluralismus

Pluralismus ist ein Strukturprinzip der Gesellschaft, wonach eine Vielzahl von einzelnen sozialen Gruppen gleichberechtigt nebeneinander innerhalb einer verfassten (staatlichen) Gemeinschaft existieren und wirken.

Popularklage

Jeder kann unabhängig von einer eigenen Rechtsverletzung die Verfassungswidrigkeit eines Gesetzes rügen und damit einer gerichtlichen Überprüfung zuführen. Vgl. Art. 98 IV BV.

Portalverbund Bayern

Der Portalverbund Bayern umfasst das Bayernportal und das Organisationsportal Bayern.

Postfach-Dienst

Bestandteil der BayernID und des Organisationskontos für den sicheren und verschlüsselten Empfang von Nachrichten (z. B. Mitteilungen, Benachrichtigung zum Bearbeitungsstatus, digitaler Bescheid).

Privatisierung

Privatisierung ist die Übertragung von öffentlichen Aufgaben an einen privaten Rechtsträger. Von unechter Privatisierung spricht man, wenn der neue, privatrechtlich organisierte Aufgabenträger (z. B. eine städtische Wohnungsbaugesellschaft) zu 100 % im Eigentum der Kommune steht, von echter Privatisierung, wenn ein tatsächlich personenverschiedener privater Akteur auftritt.

Privatrechtliches Handeln

Man unterscheidet zwischen öffentlich-rechtlichen und privatrechtlichen Handlungsformen. Bei privatrechtlichen Handlungsformen stehen sich in der Regel natürliche oder juristische Personen des Privatrechts gegenüber. Typische Form des privatrechtlichen Handelns ist der Abschuss oder die Auflösung eines Vertrages. Es ist wichtig zu wissen, ob ein privatrechtlicher oder öffentlich-rechtlicher Akt vorliegt, denn davon hängt der Rechtsweg ab, also die Frage, ob ein Verwaltungsgericht oder ein Zivilgericht zuständig ist.

Privilegierte Vorhaben

Geregelt in § 35 Abs. 1 BauGB. Privilegierte Vorhaben sind im Außenbereich unter erleichterten Voraussetzungen zulässig, nämlich dann, wenn öffentliche Belange nicht entgegenstehen und die Erschließung gesichert ist. Zu den privilegierten Vorhaben gehören beispielsweise Vorhaben, die einem landwirtschaftlichen Betrieb dienen. Auch Windenergieanlagen werden in § 35 Abs. 1 Nr. 5 BauGB genannt. Allerdings hat Bayern von einer Länderöffnungsklausel Gebrauch gemacht und in Art. 82 BayBO geregelt, dass entsprechende Anlagen nur dann privilegiert sind, wenn sie zu Wohnbebauung einen Mindestabstand des 10fachen ihrer Höhe einhalten (10 H-Regelung).

In § 35 Abs. 4 BauGB werden darüber hinaus Vorhaben genannt, bei denen bestimmte – in der Praxis jedoch häufig tangierte – Belange bei der Beurteilung ausgespart bleiben. Dies nähert diese Vorhaben an die privilegierten Vorhaben an; häufig spricht man deshalb von „teilprivilegierten Vorhaben". Die Vorhaben des § 35 Abs. 4 BauGB knüpfen an eine bestehende oder zumindest vorhanden gewesene Bausubstanz an. Erfasst werden unter sehr genau geregelten Voraussetzungen z. B. Umnutzungen ehemals landwirtschaftlich genutzter Gebäude, Ersatzbauten sowie Erweiterungen von vorhandenen Wohngebäuden oder Gewerbebetrieben.

Projektfonds

Im Rahmen des Städtebauförderungsprogramms „Aktive Stadt- und Ortsteilzentren" besteht die Möglichkeit der Einrichtung eines Verfügungsfonds zur Förderung von öffentlich-privaten Vorhaben innerhalb des Projektgebietes. Der Fonds finanziert sich zu mindestens 50 % von privater Seite. Der öffentliche Anteil wird durch staatliche Mittel bereitgestellt.

Die Mittel eines Jahresbudgets können für Investitionen sowie investionsvorbereitende und investionsbegleitende Maßnahmen verwendet werden. Nichtinvestive Projekte können Mittel erhalten, die nicht aus der Städtebauförderung stammen. Anträge können von Einzelpersonen, Unternehmen, Verbänden, Vereinen etc. gestellt werden. Über die Bewilligung entscheidet eine örtliche Lenkungsgruppe.

Public-Private-Partnership

Öffentliche-Private-Partnerschaften (= Public-Private-Partnerships kurz PPP) sind Partnerschaften der öffentlichen Hand mit der Wirtschaft und/oder privaten Akteuren. Sie bezeichnen das Zusammenwirken von Staat und der privaten Wirtschaft bei Vorhaben, die einen entwicklungspolitischen Nutzen erbringen und gleichzeitig im Interesse der beteiligten Privatunternehmen liegen. Grundvoraussetzung ist ein beiderseitiges Interesse an dem Erfolg des Projektes (Beispiel: Bau Elbphilharmonie).

Qualifizierter Bebauungsplan

Geregelt in § 30 Abs. 1 BauGB. Er enthält mindestens Festsetzungen über die Art und das Maß der baulichen Nutzung, über die überbaubare Grundstücksflächen und über die örtliche Verkehrsflächen. Er setzt abschließendes Baurecht. Im Geltungsbereich eines qualifizierten Bebauungsplans sind Vorhaben zulässig, wenn sie den Festsetzungen nicht widersprechen und die Erschließung gesichert ist.

Quartiersmanagement

Das Quartiersmanagement ist ein auf einen räumlich abgegrenzten Bereich (Quartier, Innenstadt) bezogenes Management auf Zeit. Es fungiert als Schnittstelle und Moderator zwischen Verwaltung, privaten Eigentümern, Wirtschaft und Bürgerschaft. Es dient als zentrale Steuerung zur Koordination, Aktivierung und Umsetzung von Projekten, um die Attraktivität und die soziale Struktur zu verbessern.

Rat der Europäischen Union

Der Rat der Europäischen Union (Ministerrat oder Rat) ist gemeinsam mit dem Europäischen Parlament der Gesetzgeber der EU. Der Rat setzt sich aus den Vertretern jedes Mitgliedstaats auf Ministerebene zusammen. Je nach behandeltem Thema kommen die Minister unterschiedlicher Ressorts zusammen.

Ratsbegehren

Das Ratsbegehren ist der Beschluss des Gemeinderates oder des Kreistages, eine bestimmte Frage im Wege eines Bürgerentscheides entscheiden zu lassen (Art. 18a Abs. 2 GO; Art. 12a Abs. 2 LKrO). Der Gemeinderat bzw. Kreistag verzichtet damit darauf, in eigener Zuständigkeit zu entscheiden.

Raumordnung

Geregelt in § 3 Nr. 2 ROG und § 1 Abs. 4 BauGB. Die Gemeinde hat ihre Bauleitpläne an die Ziele der Raumordnung anzupassen. Ziele der Raumordnung sind verbindliche Vorgaben in Form von räumlich und sachlich bestimmten oder bestimmbaren, vom Träger der Landes- oder Regionalplanung abschließend abgewogenen textlichen oder zeichnerischen Festlegungen in Regionalplänen oder im Landesentwicklungsprogramm. Ziele der Raumordnung können daher nicht abgewogen werden; zu beachten ist jedoch, dass auch Ziele häufig noch Konkretisierungsspielräume enthalten, die die Bauleitplanung nutzen darf. Nicht Ziele der Raumordnung in diesem Sinne – und daher nur Abwägungsmaterial – sind die Grundsätze der Raumordnung nach § 3 Nr. 3 ROG oder landesplanerische Beurteilungen aufgrund eines Raumordnungsverfahrens.

Rechtsaufsicht

Staatliche Aufsicht kontrolliert bei der Erfüllung der Aufgaben im eigenen Wirkungskreis nur die Rechtmäßigkeit des kommunalen Handelns.

Rechtsmittel

Rechtsmittel nennt man die Maßnahme, mit der man sich gegen eine Entscheidung oder einen Rechtsakt zur Wehr setzt oder ihn überprüfen lässt. Widerspruch, Klage und Berufung sind förmliche Rechtsmittel. Aufsichtsbeschwerde und Dienstaufsichtsbeschwerde sind formlose Rechtsmittel, die weder an eine Frist noch an eine Form gebunden sind.

Rechtsordnung

Die Gesamtheit der geschriebenen und ungeschriebenen Gesetze, Verordnungen, Satzungen und sonstigen Regelungen, die unsere Gesellschaft prägen und die allgemeine Gültigkeit besitzen, bilden die Rechtsordnung.

Rechtsstaat

Ein Staat, der von seiner Verfasstheit die Bindung an Recht und Gesetz vorgibt und die Einhaltung dieser Ordnung auch überwacht. Wesentliches Kennzeichen eines Rechtsstaates ist eine strikte Gewaltenteilung, Presse- und Meinungsfreiheit sowie Gleichberechtigung und Unabhängigkeit der Justiz.

Regiebetrieb

Regiebetriebe sind organisatorisch und rechtlich unselbstständige Einrichtungen innerhalb der allgemeinen Kommunalverwaltung. Ein Regiebetrieb kann den Vorschriften über die Wirtschaftsführung der **Eigenbetriebe** unterworfen werden, wenn er als Sondervermögen geführt wird (sog. optimierter Regiebetrieb).

Reines Wohngebiet

Geregelt in § 3 BauNVO. Das reine Wohngebiet (WR) ist ein Baugebietstyp der BauNVO, der als Art der baulichen Nutzung in einem Bebauungsplan festgesetzt werden kann. Reine Wohngebiete dienen dem Wohnen. Bei Festsetzung eines reinen Wohngebiets sollte sich die Gemeinde bewusst sein, dass außer Wohngebäuden fast keine anderen Nutzungsarten zulässig sind – ein recht unflexibles Instrument also.

Reklamationsrecht

Das Reklamationsrecht ist ein Recht einer Minderheit, die Entscheidung eines beschließenden Ausschusses überprüfen zu lassen. Es steht dem Ersten Bürgermeister oder seinem Stellvertreter im Ausschuss, einem Drittel der Ausschussmitglieder oder einem Viertel der Gemeinderatsmitglieder zu. Sie können innerhalb von einer Woche nach dem Tag der Beschlussfassung beantragen, die betreffende Angelegenheit im Plenum erneut zur Abstimmung zu stellen. Entscheidungen beschließender Ausschüsse werden deshalb erst nach Ablauf einer Woche rechtswirksam. Mit dem Antrag auf Nachprüfung wird ein Ausschussbeschluss gegenstandslos.

Rekommunalisierung

Mit Rekommunalisierung ist insbesondere das Zurückholen von Aufgaben oder auch Sachgebieten gemeint, die durch die kommunale Verwaltung einem Privatisierungsvorgang zugeführt wurde. Beispiel: Unter anderem der Verkauf von Elektrizitätswerken in den 60er-Jahren an die großen Energieversorger. Viele Gemeinden versuchen jetzt aktuell die Netze wieder von den Energieversorgern zurückzuerwerben. Dies ist ein höchst komplexer Vorgang, der mit vielen wirtschaftlichen Risiken verbunden ist und deshalb einer besonders sorgfältigen Prüfung bedarf. Vgl. Teil 7 7.3.

Remonstration

Darunter versteht man Einwendungen, die ein Beschäftigter des öffentlichen Dienstes gegen Anweisungen eines Vorgesetzten erhebt.

Repräsentationsprinzip

Die Repräsentation ist die verfassungsrechtliche Verkörperung eines politischen Gemeinwesens durch ein Organ. In der Demokratie ist dieses Organ die gewählte Volksvertretung, die gemeinschaftlich stellvertretend für alle Bürger, allerdings ohne bindenden Auftrag, handelt. Die Repräsentation in ihrer reinen Form schließt ein **Plebiszit** aus.

Repräsentatives Mandat

Die Bundesrepublik Deutschland ist ein repräsentativer, demokratischer Rechtsstaat. Die gewählten Mandatsträger vertreten die Bevölkerung.

Resilienz

Resilienz beschreibt die Widerstandsfähigkeit einer Kommune oder eines Systems (z. B. Innenstadt, Verwaltung) gegenüber externen Schocks, Krisen oder dem Strukturwandel. Im Kontext der Stadtentwicklung bedeutet es die Fähigkeit, durch flexible Nutzungsmischungen, soziale Stabilität und digitale Infrastrukturen auf Veränderungen (z. B. Klimawandel, Online-Handel) zu reagieren und eine langfristige Funktionsfähigkeit zu gewährleisten.

Richtlinie

Die Richtlinie ist neben der Verordnung das wichtigste Handlungsinstrument der EU. Sie ist für jeden Mitgliedstaat, an den sie gerichtet ist, hinsichtlich des zu erreichenden Ziels verbindlich. Jedoch wird den innerstaatlichen Stellen die Wahl der Form und Mittel bei der Umsetzung überlassen. Daher enthält sie häufig nur allgemeine Zielvorgaben, die durch den mitgliedstaatlichen Gesetzgeber in geeigneter Form in einer bestimmten Frist in innerstaatliches Recht umzusetzen sind. Bei unzureichender Umsetzung kann eine Richtlinienbestimmung unmittelbare Wirkung im nationalen Recht entfalten, wenn sie hinreichend klar und eindeutig formuliert ist.

Satzung

Satzungen sind gesetztes Recht – oft durch ein Exekutivorgan. Satzungen können nur erlassen werden, wenn eine höherrangige Norm, also eine Rechtsverordnung oder ein Gesetz das jeweilige Organ hierzu ermächtigt. Satzungen brauchen also eine Rechtsgrundlage, vgl. Art. 23, 24 BayGO.

Schlüsselqualifikationen

Darunter versteht man die Flexibilität, sich schnell und effizient auf unterschiedliche Situationen einzustellen und sie zu bewältigen.

Schriftformersatz

Digitaler Ersatz eines gesetzlichen Schriftformerfordernisses. Insbesondere geregelt in Art. 3a Abs. 2 und 3 BayVwVfG und Art. 31 Abs. 5 BayDiG.

Schlüsselzuweisungen

Die Schlüsselzuweisungen sind das Kernstück des kommunalen Finanzausgleichs. 2026 stehen dafür 4.981,7 Mio. € zur Verfügung, von denen die Landkreise 36 % und die Gemeinden 64 % erhalten. Der Unterschied der fiktiven Ausgabenbelastung und Steuerkraft (bei Gemeinden) oder Umlagekraft (bei Landkreisen) bestimmt die Höhe der Schlüsselzuweisungen. Die Ausgabenbelastung wird gemäß Einwohnerzahl und Sonderbelastungen fiktiv berechnet. Der Ausgleichssatz für fehlende Steuerkraft beträgt bei Gemeinden 55 % und für fehlende Umlagekraft bei Landkreisen 50 %. Besonders finanzschwache Gemeinden erhalten zusätzlich Sonderschlüsselzuweisungen.

Schulaufwand

Der finanzielle Aufwand für Bau, Betrieb, Unterhalt und Ausstattung einer Schule wird als Schulaufwand bezeichnet. Das ist der sächliche Aufwand. Getragen wird er von den zuständigen Aufwandsträgern. Bei Grund- und Mittelschulen sind das die Gemeinden. Bei Realschulen, Gymnasien und berufsbildenden Schulen die Landkreise oder kreisfreien Gemeinden.

Schulen

Bei öffentlichen Schulen ist zu unterscheiden zwischen staatlichen Schulen (Dienstherr des Lehrpersonals ist der Staat) und kommunalen Schulen (Dienstherr des Personals ist eine Kommune oder ein Zweckverband). Öffentliche Grund- und Mittelschulen können nur staatlich sein. Vom Personalaufwand ist zu unterscheiden der von der zuständigen Kommune zu tragende Schulaufwand, bestehend aus dem Sachaufwand und dem Aufwand für das Hauspersonal.

Schulen für Land- und Dorfentwicklung

Die Schulen der Land- und Dorfentwicklung sind Bildungseinrichtungen für die Entwicklung der ländlichen Räume Bayerns. Im Mittelpunkt der Angebote stehen insbesondere die unterschiedlichen Möglichkeiten bürgerschaftlicher Beteiligung.

Schulen für Dorfentwicklung gibt es u. a. in Plankstetten und in Thierhaupten.

Schülerbeförderung

In Bayern haben die Schüler unter bestimmten Voraussetzungen Anspruch auf kostenlose Beförderung zur nächstgelegenen Schule der gewählten Schulart. Die Organisation obliegt den Kommunen, die rd. 60 % der anfallenden Kosten vom Staat ersetzt bekommen. Träger sind je nach Schultyp und nach Einzugsbereich die Gemeinden (bzw. Schulverbände), Landkreise und Bezirke, ggf. auch Zweckverbände. 2026 stehen hierfür Mittel im Finanzausgleich in Höhe von 320 Mio. € zur Verfügung.

Schulverband

Mehrere Gemeinden können sich im Rahmen der kommunalen Zusammenarbeit zu Schulverbänden zusammenschließen. In diesem Fall ist der Schulverband (ein besonderer Zweckverband) der Schulaufwandsträger. Entscheidungen werden in der Verbandsversammlung getroffen. Der Schulverband ist eigener öffentlicher Rechtssträger und auch Eigentümer des sächlichen Vermögens.

Schulverbandsumlage

Der Schulverband hat einen eigenen Haushalt auszuarbeiten. Die Aufwände im Verwaltungs- und Vermögenshaushalt werden durch Zuschüsse, ggf. Darlehen und die Verbandsumlagen gedeckt. In der Regel werden die Verbandsumlagen nach dem Verhältnis der Schüler der Verbandsmitgliedsgemeinden ermittelt.

Segregation

Segregation bezeichnet den Prozess und Zustand der räumlichen Trennung und Abgrenzung sozialer Gruppen gegeneinander. Sie beruht auf gemeinsamen Merkmalen der abgegrenzten Gruppe (z. B. Sprache, Religion, soziale Schicht), mit denen sie sich von der übrigen Bevölkerung unterscheidet. Das Resultat einer starken Segregation ist die Ausbildung charakteristischer Stadtviertel, deren typische Eigenschaften als „Image“ allgemein bekannt sind (z. B. Berlin Kreuzberg).

Selbstverwaltungsrecht

Den Gemeinden steht in ihrem Gebiet grundsätzlich die Erfüllung aller öffentlichen örtlichen Aufgaben zu (Vermutung der gemeindlichen Allzuständigkeit – Art. 28 Absatz 2 Satz 1 GG).

Die Landkreise und Bezirke haben ein institutionell garantiertes Selbstverwaltungsrecht, dessen Umfang sich jedoch nach Maßgabe der Gesetze bestimmt.

Senat

Senat ist die Bezeichnung für einen beschließenden **Ausschuss**. Der Begriff taucht erstmals im alten Rom auf, wo der Senat (Ältestenrat) der Verwaltung bindende Weisungen gab.

Sicherheitsbehörde

Die Gemeinde ist u.a. nach dem Landesstraf- und Verordnungsgesetz – LStVG – auch Sicherheitsbehörde, hat aber explizit keine Polizeibefugnisse. Die Personenfeststellung, Verhaftung obliegt u.a. ausschließlich dem Gewaltmonopol des Staates und damit der Polizei und den Strafverfolgungsbehörden.

Sicherheitswache

Eine Sicherheitswache ist ein spezieller Wachdienst von Feuerwehrdienstleistenden bei Veranstaltungen, die ein erhöhtes Gefahrenpotential in sich bergen. Beispiel: Freiluftveranstaltungen mit einer großen Anzahl an Menschen oder Theatervorführungen.

Sitzverteilung nach Sainte-Laguë/Schepers

Für die Kommunalwahlen in Bayern gilt das Höchstzahlverfahren nach Sainte-Laguë/Schepers als einziges Verfahren zur Sitzverteilung. Es ersetzt seit den Wahlen 2020 frühere Methoden wie Hare/Niemeyer oder d'Hondt und ist in Art. 35 Abs. 2 GLKrWG gesetzlich verankert.

Funktionsweise des Verfahrens

Die Stimmenzahlen jedes Wahlvorschlags werden durch aufeinanderfolgende ungerade Divisoren geteilt: zunächst 1, dann 3, 5, 7 und so weiter. Aus allen entstehenden Quotienten werden die höchsten Zahlen bis zur Gesamtzahl der zu vergebenden Sitze ausgewählt. Jede ausgewählte Quote entspricht einem Sitz für den jeweiligen Vorschlag. Dieses System berücksichtigt proportionale Stärke, schützt aber kleinere Listen besser als d'Hondt, da die größeren Divisoren frühe Überrepräsentation großer Vorschläge abmildern.

Historischer Hintergrund

Bis 2014 dominierte d'Hondt mit Divisoren 1, 2, 3, ...; von 2014 bis 2018 Hare/Niemeyer als Quotientenmethode. Seit der Gesetzesänderung 2018 wendet Bayern Sainte-Laguë/Schepers an, um fairere Verhältnisse zu schaffen – eine Anpassung, die auch bei Bundestags- und Europa-Wahlen üblich ist. Das Verfahren gilt einheitlich für Gemeinden und Landkreise.

Vorteile und Besonderheiten

Es minimiert Sitzabweichungen von der Stimmenquote und vermeidet extreme Begünstigungen. Bei Gleichständen entscheidet die ursprüngliche Stimmenzahl. Innerhalb eines Vorschlags gehen Sitze an die Kandidaten mit den meisten persönlichen Stimmen.

Solidarumlage

Die Gemeinden leisten jährlich einen Finanzierungsbeitrag zur Finanzierung der Deutschen Einheit, 2007 beispielsweise in Höhe von rd. 786 Mio. €. Die Solidarumlage wurde ab 2008 abgeschafft.

Sondergebiet

Geregelt in §§ 10 und 11 BauNVO. Das Sondergebiet (SO) ist ein Baugebietstyp der BauNVO, der als Art der baulichen Nutzung in einem Bebauungsplan festgesetzt werden kann. Insoweit ist zwischen Sondergebieten, die der Erholung dienen, etwa Wochenendhausgebieten, Ferienhausgebieten oder Campingplatzgebieten, und sonstigen Sondergebieten, die sich von den übrigen Baugebieten wesentlich unterscheiden, zu differenzieren. Die BauNVO nennt für die letzte Kategorie ebenfalls eine Reihe von Beispielen (insbesondere Ladengebiete, Gebiete für Einkaufszentren, Hochschulgebiete, Klinikgebiete). Allerdings ist diese Aufzählung nicht abschließend; die Gemeinde kann dann Sondergebiete schaffen, wenn Vorhaben untergebracht werden sollen, die in die Zwecksetzung der benannten Baugebiete nicht passen (z. B. Sondergebiet „Hotel" oder Sondergebiet „landwirtschaftliche Aussiedlerhöfe").

Sondernutzung

Die über den Allgemeingebrauch hinnausgehende Nutzung zum Beispiel einer Straße nennt man Sondernutzung. Das Befahren mit einem Schwertransporter unterliegt deshalb besonderen, z.T. entgeltpflichtigen Genehmigungen.

Sozialhilfe

Sie besteht insbesondere aus der allgemeinen Hilfe zum Lebensunterhalt und aus der Hilfe in besonderen Lebenslagen. Sie ist in erster Linie Hilfe zur Selbsthilfe. Nachrang der Sozialhilfe, d. h. Sozialhilfe ist nur letztes Mittel nach Ausschöpfung aller anderen Möglichkeiten. Subsidiarität der öffentlichen Sozialhilfe gegenüber den Trägern der freien Wohlfahrtspflege.

Sozialkompetenz

Fähigkeit, sich auf Personen einzulassen, kooperativ und kommunikativ zu reagieren. Dazu gehören auch Durchsetzungsfähigkeit und Verhandlungsgeschick.

(Kommunale) Spitzenverbände

Gemeindetag, Städtetag, Landkreistag und Bezirketag sind die bayerischen kommunalen Spitzenverbände. Auf deutscher Ebene heißen die Dachverbände Deutscher Städte- und Gemeindebund, Städtetag und Landkreistag. Zur besonderen Aufgabe der Spitzenverbände in Bayern vgl. Art. 83 VII BV.

Der Bayer. Gemeindetag zeichnet mit 2031 Mitgliedskommunen (von 2031) für den kreisangehörigen Bereich verantwortlich und ist damit der größte Landesverband in Deutschland.

(Orts- und) Stadtmarketing

Ein ganzheitliches Instrument für die konzeptionelle Entwicklungsarbeit und den planenden Prozess am Gesamtprodukt Stadt. Ziel dieser strategischen Stadtentwicklungsplanung ist ein kontinuierlicher Verbesserungsprozess sowohl für die wirtschaftliche Standortqualität, die Lebensqualität der Bewohner und Besucher und die Attraktivität v.a. der Innenstadt als auch bzgl. der Effektivierung von Verwaltung und Politik.

Da es in der Stadt so viele Zielgruppen und Prozesse gibt, muss Stadtmarketing breit getragen sein. Über Partnerschaften zwischen Kommune, Wirtschaft, Bürgern und anderen Interessengruppen einer Stadt sollen Reibungsverluste vermieden und Synergieeffekte erzielt werden. Stadtmarketing versteht sich dabei als ein zentrales, vor allem dialogbasiertes Instrumentarium zur Kommunikation, Kooperation und Koordination in der Stadt. Hauptakteure sind Kommunalpolitik, Verwaltung, Wirtschaft, Haus- und Grundbesitzer, Vereine und Bürger.

Städtebauförderung

Die Programme der Städtebauförderung stellen die Stärkung der Innenstädte und Ortsmitten, die Fortentwicklung von Stadt- und Ortsteilen mit besonderem Entwicklungsbedarf sowie die Herstellung nachhaltiger städtebaulicher Strukturen in den Mittelpunkt. Übergreifende Handlungsfelder sind vor allem die Wohnraumversorgung, Wirtschaft und Beschäftigung, Ökologie, Denkmalpflege, Kultur und Kunst, Bildung und Soziales sowie die Gleichstellung in allen Lebensbereichen.

Der Bund gewährt den Ländern Finanzhilfen, die durch Mittel von Ländern und Kommunen ergänzt werden. Die Fördergelder generieren Privatkapital in mehrfacher Höhe. Bekannte Programme zur Verwirklichung der Förderziele sind u.a. „Soziale Stadt", „Stadtumbau" oder „Aktive Stadt- und Ortsteilzentren".

Stand alone

Dieser Begriff steht insbesondere im Bereich des Marketing für ein Alleinstellungsmerkmal, das unverwechselbar ist und ein Produkt als herausragend, unverwechselbar und unvergleichbar kennzeichnet.

Standortprofil

Ergibt sich aus der Analyse und Zusammenführung aller Standortrahmenbedingungen vor Ort (bspw. Besonderheiten, Zäsuren, Soziodemografie, Stadtgeschichte). Es beschreibt in Summe das Maß der aktuellen Identifikation sowie das Fremd- und das Eigenimage. Ein sorgfältig erarbeitetes Standortprofil einer Stadt bildet die Basis für einen umsetzungsorientierten Markenbildungsprozess.

Standortfaktoren

Standortfaktoren sind maßgebliche Einflussgrößen, die sich aus den örtlich gegebenen Bedingungen ergeben und z. B. für die Standortwahl eines Betriebes eine entscheidende Rolle spielen.

Man unterscheidet zwischen harten und weichen Standortfaktoren.

Harte Standortfaktoren haben direkt messbare Auswirkungen auf die wirtschaftliche Leistungsfähigkeit von Unternehmen (z. B. Angebot an Arbeitskräften, Lohnniveau, Grundstückspreise).

Weiche Standortfaktoren sind nicht direkt messbar und beeinflussen nicht unmittelbar die wirtschaftliche Leistungsfähigkeit eines Unternehmens (z. B. Freizeitwert, Image einer Region, Lebensqualität einer Stadt/Region).

Stellenplan

Anlage des **Haushaltsplans,** aus dem sich Anzahl und Besetzung der verfügbaren Personalstellen ergeben.

Steuern

Steuern sind Geldleistungen, die ohne Gegenleistung von einem öffentlich-rechtlichen Gemeinwesen zur Erzielung von Einnahmen allen auferlegt werden, die den gesetzlichen Besteuerungstatbestand erfüllen. Gemeindesteuern sind insbesondere die Grundsteuer A und B, die Gewerbesteuer, die Zweitwohnungsteuer und die Hundesteuer. Wesensmerkmal der Steuer ist, dass sie ohne Gegenleistung erhoben wird.

Steuerkraft

Die Steuerkraft ist von entscheidender Bedeutung für die Berechnung der **Schlüsselzuweisungen** und der Umlagen. In die Steuerkraft eingerechnet werden insbesondere die **Grundsteuer** A und B, die **Gewerbesteuer** sowie der **Einkommen- und Umsatzsteueranteil** der Gemeinden. Zu beachten ist, dass die Steuerkraft jeweils auf der Grundlage der Steuer-Isteinnahmen des vorvorherigen Rechnungsjahres – also um zwei Jahre zeitversetzt – ermittelt wird. Die Steuerkraft 2026 errechnet sich aus den Steuereinnahmen der jeweiligen Gemeinde 2024.

Steuerverbund

Im Rahmen des kommunalen **Finanzausgleichs** gibt es in Bayern den **allgemeinen Steuerverbund,** den **Grunderwerbsteuerverbund** und den **Kraftfahrzeugsteuerersatzverbund.** Das Finanzvolumen der drei Steuerverbünde umfasst 2026 rd. 8.648,5 Mio. €, das sind rund 67 % der Leistungen im kommunalen Finanzausgleich.

Straßen und Verkehr

Zu unterscheiden ist zwischen der Straßenbaulast (Widmung, Bau und Unterhaltung von Straßen), dem Straßenverkehrsrecht (Verkehrsregelung durch Straßenverkehrsbehörden) und dem öffentlichen Personennahverkehr (**freiwillige** kommunale **Aufgabe**).

Straßenbaulast

Die finanzielle Verantwortung für den Bau und den Erhalt von Straßen nennt man Straßenbaulast. Je nach Straßenkategorie sind verschiedene Straßenbaulastträger betroffen. Der Bund zum Beispiel für die Autobahnen. Vgl. Teil 4 1.6.1. Art. 41 BayStrWG.

Straßenverkehrsbehörden

Für die Anordnung von Geschwindigkeitsbeschränkungen, Verkehrszeichen etc. zeichnen die Straßenverkehrsbehörden verantwortlich. Auch hier ergeben sich aus den unterschiedlichen Straßenklassen unterschiedliche Zuständigkeiten.

Strukturfonds

Die EU-Strukturfonds sind die Finanzierungsinstrumente der Regionalpolitik der EU, die strukturpolitische Maßnahmen in den Mitgliedstaaten fördern. Für Bayern sind der Europäische Fonds für Regionale Entwicklung (EFRE) und der Europäische Sozialfonds (ESF Plus) von Bedeutung.

Strukturpolitik

Strukturpolitik soll die Leistungsfähigkeit der ansässigen Wirtschaft so verbessern, dass sie ausreichend viele Erwerbsmöglichkeiten bieten kann. Strukturpolitik soll aber auch Randbedingungen berücksichtigen. So sollen die Wirtschaftsprozesse sozial und umweltverträglich ablaufen. Zum Kern strukturpolitischer Maßnahmen gehören Aktivitäten wie Mittelstands- und Innovationsförderung genauso wie Maßnahmen zur Verbesserung der beruflichen Bildung oder der Gewerbeflächenentwicklung und des Verkehrsangebotes.

Subsidiaritätsprinzip (allgemein)

Das sog. **Subsidiaritätsprinzip** ist ein aus dem Naturrecht abgeleitetes Ordnungsprinzip. Staat und Gesellschaft stellen sich als ein Gesamtsystem dar, das in Elemente auf unterschiedlichen Ebenen gegliedert ist. Die unterste Ebene ist die des Einzelnen, gefolgt von der Familie als nächstgrößerem Lebenskreis. Dieser Ebene folgt in traditionalen Gesellschaften häufig die Ebene der Nachbarschaft. Die Reihung der Ebenen setzt sich über die Kommunen fort bis zum Staat. Subsidiarität begründet Verantwortung und Zuständigkeit für die Erledigung einer bestimmten Aufgabe für die jeweils niedrigste Ebene, die zur Aufgabenerledigung befähigt ist.

Subsidiaritätsprinzip (Europa)

Durch das mit dem Vertrag von Maastricht (1993) eingeführte Subsidiaritätsprinzip wird die EU in den Bereichen, die nicht in ihre ausschließliche Zuständigkeit fallen, nur tätig, soweit die Ziele der in Betracht gezogenen Maßnahmen von den Mitgliedstaaten weder auf zentraler noch auf regionaler oder lokaler Ebene ausreichend verwirklicht werden können, sondern vielmehr wegen ihres Umfangs oder ihrer Wirkungen auf Unionsebene besser zu verwirklichen sind. Die nationalen Parlamente können durch ein „Frühwarnsystem“ die Einhaltung überprüfen lassen.

Sühneverfahren

Bei Beleidigungen ist vor Einleitung eines gerichtlichen Verfahrens ein Sühneverfahren durchzuführen. Dieses außergerichtliche Vergleichsverfahren soll der Aussöhnung der Parteien dienen. Es ist von den Gemeinden durchzuführen, in der die Kontrahenten ihren Wohnsitz haben.

Technischer Hilfsdienst

Unter technischem Hilfsdienst versteht das Bayerische Feuerwehrgesetz „ausreichende technische Hilfe bei sonstigen Unglücksfällen oder Notständen im öffentlichen Interesse“. Was damit gemeint ist, führt Ziffer 4.2 VollzBekBayFwG näher aus: „Die Feuerwehren haben technische Hilfe bei Unglücksfällen oder Notständen zu leisten. Unglücksfall ist jedes unvermittelt eintretende Ereignis, das einen nicht nur unbedeutenden Schaden verursacht oder erhebliche Gefahren für Menschen oder Sachen bedeutet. Ein Notstand liegt vor, wenn die Allgemeinheit bedroht ist. Die gemeindlichen Feuerwehren leisten in diesen Fällen aber nur dann technische Hilfe, wenn am Tätigwerden der Feuerwehr ein öffentliches Interesse besteht. Dies ist nur dann anzunehmen, wenn Selbsthilfe einschließlich gewerblicher Leistungen wegen Gefahr im Verzug oder wegen nur bei der Feuerwehr vorhandener technischer Hilfsmittel oder Fachkenntnisse nicht möglich ist.“

Tourismusmarketing

Das Tourismusmarketing verfolgt das Ziel der Steigerung der Ankünfte und Übernachtungen auswärtiger Gäste. Vielerorts ist der Tourismus bereits ein herausragender Wirtschaftszweig, andernorts versucht man diesen daher stark auszuweiten. Dafür wird die Kernfrage nach potenziellen Zielgruppen und realisierbaren Angeboten vertieft. Wesentliche Zielgruppen sind private Urlaubsreisende und Geschäftsreisende (umfasst auch Tagungen und Kongresse). Die wichtigsten Kooperationspartner/Beteiligten im Tourismusmarketing sind die Leistungsträger vor Ort (gastgewerbliche Betriebe, Veranstalter, Veranstaltungsorte und Dienstleister, aber auch deren Zulieferer) sowie die Verkehrsträger und Organisatoren (Reise- und Kongressveranstalter) in den Inlands- und Auslandsmärkten.

Träger öffentlicher Belange

Geregelt in § 4 BauGB sowie in § 4a BauGB. Die Beteiligung der Behörden und der sonstigen Träger öffentlicher Belange nach § 4 Abs. 1 BauGB und nach § 4 Abs. 2 BauGB sind Verfahrensschritte bei der Bauleitplanung. In aller Regel wird die Behördenbeteiligung nach § 4 Abs. 1 gleichzeitig mit der frühzeitigen Öffentlichkeitsbeteiligung durchgeführt. Sie stellt auch das sog. „Monitoring" im Rahmen der Umweltprüfung dar. Die Beteiligung nach § 4 Abs. 2 BauGB erfolgt regelmäßig gleichzeitig mit der förmlichen Öffentlichkeitsbeteiligung nach § 3 Abs. 2 BauGB. Die Stellungnahmen sind von der Gemeinde in der Abwägung zu berücksichtigen. Eine strikte Bindung an die Forderungen existiert aber nur, falls dies das Gesetz vorsieht.

Transportverschlüsselung

Transportverschlüsselung (z. B. mit TLS) ist eine Punkt-zu-Punkt-Verschlüsselung. Am Beispiel der E-Mail wird der Inhalt bei der Übermittlung

- zwischen dem Absender und seinem E-Mail-Anbieter sowie
- zwischen zwei E-Mail-Anbietern untereinander und
- zwischen E-Mail-Anbieter und Empfänger

verschlüsselt. Beim E-Mail-Anbieter werden die Daten entschlüsselt, insbesondere zur Überprüfung auf Viren.

Überörtliche Aufgaben

Die Erledigung der überörtlichen Angelegenheiten, die sich auf das Gebiet aller kreisangehörigen Gemeinden im Landkreis beziehen, erfolgt durch den Landkreis.

Die Erledigung der Angelegenheiten, die sich auf das Gebiet aller Landkreise und kreisfreien Städte im Bezirk beziehen, erfolgt durch den Bezirk.

Übertragener Wirkungskreis

Vom Staat den Kommunen übertragene Aufgaben zur Erledigung an Stelle des Staates. Die Aufgaben des übertragenen Wirkungskreises unterliegen der **Fachaufsicht** (fachliche Weisungen der zuständigen Staatsbehörden möglich).

Umlagekraft

Die Umlagekraft ist der Bemessungsmaßstab für die Erhebung der **Kreis**- und **Bezirksumlagen.** Sie wird aus der Summe der **Steuerkraft** der Gemeinden und 80 v. H. der Gemeinde**schlüsselzuweisungen** des Vorjahres ermittelt. 2026 errechnet sich die Umlagekraft aus der Steuerkraft 2026 (= Steuereinnahmen 2024) und 80 % der Gemeindeschlüsselzuweisungen 2025.

Umsatzsteuer

Die Umsatzsteuer – auch Mehrwertsteuer genannt – ist eine Verbrauchsteuer, mit der grundsätzlich der gesamte private und öffentliche Verbrauch belastet wird. Die Gemeinden sind an dieser Steuer indirekt über den allgemeinen Steuerverbund und seit 1998 direkt als Ersatz für den Wegfall der Gewerbekapitalsteuer beteiligt. Hinzu kommen Festbeträge, u. a. für die Ausgaben der Kommunen für die Eingliederungshilfe für Menschen mit Behinderung.

Umweltbericht

Geregelt in § 2 Abs. 4 BauGB. Der Umweltbericht ist Teil der Umweltprüfung, die grundsätzlich bei allen Bauleitplänen durchgeführt werden muss. Im Umweltbericht werden die in der Umweltprüfung ermittelten Umweltauswirkungen beschrieben und bewertet. Das Ergebnis der Umweltprüfung ist in der Abwägung zu berücksichtigen. Durch die Verpflichtung, eine Umweltprüfung durchzuführen und insbesondere einen Umweltbericht zu erarbeiten, wird die materielle Bedeutung der Umweltbelange aber nicht verändert. Kein Umweltbericht ist im vereinfachten Verfahren des § 13 BauGB und im beschleunigten Verfahren des § 13a und § 13b BauGB erforderlich.

Umweltschutz

Querschnittsaufgabe für Staat und Kommunen, beispielsweise Natur- und Landschaftsschutz, Immissionsschutz und Abfallwirtschaft.

Umzugsketten

Umzugsketten sind ein wohnungspolitisches Instrument, um dynamische Prozesse im Wohnungsbestand zu initiieren. Durch die gezielte Schaffung und Bereitstellung von kleineren, barrierearmen Wohneinheiten für ältere Bewohner wird der Anreiz für diese Gruppe geschaffen, größere, oft für sie unpraktisch gewordene Häuser oder Wohnungen freizugeben. Die freigewordenen Einheiten stehen dann Familien oder jungen Paaren zur Verfügung, was die Flächeneffizienz steigert.

Unbundeling

Unter unbundeling versteht man die strikte Trennung von Netz und Betrieb in einem Stromkonzern. Damit sollte im Zuge der Liberalisierung mehr Wettbewerb zu Gunsten der Verbraucher gesichert werden.

Urbanes Gebiet

Geregelt in § 6a BauNVO. Das urbane Gebiet (MU) ist ein Baugebietstyp der BauNVO, der als Art der baulichen Nutzung in einem Bebauungsplan festgesetzt werden kann. Urbane Gebiete dienen – ähnlich wie Mischgebiete – dem Wohnen, aber auch der Unterbringung von Gewebebetrieben und sozialen, kulturellen und anderen Einrichtungen, die die Wohnnutzung nicht wesentlich stören. Anders als beim Mischgebiet muss aber die Nutzungsmischung nicht gleichgewichtig sein.

Veränderungssperre

Geregelt in § 14 BauGB. Die Veränderungssperre ist eine gemeindliche Satzung und sichert eine Planungsabsicht der Gemeinde ab. Sie kann erlassen werden, wenn die Gemeinde einen Aufstellungsbeschluss für einen Bebauungsplan gefasst hat und ein hinreichend konkretes Planungskonzept erkennbar ist. Liegt eine Veränderungssperre vor, sind grundsätzlich alle Vorhaben gesperrt, die der gemeindlichen Planungsabsicht zuwiderlaufen. Die Veränderungssperre gilt grundsätzlich zwei Jahre; sie kann um ein weiteres Jahr und bei Vorliegen besonderer Umstände sogar um ein viertes Jahr verlängert werden.

Vereinfachtes Verfahren

Geregelt in § 13 BauGB. Das vereinfachte Verfahren kann zur Anwendung kommen, wenn durch die Änderung oder Ergänzung eines Bauleitplans die Grundzüge der Planung nicht berührt werden oder wenn durch die Aufstellung eines Bebauungsplans in einem Gebiet nach § 34 BauGB der sich aus der vorhandenen Eigenart der näheren Umgebung ergebende Zulässigkeitsmaßstab nicht wesentlich verändert wird. Im vereinfachten Verfahren kann insbesondere auf die vorgezogene Öffentlichkeits- und Behördenbeteiligung verzichtet werden. Die Erstellung eines Umweltberichts ist nicht erforderlich.

Verfahrensfreiheit

Geregelt in Art. 57 BayBO. Die Tatbestände der Verfahrensfreiheit umfassen aus baurechtlicher Sicht geringfügige Vorhaben, bei denen es genügt, dass die Bauaufsichtsbehörde gegebenenfalls erst nachträglich einschreitet und baurechtswidrige Zustände beseitigen kann. Die Baugenehmigungsfreiheit entbindet nicht von der Einhaltung der materiellen Vorschriften des Baurechts. Baugenehmigungsfreiheit bedeutet daher nicht in jedem Fall Zulässigkeit. Wichtige Anwendungsfälle der Verfahrensfreiheit sind etwa Gebäude mit einem umbauten Raum bis zu 75 m^3 außer im Außenbereich sowie Grenzgaragen im Sinne des Art. 6 Abs. 9 BayBO, die nicht im Außenbereich liegen.

Verfügbarkeit

Grundwert der Informationssicherheit, dass nur autorisierte Benutzer auf Informationen und Systeme zugreifen können.

Vergabewesen

Die Kommunen sind öffentliche Auftraggeber und bei der Vergabe an bestimmte Verfahrensvorschriften gebunden. Bei der Vergabe oberhalb von EU-Schwellenwerten muss der Vergabe ein offenes Verfahren, ein nicht-offenes Verfahren mit öffentlichem Teilnahmewettbewerb, ein Verhandlungsverfahren mit bzw. ohne vorherigem Teilnahmewettbewerb oder ein wettbewerblicher Dialog vorangehen. Bei der Vergabe von Aufträgen unterhalb von EU-Schwellenwerten muss der Vergabe eine Öffentliche Ausschreibung oder eine Beschränkte Ausschreibung mit Teilnahmewettbewerb vorausgehen, sofern nicht die Natur des Geschäfts oder besondere Umstände eine Beschränkte Ausschreibung ohne Teilnahmewettbewerb oder eine Verhandlungsvergabe rechtfertigen.

Verhandlungsvergabe

Bei einer Verhandlungsvergabe fordert die Kommune mehrere, grundsätzlich mindestens drei Unternehmen nach Prüfung ihrer Eignung auf, ein Angebot abzugeben. Die Kommune kann einen Teilnahmewettbewerb vorschalten und über den Angebotsinhalt Verhandlungen führen; dabei sind alle Bieter gleich zu behandeln.

Verhältniswahl

Die Verhältniswahl ist eine Wahl zwischen mehreren Wahlvorschlägen mit jeweils mehreren Kandidaten. Die Zuteilung der Mandate erfolgt im Verhältnis der Stimmen, die auf die einzelnen Wahlvorschläge entfallen sind. Innerhalb eines Wahlvorschlages sind die Kandidaten mit den jeweils höchsten Stimmenzahlen gewählt.

Verkehrssicherungspflicht

Die Kommunen haben für ihre Straßen und ihre Betriebe die Verkehrssicherungspflicht. Das heißt, sie müssen durch Kontrolle und Vorgaben mögliche Gefahrenquellen ausschließen, oder vor ihnen warnen. Räum- und Streupflicht, Badeaufsicht etc.

Verordnung

Die Verordnung als EU-Rechtsakt hat allgemeine Geltung, ist in allen Teilen verbindlich und gilt unmittelbar in jedem Mitgliedstaat. Durch diese Rechtssatzqualität (abstrakt-generell) grenzt sich die Verordnung von dem Beschluss ab, die einen Einzelfall (konkret-individuell) regelt und nur für den Adressaten gilt. In Unterscheidung zur Richtlinie ist jede einzelne Regelung der Verordnung als geltendes Recht zu beachten, während die Richtlinie nur hinsichtlich der Zielbestimmung verbindlich ist. Die Verordnung ist damit das „Gesetz der EU".

Verschlüsselung

Schutz von Daten davor, von Dritten mitgelesen oder ausspioniert zu werden.

Verteilungsgerechtigkeit

In den vergangenen Jahren ist insbesondere im Zusammenhang mit den komplexen Verfahren zum kommunalen Finanzausgleich die Frage der Verteilungsgerechtigkeit heftig diskutiert worden. Wirken die Verfahren wirklich ausgleichend oder bevorzugen sie zum Beispiel mit der besonderen Einwohnerveredelung Großstädte, ist die Vorabgewährung von 34 % der Schlüsselmasse an die 71 Landkreise gerecht etc.

Vertrag von Lissabon

2007 unterzeichneten die europäischen Staats- und Regierungschefs den Vertrag von Lissabon über die institutionelle Reform der EU, der am 1. Dezember 2009 in Kraft getreten ist. Er ist immer noch die rechtliche Grundlage für die Arbeitsweise der Europäischen Union. Er schreibt erstmals die ausdrückliche Anerkennung des kommunalen Selbstverwaltungsrechtes fest. Die Subsidiaritätskontrolle wird auf die kommunale Ebene ausgedehnt und hat damit einen höheren Begründungsaufwand der Kommission für Rechtsakte bei lokaler Betroffenheit zur Folge. Der AdR erhält ein Klagerecht bei Verletzung des Subsidiaritätsprinzips. Ein Zusatzprotokoll über Dienste von allgemeinem wirtschaftlichem Interesse (DAWI) räumt den Kommunen einen weiten Ermessenspielraum bei der Erbringung der Dienste der Daseinsvorsorge ein. Jedoch erhält die EU auch in Art. 14 des Vertrags eine erstmalige Gesetzgebungskompetenz für diese Dienstleistungen.

Vertragsverletzungsverfahren

Die Europäische Kommission kann nach den EU-Verträgen ein förmliches Vertragsverletzungsverfahren einleiten, wenn ein EU-Mitgliedstaat einen mutmaßlichen Verstoß gegen das EU-Recht nicht behebt oder EU-Recht nicht umsetzt. Die EU-Kommission stellt mögliche Verstöße gegen das EU-Recht aufgrund eigener Untersuchungen oder aufgrund Beschwerden von Unternehmen, Interessenträgern oder Bürgern fest. Das Verfahren läuft in mehreren Schritten ab, es endet mit einem förmlichen Beschluss. Die Kommission kann den Gerichtshof anrufen, der in bestimmten Fällen die Zahlung von Strafgeldern anordnet.

Vertraulichkeit

Grundwert der Informationssicherheit, um Daten und Informationen vor unbefugter Kenntnisnahme zu schützen.

Verwaltungsgerichte

Das ist der Gerichtszweig, der die öffentliche Verwaltung, also die Exekutive kontrolliert. In Bayern ist die Verwaltungsgerichtsbarkeit im Innenministerium ressortiert. Eingangsgerichte sind die Verwaltungsgerichte, Berufungs- und Revisionsinstanz der Bayer. Verwaltungsgerichtshof, Verfassungsinstanz der Bayer. Verfassungsgerichtshof.

Verwaltungsgemeinschaft

Nach dem Gesetz über die kommunale Zusammenarbeit ein förmlicher Zusammenschluss von selbstständigen Gemeinden zur gebündelten Wahrnehmung von Aufgaben. Es gibt eine Verbandsversammlung und einen VG Vorsitzenden.

Verwaltungsmarketing

Verwaltungsmarketing bedeutet die auf den Bürgernutzen orientierte und bürgerfreundliche Führung der Kommunalverwaltung. Es erfordert das Denken in aktivierbaren Marktpotenzialen, also Erkennen und Bedienen von Nachfrage nach kommunalen Leistungen, bei optimaler Konzentration der Ressourcen.

Das Marketing-Instrumentarium kann in der Verwaltung innengerichtet (z. B. Personalmarketing, Beschaffungsmarketing) und auch außengerichtet (Gestaltung der Austauschbeziehungen zu Nutzern und Partnern der Leistungs- und Eingriffsverwaltung) angewendet werden.

Verwaltungsmarketing ist – zwar unter dem Dach des Stadtmarketing – alleinige Aufgabe der Stadtverwaltung. Verwaltungsmarketing ist „Chefsache“, denkbar ist z. B. eine Stabsstelle beim Bürgermeister unter Einbeziehung der Presse- und Informationsarbeit.

Verwaltungsreform

Unter Verwaltungsreform oder Verwaltungsmodernisierung versteht man die Bestrebungen der Kommunen, ihre Verwaltungen und Einrichtungen zu modernen, dienstleistungsorientierten, bürgernahen und wirtschaftlich betriebenen Einheiten zu gestalten.

Vollgeschoss

In der Bayerischen Bauordnung an sich nicht mehr geregelt; Art. 83 Abs. 7 BayBO ordnet aber die Weitergeltung des früheren Art. 2 Abs. 5 BayBO a.F. an. Vollgeschosse sind danach Geschosse, die vollständig über der natürlichen oder festgelegten Geländeoberfläche liegen und über mindestens zwei Drittel ihrer Grundfläche eine Höhe von mindestens 2,30 m haben. Als Vollgeschosse gelten Kellergeschosse, deren Deckenunterkante im Mittel mindestens 1,20 m höher liegt als die natürliche oder festgelegte Geländeoberfläche.

Vorbeugender Brandschutz

Mitwirkung von Feuerwehrkräften bei der gemeindlichen Feuerbeschau. Oder Brandschutzerziehung und -aufklärung zum Beispiel in Kindertagesstätten oder Grundschulen.

Vorhabenbezogener Bebauungsplan

Geregelt in § 30 Abs. 2 und in § 12 BauGB. Der vorhabenbezogene Bebauungsplan regelt ähnlich wie der qualifizierte Bebauungsplan das planungsrechtliche Baurecht abschließend. Er basiert auf einem Vorhaben- und Erschließungsplan eines Investors, den er als Bestandteil aufnimmt. Neben dem vorhabenbezogenen Bebauungsplan wird ein Vertrag zwischen Vorhabenträger und Gemeinde geschlossen, in dem sich der Vorhabenträger zur Durchführung des Vorhabens und der Erschließung innerhalb angemessener Zeit verpflichtet.

Weisungsbefugnis

Weisungsbefugnis ist das Recht des unmittelbaren Vorgesetzten, verbindliche Anweisungen für den Einzelfall zu geben.

XPlanung

XPlanung ist ein **einheitlicher Datenstandard und ein Austauschformat** für digitale räumliche Planwerke in Deutschland, wie Raumordnungs-, Landes-, Regional-, Landschafts- und Bauleitpläne (z. B. Bebauungspläne). Ziel ist ein **verlustfreier, medienbruchfreier Datenaustausch** zwischen unterschiedlichen IT-Systemen von Behörden, Planungsbüros und Bürgern, wodurch Planungsprozesse schneller, effizienter, transparenter und besser analysierbar werden.

Zweckverband

Ein Zusammenschluss von selbstständigen Gemeinden zur Erledigung eines bestimmten Zwecks, zum Beispiel Gewässerunterhaltung.

Eine besondere Körperschaft des öffentlichen Rechts, die als häufigste Rechtsform für die interkommunale Zusammenarbeit gewählt wird. Hierbei schließen sich mehrere kommunale Gebietskörperschaften zusammen, um gemeinsam öffentliche Aufgaben (z.B. Schulbau) zu bewältigen.

Zweckvereinbarung

Eine leichtere Form der kommunalen Zusammenarbeit, in der Regel für eine zeitlich begrenzte, zielorientierte Zusammenarbeit mehrerer Kommunen.

Zweitwohnungssteuer

Örtliche Aufwandsteuer auf das Innehaben einer Zweitwohnung. Erfasst sind alle Personen mit einer Zweitwohnung, sofern die Gemeinde eine Zweitwohnungssteuer erhebt. Das Aufkommen bei den Gemeinden in Bayern lag 2024 bei 59,5 Mio. €.

Teil 2 Die kommunale Selbstverwaltung

1. Einführung

Das, was die kommunale Ebene in Deutschland so einzigartig und besonders macht, ist die kommunale Selbstverwaltung. Verfassungsrechtlich verbrieft, u. a. in Art. 28 GG und Art. 11 BV, gibt sie den Akteuren und damit Ihnen, verehrte Mandatsträger und Mitarbeiter der Verwaltungen, das einzigartige Recht der höchst eigenverantwortlichen Entscheidung und Gestaltung. Natürlich besteht dieser Gestaltungsraum nicht grenzenlos. Aber er eröffnet in vielen Fällen im Rahmen der sogenannten **Gesetzmäßigkeit der Verwaltung,** Art. 20 III GG ein breites Ermessen. Aus diesem Kontext leiten sich viele Fragestellungen ab: Was dürfen, was müssen wir im Gemeinderat, im Kreistag oder Bezirkstag entscheiden? Wie weit sind wir in unseren Beschlüssen frei oder gebunden? Wo darf sich der Staat einmischen? Wo werden wir bei unserer Aufgabe, die Kommune zu verwalten, von Europa beeinflusst oder sogar bestimmt?

Auch wenn die einschlägigen Kommunalvorschriften den kommunalen Mandatsträgern keine Sonderkenntnisse abverlangen, auch wenn jeder und jede unabhängig von den Vorkenntnissen das Amt des Bürgermeisters bekleiden kann, ist es für neu Gewählte, aber auch für „alte Hasen" hilfreich, ja notwendig, sich das nötige Rüstzeug für die verantwortungsvolle Position, „Entscheider zu sein" anzueignen.

Das von Beamtendeutsch und Juristenbegriffen wimmelnde Kommunalrecht erleichtert den Zugang zur Materie nicht. Dennoch – man kommt, wenn man in den Gremien kompetent auftreten möchte, nicht umhin, sich mit Begriffen, Zuständigkeiten, Gesetzen, Verordnungen und Satzungen auseinanderzusetzen.

Keine Angst, lieber Anwender: Wir werden Sie nicht mit juristischen Details langweilen. Wir wollen Ihnen den Zugang zu den kommunalrechtlichen Bereichen, mit denen Sie sich künftig auseinanderzusetzen haben, so leicht als irgend möglich machen. Mit unserem Stichwortverzeichnis werden sie die Fachbegriffe schnell durchschauen. Wir vermitteln Ihnen Tricks und Techniken, wie Sie sich das notwendige Basiswissen schnell und effizient aneignen können. Dabei werden wir auf konkrete Beispiele zurückgreifen. Das erleichtert Ihnen den Umgang mit den relevanten Themen erheblich.

Wenn im Folgenden von Kommunen die Rede ist, so betrifft dies zunächst die ***kreisangehörigen Gemeinden***. Für ***kreisfreie Gemeinden***, Landkreise und Bezirke gilt mit Ausnahme bestimmter Sonderregelungen allerdings Ähnliches. Verwendete Personen- oder Städtenamen sind rein willkürlich ohne jeden Bezug gewählt.

2. Selbstverwaltung und die verfassungsmäßige Verankerung im Grundgesetz und in der Bayer. Verfassung

Als kommunale Mandatsträger sind Sie Teil der Staatsverwaltung sind. Auch wenn die Kommune zum Teil eigenes Recht setzt, ist sie dennoch nicht der **Legislative** zuzuordnen. Kommunales Handeln und damit Ihr Handeln als Bürgermeister oder Gemeinderat wie auch das Handeln der Mitarbeiter Ihrer Verwaltungen ist der **Exekutive** zuzuordnen.

Wenn Sie sich mit Ihren neuen Aufgaben und Zuständigkeiten auseinandersetzen, ist es besonders effizient, sich mithilfe unserer **Verfassungen,** also dem Grundgesetz und der Bayerischen Verfassung, einen ersten Überblick zu verschaffen. Es ist ein Vorzug des **Rechtsstaates,** dass sich seine Grundlagen in den jeweiligen Verfassungen wiederfinden, die gleichzeitig das höchstrangige Recht des jeweiligen Staates darstellen.

Als Mandatsträger sollten Sie sich unbedingt ein paar wichtige Gesetze besorgen, die Sie immer wieder benötigen. Dazu gehören: Grundgesetz, Bayer. Verfassung, Bayer. Gemeindeordnung, Bayer. Landkreisordnung, Bayer. Bezirksordnung (Abkürzungen: GG, BV, GO, LKrO, BezO). Die **Satzung** zur Regelung des örtlichen Gemeindeverfassungsrechts, die **Geschäftsordnung** der jeweiligen Gebietskörperschaft sowie den **Geschäftsverteilungsplan.**

TIPP!

Die Satzung betreffend das Gemeindeverfassungsrecht, die Geschäftsordnung und den Geschäftsverteilungsplan erhalten Sie bei Ihrer Gemeinde auf Anfrage. Oft werden die Ortsvorschriften zwischenzeitig auch in Bürgerportalen oder auf der Homepage der jeweiligen Kommune digital bereitgestellt. Textausgaben, z. T. sogar Kommentare zu GG, BV, GO erhalten Sie als Mandatsträger kostenfrei bei der Landeszentrale für politische Bildungsarbeit, Brienner Str. 40, 80333 München, Internet: www.km.bayern.de/blz/. Daneben hält der Buchhandel umfangreiche Literatur vor.

Im Internet existieren auch viele kostenfreie Portale, die die Gesetzestexte in ihrer aktuellen Fassung zur Verfügung stellen.

2.1 Selbstverwaltung – was ist das?

Beispiel:

„Wir wollen aber die Tempo-30-Regelung in unserer Ortsstraße! Das ist unsere Sache und geht das Landratsamt nichts an!", ruft Gemeinderat Berger erzürnt, als der Bürgermeister ein Schreiben des Landratsamts verliest. Darin wird beanstandet, dass die Gemeinde für die Uferstraße keine Tempo-30-Regelung anordnen darf, weil nach der StVO die Voraussetzungen dafür nicht gegeben seien. Die Ratsmitglieder sehen durch das Schreiben des Landratsamts „ihr", d. h. das **Selbstverwaltungsrecht** der Gemeinde verletzt.

„Das ist unsere eigene Sache, hier entscheiden wir alleine, das betrifft unsere Hoheit oder Autonomie", sind die Schlagworte.

Nicht alles, was nach dem ersten Anschein rein örtlichen Bezug hat, ist damit automatisch ureigene und damit selbstverantwortbare Angelegenheit einer Kommune. Eine Grundüberlegung bei der Abgrenzung, ob wir uns tatsächlich im Bereich der Selbstverwaltung bewegen, ist immer, ob es wirklich um eine rein örtliche Angelegenheit geht oder eher um eine Aufgabe, die die Gemeinden für den Staat erledigen.

In unserem Fall geht es um die Umsetzung der bundesrechtlich geregelten Straßenverkehrsordnung. Die Umsetzung dieser Verordnung wird zwar kommunal gemanagt, ist aber auf die Gemeinden gesetzlich übertragen und damit nicht Teil der Selbstverwaltung! Das ist auch gut so. Stellen Sie sich vor, jede Gemeinde würde eigene Verkehrsregeln erlassen.

Was aber ist dann Selbstverwaltung?

Im Kontext der Französischen Revolution finden wir den Begriff „pouvoir municipal". Übersetzt: kommunale Gewalt. Das begründet eine Eigenständigkeit der Gemeinde gegenüber dem Staat. Im deutschsprachigen Raum prägte Freiherr vom Stein das Verständnis der Selbstverwaltung im Sinne einer bürgerschaftlich orientierten, staatsergänzenden Verwaltung. Aber erst die liberale Bewegung Mitte des 19. Jahrhunderts führt zum Selbstverwaltungsverständnis der Neuzeit, das bis heute gilt.

Das **Selbstverwaltungsrecht** der Kommunen ist demnach das verfassungsrechtlich eingeräumte Recht auf eigenständige, d. h. staatsunabhängige Organisation und Regelung der eigenen Angelegenheiten. Wesentlich und zum Kern der Selbstverwaltung gehören

- die **Gebietshoheit,** verstanden als der räumliche Wirkungsbereich
- die **Organisationshoheit,** verstanden als das Recht, die Organisation der Kommune im Inneren zu regeln, z. B. welche Abteilungen und Sachgebiete gebildet werden, wer in der Kommune wofür zuständig ist

- die **Satzungshoheit,** verstanden als das Recht, durch das zuständige Gremium (in der Regel Gemeinderat etc.) Satzungen als Ortsrecht zu erlassen
- die **Personalhoheit,** verstanden als das Recht, eigenes Personal einzustellen und entsprechend einzusetzen sowie die dafür notwendigen Entscheidungen zu treffen
- die **Finanz- und Abgabenhoheit,** verstanden als das Recht, im Rahmen der Gesetze die Finanzen der Kommune eigenverantwortlich zu regeln und einen Haushalt zu bilden, und

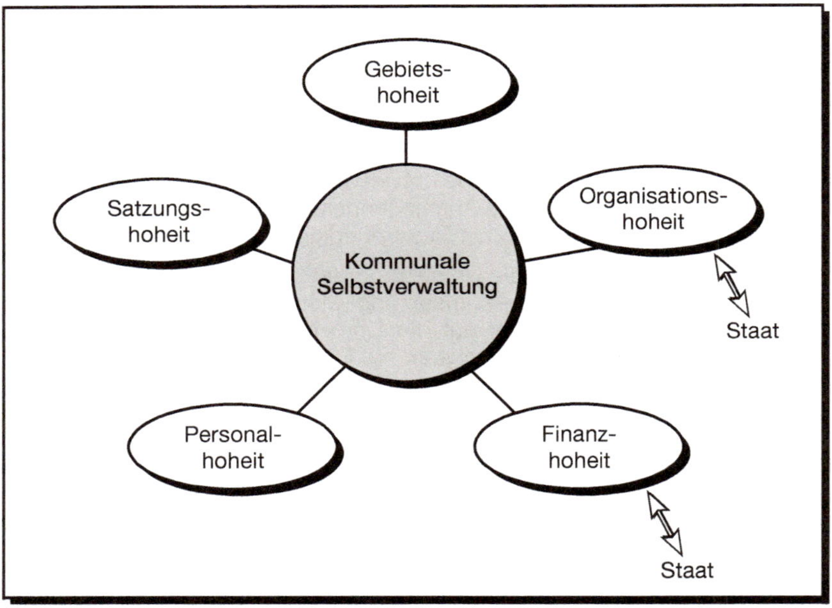

Bereiche der Selbstverwaltung

- die **Planungshoheit**: Dies ist das Recht, die wesentlichen Entwicklungsleitlinien der Gemeinde durch verbindliche Planungen festzulegen, insbesondere durch Flächennutzungsplan und Bauleitplan Baurecht zu schaffen oder zu versagen.

2.2 Selbstverwaltung – wo steht was?

Auch im Grundgesetz und der Bayerischen Verfassung finden sich wesentliche Bestimmungen zum Selbstverwaltungsrecht. Ergänzend zu beachten sind natürlich auch Bestimmungen der jeweiligen Kommunalgesetze.

Art. 28 Abs. 2 GG

Den Gemeinden muss das Recht gewährleistet sein, alle Angelegenheiten der örtlichen Gemeinschaft im Rahmen der Gesetze in eigener Verantwortung zu regeln. Auch die Gemeindeverbände *(Anm.: gemeint sind Landkreise und Bezirke)* haben im Rahmen ihres gesetzlichen Aufgabenbereiches nach Maßgabe der Gesetze das Recht der Selbstverwaltung. Die Gewährleistung der Selbstverwaltung umfasst auch die Grundlagen der finanziellen Eigenverantwortung; zu diesen Grundlagen gehört eine den Gemeinden mit Hebesatzrecht zustehende wirtschaftskraftbezogene Steuerquelle.

In der Bayerischen Verfassung:

Art. 11 Abs. 2 Satz 2 BV

Die Gemeinden haben das Recht, ihre eigenen Angelegenheiten im Rahmen der Gesetze selbst zu ordnen und zu verwalten, insbesondere ihre Bürgermeister und Vertretungskörper zu wählen.

Art. 10 BV

(1) Für das Gebiet jedes Kreises und jedes Bezirks besteht ein Gemeindeverband als Selbstverwaltungskörper.

(2) Der eigene Wirkungskreis der Gemeindeverbände wird durch die Gesetzgebung bestimmt.

(3) Den Gemeindeverbänden können durch Gesetz weitere Aufgaben übertragen werden, die sie namens des Staates zu erfüllen haben. Sie besorgen diese Aufgaben entweder nach den Weisungen der Staatsbehörden oder kraft besonderer Bestimmung selbstständig.

(4) Das wirtschaftliche und kulturelle Eigenleben im Bereich der Gemeindeverbände ist vor Verödung zu schützen.

Art. 83 BV

(1) In den eigenen Wirkungskreis der Gemeinden (Art. 11 Abs. 2) fallen insbesondere die Verwaltung des Gemeindevermögens und der Gemeindebetriebe; der örtliche Verkehr nebst Straßen- und Wegebau; die Versorgung der Bevölkerung mit Wasser, Licht, Gas und elektrischer Kraft; Einrichtungen zur Sicherung der Ernährung; Ortsplanung, Wohnungsbau und Wohnungsaufsicht; örtliche Polizei, Feuerschutz; örtliche Kulturpflege; Volks- und Berufsschulwesen und Erwachsenenbildung; Vormundschaftswesen und Wohlfahrtspflege; örtliches Gesundheitswesen; Ehe- und Mütterberatung sowie Säuglingspflege; Schulhygiene und körperliche Ertüchtigung der Jugend; öffentliche Bäder; Totenbestattung; Erhaltung ortsgeschichtlicher Denkmäler und Bauten.

(2) Die Gemeinden sind verpflichtet, einen Haushaltsplan aufzustellen. Sie haben das Recht, ihren Bedarf durch öffentliche Abgaben zu decken.

(3) Überträgt der Staat den Gemeinden Aufgaben, verpflichtet er sie zur Erfüllung von Aufgaben im eigenen Wirkungskreis oder stellt er besondere Anforderungen an die Erfüllung bestehender oder neuer Aufgaben, hat er gleichzeitig

Bestimmungen über die Deckung der Kosten zu treffen. Führt die Wahrnehmung dieser Aufgaben zu einer Mehrbelastung der Gemeinden, ist ein entsprechender finanzieller Ausgleich zu schaffen.

(4) Die Gemeinden unterstehen der Aufsicht der Staatsbehörden. In den Angelegenheiten des eigenen Wirkungskreises der Gemeinden wacht der Staat nur über die Erfüllung der gesetzlichen Pflichten und die Einhaltung der gesetzlichen Vorschriften durch die Gemeinden. In den Angelegenheiten des übertragenen Wirkungskreises sind die Gemeinden überdies an die Weisung der übergeordneten Staatsbehörden gebunden. Der Staat schützt die Gemeinden bei Durchführung ihrer Aufgaben.

(5) Verwaltungsstreitigkeiten zwischen den Gemeinden und dem Staate werden von den Verwaltungsgerichten entschieden.

(6) Die Bestimmungen der Abs. 2 mit 5 gelten auch für die Gemeindeverbände.

(7) Die kommunalen Spitzenverbände sollen rechtzeitig gehört werden, bevor durch Gesetz oder Rechtsverordnung Angelegenheiten geregelt werden, welche die Gemeinden oder die Gemeindeverbände berühren. Die Staatsregierung vereinbart zur Umsetzung des Konnexitätsprinzips (Abs. 3) ein Konsultationsverfahren mit den kommunalen Spitzenverbänden.

In der Gemeindeordnung, Landkreisordnung und Bezirksordnung:

Art. 1 GO

Die Gemeinden sind ursprüngliche Gebietskörperschaften mit dem Recht, die örtlichen Angelegenheiten im Rahmen der Gesetze zu ordnen und zu verwalten. Sie bilden die Grundlagen des Staates und des demokratischen Lebens.

Art. 1 LKrO

Die Landkreise sind Gebietskörperschaften mit dem Recht, überörtliche Angelegenheiten deren Bedeutung über das Kreisgebiet nicht hinausgeht, im Rahmen der Gesetze zu ordnen und zu verwalten. Ihr Gebiet bildet zugleich den Bereich der unteren staatlichen Verwaltungsbehörde.

Art. 1 BezO

Die Bezirke sind Gebietskörperschaften mit dem Recht, überörtliche Angelegenheiten, die über die Zuständigkeit oder das Leistungsvermögen der Landkreise und kreisfreien Gemeinden hinausgehen und deren Bedeutung über das Gebiet des Bezirks nicht hinausreicht, im Rahmen der Gesetze selbst zu ordnen und zu verwalten.

Zu beachten sind u. a. auch Art. 3 Abs. 1 der Europäischen Charta der Kommunalen Selbstverwaltung aus dem Jahr 1985/87, die Entscheidungen des Bundesverfassungsgerichts zu Fragen des Selbstverwaltungsrechts, sowie die einschlägigen Regelungen des Vertrages von Lissabon vom 1.12.2009. Hier wird erstmals die kommunale Selbstverwaltung anerkannt. Zum Thema kommunale Selbstverwaltung und Europa sei verwiesen auf die gelungene und übersichtliche Dartellung von Dr. Andreas Gaß in BayGT 4/19 S. 112 ff.

Exkurs 1: Europa und Daseinsvorsorge

Das Kommunalrecht und auch das traditionell deutsch-österreichische Verständnis von Selbstverwaltung und Subsidiarität gerät mit Blick auf vorranginge europäische Normen immer häufiger unter Druck. Der europäische Binnenmarkt (Art. 14 EG) unterliegt einer offenen Marktwirtschaft mit freiem Wettbewerb (Art. 4 Absatz 6 EG). Daraus folgt eine Unterwerfung unter die 4 Marktregeln und die Wettbewerbsregeln (Art. 28 ff. EG; Art. 81 ff. EG).

Das gilt grundsätzlich auch, wenn Leistungen von Hoheitsträgern erbracht werden, (Art. 86 Absatz 1 EG). Erst durch die von der Sorge um die services publics durch Frankreich vorgetragenen Bedenken, die öffentliche Daseinsvorsorge den strengen Wettbewerbsregelungen zu unterwerfen, und die später ergänzende **Remonstration** Deutschlands führte zu einer Sensibilisierung der europäischen Gremien. Dadurch kam es für Unternehmen, die mit Dienstleistungen im allgemeinen Interesse betraut waren, zu Ausnahmen (Art. 86 Absatz 2 EG; Art. 90 Absatz 2 EG; Vertrag von Amsterdam).

Erst mit der Amsterdamer Vertragsregelung wurden mit Art. 16 EG, die Unternehmen, die Dienstleistungen im allgemeinen Interesse erbringen, besonders privilegiert.

Europa greift also in die Selbstverwaltung ein. Europäisches Recht beeinflusst die Selbstverwaltung nach deutschem Verständnis unmittelbar, wie u. a. auch die neuesten Urteile zum sogenannten Einheimischenmodell belegen. Europäische Normen gehen nationalen Normen, also dem Grundgesetz, der Bayerischen Verfassung und den kommunalrechtlichen Vorschriften vor.

Nur bestimmte Bereiche der Daseinsvorsorge sind in engen Grenzen nicht den strengen Wettbewerbsregeln Europas unterworfen.

Vergleiche weiterführend Teil 2 Kapitel 6.

Exkurs 2: Umfang der Selbstverwaltungsgarantie

Der Gesetzgeber, insbesondere der Bundesgesetzgeber hat in der jüngeren Vergangenheit immer wieder Leistungsverpflichtungen zulasten der Kommunen geschaffen. Aktuelles Beispiel: Die verbindliche Ganztagesbetreuung der Grundschüler als Aufgabe der örtlichen Jugendhilfe. Das löst in den Kommunen erhebliche Personal- und Sachkosten aus, die durch staatliche Zuschüsse bei Weitem nicht gedeckt werden. Hier, so die Argumentation, greife die Konnexität nicht. Zwischen Gemeinden und Bund bestünden (mit Ausnahme der Gemeinschaftsaufgaben) keine unmittelbaren Verpflichtungsbeziehungen und der Landesgesetzgeber wäscht die Hände in konnexialer Unschuld, weil schließlich nicht er den Leistungsanspruch definiert hat.

Die finanzielle Überforderung der Kommunen wurde ab 2021 massiv. Ursachen sind neben überbordenden Standards auch soziale Leistungsversprechen der Legislative, zulasten der Kommunen. Ob und inwieweit Bund und Länder insoweit eine Grenze der Belastung überschritten haben, die die Selbstverwaltungshoheit der Kommunen verletzt, weil sie keinen Gestaltungsspielraum mehr haben. Ob und inwieweit sich aus Art 28 II GG eine strikte oder relative Konnexität ableiten lässt, versucht ein Gutachten zu klären, das der DSTGB in Auftrag gegeben hat. Gutachter ist Peter Müller, Ministerpräsident und Verfassungsrichter a.D.

2.3 Selbstverwaltung – was ist das im Einzelnen?

Im Folgenden werden wir uns mit einigen konkreten Ausformungen des Selbstverwaltungsrechts näher befassen. Das Recht, die eigenen örtlichen Angelegenheiten zu regeln, entspricht konkreten Aufgaben, denen sich die Gemeinden zu widmen haben. Dazu gehören beispielsweise: Einrichtung und Unterhaltung von Schulen, Kindergärten, Wasserversorgungsanlagen, Schwimmbädern, Theatern, Mütterbetreuungsstellen, Sportstätten.

Aus Art. 6 GO leitet sich ab, dass die Gemeinden grundsätzlich für alles zuständig sind, was in ihren Ortsbereichen an öffentlichen Aufgaben anfällt.

Art. 6 GO
Allseitiger Wirkungskreis

(1) Den Gemeinden steht in ihrem Gebiet die Erfüllung aller öffentlichen Aufgaben zu. Ausnahmen bedürfen eines Gesetzes.

(2) Die Gemeindeaufgaben sind eigene oder übertragene Angelegenheiten.

Da die Finanzausstattung der Kommunen gemessen an den ständig zunehmenden Aufgaben (von einigen Kommunen abgesehen) nicht sehr üppig ist, gehört es zum täglichen Brot des Mandatsträgers, zu entscheiden, welchen Aufgaben er welche Priorität zuordnet. Denn alles lässt sich in der Regel nicht finanzieren. Der Grundsatz lautet in diesem Zusammenhang: Pflichtaufgaben sind vor freiwilligen Aufgaben zu erledigen. Vgl. hierzu Näheres in Teil 4 Kapitel 1.

2.3.1 Selbstverwaltung und Pflichtaufgaben

Bestimmte, z. T. lebensnotwendige Aufgaben ***(Pflichtaufgaben)*** müssen von den Kommunen mit Vorrang erledigt und erfüllt werden.

Beispiel Gemeinden:

Pflicht auf Einrichtung und Unterhaltung einer hygienisch einwandfreien Trinkwasserversorgung, das Aufstellen von Bebauungsplänen, die Sicherung der Bestattung, die Unterhaltung der Grund- und Hauptschulen, die Herstellung und Erhaltung von Gemeindestraßen, die Pflicht zur Abwasserbeseitigung oder aber auch die Sicherstellung des Feuerschutzes.

Die einschlägigen Vorschriften benennen diese ausdrücklichen Pflichten der Kommunen.

Erst wenn alle notwendigen Pflichtaufgaben auch erfüllt sind, können die Kommunen im Rahmen einer selbst gewählten Reihenfolge andere Aufgaben erfüllen. Diese anderen Aufgaben nennt man freiwillige Aufgaben, vgl. hierzu Art. 57 GO.

2.3.2 Selbstverwaltung und freiwillige Aufgaben

Sofern eine Kommune leistungsfähig ist, kann sie zusätzliche Aufgaben freiwillig erfüllen. Einige Beispiele, wie Schwimmbäder, Eislaufplätze, Altenheime, Büchereien sind in Art. 57 Abs. 1 GO (Art. 51 Abs. 1 LKrO, Art. 48 Abs. 1 BezO) genannt. Ob und welche ***freiwilligen Aufgaben*** die Kommune übernimmt und welchen finanziellen Aufwand sie dafür betreibt, steht im Ermessen der Kommune. Hier eröffnet sich das eigentliche Spielfeld der „Politik" oder besser des Verwaltungshandelns für die Mandatsträger.

Aufgabenkatalog

Art d. Aufgabe	Beispiel	Bereich	Aufsicht
Pflichtaufgabe	Art. 57 Abs. 2 GO Wasser/Abwasser		

Kommunale Pflichtaufgaben

WICHTIG!

Bei der Abwägung, in welcher Reihenfolge Aufgaben zu erledigen sind, gilt: Pflichtaufgaben, die die Rechtsordnung vorgibt, sind zuerst zu erfüllen. Kann es sich die Kommune dann noch leisten, so liegt es im Ermessen der Entscheidungsträger, welche sonstigen Aufgaben und mit welchem Kostenaufwand diese freiwillig erfüllt werden.

Aufgabenkatalog			
Art d. Aufgabe	Beispiel	Bereich	Aufsicht
Pflichtaufgabe	• Bau und Unterhalt von Gemeindestraßen • Haushaltsplan		
freiwillige Aufgaben	• Ehrung verdienter Personen • zoologischer Garten • Radwege		

Kommunale freiwillige Aufgaben

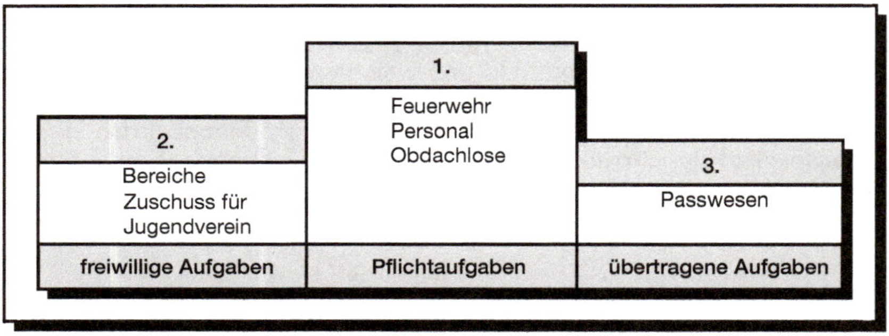

Pflichtaufgaben vor freiwilligen Aufgaben

Beispiel:

Im Wahlkampf wurde den Jungwählern die Errichtung einer modernen Kletterwand für 50.000 € versprochen. 14 Tage nach Installation des neuen Gemeinderats stellt sich heraus, dass die Trinkwasserversorgung mit einem Kostenaufwand von 150.000 € saniert werden muss, weil die einzuhaltenden Grenzwerte für das Trinkwasser nicht mehr erfüllt werden können. Der Kämmerer betont, dass mit Rücksicht auf die laufenden Projekte nur entweder die Kletterwand oder die Trinkwassersanierung erfolgen kann.

Lösung: Hier besteht keinerlei Entscheidungsermessen! Die Pflichtaufgabe Trinkwasser muss zwingend mit Vorrang erledigt werden.

2.4 Selbstverwaltung – gibt es Grenzen?

Wenn eine Kommune auch die örtlichen Angelegenheiten selbst regeln darf, heißt das freilich nicht, dass der Gemeinderat kraft Mehrheitsentscheidung schalten und walten kann, wie er will.

Die **Mandatsträger** müssen sich bei ihren Entscheidungen trotz Selbstverwaltungsrechts (Art. 1 GO; Art. 28 Abs. 2 GG; Art. 11 Abs. 2 BV) im Rahmen der Gesetze bewegen.

Die Grenzen des Selbstverwaltungsrechts werden vor allen Dingen in der kommunalen Bauleitplanung sehr deutlich, wo z. B. Schutzvorschriften, etwa zur Planung und Errichtung eines Lärmschutzwalls zwingen, auch wenn er hässlich ist.

Die Verpflichtung, die Rechtsordnung zu beachten, gilt im Übrigen generell und immer, also auch da, wo die Kommune übertragene Aufgaben wahrnimmt, z. B. im Pass- oder Meldewesen.

Insofern spricht man vom allgemein übergeordneten Prinzip der **Gesetzmäßigkeit der Verwaltung**, die in Art. 20 Abs. 3 GG und Art. 56 BayGO niedergelegt ist.

Art. 20 Abs. 3 GG

Die Gesetzgebung ist an die verfassungsmäßige Ordnung, die vollziehende Gewalt und die Rechtsprechung sind an Gesetz und Recht gebunden.

Art. 56 BayGO
Gesetzmäßigkeit; Geschäftsgang

(1) Die gemeindliche Verwaltungstätigkeit muss mit der Verfassung und den Gesetzen in Einklang stehen. Sie darf nur von sachlichen Gesichtspunkten geleitet sein.

(2) Die Gemeinden sind verpflichtet, für den ordnungsgemäßen Gang der Geschäfte zu sorgen und die dafür erforderlichen Einrichtungen zu schaffen.

(3) Jeder Gemeindeeinwohner kann sich mit Eingaben und Beschwerden an den Gemeinderat wenden.

2.4.1 Selbstverwaltung – welche Handlungsformen gibt es?

Die Zusage für einen KiTa Platz, das Erlauben der Badbenutzung, die Gestattung, Trinkwasser zu beziehen, die Abrechnung von Erschließungskosten, das Einheben von Bestattungsgebühren, der Erlass eines Bauleitplans, die Umsetzung eines Angestellten in ein anderes Sachgebiet usw. – all das sind Verwaltungshandlungen, die in Ausübung des kommunalen Selbstverwaltungsrechts geschehen.

Unabhängig davon, ob die Kommune nur nach innen, z. B. auf die Mandatsträger, oder nach außen, d. h. besonders in Richtung Bürger, einwirken, lassen sich vier folgende Grundhandlungsformen unterscheiden:

a) **Privatrechtliches Handeln,** z. B. der Verkauf eines alten Feuerwehrautos
b) **Normsetzendes Handeln,** z. B. Erlass einer Gebührensatzung oder Erlass einer Lärmschutzverordnung

c) **Hoheitliches Handeln** durch Einzelfallregelung (Verwaltungsakt, Art. 35 BayVwVfG), z. B. Zulassung eines Bewerbers zu einem Jahrmarkt
d) Hoheitliches Handeln durch öffentlich-rechtlichen Vertrag, z. B. öffentlich-rechtlicher Erschließungsvertrag. (Art. 54 BayVwVfG).

Hinweis: Das kommunale Verwaltungshandeln ist grundsätzlich zweigeteilt. Die Willensbildung und Entscheidung erfolgt i. d. R. durch das **kommunale Kollegialorgan** per Beschluss. Der Vollzug und die Umsetzung dieser Entscheidungen obliegt dem Bürgermeister, Landrat bzw. Bezirkstagspräsident und seinen Mitarbeitern (= der Verwaltung im engeren Sinn). Gesetzmäßigkeit bedeutet, dass sowohl der Akt der Willensbildung als auch der des Vollzugs in Einklang mit der Rechtsordnung stehen müssen.

2.4.2 Selbstverwaltung – welchen Rang haben die Handlungsformen in der Normenhierarchie?

Sie haben erfahren, dass das Selbstverwaltungsrecht nur im Rahmen der Gesetze besteht. Sie wissen, dass die öffentliche Verwaltung, deren Teil Sie als kommunaler Mandatsträger sind, an Gesetz und Recht gebunden sind. Was bedeutet das genau?

Beispiel:

Der Gemeinderat hat einen Bebauungsplan erlassen. Die dabei verwendete Handlungsform ist die **kommunale Satzung** (§ 10 Abs. 1 BauGB). Die Beachtung des Gesetzmäßigkeitsprinzips verlangt, dass diese Satzung mit der übrigen, insbesondere der höherrangigen Rechtsordnung in Einklang steht.

WICHTIG!

Innerhalb der *Rechtsordnung* gibt es eine Hierarchie! Jeder Rechtsakt muss in Einklang mit höherrangigen Normen stehen.

Das höherrangige Recht ist

- das europäische Recht
- die Bundesverfassung (GG)
- das Bundesgesetz
- die Bundesrechtsverordnung
- die Bundessatzung,

dann erst

- Landesverfassung
- Landesgesetz

- Landesrechtsverordnung
- Landessatzung,

dann erst

- kommunale Rechtsverordnung
- kommunale Satzung
- sonstige kommunale Handlungsformen.

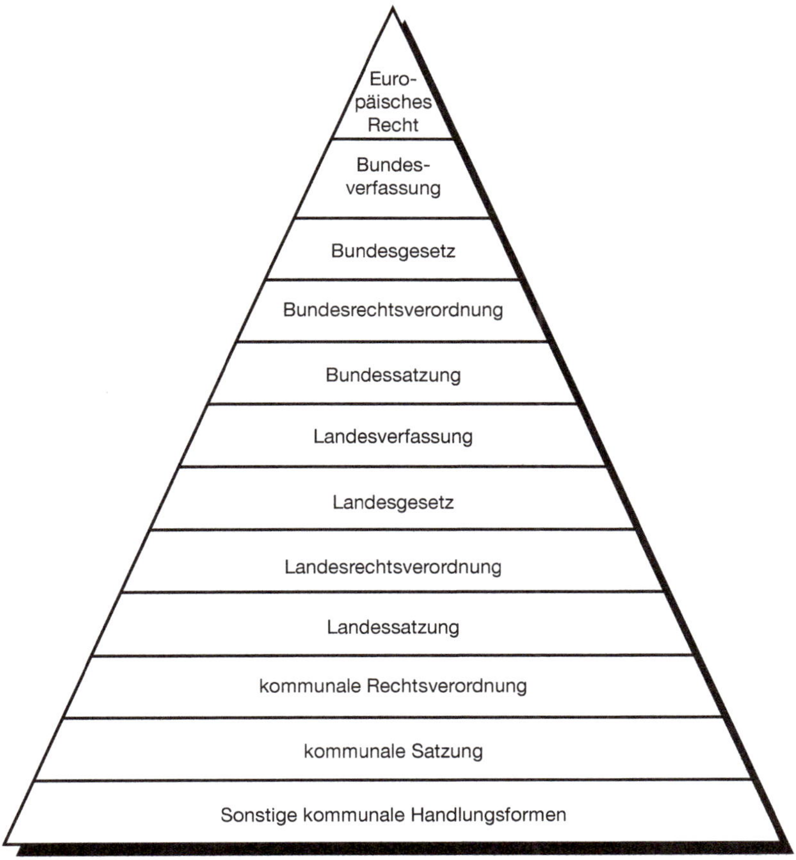

Normenpyramide

In unserem Beispiel muss die kommunale Satzung also mit der kommunalen Rechtsverordnung, Landesvorschriften und allen Bundesvorschriften bis hin zum Grundgesetz und Europarecht übereinstimmen, um rechtmäßig zu sein. Sie sollten allerdings auch beachten, dass eine hoheitliche Regelung zunächst immer gilt. Ihre Unwirksamkeit muss immer förmlich festgestellt werden.

Das hat zum Teil fatale Konsequenzen. Wird ein rechtswidriger Verwaltungsakt nicht form- und fristgerecht angefochten, kann er nur mehr unter sehr engen Grenzen aus der Welt geschafft werden. Die Rechtsordnung akzeptiert sozusagen um der Rechtssicherheit und Verbindlichkeit willen fehlerhafte Entscheidungen! Vgl. Art. 43 ff. BayVwVfG.

2.4.3 Selbstverwaltung – wie wird sie kontrolliert?

Es gibt unterschiedliche und vielfältige Möglichkeiten der Kontrolle, ob die Grenzen der Selbstverwaltung beachtet sind bzw. ob sie zulasten der Kommune unzulässig eingeengt wird.

Beispiel Gemeinde:

Der Bürgermeister hat das Recht und die Pflicht, Entscheidungen des Gemeinderats zu beanstanden und deren Vollzug auszusetzen, wenn er sie für rechtswidrig hält. Er kann darüber auch eine Entscheidung der Rechtsaufsichtsbehörde herbeiführen (Art. 59 Abs. 2 GO).

Die Gemeinderäte haben die Aufgabe, den Vollzug der Entscheidungen und deren Rechtmäßigkeit zu überwachen (Art. 59, 30 Abs. 3 GO).

Auch die Kommunen haben die Möglichkeit, sich gegen Handlungen des Staates oder anderer Kommunen zu wehren, wenn sie der Meinung sind, in ihren (Selbstverwaltungs)rechten verletzt zu sein. Besonders erwähnt sei die kommunale Verfassungsbeschwerde zum Bundesverfassungsgericht (Art. 93 Abs. 1 Nr. 4b GG) gegen bundesrechtliche Entscheidungen, die Popularklage (Art. 98, 4 BV) zum Bayer. Verfassungsgerichtshof bei landesrechtlichen Beschränkungen der Selbstverwaltungsgarantie.

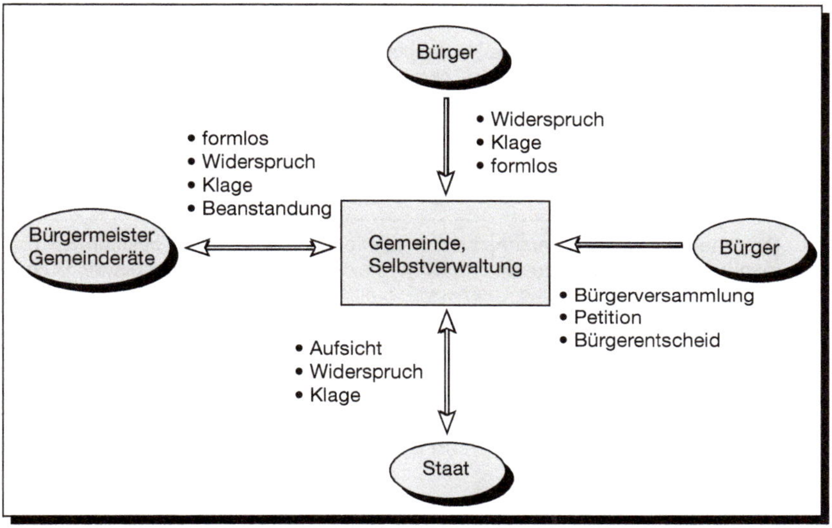

Selbstverwaltungskontrolle

2.4.4 Selbstverwaltung und die Rolle des Bürgers

Der Bürger, der von einem Bescheid oder einer Satzung betroffen ist, kann sich mit entsprechenden **Rechtsmitteln** zur Wehr setzen. Er hat auch die Möglichkeit, sich gegen Handlungen der Kommunalverwaltung an den Gemeinderat, den Bürgermeister oder die Aufsichtsbehörden zu wenden (Art. 56 Abs. 3 GO). In Bürgerversammlungen können Missstände angesprochen werden (Art. 18 GO) und letztlich kann durch Bürgerentscheide, Bürgerbegehren und Bürgeranträge aktiv in das Selbstverwaltungsgeschehen eingegriffen werden (Art. 18, 18a, 18b GO).

Am unmittelbarsten kontrolliert und beteiligt sich jeder Bürger durch die Wahrnehmung seines Wahlrechtes und durch die Ausübung eines kommunalen, **repräsentativen Mandates.**

Neben Bürgerversammlung und Bürgerentscheid haben sich auch andere Beteiligungsprozesse herausgebildet. So werden Bürger formlos und punktuell in Entscheidungsfindungen einbezogen. Im Rahmen von Dorferneuerungsprozessen werden Arbeitsgruppen gebildet, die nicht nur mit Mandatsträgern und Experten, sondern auch mit kompetenten und mitarbeitswilligen Bürgern besetzt sind.

TIPP!

Es hat sich z. B. für komplexe Bauleitplanverfahren oder auch die Planung kommunaler Gebäude bewährt, Arbeitskreise zu bilden, an denen auch interessierte Bürgerinnen und Bürger teilnehmen können. Die örtlichen Agenda-Prozesse sind hervorragend geeignet, überparteilich und unbürokratisch engagierte Personen in das kommunale Geschehen einzubeziehen.

WICHTIG!

Die Beteiligung der Bürgerschaft ist umso effektiver, je besser zu bestimmten Themen informiert wird. Dazu bieten sich gemeindeeigene Mitteilungsblätter, Bürgersprechstunden, spezifische Themenversammlungen, die Nutzung der neuen digitalen Plattformen ebenso an wie offene Fragestunden im Gemeinderat. Social Medias wie Facebook und Twitter nehmen auch bei der kommunalen Informationspolitik rasant an Bedeutung zu.

Der Bürger ist nicht nur Mitgestalter. Er kann auch Kontrolleur des kommunalen Handelns sein, indem er sich z. B. an Mitglieder des Gemeinderats wendet, indem er

- sich **förmlich oder formlos mit Rechtsmitteln** zur Wehr setzt,
- die Möglichkeiten des **Petition**srechtes nutzt und sich an die zuständigen Behörden wendet (Art. 17 GG, Art. 117 BV).

Die Petition verpflichtet die angerufene Institution, sich mit der Beschwerde sachlich auseinanderzusetzen und eine Antwort zu erteilen.

Exkurs

Aktuell wird in Bayern und anderen Bundesländern intensiv diskutiert, die plebiszitären Handlungsmöglichkeiten im Sinne der Effizienz und mit Blick auf negative Fiskalwirkungen zu begrenzen. Das scheint auch sinnvoll. Die Bundesrepublik ist als repräsentativer demokratischer Rechtsstaat konzipiert. Gewählte Mandatsträger tragen für ihr Verhalten auch Haftungsverantwortung. Rechtssaatliche Verfahren müssen im Sinne der Allgemeinverantwortung und Berechenbarkeit einen finalen Abschluss finden. In Baden-Württemberg z. B. ist ein Bürgerbegehren nach gefasstem Aufstellungsbeschluss über einen B-Plan nicht mehr statthaft. Schwierige, oft von notwendigem Expertenwissen begleitete Grundsatzentscheidungen, z. B. zur effizienten Struktur der Krankenhauslandschaft, haben massive und dauerhafte Auswirkungen auf Kosten und Qualität der Versorgung. Ob in diesen Bereichen ein, oft von reinem Kirchturmdenken beeinflusster, Bürgerentscheid sinnfällig ist, muss im Sinne der geschuldeten, qualitativ bestmöglichen Versorgung und der damit verbundenen fiskalen Auswirkungen tatsächlich hinterfragt werden.

2.5 Selbstverwaltung – was sind Kernbereiche?

Bei der Lektüre kommunaler Themen stößt man unvermeidlich auf den Begriff **„Kernbereich der Selbstverwaltung"**. Wir wissen: Das kommunale Selbstverwaltungsrecht besteht „nur" im Rahmen der Gesetze. Aber die Rechtsprechung hat klargestellt: Es ist der Bundes- und Landesgesetzgebung untersagt, den Selbstverwaltungsspielraum durch Gesetze so auszuhöhlen, dass die Selbstverwaltung praktisch nicht mehr existiert.

Das Recht, eigene Personalentscheidungen zu treffen, die bauliche Entwicklung der Gemeinde festzulegen, auch örtliches Recht zu schaffen, darf also nicht völlig beseitigt werden.

Als zunehmend problematisch – weil aktuell nicht justitiabel – wird die Beeinflussung der Kommunen durch die Zuschusspolitik des Staates angesehen. Das eingesetzte Steuerungsmedium „wer zahlt, schafft an" steuert und überlagert Ermessensentscheidungen zunehmend. Die Meinungen und Überzeugungen der Mandatsträger folgen den mit Zuwendung garnierten Argumenten der Fördergeber. Zudem erzeugt diese „Politik des goldnen Zügels" interkommunalen Druck. Wenn eine Gemeinde den staatlich subventionierten Kindergartenbus einsetzt, wird die Bürgerschaft des Nachbarortes mit hoher Wahrscheinlichkeit Gleiches einfordern.

3. Gebietskörperschaften

Bund, Land, Gemeinden, Landkreise, Bezirke werden auch als **Gebietskörperschaften** bezeichnet. Bei den Gemeinden, Landkreisen und Bezirken spricht man auch von kommunalen Gebietskörperschaften.

3.1 Kommunale Gebietskörperschaft – was ist das?

Eine Körperschaft ist mitgliedschaftlich organisiert und selbst Träger von Rechten und Pflichten, also eine juristische Person wie eine GmbH oder AG. Sie ist rechtsfähig, prozess- und deliktsfähig. Durch die Gebietsbezogenheit ensteht eine automatische Mitgliedschaft der Personen, die im betreffenden Gebiet leben. Der Wohnsitz einer Person macht diese zum Angehörigen der Gebietskörperschaft.

Gebietskörperschaften verfügen über ein Gebiet, Angehörige und entsprechende Hoheitsgewalt.

3.2 Kommunale Gebietskörperschaft – wo steht was?

Art. 1 Abs. 1 GO
(ähnlich Art. 1 Abs. 1 LKrO, Art. 1 Abs. 1 BezO)

Die Gemeinden sind ursprüngliche Gebietskörperschaften mit dem Recht, die örtlichen Angelegenheiten im Rahmen der Gesetze zu ordnen und zu verwalten.

Art. 10 Abs. 1 BV

Für das Gebiet jedes Kreises und jedes Bezirks besteht ein Gemeindeverband *(Anm.: gemeint sind Landkreise und Bezirke)* als Selbstverwaltungskörper.

Art. 11 Abs. 2 BV

Die Gemeinden sind ursprüngliche Gebietskörperschaften des öffentlichen Rechts. Sie haben das Recht, ihre eigenen Angelegenheiten im Rahmen der Gesetze selbst zu ordnen und zu verwalten, insbesondere ihre Bürgermeister und Vertretungskörper zu wählen.

3.3 Kommunale Gebietskörperschaft im Staatsaufbau

Die Gemeindeordnungen sprechen von „ursprünglicher Gebietskörperschaft". Das heißt aber nicht, dass die Gemeinden eine dem Staat übergeordnete Stellung einnehmen.

Gemeint ist, dass die Gemeinden geografisch und politisch das Fundament des Staates bilden, der ihnen eine eigenständige Position und Funktion einräumen muss.

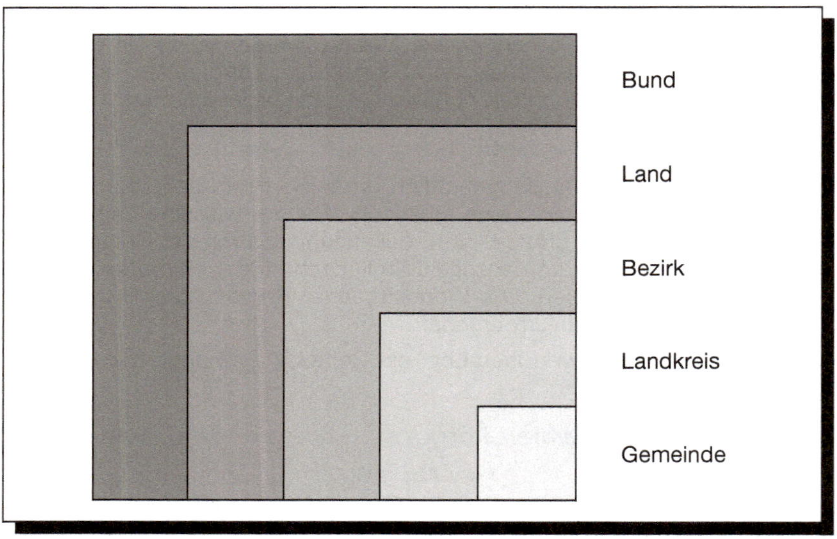

Kommunale Gebietskörperschaft im Verwaltungsaufbau

3.4 Die kommunale Gebietskörperschaft: Gemeinden, Landkreise, Bezirke

Gemeinden, Landkreise und Bezirke sind kommunale Gebietskörperschaften. Die Gemeinden haben die örtliche Aufgabenerfüllung wahrzunehmen, während die Landkreise die überörtlich relevanten Bereich abzudecken haben.

Beispiel: Einrichtung und Unterhaltung von Krankenhäusern

Die Bezirke haben gemäß Art. 1 BezO die Aufgabe, überörtliche Angelegenheiten, die über die Zuständigkeit und das Leistungsvermögen der Landkreise und kreisfreien Gemeinden hinausgehen und deren Bedeutung über das Gebiet des Bezirks nicht hinausreicht, selbst zu ordnen und zu verwalten.

Beispiel: Bezirkskrankenhäuser

Alle drei Gebietskörperschaften verfügen über demokratisch legitimierte Organe, haben aber im Vergleich zu Bund und Land keine Staatsqualität. Daraus folgt, dass die Tätigkeit der Gebietskörperschaften auf die vollziehende Gewalt beschränkt ist. Gemeinderat, Kreistag und Bezirkstag sind also keine Parlamente und keine Rechtsprechungsorgane, sondern Exekutivorgane! (vgl. Teil 3 Kapitel 3.1.3)

4. Die kommunale Zusammenarbeit

Sie werden sich in Ihrer Arbeit zwangsläufig mit Effizienz und Benchmarking befassen müssen. So sehr Ihre Tätigkeit auch ortsbezogen ist. Der Blick über den Tellerrand ist hilfreich und wird Sie bald mit den verschiedensten Möglichkeiten interkommunaler Arbeit konfrontieren.

4.1 Kommunale Zusammenarbeit – was ist das?

Jede Kommune kann frei entscheiden, wie sie ihre Aufgaben wahrnimmt. Ob sie mit einer kommunalen Gesellschaft privatrechtlich handelt oder sich Dritter bedient, kann sie selbst entscheiden. Stichworte sind **Privatisierung** und **Outsourcing.** Auch Mischformen sind möglich.

TIPP!

Falls die Frage einer echten Privatisierung oder einer Aufgabenübertragung an Dritte wirklich ansteht, lohnt die Einschaltung eines Wirtschaftsprüfers. Der stellt die finanziellen Vor- und Nachteile zusammen und garantiert dadurch eine optimale Entscheidungsgrundlage.

Kommunale Zusammenarbeit bedeutet demgegenüber, dass sich mehrere Kommunen privatrechtlich oder öffentlich-rechtlich zusammenschließen, um gemeinsam Aufgaben zu erfüllen.

Beispiel:

Gemeinsame Wasserversorgung, gemeinsamer Bauhof etc.

4.2 Kommunale Zusammenarbeit – wo steht was?

Wer sich mit den Formen der **kommunalen Zusammenarbeit** befassen will, findet im Gesetz zur kommunalen Zusammenarbeit (KommZG) oder der Verwaltungsgemeinschaftsordnung (VwGemO) und der GO, LKrO und BezO die einschlägigen Regelungen. Maßgeblich können aber auch das BGB, das GmbH-Gesetz, das HGB oder andere privatrechtliche Vorschriften sein, wenn die Kooperation privatrechtlich organisiert wird.

4.3 Kommunale Zusammenarbeit – wozu?

Motive für interkommunale Allianzen sind vor allem Effizienz und Wirtschaftlichkeit. Zusammen geht manches besser als alleine. Aber: In vielen Fällen begrenzt der Kirchturm den Mut zur Kooperation. Denn Zusammenarbeit bedeutet Vertrauen und das gemeinsame Bestreben der Teilnehmer allen im wechselseitigen Respekt Win-win-Situationen einzuräumen und die Arbeitsgeschwindigkeit des neuen Konsortiums nicht am Langsamsten auszurichten.

Gerade für kleinere Kommunen oder solche mit finanziellen Engpässen bieten sich partnerschaftliche Aufgabenbewältigungsformen an. Die Möglichkeiten sind vielseitig. Gemeinsame Sportanlagen, gemeinsame Wassergewinnung oder Abwasserbeseitigung, gemeinsame Nahverkehrslösungen, gemeinsame Schulen, gemeinsame Müllverwertung usw. – all das ist möglich.

Gemeinsame Bürgermeister sind allerdings tabu! Auch hier ziehen Selbstverwaltungsrecht und Gesetze Grenzen.

WICHTIG!

Kann eine Kommune eine Pflichtaufgabe nicht aus eigenen Mitteln sicherstellen, so hat sie sich der Formen der kommunalen Zusammenarbeit zu bedienen (Art. 57 Abs. 3 GO).

Man sollte wissen, dass sich ehemals rein örtlich Aufgaben zu überörtlichen entwickelt haben und damit ein Zuständigkeitswechsel zur größeren Gebietseinheit eingetreten ist. Das gilt zum Beispiel im Bereich der Müllentsorgung. Vgl. auch Art. 4 Abs. 1 LKrO, Art. 4 Abs. 1 BezO.

Bund und Länder haben in den vergangenen Jahren ständig neue Aufgaben geschaffen, die von der kommunalen Ebene wahrzunehmen sind. Zu nennen sind unter vielen das Recht auf verpflichtende Betreuung der 0- bis 10-Jährigen, die permanente Erweiterung sozialer Leistungsrechte, die vielschichtige Aufgabe der Inklusion und Integration. All das lässt finanzielle Belastung explosionsartig wachsen und führt zu überproportionalen Steigerungen der Umlagen. Aufgabenmehrung und Umlagebelastung schmälern die freien Finanzspannen der kleineren Gemeinden, denn die Einnahmen stiegen in den vergangenen Jahren weit geringer als die Ausgaben.

Die Bürger sind heute sehr anspruchsvoll und immer mehr auf ihre eigenen subjektiven Belange fokussiert. Die werden auch laut, nachhaltig und zunehmend über soziale Netzwerke artikuliert. Erwartet wird unter anderem eine nachfrageorientierte, sich den wechselnden Bedürfnissen ständig anpassende Betreuungsinfrastruktur, angemessene Vorsorge und Betreuung der Senioren, bezahlbares Wohnen, ein modernes und leistungsfähiges Datennetz und moderne Online-Angebote. Dabei stehen die Kommunen aufgrund der digitalen Transparenz und jederzeit abrufbarer Daten unabhängig von ihrer individuellen Leistungsfähigkeit ständig im interkommunalen „Wettbewerb", der eher ein Vergleichskampf ist. Dass Wasser- oder Kanalgebühren aufgrund der individuellen und unterschiedlichen Infrastruktur eben nicht miteinander verglichen werden können, interessiert nicht. Warum kostet der Kubikmeter Wasser in der Nachbargemeinde nur 1,05 € und bei uns 2,80 €? Der Apfel-Birne-Vergleich ist in der kommunalen Welt Tagesgeschäft.

Der Druck auf die Kommunen wächst. Wer in einer digitalen Gesellschaft im demokratischen Strukturwandels bestehen will, muss der vielfältigen Konkurrenz der anderen Standorte trotzen können. Dazu braucht es ausreichend Kapital, das in vielen Fällen aufgrund der wirtschaftlichen Standortstrukturen nicht zur Verfügung steht und auch künftig nicht zur Verfügung stehen wird.

Die Bundes- und Landespolitik wird sich in diesem Kontext rechtzeitig die Frage stellen müssen, ob die Möglichkeiten der kommunalen Zusammenarbeit ausreichen, um gerade in den kleinteilig strukturierten Ländern al das zur Verfügung zu stellen, was die Bürger erwarten. Das Bekenntnis zu gleichwertigen Lebensbedingungen allein wird jedenfalls nicht reichen, um diese Gleichwertigkeit auch tatsächlich herzustellen.

Es wundert nicht, dass Stimmen laut werden, die eine funktionale Reform für wahrscheinlich halten. Deutlich artikuliert wird das aufgrund der politisch sehr negativen Auswirkungen der Gebietsreform der 70er-Jahre allerdings nur hinter vorgehaltener Hand.

Objektiv ist die Frage völlig berechtigt, ob kleinteilige Kommunalstrukturen und der damit verbundene organisatorische Aufwand zeitgemäß sind und das abbilden können, was eine moderne Bürgergesellschaft verlangt.

Es wäre sicher auch interessant zu ergründen, ob sich die sozialpolitische Einstellung der Bürger nicht zwischenzeitlich grundlegend verändert hat. Was steht aus Sicht der Bürger wirklich an erster Stelle: Ist es die lokalpatriotische, schollengebundene Identität, die die politische Eigenständigkeit einer Kommune über alles stellt? Oder ist es eher die Pluralität des Angebotes an Leistungen, der Wunsch nach modernem Lifestyle auch außerhalb der Metropole?

Wer nachhaltig, strategisch und zukunftsorientiert denkt und den Mut entwickelt, herkömmliche Denkprozesse zu sprengen, wer dabei die Formen der kommunalen Zusammenarbeit nutzt, der wird politisch Richtungsweisendes bewegen.

4.4 Einzelne Formen der kommunalen Zusammenarbeit

Im Folgenden stellen wir Ihnen verschiedene privatrechtliche und öffentlich-rechtliche Konstruktionen vor. Grundlage jeder Zusammenarbeit ist immer ein Vertrag zwischen den beteiligten Kommunen.

4.4.1 Privatrechtliche Formen

Gebräuchlich sind alle Rechtsformen, die das Privatrecht kennt: von der BGB-Gesellschaft über die GmbH, die AG bis zum eingetragenen Verein, der Gesellschaft der OHG und KG. Zunehmend ist auch die GmbH und Co. KG gebräuchlich. Zu beachten ist insoweit, dass bei den privatrechtlichen Konstrukten eine eigenständige, von der **Kameralistik** abweichende kaufmännische Buchführung notwendig ist. Die intensive kosten-/nutzenorientierte Prüfung und Abklärung mit der zuständigen Aufsichtsbehörde ist vor jeder Entscheidung, in welcher Form man Aufgaben erfüllen möchte, zu empfehlen.

Natürlich geht die Übertragung von Aufgaben an eine Gesellschaft – wie diese auch immer konstruiert sein mag – mit der Abgabe von Kompetenzen, etwa des Gemeinderats, einher. Besonders wichtig ist deshalb gerade bei privatrechtlichen Organisationsformen, dass durch Gesellschafterversammlung und Aufsichtsrat die demokratische Legitimation erhalten bleibt. Dies kann durch Entsendung von Mandatsträgern sichergestellt werden. Vgl auch Art. 86 ff. BayGO.

4.4.2 Die Arbeitsgemeinschaften

Wenn Aufgaben vorübergehend gemeinsam erledigt werden sollen, bietet sich die öffentlich-rechtliche **Arbeitsgemeinschaft** an. Sie sind die lockerste Form der kommunalen Zusammenarbeit. Nähere Regelungen finden sich in Art. 4–6 KommZG.

Die Arbeitsgemeinschaften sind besonders zur Koordination überörtlich wirksamer Infrastruktureinrichtungen geeignet. Die Anlage von Rad- und Wanderwegen seien als Beispiel genannt.

Durch Gründung einer „besonderen Arbeitsgemeinschaft“ kann vereinbart werden, dass die Beschlussgremien der Beteiligten an die Entscheidungen der Arbeitsgemeinschaft gebunden sind. Die Vereinbarung muss schriftlich abgefasst werden, die zuständige Aufsichtsbehörde ist hinzuzuziehen.

4.4.3 Die Zweckvereinbarung

Die **Zweckvereinbarung** zielt unmittelbar auf eine gemeinsame Aufgabenerfüllung ab, z. B. werden Ruf- und Bereitschaftsdienste der Wasserwerksmitarbeiter zwischen drei Gemeinden koordiniert (Art. 7–16 KommZG). Es besteht Schriftformzwang. Der Abschluss der Vereinbarung ist der Aufsichtsbehörde anzuzeigen. Für bestimmte Fälle bedarf es einer Genehmigung.

4.4.4 Zweckverband

Mit Bildung eines **Zweckverbandes,** z. B. zum Betrieb eines Kurbads oder zur Pflege von Gewässern, entsteht eine neue Rechtspersönlichkeit als Körperschaft des öffentlichen Rechts. Übertragen wird dem Zweckverband eine oder mehrere Aufgaben, z. B. die Wasserversorgung oder die Wasser- und Abwasserentsorgung. Alle Befugnisse und Pflichten gehen auf den Zweckverband über. Die Instandhaltungspflicht trifft dann den Zweckverband, ebenso die Gebührenerhebung, also alle Aufgaben, die mit der übertragenen Sache zusammenhängen.

Die Grundlage bildet die Verbandssatzung (Art. 17 f. KommZG).

Die Hauptorgane des Zweckverbandes sind Verbandsversammlung und Verbandsvorsitzender. Wird eine Aufgabe des eigenen Wirkungskreises auf einen Zweckverband übertragen, überträgt die Gemeinde damit auch einen Teil ihres Selbstverwaltungsrechts. Der Zweckverband kann selbst Beschäftigte haben.

Die Bildung eines Zweckverbandes kann auch durch die zuständige Aufsichtsbehörde erfolgen, wenn die Erfüllung einer Pflichtaufgabe aus Gemeinwohlgründen zwingend erforderlich ist (Art. 28 KommZG).

4.4.5 Verwaltungsgemeinschaft

In den 70er-Jahren fand in Bayern die Gebietsreform statt. Ziel war es, leistungsfähige, finanziell abgesicherte Verwaltungseinheiten zu schaffen. Um den Gemeinden weitgehend ein „Überleben" zu sichern, wurde die **„Verwaltungsgemeinschaft"** eingeführt. In der Verwaltungsgemeinschaft werden benachbarte, selbstständige Gemeinden mit einer gemeinsamen Verwaltungsstelle ausgestattet, d. h., jede Gemeinde behält ihren Gemeinderat und Bürgermeister. Bei der Vorbereitung und dem Vollzug gefasster Beschlüsse bedient sich die jeweilige Gemeinde der personellen und sächlichen Ausstattung der Verwaltungsgemeinschaft. Bestimmte Angelegenheiten des übertragenen Wirkungskreises, wie z. B. Passwesen, werden vom Personal der Verwaltungsgemeinschaften erledigt.

Im Übrigen entscheidet für den eigenen Wirkungskreis die jeweilige Kommune. Nähere Regelungen finden sich in der Verwaltungsgemeinschaftsordnung (VwGemO).

Für Betrieb und Unterhalt sowie Verwaltungspersonal ist die Verwaltungsgemeinschaft zuständig. Als juristische Person des öffentlichen Rechts handelt die Verwaltungsgemeinschaft im Rahmen ihrer Zuständigkeit durch den Verbandsvorsitzenden und die Verbandsversammlung. Letztere setzt sich aus den Bürgermeistern der Mitgliedsgemeinden und weiteren entsandten Gemeinderäten zusammen. Die Verwaltungsgemeinschaft finanziert sich aus Finanzzuweisungen und einer Umlage, die von den Mitgliedsgemeinden erhoben wird.

4.4.6 PPP als Form der Zusammenarbeit zwischen privater und öffentlicher Hand

In den späten 90ern, aber auch oder gerade in der Zeit der wirtschaftlichen Rezession bis 2005 wurden – vor allem aus der Privatwirtschaft – sogenannte **Public-Private-Partnership**-Modelle als großer Befreiungsschlag und Wunderwaffe gegen jeden Liquiditätsengpass verkauft.

Vgl. hierzu auch Teil 7 Kapitel 5.

Beispiel:

Die Gemeinde Börberg muss die Kläranlage sanieren. Kosten ca. 8 Mio. €. Das Geld ist nicht vorhanden, die Bürger der finanzschwachen Kommune sind ohnehin schon arg belastet. Die Pflichtaufgabe der Sanierung muss sichergestellt werden. Da bietet ein Privatinvestor an, die Sanierung der Anlage auf eigene Kosten durchzuführen. Er würde dann die Anlage gegen eine laufende Entschädigung zur Verfügung stellen und sogar, wenn dies gewünscht sei, den Betrieb übernehmen. Das Ganze würde dann nicht 8 Mio., sondern nur 7,5 Mio. € kosten.

Warum, fragt der geneigte Leser, schlagen da die Gemeinderäte nicht sofort zu? 500.000 € weniger an Belastung ist ja kein Pappenstiel.

Verlockend, zugegeben, aber die Tücke liegt im Detail! Zunächst gilt der Grundsatz: Der Private will und muss verdienen, die öffentliche Hand muss „nur“ kostendeckend arbeiten. Aber wenn der Private verdienen muss und trotzdem billiger ist, dann gilt offenbar doch die Vermutung, dass die öffentliche Hand unfähig ist, wirtschaftlich zu handeln! Diese Einschätzung ist schlicht falsch! Einzuräumen ist zunächst, dass die öffentliche Hand z. B. anders als private Bauherren strikt an Vergaberecht gebunden ist. Ein Nachverhandeln von Angeboten ist für einen Privaten üblich, der Gemeinde aber meist verwehrt. Allein darin liegt erhebliches Sparpotenzial, das die Gemeinde eben wegen der strikten Bindung an bestimmte Verfahrensweisen nicht verwirklichen kann.

Eine weitere, ja entscheidende Frage ist, ob das Angebot des Privaten auch tatsächlich das wirtschaftlichere ist. Bekommt die Gemeinde etwa keinen oder einen lediglich gekürzten Staatszuschuss für die Maßnahme, wenn sie einen Privaten beauftragt, kann das vermeintlich günstigere Geschäft schnell zum Bumerang werden. Was, wenn die Firma während des Baus insolvent wird?

Da die geschuldeten Vergütungen für die erbrachte Leistung in der Regel Betriebsausgaben, damit Teil des kommunalen Verwaltungshaushaltes sind, erweisen sich PPP-Modelle zudem für haushaltsschwache Kommunen von vornherein als untauglich. Denn damit wird der ohnehin schon angespannte Haushalt zusätzlich belastet und ggf. sogar die dauerhafte Leistungsfähigkeit gefährdet. Ein entsprechender Haushalt wäre also möglicherweise gar nicht genehmigungsfähig!

Fazit: Es gilt, es prüfe genau, wer sich auf Dauer bindet. Die höchst komplexen Zusammenhänge und Vertragsgrundlagen für derartige Kooperationen bedingen grundsätzlich die Einschaltung von Experten. Sofern ein PPP-Angebot tatsächlich bei Abwägung aller relevanten Punkte wirtschaftlicher ist, gilt allerdings: Zuschlagen und machen!

4.4.7 Grenzen der interkommunalen Zusammenarbeit

So sinnvoll und kostensparend ein Denken und Handeln jenseits des Kirchturmes wäre, so schwierig ist allerdings die Realität. Sicher gibt es einige ermutigende Beispiele, vor allem im Bereich der integrierten ländlichen Entwicklung. Aber dauerhaft funktionierende und belastbare Partnerschaften im Sinne eines arbeitsteilig synergetischen Zusammenwirkens sind selten.

Woran liegt das?

Zum einen an der Tatsache, dass das Verlassen eintrainierter und überkommener Verhaltensweisen schwer ist. Zum anderen daran, dass in der politischen Wahrnehmung Zusammenarbeit oft als politische Unfähigkeit oder Schwäche fehlinterpretiert wird. Zum Dritten, dass keiner etwas aufgeben und als Verlierer dastehen will.

Zum Vierten, dass die Partner einer möglichen Zusammenarbeit wirtschaftlich oder finanziell zu unterschiedlich strukturiert sind.

In den allermeisten Fällen lässt sich ein Scheitern oder Nichtverfolgen kommunaler Partnerschaften aber immer darauf zurückführen, dass die politischen Akteure, seien es die Bürgermeister, die Stadträte oder die Bürger selbst, nicht miteinander können oder wollen.

Das bedeutet aber keinesfalls, dass interkommunale Zusammenarbeit von vornherein eine Todgeburt oder ein Placebo wäre, das sich auf den Bau von Radwegen oder gemeinsame Kulturveranstaltungen beschränkt! Kommunale Zusammenarbeit kann im Sinne der Bürger viel erreichen. Aber der Boden muss bereitet werden. Das ist schwer und braucht einen sehr langen Atem. Kommunale Zusammenarbeit funktioniert vor allem dort, wo die Akteure sie wollen. Kommunale Zusammenarbeit funktioniert, wo für die Beteiligten Win-win-Situationen entstehen.

Der Staat hat längst erkannt, dass Allianzen bestimmte Aufgaben schneller, besser und billiger für die Bürger erbringen können. Das ist auch der Grund, warum in vielen Förderprogrammen mittlerweile ein Sonderbonus, also mehr Geld gewährt wird, wenn ein Projekt als interkommunales umgesetzt wird.

4.5 IT in der Kommunalverwaltung

Die digitale Gesellschaft macht nicht vor den Toren der Kommunalverwaltung halt. Es ist einer der herausragenden change management Prozesse, der den Gemeinden bevorsteht. Gemeint ist der Sprung ins digitale Zeitalter. Dabei geht es nicht um die Transformation analoger in digitale Arbeitsprozesse. Die digitale Verwaltung der Zukunft muss völlig neu gedacht und strukturiert werden und es wird zu Systembrüchen kommen, wenn Entscheidungsprozesse tatsächlich digital stattfinden.

Das beginnt bei so einfachen Dingen wie der eindeutigen Identifizierung von Antragstellern im elektronischen Verfahren, betrifft sichere Signaturen und sichere Datenverarbeitung. Einer der größten Fallstricke sind die höchst unterschiedlichen und z. T. inkompatiblen Verarbeitungssysteme, die aktuell genutzt werden. Die Kehrseite des Föderalismus ist unsere Vielteiligkeit, ist das Problem, dass es anders als in Dänemark oder Litauen eben keine einheitlich und zentral gesteuerten Vorgaben für eine landeseinheitliche DV-Struktur gibt. So erklärt sich auch, dass die Industrienation Deutschland im Bereich der digitalen Transformation einen schlechten Platz im hinteren Drittel der europäischen Länder einnimmt.

Im Bereich der Kommunalverwaltung ist es schwer, aktuell Empfehlungen auszusprechen, denn die Umstellungen sind teuer und auf das falsche Pferd ist mangels einheitlicher Normierung schnell gesetzt. **E-Government-Pakt und Online-Zugangsgesetz blieben weit hinter den Erwartungen zurück.** Das wundert nicht. Die Digitalisierung braucht Einheitlichkeit, klare Vorgeben und ein neues Denken, wie Proszesse ablaufen. Der digitale Verwaltungsprozess, wenn er im Sinne einer End-to-End-Verarbeitung gedacht wird, braucht auch andere gesetzliche Verfahren und Grundlagen und einen ermöglichenden Datenschutz.

Was jede Kommune allerdings tun kann, ist den Boden zu bereiten. Die **Datenschutzgrundverordnung** umzusetzen, die Mitarbeiter auf die anstehenden Veränderungen hinzuweisen, sie zu ertüchtigen, mit den neuen Prozessen umgehen zu können.

E-Government, also die elektronische Verwaltung, die zur Beschleunigung und Rationalisierung komplexer Abläufe beitragen soll, aber auch dem Bürger Wege ersparen möchte, verlangt z. T. nach neuen Strukturen überörtlicher Zusammenarbeit.

So wurde gerade im kreisangehörigen Bereich erkannt, dass in vielen Fällen eine auf die eigene Kommune beschränkte „Insellösung" wenig Sinn ergibt und ein erhebliches Kostenpotenzial vermieden werden kann, wenn eine einheitliche DV-Struktur auf Landkreisebene unter Einbeziehung aller Kommunen angestrebt wird.

Beispiel:

In den Landkreisen Kelheim und Cham wurden in Zusammenarbeit mit allen Gemeinden am Landratsamt EDV-Stabsstellen eingerichtet und eine Intranetplattform für unterschiedlichste Bereiche geschaffen. Gerade im Bereich der Geo-Informationssysteme (GIS) hat sich diese Struktur bewährt. Ein einheitliches Zugangsportal für künftige Nutzer wird zudem sicherstellen, dass die notwendige Einheitlichkeit interener Prozessabläufe und die erforderliche Datensicherheit gewährleistet sind. Ein Zentralrechner, eine zentrale Firewall, ein Administrator, ein einheitliches Anwendungssystem garantiert die gemeinde- und landkreisübergreifende funktionierende DV-Struktur. Die Kosten werden im Verhältnis der Einwohner nach Vorabzug des Landkreisanteils von den Kommunen aufgebracht bzw über die Kreisumlage gedeckt.

Derzeit wird intensiv über eine Verschlankung verschiedener Verwaltungsbereiche diskutiert. Zentrales Personenstandswesen und Standesamt, zentrale Realsteuer- oder Personalstellen sind in der Lage, personelle und damit kostentechnische Synergien zu heben. Voraussetzungen sind aber auch hier eine überörtliche funktionierende, möglichst einheitliche digitale Grundinfrastruktur und einheitliche systembruchfreie Anwendungsprogramme.

5. Das Verhältnis Staat – Kommunen

Staat und Kommune als Gebietskörperschaften haben wir bereits kennengelernt. Im Folgenden erklären wir, welche genaue Rolle die Kommunen im Staatsgefüge spielen.

Beispiel:

Bürgerin Meier geht ins Einwohnermeldeamt und holt dort den von ihr bestellten Pass ab.

In Art. 73 I Nr. 3 Grundgesetz finden wir, dass für das Passwesen ausschließlich der Bund (= die Bundesrepublik Deutschland) als Gesetzgeber zuständig ist. Aber dennoch wird die Gemeinde tätig. Dies rührt daher, dass die Verfassung (das Grundgesetz) eine Aufgabenverteilung zwischen Bund, Land und Gemeinde vorsieht.

5.1 Bund, Länder und Kommunen im System der Gewaltenteilung

Die deutsche Verfassung sichert – ebenso wie die bayerische – die Funktionsfähigkeit unseres demokratischen Staatssystems u. a. durch die sog. **Gewaltenteilung.** Legislative (= Gesetzgebung), Exekutive (= Verwaltung) und Judikative (= Rechtsprechung) sind verschiedenen Zuständigkeiten zugeordnet, mit dem Ziel, dass sich die jeweiligen Träger der Staatsgewalt gegenseitig kontrollieren. So überwachen die Gerichte die Rechtmäßigkeit von Gesetzen, die das Parlament erlässt. Das Parlament wiederum überwacht kraft Petitionsrecht, ob die Regierung und Verwaltung rechtmäßig handelt usw.

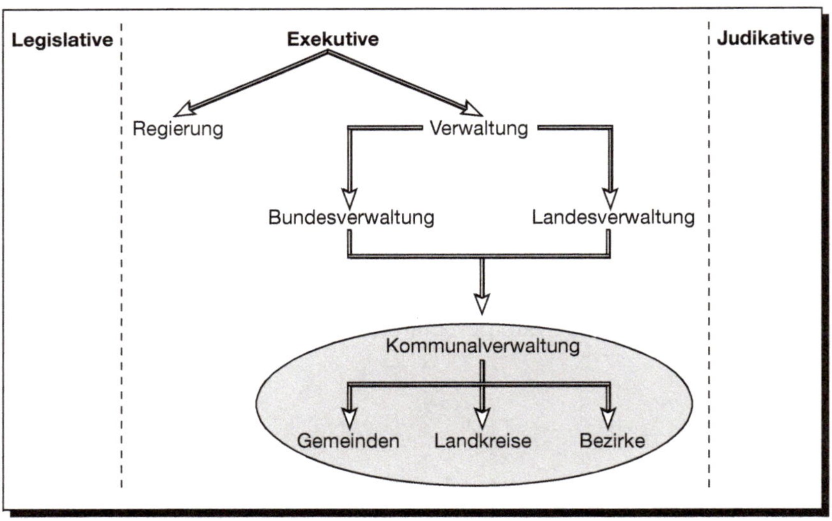

Kommunen und Gewaltenteilung

Wohin gehören die Kommunen in diesem Gefüge der Gewalten?

Kommunen erlassen Satzungen, etwa Gebührensatzungen oder Bauleitpläne. Dies spricht für eine Einordnung in den Bereich der Gesetzgebung. Andererseits kann etwa der Bürgermeister Ordnungsverfahren durchführen und dabei Geldbußen verhängen. Ist die Gemeinde deshalb Teil der Rechtsprechung?

Die überwiegende Tätigkeit der Kommune und ihrer Entscheidungsorgane (z. B. Bürgermeister und Gemeinderat) ist Anwendung und Vollzug von Gesetzen. Die Kommunen und auch ihre Organe sind deshalb wesentlicher Teil der vollziehenden Gewalt, d. h. Teil der Exekutive.

Dabei werden die Kommunen sowohl aus eigener Kompetenz oder Zuständigkeit tätig (insbesondere im angestammten Selbstverwaltungsbereich) oder kraft gesetzlich übertragener Kompetenz, wie z. B. im Passwesen: Hier wird die Gemeinde für Bund und Land zur Erfüllung einer bundesgesetzlich geregelten Aufgabe tätig. Die Kommunen sind also mehr als bloße Erfüllungsgehilfen des Staates, sie sind wesentliche und selbstständige Fundamente unserer demokratischen Staatsform.

Das Recht auf Selbstverwaltung unterstreicht diese elementare Aufgabe. Dies bekräftigt auch Art. 11 Abs. 4 BV:

Art. 11 Abs. 4 BV

Die Selbstverwaltung der Gemeinden dient dem Aufbau der Demokratie in Bayern von unten nach oben.

5.2 Wo steht was?

Grundgesetz und Bayer. Verfassung enthalten wesentliche Regelungen zur Gewaltenteilung und Aufgabenverteilung zwischen den Staatsebenen. Daneben finden sich Zuständigkeitsregelungen in Bundes- und Landesgesetzen, durch die Verwaltungsaufgaben auf die Kommunen übertragen werden.

WICHTIG!

Es gibt Bereiche, in denen die Kommunen von vornherein – man nennt das auch originär – zuständig sind, und Bereiche, in denen die Kommunen kraft eines gesetzlichen Auftrags tätig werden.

Diese Unterscheidung ist deshalb wichtig, weil die Handlungsmöglichkeiten, die Spielräume und die Überprüfung des gemeindlichen Verwaltungshandelns unterschiedlich ausgeprägt sind.

Beispiel Gemeinde:

Eigentlich hat die Gemeinde alle öffentlichen Aufgaben auf ihrem Gebiet zu erfüllen. Dies ergibt sich aus Art. 6 GO. Man spricht auch von der Allzuständigkeit der oder einer Zuständigkeitsvermutung für die Gemeinden.

Art. 6 GO

(1) Den Gemeinden steht in ihrem Gebiet die Erfüllung aller öffentlichen Aufgaben zu. Ausnahmen bedürfen eines Gesetzes.

(2) Die Gemeindeaufgaben sind eigene oder übertragene Angelegenheiten.

5.3 Der eigene Wirkungskreis

Die dem eigenen Wirkungskreis der Kommunen zugehörigen Aufgaben nimmt sie weisungsfrei nach pflichtgemäßem Ermessen wahr. Die Kommune und ihre Organe müssen dabei die allgemeinen Gesetze beachten. Der eigene Wirkungskreis umfasst Pflichtaufgaben und freiwillige Aufgaben und ist der Bereich der kommunalen Selbstverwaltung. Welche Aufgaben konkret hierzu gehören, ist nicht abschließend und ausdrücklich geregelt. Aus den Art. 7, 57 GO; 5, 51 LKrO; 5, 48 BezO sowie Art. 83 BV ergeben sich aber konkrete Anhaltspunkte. Vgl. hierzu Teil 4 Kapitel 1.

Beispiele:

Zum eigenen Wirkungskreis kreisangehöriger Kommunen gehört u. a.

- das Personalwesen (Art. 42, 43 GO),
- das Finanzwesen (Art. 22 Abs. 2, 62 Abs. 2 GO i. V. m. dem KAG),
- das Haushaltswesen (Art. 83 Abs. 2 BV, 63 Abs. 1 GO),
- die Sicherstellung einer Verwaltung (Art. 56 Abs. 2 GO),
- der Erlass einer Geschäftsordnung (Art. 45 GO),
- die Geschäftsverteilung (Art. 46 GO),
- das Satzungsrecht (Art. 23 GO),
- Veranstaltungserlaubnisse (Art. 19 Abs. 3 LStVG).

Aufgabenkatalog			
Art d. Aufgabe	Beispiel	Bereich	Aufsicht
Pflichtaufgabe	• Wasser • Abwasser • Gemeindestraßen • Bürgerversammlung	= eigener Wirkungskreis	
freiwillige Aufgaben	• Bücherei • Ehrungen • Jugendzentrum • Museum		

Eigener Wirkungskreis

WICHTIG!

Bei den Pflichtaufgaben im eigenen Wirkungskreis (Wasser/Abwasser etc.) hat die Kommune kein Ermessen, ob sie tätig wird. Sie *muss* die Aufgaben erfüllen. Sie kann allerdings entscheiden, wie sie es macht und ob sie die Aufgabe zur Erfüllung ggf. auch einem anderen überträgt.

5.4 Der übertragene Wirkungskreis

Dazu gehören Aufgaben, die durch Gesetz ausdrücklich zur Erledigung übertragen sind. Ein besonderer, wesensnotwendiger Ortsbezug liegt nicht vor. Der Selbstverwaltungsbereich ist nicht betroffen. Bei Erfüllung dieser Aufgaben unterstehen die Kommunen einer besonderen Kontrolle durch den Staat und haben auch Weisungen zu befolgen (Art. 8, 58 GO; 6, 53 LKrO; 6, 50 BezO).

Beispiele:

- Hilfe bei Verwaltungsverfahren, Vorhalten von Vordrucken (Art. 58 Abs. 2 GO)
- Mitwirken bei Wahlangelegenheiten, z. B. § 17 Abs. 1 BWahlG
- Personenstandswesen – Meldewesen (Art. 8 Meldegesetz)
- Erfassung von Wehrpflichtigen
- Anordnung von Verkehrszeichen
- Ausstellen von Lohnsteuerkarten u. v. m.

Aufgabenkatalog

Art d. Aufgabe	Beispiel	Bereich	Aufsicht
Pflichtaufgabe	• Wasser • Abwasser	= eigener Wirkungskreis	
freiwillige Aufgaben	• Bücherei		
übertragene Aufgaben	• Standesamtswesen • Passwesen • Lohnsteuerkarten • Sühneversuch	= übertragener Wirkungskreis	

Übertragener Wirkungskreis

5.5 Finanzierung der Aufgaben

Die Einrichtung eines Computerraums an der Hauptschule kostet 90.000 €. Die Anstellung einer Erzieherin für den städtischen Kindergarten verursacht Personalkosten in Höhe von 40.000 € pro Jahr. Der Bau der Kläranlage schlägt mit 4 Mio. € zu Buche. Selbstverwaltung ist schön und gut – aber die zu erledigenden Aufgaben müssen auch finanziert werden.

Den Kommunen stehen eigene und fremde Einnahmequellen zur Verfügung. Ohne im Detail auf die komplizierte Finanzierungssystematik einzugehen, die GG und BV vorgeben, so viel:

Statistisch haben die Einnahmen der kommunalen Ebene zwar bundesweit dank der hervorragenden Konjunktur zugenommen, gleichzeitig sind aber auch die Aufgaben und die damit verbundenen Ausgaben dramatisch nach oben gegangen. Die jüngste Statistik wirft eine dramatische Verschuldung der kommunalen Ebene aus, die systemisch durch die überbordenden Ausgaben bedingt ist. Die Schere zwischen armen und reichen Kommunen klafft schneller und weiter auseinander. Der Investitionsstau der kommunalen Infrastruktur macht inzwischen einen dreistelligen Milliarden-Betrag aus. Wir haben festzustellen, dass die Frage arm und reich durchaus keine Frage Ost-West oder Nord-Süd ist. Immer mehr Kommunen leiden unter strukturellen Defiziten. In NRW und im Saarland sind viele Städte hoch verschuldet. Die politisch verordneten Umsteuerungen im Kohlebergbau wird viele ehemals reiche Standorte vor große Herausfoderungen stellen. Eine ausufernde Sozialgesetzgebung mit immer mehr Leistungsverpflichtungen setzen den kommunalen Kassen zu.

Die Aufgabenzuweisungen durch Bund und Land steigen beständig. Viele Kommunen sind längst am Ende der Belastbarkeit angelangt. Vom echten Gestalten im Rahmen der Selbstverwaltung kann in weiten Teilen nicht mehr die Rede sein. Bundes- und landesrechtliche Vorgaben greifen in den Selbstverantwortungsbereich der Kommunen ein und definieren „rechtmäßiges Handeln". So wird die kostenträchtige Computeranlage an den Schulen, obschon eigene Aufgabe, zum **„Muss"!**

So wird die Einrichtung eines Jugendtreffs mit Fachpersonal zur unausweichlichen Infrastruktureinrichtung. All das ohne einen angemessenen Finanzausgleich durch den „anordnenden" Staat.

Welche eigenen Einnahmequellen haben die Kommunen?

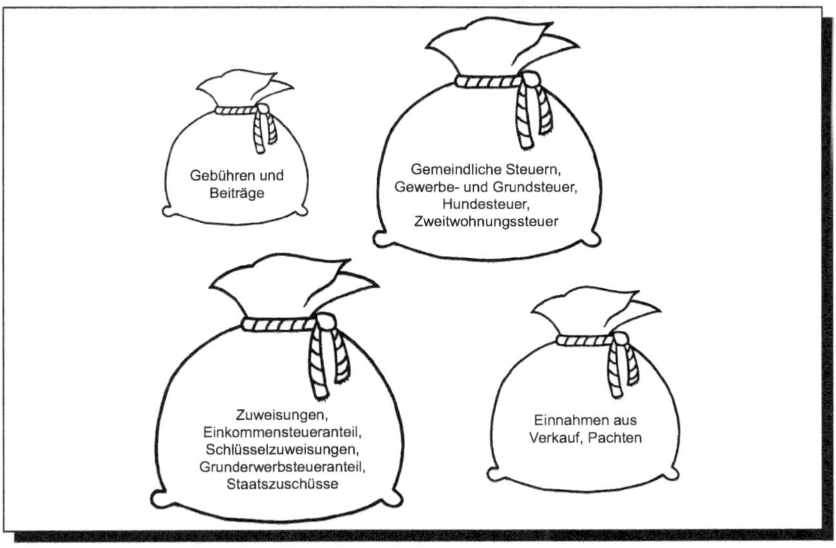

Einnahmequellen

- **Einnahmen aus fiskalischem Handeln:**

  Kommunen erzielen sie bei der Beteiligung am Wirtschaftsverkehr, z. B. durch den Verkauf von Grundstücken, durch Miet- und Pachteinnahmen, Zinseinnahmen.

- **Steuern:**

  Steuern dürfen nur in engen Grenzen erhoben werden (siehe Teil 4 Kapitel 2.3).

- **Beiträge** für Wasser- und Abwassereinrichtungen oder Straßen.

  Beiträge dienen zur Deckung des Aufwandes für die Herstellung, Anschaffung oder Verbesserung öffentlicher Einrichtungen. Zur Erhebung eines Beitrages ist eine Grundlagensatzung notwendig, die der Gemeinderat durch Beschluss erlässt. Auf der Grundlage dieser Satzung hat die Verwaltung die Möglichkeit, einen Beitragsbescheid zu fertigen (= Verwaltungsakt), der letztlich die Zahlungspflicht des Bürgers begründet.

- **Gebühren:**

  Gebühren werden aufgrund besonderer Regelungen oder Satzungen für behördliche Leistungen erhoben (Trauungen, Beurkundungen etc.). Gebühren werden auch für tatsächliche Benutzungen öffentlicher Einrichtungen wie Kindergärten, Wasserbezug, Abwasserbeseitigung in Rechnung gestellt. Der Bescheid, mit dem die Höhe der Gebühr mitgeteilt wird, ist ein Verwaltungsakt.

WICHTIG!

Die Gemeinde darf mit Beiträgen und Gebühren nur ihren tatsächlichen Aufwand abdecken, also nichts verdienen. Aber es ist auch notwendig, bei den Gebührenfestsetzungen den Kostendeckungsgrundsatz zu beachten. Die politisch beliebte Festsetzung von Gebühren weit unter dem Deckungssatz ist nicht nur deshalb bedenklich, weil der Fehlbetrag aus dem sonstigen Finanzaufkommen der Kommune bestritten werden muss! Es ist vielmehr auch eine Frage der Gerechtigkeit, ob die Allgemeinheit für Kosten aufkommen soll, die eindeutigen Verursachern zuzurechnen sind.

Anders gefragt: Warum sollen die Grund- und Gewerbesteuerzahlungen des Bürgers Huber aus dem Ortsteil Berghausen, der durch einen Zweckverband mit Wasser versorgt wird und dafür kostendeckende Gebühren zahlt, zur Deckung des Restaufwandes des gemeindeeigenen Wasserversorgungsnetzes Aufhausen herangezogen werden? Der ungedeckte Aufwand hätte ebenso gut von den Bürgern, die unmittelbare Nutznießer dieser Wasserversorgung sind, erhoben werden können.

5.6 Finanzen ... ein ewiges Thema

Die finanzielle Stärke der Kommunen ist aus verschiedenen Gründen sehr unterschiedlich. In allen Ländern gibt es deshalb das Instrument des **Finanzausgleiches,** das diese Ungleichgewichte abmildern soll. Die Systeme, die dabei zur Anwendung kommen, sind sehr verschieden und immer komplex und kompliziert. Unter dem Thema **Verteilungsgerechtigkeit** wird immer wieder versucht, Nachbesserungen durchzusetzen. Ein kleiner Abriss der Entwicklung der Schlüsselzuweisungssysteme in Bayern soll für das generelle Thema sensibilisieren.

5.6.1 Kommunaler Finanzausgleich und Verteilungsgerechtigkeit

Corona, die veränderte Sicherheits- und Wirtschaftslage, die Energiepreise, überhitzte politisch forcierte Umstrukturierungsprozesse in der Automobilbranche stellen die Binnenkonjunktur vor gewaltige Herausforderungen. Drei Jahre Nullwachstum in Folge, massive Abhängigkeiten von Rohstoffen, von Energie und internationalen Verflechtungen haben in Deutschland zu einer Situation geführt, in der sich Politik mehr leistet, als die Volkswirtschaft leisten kann. Ein Umsteuern, eine echte Aufgaben und Ausgabenkritik ist zwingend. Konsolidierungsprozesse sind unvermeidbar ... aber eben unpopulär.

Immer mehr Kommunen haben unabhängig von ihrer Größe seit 2021 erhebliche Finanzprobleme. Die Gewerbesteuer nimmt ab, die Einkommensteuer entwickelt sich rückläufig und die Kreisumlagenbelastungen erhöhen sich exorbitant. Mit Sparmaßnahmen alleine ist da nichts mehr zu wollen. Der Umstand, dass 50 % des gesamten kommunalen Steueraufkommens von den 25 kreisfreien bayerischen Kommunen erwirtschaftet wurde und die verbleibenden 50 % ebenfalls höchst unterschiedlich auf die 2.031 kreisangehörigen Kommunen Bayerns verteilt sind, zeigt, dass eine Korrektur der Finanzverfassung zugunsten der wirtschaftsschwächeren Kommunen angezeigt ist.

Die Tatsache, dass die Einwohner im Rahmen der Verteilung von Staatsmitteln unterschiedlich bewertet werden oder gar gewisse Einnahmen bei der maßgeblichen Berechnung der Finanzkraft außen vor bleiben, wurde und wird zunehmend als ungerecht empfunden. Eine Arbeitsgruppe am Bayerischen Finanzministerium versuchte in der Vergangenheit mit wissenschaftlicher Begleitung eine methodische Aufarbeitung. Dennoch, die Frage, ob mehr staatliches Geld in die Verdichtungs- und Großstadtbereiche oder stattdessen in die sog. ländlichen Räume fließen soll, ist weniger eine Frage der exakten Wissenschaft, denn des politischen Ermessens und damit der Ordnungspolitik.

Im Rahmen der Verhandlungen zum Doppelhaushalt 2012/2013 kam es in der Folge zu einer Korrektur der sogenannten **Einwohnergewichtungen.** Damit verbunden gelang eine gewisse Umverteilung der Schlüsselmasse zugunsten der Landkreise und der Kommunen außerhalb der Ballungsräume.

Ein 2013 in Auftrag gegebenes Gutachten hatte leider nicht das Ergebnis, das sich die Vertreter des kreisangehörigen Bereiches gewünscht hätten. Fakt bleibt, dass sich die Politik lieber hinter Gutachten versteckt, statt selbst mutig zu entscheiden. Ob die Ergebnisse der wissenschaftlichen Expertise dabei vorbestellt sind oder nicht, kann dahinstehen. Bei nüchterner Betrachtung werden nahezu in allen Bundesländern eher die Großstädte und Ballungsräume überproportional gefördert. Ob die heraufbeschworene Renaissance der Gleichwertigkeit die stabile flächige Struktur Bayerns mit der erforderlichen finanziellen Ausstattung am Leben erhalten wird, muss sich erst zeigen.

Es ist ab dem Haushaltsjahr 2025 wieder eine brisante Diskussion um eine möglichst effiziente Mittelverteilung entbrannt. Die strukturellen Rahmendaten zwingen zu einer Veränderung des Bisherigen. Geld steht eben anders als vermutet auf keiner Staatsebene unbegrenzt zur Verfügung. Entscheidend wird die Frage sein, wie konjunkturell wirksame Maßnahmen im investiven Bereich breit und klug aufgesetzt werden.

5.6.2 Die bayerische Konnexität

Jahrzehnte hatten die Kommunen gefordert, dass der Satz gelten müsse: „Wer die Musik bestellt, hat sie zu bezahlen“. Seit 2003 ist das in Bayern Verfassungsrealität geworden.

> Art. 83 Abs. 3 BV formuliert: „Überträgt der Staat den Gemeinden Aufgaben, verpflichtet er sie zur Erfüllung von Aufgaben im eigenen Wirkungskreis oder stellt er besondere Anforderungen an die Erfüllung bestehender oder neuer Aufgaben, hat er gleichzeitig Bestimmungen über die Deckung der Kosten zu treffen. Führt die Wahrnehmung dieser Aufgaben zu einer Mehrbelastung der Gemeinden, ist ein entsprechender finanzieller Ausgleich zu schaffen.“
>
> Art. 83 Abs. 7 BV: „Die kommunalen Spitzenverbände sollen rechtzeitig gehört werden, bevor durch Gesetz- oder Rechtsverordnung Angelegenheiten geregelt werden, welche die Gemeinden oder die Gemeindeverbände berühren. Die Staatsregierung vereinbart zur Umsetzung des **Konnexitätsprinzips** (Abs. 3) ein Konsultationsverfahren mit den kommunalen Spitzenverbänden.“

Konnexität und **Konsultation** führen dazu, dass die Legislative seither bei jeder Initiative genau erwägt, was eine beabsichtigte Regelung an Kosten und Verwaltungsaufwand auslöst und wen sie letztendlich kostenmäßig belastet. Sind das die Kommunen, hat der Staat als Verursacher die bestellte Zeche auch zu zahlen. In welcher Form und in welcher Höhe die Erstattung und der Ausgleich erfolgen wird, soll in einem wechselseitigen Beteiligungsverfahren entschieden werden. Dabei kommt den Spitzenverbänden kraft Verfassung eine herausragende Verantwortung zu.

Beispiel:

Mit der Entscheidung, ein achtstufiges Gymnasium einzuführen, wurden Baulasten für die zuständigen Schulträger (in der Regel kreisfreie Städte und Landkreise) ausgelöst. Ob der Staat allerdings im Rahmen der Konnexität verpflichtet werden kann, jede architektonisch aufwendige und jede künstlerische Gestaltung und den dadurch bedingten Mehraufwand zu tragen, ist eine der Fragen, mit denen sich die Verwaltungsgerichte derzeit auseinandersetzen müssen.

Tatsache bleibt allerdings auch, dass Bund und Land sehr findig sind, wenn Umgehungstatbestände zu definieren sind, um die Kostenverantwortung des Gesetzgebers auszuhebeln. Da werden Leistungen im Bereich der Digitalisierung der Schulen als freiwillige Aufwände definiert, bei denen der Staat dann großzügig Zuschüsse gibt. Der Bund regelt den Betreuungsanspruch der Kinder und die Länder verweisen darauf, dass es ein Bundesgesetz ist, das die Gemeinden verpflichtend umzusetzen hätten. Nicht sie, die Länder, seien diejenigen, die den neuen Standard setzen. Der Bund wiederum verweist auf die Verfassung und zu Recht darauf, dass unser GG keine unmittelbare Beziehung zwischen der Bundes- und der kommunalen Ebene vorsieht. Ein Verschiebebahnhof der Verantwortlichkeiten, der letztlich die Kommunen in die Pflicht nimmt und gleichzeitig die Zeche zahlen lässt.

5.6.3 Die Gewerbesteuer

Nach langem Hin und Her zwischen Abschaffung und Verbreitung der sogenannten **Gewerbesteuer** schien im Jahr 2007 ein Kompromiss gefunden zu sein. Dieser sah vor, die Gewerbesteuer als wichtigste kommunale Steuerquelle mit einem damaligen Aufkommen von rund 30 Mrd. € zu erhalten.

Bereits im Jahr 2010 brandeten aber erneute Diskussionen auf, weil die Koalition die Absicht hatte, Entlastungen für die Unternehmer zu schaffen. Mit einem Gesamtaufkommen von 4,7 Mrd. € im Jahr 2009 für Bayern macht die Gewerbesteuer netto knapp 40 % aller kommunalen Steuereinnahmen aus. Insoweit ist diese Steuer als unmittelbar kommunal selbstverwaltete Steuer unabdingbar für ein Kommunalverständnis, wie wir es in der Bundesrepublik Deutschland kennen und wie es durch Art. 28 Abs. 2 des Grundgesetzes garantiert wird. Auch 2019 flammte die Diskussion, getrieben von den Industrie- und Gewerbeverbänden, neu auf. Wie die mittlerweile über 50 Mrd. € starke unmittelbare Einnahmequelle freilich kompensiert werden soll, bleibt unbeantwortet. Die nötige Wachsamkeit ist in diesem Bereich immer angezeigt.

Im Übrigen raten wir, intensiv zu überlegen, wie der örtliche Hebesatz festgelegt wird. Bis zu 390 Punkten Hebesatz sind für Personengesellschaften aufkommensneutral, weil die Gewerbesteuer insoweit vollumfänglich von der Einkommensteuerschuld abgesetzt werden kann.

Im Zuge der vorgezogenen Neuwahlen auf Bundesebene im Jahr 2025 wurde die Thematik der Unternehmensentlastung neuerlich brisant. In einem ersten Schritt wurden systemimmanente Korrekturen, wie z. B. erhöhte Abschreibungen, beschlossen, die zu erheblichen Mindereinnahmen auf allen staatlichen Ebenen führen werden. Die von der Bundesregierung beschlossenen 500 Mrd. €, von denen ein Teil auch den Kommunen zufließen soll sind gut gemeint, können aber die Ausfälle und bestehenden Investitionsrückstände nicht kompensieren.

Die Sicherung der dauerhaften Lesitungsfähigkeit der Kommunen bleibt damit die Aufgabe schlechthin, und zwar für alle. Das Thema Einsparungen und Reduzierung von Standards und Leistungen ein Top-Thema der politischen Agenda vor Ort.

5.6.4 Das kommunale Haushaltsrecht

Wie sehen unsere Haushalte künftig aus? **Doppisch** oder **kameral?** Zwischen den Anhängern der reinen Lehren ist ein heftiger Theorienstreit entbrannt. In Bayern wird es auf lange Sicht ein Nebeneinander der Systeme geben. Das ist nicht unproblematisch, weil vieles auf der Vergleichbarkeit wesentlicher Kennzahlen beruht. Fest steht, dass die kaufmännische Buchung und Rechnungslegung mehr Transparenz vermitteln kann und den tatsächlichen Vermögensbestand einer Kommune besser darstellt.

Fakt ist aber ebenso, dass die Doppik weder zu mehr Geld noch zu einer anderen Art von Politik führt, die in vielen Bereichen mehr sozialen Verpflichtungen denn der Kostendeckung um jeden Preis zu entsprechen hat. Wer verantwortungsbewusst entscheiden will, muss unabhängig von der Frage der rechnerischen Darstellung jenseits des einmaligen Investitionsbedarfs auch die laufenden Kosten und deren Deckung in seine Entscheidung einbeziehen. Das ist freilich nicht immer populär!

Beispiel:

Wie würden Sie entscheiden?

Die Stadt A hat neben der Kernstadt sechs Ortsteile zu verwalten. In einem der Ortsteile, der bis zur Gebietsreform selbstständig war, möchte der Sportverein eine größere Sporthalle haben. Die bisherige Schulsporthalle soll dazu mit einem Kostenaufwand von 1,2 Mio. € neu errichtet werden. Der Raumgewinn beträgt gerade einmal 75 qm. Die Sanierung der Schulsporthalle wäre mit einem Aufwand von 200.000 € zu finanzieren. In der vier Kilometer entfernten Kernstadt betreibt ein anderer Sportverein eine sanierungsbedürftige Zweifachhalle. Der Neubau einer Dreifachhalle mit rd. 3 Mio. € ließe auch die Nutzung durch den Sportverein des Ortsteils zu. Dennoch bestehen die Sportvertreter beider Ortsteile auf ihrer eigenen Lösung und das neun Monate vor den Kommunalwahlen. Wie wird wohl hier entschieden?

Über die eigenen Einnahmen hinaus muss auch der Staat zuschießen. Dies geschieht durch das System des dringend reformbedürftigen Finanzausgleichs.

Die Kommunen erhalten Einkommensteuerbeteiligungen, Finanzzuweisungen, Zahlungen aus dem Grunderwerbsteueraufkommen, Schülerbeförderungsausgleich und vieles andere mehr, vgl. Art. 106 GG, Finanzausgleichsgesetz (FAG).

Erwähnenswert scheint in diesem Kontext die **Schlüsselzuweisung**. Kommunen mit unterdurchschnittlicher Finanzausstattung erhalten nach dem FAG Schlüsselzuweisungen. Dieses System soll allen Kommunen eine angemessene Finanzausstattung gewährleisten. Hohe Schlüsselzuweisungen stehen nicht für den besonderen Reichtum einer Kommune, sondern im Gegenteil für deren unterdurchschnittliche Finanzausstattung.

Zwischen den Einnahmearten gibt es eine verbindliche, gesetzlich vorgegebene Rangfolge (Art. 62 GO; Art. 56 LKrO; Art. 53 BezO). Danach steht die Erhebung von Steuern an letzter Stelle. Vorrangig sind die sonstigen Einnahmequellen sowie die Erhebung von Beiträgen und Gebühren auszuschöpfen.

Selbstverwaltung funktioniert nur so lange und insoweit, als die Kommunen auch über eine angemessene Finanzausstattung verfügen. Bei den kommunalen Mandatsträgern steht längst außer Frage, dass der Staat die Kommunen für die Erfüllung der ihnen übertragenen Angelegenheiten finanziell nicht angemessen ausstattet. Um das ungeschriebene Prinzip des „wer anschafft, der zahlt" sicherzustellen, forderten die Kommunen jahrelang ein umfassendes Konnexitätsprinzip.

Diesem Gedanken der Konnexität wurde im Jahr 2003 durch die Änderung des Art. 83 Abs. 3 und Abs. 7 der Bayerischen Verfassung Rechnung getragen. In Bayern gilt seither ein striktes Konnexitätsprinzip mit der Folge, dass der Staat dann, wenn er die Kommunen mit neuen Aufgaben betraut, auch die damit verbundenen Kosten zu tragen hat. Gleichzeitig mit dem Gesetzgebungsverfahren ist ein sog. Konsultationsverfahren obligatorisch geworden, in dem sich die Vertreter der Legislative mit den kommunalen Spitzenverbänden über Art und Höhe der zu erwartenden Kosten sowie deren Ausgleich zu einigen haben.

Aus bestimmten Kreisen wird ab und an die Kritik laut, dass das kamerale Rechnungswesen den Ressourcenverbrauch nicht vollständig abbilden kann.

Deshalb wird lautstark die Einführung doppischer Systeme gefordert.

Mit Blick auf die aktuelle Schuldendiskussion in den europäischen Ländern besteht ein gewisses Interesse an einer harmonisierten Haushalts- und Rechnungslegung in ganz Europa.

Es ist einzuräumen, dass einige Mitgliedstaaten ihr Haushaltswesen bereits auf doppische Systeme umgestellt haben. Nach wie vor bleibt aber das europäische Haushalts- und Rechnungswesen sehr heterogen. Eine Vergleichbarkeit ist nur in sehr eingeschränktem Umfang möglich.

Deshalb gibt es Bestrebungen, harmonisierte doppische **European Public Sector Accounting Standards** (EPSAS) einzuführen.

Ein erster Ansatz für die Entwicklung dieser Standards kann in den **International Public Sector Accounting Standards** (IPSAS) gesehen werden.

Diese sind umwandelbar und zusammen mit doppischen Standards für das Haushaltswesen würden diese IPSAS damit eine Grundlage für ein neues europäisches Rechnungssystem darstellen.

Man verspricht sich damit mehr Transparenz, Generationengerechtigkeit und höhere Steuerungsmöglichkeiten sowie Vergleichbarkeiten, Effizienz und Effektivität.

Vergleiche hierzu: www.epsas.eu

5.6.5 Die neue Politik der vollen Hände

Mit großer Sorge verfolgen wir die nach wie vor höchst emotionalen Diskussionen um vermeintliche Bürgerentlastungen. Da werden im Zusammenhang mit Wahlen Plebiszite angezettelt um Bürgern Kostenbeteiligungen zu ersparen. Wer will, wer kann sich gegen eine derart „bürgerfreundliche“ Politik wehren?

Da werden Straßenausbaubeiträge erlassen, Kindergartengebühren gestrichen und damit der Bevölkerung suggeriert, dass es da schon jemanden gibt, der die ausgefallenen Einnahmen ersetzt. Dieser Jemand ist aber nicht ein deus ex machina; dieser Jemand ist niemand anderer als die Gesamtheit der Steuerzahler einer Kommune.

Alle zahlen plötzlich für die Kindergärten und jeder zahlt für die Sanierung der Wohnstraße, auch wenn nicht jeder den Kindergarten oder die Straße nutzt. Ein ehernes Prinzip der deutschen Finanzautonomie ist, dass diejenigen, die eine Sonderleistung der öffentlichen Hand, wie eine Erschließungsstraße oder einen Kindergartenplatz erhalten, sich sozial angemessen und nach ihrem Vermögen an den damit verbundenen Kosten beteiligen (Vorteilsprinzip). Dieser Ansatz wird durch einen neuen Politikstil, der versucht, Wählerstimmen durch Geldgeschenke zulasten Dritter zu binden, konterkariert. Das kann konsequent zu Ende gedacht schnell zum Aus der kommunalen Finanzautonomie führen. Auf diesem Weg befinden wir uns immer noch. Das vielbeschworene zwingende Umsteuern, die Zeitenwende wird zwar angemahnt, aber ebenso konsequent vermieden. Neue Milliarden werden mit Schulden beschafft, um das kollabierende System weiter zu füttern.

5.7 Der Staat als Kontrolleur

Wenn eine Kommune handelt, steht sie nicht nur unter der Kontrolle und der Aufsicht des Gemeinwesens, also der Bürgerinnen und Bürger selbst. Neben Politik, Verwaltung, Entscheidungsgremien und den Gerichten bestehen weitere Kontrollorgane, die in die **vertikale Gewaltenteilung** des Staates eingebaut sind und über die Rechtmäßigkeit des Verwaltungshandelns wachen.

5.7.1 Die Rechtmäßigkeit der Verwaltung

Ein tragendes Prinzip unserer demokratischen Grundordnung ist die Bindung der Verwaltung an Recht und Gesetz. Damit verbunden ist die Kontrolle dieser Gesetzmäßigkeitsregel durch Bürger, Staat und Gerichte.

Die Kommunen sind weitgehend verselbstständigte Verwaltungseinheiten, denen die Selbstverwaltungshoheit ein besonderes Gepräge und eigene Aufgaben verleiht. Durch die zusätzliche Einbindung in die staatliche Aufgabenerfüllung sind die Kommunen aber auch Teil des ganzen Staatswesens. Die staatliche Aufsicht soll gewährleisten, die Kommunen in dieses Gesamtsystem einzubinden. So verstanden ist die Staatsaufsicht das Gegengewicht zur kommunalen Eigenverantwortlichkeit (Art. 83 Abs. 4 BV, Art. 5 BV; Art. 20 Abs. 3 GG).

Der Staat bevormundet die Kommunen nicht, sondern er übt eine besondere Schutzfunktion aus. Gerade in kleineren Verwaltungen ist oft bei Spezialmaterien nicht das notwendige Personal vorhanden. Im Rahmen der Informations- und Beratungsobliegenheiten stehen hier die **Aufsichtsbehörden** hilfreich zur Seite (Art. 108 GO).

Neben Information und Beratung durch die staatlichen Aufsichtsbehörden, der Informations- und Unterrichtungspflicht durch die Kommunen besteht ein Netz von Kontrollmechanismen, deren Inhalt und Befugnisse abhängig von der betroffenen Aufgabe sind.

Aufgabenkatalog			
Art d. Aufgabe	Beispiel	Bereich	Aufsicht
Pflichtaufgabe	• Wasser • Abwasser	= eigener Wirkungskreis Selbstverwaltung	Rechts-aufsicht
freiwillige Aufgaben	• Bücherei		
übertragene Aufgaben	• Standesamt • Passwesen • Lohnsteuerkarten	= übertragener Wirkungskreis	Fach-aufsicht

Rechts- und Fachaufsicht

5.7.2 Die Rechtsaufsicht

Art. 109 Abs. 1 GO (Art. 94 Abs. 1 LKrO, Art. 91 Abs. 1 BezO) enthält eine ***Legaldefinition*** dessen, was unter ***Rechtsaufsicht*** zu verstehen ist. Die Staatsaufsicht im eigenen Wirkungskreis (z. B. Art. 57, 7 GO) beschränkt sich auf die Kontrolle des Gesetzmäßigkeitsprinzips. Ob die Kommune ein ihr eingeräumtes Ermessen rechtmäßig ausgeübt hat, wird **nicht** kontrolliert.

Art. 109 Abs. 1 GO

In den Angelegenheiten des eigenen Wirkungskreises (Art. 7) beschränkt sich die staatliche Aufsicht darauf, die Erfüllung der gesetzlich festgelegten und übernommenen öffentlich-rechtlichen Aufgaben und Verpflichtungen der Gemeinden und die Gesetzmäßigkeit ihrer Verwaltungstätigkeit zu überwachen (Rechtsaufsicht).

Rechtsaufsichtsbehörde bei kreisangehörigen Gemeinden und großen Kreisstädten (Art. 5, 5a GO) ist das Landratsamt als untere Staatsbehörde

(Art. 37 Abs. 1, 2 LKrO). Für kreisfreie Gemeinden und Landkreise führt die Regierung die Rechtsaufsicht (Art. 96 LKrO), für die Bezirke das Staatsministerium des Innern (Art. 92 BezO).

Rechtswidrige Beschlüsse kann die Rechtsaufsichtsbehörde im Rahmen ihres Ermessens beanstanden und deren Aufhebung und Änderung verlangen (= Beanstandungsrecht, Art. 112 GO, Art. 98 LKrO, Art. 94 BezO). Kommt die Gemeinde einem Aufhebungsverlangen innerhalb einer gesetzten Frist nicht nach, so muss die Rechtsaufsichtsbehörde anstelle und auf Kosten der Gemeinde tätig werden (Art. 113 GO, Art. 99 LKrO, Art. 95 BezO). Weitere Befugnisse der Rechtsaufsichtsbehörde sind das Recht, Beauftragte zu benennen bzw. den Gemeinderat aufzulösen und Neuwahlen anzuordnen (Art. 114 GO, Art. 100 LKrO, Art. 96 BezO).

5.7.3 Die Fachaufsicht

Art. 109 Abs. 2 GO (Art. 94 Abs. 2 LKrO, Art. 91 Abs. 2 BezO) bestimmt, was unter ***Fachaufsicht*** zu verstehen ist. Sie gilt für alle Angelegenheiten des übertragenen Wirkungskreises (z. B. Art. 58, 8 GO). Dabei ist die Kontrolle über Gesetzmäßigkeit und Verwaltungsermessen eröffnet. Allerdings sind der Ermessenskontrolle ebenfalls Grenzen gesetzt. Die Fachaufsichtsbehörde ist für kreisangehörige Gemeinden das Landratsamt als untere Verwaltungsbehörde, für große Kreisstädte und kreisfreie Städte die Regierung. Die Fachaufsicht hat ein Informations- und Weisungsrecht. Wird eine Ersatzvornahme oder werden sonstige Maßnahmen nötig, hat die Rechtsaufsicht die Fachaufsicht zu unterstützen (Art. 116 GO, Art. 102 LKrO, Art. 98 BezO).

Art. 109 Abs. 2 GO

In den Angelegenheiten des übertragenen Wirkungskreises (Art. 8) erstreckt sich die staatliche Aufsicht auch auf die Handhabung des gemeindlichen Verwaltungsermessens (Fachaufsicht). Eingriffe in das Verwaltungsermessen sind auf die Fälle zu beschränken, in denen

1. das Gemeinwohl oder öffentlich-rechtliche Ansprüche Einzelner eine Weisung oder Entscheidung erfordern oder
2. die Bundesregierung nach Art. 84 Abs. 5 oder Art. 85 Abs. 3 des Grundgesetzes eine Weisung erteilt.

5.7.4 Checkliste – Aufsichtliche Maßnahmen

Falls eine Aufsichtsbehörde gegen eine Kommune vorgeht oder falls Sie als Mandatsträger meinen, die Hilfe einer Aufsichtsbehörde zu benötigen, stellen Sie zunächst Folgendes fest:

Welche Aufgabe ist betroffen?

➤ **Eigener Wirkungskreis?**

Dann Rechtsaufsicht.

Wer ist zuständige Aufsichtsbehörde (Landratsamt, Regierung, Staatsministerium des Innern)?

Was kontrolliert die Rechtsaufsichtsbehörde?

Nur Gesetzmäßigkeitskontrolle!

Kein Eingriff in das Verwaltungsermessen!

Welche Handlungsmöglichkeiten hat die Rechtsaufsichtsbehörde?

- Information
- Beanstandung
- Ersatzvornahme erst nach Beanstandung mit Fristsetzung

➤ **Übertragener Wirkungskreis?**

Dann Fachaufsicht.

Wer ist zuständige Aufsichtsbehörde?

Was kontrolliert die Fachaufsichtsbehörde?

Gesetzmäßigkeitskontrolle

Ermessenskontrolle in bestimmten Grenzen

Welche Handlungsmöglichkeiten hat die Fachaufsichtsbehörde?

- Information
- Weisung
- Ersatzvornahme im Zusammenwirken mit der Rechtsaufsichtsbehörde

5.8 Sonstige Kontrolle kommunalen Handelns

Die Überprüfung kommunalen Handelns erschöpft sich nicht in Rechts- und Fachaufsicht. Als juristische Person des öffentlichen Rechts ist die Kommune rechtsfähig, prozess- und deliktsfähig. Sie kann Eigentum erwerben, Prozesse führen und strafbare Handlungen begehen. Je nachdem, ob das konkrete gemeindliche Handeln dem Zivilrecht, dem öffentlichen Recht und dem Strafrecht zuzuordnen ist, ergeben sich unterschiedliche Wege und Zuständigkeiten der Kontrolle.

5.8.1 Die strafrechtliche, zivil- und verwaltungsrechtliche Verantwortung der Kommune

Dass die Akteure kommunalen Handelns nicht im rechtsfreien Raum stehen, ergibt sich schon aus dem Prinzip der Gewaltenteilung, insbesondere aus der Bindung an Recht und Gesetz. Dies wird besonders dann deutlich, wenn das Handeln von Mandatsträgern oder gewählten Repräsentanten, aber auch das Handeln von Beschäftigten des öffentlichen Dienstes Straftatbestände erfüllt.

Beispiele:

Durch vorsätzliche falsche Angaben in einem Förderantrag erhält die Kommune Witzlos 120.000 € Fördergelder. Die Überprüfung der abgerechneten Baumaßnahme ergibt eine wesentlich niedrigere Abrechnungssumme als angegeben. Der strafbare Vorwurf des Subventionsbetrugs richtet sich gegen diejenigen, die kraft Wissen, Organschaft etc. Verantwortung tragen. Zuständig sind die Strafgerichte.

Bei der Benutzung eines Kinderspielplatzes stürzt der kleine Benjamin von einer nicht ordnungsgemäß gewarteten Leiter und bricht sich das Bein. Seine kaputte Hose und das Schmerzensgeld wollen seine Eltern von der Kommune ersetzt wissen, in deren Zuständigkeit die Errichtung und die Unterhaltung des Spielplatzes fällt.

Zur Entscheidung berufen sind, weil es sich um eine zivilrechtliche Angelegenheit handelt, die Zivilgerichte (Amts- bzw. Landgericht).

Der Gebührenbescheid über den laufenden Bezug von Wasser wurde Herrn Wanhold zugestellt. Er ist der Meinung, dass die Kommune die Gebühr falsch berechnet hat. Es handelt sich um ein hoheitliches Tätigwerden der Kommune im eigenen Wirkungskreis. Zur Kontrolle stehen Herrn Wanhold formlose Rechtsbehelfe, aber auch förmliche Rechtsmittel, nämlich Widerspruch und verwaltungsgerichtliche Klage zur Verfügung.

Das Landratsamt „beanstandet“ die Anordnung einer Tempo-30-Zone, die der Gemeinderat von Witzig beschlossen hat. Der Gemeinderat ist der Auffassung, dass dies nicht in Ordnung sei. Auch dem Gemeinderat steht es zu, diese Verwaltungsmaßnahme der Aufsichtsbehörde durch Widerspruch, ggf. Klage, überprüfen zu lassen. Die Gerichte und die Literatur sind sich allerdings nicht einig, ob die im übertragenen Wirkungskreis handelnde Gemeinde (StVO) überhaupt in eigenen Rechten verletzt sein kann. Ob eine Gemeinde also gegen eine Anordnung etwa der Unteren Straßenverkehrsbehörde mit Widerspruch oder gar Klage eine Überprüfung der Anordnung durch die Gerichte erreichen kann, ist streitig.

WICHTIG!

Das kommunale Handeln kann auf allen Ebenen außergerichtlich und gerichtlich überprüft werden. Die zuständige Prüfinstanz ergibt sich aus dem betroffenen Rechtsbereich. Auch die Kommune selbst kann sich gegen Maßnahmen und Anordnungen des Staates zur Wehr setzen.

5.8.2 Formlose Rechtsbehelfe, Widerspruch, Abhilfe

Geht es um hoheitliche Handlungen einer Kommune oder des Staates, können diese Handlungen z. B. durch formlose Rechtsbehelfe überprüft werden. Unter ***formlosen Rechtsbehelfen*** versteht man folgende Maßnahmen:

- Die Gegenvorstellung weist auf einen vermeintlichen Fehler hin und ersucht um Abhilfe.
- Die Aufsichtsbeschwerde ist das Ersuchen an die vorgesetzte Behörde, tätig zu werden und Rechtsverstöße zu beseitigen.
- Die Dienstaufsichtsbeschwerde ist die Beschwerde bei der vorgesetzten Dienststelle, die die Verletzung von Dienstpflichten vorwirft.
- Die Petition ist das Anrufen von Behörden, Mandatsträgern oder Parlamenten mit dem Ersuchen, vermeintliche Rechtsverletzungen abzustellen.

Diese Rechtsbehelfe sind weder an Formen noch an Fristen gebunden. Der Antragsteller hat ein Recht auf Prüfung und Beantwortung.

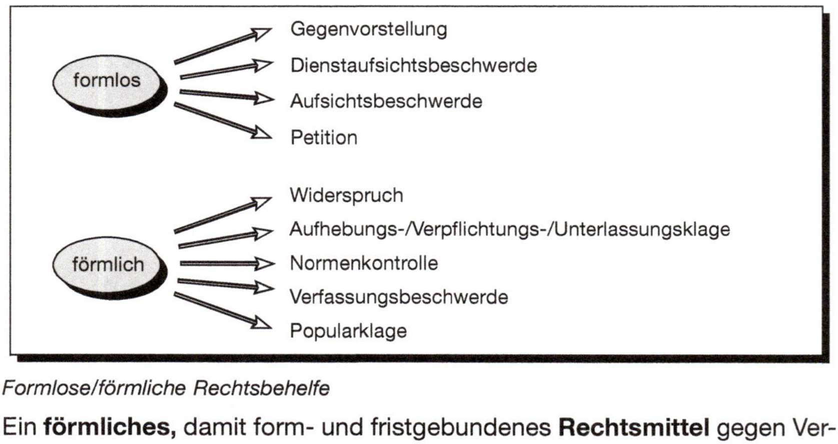

Formlose/förmliche Rechtsbehelfe

Ein **förmliches,** damit form- und fristgebundenes **Rechtsmittel** gegen Verwaltungsakte ist der Widerspruch. Durch Einlegung des Widerspruchs ist die zuständige Widerspruchsbehörde – z. B. bei gemeindlichen Akten

i. d. R. das Landratsamt – gehalten, die Rechtmäßigkeit des angefochtenen Bescheides zu überprüfen. Gelangt die Widerspruchsbehörde zur Auffassung, dass der Bescheid rechtswidrig ist, gibt sie der betreffenden Kommune die Möglichkeit, abzuhelfen, d. h., einen neuen, rechtmäßigen Bescheid zu erlassen. Ist die Widerspruchsbehörde der Auffassung, dass das kommunale Handeln nicht zu beanstanden ist, erlässt sie einen Widerspruchsbescheid. Auch dieser Bescheid ist ein Verwaltungsakt und kann als hoheitliches Handeln innerhalb der vorgegebenen Frist durch eine verwaltungsgerichtliche Klage überprüft werden.

5.8.3 Verwaltungsgerichtliche Kontrolle

Bürger und Kommune können gegen hoheitliche Akte vor den **Verwaltungsgerichten** klagen. Handelt es sich um einen Verwaltungsakt, so kann nach erfolglosem Widerspruchsverfahren innerhalb der vorgesehenen Fristen Klage zum Verwaltungsgericht erhoben werden. Anwaltszwang besteht nicht. In manchen Fällen kann das Verwaltungsgericht direkt, d. h. ohne vorheriges Widerspruchsverfahren, angerufen werden.

Bei Bescheiden, mit denen Geldleistungen gefordert werden, besteht die Zahlungspflicht trotz Widerspruch oder Klage fort. Im Rahmen eines vorläufigen Rechtsschutzersuchens kann auf Antrag durch Ausgangs-, Widerspruchsbehörde oder Gericht angeordnet werden, dass die Zahlungsverpflichtung bis zur endgültigen Entscheidung des Bescheides ausgesetzt wird.

Gegen Satzungen und Rechtsverordnungen besteht die Möglichkeit des Normenkontrollverfahrens. Zuständig ist der Verwaltungsgerichtshof München (§ 47 VwGO).

Gegen Landesgesetze kann eine Gemeinde **Popularklage** beim Bayer. Verfassungsgerichtshof einlegen (Art. 98 Abs. 4 BV).

Gegen bundesgesetzliche Einschränkungen des kommunalen Selbstverwaltungsrechts steht der Gemeinde die kommunale Verfassungsbeschwerde vor dem Bundesverfassungsgericht zu (Art. 93 Abs. 1 Nr. 4 GG).

5.8.4 Medien

Zu einer außerstaatlichen und außergerichtlichen Kontrollinstanz haben sich die Medien entwickelt. Leider ist aber festzustellen, dass es dabei weit weniger um Bürgerrechte, also um die Einhaltung von Gesetzen, denn um Einschaltquoten geht. Das Prinzip „wer laut schreit, hat recht“ ist zwar keines unserer Rechtsordnung, offensichtlich aber Prüfungsmaßstab vieler Medien.

6. Europa und die Kommunen

6.1 Warum sind Kommunen zunehmend europabetroffen?

Kommunen sind durch die voranschreitende Integration des **Europäischen Binnenmarkts** – eine Entwicklung die seit über 30 Jahren andauert – immer stärker **„europabetroffen"**, da zunehmend politische Entscheidungen, die die kommunale Selbstverwaltung und Daseinsvorsorge berühren, auf EU-Ebene gefällt werden. Die daraus folgende und zwingende **Anwendung der EU-Binnenmarkt- und Wettbewerbsregeln vor Ort** fordert Gemeinden, Städte, Landkreise und Bezirke stark.

Der 1993 offiziell ins Leben gerufene EU-Binnenmarkt soll Handelshemmnisse zwischen den Mitgliedstaaten abbauen. Die Folge ist das Bestreben der EU, die Dienstleistungen der kommunalen Daseinsvorsorge den Märkten zu öffnen und Liberalisierungen insgesamt voranzubringen. Mittlerweile nehmen nahezu 80 % der Entscheidungen, die auf EU-Ebene getroffen werden, Einfluss auf die Kommunen. Dies betrifft u. a. die lokale Daseinsvorsorge, das öffentliche Auftragswesen und die Gewährung von Beihilfen auf kommunaler Ebene. Hinzu kamen im Laufe der vergangenen Jahrzehnte viele weitere EU-Vorgaben aus anderen Politikbereichen, wie dem Umwelt- und Klimaschutz, Planungs- und Sozialbereich sowie im Datenschutz. Auch die Rechtsprechung des Europäischen Gerichtshofs hat Auswirkungen auf lokale Belange, z. B. im Arbeits- und sogar im Beamtenrecht (Rechtsprechung zur Arbeitszeit und zum Urlaubsrecht) und muss stets von der Verwaltung beachtet und angewendet werden.

Seit dem Vertrag von Maastricht aus dem Jahr 1992 gilt die sog. Unionsbürgerschaft. Jeder EU-Bürger hat damit u. a. das Recht, sich aktiv und passiv an den **Kommunalwahlen** (Art. 22 Abs. 1 AEUV – Vertrag über die Arbeitsweise der Europäischen Union) sowie an den **Wahlen zum Europaparlament** (Art. 22 Abs. 2 AEUV) am Wohnsitz seines Aufenthaltslandes zu beteiligen.

Das folgende Beispiel zeigt deutlich, wie sich Kommunen im Spannungsverhältnis zwischen der Erfüllung der Aufgaben der lokalen Daseinsvorsorge und der Anwendung des EU-Binnenmarkt- und Wettbewerbsrechts behaupten müssen:

Beispiel

Ein bedeutsames Beispiel für die Europabetroffenheit der Kommunen ist die umfangreiche **EU-Dienstleistungskonzessionsrichtlinie** aus dem Jahr 2014, mit der die EU-Kommission versuchte, im **Wasserbereich** in die bewährten Strukturen der **kommunalen Mehrspartenstadtwerke** einzugreifen. Im Jahr 2013 konnte durch die vereinte kommunale Intervention in Brüssel eine **Ausnahme für den Wasserbereich** in der Richtlinie erreicht werden. Demnach ist die Trinkwasserversorgung aus dem Anwendungsbereich der Richtlinie ausgenommen (Art. 12 RL 2014/23/EU) und die Kommunen können nach wie vor ohne Anwendung der Richtlinie entscheiden, ob sie Wasser in Eigenregie, über Stadtwerke oder über andere Organisationsformen anbieten wollen. Hilfreich war dabei auch die zeitgleiche, erste erfolgreiche EU-Bürgerinitiative „right2water".

Die Richtlinie enthält jedoch eine **Revisionsklausel in Bezug auf die Wasserausnahme** (Art. 53 Abs. 3); diese hat die EU-Kommission bislang nicht genutzt. Im Zuge der aktuellen Diskussionen um Verfahrensvereinfachungen und Stärkung der Wettbewerbsfähigkeit der EU werden allerdings viele EU-Rechtsakte einem Praxischeck unterzogen. Innerhalb dieser sog. „Omnibusverfahren" wird auch wieder über die Marktöffnung des Wassersektors laut nachgedacht.

Durch die binnenmarkt- und wettbewerbsorientierte EU-Politik ergeben sich für öffentliche Infrastrukturen Veränderungen im rechtlichen Ordnungsrahmen. Die grundgesetzlich verankerte kommunale Selbstverwaltung des Art. 28 Abs. 2 GG gewährt die kommunale Wahlfreiheit bei der Erbringung der öffentlichen Dienstleistungen, ist aber nicht „europafest". Mit dem Vertrag von Lissabon wurde zwar 2009 erstmals in einem primärrechtlichen Dokument das **kommunale Selbstverwaltungsrecht** anerkannt und im **Protokoll Nr. 26** über Dienste von allgemeinem Interesse der Daseinsvorsorge ein eigener Stellenwert innerhalb der gemeinsamen Werte der Union eingeräumt. Dies entfernt die „Kommunalblindheit" der bisherigen Europäischen Verträge zumindest auf dem Papier. In der täglichen Praxis der EU-Institutionen ist davon aber immer noch wenig zu spüren.

Die Aufgabe der Kommunen, die Wechselbeziehung zwischen EU-Binnenmarkt und kommunaler Selbstverwaltung auszubalancieren, besteht weiter. Von immer größerer Wichtigkeit ist daher die „Europafähigkeit" einer Kommune, um dieser Herausforderung gerecht zu werden.

Einfluss der EU auf die Kommunen

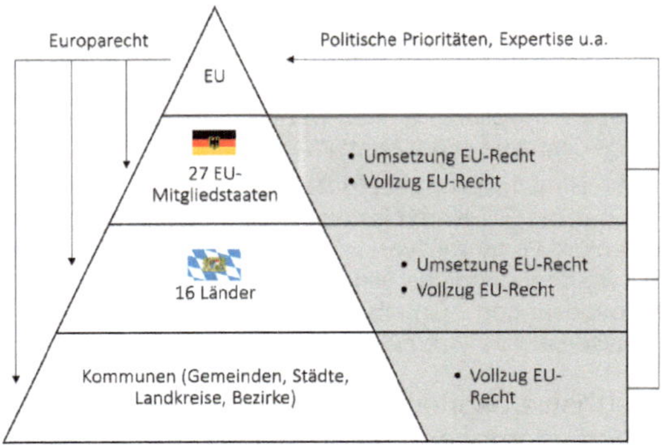

Circa **70-80 %** aller EU-Richtlinien und -Verordnungen müssen auf regionaler und kommunaler Ebene umgesetzt bzw. vollzogen

Zunehmende Verlagerung von Zuständigkeiten auf die EU-Ebene
Quelle: Europabüro der bayerischen Kommunen
** Nach dem Brexit: 27 EU-Mitgliedstaaten*

6.2 Das Europabüro der bayerischen Kommunen als direkter Ansprechpartner in Brüssel

Seit der Einführung des EU-Binnenmarkts vor über 30 Jahren agiert das **Europabüro der bayerischen Kommunen** in Trägerschaft der bayerischen kommunalen Spitzenverbände (Bayerischer Gemeindetag, Bayerischer Städtetag, Bayerischer Landkreistag, Bayerischer Bezirketag) und des Bayerischen Kommunalen Prüfungsverbandes in Brüssel. Das Büro vertritt die Interessen der lokalen Ebenen Bayerns – also von 2.056 Gemeinden und Städten, 71 Landkreisen und sieben Bezirken – gegenüber der Europäischen Union und informiert als **„kommunales Frühwarnsystem“** über aktuelle Entwicklungen. Die bayerischen kommunalen Spitzenverbände haben schon früh erkannt, wie wichtig es ist, in Brüssel mit einem eigenen Büro präsent zu sein, um die Positionen der Kommunen direkt an die EU-Institutionen heranzutragen.

Die **Europafähigkeit** ist nicht nur bei der Einhaltung von EU-Recht in den Kommunalverwaltungen von Bedeutung, sondern auch im positiven Sinne sind Kommunen „europabetroffen“. So können sie von **EU-Fördermöglichkeiten** für kommunale Projekte und von Mitwirkungsmöglichkeiten auf europäischer Ebene, z. B. in **Netzwerken** profitieren (u. a. Eurocities, Rat der Gemeinden und Regionen Europas oder **„Konvent der Bürgermeister“ im Klimaschutz- und Energiebereich).** Weiterführende Informationen finden sich unter 6.4.3. Das Europabüro berät und unterstützt die

Kommunen bei diesen Aktivitäten, mit Übersichten zu Fördermitteln oder Mitwirkung in europäischen Netzwerken.

TIPP

Eine regelmäßige **Übersicht über aktuelle, kommunalrelevante Entwicklungen auf europäischer Ebene** gibt „*Brüssel Aktuell*". Dieser Newsletter des Europabüros erscheint im zweiwöchentlichen Rhythmus und steht den Mitgliedern der bayerischen kommunalen Spitzenverbände im jeweiligen Intranet kostenlos zur Verfügung. Weitere Informationen zum Europabüro, insbesondere auch zu Stellungnahmen und Positionspapieren, finden sich auf der Homepage unter: https://www.ebbk.de/

Um der zunehmenden Manifestation der EU-Politik auf kommunaler Ebene Rechnung zu tragen und den Kommunen dabei Hilfestellung zu geben, hat der Bayerische Städtetag 2010 die **Arbeitsgemeinschaft der EU-Koordinatoren bayerischer Städte** ins Leben gerufen, die regelmäßig für die Städte aktuelle Europathemen behandelt. Auch der Bayerische Bezirketag organisiert regelmäßig Dienstbesprechungen der EU-Koordinatoren der Bezirke.

6.3 Grundzüge des Europarechts (Rechtsquellen des Unionsrechts und Institutionen der Europäischen Union)

Bevor die wichtigsten kommunalrelevanten Bezüge des Europarechts dargestellt werden, folgt ein Kurzüberblick über die **Grundzüge des Europarechts.** Die Europäische Union ist eine supranationale, internationale Organisation mit eigener Rechtspersönlichkeit, d. h., sie kann autonom von der Willensbildung in den einzelnen Mitgliedstaaten in ihr übertragenen Bereichen für diese verbindliche Rechtsregeln erlassen. Die EU übt daher eine selbstständige öffentliche Gewalt aus. Die besondere Ausprägung der Supranationalität zeigt sich z. B. in der EU-Verordnung, die – auch nach Mehrheitsbeschluss im Rat – und ohne Umsetzung (im Gegensatz zur EU-Richtlinie) in allen Mitgliedstaaten als unmittelbar geltendes Recht anzuwenden ist. Sofern die EU-Rechtsvorschrift zudem hinreichend klar, präzise und unbedingt formuliert ist, kann sie unmittelbare Rechte und Pflichten, auch für Kommunen und Einzelpersonen, begründen.

Das **primäre Unionsrecht** besteht aus dem **Vertrag über die Arbeitsweise der Europäischen Union (AEUV)** und dem **Vertrag über die Europäische Union (EUV)**. Der EUV legt die Grundprinzipien und den institutionellen Rahmen fest. Der AEUV enthält die detaillierteren

Bestimmungen zu den Rechten und Pflichten der Mitgliedstaaten sowie der EU-Organe; vor allem aber regelt er die spezifischen Politikbereiche, wie den EU-Binnenmarkt, die Zollunion, Wettbewerbsregeln, Agrarpolitik, Umweltpolitik, Verkehr, Sozialpolitik und die Wirtschafts- und Währungsunion. Letzterer wurde seit Gründung der Europäischen Gemeinschaften mehrfach geändert, zuletzt durch den Vertrag von Lissabon im Jahr 2009.

Das **sekundäre Unionsrecht** ist das von den Organen der Union nach Maßgabe des AEUV geschaffene Recht. Als Handlungsformen nennt Art. 288 AEUV:

- **Verordnung**, die unmittelbar im nationalen Recht gilt;
- **Richtlinie**, die durch die Mitgliedstaaten – in der Regel mit einer Frist von zwei bis drei Jahren – in nationales Recht umgesetzt werden muss;
- **Beschluss**, der im Regelfall verbindliche Wirkung gegenüber seinen Adressaten (z. B. Mitgliedstaat, Unternehmen, Kommune) entfaltet;
- **Empfehlung** und
- **Stellungnahme**, als nicht-normative Rechtsakte, die die Koordinierung von spezifischen Politikbereichen unterstützen.

Die wichtigsten **EU-Organe** und Institutionen aus Sicht der Kommunen sind:

- **Europäischer Rat**, als Zusammenschluss aller Staats- und Regierungschefs der EU-Mitgliedstaaten;
- **Rat der Europäischen Union** (Ministerrat), das zentrale Entscheidungsgremium der EU, in unterschiedlichen Formationen je nach Thema auf Ebene der Fachminister tagend;
- **Europäische Kommission**, die Exekutive der EU; die EU-Beamten sind weisungsungebunden;
- **Europäisches Parlament**, der Co-Gesetzgeber neben dem Rat und demokratisches Kontrollorgan, insb. gg. der Kommission
- **Europäischer Gerichtshof**, die Judikative und
- der **Ausschuss der Regionen**, als organübergreifende beratende Institution, aus Vertretern der regionalen und kommunalen Gebietskörperschaften Europas bestehend.

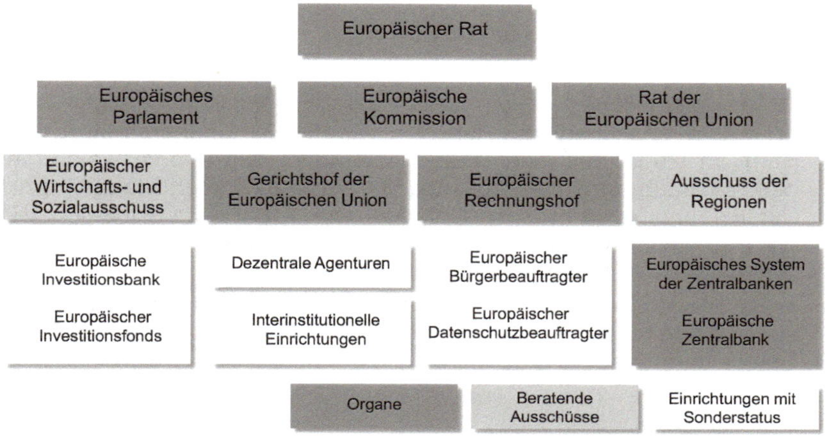

Institutionen der Europäischen Union im Überblick

6.4 Auswirkung der EU-Binnenmarkt- und EU-Wettbewerbsregeln sowie weiterer EU-Rechtsbereiche und EU-Politiken auf die Kommunen

Die Kompetenzen, Steuerungslogiken und Regelungstiefen der EU haben sich über die Jahre seit der Schaffung des Binnenmarktes kontinuierlich ausgeweitet und damit automatisch auch die Betroffenheit der Kommunen. Die Kommunen sind Hauptumsetzer von EU-Recht. Das wird vor allem in den folgenden Bereichen deutlich:

- **EU-Vergaberecht** (EU-Vergaberichtlinien, wie klassische Vergaberichtlinie und Sektorenvergaberichtlinie sowie **EU-Dienstleistungskonzessionsrichtlinie**) im EU-Wettbewerbsrecht,
- **EU-Beihilferecht** (dem zweiten Instrument) des EU-Wettbewerbsrechts, um einen einheitlichen Wettbewerbsraum ohne Verzerrungen für die Wirtschaftsteilnehmer in Europa zu schaffen,
- **Verkehrsbereich,** z. B. durch die EU-ÖPNV-Verordnung zur Sicherung der gemeinwirtschaftlichen Verpflichtungen des öffentlichen Personennahverkehrs, die unter Wettbewerbsbedingungen des Marktes nicht erbracht werden könnten,
- **EU-Umweltrecht** am Beispiel des Abfallrechts, Wasserrechts (z. B. EU-Trinkwasserrichtlinie), aber auch die **EU-Klimaschutz- und Energie-**

ziele („Green Deal und Clean Industrial Deal") im Rahmen des Ziels der Klimaneutralität der EU bis 2050,

- **Sozialbereich** am Beispiel des EU-Arbeitsrechts und der Rechtsakte zu Barrierefreiheit,
- neue, u. a. krisenbedingte Bereiche, wie die **EU-Finanzmarktregulierung** im Zuge der Finanzkrise, Asyl- und **Migrationsregelungen,** bedingt durch die Flüchtlingskrise 2015 und den Angriffskrieg auf die Ukraine, aber auch neue Innovations- und Globalisierungsthemen, wie die **Digitalisierung der öffentlichen Verwaltungen,** die Verhandlung bilateraler **EU-Freihandelsabkommen,**
- selbst rein lokal anmutende Aktionsbereiche, wie bayerische **Einheimischenmodelle** zur Förderung des sozialen Wohnungsbaus in den Gemeinden und Städten.

6.4.1 EU-Vergaberecht

Das EU-Vergaberecht verpflichtet Kommunen bei der Vergabe von öffentlichen Aufträgen oberhalb der sog. **EU-Schwellenwerte** zur Durchführung von **europaweiten Vergabeverfahren,** die bestimmten Fristen und Verfahrensregeln unterliegen. Außerdem gilt im Vergaberecht die **EU-Rechtsmittelrichtlinie,** die die Rechte der abgelehnten Bieter stärkt und Nachprüfverfahren (z. B. vor Vergabekammern) ermöglicht. EU-weite Ausschreibungen sind sehr komplex und können durch die oft nötige Inanspruchnahme externer Rechtsberatung hohe Kosten für die Kommunen verursachen. Das EU-Vergaberecht hat faktisch eine zusätzliche, weitere Zielrichtung als das nationale Vergaberecht (Haushaltsrecht), nämlich die wirtschaftliche Bedeutung der öffentlichen Aufträge und die Öffnung dieser für den europäischen Markt.

2014 wurde das EU-Vergaberecht zuletzt grundlegend reformiert. Die zentralen sekundären Rechtsakte sind die klassische Vergaberichtlinie für öffentliche Auftraggeber, die Sektorenvergaberichtlinie sowie die Konzessionsrichtlinie. Für die kommunale Praxis ist die Dienstleistungskonzessionsrichtlinie vor allem relevant bei längerfristigen Verträgen im Bereich der Bewirtschaftung von Bädern, Sport- und Freizeitanlagen (mit Gastronomie, Werbung etc.), Betrieb von Parkhäusern und Parkraumbewirtschaftung, Abfallbewirtschaftung und (teilweise) Recycling, Stromtankstellen, Energie- und Wärmenetze. Immer dann, wenn ein privater Betreiber gegen das Recht, eine Leistung gegenüber Dritten zu erbringen (und dabei ein wirtschaftliches Risiko trägt), eine Gegenleistung erhält, kann eine Konzession vorliegen. Zur Ausnahme für wichtige Bereiche der Daseinsvorsorge wie den **Wasserbereich** wird auf das Beispiel unter 6.1. verwiesen.

Die **Höhe der Schwellenwerte** für die Anwendung des EU-Vergaberechts wird alle zwei Jahre von der EU-Kommission überprüft. Diese sind von Wechselkursentwicklungen abhängig und beruhen auf den Verpflichtungen der EU nach dem internationalen **Government Procurement Agreement (GPA),** einem plurilateralen Übereinkommen über das öffentliche Beschaffungswesen zwischen einzelnen Vertragsstaaten der **World Trade Organisation** (WTO). Ab 1. Januar 2026[1]) liegen die **EU-Schwellenwerte** bei der Vergabe von **Dienstleistungs- und Lieferaufträgen bei 216.000 €** sowie bei **Bau- und Konzessionsaufträgen bei 5.404.000 € (jeweils netto).** Für Sektorenauftraggeber liegen die Schwellenwerte bei Liefer- und Dienstleistungsaufträgen bei 432.000 €. Für die Berechnung bei der Konzessionsvergabe wird der Gesamtumsatz über die Laufzeit des Vertrags zugrunde gelegt. Die Laufzeit einer Konzession darf nicht so bemessen sein, dass sie den Wettbewerb dauerhaft ausschließt oder faktisch auf Dauer infrage stellt.

Eine von der kommunalen Ebene stets geforderte, signifikante Erhöhung der Schwellenwerte oder zumindest eine an die Inflation angepasste Veränderung scheiterte bislang am Argument der EU-Kommission, Europa sei durch das höherrangige, internationale Abkommen mit der Welthandelsorganisation gebunden. Es ist daher wohl keine wesentliche Erhöhung der EU-Schwellenwerte zu erwarten.

Die Regeln der 2014 verabschiedeten Vergaberichtlinien enthalten überdies eine **erstmalige Kodifizierung der EuGH-Rechtsprechung zu öffentlich-öffentlichen Kooperationen** wie Inhouse-Vergaben und zur interkommunalen Zusammenarbeit. Die **Inhouse-Ausnahme** vom Vergaberecht ist dann gegeben, wenn der Auftraggeber über die betreffende juristische Person eine Kontrolle ausübt, die derjenigen ähnlich ist, die sie über ihre eigenen Dienststellen ausübt (Kontrollkriterium). Weiter müssen mehr als 80 % der Tätigkeiten der juristischen Person in der Erfüllung von Aufgaben erbracht werden, die ihr vom kontrollierenden Auftraggeber oder von anderen durch diesen kontrollierte juristische Personen übertragen wurden (Wesentlichkeitskriterium). Außerdem darf kein privates Kapital beteiligt sein. Die Ausschreibungsfreiheit der **interkommunalen Zusammenarbeit** ist unter der Voraussetzung möglich, dass der zugrunde liegende Vertrag eine Kooperation zwischen den beteiligten Auftraggebern etabliert. Ziel muss die Sicherung der Erbringung von öffentlichen Dienstleistungen sein, die den Auftraggebern gemein sind. Weiter muss die Umsetzung der Zusammenarbeit ausschließlich von Erwägungen bestimmt sein, die im Bezug zum öffentlichen Interesse stehen. Letztlich

1) Siehe Seite 380.

dürfen die teilnehmenden Auftraggeber auf dem offenen Markt nur weniger als 20 % ihrer von der Zusammenarbeit betroffenen Aktivitäten ausüben. Nach kommunaler Intervention konnten in den Richtlinien auch **kommunale Kreditgeschäfte** und der **Zivil- und Katastrophenschutz** vom Anwendungsbereich ausgeschlossen werden.

Die EU-Vergaberichtlinien wurden 2016 in Deutschland in nationales Recht umgesetzt. Wesentliche Änderungen sind die o. g. gesetzliche Regelung der vergaberechtsfreien Inhouse-Geschäfte. Außerdem ist die **elektronische Vergabe** schrittweise eingeführt worden und nun verbindlicher Standard. Bekanntmachung, Kommunikation und Angebotseinreichung erfolgen nur über die elektronische Vergabeplattform. Entscheidendes Zuschlagskriterium ist nun das wirtschaftlich günstigste Angebot, wobei bei der Berechnung der Kosteneffizienz nach wie vor der günstigste Preis mit in die Kalkulation aufgenommen werden kann. Die Kosteneffizienz soll sich dann beispielsweise nach den Lebenszykluskosten berechnen. Auftraggeber sollen Qualitäts-, Umwelt-, Sozial- und Innovationsaspekte bei der Vergabe stärker berücksichtigen. Das neue Verfahren der **Innovationspartnerschaft** soll Spielraum für Entwicklungen bei schwer umschreibbaren Auftragsgegenständen geben, ohne dem Beschaffer eine konkrete Lösung vorzugeben. Die EU-Vergaberichtlinie sieht die Möglichkeit vor, Aufträge in Fach- und Teillose zu aufzugliedern. Erst § 97 Abs. 4 GWB – Gesetz gegen Wettbewerbsbeschränkungen – macht daraus ein Gebot, um insbesondere mittelständische Unternehmen besser zu beteiligen; eine Abweichung davon muss begründet werden (wirtschaftliche oder technische Gründe, unverhältnismäßiger Verwaltungsaufwand). Darüber hinaus gibt es EU-Regelungen, unter denen wesentliche Änderungen bereits ausgeschriebener Verträge zur Neuausschreibung verpflichten. Schließlich gilt ein Sonderregime für soziale und andere besondere Dienstleistungen.

Bis Ende 2026 will die EU-Kommission nun die EU-Vergaberichtlinien wieder überarbeiten. Diskutiert wird z. B. die bevorzugte Berücksichtigung europäischer Produkte und Dienstleistungen, um die Wettbewerbsfähigkeit der EU zu stärken und eine verbindlichere Berücksichtigung von Umwelt- und Sozialkriterien in jedem Beschaffungsprozess zu erreichen. Diesen Ansätzen steht die kommunalpolitische Interessensvertretung eher kritisch gegenüber; sie fordert vielmehr ein, dass Vorhaben, die zur Erfüllung elementarer Bedürfnisse vor Ort selbst durchgeführt werden und keine Binnenmarktrelevanz aufweisen, von der europaweiten Ausschreibungspflicht ausgenommen werden sollten. Dies beträfe die Errichtung eines Feuerwehrhauses, eines Kindergartens, einer Schule oder auch die Einrichtung der Abwasserbeseitigung als notwendige kommunale Infrastrukturen.

Für die weitere **Auslegung des Vergaberechts** ist neben den EU-Richtlinien schon immer das EU-Primärrecht, wie der AEUV und der EUV, heranzuziehen. Insofern sind die Grundsätze der Dienstleistungs- und Niederlassungsfreiheit zu beachten. Das gilt sowohl außerhalb des Anwendungsbereichs der EU-Vergaberichtlinien als auch im **Unterschwellenbereich.** Somit müssen auch „kleinere“ Vergaben stets so gestaltet sein, dass sie fair, transparent und nicht diskriminierend (keine Unterscheidung hinsichtlich der Herkunft) sind.

6.4.2 EU-Beihilferecht

Das **EU-Beihilferecht** ist neben dem EU-Vergaberecht ein weiteres zentrales Instrument, das dem Wettbewerb im Binnenmarkt dienen soll. Es **verbietet grundsätzlich aus staatlichen Mitteln gewährte Beihilfen** an private oder öffentliche Unternehmen. Dazu zählen nicht nur offensichtliche direkte finanzielle Zahlungen an Unternehmen, sondern auch zinsverbilligte Darlehen, die Übernahme von Bürgschaften, Steuervergünstigungen, die Bereitstellung von Infrastrukturen zu Sonderkonditionen. Sollen solche Sonderbehandlungen gewährt werden, muss die Beihilfe zunächst bei der EU-Kommission angemeldet werden (**Notifizierung**); bis zu einer Genehmigung gilt ein **Stillhaltegebot.** Ansonsten droht die Gefahr, dass die Beihilfe vollständig und mit Zinsen zurückgezahlt werden muss (siehe Art. 107 ff. AEUV). Für die Kommunen bedeutet dies, dass sie die Beihilferegeln zu beachten haben und dass dies einer Überprüfung durch die Kommission unterliegen kann.

Aufgrund der Fülle von beihilferechtlich relevanten Sachverhalten wurden mit der Zeit allgemeine Rechtsvorschriften erlassen, die von einer Notifizierung und dem Stillhaltegebot freistellen: Nach der allgemeinen **De-minimis Verordnung,** die Anfang 2024 neu gefasst wurde, gilt nun ein höherer Schwellenwert für nicht anmeldepflichtige Beihilfen von derzeit 300.000 Euro innerhalb von drei Steuerjahren pro Unternehmen. Die sog. **DAWI-De-minimis Verordnung** ist darüber hinaus ein wichtiges Werkzeug für Kommunen, um die Erbringung von Dienstleistungen im allgemeinen wirtschaftlichen Interesse (z. B. Wasserversorgung oder ÖPNV) mit bis zu 750.000 Euro innerhalb von drei Jahren zu unterstützen, ohne diese Beihilfen bei der EU anmelden zu müssen. Der DAWI-Freistellungsbeschluss vom 08.01.2026 befreit von der Notifizierung auch bei größeren Projekten, die Gemeinwohlaufgaben erfüllen, z.B. Krankenhäuser und soziale Einrichtungen. Hier erfordert der Beschluss eine formale Betrauung sowie die Einhaltung strenger Vorgaben für Ausgleichsleistungen zur Vermeidung von Überkompensationen. Ab 2026 bzw. 2028 (bei DAWI-De-minimus) müssen diese Beihilfen allerdings elektronisch innerhalb von 20 Arbeitstagen nach Gewährung in einem zentralen europaweiten Register angezeigt werden. Dies bedeutet zumindest in den ersten Jahren einen weiteren bürokratischen Mehraufwand, der die Bestrebungen nach Vereinfachung des EU-Rechts aus Sicht der kommunalen Interessensvertretung konterkariert.

Auch die **Allgemeine Gruppenfreistellungsverordnung** ermöglicht es den Mitgliedstaaten, bestimmte Beihilfen ohne vorherige Genehmigung zu gewähren, sofern bestimmte Bedingungen erfüllt sind und es sich auf besondere Bereiche bezieht, z. B. Beihilfen für Breitbandinfrastrukturen, Investitionsbeihilfen für kleinere und mittlere Unternehmen (KMU), Sportinfrastrukturen oder die Bewältigung der Folgen von Naturkatastrophen. Sie wird regelmäßig ergänzt durch spezielle Gruppenfreistellungsverordnungen. So hat die EU-Kommission Mitte 2025 einen neuen **Beihilferahmen für den Deal für eine saubere Industrie** angenommen; dieser soll die Entwicklung sauberer Energie, die Dekarbonisierung der Industrie und saubere Technologien vorantreiben; er gilt bis Ende 2030.

Weiter relevant für die Kommunen ist die **Bürgschaftsmitteilung** der Kommission aus dem Jahre 2008. Diese legt fest, wann eine staatliche Bürgschaft keine staatliche Beihilfe darstellt; diese Mitteilung soll bis 2027 überarbeitet werden und zu weiteren Vereinfachungen für KMUs führen. Schließlich sei noch erwähnt, dass die EU-Kommission aktuell an neuen beihilferechtlichen Vorschriften für die Förderung von bezahlbarem Wohnraum in Europa arbeitet.

6.4.3 EU-Umweltrecht und EU-Klimaschutz- und Energieziele

Seit dem Vertrag von Maastricht 1992 gehört der Umweltschutz zu den EU-Zuständigkeiten (Art. 191 ff. AEUV). Das EU-Umweltrecht verfolgt einen integrativen Ansatz, der sektorübergreifend verschiedene Politikbereiche (Boden, Klimaschutz, Luft, Wasser, Biodiversität, Kreislaufwirtschaft) einbezieht. Für die kommunale Ebene bedeutet dies, dass eine mittlerweile sehr große Anzahl an europarechtlichen Vorgaben lokal planerisch und verwaltungspraktisch umgesetzt werden müssen. Den strategischen Rahmen bildet seit 2022 das 8. Umweltaktionsprogramm der EU bis 2030, das die Transformation zu einer klimaneutralen, ressourceneffizienten und schadstofffreien Wirtschaft vorgibt. Bekannter geworden ist der 2019 von der EU-Kommission vorgelegte **„Europäische Grüne Deal"**, mit dem Ziel, die EU bis 2050 klimaneutral zu machen.

Die kommunale **Abfallwirtschaft** kann bei grenzüberschreitendem Bezug mit den Vorschriften des EU-Binnenmarkts (Warenverkehrsfreiheit) kollidieren, dies betrifft abfallrechtliche Zuständigkeiten bei der Entsorgung und Verwertung von Abfall und Wertstoffen. Maßgeblich sind hier vor allem die

Abfallrahmenrichtlinie, die Verordnung über die Verbringung von Abfällen, die Richtlinie über Elektro- und Elektronik-Altgeräte sowie weitere Rechtsakte des Kreislaufwirtschaftspakets.

Einige weitere kommunalrelevante EU-umweltrechtliche Bestimmungen sind die Luftqualitätsrichtlinie, die Wasserrahmenrichtlinie, die Trinkwasserrichtlinie oder die Hochwasserrichtlinie. Die **Luftqualitätsrichtlinie,** die in aktualisierter Fassung nun bis 2026 umzusetzen ist, verpflichtet die Kommunen u. a., Luftreinhaltepläne zu erstellen mit verkehrslenkenden Maßnahmen wie Umweltzonen, (Teil-)Fahrverboten für bestimmte Dieselfahrzeuge oder Ausbau des ÖPNV und Radverkehrs. Im Falle der Stadt München verpflichteten die Gerichte – nach Klage der Deutschen Umwelthilfe – den Freistaat Bayern, den Luftreinhalteplan für München so fortzuschreiben, dass die EU-Grenzwerte „schnellstmöglich" eingehalten werden. Die Hochwasserrichtlinie bildet die Grundlage für das Hochwasserrisikomanagement und verlangt von jeder Kommune an (auch kleineren) Flüssen, Überschwemmungsgebiete zu kartieren, und dies bei der Bauleitplanung im Sinne von Bauverboten oder Einschränkungen zur Nutzung landwirtschaftlicher Flächen zu berücksichtigen.

Erwähnt werden sollten auch die **Vogelschutz- und die Flora-Fauna-Habitatrichtlinie sowie die Verordnung über die Wiederherstellung der Natur,** die die Ökosysteme schützen sollen, und schließlich die Richtlinie zur Umweltverträglichkeitsprüfung für bestimmte öffentliche und private Projekte. So bedeutsam es ist, Umweltaspekte von Beginn an in die Entscheidungsfindung von Projekten einzubeziehen, so sehr behindern die komplexen und zeitaufwendigen Verfahren die Gestaltung von Wirtschaftsprozessen. Im Dezember 2025 hat die EU-Kommission daher ein umfassendes Maßnahmenpakt als **Umweltomnibus** zur Vereinfachung vorgeschlagen. Auch die erst im 2018 verabschiedeten Rechtsakte der EU-Energieeffizienzrichtlinie, die Erneuerbare-Energien-Richtlinie und die Richtlinie über die Gesamtenergieeffizienz von Gebäuden stehen auf dem Prüfstand.

Mit dem im Februar 2025 veröffentlichten **„Clean Industrial Deal"** soll der Fokus auf die Stärkung der Wettbewerbsfähigkeit der EU gelenkt werden. Kritiker sehen darin bereits ein Ende des „Green Deal". Flankiert wird das Programm mit einem umfangreichen Investitionsplan mit unterschiedlichen Fördertöpfen.

TIPP

Für Gemeinden und Städte, die sich besonders im **Klimaschutz** engagieren, gibt es das europaweite Netzwerk des **Konvents der Bürgermeister**, das sich jährlich in Brüssel trifft, um sich über **lokale Maßnahmen des Klimaschutzes** gemäß den **EU-Energie- und Klimaschutzzielen** auszutauschen.

Ziel des Konvents der Bürgermeister ist es, über die vereinbarten Ziele hinauszugehen. Die teilnehmenden Bürgermeister haben sich in einer Erklärung zu weiteren Maßnahmen verpflichtet, so muss z. B. ein Aktionsplan für nachhaltige Energie ein Jahr nach dem Beitritt zum Konvent erarbeitet werden. Informationen zum Netzwerk sind unter https://eu-mayors.ec.europa.eu/en/home erhältlich.

6.4.4 Sozialer Bereich in der Europäischen Union

Die EU verfügt im Sozialbereich nur über **begrenzte, überwiegend ergänzende Kompetenzen.** Für die Beschäftigungs- und Sozialpolitik sind in erster Linie die nationalen Regierungen der Mitgliedstaaten zuständig (Art. 4, 5, 153 AEUV). Jedoch wirkt Europa über weiche Maßnahmen wie politische Leitlinien (Europäische Säule sozialer Rechte und deren Aktionsplan), Mitteilungen zu Koordinierungsverfahren (Instrument des Europäischen Semesters), Benchmarks sowie Fördermöglichkeiten (insbesondere Europäischer Sozialfonds Plus, ESF+ und die Aufbau- und Resilienzfazilität, RRF) auf soziale Standards in den Mitgliedstaaten ein. Sie nutzt auch andere Bereiche, wie das EU-Vergabe- und Beihilferecht, um soziale Kriterien („vergabefremde Kriterien“) in der Praxis stärker zu verankern.

Die auf EU-Ebene sog. **sozialen Dienstleistungen von allgemeinem Interesse** (SDAI) werden von der EU-Kommission unter den Leitbegriffen Zugang, Qualität und Bezahlbarkeit betrachtet. Gemeint sind Kinderbetreuung, Langzeitpflege, Eingliederungshilfe und soziale Wohnungspolitik. Die EU-Institutionen betonen stets ihre besondere Rolle für den sozialen Zusammenhalt und territoriale Kohäsion. Der **Ausschuss für Sozialschutz,** dem Vertreter aus den Mitgliedstaaten und der EU-Kommission angehören, hat bereits 2011 einen unverbindlichen Qualitätsrahmen veröffentlicht, der zur Definition, Evaluierung und Verbesserung der Qualität von Sozialdienstleistungen dienen soll.

Die EU-Kommission startete 2010 erneut den Versuch, die **EU-Arbeitszeitrichtlinie** aus dem Jahr 2003 zu überarbeiten, um diese an die moderne Arbeitswelt anzupassen. Dazu hatten die Sozialpartner auf EU-Ebene Verhandlungen aufgenommen, die aber Ende 2012 scheiterten. Ein neuer Kommissionsvorschlag wurde bisher nicht vorgelegt. Somit erfolgt die Weiterentwicklung vor allem durch die Rechtsprechung des Europäischen Gerichtshofs, insbesondere zu Bereitschaftszeiten, Anrechnung zu Rufbereitschaft, Ausgleichruhezeiten und zur Auslegung der wöchentlichen Höchstarbeitszeit von 48 Stunden einschließlich des individuellen „Opt-out“ und der elektronischen Erfassung und Verwaltung der Arbeitszeit. Betroffen sind hiervon kommunale Krankenhäuser, Pflegeeinrichtungen und Feuerwehren etc.

Im Jahr 2026 soll die **Europäische Säule sozialer Rechte** um einen weiteren Aktionsplan fortgeschrieben werden und sich besonders der sozialen Inklusion, Gleichstellung, Gesundheit, Armutsbekämpfung und fairen Bedingungen für alle widmen. Auch mit einem neuen Aktionsplan ist aber nicht mit neuen verpflichtenden Regelungen im Sozialbereich zu rechnen.

6.4.5 EU-Asyl- und Migrationspolitik

Nach jahrelangen, zähen politischen Verhandlungen ist es der EU 2024 gelungen, ein **gemeinsames Asyl- und Migrationspaket** (kurz: **GEAS**) zu schnüren. Darin inbegriffen ist die Verordnung über Asyl- und Migrationsmanagement, die einen Solidariätsmechanismus unter den Mitgliedstaaten auslöst und diejenigen Mitgliedstaaten mit besonderem Migrationsdruck (Zypern, Griechenland, Italien und Spanien) entlasten soll. Welchen Beitrag Deutschland zu leisten hat, ist derzeit noch offen. Die sog. Screening-Verordnung soll Drittstaatsangehörige schon vor der Einreise an den EU-Grenzen einem Verfahren der Identifizierung unterziehen. Die neue Eurodac-Verordnung ermöglicht die Ausweitung und Vereinheitlichung der Datenspeicherung von irregulär Einreisenden. Die neue Asylverfahrensverordnung und Rückführungsverordnungen schaffen ein gemeinsames Verfahren zur Gewährung und Aberkennung des internationalen Schutzes; es soll die Bearbeitung von Asylanträgen beschleunigen. Für Anträge von Geflüchteten aus Drittstaaten, die als relativ sicher gelten, werden Verfahren an den EU-Außengrenzen innerhalb von 12 Wochen vorgesehen. Eine emotional aufgeladene Debatte wird weiterhin über die Bedingungen des Verbleibs in Außenlagern an den Außengrenzen während dieser Zeit geführt. Zusätzlich wird erstmals eine EU-weit harmonisierte Liste zu sicheren Herkunftsstaaten eingeführt, die für die Mitgliedstaaten verbindlich ist. Allgemein müssen die Mitgliedstaaten über die Richtlinie zu Aufnahmebedingungen gleichwertige Aufnahmestandards für Asylbewerber sicherstellen, d. h. in Bezug auf Unterkunft, Schulbildung und Gesundheitsversorgung. Registrierte Asylbewerber können danach spätestens sechs Monate nach Antragstellung eine Arbeit aufnehmen. Mitte Juni 2026 treten die wesentlichen Teile der Verordnungen in Kraft; Ähnliches gilt für die Umsetzungsfrist der Aufnahmerichtlinie in nationales Recht. Erstmalige und wesentliche Bedeutung gewann die **Massenzustromsrichtlinie** aus dem Jahre 2001, als im Jahre 2022 Personen vor dem Krieg in der Ukraine flohen und somit ein schneller und unbürokratischer Schutz gewährt werden sollte. Die Umsetzung in Deutschland erfolgt vor allem über § 24 Aufenthaltsgesetz, sodass diese Geflüchteten in der Regel kein Asylverfahren benötigen, sondern einen Aufenthaltstitel erhalten. Der unmittelbare Handlungsdruck vor Ort hinsichtlich Unterbringung, Registrierung und Leistungsgewährung war enorm und gelang dennoch in großem Konsens, denn ein Krieg mitten in Europa schockierte alle. Ende 2025 leben laut Ausländerzentralregister knapp 195.000 Kriegsgeflüchtete aus der Ukraine allein in Bayern.

6.4.6 Digitalisierung und EU-Datenschutzgrundverordnung

In der EU entsteht unter einem stetig steigenden Digitalisierungsdruck ein dichtes Geflecht aus Datenschutz-, Daten-, Cyber- und Plattformrecht, das insgesamt den Binnenmarkt harmonisieren soll. Im Zentrum steht nach wie vor die **Europäische Datenschutz-Grundverordnung** (EU-DSGVO). Danach sind Kommunen regelmäßig Verantwortliche, wenn sie Melderegister führen, Sozialleistungen bearbeiten, Videoüberwachungen betreiben oder Bürgerportale anmieten. Es folgt daraus die Pflicht zum Führen eines Verzeichnisses von Verarbeitungstätigkeiten, zur Durchführung von Datenschutz-Folgeabschätzungen bei risikoreichen Vorhaben sowie zur Bestellung von behördlichen Datenschutzbeauftragten. Besonders relevant dabei ist der datenschutzkonforme Einsatz von Cloud-Diensten und Plattformen, vor allem vor dem Hintergrund des internationalen Datentransfers.

Parallel dazu sollen die Open-Data und die Public Sector Information-Richtlinie sowie der Data-Governance Act die öffentliche und private Datennutzung fördern. Für die Kommunen bedeutet dies, dass sie immer stärker als sog. Datenhalter adressiert werden und so Verwaltungs-, Mobilitäts-, Umwelt- oder Infrastrukturdaten möglichst standardisiert und interoperabel bereitstellen sollen. Im November 2025 hat die EU-Kommission ein umfassendes digitales Legislativpaket als sog. **Digitalen Omnibus** vorgelegt, das alle EU-Vorgaben zum Datenrecht, zu KI-Regulierung, zum Datenschutz und zur Cybersicherheit auf den Prüfstand stellt. Es soll zudem eine Strategie für eine Datenunion entwickeln; gleichzeitig wird eine Verordnung für **Europäische Business Wallets** vorgeschlagen. Damit würden öffentliche Stellen verpflichtet, Business Wallets in bestimmten digitalen Verwaltungsverfahren zu akzeptieren, z. B. dort, wo Unternehmen elektronische Anträge stellen, Nachweise erbringen oder rechtsverbindliche Erklärungen abgeben.

Es ist sehr viel im Fluss, sodass noch nicht abgeschätzt werden kann, wie die Kommunen den digitalen Fitness-Check bestehen werden. Wichtig sind vor diesem Hintergrund die EU-Förderprogromme. In der EU-Förderperiode 2021–2027 gibt es zahlreiche Fördermittel zur Stärkung der strategischen Kapazitäten in Europa beim **digitalen Wandel.** Forschungs- und Innovationsinitiativen im IT-Bereich werden z. B. im Rahmen des EU-Forschungsprogramms **Horizont** gefördert, siehe auch unter 6.5 EU-Fördermittelpolitik.

6.4.7 Einheimischenmodelle und Bauleitpläne versus EU-Recht

Letztlich darf auch das Einheimischenmodell als „Klassiker“ für europarechtliche Relevanz nicht fehlen. Die EU-Kommission leitete in Jahr 2010 wegen **bayerischer Einheimischenmodelle** ein **Vertragsverletzungsverfahren** gegen Deutschland ein, weil durch die Gewährung günstigerer Grundstückspreise an Ortsansässige EU-Bürger diskriminiert würden. Es lägen nicht nur Verstöße gegen das allgemeine Diskriminierungsverbot aus Gründen der Staatsangehörigkeit vor, sondern auch gegen Grundfreiheiten, wie Personenverkehrsfreiheit, Arbeitnehmerfreizügigkeit, Niederlassungsfreiheit und Kapitalverkehrsfreiheit. Im Jahr 2013 stellte der EuGH in einem Urteil zu flämischen Einheimischenmodellen klar, dass solche Modelle EU-konform sein können, wenn sie auf angemessenen, z. B. sozialen Kriterien basieren und den Grundsatz der Nichtdiskriminierung beachten. 2017 konnten nach langwierigen Verhandlungen zwischen Bundesregierung, Freistaat Bayern und der EU-Kommission **Leitlinien zur EU-konformen Ausgestaltung von Einheimischenmodellen** entwickelt werden und das Verfahren eingestellt werden. Die lange Diskussion und die Tatsache, dass die bisher praktizierten Einheimischenmodelle nur von geringer quantitativer Bedeutung waren, haben dem Ansehen der Europäischen Union beim Bürger geschadet.

TIPP

Die Leitlinien zur EU-konformen Ausgestaltung von Einheimischenmodellen aus dem Jahr 2017 sind abrufbar unter:

https://www.stmb.bayern.de/buw/staedtebau/einheimischenmodell/index.php

6.5 EU-Fördermittelpolitik – Grundsätze und Förderbereiche

Die Europäische Union bietet mit zahlreichen Förderprogrammen für die öffentliche Hand vielfältige Mitwirkungsmöglichkeiten für Kommunen an den europäischen Politiken. In der aktuell geltenden mehrjährigen Finanzierungsperiode 2021 bis 2027 bleibt es bei den (bisher immer) siebenjährigen EU-Förderzeiträumen. Die erfolgreiche Beantragung von EU-Fördermitteln setzt Kenntnisse der Grundregeln und der Architektur der Förderperioden voraus.

In der EU-Förderung gilt der **Grundsatz der Kofinanzierung.** Das bedeutet, dass EU-Zuschüsse – je nach Programm und Region in der Regel zwischen ca. 40% und bis zu 85% – stets ergänzend zu Eigenmitteln des Antragstellers bzw. zu eingebrachten nationalen öffentlichen oder privaten Mitteln vergeben werden. Die Förderung ist projektbezogen und befristet

(Anschubfinanzierung). Die Förderbereiche decken verschiedene Politikbereiche ab, in denen unterschiedliche formelle Erfordernisse und inhaltliche Bedingungen erfüllt werden müssen.

Es gibt **zwei zentrale EU-Förderpfeiler**: die **EU-Fonds** (insb. Struktur- und Kohäsionsfonds sowie der Landwirtschaftsfonds für die Entwicklung des ländlichen Raums = ELER etc.) und die **EU-Aktionsprogramme**. Zu den Strukturfonds gehören vor allem der Europäische Fonds für Regionale Entwicklung (EFRE), der Europäischer Sozialfonds Plus (ESF+), und seit 2021 der Fonds für einen gerechten Übergang (Just Transition Fund). Sie werden zum größten Teil auf regionaler (Freistaat Bayern) und nationaler Ebene (Bund) vergeben. Der ELER ist seit der Reform der Gemeinsamen Agrarpolitik in die nationalen GAP-Strategiepläne eingebettet, bleibt aber der zentrale EU-Fonds für die Entwicklung des ländlichen Raums. Die thematisch ausgerichteten **EU-Aktionsprogramme** (z. B. Erasmus+, LIFE, „Bürger, Gleichstellung, Rechte und Werte" (CERV), Kreatives Europa, Horizont Europa) werden überwiegend direkt in Brüssel durch die EU-Kommission bzw. deren Exekutivagenturen verwaltet und sind dort – in der Regel elektronisch über das zentrale EU-Förderportal in Brüssel zu beantragen. Der Unterschied zwischen den Fonds und den Aktionsprogrammen besteht darin, dass Letztere nicht nach einem regional festgelegten Schlüssel, der **Gebietskulisse** vergeben werden, sondern diejenigen Anträge in Brüssel den Zuschlag erhalten, die am besten den definierten Programmzielen entsprechen (**europäisches Wettbewerbsprinzip**). Für Projekte in EU-Aktionsprogrammen werden in der Regel europäische Partner benötigt.

Die Verwaltung der Strukturfonds erfolgt nicht direkt durch die EU-Kommission, sondern die Festlegung der Förderschwerpunkte sowie die Antragstellung und Auszahlung der Mittel erfolgt nach EU-Vorgaben in den EU-Mitgliedstaaten, in Deutschland überwiegend in den jeweiligen Bundesländern. Für die Fonds in Bayern sind die Ansprechpartner daher die Bezirksregierungen bzw. die zuständigen Landesministerien. Die Förderkriterien für Bayern sind in den bayerischen **Operationellen Programmen** für den EFRE und den ESF+ festgelegt. Um eine Förderung aus den Strukturfonds oder dem ELER zu erhalten, braucht es – außer bei der **Europäischen territorialen Zusammenarbeit** (INTERREG), die auch zum EFRE gehört – keine europäischen Partner, die Projekte sind grundsätzlich lokal ausgerichtet.

6.5.1 EU-Regionalpolitik/Strukturfondsförderung 2021 bis 2027

Die **EU-Strukturförderung 2021–2027** stellt die Förderung des wirtschaftlichen, sozialen und territorialen Zusammenhalts in den Mittelpunkt und fördert die Umsetzung des „Europäischen Grünen Deals". Sie verfolgen **fünf politische Ziele**:

1. **Intelligentes Europa**: die Förderung eines innovativen und intelligenten wirtschaftlichen Wandels
2. **Grüneres, CO_2-armes Europa**: die Förderung von sauberen Energien und einer fairen Energiewende, von grünen und blauen Investitionen, der Kreislaufwirtschaft, der Anpassung an den Klimawandel, der Risikoprävention und des Risikomanagements
3. **Stärker vernetztes Europa**: die Steigerung der Mobilität und der regionalen IKT-Konnektivität
4. **Sozialeres Europa**: die Umsetzung der Europäischen Säule der sozialen Rechte, z. B. auch soziale Inklusion und Gleichheit beim Zugang zu medizinischer Versorgung
5. **Bürgernahes Europa**: die Förderung einer nachhaltigen und integrierten Entwicklung von städtischen, ländlichen und Küstengebieten und lokalen Initiativen.

Dabei gibt es nur noch ein einziges Regelwerk für acht Fonds mit geteilter Mittelverwaltung, als sog. **Dachverordnung.** Diese trat im Juni 2021 in Kraft. Die Verordnung enthält gemeinsame Bestimmungen für den EFRE, ESF+, Kohäsionsfonds, Europäischen Meeres- und Fischereifonds (EMFF), Asyl- und Migrationsfonds (AMIF), Fonds für innere Sicherheit (ISF) und das Instrument für Grenzmanagement (BMVI). Die **Verordnung für die Gemeinsame Agrarpolitik** (GAP), deren zweite Säule der kommunalrelevante ELER ist, nimmt Bezug auf die Verordnung mit gemeinsamen Regeln.

Hier ein nicht abschließender Überblick über die Fonds:

- **Europäischer Fonds für Regionale Entwicklung (EFRE) 2021–2027**

Der EFRE soll dazu beitragen, den wirtschaftlichen, sozialen und territorialen Zusammenhalt durch Ausgleich der wichtigsten regionalen Unterschiede zu stärken. In der Förderperiode stehen Bayern rund 577 Millionen Euro für das Operationelle Programm des EFRE mit dem Ziel „Investition in Beschäftigung und Wachstum" zu Verfügung. Dies wurde im Juni 2022 von der EU-Kommission genehmigt. Außerdem liegen die Schwerpunkte auf den Bereichen Innovation, KMU-Unterstützung sowie Klima- und Umweltschutz in den Kommunen.

WICHTIG

Der EFRE wird in Bayern vom Bayerischen Staatsministerium für Wirtschaft, Landesentwicklung und Energie abgewickelt.

Auch die **Europäische Territoriale Zusammenarbeit (INTERREG)** ist ein Element im Rahmen des EFRE. Es fördert in bestimmten Kooperationsräumen grenzüberschreitende Projekte mit Nachbarländern (z. B. Alpenraum, Donauraum, Bayern-Tschechien).

- **Europäischer Sozialfonds Plus (ESF+) 2021–2027**

In dieser Förderperiode richtet der ESF+ seine Schwerpunkte an seine sden Zielen der europäischen Säule sozialer Rechte, der EU-Grundrechtecharta und der UN-Behindertenrechtskonvention aus.

Die „ESF+-Verordnung“ vereint vier Förderinstrumente, die schon aus der vergangenen Förderperiode stammen:

- **Europäischer Sozialfonds** (ESF)
- **Beschäftigungsinitiative für junge Menschen** (YEI)
- **Europäischer Hilfsfonds für die am stärksten benachteiligten Personen** (EHAP)
- **Programm für Beschäftigung und soziale Innovation** (EaSI)
- **EU-Gesundheitsprogramm.**

WICHTIG

Der ESF+ wird in Bayern vom Bayerischen Staatsministerium für Familie, Arbeit und Soziales abgewickelt.

6.5.2 Europäischer Landwirtschaftsfonds für die Entwicklung des ländlichen Raums (ELER) 2023–2027

Der Europäische Landwirtschaftsfonds für die Entwicklung des ländlichen Raums (ELER) mit dem kommunalrelvanten **LEADER-Programm**, das auf die Zusammenarbeit und den Zusammenhalt ganzer Regionen ausgerichtet ist, stellt die sog. „zweite Säule der Gemeinsamen Agrarpolitik (GAP)“. Eine Einzelverordnung für den ELER gibt es in der aktuellen Förderperiode nicht mehr. Vielmehr gibt es einen einheitlichen GAP-Strategieplan. Die Mitgliedstaaten haben die Strategiepläne als nationales Planungsinstrument für Direktzahlungen in der 1. Säule der GAP und dem ELER, der 2. Säule der GAP erstellt und sollen somit flexibler durch Umschichtungsmöglichkeiten agieren können. Mindestens 5 % der ELER-Mittel im GAP-Strategieplan sind für LEADER vorgesehen.

Ein zusätzliches Instrument innerhalb ELER ist das Programm **„Dorferneuerung und Infrastrukturprojekte“:** Förderfähig sind z. B. lokale Basisdienstleistungen für die ländliche Bevölkerung, einschließlich Freizeit und Kultur oder die Herstellung von Feld- und Waldwegen.

Die Förderperiode des ELER hat erst verspätet im Jahre 2023 begonnen.

WICHTIG

Das EU-Programm LEADER wird über das Bayerische Staatsministerium für Ernährung, Landwirtschaft, Forsten und Tourismus abgewickelt und unterstützt ländliche Regionen auf ihrem Weg zu einer selbstbestimmten Entwicklung nach dem Motto „Bürger gestalten ihre Heimat".

LEADER (Abkürzung aus dem französischen für: Liaison entre les actions de développement de l'économie rurale) bedeutet: Verbindung zwischen Aktionen zur Entwicklung der ländlichen Wirtschaft.

Zentrale Elemente sind bei LEADER die Vernetzung, Nachhaltigkeit, regionale Wertschöpfung und Bürgerbeteiligung. Damit werden Projekte zur gemeinschaftsgetragenen lokalen Entwicklung in ländlichen Gebieten gefördert, wenn sich eine den EU-Vorgaben entsprechende **Lokale Aktionsgruppe** (LAG) mit eigener Rechtsform bildet, die allen Interessierten die Möglichkeit zur Beteiligung bietet. Diese muss ein **Regionales Entwicklungskonzept** (REK) erstellen und sich erfolgreich am LEADER-Auswahlverfahren beteiligen.

6.5.3 EU-Aktionsprogramme in der Förderperiode 2021–2027

EU-Aktionsprogramme, die direkt in Brüssel zu beantragen sind, decken Themenfelder ab, in denen verschiedene Akteure zur Mitwirkung auf europäischer Ebene motiviert werden sollen. In der Förderperiode 2021–2027 soll mit den Projekten insbesondere ein Beitrag dazu geleistet werden, Europa grüner, digitaler und krisenfester zu gestalten. Dabei sollen die EU-Aktionsprogramme zukunftsfähiger und bürokratiegeringer strukturiert werden, dies auch aufgrund der künftig geringeren Haushaltmittel (Brexit und Diskussion um die Höhe des Mehrjährigen Finanzrahmens).

Durch die Aktionsprogramme werden **transnationale Projekte** mit mehreren **europäischen Partnern** in Themengebieten, wie z. B. Bildung, Energie, Entwicklung, Forschung, Informations- und Kommunikationstechnologie, Jugend, Justiz, Kultur, Medien, Umwelt etc., gefördert. Es bedarf in der Regel der Partner aus mindestens drei Mitgliedstaaten (zugelassen sind auch Kandidatenländer). Voraussetzung ist die Entstehung von europäischen Kooperationen, um einen **echten europäischen Mehrwert** zu schaffen. Eine Teilnahme erfolgt durch Stellung eines Projektantrags in Brüssel, zu dessen Einreichung die EU-Kommission regelmäßig **Aufrufe zur Einreichung von Vorschlägen** (sog. „Calls for proposals") veröffentlicht.

TIPPS FÜR DIE EU-FÖRDERMITTELANTRAGSTELLUNG

Für eine **erfolgreiche Antragstellung** empfiehlt es sich, Projekte möglichst früh zu planen und zu prüfen, ob die nötigen personellen und finanziellen Ressourcen für die Projektdurchführung vorhanden sind.

Da EU-Mittel nur **kofinanzierte Zuschüsse** sind, muss haushaltstechnisch rechtzeitig ein finanzieller Eigenbetrag eingeplant werden (in der Regel 50 % **Kofinanzierung**). Bei der Projektplanung muss der **innovative Charakter** und der **europäische Mehrwert** des Vorhabens herausgearbeitet werden. Zur Suche der nötigen **europäischen Partner** bietet es sich an, auf Netzwerke, beispielsweise im Rahmen von Städtepartnerschaften, zurückzugreifen. Eine weitere Möglichkeit ist es, über „Partnersuchbörsen", die oft auf den Internetseiten der Programme zu finden sind, oder über das Europabüro der bayerischen Kommunen in Brüssel Partner zu suchen.

TIPP

EU-Förderberatung und Unterstützung bei der Antragstellung, insbesondere bei den EU-Aktionsprogrammen, erhalten Kommunen vom Europabüro in Brüssel. Das **Fördermittelhandbuch für bayerische Kommunen** des Büros bietet Übersichten zu EU-Förderprogrammen, Ansprechpartnern und Internetseiten. Es kann direkt beim Europabüro angefordert werden.

Parallel dazu veröffentlicht das Europabüro in *Brüssel Aktuell* **aktuelle Ausschreibungen zu EU-Aktionsprogrammen.** Die für EU-Aktionsprogramme erforderlichen europäischen Partner können auch über das Europabüro gefunden werden: Zum einen können Kommunen als federführender Antragsteller („Lead Partner") agieren und ihre **Partnersuche** über das Büro im Brüsseler Netzwerk verschicken lassen. Zum anderen hat das Europabüro einen **Verteiler für Kommunen** eingerichtet, die über **aktuelle Partnersuchen von Kommunen anderer EU-Staaten** informiert werden möchten. Dies ist besonders für solche interessant, die als Partner an einem EU-Projekt mitwirken möchten.

6.5.4 Die Zukunft der EU-Förderpolitik

Mit dem Vorschlag der EU-Kommission zum Mehrjährigen Finanzrahmen 2028 bis 2034 vom 16. Juli 2025 ist mit einem tiefgreifenden Strukturwandel der Ausgestaltung und Verwaltung von Kohäsionsmitteln zu rechnen. Neben dem stärkeren inhaltlichen Fokus auf die Bereiche Verteidigung und Wettbewerbsfähigkeit soll vor allem die Kohäsions- und Agrarpolitik in sog. **Nationalen und Regionalen Partnerschaftsplänen** gebündelt werden. Die Auszahlung der Fördermittel soll zudem stärker an das tatsächliche Erreichen von „Reform-Meilensteinen" geknüpft werden. Für kommunale Antragsteller bringt dies innerstaatliche Haftungsfragen und ein u. U. enormes finanzielles Risiko bei langfristigen Investitionen mit sich. Schließlich gibt es Befürchtungen, dass der Ko-Finanzierungssatz grds. auf 40 % reduziert werden könnte, was in Zeiten kritischer Haushaltslagen ein zusätzliches Hemmnis darstellen wird, Förderanträge einzureichen. Das Gesetzgebungsverfahren zum MFR geht bereits ab Frühjahr 2026 in die entscheidende Phase. Die bayerischen kommunalen Spitzenverbände positionieren sich über das Europabüro.

7. Die kommunalen Spitzenverbände

Bei der „Verteidigung" der kommunalen Hoheit und Selbstverwaltung kommt den **Spitzenverbänden** eine wichtige Rolle zu. So konnten etwa Privatisierungsbestrebungen, die den letzten Gestaltungsrest kommunaler Selbstständigkeit im Visier haben – auf die Bestrebungen im Wasserbereich sei hingewiesen –, von dieser starken Lobby der Kommunen eingedämmt werden.

Der Zwang, sparsam zu wirtschaften, bürgeroffene Verwaltungsabläufe zu entwickeln, dem technischen Fortschritt Rechnung zu tragen, stellt hohe Anforderungen an die Kommunen. Die personelle und sächliche Ausstattung bleibt aus Sparsamkeitsgründen hinter den Erfordernissen zurück. Die Aufsichtsbehörden, obschon auch Ratgeber und Informanten, können den zunehmenden Beratungsbedarf nicht abdecken. Die Beteiligung und Anhörung der Kommunen im Gesetzgebungsverfahren macht eine schlagkräftige und höchst reaktionsschnelle Organisation erforderlich. Der steigende Beratungsbedarf im rechtlichen und organisatorischen sowie auch steuerrechtlichen Bereich kann nur durch Experten, die mit den kommunalen Bedürfnissen und Besonderheiten vertraut sind, erfolgen. Die Rolle des Mittlers, Beraters und Interessenvertreters haben die kommunalen Spitzenverbände mit ihren Geschäftsstellen und Mitarbeitern übernommen.

7.1 Kommunale Spitzenverbände – was ist das?

Die bayerischen Kommunen haben sich auf ihren jeweiligen Ebenen zu Verbänden zusammengeschlossen. Seit 1990 sind sie ausnahmslos als **Körperschaften des öffentlichen Rechts** organisiert. Sie verfügen über Dienstherreneigenschaft i. S. d. Bayerischen Beamtengesetzes. Ausdrücklich erwähnt sind die kommunalen Spitzenverbände in § 3 der Bayerischen Nebentätigkeitsverordnung (BayNTVO) und in Art. 83 Abs. 7 BV.

7.2 Spitzenverbände im eigentlichen Sinn

Die kommunalen Spitzenverbände verstehen sich als „Anwälte" der Kommunen gegenüber Parlament und Regierung. Sie vertreten die Interessen der Kommunen mit Initiativen gegenüber der Staatsregierung, mit der Stellungnahme zu geplanten Rechtsnormen, im Rahmen der Verhandlungen über den kommunalen Finanzausgleich mit dem Staat sowie in zahlreichen Organisationen und Gremien. Gleichbedeutend neben dieser Außenwirkung steht die interne Arbeit. Die Verbände organisieren Fortbildungen und Foren zum Gedankenaustausch und zur Lösung von Spezialfragen und betreiben Fort- und Weiterbildung. Sie informieren und beraten ihre Mitglieder und vermitteln den Kontakt zu anderen Interessengruppen und Organisationen. Schließlich informieren sie regelmäßig die Presse und Öffentlichkeit.

Kontakte:

- Bayerischer Gemeindetag, Dreschstraße 8, 80805 München;
  Internet: www.bay-gemeindetag.de
  E-Mail: baygt@bay-gemeindetag.de
- Bayerischer Städtetag, Arnulfstraße 50, 80335 München;
  Internet: www.bay-staedtetag.de
  E-Mail: post@bay-staedtetag.de
- Bayerischer Landkreistag, Kardinal-Döpfner-Straße 8, 80333 München;
  Internet: www.bay-landkreistag.de
  E-Mail: info@bay-landkreistag.de
- Bayerischer Bezirketag, Ridlerstraße 75, 80339München;
  Internet: www.bay-bezirke.de
  E-Mail: info@bay-bezirke.de

8. Zusammenfassung

Wer sich erfolgreich in seinem Mandat behaupten, wer richtungsweisend für seine Wähler tätig sein will, der kommt nicht daran vorbei, sich wesentliche Grundlagen des Kommunal- und Verwaltungsrechts anzueignen. Dabei ist es wichtig, den Inhalt und die Grenzen der Aufgaben und Zuständigkeiten zu erkennen und daneben mit der Selbstverwaltung vertraut zu sein. Wesen und Funktion der kommunalen Selbstverwaltung erschließen sich nur über das Studium der einschlägigen Rechtsvorschriften. Grundkenntnisse der Verfassung, der Gemeindeordnung, der Landkreisordnung und Bezirksordnung sowie der jeweiligen Geschäftsordnungen sind unabdingbar. Selbstverwaltung bedeutet nicht, dass die Kommunen tun und lassen können, was sie wollen. Die Selbstverwaltung korrespondiert mit der Pflicht, die eigenen Angelegenheiten umfassend und kompetent im Sinne der Bürger wahrzunehmen.

Selbstverwaltung heißt heute auch, den Bürger einzubeziehen, zu beteiligen, ihn zum Zuschauen und Mitmachen zu motivieren. Selbstverwaltung heißt aber auch, dem Bürger Grenzen aufzuzeigen und mutig selbst zu entscheiden. Selbstverwaltung heißt auch Selbst- und Fremdkontrolle.

Selbstverwaltung bedeutet für die Verantwortungsträger, die Kernbereiche der Kommunalhoheit nach innen und außen zu schützen sowie die Kommunen als emanzipierte Partner des Staates zu vertreten.

Teil 3 Der kommunale Mandatsträger

1. Das Verhältnis zwischen Bürger und Mandatsträger

1.1 Repräsentation und Wahlen

1.1.1 Was hat es mit dem Repräsentationsprinzip auf sich?

Das **Repräsentationsprinzip** ist ein Kernstück unserer heutigen Demokratie. Es bedeutet, dass im Staat oder auch in einer Gemeinde die für alle verbindlichen Entscheidungen von eigens dafür vorgesehenen Organen getroffen werden, z. B. von Parlamenten oder von Gemeinderäten. Man spricht in diesem Zusammenhang von indirekter Demokratie, weil die öffentliche Gewalt nicht bei den Bürgern selbst liegt, sondern bei Beschlusskörperschaften, die eigens für diesen Zweck gebildet werden; sie kommen durch Wahlen zustande. Dementsprechend heißt es im Art. 20 Abs. 2 unseres Grundgesetzes, dass „alle Staatsgewalt vom Volke" ausgeht; sie liegt also nicht beim Volk selbst.

Bei den Frühformen der Demokratie in der griechischen Antike war das anders. Hier waren es die Bürger selbst, welche die Entscheidungen für ihre Gemeinschaft selbst trafen. Das Kernstück dieser direkten Demokratie ist das **Plebiszit,** mit dem jedem einzelnen Bürger eine direkte Teilhabe an der Entscheidungsfindung ermöglicht wird. In den kleinen antiken Stadtstaaten mit ihrer Überschaubarkeit mag diese Art der Entscheidungsfindung organisierbar gewesen sein. Als dann im 18. Jahrhundert Ansätze für unsere heutigen komplexen Demokratien entstanden, wurde es unumgänglich, das Gesamtinteresse auf andere Art zum Ausdruck zu bringen. Die daraufhin geschaffenen Repräsentativverfassungen gehen davon aus, dass die Entscheidungsorgane dem Gesamtinteresse des Volkes dienen. Wer also aufgrund einer Wahl von den Bürgern in ein solches Entscheidungsorgan entsandt wird, hat den Auftrag, die für das gesamte Gemeinwesen richtigen Entscheidungen herbeizuführen.

So erklärt es sich auch, dass z. B. die Abgeordneten des Bundestages nach dem Willen des Grundgesetzes sich als Vertreter des ganzen Volkes verstehen sollen, die an Weisungen nicht gebunden sind (Art. 38 GG). Es gibt also hier kein sog. **imperatives Mandat.** In gleicher Weise verbindet sich mit der Wahl zum Gemeinderat oder zum Stadtrat die Forderung, dass der Gewählte bei der Ausübung seines Mandats stets das Gesamte und dessen Wohl im Auge zu behalten hat.

Überall in den Kommunen, wo es um die Mitwirkungsmöglichkeiten der Bürger geht, lässt sich die Spannung zwischen repräsentativer und plebiszitärer, also zwischen indirekter und direkter Mitwirkung ausmachen. Da eine lupenreine Verwirklichung dieses Repräsentationsprinzips kaum vorfindbar ist und Beschlusskörperschaften insofern gelegentlich in den Verdacht geraten können, Einzelinteressen nachzugeben, hat es sich in den Kommunalverfassungen aller Bundesländer durchgesetzt, neben prinzipieller Aufrechterhaltung des Repräsentationsprinzips plebiszitäre Mitwirkung möglich zu machen. Bisherige, freilich auch positive Erfahrungen mit diesen erweiterten Mitwirkungsmöglichkeiten belegen allerdings, dass die Wahl nach wie vor als die wichtigste Mitwirkungsmöglichkeit angesehen wird. Das Repräsentationsprinzip begründet mit der Wahl Verantwortlichkeit für einen begrenzten Zeitraum und benennt die Verantwortlichen. Eine sehr wirksame Reaktion ist z. B. die Wiederwahl oder Nicht-Wiederwahl.

Demgegenüber lässt sich bei einem Plebiszit nicht nachvollziehen, wer wie abgestimmt hat; Sanktionen sind im Fall einer Fehlentscheidung also nicht möglich.

1.1.2 Wo steht etwas über Kommunalwahlen?

Nach welchen Vorschriften in den Kommunen gewählt wird, ist Ländersache. Es gibt deshalb in Deutschland eine bunte Vielfalt von länderspezifischen Gesetzen und Regelungen. Für Bayern werden die Kommunalwahlen im „Gesetz über die Wahl der Gemeinderäte, der Bürgermeister, der Kreistage und der Landräte“ (Gemeinde- und Landkreiswahlgesetz – GLKrWG, das zuletzt durch § 1 des Gesetzes vom 24. Juli 2023 (GVBl. S. 385) geändert worden ist), in der „Wahlordnung für die Gemeinde- und Landkreiswahlen“ (Gemeinde- und Landkreiswahlordnung – GLKrWO, die zuletzt durch Verordnung vom 16. Juni 2025 (GVBl. S. 228) geändert worden ist) sowie im „Gesetz über die Wahl der Bezirkstage“ (Bezirkswahlgesetz – BezWG, das zuletzt durch § 10 des Gesetzes vom 24. Juli 2023 (GVBl. S. 385) geändert worden ist) behandelt. Während in den Gesetzen die Wahlen allgemein und grundsätzlich geregelt werden, handelt es sich bei der Gemeinde- und Landkreiswahlordnung um eine Rechtsverordnung zum detaillierten Vollzug des Gesetzes. Für den Vollzug des Bezirkswahlgesetzes gelten die Vorschriften der Landeswahlordnung. Soweit es um die Zusammensetzung von Gemeinderäten und Kreistagen geht, finden sich **auch** in der Gemeindeordnung (GO) und in der Landkreisordnung (LKrO) einschlägige Vorschriften.

1.1.3 Wer wird gewählt?

Gewählt werden die Ersten Bürgermeister (die in Großen Kreisstädten und in den kreisfreien Städten die Amtsbezeichnung „Oberbürgermeister" führen), die Gemeinderäte (die in den Städten die Bezeichnung „Stadträte", in den Märkten die Bezeichnung „Marktgemeinderäte" führen), die Landräte sowie die Kreisräte. Die jeweilige Anzahl der zu wählenden Gemeinderäte bzw. Kreisräte richtet sich nach der Einwohnerzahl einer Gemeinde (Art. 31 GO) bzw. eines Landkreises (Art. 24 LKrO).

1.1.4 In welchen Fällen werden Ortssprecher gewählt?

Unabhängig von den Gemeindewahlen können in denjenigen Gemeindeteilen, die früher (Stichtag 18.1.1952) selbstständig waren und im Gemeinderat nicht vertreten sind, Ortssprecher gewählt werden. Die Wahl findet allerdings in einer Ortsversammlung statt, die auf Antrag mindestens eines Drittels der betreffenden Gemeindebürger einberufen werden muss (Art. 60a GO). Ein Antrag ist nicht erforderlich, falls der Gemeinderat die Wahl einer Ortssprecherin oder eines Ortssprechers beschließt oder durch Satzung bestimmt. Abweichend davon kann die Erste Bürgermeisterin oder der Erste Bürgermeister entscheiden, die Ortssprecherwahl durch briefliche Abstimmung durchzuführen. In diesem Fall hat die Erste Bürgermeisterin oder der Erste Bürgermeister bekannt zu machen, dass eine Ortssprecherwahl stattfindet. In der Bekanntmachung ist darauf hinzuweisen, dass alle Wahlberechtigten die Briefwahlunterlagen von Amts wegen ohne Antrag erhalten, bis wann die wahlberechtigten Gemeindebürgerinnen und Gemeindebürger Wahlvorschläge bei der Gemeinde einreichen können und bis wann die Wahlbriefe spätestens bei der Gemeinde eingehen müssen. Ferner sind Ort und Zeit der Auszählung bekannt zu geben. Vor Versand der Briefwahlunterlagen hat die Gemeinde zu prüfen, ob die vorgeschlagenen Personen wählbar sind und sich zur Wahl stellen. Die Wahl findet ohne Bindung an die Wahlvorschläge statt. Die Ortssprecher können an den Gemeinderatssitzungen beratend teilnehmen und dürfen Anträge stellen. Ihre Amtszeit endet jeweils mit Ablauf der Amtszeit des Gemeinderates. Die Schaffung der Funktion des Ortssprechers geht auf die Gemeindegebietsreform zurück, als viele Gemeinden ihre Selbstständigkeit verloren und ein „Ersatz" für eventuell entfallene Mitwirkungsmöglichkeiten der betreffenden Bürger gefunden werden musste.

1.1.5 Die Bezirksausschüsse in Großstädten

Neben dieser Besonderheit, die sich auf kleine, früher selbstständige Gemeinden bezieht, gibt es eine für Großstädte geltende Besonderheit: In Großstädten stehen unter bestimmten Umständen auch Mitglieder von

Bezirksausschüssen zur Wahl. In Städten mit über 100.000 Einwohnern können nämlich Stadtbezirke gebildet werden. Sie sind zunächst reine Verwaltungsbezirke, für die sowohl eigene Verwaltungsstellen als auch Bezirksausschüsse eingerichtet werden können. Für Städte mit mehr als 1 Million Einwohner (derzeit nur die Landeshauptstadt München) müssen solche Bezirksausschüsse gebildet werden. Ob diese Bezirksausschüsse für bestimmte Angelegenheiten eigene Entscheidungsbefugnis übertragen bekommen, wird von der jeweiligen Kommune selbst festgelegt. Wenn sie eigene Entscheidungsbefugnis besitzen, müssen die Mitglieder dieser Ausschüsse gewählt werden, und zwar nach den Vorschriften über die Gemeindewahl. Wenn die Bezirksausschüsse nur vorberatende Funktion haben, genügt eine Bestellung der Ausschussmitglieder entsprechend den Vorschlägen der Parteien und nach dem im Bezirk vorhandenen Stärkeverhältnis.

1.1.6 Wer darf wählen?

In Gemeinden und Landkreisen darf wählen, wer das 18. Lebensjahr vollendet hat, **Deutscher oder Staatsangehöriger eines Mitgliedstaates der EU ist und sich seit mindestens zwei Monaten mit dem Schwerpunkt der Lebensbeziehungen in der betreffenden Gemeinde oder dem betreffenden Landkreis aufhält.** Dabei wird bei mehreren Wohnsitzen der Schwerpunkt der Lebensbeziehungen dort vermutet, wo die Hauptwohnung gemeldet ist (Art. 1 Abs. 3 GLKrWG). Wer infolge deutschen Richterspruchs das Wahlrecht nicht besitzt, ist vom Wahlrecht ausgeschlossen (Art. 2 GLKrWG). Wer das Wahlrecht in einer Gemeinde oder in einem Landkreis infolge Wegzugs verloren hat, jedoch innerhalb eines Jahres seit dem Wegzug in den Wahlkreis zurückkehrt, ist mit dem Zuzug wieder wahlberechtigt.

1.1.7 Wer kann gewählt werden?

Als Mitglied eines Gemeinderates und eines Kreistages ist **jeder Unionsbürger wählbar, der das 18. Lebensjahr vollendet hat und seit mindestens 3 Monaten im jeweiligen Wahlkreis wohnt oder sich gewöhnlich im Wahlkreis aufhält** (Art. 21 Abs. 1 GLKrG). Wer aufgrund richterlichen Urteils die Wählbarkeit verloren hat oder die Fähigkeit zur Bekleidung öffentlicher Ämter nicht besitzt oder sich wegen einer vorsätzlichen Straftat in Haft oder in Sicherungsverwahrung befindet, kann nicht gewählt werden. **Ebenfalls nicht wählbar ist**

- ein Oberbürgermeister einer kreisfreien Stadt, der sich als Kreisrat bewirbt,
- ein Landrat, der sich in einer kreisfreien Gemeinde als ehrenamtliches Gemeinderatsmitglied bewirbt (Art. 21 Abs. 2 GLKrWG).

Im Übrigen gibt es ein paar Wählbarkeitshindernisse, die in Art. 31 Abs. 3 der Gemeindeordnung bzw. der Landkreisordnung selbst festgelegt sind.

Ehrenamtliche Gemeinderatsmitglieder können demnach nicht sein:

1. Beamtinnen und Beamte sowie Arbeitnehmerinnen und Arbeitnehmer dieser Gemeinde,
2. Beamtinnen und Beamte sowie Arbeitnehmerinnen und Arbeitnehmer einer Verwaltungsgemeinschaft, der die Gemeinde angehört,
3. leitende Beamtinnen und Beamte sowie leitende Arbeitnehmerinnen und Arbeitnehmer von juristischen Personen oder sonstigen Organisationen des öffentlichen oder privaten Rechts, an denen die Gemeinde mit mehr als 50 % beteiligt ist; eine Beteiligung am Stimmrecht genügt,
4. Beamtinnen und Beamte sowie Arbeitnehmerinnen und Arbeitnehmer der Rechtsaufsichtsbehörde, die unmittelbar mit Fragen der Rechtsaufsicht befasst sind, ausgenommen die gewählte Stellvertretung der Landrätin oder des Landrats,
5. ehrenamtliche Gemeinderatsmitglieder einer anderen Gemeinde,
6. die Erste Bürgermeisterin oder der Erste Bürgermeister der eigenen oder einer anderen Gemeinde,
7. eine Landrätin oder ein Landrat in einer kreisfreien Gemeinde,
8. eine Kreisrätin oder ein Kreisrat in einer kreisfreien Gemeinde.

Als Arbeitnehmerin oder Arbeitnehmer in diesem Sinne gilt nicht, wer überwiegend körperliche Arbeit verrichtet. Dies gilt nicht, wenn die Beamtin oder der Beamte während der Dauer des Ehrenamts ohne Dienstbezüge beurlaubt ist, im Rahmen von Altersteilzeit im Blockmodell vollständig vom Dienst freigestellt ist oder wenn die Rechte und Pflichten aus dem Dienstverhältnis wegen der Wahl in eine gesetzgebende Körperschaft ruhen; dies gilt für Arbeitnehmerinnen und Arbeitnehmer entsprechend. Für die Landkreise gilt Art. 24 Abs. 3 der LKrO.

Für vor dem 1. Januar 2024 gewählte Erste Bürgermeisterinnen und Bürgermeister und für Gemeinderatsmitglieder, die ihr Amt am 31. Dezember 2023 ausüben, ist Art. 31 Abs. 3 der Gemeindeordnung bis zum Ende ihrer laufenden Amtszeit in seiner bis zum Ablauf des 31. Dezember 2023 geltenden Fassung anzuwenden. Darüber hinaus ist für ehrenamtliche Erste Bürgermeisterinnen und Bürgermeister, die ihr Amt am 31. Dezember 2023 ausüben, bei deren jeweils unmittelbar anschließender Wiederwahl Art. 31 Abs. 3 in seiner bis zum Ablauf des 31. Dezember 2023 geltenden Fassung bis zum Ende der letzten Amtszeit anwendbar.

1.1.8 Besondere Bedingungen für Erste Bürgermeister und Landräte

Das passive Wahlrecht für das Amt des Ersten Bürgermeisters und des Landrates ist **demgegenüber enger gefasst** (Art. 39 GLKrWG). **Es sind nur Deutsche im Sinn des** Art. 116 Abs. 1 GG **wählbar.** Sie müssen das 18. Lebensjahr vollendet haben. Der Aufenthalt in der Gemeinde seit mindestens 3 Monaten ist nur für ehrenamtliche Erste Bürgermeister vorgeschrieben.

Berufsmäßige Erste Bürgermeister und Landräte können auch dann gewählt werden, wenn sie ihren Wohnsitz außerhalb der betreffenden Gemeinde bzw. des Landkreises haben. Die Höchstaltersgrenze für berufsmäßige Erste Bürgermeister wurde mit Gesetz zur Änderung des GLKrWG abgeschafft. Die für Gemeinderäte und Kreisräte geltende Einschränkung der Wählbarkeit aufgrund richterlichen Urteils gilt auch für die Ersten Bürgermeister und Landräte. Als Wahlbeamte müssen sie darüber hinaus den im Beamtenrecht verankerten Anforderungen genügen. Verständlicherweise ist nicht wählbar, wer nachweislich keine Gewähr dafür bietet, jederzeit für die freiheitlich-demokratische Grundordnung im Sinn des Grundgesetzes einzutreten.

1.1.9 Wann wird gewählt?

Alle im Zusammenhang mit der Wahl wichtigen Termine leiten sich aus der Wahlzeit bzw. dem Beginn der Wahlzeit ab. Grundsätzlich beträgt die Wahlzeit bzw. die Amtszeit für Gemeinde- und Kreisräte sowie Erste Bürgermeister und Landräte sechs Jahre. Sie beginnt im Normalfall an einem 1. Mai. Die Staatsregierung legt spätestens ein halbes Jahr vorher den Wahltag fest; er ist jeweils ein Sonntag im März vor Beginn der Wahlzeit (Art. 9 GLKrWG). Die Abstimmung dauert an diesem Tag von 8 Uhr bis 18 Uhr. Am Tag der Gemeinde- und Landkreiswahlen dürfen keine anderen Wahlen und Abstimmungen stattfinden, es sei denn, dass solchen anderen Wahlen und Abstimmungen keine Bedenken begegnen und eine Beeinflussung der Gemeinde- und Landkreiswahl nicht zu befürchten ist. Solche Ausnahmen bedürfen der Zustimmung des Staatsministeriums des Innern, für Sport und Integration.

1.1.10 Was passiert, wenn ein Erster Bürgermeister oder Landrat vorzeitig ausscheidet?

Es kann vorkommen, dass ein Erster Bürgermeister oder ein Landrat in ein Parlament gewählt wird oder wegen Krankheit und Tod aus dem Amt ausscheidet; Rücktritt ist nicht vorgesehen. Im Fall eines solchen vorzeitigen Ausscheidens findet eine Neuwahl statt. Diese Neuwahl gilt zunächst für den Rest der Wahlperiode des Gemeinderates oder des Kreistages – es sei denn, dass die Amtszeit des Ersten Bürgermeisters oder des Landrates dann weniger als vier Jahre betragen würde. In diesem Fall geht die Amtszeit des Ersten Bürgermeisters oder des Landrates über die volle Dauer der üblichen sechs Jahre (Art. 42 Abs. 2 GLKrWG). Beginnt die Amtszeit des Ersten Bürgermeisters oder des Landrates jedoch innerhalb der letzten zwei Jahre vor Ablauf der Wahlperiode von Gemeinderat oder Kreistag, so erstreckt sich die Amtszeit bis zum Ablauf der jeweils folgenden Wahlperiode; auf diese Weise kann sich die Amtszeit eines Ersten Bürgermeisters oder Landrates bis auf acht Jahre erhöhen (Art. 43 Abs. 2 GLKrWG). Und noch eine Besonderheit gibt es: Ist ein Erster Bürgermeister oder Landrat über die normale Wahlperiode hinaus gewählt, kann er beantragen, die Amtszeit zu verkürzen und insofern an die Wahlzeit des Gemeinderates oder des Kreistages anzupassen. Über den Antrag hat der Gemeinderat bzw. der Kreistag zu entscheiden, und zwar jeweils bis spätestens 30. September vor der nächsten allgemeinen Kommunalwahl (im März) (Art. 42 Abs. 3 GLKrWG).

1.1.11 Wie werden die Wahlvorschläge aufgestellt?

Wahlvorschläge können von Parteien und von Wählergruppen eingereicht werden (sog. Wahlvorschlagsträger). Wählergruppen sind alle sonstigen Vereinigungen oder Gruppen natürlicher Personen, deren Ziel es ist, sich an Gemeinde- oder an Landkreiswahlen zu beteiligen. Neue Wahlvorschlagsträger sind Parteien und Wählergruppen, die im Gemeinderat oder im Kreistag seit dessen letzter Wahl nicht aufgrund eines eigenen Wahlvorschlags ununterbrochen bis zum 90. Tag vor dem Wahltag vertreten waren. Die Prüfung, ob eine Wählergruppe mit einer bereits im letzten Gemeinderat oder im letzten Kreistag aufgrund eines eigenen Wahlvorschlags vertretenen Wählergruppe übereinstimmt, richtet sich dabei nach Art. 24 Abs. 2 und 3 der GO.

Jeder Wahlvorschlag muss von zehn Wahlberechtigten unterschrieben sein, die am 48. Tag vor dem Wahltag wahlberechtigt und nicht sich bewerbende Personen oder Ersatzleute eines Wahlvorschlags sind. Jede Person darf nur einen Wahlvorschlag unterzeichnen.

Jeder Wahlvorschlag darf höchstens so viele sich bewerbende Personen enthalten, wie ehrenamtliche Gemeinderatsmitglieder oder Kreisrätinnen und Kreisräte zu wählen sind. Bei Mehrheitswahl kann vom Wahlvorschlagsträger die Zahl der sich bewerbenden Personen im Wahlvorschlag bis auf das Doppelte der zu wählenden ehrenamtlichen Gemeinderatsmitglieder oder Kreisrätinnen und Kreisräte erhöht werden. Das Verfahren regeln im Übrigen die Art. 24 – 33 der Gemeindeordnung. **Im Übrigen wird**

an dieser Stelle verwiesen auf das Schreiben Bayerisches Staatsministerium des Innern, für Sport und Integration zur Kommunalrechtsnovelle 2023 vom 23.8.2023.

1.1.12 Wie verhält es sich mit Wahlvorschlägen für Erste Bürgermeister und Landräte?

Da ein Wahlvorschlag hier immer nur eine Person umfasst, entfallen die komplizierten Regelungen über die jeweils mögliche Anzahl von Bewerbern in einem Wahlvorschlag. Die übrigen Vorschriften des GLKrWG über die Wahlvorschläge gelten entsprechend. Für den Fall, dass eine sich bewerbende Person von zwei oder mehreren Wahlvorschlagsträgern aufgestellt werden soll, sind hierfür geheime Abstimmungen entweder in einer gemeinsamen Versammlung der beteiligten Wahlvorschlagsträger oder in getrennten Versammlungen durchzuführen.

1.1.13 Was muss bei der Nominierung der Kandidaten beachtet werden?

Die meisten Vorgänge im Vorfeld einer Kommunalwahl vollziehen sich nach Formvorschriften, deren Einhaltung aufgrund von Formblättern und wegen der direkten Mitwirkung der jeweiligen Gemeindeverwaltung weitgehend garantiert ist. Lediglich bei Nominierungsversammlungen sind die Parteien und Wählergruppen auf sich selbst gestellt. **Die Beachtung der hierfür einschlägigen Formerfordernisse ist deswegen besondere Beachtung zu schenken.**

1.1.14 Wer sind die Wahlorgane, wie setzen sie sich zusammen und welche Aufgaben haben sie?

Wahlorgane bei Gemeinde- und Landkreiswahlen sind der Gemeindewahlleiter und der Gemeindewahlausschuss sowie der Landkreiswahlleiter und der Landkreiswahlausschuss. Zu den Wahlorganen gehören weiterhin die Wahlvorsteher und Wahlvorstände der einzelnen Stimmbezirke (einschließlich der Briefwahl-Stimmbezirke). Wahlleiter sind in den Gemeinden und Landkreisen grundsätzlich die Ersten Bürgermeister und Landräte. Wenn sie nicht vorübergehend verhindert sind, z. B. weil sie selbst zur Wahl stehen, wird vom Gemeinderat bzw. vom Kreistag oder vom Kreisausschuss eine geeignete Person zum Wahlleiter bestellt (Art. 5 GLKrWG). Der Wahlausschuss setzt sich aus dem jeweiligen Wahlleiter als Vorsitzenden und vier von diesem zu berufenden Beisitzern zusammen. Diese Beisitzer kommen aus dem Kreis der von den Parteien und Wählergruppen benannten Beauftragten für einen Wahlvorschlag und werden entsprechend ihrer Bedeutung im Wahlkreis berufen. Die Wahlvorsteher in den Stimmbezirken, ihre Stellvertreter und die Mitglieder der

Wahlvorstände werden von den Gemeinden aus dem Kreis der Wahlberechtigten oder Gemeindebediensteten berufen. Dabei sollen die Vorschläge der Parteien und Wählergruppen berücksichtigt werden. Die Tätigkeit in einem Wahlorgan ist ein Ehrenamt; die Übernahme dieses Amtes kann nur in bestimmten Fällen abgelehnt werden (§ 2 GLKrWO). Die Wahlorgane sind für die Vorbereitung und Durchführung der Wahl sowie für die Ermittlung und Feststellung des Wahlergebnisses zuständig. Sowohl Wahlausschüsse als auch Wahlvorstände verhandeln und entscheiden öffentlich.

1.1.15 Was geschieht nach der Einreichung der Wahlvorschläge?

Nach Eingang der Wahlvorschläge hat der Wahlleiter diese unverzüglich auf Ordnungsmäßigkeit und Vollständigkeit zu prüfen. Sollte er Mängel feststellen, die zur Ungültigkeit des Wahlvorschlags führen, muss er ebenfalls unverzüglich auf deren Beseitigung hinwirken. Am 40. Tag vor dem Wahltag tritt der Wahlausschuss zusammen und beschließt über die Gültigkeit der Wahlvorschläge. Für den Fall, dass er einen Wahlvorschlag ganz oder teilweise für ungültig erklärt, muss dies dem jeweiligen Beauftragten unverzüglich mitgeteilt werden. Eventuelle Einwendungen gegen den Beschluss des Wahlausschusses müssen bis 18 Uhr des 34. Tages vor dem Wahltag erhoben werden. Bis 24 Uhr des 33. Tages ist dann über den Wahlvorschlag erneut zu beschließen. Behebbare Mängel können bis zu dieser Entscheidung noch beseitigt werden. Wird den Einwendungen nicht abgeholfen, wird die Angelegenheit einem Beschwerdeausschuss vorgelegt, der für solche Fälle bei der zuständigen Bezirksregierung gebildet wird (Art. 8 GLKrWG). Dieser Beschwerdeausschuss muss bis spätestens 24 Uhr des 27. Tages vor dem Wahltag entschieden haben. Einen Tag später, am 26. Tag vor dem Wahltag, werden dann vom Wahlleiter die zugelassenen Wahlvorschläge veröffentlicht (Art. 33 GLKrWG).

1.1.16 Wie werden Erste Bürgermeister und Landräte gewählt?

Die Wahlgrundsätze sind sowohl im Grundgesetz (Art. 28) als auch in der Bayerischen Verfassung (Art. 12 und Art. 14) festgelegt. Danach geht die Volksvertretung auch in den Kommunen aus allgemeinen, unmittelbaren, freien, gleichen und geheimen Wahlen hervor.

Bei der Wahl des Ersten Bürgermeisters und des Landrates hat jeder Wahlberechtigte eine Stimme. Liegen zwei oder mehr Wahlvorschläge vor, dann ist gewählt, wer mehr als die Hälfte der abgegebenen Stimmen bekommen hat. Wenn keiner der Bewerber diese Mehrheit erreicht, findet 2 Wochen später eine Stichwahl zwischen den beiden Bewerbern mit den höchsten Stimmenzahlen statt. Ergibt die Stichwahl für beide Bewerber die gleiche Stimmenzahl, so entscheidet das Los (Art. 46 Abs. 3 GLKrWG).

Wenn es nur einen Wahlvorschlag für die Wahl des Ersten Bürgermeisters bzw. des Landrats gibt, dann ist auf dem Stimmzettel außer dem vorgeschlagenen Bewerber innerhalb einer entsprechend gekennzeichneten Umrandung Platz für die handschriftliche Eintragung einer anderen wählbaren Person (§ 77 Abs. 3 GLKrWO). Auch in diesem Fall gilt, dass gewählt ist, wer mehr als die Hälfte der Stimmen erhält. Die Vorschriften über eine Stichwahl gelten entsprechend. Schließlich kann auch der Fall eintreten, dass kein (gültiger) Wahlvorschlag vorliegt; dann kann der Wähler eine wählbare Person auf dem Stimmzettel eintragen. Die handschriftliche Eintragung muss stets eindeutig bezeichnend sein.

1.1.17 Wie werden Mitglieder des Gemeinderates und des Kreistages gewählt?

Liegen mehrere Wahlvorschläge vor, wird das Stimmrecht nach den Grundsätzen der Verhältniswahl unter Beachtung der nachstehenden Bestimmungen ausgeübt:

1. Die stimmberechtigte Person hat so viele Stimmen, wie ehrenamtliche Gemeinderatsmitglieder oder Kreisrätinnen und Kreisräte zu wählen sind.
2. Die stimmberechtigte Person kann ihre Stimmen nur sich bewerbenden Personen geben, deren Namen in einem zugelassenen Wahlvorschlag enthalten sind.
3. Die stimmberechtigte Person kann durch Kennzeichnung eines Wahlvorschlags diesen unverändert annehmen. Eine unveränderte Annahme liegt nicht vor, wenn die stimmberechtigte Person außerdem in einem oder mehreren Wahlvorschlägen einzelnen sich bewerbenden Personen Stimmen gibt.
4. Die stimmberechtigte Person kann innerhalb der ihr zustehenden Stimmenzahl einer sich bewerbenden Person bis zu drei Stimmen geben.
5. Die stimmberechtigte Person kann innerhalb der ihr zustehenden Stimmenzahl ihre Stimmen sich bewerbenden Personen aus verschiedenen Wahlvorschlägen geben.

Die Sitze werden auf die Wahlvorschläge nach dem Verhältnis der Gesamtzahlen der gültigen Stimmen verteilt, welche für die in den Wahlvorschlägen aufgeführten sich bewerbenden Personen abgegeben worden sind. Stimmen, die für eine nicht wählbare Person abgegeben worden sind, sind ungültig; hat die Person die Wählbarkeit erst nach Zulassung des Wahlvorschlags verloren, werden die Stimmen jedoch hinsichtlich der Sitzverteilung als gültig gewertet.

Bei der Verteilung der Sitze auf die Wahlvorschläge werden die Gesamtstimmenzahlen, die für die einzelnen Wahlvorschläge festgestellt worden sind, nacheinander so lange durch 1, 3, 5, 7, 9 und so weiter geteilt, bis so viele Teilungszahlen ermittelt sind, wie Sitze zu vergeben sind. Jedem Wahlvorschlag wird dabei der Reihe nach so oft ein Sitz zugeteilt, wie er jeweils die höchste Teilungszahl aufweist. Bei gleichem Anspruch mehrerer Wahlvorschläge auf einen Sitz fällt dieser dem Wahlvorschlag zu, dessen in Betracht kommende sich bewerbende Person die größere Stimmenzahl aufweist; sonst entscheidet das Los. Fallen einem Wahlvorschlag mehr Sitze zu, als er sich bewerbende Personen enthält, bleiben die übrigen Sitze unbesetzt. Das Weitere regeln die Art. 36 und 37 des GLKrWG.

Wird kein oder nur ein Wahlvorschlag zugelassen, ist nach den Grundsätzen der Mehrheitswahl ohne Bindung an vorgeschlagene sich bewerbende Personen zu wählen. Die stimmberechtigte Person hat so viele Stimmen, wie ehrenamtliche Gemeinderatsmitglieder oder Kreisrätinnen und Kreisräte zu wählen sind. Gewählt sind höchstens so viele Personen, wie Sitze zu vergeben sind. Die Reihenfolge der Gewählten richtet sich nach deren Stimmenzahlen; bei Stimmengleichheit entscheidet das Los. Für Listennachfolger gilt Art. 37 entsprechend.

1.1.18 Wie geht die Briefwahl vor sich?

Wenn die Stimmabgabe im Wahlkreis nicht möglich ist, kann das Stimmrecht durch Briefwahl ausgeübt werden (Art. 14 GLKrWG). Erforderlich ist hierfür zunächst ein Antrag, wie er als Formblatt auf der Rückseite der Wahlbenachrichtigung abgedruckt ist. Mit diesem Antrag wird ein Wahlschein beantragt. Der Wahlschein eröffnet zum einen die Möglichkeit, in einem beliebigen Stimmbezirk der ausstellenden Gemeinde bei Gemeindewahlen und einem beliebigen Stimmbezirk des betreffenden Landkreises bei Landkreiswahlen die Stimme abzugeben. Er berechtigt aber auch zur Briefwahl. Es gibt keine Vorschrift, ab wann Briefwahl beantragt werden kann; es liegt aber auf der Hand, dass die Unterlagen zur Briefwahl frühestens nach Bekanntmachung der Wahlvorschläge verschickt werden können. Die Wahlbriefe müssen bis zum Ende der Abstimmungszeit – also bis 18 Uhr – bei der Gemeinde eingegangen sein. Gegebenenfalls sind mit dem zuständigen Zustellpostamt geeignete Vereinbarungen zu treffen, um sicherzustellen, dass am Wahltag dort eingegangene Wahlbriefe noch berücksichtigt werden können. Verspätete Wahlbriefe gehen nicht in das Wahlergebnis ein, es sei denn, dass sie zwar am Tag vor der Wahl zur Post gegeben wurden (Poststempel!), jedoch wegen einer Naturkatastrophe oder wegen höherer Gewalt nicht rechtzeitig bei der Gemeinde eingingen.

Für die Briefwahl gilt, dass die stimmberechtigte Person den Stimmzettel persönlich und unbeobachtet kennzeichnet. Wenn jemand nicht lesen kann oder wegen einer körperlichen Behinderung sein Stimmrecht nicht selbst ausüben kann, darf ihm eine Person seines Vertrauens helfen (Art. 3 Abs. 4 GLKrWG). Der Wahlbrief muss neben dem Stimmzettel im verschlossenen Umschlag den unterschriebenen Wahlschein sowie eine eidesstattliche Erklärung darüber enthalten, dass der Stimmzettel entweder persönlich oder gemäß dem erklärten Willen der wählenden Person gekennzeichnet wurde (Art. 14 Abs. 2 GLKrWG).

1.1.19 Was ist ein „beweglicher Wahlvorstand"?

Wenn im Bereich eines allgemeinen Stimmbezirks ein kleines Krankenhaus, ein Alten- und Pflegeheim oder auch ein Kloster liegt, dann darf der Wahlvorsteher bzw. sein Stellvertreter zusammen mit zwei Beisitzern die Stimmzettel dort „vor Ort" entgegennehmen. Man will mit dieser Regelung denjenigen Bürgern entgegenkommen, die aufgrund ihrer Erkrankung oder einer körperlichen Einschränkung nicht oder nur unter stark erschwerten Bedingungen in einen Abstimmungsraum kommen können. Weil der Wahlvorstand – zumindest teilweise – den Abstimmungsraum seines Stimmbezirks verlässt, um sich an den Ort der Stimmabgabe zu begeben, nennt man ihn „beweglich" (§ 67 GLKrWO).

1.1.20 Was hat es mit den Sonderstimmbezirken auf sich?

Überall dort, wo es Einrichtungen mit einer größeren Anzahl von Personen gibt, die einen Abstimmungsraum außerhalb ihrer Einrichtung nicht aufsuchen können, soll die Gemeinde einen eigenen sog. Sonderstimmbezirk bilden. Sie richtet dann in dieser Einrichtung (Krankenhaus, Altersheim), einen Abstimmungsraum ein, wo die in der Einrichtung wohnenden Bürger ihre Stimme abgeben können. In den Fällen, in denen sich dort jemand nicht zur Wahlurne begeben kann, dürfen Wahlvorsteher und Beisitzer – wie beim beweglichen Wahlvorstand – die gekennzeichneten Stimmzettel entgegennehmen. Ausdrücklich ist dabei Vorsorge zu treffen, dass z. B. bettlägerige Stimmberechtigte ihre Stimmzettel unbeobachtet kennzeichnen können (§ 66 GLKrWO).

1.1.21 Wie wird das Wahlergebnis ermittelt?

Unmittelbar nach Ende der Abstimmung, also nach 18 Uhr, beginnt die Ermittlung der Wahlergebnisse. Sie sind – ebenso wie die Entscheidung über die Gültigkeit der Stimmen – eine Aufgabe des Wahlvorstandes, der zunächst – wenn entsprechende Wahlen anstanden – die Stimmen für die Wahl des Ersten Bürgermeisters auszuzählen hat, danach die für die Wahl des Landrats. Erst dann sind die Stimmen für die Wahl der Gemeinderatsmitglieder zu zählen und schließlich die für die Wahl der Kreisräte (§ 79 GLKrWO).

Wegen der Möglichkeit des Kumulierens und des Panaschierens sind die Auszählungen, die die kommunalen Beschlussgremien betreffen, sehr zeitaufwendig. Auf diese Weise wird die Auszählung meist am Wahltag unterbrochen, um sie am nächsten, ggf. auch am übernächsten Tag fortzusetzen. Wahlergebnisse für Gemeinderäte und Kreistag stehen deshalb meist erst am 2. Tag nach der Wahl fest. Die Ergebnisse aus den einzelnen Stimmbezirken werden beim Wahlausschuss der Gemeinde oder des Landkreises zusammengeführt. Der Wahlausschuss stellt das Ergebnis fest und lässt es durch den Wahlleiter verkünden.

1.1.22 Wie errechnet sich die Sitzverteilung?

Die im Gemeinderat oder im Kreistag zu besetzenden Sitze werden im Verhältnis der Gesamtstimmen zugeteilt, die die Wahlvorschläge erhalten haben. Dabei wird bei Kommunalwahlen in Bayern ab 2020 entsprechend **Art 35 Abs. 2 GLKrWG** das Verfahren der **Sitzverteilung nach Sainte-Laguë** angewendet.

1.1.23 Wer überprüft das Wahlgeschehen?

Sowohl Vorbereitung als auch Durchführung der Wahlen werden bei kreisangehörigen Gemeinden vom Landratsamt, bei kreisfreien Städten von der Bezirksregierung überprüft. Diese Überprüfung durch die Rechtsaufsicht geschieht von Amts wegen und bezieht sich darauf, ob die Wahlvorschriften eingehalten wurden. Wenn Fehler festgestellt werden, wird das Ergebnis entsprechend berichtigt. Wenn Wahlvorschriften verletzt wurden und bei Beachtung der Vorschriften ein anderes Ergebnis zustande gekommen wäre, wird die Wahl für ungültig erklärt. Wird festgestellt, dass eine nicht wählbare Person gewählt wurde, dann wird deren Wahl für ungültig erklärt. Sowohl die Berichtigung als auch die Erklärung der Ungültigkeit müssen spätestens vier Monate nach der Verkündung des Wahlergebnisses erfolgen (Art. 50 GLKrWG).

Landratsamt und Bezirksregierung werden auch überprüfend tätig, wenn eine aktiv oder passiv wahlberechtigte Person die Wahl wegen Verletzung von Wahlvorschriften anficht. Die Anfechtung muss spätestens 14 Tage nach Verkündung des Wahlergebnisses erfolgen (Art. 51 GLKrWG). Gegen die Entscheidungen der Rechtsaufsichtsbehörde ist der Verwaltungsrechtsweg offen. Wird eine Ungültigkeitserklärung bestandskräftig, so ordnet die Rechtaufsichtsbehörde eine Nachwahl an.

1.2 Bürgerbegehren und Bürgerentscheid

1.2.1 Wo steht etwas über Bürgerbegehren und Bürgerentscheid?

Die Gemeindeordnung und die Landkreisordnung als kommunale Verfassungen waren zunächst ausschließlich dem Repräsentationsprinzip verpflichtet. Unmittelbare Mitwirkungsrechte mit verbindlicher Entscheidungskompetenz waren – mit Ausnahme der Wahlen – darin nicht vorgesehen. Mit einem Volksbegehren und einem anschließenden Volksentscheid am 1.5.1995 wurde schließlich das Plebiszit für die beiden kommunalen Ebenen eingeführt. Das Gesetz zur Einführung des kommunalen Bürgerentscheids vom 27.10.1995 ist ein Gesetz zur Änderung der Bayerischen Verfassung, der Bayerischen Gemeindeordnung und der Bayerischen Landkreisordnung; es enthält die Texte von drei Einfügungen. Aufgrund einer Entscheidung des Bayerischen Verfassungsgerichtshofes, mit der einige Bestimmungen des Gesetzes für nichtig erklärt worden waren, wurden mit dem (weiteren) Änderungsgesetz vom 26.3.1999 einige Regelungen korrigiert. Die erste Einfügung betrifft die Bayerische Verfassung. Hier werden die Artikel 7 und 12 um die Rechte des Bürgerbegehrens und des Bürgerentscheids erweitert. Die zweite Einfügung betrifft die Gemeindeordnung des Freistaates Bayern. Hier wird festgelegt, dass Bürgerbegehren und Bürgerentscheid als Art. 18a Bestandteil der Kommunalverfassung werden. Die dritte Einfügung betrifft analog die Landkreisordnung; auch hier werden Bürgerbegehren und Bürgerentscheid aufgenommen, und zwar als Art. 12a. Die in die Gemeindeordnung und in die Landkreisordnung eingefügten Passagen beschreiben detailliert, teilweise wortgleich, welchen formalen Erfordernissen Bürgerbegehren und Bürgerentscheid genügen müssen. Ein Bürgerentscheid hat die Wirkung eines Beschlusses von Gemeinderat oder Kreistag. Eine Abänderung innerhalb eines Jahres kann nur durch einen neuerlichen Bürgerentscheid erfolgen (Art. 18a Abs. 13 GO; Art. 12a Abs. 12 LKrO).

1.2.2 Wer kann was beantragen?

Bürgerbegehren und Bürgerentscheid sind ein zweistufiges Verfahren. Das Bürgerbegehren ist ein Antrag, die Bürger über bestimmte Fragen der Gemeinde oder des Landkreises direkt entscheiden zu lassen. Jeder Gemeindebürger ist zu einem solchen Antrag berechtigt. Der Themenbereich für diese direkte Entscheidung ist auf Angelegenheiten der örtlichen Gemeinschaft bzw. des durch das Kreisgebiet begrenzten überörtlichen Gemeinschaft beschränkt; er betrifft also nur Angelegenheiten, in denen die Gemeinden bzw. die Landkreise innerhalb eines eigenen Ermessensspielraumes entscheiden können. Damit sind zunächst staatliche Angelegenheiten bzw. Angelegenheiten des übertragenen Wirkungskreises vom

Bürgerentscheid ausgeschlossen. Weiterhin sind ausdrücklich diejenigen Angelegenheiten ausgeschlossen, die kraft Gesetz dem Ersten Bürgermeister oder dem **Landrat** obliegen, Fragen der Verwaltungsorganisation, der Rechtsverhältnisse der Gemeinde- und Kreisräte, der Ersten Bürgermeister und Landräte sowie der jeweiligen Bediensteten und Fragen der Haushaltssatzung (Art. 18a Abs. 3 GO und Art. 12a Abs. 3 LKrO).

Der Bürgerentscheid ist nicht nur ein Mittel der Bürger, mit dem sie die Entscheidung einer bestimmten Frage an sich ziehen können. Der Gemeinderat oder der Kreistag kann die Entscheidung einer bestimmten Frage von sich aus an die Bürger weitergeben, indem er die Durchführung eines Bürgerentscheids beschließt. Dieses sog. **Ratsbegehren** kommt mit einfacher Mehrheit zustande (Art. 18a Abs. 2 GO; Art. 12a Abs. 2 LKrO).

1.2.3 Wann führt ein Bürgerbegehren zu einem Bürgerentscheid?

Das Bürgerbegehren ist bei der Gemeinde oder beim Landkreis schriftlich einzureichen. Es muss die Fragestellung für den beantragten Bürgerentscheid enthalten, die mit „Ja" oder mit „Nein" beantwortet werden kann. Außerdem ist eine Begründung zu geben und es sind drei Personen als Vertreterinnen oder Vertreter der Unterzeichner zu benennen, denn die Verwaltung benötigt auch hier für das weitere Verfahren Ansprechpartner.

Um das Bürgerbegehren erfolgreich in einen Bürgerentscheid einmünden zu lassen, werden Unterstützer benötigt. Die notwendige Anzahl von Unterstützern hängt von der jeweiligen Größe der Gemeinde bzw. des Landkreises ab. In Gemeinden bis zu 10.000 Einwohnern werden mindestens 10 % der Wahlberechtigten als Unterstützer verlangt. Dieser Prozentsatz, das sog. **Quorum**, reduziert sich stufenweise bis auf 3 % in Städten mit mehr als 500.000 Einwohnern **(Art. 18a Abs. 6 GO).** Für die Landkreise gibt es eine Stufung: In der Größenklasse bis zu 100.000 Einwohnern gilt ein Quorum von 6 %, für größere Landkreise beträgt das Quorum 5 % (Art. 12a Abs. 6 LKrO). **Außerdem gibt es für kreisangehörige Gemeinden, die von einer Maßnahme des Landkreises besonders betroffen sind, die Möglichkeit eines Bürgerbegehrens mit einem 25 %-Quorum** (Art. 12a Abs. 7 LKrO). Als Unterstützer eines Bürgerbegehrens kommen nur solche Personen infrage, die am Tag der Beantragung Gemeinde- bzw. Kreisbürger sind. Im Gegensatz zum Volksbegehren dürfen die Unterschriften „frei" gesammelt werden; die Eintragung in Listen, die bei der Gemeinde ausgelegt sind, ist also nicht erforderlich.

Der Gemeinderat bzw. der Kreistag hat unverzüglich, spätestens einen Monat nach Eingang eines Antrages über die Zulässigkeit des Bürgerbegehrens zu entscheiden (Art. 18a Abs. 8 GO; Art. 12a Abs. 8 LKrO). Wird ein

Bürgerbegehren zurückgewiesen, steht der Klageweg offen. Ein Bürgerentscheid wird überflüssig und entfällt, wenn der Gemeinderat oder der Kreistag im Sinn des Bürgerbegehrens entscheidet (Art. 18a Abs. 14 GO; Art. 12a Abs. 13 LKrO).

1.2.4 Was geschieht nach einem erfolgreichen Bürgerbegehren?

Wenn entschieden ist, dass ein Bürgerbegehren zulässig ist, dürfen bis zur Durchführung des Bürgerentscheids keine Entscheidungen getroffen oder vollzogen werden, die dem Bürgerbegehren entgegenstehen (Art. 18a Abs. 9 GO; Art. 12a Abs. 9 LKrO): Weiterhin ist der Bürgerentscheid innerhalb von drei Monaten durchzuführen, wobei diese Frist bei Einvernehmen mit den Vertretungsberechtigten des Bürgerbegehrens um drei Monate verlängert werden kann. Der als zweite Stufe des Verfahrens folgende Bürgerentscheid muss nun von der Gemeinde oder vom Landkreis so vorbereitet werden, dass briefliche Abstimmung gewährleistet ist. Die Kosten der Vorbereitung und Durchführung gehen zulasten der Gemeinde bzw. des Landkreises.

1.2.5 Wie kommt die Entscheidung zustande?

Die beim Bürgerentscheid gestellte Frage kann mit „Ja“ oder mit „Nein“ beantwortet werden. Die Entscheidung richtet sich nach der Mehrheit der für die Antwortalternativen abgegebenen gültigen Stimmen; sie ist allerdings an ein Quorum gebunden. Dieses sog. Abstimmungsquorum bedeutet, dass eine Mindestbeteiligung an der Abstimmung erreicht werden muss. Sie beträgt 20 % der Stimmberechtigten in Gemeinden bis zu 50.000 Einwohner, 15 % in Gemeinden bis zu 100.000 Einwohner und 10 % in Gemeinden mit mehr als 100.000 Einwohnern (Art. 18a Abs. 12 GO). Die Staffelung gilt für Landkreise analog (Art. 12a Abs. 11 LKrO).

In der bisher kurzen Geschichte des Bürgerentscheids hat es wiederholt Fälle gegeben, bei denen gleichzeitig zwei oder mehr Bürgerentscheide zur Abstimmung standen, mit denen jeweils Gegenteiliges bewirkt werden sollte, so z. B. wenn ein **Ratsbegehren** als „Abwehr“ beschlossen worden war. In solchen Fällen ist es möglich, dass beide Bürgerentscheide im Sinn ihrer Absicht erfolgreich sind. Es entsteht dann allerdings für den Vollzug eine Pattsituation. Hierfür ist in Art. 18a Abs. 12 GO bzw. Art. 12a Abs. 11 LKrO eine Stichfrage vorgeschrieben, die vom Gemeinderat bzw. vom Kreistag mit einfacher Mehrheit beschlossen wird und gewissermaßen als weiterer und letztendlicher Bürgerentscheid zur Abstimmung gestellt wird. Für diesen Stichentscheid gilt das Abstimmungsquorum nicht.

1.2.6 Welche Wirkung hat der Bürgerentscheid?

Nach Art. 18a Abs. 13 GO bzw. Art. 12a Abs. 12 LKrO hat ein Bürgerentscheid die Wirkung eines Beschlusses des Gemeinderates bzw. des Kreistages. Das bedeutet, dass Erster Bürgermeister bzw. Landrat die getroffenen Entscheidungen vollziehen müssen. Vom Zeitpunkt der ortsüblichen Bekanntmachung des Abstimmungsergebnisses ab beginnt eine einjährige Frist, innerhalb derer eine Änderung durch Gemeinderatsbeschluss bzw. Kreistagsbeschluss nicht möglich ist. Ein neuerlicher Bürgerentscheid ist innerhalb dieser Frist nur dann zulässig, wenn sich die bisher zugrunde gelegte Situation wesentlich geändert hat.

1.3 Sonstige Mitwirkungsmöglichkeiten des Bürgers

1.3.1 Wie kann sich der Bürger informieren?

Wichtigste Voraussetzung für die Ausübung bürgerschaftlicher Mitwirkung ist die Information über das Geschehen in den Gremien der Kommunen. Die Idee der Repräsentation setzt voraus, dass der Bürger als Repräsentierter sich darüber informieren kann, wie er vom Mandatsträger tatsächlich vertreten wird. Aus diesem Grund sind die Sitzungen des Gemeinderates und des Kreistages grundsätzlich öffentlich, es sei denn, dass das Allgemeinwohl oder berechtigte Ansprüche Einzelner dem entgegenstehen. Es soll damit sichergestellt werden, dass die Bürger die Möglichkeit haben, an den Sitzungen als Zuhörer teilzunehmen. Deshalb sind Zeitpunkt und Ort der Sitzungen unter Angabe der Tagesordnung mindestens drei bzw. fünf Tage vor der jeweiligen Sitzung ortsüblich bekannt zu machen (Art. 52 Abs. 1 GO; Art. 46 Abs. 1 LKrO). Die Sitzungen müssen außerdem in einem Raum stattfinden, der für die Allgemeinheit zugänglich ist. Auch die in nicht-öffentlicher Sitzung gefassten Beschlüsse sind der Öffentlichkeit bekannt zu geben, wenn bzw. sobald der Grund für die nicht-öffentliche Behandlung entfallen ist. Um auch denjenigen, die an der Teilnahme einer Sitzung verhindert sind, die wichtigsten Informationen zukommen zu lassen, ist eine Niederschrift anzufertigen, die – soweit sie den öffentlichen Teil betrifft – u. a. von allen Gemeindebürgern bzw. Kreisbürgern eingesehen werden darf (Art. 54 Abs. 3 GO; Art. 48 Abs. 2 LKrO).

1.3.2 Die Bürgerversammlung als regelmäßige Mitberatungsmöglichkeit

In Art. 18 GO wird den Bürgern mit der Bürgerversammlung ein regelmäßiges Mitberatungsrecht gewährt. Für den Landkreis gibt es eine vergleichbare Einrichtung nicht. Die Bürgerversammlung ist vom Ersten Bürgermeister mindestens einmal jährlich einzuberufen. Sie kann vom Gemeinderat auch öfter verlangt werden. Für größere Gemeinden wird empfohlen, diese Bürgerversammlungen jeweils auf Teile des Gemeindegebietes zu beschränken. Die Bürgerversammlung kann – allerdings nur einmal jährlich – auch von den Gemeindebürgern beantragt werden. In Gemeinden bis zu 10.000 Einwohnern ist ein Antrag zu stellen mit den gewünschten Tagesordnungspunkten und den Unterschriften von mindestens 5 % der Gemeindebürger. In größeren Gemeinden genügen die Unterschriften von 2,5 %. Nach Beantragung ist die Bürgerversammlung innerhalb von 3 Monaten durchzuführen. Den Vorsitz in der Versammlung führt der Erste Bürgermeister oder ein von ihm bestellter Vertreter. Jeder Gemeindebürger hat das Recht, in der Versammlung das Wort zu ergreifen, um seine Meinung kundzutun, Vorschläge zu machen, Fragen zu stellen oder auch Kritik zu üben. Aus der Versammlung heraus können Empfehlungen beschlossen werden, die dann vom Gemeinderat innerhalb von drei Monaten zu behandeln sind. Rederecht haben grundsätzlich nur Gemeindebürger, Ausnahmen können in der Versammlung beschlossen werden. Die Bürgerversammlung kann keine für die Gemeinde verbindlichen Beschlüsse fassen.

Die Ermächtigung im neu eingefügten Art. 18 Abs. 4 GO dient dazu, Gemeinden Livestreams der Bürgerversammlungen (Satz 2) und hybride Bürgerversammlungen (Satz 6) zu ermöglichen. Über das Ob und das Wie eines Livestreams entscheidet nach Art. 18 Abs. 4 Satz 2 GO die Gemeinde durch Satzung oder durch Beschluss des Gemeinderats. Datenschutz- und Persönlichkeitsrechte der Teilnehmerinnen und Teilnehmer sind bei der Umsetzung des Livestreams zu berücksichtigen.

1.3.3 Der Bürgerantrag als Initiativrecht des Bürgers

Der Bürgerantrag ist eine „Weiterentwicklung“ der Anträge einer Bürgerversammlung. Er wurde mit Wirkung vom 1.4.1999 eingeführt; er muss bei der Gemeinde eingereicht werden und darf keine Angelegenheiten betreffen, die bereits binnen Jahresfrist mit einem Bürgerantrag verlangt worden waren **(Art. 18b GO).** Neben einer Begründung und den Unterschriften von bis zu drei Vertretungsberechtigten benötigt er die Unterschriften von mindestens 1 % der Gemeindeeinwohner (nicht Gemeindebürger!) als Unterstützer. Innerhalb eines Monats muss zumindest über die Zulässigkeit des Antrages entschieden werden. Nach Feststellung der Zulässigkeit ist der Antrag vom zuständigen Gemeindeorgan innerhalb von drei Monaten zu behandeln. Zuständig können je nach Angelegenheit Gemeinderat, ein beschließender Ausschuss oder der Erste Bürgermeister sein. Anders als bei Bürgerbegehren und Bürgerentscheid bleibt die Entscheidungskompetenz beim Gemeinderat. Mit **Art. 12b LKrO** hat der Gesetzgeber für die Landkreise eine analoge Regelung geschaffen.

1.3.4 Welche Mitwirkungsmöglichkeiten hat der Bürger bei der Bauleitplanung?

Die wichtigsten Gestaltungsfragen innerhalb einer Gemeinde betreffen u. a. die Nutzung von Flächen und die damit zusammenhängende bauliche Entwicklung. Dies ist der Grund dafür, dass der Gesetzgeber in § 3 des Baugesetzbuches vorgeschrieben hat, die Bürger möglichst frühzeitig über die entsprechenden Planungen zu informieren. Dabei geht es zunächst um die Ziele, die einer Planung zugrunde liegen, um die Lösungen, die infrage kommen, sowie um die Auswirkungen der geplanten Maßnahmen. Auf diese Weise soll der Bürger in den Stand versetzt werden, sich eine eigene Meinung zu bilden. Für die Beteiligung der Bürger ist ein förmliches Verfahren vorgesehen, wonach die betreffenden Planentwürfe mit den jeweiligen Erläuterungen für die Dauer eines Monats öffentlich auszulegen sind. Die Auslegung ist mit Ort und Dauer mindestens eine Woche vorher ortsüblich bekannt zu machen. Während der Auslegungsfrist können von den Bürgern Bedenken und Anregungen vorgebracht werden. Diese Äußerungen sind jeweils zu prüfen und im Gemeinderat beschlussmäßig zu behandeln. Das Ergebnis ist den Bürgern jeweils mitzuteilen.

1.3.5 Welche Mitbestimmungsrechte gibt es sonst?

Weitere Mitbestimmungsrechte im Sinne von Mit-Wirkung sind auf wenige spezielle Sachverhalte beschränkt. So sind die Gemeindebürger – wegen der besonderen Sensibilität solcher Vorgänge – anzuhören, wenn einer Gemeinde oder einem Gemeindeteil ein neuer Name gegeben werden soll (Art. 2 GO). Für die Anhörung bietet sich die Bürgerversammlung an. Die Rechtsaufsichtsbehörde, die über die Änderung, Aufhebung oder erstmalige Benennung zu entscheiden hat, ist an die Meinungsäußerung der Gemeindebürger zwar nicht gebunden, muss sich aber damit auseinandersetzen.

Wenn vorgesehen ist, die gemeindliche Zugehörigkeit zu wechseln, soll den betroffenen Gemeindebürgern Gelegenheit gegeben werden, sich zu dieser Absicht in einer geheimen Abstimmung zu äußern. Dieses Votum hat allerdings für die Aufsichtsbehörde ebenfalls keine Bindungswirkung.

1.3.6 Wie kann sich der Bürger außerdem Gehör verschaffen?

Ebenso wie sich jedermann nach Art. 17 GG oder jeder Bewohner Bayerns nach Art. 115 der Bayerischen Verfassung mit Bitten und Beschwerden an die zuständigen Stellen und Parlamente wenden kann, haben die Gemeindeeinwohner (nicht nur die Gemeindebürger!) das Recht, sich mit Eingaben und Beschwerden an den Gemeinderat zu wenden. Während Bundestag und Länderparlamente förmliche Verfahren ausgebildet haben, wie mit

Petitionen zu verfahren ist (Petitionsausschuss), gibt es für die Kommunen keine vergleichbaren Verfahrensweisen. Ohne ausdrückliche Erwähnung in der Gemeindeordnung ergibt sich für die Gemeinde jedoch die Verpflichtung, die Eingaben und Beschwerden der Gemeindeeinwohner sorgfältig zu prüfen und zu beantworten, denn das Petitionsrecht der Einwohner wäre ohne Rückmeldepflicht der Gemeinde wertlos. Eine direkte und unkomplizierte Umsetzung dieses Petitionsrechts stellt die häufig praktizierte Sprechstunde des Bürgermeisters (als Vorsitzender des Gemeinderates) dar, in der die Gemeindeeinwohner die Möglichkeit haben, ihre Eingaben persönlich vorzutragen. Solche regelmäßig zu festen Zeiten stattfindenden Bürgermeistersprechstunden sind geeignet, die besondere Bürgernähe von Kommunalverwaltung und -politik zu unterstreichen und das Vertrauensverhältnis zwischen Bürger und Gemeinde zu fördern.

1.4 Der Mandatsträger als Anlaufstelle für den Bürger

1.4.1 Was erwartet der Bürger vom Mandatsträger?

Nach **Art. 30 Abs. 1 GO** ist der Gemeinderat die Vertretung der Gemeindebürger. Analog hierzu ist nach **Art. 23 Abs. 1 LKrO** der Kreistag die Vertretung der Kreisbürger. „Vertretung" versteht sich hier nicht im rechtsgeschäftlichen Sinn, sondern im politischen Sinn: Über die Wahl erhalten die Mitglieder des Gemeinderates und des Kreistages den Auftrag, für die Interessen der Bürger einzustehen, für die örtliche Gemeinschaft Entscheidungen herbeizuführen und zu kontrollieren, ob der Vollzug dieser Entscheidungen dem entspricht, was nach mehrheitlichem Willen geschehen soll. Der Bürger geht davon aus, dass er mittelbar über „seinen" Mandatsträger an der Willensbildung im Gemeinderat bzw. im Kreistag teilnimmt; er verbindet damit die Hoffnung, dass auf diese Weise sein eigenes Interesse zur Geltung gebracht wird. Der Mandatsträger wird insofern als Bindeglied zwischen dem kommunalen Entscheidungsapparat verstanden. An diese Funktion als Bindeglied knüpft sich eine Vielzahl von Erwartungen des Bürgers. Da wird zunächst erwartet, dass der Mandatsträger für Informationen und Auskünfte aus dem Entscheidungsapparat zur Verfügung steht. In gleicher Weise wird erwartet, dass der Mandatsträger sich das jeweilige Anliegen des Bürgers zu eigen macht. Nicht selten wird sogar erwartet, dass der Mandatsträger direkt zugunsten eines Bürgers tätig wird. Diese Erwartungen lassen auf ein hohes Maß an Vertrauen schließen, das der Bürger in „seinen" Mandatsträger setzt. Die repräsentative Demokratie kommt ohne dieses Vertrauen nicht aus. Deswegen zählt es zu den vorrangigen Pflichten des Mandatsträgers, dieses Vertrauen aufzubauen, zu rechtfertigen und zu fördern. Die praktische Umsetzung dieser Verpflichtung verlangt vom Mandatsträger Offenheit, Ansprechbarkeit, umfassende

Präsenz im gesellschaftlichen Leben und Zuverlässigkeit. Aufgrund des stark personenbezogenen Wahlsystems zeigt sich in den Wahlergebnissen meist deutlich, wer solche Eigenschaften besitzt bzw. wem sie zugesprochen werden.

1.4.2 Was verlangt die Ausübung des Mandats?

Sowohl nach dem Grundgesetz (Art. 38 Abs. 1) als auch nach der Bayerischen Verfassung (Art. 13 Abs. 2) sind die Abgeordneten an Aufträge und Weisungen nicht gebunden, weil sie Vertreter des gesamten Volkes sein sollen. Eine derart deutliche Formulierung findet sich weder in der Gemeindeordnung noch in der Landkreisordnung. Trotzdem gilt für Mitglieder des Gemeinderates und des Kreistages auch das sog. freie Mandat. Es ergibt sich aus dem Grundsatz der repräsentativen Demokratie. Damit ist die Ausübung des Mandats nur dem Gewissen unterworfen. Auch Fraktionszwang besteht insofern nicht, zumal weder die Gemeindeordnung noch die Landkreisordnung den Begriff der Fraktion kennt. Die zu treffenden Entscheidungen müssen deshalb immer auf das Wohl der Allgemeinheit abzielen; die Berücksichtigung von Einzelinteressen wäre systemwidrig. Dabei sind die Mitglieder des Gemeinderates und des Kreistages verpflichtet, ihre Obliegenheiten gewissenhaft wahrzunehmen (Art. 20 Abs. 1 GO; Art. 14 Abs. 1 LKrO). Der Mandatsträger ist weiterhin zur Verschwiegenheit verpflichtet (Art. 20 Abs. 2 GO; Art. 14 Abs. 2 LKrO). Es geht dabei nicht nur um diejenigen Angelegenheiten, deren Geheimhaltung gesetzlich vorgeschrieben ist, es sind auch diejenigen Sachverhalte betroffen, die nach den jeweiligen Umständen im Interesse der Gemeinde bzw. des Landkreises oder zum Schutz Dritter nicht in die Öffentlichkeit gelangen dürfen (z. B. Grundstücksangelegenheiten, Personalsachen). Anhaltspunkte für ein Geheimhaltungsbedürfnis ist zunächst die Nicht-Öffentlichkeit einer Sitzung. Das Verschwiegenheitsgebot kann sich aber auch auf Sachverhalte beziehen, von denen der Mandatsträger auf andere Weise Kenntnis erhalten hat. Offenkundige Tatsachen sind von der Geheimhaltung ausgeschlossen.

Im Übrigen ist der Gemeinderat ebenso wie der Kreistag ein sog. **Kollegialorgan.** Das bedeutet, dass sie kollegial handeln; sie erfüllen ihre Aufgaben als Gremien. Das einzelne Mitglied hat – mit Ausnahme des Ersten Bürgermeisters und des Landrats – keine Organstellung. Insofern steht z. B. die Überwachung der Gemeindeverwaltung dem Gremium insgesamt zu, nicht etwa einem einzelnen Mitglied (Art. 30 Abs. 3 GO). Akteneinsicht und Auskünfte erhalten also immer nur die Gremien insgesamt oder hierzu beauftragte Ausschüsse oder Gemeinderatsmitglieder. Die Ausübung des Mandats verlangt also immer kollegiales Zusammenwirken. Einzige Ausnahme in den Gemeinden ist das Recht des einzelnen Gemeinderatsmitglieds, wegen ihrer besonderen Bedeutung die Berichte der überörtlichen Prüfung einzusehen. Die Landkreisordnung räumt jedem Kreisrat generell das Recht ein, vom Landratsamt Auskunft zu erhalten. Hier gibt es die Fiktion, dass das Auskunftsersuchen für den Kreistag insgesamt erfolgt. Nichtsdestoweniger steht ihm das Recht auf Akteneinsicht nur zu, wenn er für den Kreistag handelt.

Beispiel:

Wenn ein Mitglied des Gemeinderates im Auftrag des gesamten Gremiums Akteneinsicht wünscht oder Auskünfte verlangt, muss es sich an den Ersten Bürgermeister wenden. Dieser kann dem Auskunftsersuchen selbst nachkommen oder einen Mitarbeiter benennen, der dem Mitglied des Gemeinderates die erwünschte Auskunft gibt. Die Ausübung des Gemeinderats-Mandates erlaubt es nicht, mit solchen Verlangen direkt an den einzelnen Bediensteten heranzutreten.

1.4.3 Welche Konflikte muss der Mandatsträger bewältigen?

Die Erwartungen des Bürgers an den Mandatsträger einerseits und die Anforderungen bei der Ausübung des Mandats andererseits lassen sich nicht immer in Einklang bringen. Während der Bürger vom Mandatsträger erwartet, dass er ihm z. B. sonst nicht erhältliche Informationen beschafft, steht dem in der Praxis regelmäßig das Verschwiegenheitsgebot gegenüber. In gleicher Weise darf der Mandatsträger als jemand, der auf das Gemeinwohl verpflichtet ist und stets die Gesamtheit aller Bürger im Auge behalten muss, sich nicht für Einzelinteressen einsetzen. Erst recht ist es unzulässig, dass er als Mitglied eines Kollegialorgans allein und direkt auf Bedienstete der Gemeinde oder des Landkreises einwirkt, um einem Bürger „unbürokratisch" zu helfen. Einerseits begründet die Nähe zum Bürger das notwendige Vertrauen, andererseits verlangt die korrekte Ausübung des Mandats eher Distanz. Die besondere Herausforderung für den Mandatsträger besteht darin, diesen Gegensatz so aufzulösen, dass aus dem Entweder-oder ein Sowohl-als-auch auf verschiedenen Handlungsebenen wird. Wenn es gelingt, die Nähe zum Bürger als Offenheit für berechtigte Anliegen und nicht als Begünstigung Einzelner zu praktizieren, wenn es gelingt, ein Einzelanliegen zum Anliegen des gesamten Gremiums zu machen, dann lässt sich vertrauensstiftende Bürgernähe mit korrekter Mandatsausübung vereinbaren. Es gilt als zulässig und üblich, dass Mandatsträger sich als Vertreter einer bestimmten Berufsgruppe, einer bestimmten Altersgruppe oder – in einem Landkreis – eines bestimmten Raumes darstellen. Häufig wird bereits bei der Wahlwerbung auf solche Herkunftsmerkmale abgestellt. Wenn es gelingt, die Entscheidungen in den Gremien tatsächlich und für Außenstehende erkennbar trotzdem im

Sinn und zum Wohl der Allgemeinheit herbeizuführen, ist an dieser Form der Mandatsausübung nichts zu beanstanden.

1.5 Exkurs: Die Presse- und Öffentlichkeitsarbeit der Kommune

1.5.1 Was ist kommunale Presse- und Öffentlichkeitsarbeit?

Sowohl die Pressearbeit als auch die Öffentlichkeitsarbeit sind Aktivitäten der Informationsverbreitung mithilfe eigener und fremder Medien. Während die kommunale Pressearbeit die Medien meist mit aktuellen Informationen versorgt, die in einer Gemeinde oder in einem Landkreis politisch relevant sind, zielt die kommunale Öffentlichkeitsarbeit darauf ab, weitgehend losgelöst von Aktualität mit gezielter Informationsgebung Akzeptanz für die Interessen der Kommune zu schaffen. Öffentlichkeitsarbeit hat insofern werbenden Charakter. Die Pressearbeit soll demgegenüber die Öffentlichkeit zunächst nur unterrichten. Dabei wird durchaus auch auf die sog. öffentliche Meinung eingewirkt, die sich zum größten Teil als veröffentlichte Meinung darstellt. Der ständige und intensive Kontakt mit den Medien führt dazu, dass die aktiv informierende Pressearbeit zwangsläufig auch selbst Informationen aus der Öffentlichkeit aufnimmt. Auf diese Weise ergibt sich eine zuverlässige Rückkopplung dessen, was über kommunale Angelegenheiten öffentlich „im Gespräch" ist. Dieser Teil der Pressearbeit bzw. Medienauswertung erfüllt für die Gremien und die Verwaltung die wichtige Funktion eines Frühwarnsystems.

1.5.2 Wo steht etwas über kommunale Presse- und Öffentlichkeitsarbeit?

Weder die Gemeindeordnung noch die Landkreisordnung enthält eine Bestimmung, wonach Presse- und Öffentlichkeitsarbeit ausdrücklich zu den Aufgaben einer Gemeinde oder eines Landkreises gehören. Lediglich in **Art. 52 Abs. 2 GO** und in **Art. 46 Abs. 2 LKrO** ist festgelegt, dass die Sitzungen von Gemeinderat und Kreistag grundsätzlich öffentlich sind. Nur wenn das Gemeinwohl oder berechtigte Ansprüche Einzelner entgegenstehen, dürfen Sitzungen nicht-öffentlich abgehalten werden. Dieser Grundsatz der Öffentlichkeit soll das Handeln der Gemeindeorgane für den Bürger transparent machen und korrespondiert insofern mit der sog. Informationsfreiheit nach Art. 5 Abs. 1 GG; danach darf sich jeder aus allgemein zugänglichen Quellen ungehindert unterrichten. Der Grundsatz der Öffentlichkeit ist auch Voraussetzung für die Wahrnehmung der sog. Pressefreiheit nach Art. 111 Abs. 1 der Bayerischen Verfassung, wonach die Presse die Aufgabe hat, „im Dienste des demokratischen Gedankens über Vorgänge, Zustände und Einrichtungen und Persönlichkeiten des öffentlichen Lebens wahrheitsgemäß zu unterrichten". Mit der Öffentlichkeit der Sitzungen allein wäre dem Verfassungsgebot zunächst bereits Rechnung getragen, weil der freie Zugang zu den interessierenden Informationen gewährleistet ist. Die weitergehende aktive Informationsgebung in Form der Pressearbeit liegt allerdings im Interesse der Kommunen selbst, weil sie damit sicherstellen können, dass die tatsächlich zutreffenden Informationen publiziert werden und veröffentlichte Meinung mitgestaltet werden kann.

1.5.3 Gibt es für die kommunale Presse- und Öffentlichkeitsarbeit Regeln?

Der Deutsche Städtetag hat bereits 1988 Leitsätze zur städtischen Presse- und Öffentlichkeitsarbeit verabschiedet, die als Regeln für die kommunalen Aktivitäten, vor allem für Amtsblätter und sonstige kommunale Eigenpublikationen gelten können. Im Wesentlichen geht es dabei darum, die erlaubte Sympathiewerbung der Öffentlichkeitsarbeit von der unzulässigen Propaganda abzugrenzen. Die kommunale Presse- und Öffentlichkeitsarbeit ist insofern umso weniger umstritten, je mehr die kommunalen Entscheidungen nur dargelegt und in ihren Zusammenhängen erläutert und erklärt werden. Dabei kann einer Kommune das Recht nicht versagt werden, diese Darstellungen werbend auszugestalten, weil dies dazu beiträgt, den Grundkonsens zwischen den Bürgern zu erhalten. Die werbenden Elemente der Öffentlichkeitsarbeit sind hinzunehmen, wenn die Darstellung keine bewusste einseitige Beeinflussung ist, die für ein eigenes Urteil oder für die Diskussion keinen Raum mehr lässt. Dies wäre Propaganda, die eine rationale Kontrolle durch den Bürger ausschalten will. Es liegt auf der Hand, dass eine Abgrenzung zwischen erlaubter Öffentlichkeitsarbeit und unzulässiger Propaganda in der täglichen Praxis nicht immer eindeutig möglich ist. In gleicher Weise darf kommunale Presse- und Öffentlichkeitsarbeit für keine Gruppierung einseitig Partei ergreifen. Dies resultiert aus der pluralistischen Struktur in unseren Kommunen, weswegen deren Organe zu einer gewissen Neutralität verpflichtet sind. Im Übrigen gilt, dass Presse- und Öffentlichkeitsarbeit, die sich an die Medien wendet, umso erfolgreicher ist, je mehr sie die in diesen Medien gültigen Regeln beachtet.

1.5.4 Wie macht man kommunale Presse- und Öffentlichkeitsarbeit?

Der überwiegende Teil der Presse- und Öffentlichkeitsarbeit besteht in der Versorgung der Medien mit Informationen. Die Herstellung eigener Publikationen ist im Alltag nachrangig.

Die Kontakte mit den Medien benötigen als Basis gegenseitiges Vertrauen. Die Presseverantwortlichen auf der kommunalen Seite müssen sicher sein können, dass sie es auf der Medienseite mit verlässlichen Partnern zu tun haben. Umgekehrt müssen die Medienvertreter sich darauf verlassen können, dass sie von kommunaler Seite unaufgefordert aktuell, umfassend und zutreffend informiert werden. Dieses gegenseitige Vertrauen wird zunächst dadurch geschaffen und gefördert, dass es auf kommunaler Seite einen jederzeit ansprechbaren und kompetenten Pressesprecher gibt. In größeren Gemeinden und Landkreisen hat sich hierfür die Einrichtung einer Pressestelle bewährt. Der Zuschnitt auf einen Verantwortlichen bietet die Möglichkeit, auch inoffizielle und persönliche Kontakte zu pflegen. Es gehört zu den Eigengesetzlichkeiten der Pressearbeit, dass z. B. in sog. Hintergrundgesprächen zum besseren Verständnis auch Informationen gegeben werden, deren Veröffentlichung nicht erfolgen soll. Der Journalist ist gehalten, solche als Hintergrundinformationen bezeichnete Sachverhalte nicht zu veröffentlichen, wenn ein entsprechender Hinweis gegeben wird. Es ist selbstverständlich, dass solches nur im Rahmen eines besonderen Vertrauensverhältnisses praktiziert werden kann. Die Pflege regelmäßiger Kontakte außerhalb der Tagesaktualität erleichtert diesen Teil der Pressearbeit.

Für die tägliche Praxis benötigt man einen „Verteiler“, der alle Adressaten enthält, die regelmäßig mit Presse-Mitteilungen versorgt werden sollen. Die Presse-Mitteilungen selbst sollten möglichst im Berichterstatter-Stil abgefasst sein und die sog. sechs W-Fragen (Wer? Was? Wann? Wo? Wie? Warum?) beantworten. Neben der klassischen Pressemitteilung bieten die Presse-Konferenz bei bedeutsamen Anlässen, ansonsten das Pressegespräch oder das Interview sowie die Gegendarstellung eine Fülle von Gestaltungsmöglichkeiten effektiver Presse-Arbeit.

1.6 Exkurs: Die Pflichten des Bürgers

1.6.1 Wo steht etwas über die Pflichten des Bürgers?

Jede Gemeinschaft, die ihren Mitgliedern Rechte einräumt, muss ihnen auch Pflichten auferlegen, um Gemeinschaft überhaupt erst zu ermöglichen. Dies gilt in besonderer Weise für Gemeinden und Landkreise, die aufgrund ihrer mitgliedschaftlichen Struktur aktive Mitarbeit und Teilnahme der Bürger am kommunalen Geschehen voraussetzen. Dementsprechend finden sich in der Gemeindeordnung zwei Bestimmungen, die die Pflichten der Gemeindebürger und der Gemeindeangehörigen benennen. In **Art. 19 Abs. 1 GO** werden die wählbaren Gemeindebürger verpflichtet, gemeindliche Ehrenämter zu übernehmen. Diese Verpflichtung ergibt sich aus der Möglichkeit, an der Verwaltung der Gemeinde teilzunehmen; die Teilnahme an der Verwaltung ist also Recht und Pflicht zugleich. In **Art. 21 Abs. 1 GO** werden die Gemeindeangehörigen, also nicht nur die Gemeindebürger, dazu verpflichtet, die sog. Gemeindelasten zu tragen. Die Pflicht zur Tragung dieser Gemeindelasten korrespondiert hier mit dem Recht, die öffentlichen Einrichtungen der Gemeinde zu benützen. Auch hier sind Recht und Pflicht miteinander verbunden.

In der Landkreisordnung finden sich in **Art. 13 Abs. 1** und in **Art. 15 Abs. 1 Satz 1** analoge Regelungen.

1.6.2 Welche Ehrenämter muss ein Bürger übernehmen?

Gemeindliche Ehrenämter sind diejenigen, in die man von Gemeindebürgern gewählt wird oder in die man von der Gemeinde berufen wird. Solche Ehrenämter sind u. a. die eines ehrenamtlichen Ersten oder weiteren Bürgermeisters, eines ehrenamtlichen Gemeinderatsmitglieds, eines Bezirksausschussmitglieds, eines Ortssprechers, eines ehrenamtlichen Kassenverwalters, eines Mitglieds eines Wahlvorstandes, eines Verwaltungsratsmitglieds einer Sparkasse oder eines Heimatpflegers. Hauptberufliche Bürgermeister oder Gemeinderatsmitglieder haben kein Ehrenamt inne. Bisher war die Ablehnung oder die Niederlegung eines Ehrenamtes nur aus wichtigem Grund möglich. Ab 2014 gilt dies nicht mehr; die Angabe von Gründen ist nicht mehr erforderlich. Die bislang geltenden Bestimmungen des Art. 19 Abs. 2 GO werden nicht mehr angewendet; dies gilt analog auch für Art. 13 LKrO.

1.6.3 Welche Gemeindelasten muss ein Bürger tragen?

Gemeindelasten sind in erster Linie finanzielle Abgaben, es können aber auch Hand- und Spanndienste sein. Letztere haben heute ihre praktische Bedeutung weitgehend verloren. Die finanziellen Abgaben sind hoheitlich auferlegte Lasten, die der Gemeinde zur Beschaffung notwendiger Einnahmen dienen. Dabei sind Steuern, Beiträge und Abgaben voneinander zu unterscheiden. Die Steuer ist eine Abgabe, der keine direkt zurechenbare Gegenleistung eines öffentlich-rechtlichen Gemeinwesens gegenübersteht. Gemeindliche Steuern sind z. B. die Gewerbesteuer und die Grundsteuer (Realsteuern). Wenn es darum geht, finanzielle Mittel für eine bestimmte Investition zu beschaffen, dürfen diejenigen Grundstückseigentümer, die aus dieser Investition einen Nutzen ziehen können, zu einem Beitrag herangezogen werden. Beiträge dieser Art sind z. B. solche für die erstmalige Herstellung einer Straße. Schließlich können für die Benützung gemeindlicher Einrichtungen Benützungsgebühren erhoben werden. Der Gebühr steht immer eine tatsächlich in Anspruch genommene Gegenleistung gegenüber. Solche Gebühren sind z. B. Gebühren für den Wasserverbrauch. Die Erhebung von Beiträgen und Gebühren durch die Kommunen ist im Kommunalabgabengesetz (KAG) geregelt.

Die kommunale Daseinsvorsorge liegt zum größten Teil bei den Gemeinden. Die Landkreise und Bezirke haben daran einen **vergleichsweise** geringen Anteil und verfügen darüber hinaus über keine eigenen Steuereinnahmen. Insofern kommt der Tragung von Kreislasten nur eine geringe Bedeutung zu. **Die Landkreise finanzieren sich zu einem großen Teil über Umlagen, die von den kreisangehörigen Gemeinden an die Landkreise zu leisten sind, die Bezirke von Umlagen der Landkreise und der kreisfreien Städte.**

2. Die Stellung des Mandatsträgers

2.1 Mandatsträger, was ist das?

Der Inhaber eines öffentlichen Amtes wird **Mandatsträger** genannt. Wenn wir von kommunalen Mandatsträgern sprechen, verstehen wir darunter die gewählten Vertreter der jeweiligen Gebietskörperschaft. Der Begriff Mandatsträger dient auch der Unterscheidung zwischen gewählten Vertretern einer Kommune und ihren beschäftigten Arbeitnehmern (Beamte, Angestellte oder Arbeiter).

Der geschäftsleitende Beamte oder der Kämmerer sind Beschäftigte der Gebietskörperschaft. Sie sind keine Mandatsträger! Sie werden angestellt oder ins Beamtenverhältnis berufen. Ihre Dienstzeit endet bei Dienstunfähigkeit oder mit Erreichen des Renten- oder Pensionsalters. Das Mandat erlischt mit Ablauf der Wahlperiode, durch Tod oder Dienstunfähigkeit.

Der Begriff Mandatsträger vermittelt auch, dass der Gewählte einen Auftrag hat. Er hat den Auftrag, die Wahlberechtigten während der Wahlperiode zu vertreten. Dies bedeutet, dass keine Bindung an Weisungen einer Partei oder Gruppierung besteht. Der Mandatsträger repräsentiert die Bevölkerung und ist dabei nur seinem Gewissen unterworfen (**Repäsentatives Mandat**).

2.1.1 Mandatsträger, wo steht was?

Den Begriff Mandatsträger verwenden die Kommunalgesetze nicht unmittelbar. Sie sprechen von Mitgliedern des Gemeinde-, Kreis- und Bezirkstags. Sie sprechen von Bürgermeistern, Landräten oder Oberbürgermeistern. Regelungen über die Wahlverfahren, die Stellung und Aufgaben der kommunalen Mandatsträger finden sich im Gemeinde- und Landkreiswahlgesetz (GLKrWG), Bezirkswahlgesetz (BezWG), GO, LKrO, BezO, den Geschäftsordnungen.

2.1.2 Aufgaben und Zuständigkeiten

Aufgaben und Zuständigkeiten der Mandatsträger ergeben sich aus GO, LKrO und BezO sowie den einschlägigen Geschäftsordnungen. Besonders zu erwähnen sind die Mitwirkungsrechte, die mit entsprechenden Pflichten korrespondieren.

- Das Recht auf Sitzungsteilnahme: Auch an Sitzungen von Ausschüssen, denen der Mandatsträger nicht angehört, darf er teilnehmen.
- Das Recht auf Themenbehandlung: Bei der Sitzungsvorbereitung hat der Bürgermeister oder Landrat Themen zu berücksichtigen, die durch Mitglieder des Kollegialorgans angesprochen oder beantragt werden.
- Das Recht auf Beteiligung: Jeder Mandatsträger hat das Recht, das Wort zu erhalten, Anträge und Fragen zu stellen.
- Die Pflicht und das Recht abzustimmen.
- Das Recht auf Entschädigung: Die Mitglieder eines kommunalen Vertretungsorgans haben Anspruch auf angemessene Entschädigung. Dieser Anspruch ist unverzichtbar. Die Höhe der Entschädigung bestimmt das Kollegialorgan durch Satzung. Ob eine monatliche Aufwandspauschale oder ein terminbezogenes Sitzungsgeld festgelegt wird, steht im Ermessen des Gremiums (Art. 20 GO).
- Die Pflicht, den Amtseid zu leisten (Art. 31 Abs. 5 GO).

2.1.3 Mandatsträger – was sind Referenten?

In vielen Gemeinden hat es sich bewährt, für bestimmte Aufgabenbereiche, etwa Kultur, Soziales, Wirtschaft, Sport, Feuerwehrwesen, Referenten zu bestellen. Die **Referenten** sind in der Regel Mitglieder des Kollegialorgans und widmen sich in besonderer Weise dem Aufgabenbereich, der ihnen überantwortet ist. Referenten können auch aus der Bürgerschaft ernannt werden, ohne dass sie Mandatsträger sind. Sie dienen als Mittler zwischen Verwaltung und Bürgerschaft, als Sachkundige in bestimmten Fragen.

Die Referentenposition ist Ausfluss einer Aufgabendelegation durch Bürgermeister und Kollegialorgan (Art. 39, 46 GO).

Ob sich die Funktion des Referenten – wie häufig – auf repräsentative Aufgaben beschränkt, oder tatsächliche Verwaltungsaufgaben delegiert werden, ist in den Kommunen sehr unterschiedlich geregelt. Zur Verbesserung der Transparenz und zur Optimierung von Entscheidungsabläufen sowie zur Aufwertung der ehrenamtlichen Tätigkeiten insgesamt ist die Vergabe von Referentenpositionen sehr gut geeignet.

2.1.4 Mandatsträger und Ausschüsse

Zur Verbesserung der Arbeitsorganisation besteht die Möglichkeit, Aufgaben und Entscheidungen vom Stadt-/Gemeinderat auf ein kleines Entscheidungsgremium zu verlagern. Diese verkleinerten Entscheidungsgremien nennt man **Ausschüsse.** Die Ausschüsse sind entsprechend dem Stärkeverhältnis der Wählergruppierungen im Gesamtgremium besetzt. Die Ausschüsse können als beschließende oder vorberatende Gremien gebildet sein. Ein Mandatsträger, der einem Ausschuss nicht angehört, hat zwar das Recht auf Sitzungsteilnahme, ein Rederecht steht ihm aber grundsätzlich nicht zu, es sei denn, es wird durch Mehrheitsbeschluss gewährt.

WICHTIG!

Jeder Mandatsträger hat die Pflicht, alle Bürger zu vertreten. Er verfügt über ein freies Mandat. Die wesentliche Aufgabe des Mandatsträgers ist die Entscheidung kommunaler Fragen. Dies geschieht in Sitzungen durch Beschlussfassung. Bei den Abstimmungen gibt es keine Enthaltung.

2.2 Mandatsträger: Hauptamt/Ehrenamt

Die gewählten Mitglieder des Gemeinderats, Stadtrats, Kreistags und des Bezirkstags üben kraft gesetzlicher Definition für sechs Jahre ein kommunales ***Ehrenamt*** aus. Bürgermeister können ehrenamtlich oder hauptamtlich berufen sein.

Kommunale Ehrenämter	Kommunale Hauptämter
• Ehrenamtlicher Bürgermeister • Mitglied des Gemeinderates, Kreistages, Bezirkstages • Mitglied eines Wahlausschusses	• Hauptamtlicher/hauptberuflicher Bürgermeister • Landrat • Berufsmäßige Gemeinderats-mitglieder

Hauptamt/Ehrenamt

2.2.1 Hauptamt/Ehrenamt – wo steht was?

Es gilt: Gemeinderatsmitglieder, Mitglieder eines Kreis- oder Bezirkstags üben ihre Tätigkeit ehrenamtlich aus (Art. 31 Abs. 2 GO; vergleichbare Regelungen in LKrO und BezO).

Es gibt vom Gemeinderat bestellte hauptamtliche Gemeinderatsmitglieder, die allerdings keine Mandatsträger im engeren Sinn sind (Art. 40, 41 GO).

In Gemeinden mit mehr als 2.500 bis 5.000 Einwohnern ist der Bürgermeister grundsätzlich ehrenamtlich tätig, es sei denn, der Gemeinderat bestimmt bis zum 90. Tag vor der Wahl, dass der Bürgermeister berufsmäßig tätig sein soll (Art. 34 GO).

In Gemeinden mit mehr als 5.000 Einwohnern ist der Bürgermeister berufsmäßiger Bürgermeister, es sei denn, der Gemeinderat bestimmt bis zum 90. Tag vor der Wahl, dass der Bürgermeister ehrenamtlich tätig sein soll.

In Gemeinden mit weniger als 2.500 Einwohnern sind die Bürgermeister ehrenamtlich tätig, es sei denn, die Gemeinde entscheidet 90 Tage vor der Wahl, dass das Bürgermeisteramt berufsmäßig auszuüben ist.

Der Landrat ist berufsmäßiger Beamter auf Zeit nach Art. 31 LKrO. Der gewählte stellvertretende Landrat ist Ehrenbeamter des Landkreises.

Der Bezirkstagspräsident und sein gewählter Vertreter sind ehrenamtlich tätig und Ehrenbeamte des Bezirks (Art. 30 BezO).

Übrigens: Auch die Position des Wahlleiters, die Mitglieder eines Wahlvorstandes (= Vorsitzender, Stellvertreter, Schriftführer und Beisitzer) sind kommunale Ehrenämter, zu deren Übernahme eine Verpflichtung besteht.

2.2.2 Mandatsträgerschaft als öffentliches Amt

Unabhängig von Ehrenamt oder Hauptamt: Es geht immer um eine öffentliche Funktion und Position, die zu besetzen ist. Die Mitgliedschaft im Gemeinderat, die Stellung des Bürgermeisters oder Landrats macht den gewählten Bürger zu einem mitbestimmenden Teil des öffentlichen Verwaltungsapparats „Gemeinde“, „Landkreis“ oder „Bezirk“.

2.2.3 Besoldung/Entschädigung/Versorgung

Ehrenamtliche Mitglieder des Gemeinderats (Gleiches gilt jeweils für Kreistag und Bezirkstag) haben Anspruch auf angemessene Entschädigung ihres Sonderaufwands, der durch die Ausübung des Mandats entsteht. Die Höhe der Entschädigung regelt das zuständige Gremium.

Der durch die Sitzungsteilnahme entstehende Lohn- bzw. Einkommensausfall ist zu ersetzen. Einnahmen aus Tätigkeiten, die das ehrenamtliche Gemeinderatsmitglied dadurch erzielt, weil es von der Gemeinde in ein Gremium berufen worden ist, also z. B. in einen Aufsichtsrat, sind an die Gemeinde abzuführen, wenn ein bestimmter Jahresbetrag überschritten wird. Eine Versorgung nach Ausscheiden gibt es nicht.

Hauptamtliche Gemeinderatsmitglieder, Art. 40 GO, sind für die Dauer ihrer Berufung durch den Gemeinderat, maximal aber für sechs Jahre, Beamte auf Zeit. Sie müssen rechtswirksam ernannt werden. Sie können in Kommunen ab 10.000 Einwohnern berufen werden und haben in den Sitzungen beratende Stimme in ihrem Aufgabenbereich. Die Besoldung, Versorgung und Entschädigung bestimmt sich nach Bundesbesoldungsgesetz und Bayerischem Besoldungsgesetz sowie der Verordnung zur Besoldung der kommunalen Wahlbeamten auf Zeit. Die Versorgung der Beamten auf Zeit und ihrer Hinterbliebenen regelt das Beamtenversorgungsgesetz.

WICHTIG!

Erst nach Ablauf einer Frist von zehn Jahren im Amt entstehen für kommunale Wahlbeamte Versorgungsansprüche, deren Errechnung höchst kompliziert ist. Kompetente Auskunft erteilt die Bayerische Versicherungskammer, die als Versorgungswerk der kommunalen Wahlbeamten fungiert.

Ehrenamtliche Bürgermeister üben in der Regel einen Hauptberuf aus. Daneben stehen sie als kommunale Ehrenbeamte für sechs Jahre der Gemeindeverwaltung vor. Der ehrenamtliche Bürgermeister hat Ansprüche auf Lohn- und Verdienstausfallersatz. Daneben hat er Anspruch auf eine angemessene Entschädigung. Diese Entschädigung muss sich innerhalb der Grenzen bewegen, die in der Anlage 1 zum Gesetz über kommunale Wahlbeamte vorgegeben sind (Art. 45 Abs. 2 KWBG). Wird ein ehrenamtlicher Erster Bürgermeister entlassen oder scheidet er durch Tod aus dem Amt, so besteht Anspruch auf Überbrückungshilfe bzw. Ehrensold (Art. 58, 59 KWBG). Die gleiche Rechtsstellung haben der stellvertretende Landrat, der Bezirkstagspräsident und sein gewählter Stellvertreter.

Der berufsmäßige (= hauptamtliche) Bürgermeister ist Beamter auf Zeit. Sein Dienstherr ist die Gemeinde. Der Beginn der Amtszeit ist regelmäßig der 01.05. des Wahljahres. Notwendig ist die schriftliche Annahme der Wahl. Die Besoldung richtet sich nach den Vorschriften der Verordnung zur Besoldung kommunaler Wahlbeamter. Der Gemeinderat setzt durch Beschluss die Besoldung fest. Neben der Besoldung erhält der Bürgermeister eine Aufwandsentschädigung, deren Höhe aus der Anlage 2 zum KWBG entnommen werden kann. Nach einer Dienstzeit von zehn Jahren hat der berufsmäßige Erste Bürgermeister Anspruch auf Ruhestandsbezüge bzw. Versorgung. Gleiches gilt für seine Hinterbliebenen (Art. 49 ff. KWBG). Die gleiche Rechtsstellung hat der Landrat.

2.3 Haftungsfragen

Was passiert, wenn Mandatsträger gegen ihre Amtspflichten verstoßen oder sogar Schaden entsteht?

Nimmt ein Gemeinderatsmitglied mehrfach unentschuldigt nicht an Sitzungen teil oder stört es nachhaltig Sitzungen, so können durch den Gemeinderat Zwangsmittel, etwa Geldstrafen verhängt werden (Art. 20 GO). Nachhaltige Pflichtverletzungen können sogar den Verlust des Ehrenamtes nach sich ziehen (Art. 48 Abs. 2, 3 GO).

Was geschieht aber, wenn ein Mandatsträger durch sein Verhalten einen Schaden verursacht oder mit verursacht? Wer muss dafür geradestehen?

2.3.1 Haftung, was ist das?

Haftungsansprüche entstehen, wenn ein Schaden verursacht wird, für den jemand kraft Verantwortung oder sonstiger gesetzlicher Zurechnung aufkommen muss.

Beispiel:

Gemeinderat Huber ist schon mehrfach gebeten worden, sich um die Reparatur des Loches in der Hauptstraße zu kümmern? Huber gibt die Schadensmeldung aber wochenlang nicht weiter. Bürgerin Berger bricht sich das Bein, weil sie in das Loch tritt.

Nach einer öffentlichen Ausschreibung erhält nicht der billigst anbietende Unternehmer den Auftrag, sondern der Zweitbietende Müller, weil er ortsansässiger Betriebsinhaber ist. Trotz mehrfacher Hinweise des leitenden Verwaltungsbeamten stimmt der gesamte Stadtrat für die Vergabe an Müller. Der übergangene Unternehmer, der erst nach Abwicklung der Maßnahme zufällig von dem „Dreh" erfährt, will seinen entgangenen Gewinn.

2.3.2 Wo steht was?

Die allgemeinen Schadensersatzregelungen des Bürgerlichen Rechts (§ 823 ff. BGB) und vor allen Dingen § 839 BGB werden durch Vorschriften des Kommunalrechts und die Verfassung ergänzt, u. a. durch Art. 20 Abs. 4, 51 GO; Art. 14 Abs. 4, 44 BezO; 14 Abs. 4, 41 BezO; Art. 34 GG.

2.3.3 Haftung – wie entsteht sie, wen trifft sie?

Folgende Unterscheidung ist wichtig:

Handelt das Gemeinderatsmitglied oder auch der Bürgermeister nicht in Ausübung seines besonderen Mandats, sondern privat für die Gemeinde und entsteht dabei ein Schaden, so hat der Mandatsträger diesen Schaden selbst zu begleichen.

War das Gemeinderatsmitglied für den Bürgermeister tätig und ergab sich dabei ein Schaden, wie etwa bei einer Vertretung anlässlich eines Vertragsabschlusses oder eines Unfalls auf der Hin- oder Rückfahrt zum Notar, so haftet neben dem Gemeinderatsmitglied auch die Gemeinde. Man spricht hier von Organhaftung.

Ereignete sich ein Schaden durch oder bei Gelegenheit einer amtsbezogenen Tätigkeit, so haftet nicht der Mandatsträger, sondern die Gemeinde.

Beispiel:

Bei den vorherigen Beispielen hätte Gemeinderat Huber als Mandatsträger die besondere Pflicht gehabt, den Schaden an der Straße weiterzumelden. Weil diese besondere Pflicht einen Bezug zu seinem Amt als Gemeinderat hat, haftet für den Geschädigten nicht er, sondern die Gemeinde unmittelbar. Auch im Vergabefall haftet die Gemeinde. Eine andere Frage ist es allerdings, ob die Gemeinde den Schaden von den eigentlichen Verursachern ersetzt erhält.

Hier gilt: Nur wenn der Mandatsträger vorsätzlich oder grob fahrlässig gehandelt hat, dann kann die Kommune bei ihm Regress nehmen. Dies dürfte im Vergabefall gelten, weil trotz Hinweises ein rechtswidriger Beschluss gefasst wurde. Für die Haftung des Bürgermeisters gilt Entsprechendes. Eine eigenständige Regressregel findet sich in Art. 49 KWBG.

Sehr vereinfacht lässt sich festhalten:

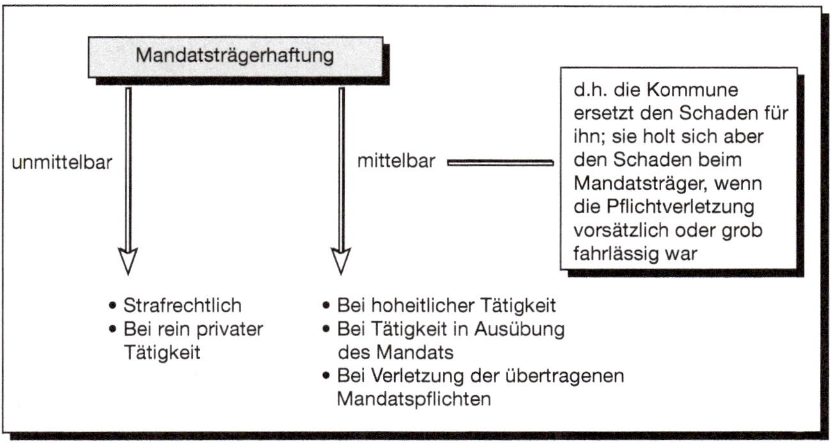

Haftung

- Für privatrechtliches Handeln und daraus entstehende Schäden haftet der Mandatsträger selbst.
- Für amtsbezogenes Handeln haftet grundsätzlich die Kommune anstelle des Mandatsträgers. Die Kommune kann also u. U. ihrerseits den Mandatsträger in Anspruch nehmen.

- Bei vorsätzlichen oder fahrlässigen Verletzungen der Mandatspflicht kann die Kommune den Schaden, der von ihr reguliert wurde, ersetzt verlangen.
- Wegen eines Schadens, der durch ein rechtsfehlerhaftes Abstimmungsverhalten entstanden ist, darf ein Mandatsträger nur zur Verantwortung gezogen werden, wenn ihm dabei vorsätzliches oder fahrlässiges Handeln nachgewiesen wird.

2.3.4 Strafrechtliche Verantwortlichkeit

Besonders im strafrechtlichen Bereich liegen für kommunale Mandatsträger Risiken, die auch versicherungstechnisch nur schwer abzumildern sind. Straftatbestände, z. B. der der Gewässerverunreinigung, können schnell erfüllt sein, wenn eine notwendige Abwassernetzsanierung unterbleibt. Die dabei verhängten Strafen können in die Tausende gehen. In jüngerer Zeit kam es vermehrt zu staatsanwaltschaftlichen Ermittlungen wegen des Verdachts der Untreue. Bereits die kostenfreie Überlassung kommunaler Räumlichkeiten an Dritte oder die Annahme von zwei Flaschen Wein kann Anlass zu derartigen staatsanwaltschaftlichen Maßnahmen sein. Es ist zu empfehlen, wegen der Annahme von Geschenken eine Dienstanweisung zu erlassen.

2.3.5 Welchen Schutz vor Haftungsansprüchen gibt es?

Einen völligen Schutz gibt es nicht. Die allgemeine Pflicht, Recht und Gesetz zu beachten, spannt einen sehr weiten Verantwortungsbereich. Die sich ständig weiterentwickelnde Rechtsprechung und Gesetzgebung kann kein Mandatsträger zu 100 % verinnerlichen.

Allerdings sind Sie gut beraten, auf die geschulten Mitarbeiter der Verwaltung zu vertrauen. Sie werden Ihnen Grauzonen aufzeigen und mit Hinweisen zur Seite stehen, wenn Sie unsicher sein sollten. Bei besonders heiklen Fragen stehen Ihnen auch die Aufsichtsbehörden mit Rat und Tat zur Seite. Zu ängstlich müssen Sie andererseits nicht sein! Der Gesetzgeber hat durch die Haftungsprivilegien für einen hohen Schutz gesorgt.

Viele Kommunen schließen Haftpflichtversicherungen und Rechtsschutzversicherungen für ihre Mandatsträger ab. Dies scheint deshalb sinnvoll, weil das Haftungsrecht und die damit einhergehende Rechtsprechung in Anlehnung an die amerikanischen Verhältnisse immer rigider werden.

2.4 „Rechtliche Haftung der Kommune" und „politische Haftung"

Da die Kommune juristische Person und damit selbst Trägerin von Rechten und Pflichten ist, zudem ein solventer Prozesspartner, wenden sich Geschädigte – sofern irgend möglich – gegen die Kommune.

Dass hinter annähernd jedem Schaden aber in der Regel eine haftungsbegründende Handlung liegt, darf nicht verkannt werden.

Beispiel:

Der Riss in der Hausmauer nach dem Straßenbau wird nicht dem Bauunternehmer, sondern der Auftrag gebenden Gemeinde angelastet. Für die Beule am Kopf, die Folge eines Sturzes über einen lockeren Pflasterstein war, zeichnet die mangelnde Sorgfalt des Bauhofs verantwortlich.

Dass sich ein Kind an einem Spielgerät verletzt, wird der Gemeinde zugerechnet, die den Spielplatz unterhält.

Mittelbar begründen sich daraus auch politische Verantwortungen. „Bei gehöriger Organisation und Kontrolle hätte der Schaden vermieden werden können", lautet der Vorwurf oft. Dies geht sogar so weit, dass allenthalben – ohne Nachweis zu erbringen – die Spruchgremien aufgefordert werden, Schäden, Ursächlichkeiten und damit Ersatzansprüche unabhängig von deren Berechtigung anzuerkennen. Die frühzeitige Einschaltung der kommunalen Haftpflichtversicherung ist dringend geboten.

Eine schnelle und umfassende Sachverhaltsaufklärung durch die Mitarbeiter der Verwaltung ist ebenso hilfreich wie die laufende Information der Kollegialorgane.

Um mögliche Haftungen für sogenanntes Organisationsverschulden einzugrenzen, hat sich die Erarbeitung eines **Betriebs- und Organisationshandbuches** besonders in den technischen Betriebszweigen Wasser und Abwasser bewährt. Nähere Informationen und Hilfestellungen erhalten Sie insoweit bei der Kommunalwerkstatt des Bayer. Gemeindetages.

2.5 Steuerliche Behandlung von Aufwandsentschädigungen für ehrenamtliche Bürgermeister und Gemeinderats-, Kreistags- und Bezirkstagsmitglieder

2.5.1 Ehrenamtliche Mitglieder eines Gemeinde- oder eines Stadtrats

Die steuerliche Behandlung der Entschädigungen, die den ehrenamtlichen Mitgliedern kommunaler Vertretungsorgane gewährt werden, ergibt sich insbesondere aus der Bekanntmachung des Bayerischen Staatsministeriums der Finanzen vom 28.12.2012 (FMBl. 2013 S. 3), zuletzt geändert durch Bekanntmachung vom 19.7.2021 (BayMBl. Nr. 540). Hiernach sind Aufwandsentschädigungen für Gemeinderäte und Stadträte in folgender Höhe steuerfrei:

Einwohner	monatlich	jährlich
höchstens 20.000 Einwohner	125 €	1.500 €
20.001 bis 50.000 Einwohner	199 €	2.388 €
50.001 bis 150.000 Einwohner	245 €	2.940 €
150.001 bis 450.000 Einwohner	307 €	3.684 €
mehr als 450.000 Einwohner	367 €	4.404 €

Die pauschalen Entschädigungen und Sitzungsgelder sind jedoch mindestens in Höhe des in R 3.12 Abs. 3 Satz 3 LStR genannten Betrags von 250 € (davor 200 €) monatlich steuerfrei. Die in der Tabelle genannten Beträge verdoppeln sich für Fraktionsvorsitzende, deren Fraktion mindestens zwei Mitglieder umfasst; eine Verdoppelung des steuerfreien Mindestbetrags von 250 € monatlich kommt hingegen nicht in Betracht. Die Bestimmung des Begriffes „Fraktion" ist nicht von der in einer Geschäftsordnung des Gemeinde- oder Stadtrats festgelegten Mindestzahl abhängig. Hat eine Fraktion zwei gleichberechtigte Fraktionsvorsitzende, gilt die Verdoppelung für jeden der beiden Fraktionsvorsitzenden.

2.5.2 Ehrenamtliche Erste Bürgermeister

Von den den ehrenamtlichen Ersten Bürgermeistern gewährten Entschädigungen (Art. 53 Abs. 2 KWBG) bleibt monatlich ein Betrag von 33 1/3 v. H. steuerfrei, mindestens ein Betrag von 250 €, höchstens jedoch der Betrag der in Anlage 2 zu Art. 46 Abs. 1 KWBG für berufsmäßige Erste Bürgermeister in kreisangehörigen Gemeinden als oberster Rahmenbetrag der Dienstaufwandsentschädigung festgesetzt ist (Art. 46 Abs. 1 in Verbindung mit Abs. 3 KWBG).

2.5.3 Ehrenamtliche weitere Bürgermeister

Von der weiteren Entschädigung, die ehrenamtlichen weiteren Bürgermeistern für ihre besondere Inanspruchnahme als kommunale Wahlbeamte neben der Entschädigung für ihre Gemeinderatstätigkeit gezahlt wird (Art. 53 Abs. 4 KWBG), bleibt monatlich ein Betrag von 33 1/3 % steuerfrei,

1. mindestens der Unterschiedsbetrag zwischen 250 € und dem für die ehrenamtliche Gemeinderatstätigkeit zu berücksichtigenden steuerfreien Betrag,

2. höchstens aber der Betrag, um den der in Anlage 2 zu Art. 46 Abs. 1 KWBG für berufsmäßige weitere Bürgermeister in vergleichbaren Gemeinden als Dienstaufwandsentschädigung festgesetzte oberste Rahmenbetrag den für die ehrenamtliche Gemeinderatstätigkeit in diesen Gemeinden zu berücksichtigenden steuerfreien Betrag übersteigt.

2.5.4 Ehrenamtliche Mitglieder eines Kreistags

Pauschale Entschädigungen und Sitzungsgelder sind steuerfrei, soweit sie insgesamt während der Dauer der Mitgliedschaft folgende Beträge nicht übersteigen:

in einem Landkreis mit	monatlich	jährlich
höchstens 250.000 Einwohnern	245 €	2.940 €
mehr als 250.000 Einwohnern	307 €	3.684 €

Die pauschalen Entschädigungen und Sitzungsgelder sind jedoch mindestens in Höhe des in R 3.12 Abs. 3 Satz 3 LStR genannten Betrags von 250 € (davor 200 €) monatlich steuerfrei. Die in der Tabelle genannten Beträge verdoppeln sich für Fraktionsvorsitzende, deren Fraktion mindestens zwei Mitglieder umfasst; eine Verdoppelung des steuerfreien Mindestbetrags von 250 € monatlich kommt hingegen nicht in Betracht. Die Bestimmung des Begriffes „Fraktion“ ist nicht von der in einer Geschäftsordnung des Kreistags festgelegten Mindestzahl abhängig. Hat eine Fraktion zwei gleichberechtigte Fraktionsvorsitzende, gilt die Verdoppelung für jeden der beiden Fraktionsvorsitzenden.

2.5.5 Gewählte Stellvertreter der Landräte

Von der weiteren Entschädigung für die besondere Inanspruchnahme als ehrenamtlicher gewählter Stellvertreter des Landrats, die diesem nach Art. 53 Abs. 4 KWBG gezahlt wird, bleibt monatlich ein Betrag von 250 € steuerfrei.

2.5.6 Mitglieder mehrerer kommunaler Vertretungsorgane

Steuerpflichtige, die gleichzeitig Mitglied mehrerer kommunaler Vertretungsorgane sind bzw. mehrere Tätigkeiten als kommunale Wahlbeamte ausüben, können steuerfreie Entschädigungen nebeneinander beziehen. R 3.12 Abs. 3 Satz 6 der Lohnsteuerrichtlinien ist insoweit nicht anzuwenden.

2.5.7 Gemeinschaftsvorsitzende der Verwaltungsgemeinschaften

Von der dem Gemeinschaftsvorsitzenden einer Verwaltungsgemeinschaft gewährten Entschädigung bleibt monatlich ein Betrag von 250 € steuerfrei.

2.5.8 Ehrenamtliche Mitglieder eines Bezirkstags

Die den ehrenamtlichen Bezirksräten nach Art. 14a Abs. 1 BezO gewährten pauschalen Entschädigungen und Sitzungsgelder sind steuerfrei, soweit sie insgesamt 307 € monatlich (3.684 € jährlich) nicht übersteigen. Diese steuerfreien Beträge verdoppeln sich für Fraktionsvorsitzende. Die Bestimmung des Begriffes „Fraktion" ist nicht von der in einer Geschäftsordnung festgelegten Mindestzahl abhängig. Hat eine Fraktion zwei gleichberechtigte Fraktionsvorsitzende, gilt die Verdoppelung für jeden der beiden Fraktionsvorsitzenden.

3. Die Arbeit des Mandatsträgers in der Gemeinde

3.1 Der Gemeinderat – ein Parlament?

3.1.1 Wo steht etwas über den Gemeinderat?

Der Gemeinderat als das gemeindliche Hauptorgan neben dem Ersten Bürgermeister wird im zweiten Teil der Gemeindeordnung behandelt, der die Verfassung und die Verwaltung der Gemeinde zum Gegenstand hat. Seine Aufgaben und seine Zusammensetzung werden in den Artikeln 29 bis 33 beschrieben. Der **Art. 29 Abs. 1 GO** legt fest, dass die Gemeinde durch den Gemeinderat verwaltet wird, soweit nicht der Erste Bürgermeister eine Zuständigkeit besitzt. Dabei ist zu beachten, dass der Erste Bürgermeister nicht außerhalb des Gemeinderates steht, er ist Mitglied des Gemeinderates **(Art. 31 Abs. 1 GO).** Nachdem die Gemeinden alle Aufgaben der örtlichen Gemeinschaft in eigener Verantwortung regeln **(Art. 83 Abs. 1 BV; Art. 7 Abs. 1 GO)**, ist damit eine umfassende Zuständigkeit des Gemeinderates begründet. Neben dem Ersten Bürgermeister als selbstständigem Organ ist er das entscheidende Gremium, kann allerdings Teile seiner Entscheidungskompetenz auf beschließende Ausschüsse übertragen **(Art. 32 Abs. 2 GO).** Mit seiner Entscheidungskompetenz ist der Gemeinderat das zentrale Willensbildungsorgan. Zusätzlich hat er die Aufgabe, die Gemeindeverwaltung insbesondere hinsichtlich der Ausführung der Gemeinderatsbeschlüsse zu überwachen **(Art. 30 Abs. 3 GO).**

3.1.2 Inwiefern arbeitet der Gemeinderat wie ein Parlament?

Das moderne Parlament ist ein Staatsorgan, das aus Wahlen hervorgegangen ist, sich aus Repräsentanten des Volkes zusammensetzt, gesetzgeberische Kompetenz besitzt und von anderen Staatsorganen nicht abhängig ist. Es tagt öffentlich, um auf diese Weise der Öffentlichkeit unterschiedliche Argumentationsmuster anzubieten und organisiert sich arbeitsteilig in Ausschüssen. Die politischen Kräfte sind in Fraktionen zusammengefasst. Obwohl nach der Gewaltenteilungslehre das Parlament insgesamt die Regierung kontrollieren sollte, reduziert sich die Kontrollfunktion in weiten Teilen der Tagespolitik auf die parlamentarische Opposition, während die parlamentarische Mehrheit – ggf. als Koalition verschiedener Gruppierungen – ihre Aufgabe darin sieht, die Regierungsarbeit abzusichern.

Auf den ersten Blick scheint der Gemeinderat tatsächlich ein Parlament zu sein, denn er bildet sich auf ähnliche Weise: Er geht aus Wahlen hervor (Art. 17 GO) und setzt sich aus Repräsentanten der Bürgerschaft zusammen. Soweit er Satzungen erlässt, wird er rechtsetzend tätig (Art. 23 GO) und er kontrolliert die Verwaltung **(Art. 30 Abs. 3 GO).** Er tagt ebenfalls grundsätzlich öffentlich **(Art. 52 Abs. 2 GO)** und organisiert sich arbeitsteilig in Ausschüssen **(Art. 32 Abs. 1 GO).** Auch die Zusammenfassung der politischen Kräfte in Fraktionen ist vorzufinden. Obwohl die Fraktionen in der Gemeindeordnung lediglich indirekt genannt werden **(Art. 33 Abs. 1 GO)**, spielen sie bei der Willensbildung im Gemeinderat eine wichtige Rolle. Häufig ist die Tendenz zu erkennen, dass die Mehrheit im Gemeinderat bei gleicher Parteizugehörigkeit des Ersten Bürgermeisters sich als „Regierungspartei" oder zwei und mehrere Gruppierungen sich als „Regierungskoalition" verstehen. Mit zunehmender Größe eines Gemeinderates scheint sich auch dessen Selbstverständnis dem eines Parlamentes anzunähern (vgl. beispielsweise den Stadtrat der bayerischen Landeshauptstadt München), zumal der Geschäftsgang dem eines Parlaments sehr ähnlich ist.

3.1.3 Warum ist der Gemeinderat kein Parlament?

Trotz der strukturellen Ähnlichkeiten mit einem Parlament ist der Gemeinderat kein solches. Er verwaltet die Gemeinde (Art. 29 GO), weil er im Rahmen der Selbstverwaltungsgarantie die verbindlichen Entscheidungen für die Gemeinde herbeiführt. Dabei erfolgt die Entscheidungsfindung im Rahmen der Gesetze und in Bindung an die Gesetze. Sollte eine Entscheidung des Gemeinderates vom Ersten Bürgermeister für rechtswidrig gehalten werden, so hat er sie zu beanstanden, den Vollzug auszusetzen und ggf. die Rechtsaufsichtsbehörde einzuschalten. Im Übrigen wird die Gesetzmäßigkeit der Gemeinderatstätigkeit von der Rechtsaufsichtsbehörde ohnedies überwacht **(Art. 110 GO).** Mit dieser strikten Gesetzesbindung ist die Tätigkeit des Gemeinderates unter staatsrechtlichen Gesichtspunkten der Exekutive zuzuordnen. Dies gilt auch, wenn der Gemeinderat im Rahmen der Rechtsetzungshoheit der Gemeinden Satzungen erlässt und insofern legislative Funktion wahrnimmt (Art. 23 GO). Der Gemeinderat wird auch in diesen Fällen verwaltend tätig, weil er mit Bindung an gesetzliche Vorschriften nicht anderes tut, als sein Selbstverwaltungsrecht im Sinne von Eigenverantwortung umzusetzen. Die Zuordnung zur Exekutive wird in diesen Fällen dadurch unterstrichen, dass jede Satzung einer gesetzlichen Ermächtigung bedarf. Die Satzung regelt also nur, wie eine vorhandene gesetzliche Regelung in einer bestimmten Kommune inhaltlich ausgestaltet wird. Die Satzung ist insofern Gesetzesvollzug. In bestimmten Satzungen und Verordnungen muss deshalb der Hinweis enthalten sein, auf welche gesetzliche Grundlage die betreffende Norm zurückgeht (Art. 23 GO).

3.1.4 Welche Ausschüsse gibt es?

Die Ausschüsse, die der Gemeinderat bildet oder bilden muss, sind ebenfalls Gemeindeorgane. Sie dienen der Entlastung des Plenums, indem sie entweder vorberatend oder beschließend tätig sind. Soweit die Bildung eines Ausschusses in das Ermessen des Gemeinderates gestellt ist, handelt es sich um einen sog. fakultativen **Ausschuss.** Es gibt allerdings auch sog. obligatorische Ausschüsse, deren Bildung gesetzlich vorgeschrieben ist. Die Kompetenzen der Ausschüsse sind vom Gemeinderat abgeleitet. Insofern dürfen Ausschüsse für alle Bereiche eingerichtet werden, für die gemäß Art. 6 GO der Gemeinderat zuständig ist.

Die fakultativen Ausschüsse können zunächst nur der Willensbildung dienen und haben dann nur vorberatende Funktion. Ihre Beschlüsse sind Empfehlungen an den Gemeinderat. Sie können aber auch für eine Reihe von festgelegten Angelegenheiten beschließend tätig werden **(Art. 32 Abs. 2 GO).** Sie erledigen dann die ihnen übertragenen Angelegenheiten anstelle des Gemeinderates und nennen sich in diesem Fall **Senat.** Es ist auch möglich, dass ein Ausschuss sowohl beratend als auch beschließend tätig ist. In solchen Fällen ist in der Geschäftsordnung des Gemeinderates eine klare Abgrenzungsregelung erforderlich.

Ein fakultativer Ausschuss besonderer Art mit Beschlusskompetenz ist der sog. Ferienausschuss nach **Art. 32 Abs. 4 GO**. Der Gemeinderat kann eine Ferienzeit von bis zu 6 Wochen bestimmen, während der dieser Ferienausschuss alle Beschlusskompetenzen des Gemeinderates und der regulären beschließenden Ausschüsse übernimmt; Sonderausschüsse wie Werkausschuss oder Jugendhilfeausschuss sind davon ausgenommen. Es soll damit sichergestellt werden, dass eine Gemeinde während der Ferienzeit trotz urlaubsbedingter Abwesenheit vieler Mandatsträger handlungsfähig bleibt.

Die obligatorischen Ausschüsse sind meist beschließende Ausschüsse. In kreisfreien Städten (und in den Landkreisen) ist der Jugendhilfeausschuss (§ 69 Abs. 1 und § 70 Abs. 1 SGB VIII) zu bilden. Er ist ein Sonderausschuss mit Vorrang sondergesetzlicher Bestimmungen, wonach auch Mitglieder berufen werden, die dem Gemeinderat (oder dem Kreistag) nicht angehören. Demgegenüber sind Werkausschuss und Rechnungsprüfungsausschuss Ausschüsse, die nur mit Gemeinderatsmitgliedern besetzt werden. Der Werkausschuss nach **Art. 88 Abs. 2 GO** ist für gemeindliche Eigenbetriebe vorgeschrieben und ist beschließend tätig, soweit der Gemeinderat sich die Entscheidungsbefugnis nicht vorbehält oder im Einzelfall an sich zieht. Mit den verhältnismäßig weit gefassten Kompetenzen des Werkausschusses soll den kommunalen Eigenbetrieben die für die unternehmerische Betätigung notwendige relative Unabhängigkeit und Flexibilität gewährt werden.

Der Rechnungsprüfungsausschuss, der in Gemeinden mit mehr als 5.000 Einwohnern gebildet werden muss, ist kein beschließender Ausschuss **(Art. 103 Abs. 2 GO).** Er hat als Teil der allgemeinen Überwachungspflicht die örtliche Rechnungsprüfung vorzunehmen.

Im Übrigen zählt **Art. 32 Abs. 2 GO** in einem umfangreichen Katalog auf, welche Angelegenheiten wegen ihrer grundsätzlichen und weitreichenden Bedeutung nicht auf beschließende Ausschüsse übertragen werden dürfen und somit in der Entscheidungskompetenz des Gemeinderates bleiben müssen.

3.1.5 Wie werden die Ausschüsse gebildet?

Die Zusammensetzung der Ausschüsse regelt der Gemeinderat in seiner Geschäftsordnung **(Art. 33 Abs. 1 GO).** Er hat dabei weitgehende Gestaltungsfreiheit. Sieht man davon ab, dass ein Ausschuss als Kollegialorgan einschließlich seines Vorsitzenden mindestens drei Mitglieder haben muss, gibt es über die Anzahl der Ausschussmitglieder keine Vorschriften. Ein Ausschuss muss allerdings so groß sein, dass größere Gruppierungen (Fraktionen) nicht von der Vertretung in diesem Gremium ausgeschlossen sind. Die Zusammensetzung muss dem Stärkeverhältnis der im Gemeinderat vertretenen Parteien und Wählergruppen Rechnung tragen. Die Proporzregelung soll ein verkleinertes Abbild des Gemeinderates abgeben. Ergeben sich bei dieser Proporzrechnung Bruchzahlen (was meist der Fall ist), so gibt es unterschiedliche Möglichkeiten für die Zuteilung der Ausschusssitze: Man unterscheidet drei einschlägige Verfahren: Das sog. **Höchstzahlverfahren nach d'Hondt, das Restzahlverfahren nach Hare/ Niemeyer** und das seit 2020 für Kommunalwahlen in Bayern vorgesehene **Höchstzahlverfahren nach Sainte-Laguë/Schepers**. Nähere Informationen über die genannten Verfahren der Sitzverteilung siehe „ABC der kommunalen Praxis“.

Die Bestellung der Ausschussmitglieder erfolgt durch Beschluss des Gemeinderates. Er ist dabei an die personellen Vorschläge der Fraktionen gebunden. Dies gilt auch für die Vertreter der Ausschussmitglieder, da sie namentlich zu benennen sind.

Diejenigen Gemeinderatsmitglieder, die keiner Fraktion oder einer kleinen Fraktion angehören und deshalb keinen Ausschusssitz erhalten, können sich mit anderen in gleicher Weise Betroffenen zu einer Ausschussgemeinschaft zusammenschließen, um an der Sitzverteilung teilzunehmen.

Gemeinderatsmitglieder, die einem Ausschuss nicht angehören, dürfen sowohl an den öffentlichen als auch an den nicht-öffentlichen Ausschusssitzungen teilnehmen. Sie haben allerdings kein Rederecht, es sei denn, dass ihnen in der Geschäftsordnung des Gemeinderates das Recht eingeräumt wird, eigene Anträge zu begründen. Wechselt oder verlässt ein Gemeinderatsmitglied seine Fraktion, dann verliert es seinen Ausschusssitz, weil sich damit das Stärkeverhältnis im Gemeinderat ändert.

Den Vorsitz in den Ausschüssen führt der Erste Bürgermeister kraft Amtes **(Art. 33 Abs. 2 GO).** Er ist aufgrund seiner Stellung als Hauptorgan ein gesetzlich vorgesehenes zusätzliches Ausschussmitglied, das bei der Bildung des Ausschusses nicht einer Fraktion zugerechnet wird. Nur im Rechnungsprüfungsausschuss ist der Erste Bürgermeister nicht kraft Amtes Vorsitzender **(Art. 103 Abs. 2 GO);** er kann allerdings als Mitglied dieses Ausschusses aus dessen Mitte zum Vorsitzenden gewählt werden.

Ansonsten wird der Erste Bürgermeister als Ausschussvorsitzender im Verhinderungsfall von den weiteren Bürgermeistern in ihrer Reihenfolge vertreten. Es ist allerdings auch möglich, dass der Erste Bürgermeister sich beim Vorsitz eines Ausschusses ständig vertreten lässt. Als Vertreter kommen hier auch die weiteren Bürgermeister oder ein vom Gemeinderat bestimmtes Gemeinderatsmitglied infrage.

3.1.6 Welche Rolle spielen die politischen Parteien?

Ähnlich dominant wie in Parlamenten stellt sich die Rolle der politischen Parteien im Gemeinderat (und im Kreistag) dar. Entsprechend ihrem grundgesetzlichen Auftrag wirken sie bei der politischen Willensbildung mit (Art. 21 GG) und sind deshalb in den Parlamenten und in anderen Vertretungen die wichtigsten Handlungsträger. Dies gilt auch für die Wählergruppen mit lokalem und regionalem Bezug, die sich in ihrem Selbstverständnis zwar meist gegen die politischen Parteien abgrenzen, jedoch – abgesehen von ihrer unterschiedlichen Flächendeckung – dieselben Funktionen wahrnehmen wie politische Parteien. Für die Arbeit in den Beschlussgremien organisieren sowohl die politischen Parteien als auch die Wählergruppen ihre Mitglieder und Anhänger in Fraktionen.

Der Begriff der Fraktion kommt weder in der Gemeindeordnung noch in der Landkreisordnung vor, obwohl die Fraktion als Einrichtung für die Funktionsweise des Gemeinderates und auch des Kreistages vorausgesetzt wird. Die formale Stellung ist insofern eher unbedeutsam, als die Fraktion weder eine Körperschaft des öffentlichen Rechts noch ein Organ der Gemeinde oder des Gemeinderates ist. Sie ist meist ein nicht rechtsfähiger Verein des bürgerlichen Rechts, kann allerdings Rechtsfähigkeit erlangen, wenn sie in das Vereinsregister eingetragen wird. Das bedeutet dass alle Rechts- und Organisationsfragen privatrechtlich geregelt werden. Eventuelle Ausschlussverfahren richten sich deshalb nach allgemeinen vereinsrechtlichen Grundsätzen, soweit Regelungen in eigenen Fraktionssatzungen fehlen. Mitglieder in der Fraktion können nur ehrenamtliche Mitglieder des Gemeinderates sein. Selbst wenn sie Parteimitglied sind, gehören Erste Bürgermeister nicht der entsprechenden Fraktion an, weil das im Widerspruch zur Neutralitätsverpflichtung stünde, wonach kommunale Wahlbeamte dem ganzen Volk, nicht einer Partei oder Gruppe.

Für die Fraktionen ist in der Gemeindeordnung keine Mindeststärke vorgeschrieben, sie kann allerdings in der Geschäftsordnung der Gemeinde festgelegt werden. Falls eine solche Festlegung fehlt, genügen zwei Gemeinderatsmitglieder, um eine Fraktion zu bilden. Im Übrigen gilt der Grundsatz, dass ansehnlich große Gruppierungen von einer angemessenen Entfaltungsmöglichkeit im Gemeinderat nicht ausgeschlossen werden dürfen.

Die Ausgestaltung einer Satzung oder Geschäftsordnung für eine Fraktion kann unabhängig von der Geschäftsordnung des betreffenden Gemeinderates erfolgen. Sie darf aber kein Fraktionsmitglied zu Handlungen bewegen oder zwingen, die im Widerspruch zur Gemeindeordnung oder zur Geschäftsordnung des Gemeinderates stehen. Die Beschlüsse einer Fraktion sind für die Fraktionsmitglieder lediglich Empfehlungen für die Abstimmung, denn die Mitglieder des Gemeinderates üben ein freies Mandat aus und unterliegen – zumindest rechtlich – keinem Fraktionszwang.

Im Übrigen haben die Fraktionen keine Mitwirkungsrechte bei der Verwaltung; sie haben nur mittelbar über das Kollegialorgan des Gemeinderates Verwaltungskompetenz. Ihre Aufgabe ist auf den Gemeinderat gerichtet, indem sie die Organisierung der Willensbildung erleichtern. Aufgrund ihrer weitgehenden Identität mit den jeweiligen Wählergruppen oder politischen Parteien sind sie ein geeignetes Medium, um – ggf. über entsprechende

Presse- und Öffentlichkeitsarbeit – Meinungsbildungsprozesse für die Bürger transparent zu machen.

3.2 Die Aufgabenverteilung zwischen Gemeinderat und Bürgermeister

3.2.1 Um welche Kompetenzen geht es?

Nach Art. 29 GO ist die Verwaltung der Gemeinde auf Gemeinderat als Kollegialorgan und den Ersten Bürgermeister aufgeteilt. Beide Hauptorgane sind durch ihre direkte Wahl in gleicher Weise legitimiert und stehen mit unterschiedlichen Kompetenzen nebeneinander. Es gibt also kein Über- oder Unterordnungsverhältnis, das es ermöglichen würde, in die Kompetenzen des jeweils anderen Organs einzugreifen. Deswegen kommt der Abgrenzung der Zuständigkeiten einerseits und der Zusammenarbeit andererseits für das reibungslose Funktionieren der Verwaltung große Bedeutung zu. Beide Organe haben jeweils allein oder im Zusammenwirken die gemeindlichen Entscheidungen vorzubereiten (Vorbereitungsfunktion), die Entscheidungen zu treffen (Willensbildungsfunktion), sie zu vollziehen (Vollzugsfunktion) und schließlich ihren Vollzug zu kontrollieren (Kontrollfunktion). Insgesamt gilt – vor allem für die zentrale Funktion der Willensbildung – die Vermutung für die Zuständigkeit des Gemeinderates; demgegenüber hat der Erste Bürgermeister nur eine ihm für das laufende Geschäft oder sonst vom Gemeinderat zugewiesene sowie vom Staat zugewiesene Aufgaben eine Zuständigkeit.

3.2.2 Wer nimmt die Vorbereitungsfunktion wahr?

Die Vorbereitungsfunktion wird sowohl vom Ersten Bürgermeister und dessen Hilfsorganen als auch von den Hilfsorganen des Gemeinderates und den Fraktionen wahrgenommen. Nach **Art. 46 Abs. 2 GO** bereitet der Erste Bürgermeister die Beratungsgegenstände vor. Das heißt zunächst, dass mit der Sitzungsladung auch die vorgesehene Tagesordnung bekannt gegeben wird. Es bedeutet weiterhin, dass alle für die Entscheidung wichtigen Tatsachen einschließlich rechtlicher Gegebenheiten aufgezeigt und Entscheidungsalternativen dargestellt werden müssen. Das geschieht durch mündlichen Vortrag des Ersten Bürgermeisters oder eines Gemeindebediensteten während der Sitzung und mit der Herausgabe einschlägiger Sitzungsunterlagen; diese werden von Gemeindebediensteten erarbeitet und in der Regel mit der Sitzungsladung verschickt. Für Beratungsgegenstände, die in nichtöffentlicher Sitzung zu behandeln sind und besonderer Diskretion bedürfen, müssen für die Dauer der Sitzung Tischvorlagen ausgehändigt werden. In besonderen Fällen kann es geboten sein, den Mitgliedern des Gemeinderates vor der Sitzung die Möglichkeit zu geben, einschlägige Unterlagen einzusehen. Hält der Gemeinderat die Informationen über einen Beratungsgegenstand für unzureichend, kann er beschließen, die Angelegenheit in die nächste Sitzung zu vertagen. Diese eher formelle Vorbereitung wird ergänzt durch die inhaltliche Vorbereitung, an der zunächst die Fraktionen teilhaben. Ihre schwache Position nach der Gemeindeordnung entspricht nicht ihrer Bedeutung im Prozess der Entscheidungsfindung. Sie sind zwar kein förmlicher Teil des Gemeinderates, bereiten allerdings die Entscheidungen maßgeblich mit vor, indem sie die Meinungsbildung strukturieren und steuern – nicht zuletzt, weil sie auch Bestandteil der politischen Parteien sind. Auch die Ausschüsse als Hilfsorgane des Gemeinderates nehmen die Vorbereitungsfunktion wahr, denn ihre nach **Art. 32 Abs. 1 GO** zugewiesene Aufgabe des Vorberatens ist nichts anderes als Vorbereitung.

3.2.3 Wer nimmt die Entscheidungsfunktion wahr?

Die Wahrnehmung der Entscheidungsfunktion teilen sich Gemeinderat, dessen Hilfsorgane sowie der Erste Bürgermeister und dessen Hilfsorgane. Als eigenständiges Organ der Kommunalverfassung hat der Erste Bürgermeister zunächst einen vom Gesetz zugewiesenen eigenständigen Zuständigkeitsbereich. Er verpflichtet ihn, die betreffenden Angelegenheiten zu erledigen; er darf sie also nicht an den Gemeinderat abgeben, kann sich allerdings von Gemeindebediensteten unterstützen lassen, die als Hilfsorgan fungieren. Im Mittelpunkt dieser eigenen Zuständigkeit stehen die sog. laufenden Angelegenheiten nach **Art. 37 Abs. 1 GO.** Es handelt sich dabei um Entscheidungen, die in gewisser Regelmäßigkeit wiederkehren, nicht von grundsätzlicher Bedeutung sind und gleichzeitig keine erheblichen Verpflichtungen auslösen. Welche Verpflichtungen erheblich sind, muss für jede Gemeinde unter Berücksichtigung ihrer Größe und Leistungsfähigkeit gesondert entschieden werden. Der Vollzug von Satzungen einschließlich der eventuellen Ahndung von Zuwiderhandlungen ist immer laufende Angelegenheit; schließlich hat in solchen Fällen der Gemeinderat durch Beschluss der Satzung bereits mitgewirkt.

Neben diesem originären kommunalen Zuständigkeitsbereich obliegt dem Ersten Bürgermeister kraft Gesetzes auch die Erledigung einiger verteidigungs- und sicherheitsrelevanter Aufgaben **(Art. 37 Abs. 1 GO).** Schließlich hat der Erste Bürgermeister diejenigen Angelegenheiten zu erledigen, die ihm vom Gemeinderat übertragen werde. Dies sind zum einen Personalangelegenheiten, die zunächst nicht zu den laufenden Geschäften zählen, deren Erledigung allerdings nach Maßgabe des **Art. 43 Abs. 2 GO** auf den Ersten Bürgermeister übertragen werden dürfen. Es sind aber auch Haushalts- und Finanzangelegenheiten, soweit sie gewisse Größenordnungen nicht übersteigen. Die genaue Abgrenzung der laufenden und übertragenen Angelegenheiten von den bedeutsamen, dem Gemeinderat vorbehaltenen findet sich immer in der Geschäftsordnung für den Gemeinderat, wo die Zuständigkeitsbereiche meist katalogartig beschrieben sind.

Da der Erste Bürgermeister die Aufgaben, die er eigenständig erledigen darf, meist nicht allein bewältigen kann, gibt es eine umfassende Regelung zur Übertragung von Befugnissen. Abgesehen davon, dass der Erste Bürgermeister im Fall seiner Verhinderung von den weiteren Bürgermeistern vertreten wird, kann er diesen im Wege der Geschäftsverteilung auch dauerhaft einzelne seiner Befugnisse übertragen. Auch auf Gemeindebedienstete können Befugnisse übertragen werden – allerdings zunächst nur solche der laufenden Verwaltung. Eine weitergehende Übertragung ist möglich, bedarf aber der Zustimmung des Gemeinderates **(Art. 39 Abs. 2 GO).**

Im Übrigen nimmt der Gemeinderat die Entscheidungsfunktion wahr. Dabei können diejenigen Angelegenheiten, die nicht vom Ersten Bürgermeister allein, aber auch nicht vom gesamten Gemeinderat entschieden werden sollen, beschließenden Ausschüssen übertragen werden. Diese **Senate** entscheiden dann selbstständig anstelle des Gemeinderates. Für die Kompetenzabgrenzung zwischen Senat und Plenum gibt es den Negativ-Katalog des **Art. 32 Abs. 2 GO**, der einzelne Beschlussfassungen ausdrücklich dem Gemeinderat insgesamt vorbehält; außerdem enthalten die Geschäftsordnungen weitergehende Regelungen.

WICHTIG:

Für die Entscheidungen beschließender Ausschüsse mit Ausnahme des Ferienausschusses sieht **Art. 32 Abs. 3 GO** ein sog. **Reklamationsrecht** vor. Es bedeutet, dass der Erste Bürgermeister, sein Stellvertreter im Ausschuss, ein Drittel der Ausschussmitglieder oder ein Viertel der Gemeinderatsmitglieder innerhalb einer Woche nach Beschlussfassung die Nachprüfung einer Entscheidung beantragen können. Wegen dieser Wochenfrist werden Ausschussbeschlüsse erst nach einer Woche rechtswirksam, allerdings rückwirkend auf den Zeitpunkt der Beschlussfassung. Darüber hinaus hat der Gemeinderat auch noch später die Möglichkeit, einen Ausschussbeschluss zu überprüfen. Eine Abänderung oder Aufhebung ist allerdings nur möglich, wenn nicht bereits Rechte Dritter entstanden sind.

Eine ganze Reihe wichtiger Entscheidungen ist allerdings dem Gemeinderat vorbehalten und darf nicht auf beschließende Ausschüsse übertragen werden. Im Negativ-Katalog des **Art. 32 Abs. 2 GO** werden u. a. der Erlass von Satzungen, Beschlussfassungen über den Haushalt und den Finanzplan sowie Feststellung der Jahresrechnung genannt. Nicht erfasst ist in diesem Katalog der Erlass der Geschäftsordnung für den Gemeinderat. Sie ist an anderer Stelle der Gemeindeordnung gesondert erwähnt (Art. 45 GO) und muss ebenfalls vom Gemeinderat erlassen werden. Die Geschäftsordnung hat zwar keine Außenwirkung, stellt aber insofern eine wichtige Ergänzung der Kommunalverfassung dar, als sie die Beziehungen der Kommunalorgane untereinander, insbesondere des Geschäftsgangs regelt.

3.2.4 Wer nimmt die Vollzugsfunktion wahr?

Der Vollzug der Gemeinderatsbeschlüsse, also auch derjenigen, die von beschließenden Ausschüssen gefasst wurden, ist Aufgabe des Ersten Bürgermeisters. Er ist für diesen Bereich einziges Vollzugsorgan, kann sich beim Vollzug jedoch auch von einem Gemeindebediensteten als Hilfsorgan unterstützen lassen. Selbstverständlich obliegt ihm auch der Vollzug der in eigener Zuständigkeit getroffenen Entscheidungen. Beim Vollzug handelt es sich um eine Verpflichtung des Ersten Bürgermeisters. Diese Pflicht zum Vollzug wandelt sich in die Pflicht zur Beanstandung, wenn er einen Gemeinderatsbeschluss oder einen Ausschussbeschluss für rechtswidrig hält. Hilft der Gemeinderat bzw. der Ausschuss der Beanstandung nicht ab (durch erneute Beschlussfassung oder Nachprüfung gemäß **Art. 32 Abs. 3 GO**), dann tritt für den Ersten Bürgermeister die Pflicht ein, den Vollzug des Beschlusses auszusetzen und die Rechtsaufsichtsbehörde damit zu befassen.

Soweit es nicht um den Vollzug von Gemeinderats- und Ausschussbeschlüssen, sondern um den Vollzug von gesetzlichen Vorschriften und staatlichen Weisungen geht, ist mit Ausnahme der in **Art. 37 Abs. 2 und Abs. 3 GO** genannten Angelegenheiten der Gemeinderat insgesamt zuständig **(Art. 59 Abs. 1 GO).**

3.2.5 Wer nimmt die Kontrollfunktion wahr?

Gegenstand der Kontrolle ist stets der Vollzug. Da mit Ausnahme des Vollzugs staatlicher Weisungen und gesetzlicher Vorschriften daran nur der Erste Bürgermeister und die Gemeindebediensteten als Hilfsorgan des Ersten Bürgermeisters beteiligt sind, ist die Kontrollfunktion auf diese beiden Vollzugsinstanzen ausgerichtet. Im Mittelpunkt des Kontrollgeschehens steht der Gemeinderat, denn ihm ist in **Art. 30 Abs. 3 GO** diese Aufgabe ausdrücklich übertragen. Seine Kontrolle erstreckt sich sowohl auf die Rechtmäßigkeit als auch auf die Zweckmäßigkeit des Verwaltungshandelns. Das Kontrollrecht ist im Kern ein Recht auf Akteneinsicht und Auskunft. Es richtet sich zunächst gegen den Ersten Bürgermeister, der sich auch hier entlasten kann, indem er Recht und Pflicht der Auskunftserteilung generell oder im Einzelfall auf einen Bediensteten überträgt.

Das Auskunftsrecht kann nicht von einem Mitglied des Gemeinderates allein eingefordert werden, denn auch in dieser Funktion handelt der Gemeinderat als Kollegialorgan. Das einzelne Mitglied des Gemeinderates hat also regelmäßig kein Recht auf Akteneinsicht, es sei denn, ihm sind im Rahmen der Geschäftsverteilung nach **Art. 46 Abs. 1 GO** bestimmte Geschäfte übertragen worden; im Rahmen einer solchen Übertragung durch Gemeinderatsbeschluss handelt das einzelne Mitglied für den gesamten Gemeinderat.

Eine sehr wichtige Form der Kontrolle ist die örtliche Rechnungsprüfung; sie ist Teil der allgemeinen Überwachungsaufgabe des Gemeinderates und bezieht sich auf die Abwicklung der Haushaltswirtschaft einschließlich der Wirtschaftsführung der Eigenbetriebe. Nachdem in der Praxis alle Aktivitäten einer Gemeinde haushaltswirksam sind, wird mit der örtlichen Rechnungsprüfung das gesamte Feld gemeindlicher Handlungen angesprochen.

Die örtliche Rechnungsprüfung wird entweder vom Gemeinderat oder von einem Rechnungsprüfungsausschuss durchgeführt **(Art. 103 Abs. 2 GO).** In Gemeinden mit mehr als 5.000 Einwohnern muss ein Rechnungsprüfungsausschuss gebildet werden, der 3–7 Mitglieder hat. Aus dessen Mitte bestimmt der Gemeinderat den Vorsitzenden. Im Mittelpunkt der Arbeit des Rechnungsprüfungsausschusses steht auch hier das Recht auf Akteneinsicht und Auskunft, das vor allem zum Zweck der Vorbereitung von Prüfungshandlungen auch einzelnen Ausschussmitgliedern übertragen werden kann. In kreisfreien Städten müssen, in größeren kreisangehörigen Städten können Rechnungsprüfungsämter eingerichtet werden **(Art. 104 Abs. 1 GO).** Das Rechnungsprüfungsamt ist überall dort, wo es eingerichtet ist, als Sachverständiger bei der Prüfung beizuziehen **(Art. 103 Abs. 3 GO).**

Schließlich nimmt auch der Erste Bürgermeister selbst eine wichtige Kontrollfunktion wahr. Als alleiniges Vollzugsorgan gemeindlicher Entscheidungen ist er zusammen mit seinem Hilfsorgan, den Gemeindebediensteten zwar selbst Gegenstand der Kontrolle durch den Gemeinderat. Es ist jedoch schlüssig, dass er deshalb im Innenverhältnis sein Hilfsorgan kontrolliert. Dies geschieht dadurch, dass er die Dienstaufsicht über die Gemeindebediensteten führt **(Art. 37 Abs. 4 GO**) und dass er Verwaltungsleiter ist **(Art. 46 Abs. 1 GO).** Er überwacht aufgrund dieser Funktionen den Dienstbetrieb, er hat das Recht zur Beanstandung von Fehlleistungen und er darf selbstständig Sanktionen treffen, indem er z. B. einen Mitarbeiter versetzt.

3.2.6 Die besondere Rolle des Ersten Bürgermeisters

Der Erste Bürgermeister ist als selbstständiges Organ der Gemeinde in alle Funktionen der Gemeinde eingebunden: Er bereitet die Entscheidungen maßgeblich vor, er entscheidet mit, er vollzieht weitgehend allein und er wirkt an der Kontrolle mit. Diese im Vergleich zu Kommunalverfassungen anderer deutscher Länder starke Stellung verdankt er auch der Direktwahl, die ihm die gleiche Legitimation wie dem Gemeinderat selbst verleiht. Auch er repräsentiert über die Direktwahl die Bürger. So vertritt der Erste Bürgermeister gemäß **Art. 38 Abs. 1 GO** seine Gemeinde nach außen, er handelt als deren gesetzlicher Vertreter. Er benötigt dazu keine Vollmacht, denn er besitzt als Organ das umfassende und unbeschränkte Vertretungsrecht. Für die Art und Weise der Vertretung benötigt er allerdings in den Fällen, in denen der Gemeinderat oder ein beschließender Ausschuss zuständig ist, ein (inhaltliches) Votum. Wenn er ohne dieses Votum handelt, sind im Bereich des Privatrechts seine Willenserklärungen zunächst schwebend unwirksam. Ein nachgeholtes Votum kann diesen Mangel heilen.

Im Bereich des öffentlichen Rechts kann ein fehlendes Votum bei einem schwerwiegenden Eingriff in die Kompetenzen des Gemeinderates zur Nichtigkeit des betreffenden Verwaltungsaktes führen; in wenigen Fällen ist Anfechtbarkeit gegeben.

Die Organstellung des Ersten Bürgermeisters umfasst auch Entscheidungsbefugnis an Stelle des Gemeinderates, wenn eine Angelegenheit keinen Aufschub duldet. Mit der sog. dringlichen Anordnung nach **Art. 37 Abs. 3 GO** soll vermieden werden, dass der Gemeinde oder der Allgemeinheit ein Nachteil entsteht, weil die Beschlussfassung durch den eigentlich zuständigen Gemeinderat nicht rechtzeitig erfolgen kann.

Beispiel:

Für eine Baumaßnahme sind Aufträge an die in einer Ausschreibung günstigsten Anbieter zu vergeben. Wenn für die Fertigstellung des Vorhabens ein fester Termin eingehalten werden muss und zur Vermeidung von Nachteilen für die Gemeinde mit den Vergaben nicht bis zur nächsten Sitzung des Gemeinderates gewartet werden kann, ist eine Vergabe in dringlicher Anordnung zulässig. Gleiches gilt, wenn die Zuschlagsfrist abläuft, bevor der Gemeinderat eine Vergabe beschließen kann.

Die Eilentscheidung muss in der jeweils folgenden Sitzung zur Kenntnis gegeben werden. Sollten die Voraussetzungen der Dringlichkeit nicht gegeben sein, knüpfen sich an diese fehlerhafte Entscheidung die gleichen Rechtsfolgen wie in den Fällen der Außenvertretung ohne Vorliegen des nötigen inhaltlichen Votums.

Schließlich zeigt sich die besondere Rolle des Ersten Bürgermeisters auch darin, dass er nach Art. 36 GO im Gemeinderat und – mit Ausnahme des Rechnungsprüfungsausschusses – nach **Art. 33 Abs. 2 GO** auch in den Ausschüssen den Vorsitz führt. Er ist in diesem Zusammenhang auch für die Einberufung des Gemeinderates und seiner Ausschüsse zuständig, für die Aufstellung und Bekanntgabe der

Tagesordnung, für die Handhabung der Ordnung während der Sitzung und für die Ausübung des Hausrechts.

3.3 Der Geschäftsgang im Gemeinderat

3.3.1 Wo steht was über den Geschäftsgang?

Die Gemeindeordnung beschäftigt sich in ihrem zweiten Abschnitt ausschließlich mit dem Geschäftsgang im Gemeinderat. In den Artikeln 45 bis 55 werden die Grundsätze des Geschäftsgangs für den Gemeinderat und dessen beschließende Ausschüsse (Art. 55 GO) dargestellt. Diese Grundsätze sind ein Rahmen, der von den Gemeinden als Ausfluss ihrer Organisationshoheit mit einer Geschäftsordnung ausgefüllt werden muss. Jeder Gemeinderat ist verpflichtet, sich für seine Wahlperiode eine Geschäftsordnung zu geben **(Art. 45 Abs. 1 GO).** Dabei kann er auch beschließen, die Geschäftsordnung der vergangenen Wahlperiode zu übernehmen.

Zum Inhalt der Geschäftsordnung werden ein paar Mindestanforderungen genannt: So muss die Geschäftsordnung Bestimmungen über Frist und Form der Sitzungsladung und über den Geschäftsgang im Gemeinderat und seinen Ausschüssen enthalten. Im Übrigen steht es dem Gemeinderat frei, wie weit er mit seinen Regeln für die eigene Arbeit gehen will. So gibt es eine Vielzahl weiterer Vorschriften der Gemeindeordnung, die für die Ausgestaltung einer Geschäftsordnung relevant sein können, so z. B. **Art. 32 Abs. 4 GO,** mit dem die Festlegung einer Ferienzeit und damit die Einsetzung eines Ferienausschusses ermöglicht wird, oder die Zuständigkeits-Kataloge von **Art. 37 Abs. 1 GO** und **Art. 32 Abs. 2 GO.**

3.3.2 Wie und wann muss eingeladen werden?

Nach **Art. 46 Abs. 2 GO** beruft der Erste Bürgermeister die Sitzungen des Gemeinderates ein. Dies gilt auch für die Ausschüsse des Gemeinderates als dessen Hilfsorgane. Er legt sowohl den Termin der Sitzung als auch die Tagesordnung fest. Die Tagesordnung muss schriftlich vorliegen und ist mit der Ladung zuzustellen, sie muss die einzelnen Tagesordnungspunkte so bezeichnen, dass sich die Mitglieder des Gemeinderates vorbereiten können und sich die Öffentlichkeit darüber informieren kann, was in öffentlicher Sitzung behandelt wird. Auch für die nicht-öffentliche Sitzung müssen die Tagesordnungspunkte genau bezeichnet werden. Da die Tagesordnung für eine nicht-öffentliche Sitzung nicht veröffentlicht wird und die Mitglieder des Gemeinderates zur Verschwiegenheit verpflichtet sind, begegnet diese Handhabung keinen datenschutzrechtlichen Bedenken.

BEACHTE:

Unter dem Tagesordnungspunkt „Verschiedenes" darf deshalb konsequenterweise nicht über Sachanträge entschieden werden. Eine Behandlung solcher Anträge käme einer nachträglichen Erweiterung der Tagesordnung gleich, die den Mitgliedern des Gemeinderates eine entsprechende Vorbereitung unmöglich machen würde. Freilich sind auch hier Ausnahmen zulässig, z. B. wenn in dringenden Angelegenheiten die Mehrheit des Gemeinderates der Behandlung zustimmt oder wenn alle Mitglieder des Gemeinderates anwesend sind und niemand widerspricht.

Über die Ladungsfrist enthält die Gemeindeordnung keine Vorschriften. Sie müssen allerdings in den Geschäftsordnungen enthalten sein. Die Frist beträgt meist 5 bis 10 Tage, wobei der Tag der Zustellung und der Sitzungstag nicht mitgezählt werden; sie soll den Mitgliedern des Gemeinderates die Möglichkeit angemessener Vorbereitung geben. Für die Einbeziehung der Öffentlichkeit gibt es eine großzügigere Regelung: **Art. 52 Abs. 1 GO** schreibt vor, dass die Sitzungen des Gemeinderates spätestens am dritten Tag vor der Sitzung unter Angabe von Ort, Zeit und Tagesordnung ortsüblich bekannt zu geben sind. Häufig enthält die Geschäftsordnung auch einen regelmäßigen Sitzungsbeginn sowie einen Sitzungsturnus, damit für die Beteiligten langfristige Planungen möglich sind. Diese beiden Festlegungen stehen nicht entgegen, im Bedarfsfall zu Sondersitzungen zu laden. Diese können auch von mindestens einem Viertel der ehrenamtlichen Mitglieder des Gemeinderates verlangt werden. Dies hat schriftlich und mit Benennung der gewünschten Beratungsgegenstände zu geschehen. Der Erste Bürgermeister muss die Sitzung spätestens für den 14. Tag nach Eingang eines solchen Antrages anberaumen. Die 14-Tages-Frist gilt auch für die sog. konstituierende Sitzung; das ist die erste Zusammenkunft nach Beginn einer Wahlperiode **(Art. 46 Abs. 2 GO).**

3.3.3 Die Sitzung im Mittelpunkt der Entscheidungsfindung

Soweit gemeindliche Entscheidungen in die Kompetenz des Gemeinderates oder eines seiner beschließenden Ausschüsse fallen, sind sie immer an Sitzungen gebunden (sog. Sitzungszwang). Eine Sitzung ist die nach festen Regeln erfolgende und ablaufende Zusammenkunft der Mitglieder des Gemeinderates; er berät und stimmt ab unter Leitung eines Vorsitzenden. Fehlt ein Vorsitzender (der Erste Bürgermeister oder ein Befugter), dann handelt es sich nicht um eine Sitzung im Sinn geregelter Entscheidungsfindung. Das bedeutet auch, dass Entscheidungen außerhalb von Sitzungen nicht zulässig sind. Weder Beschlüsse im sog. Umlaufverfahren noch solche aufgrund von Umfragen sind zulässig. Ebenso ist die Stimmabgabe eines Gemeinderatsmitglieds vor oder nach der Sitzung erlaubt. Wenn eine

Sitzung vom Vorsitzenden geschlossen wurde, können Beschlüsse nicht mehr zustande kommen.

Die Sitzung ist für das Wirken des Gemeinderates von zentraler Bedeutung. Selbst wenn Teile des kommunalen Entscheidungsprozesses sich außerhalb des Rathauses im sog. vorpolitischen Raum abspielen, ist die Sitzung – wie im Falle eines Parlamentes – die wichtigste Plattform für den Austausch von Argumenten. Die Gemeindeordnung enthält deshalb für die Mitglieder des Gemeinderates eine Teilnahmepflicht. Bei Verletzung dieser Pflicht, z. B. bei ungenügender Entschuldigung, kann der Gemeinderat durch Beschluss ein Ordnungsgeld verhängen **(Art. 48 Abs. 2 GO).** Als ungenügende Entschuldigung ist es immer zu bewerten, wenn ein Mitglied des Gemeinderates der Sitzung fernbleibt oder sie vorzeitig verlässt, weil er eine politische oder rechtliche Meinungsverschiedenheit demonstrieren will.

Die Idee der Repräsentation verlangt von einem Mitglied des Gemeinderates ein Bekenntnis, deshalb steigert sich die Teilnahmepflicht zur Abstimmungspflicht, denn **Art. 48 Abs. 1 GO** verbietet die Stimmenthaltung. Auch Stimmenthaltung kann ein Ordnungsgeld zur Folge haben, es sei denn, dass sowohl ein „Ja“ als auch ein „Nein“ den Betroffenen in eine echte unlösbare Konfliktsituation brächte; dies wäre eine genügende Entschuldigung.

Beispiel:

Ein Gemeinderatsmitglied weist vor Beratung und Abstimmung (pflichtgemäß) darauf hin, dass es nach Art. 49 GO persönlich beteiligt ist und deshalb an der Behandlung des betreffenden Tagesordnungspunktes nicht teilnehmen kann. Wenn der Gemeinderat, der daraufhin darüber zu entscheiden hat, ob persönliche Beteiligung vorliegt, diese verneint und dadurch eine Konfliktsituation für den Betroffenen entsteht, liegt eine genügende Entschuldigung im Sinne des Art. 48 Abs. 2 GO vor; in diesem Fall ist Stimmenthaltung berechtigt.

3.3.4 Öffentliche und nicht-öffentliche Sitzung

Ebenfalls aus der Idee der Repräsentation folgt, dass die Sitzungen des Gemeinderates grundsätzlich öffentlich sind **(Art. 52 Abs. 2 GO).** Nicht-Öffentlichkeit ist ausnahmsweise dann vorgesehen, wenn das Wohl der Allgemeinheit oder berechtigte Ansprüche Einzelner dies gebieten.

Beispiele:

Grundstücks- und Personalangelegenheiten, Sparkassenangelegenheiten sowie Angelegenheiten, die dem Steuer- oder Sozialgeheimnis unterliegen.

Fast immer sind die in nicht-öffentlicher Sitzung zu behandelnden Gegenstände in der Geschäftsordnung aufgezählt, sodass der Erste Bürgermeister dies bereits bei der Ladung berücksichtigen kann. Im Übrigen bleibt das Recht des Gemeinderates unberührt, einzelne Tagesordnungspunkte bei Vorliegen entsprechender Voraussetzungen durch Beschluss in eine nicht-öffentliche Sitzung zu verweisen. Auch der umgekehrte Fall ist möglich, wonach der Gemeinderat (in nicht-öffentlicher Sitzung) beschließt, einen Tagesordnungspunkt öffentlich zu behandeln.

Der Grundsatz der Öffentlichkeit gilt zunächst auch für Ausschusssitzungen. Für beschließende Ausschüsse sind hinsichtlich des Ausschlusses der Öffentlichkeit die gleichen Überlegungen anzustellen wie bei Sitzungen des Plenums. Für vorberatende Ausschüsse können großzügigere Regelungen vorgesehen werden. Deren Entscheidungen sind Empfehlungen, die später dem gesamten Gemeinderat zur eigentlichen Entscheidung vorgelegt werden. Soweit es sich um Tagesordnungspunkte handelt, die öffentlich zu behandeln sind, erfolgt dann im Plenum die notwendige öffentliche Behandlung, womit dem Interesse der Öffentlichkeit an Transparenz der Entscheidungsfindung Rechnung getragen ist.

3.3.5 Wie wird die Sitzung eröffnet?

Der Erste Bürgermeister führt nach **Art. 36 Abs. 1 GO** den Vorsitz im Gemeinderat, nach **Art. 33 Abs. 2 GO** meist auch in den Ausschüssen. Worin diese Aufgabe im Einzelnen besteht, wird – mit Ausnahme des Art. 53 GO, der ihm allgemein die Handhabung der Sitzungsordnung und die Ausübung des Hausrechts überträgt – in der Gemeindeordnung nicht ausgeführt. Dafür sind die Formalia des Sitzungsverlaufs fast immer in der Geschäftsordnung detailliert festgelegt.

Zu Beginn der Sitzung stellt der Vorsitzende (nach Begrüßung der Anwesenden, insbesondere der Vertreter der interessierten Öffentlichkeit) die ordnungsgemäße Ladung fest. Ein Ladungsmangel kann zur Beschlussunfähigkeit des Gemeinderates führen; **der Mangel** kann jedoch geheilt werden, wenn alle Mitglieder des Gemeinderates bereit sind, an der Beratung und Abstimmung teilzunehmen. Im Weiteren stellt der Vorsitzende die Beschlussfähigkeit fest. Sie ist gegeben, wenn ordnungsgemäß geladen wurde und mindestens die Mehrheit der Mitglieder des Gemeinderates anwesend sind. Maßgeblich hierfür ist die sog. Sollstärke gemäß **Art. 31 Abs. 2 GO**. Ausnahmsweise wird die sog. Iststärke zugrunde gelegt, wenn sich durch Ausscheiden die Sollstärke vermindert hat und noch kein Nachrücker vorhanden ist. Der Vorsitzende hat auch während der Sitzung darauf zu achten, ob die Beschlussfähigkeit erhalten bleibt, denn es gehört (leider) zum Sitzungsalltag, dass einzelne Mitglieder eine Sitzung vorzeitig verlassen. Sollte durch zeitweilige Abwesenheit (z. B. wegen des Gangs zur Toilette) die Beschlussfähigkeit nicht gegeben sein, kann der Vorsitzende die Sitzung unterbrechen.

Schließlich wird in der Regel die Niederschrift der letzten Sitzung zur Genehmigung vorgelegt. Manche Gemeinden verschicken die Niederschrift – soweit es sich um eine öffentliche Sitzung handelte – mit der Ladung. Der Gemeinderat kann dann förmlich über die Genehmigung abstimmen. Manchmal wird die Niederschrift während der Sitzung zur Einsicht aufgelegt oder bei den Gemeinderatsmitgliedern in Umlauf gegeben; die Genehmigung gilt dann als erteilt, wenn bis zum Ende der Sitzung keine Einwendungen erhoben wurden. Diese Praxis stößt deshalb auf Bedenken, weil eine sorgfältige Durchsicht der Niederschrift während der Behandlung der Tagesordnung nur eingeschränkt möglich ist. Schwieriger gestaltet sich die Behandlung der Niederschrift über die nicht-öffentliche Sitzung. Der Versand mit der Ladung ist in diesem Fall problematisch, weil damit die Einhaltung des Verschwiegenheitsgebotes nicht garantiert werden kann. Als Alternative hierzu bleiben nur die Verlesung oder – trotz Bedenken – die Durchsicht während der nicht-öffentlichen Sitzung.

3.3.6 Die Abwicklung der Tagesordnung

Unmittelbar vor Eintritt in die Tagesordnung fragt der Vorsitzende, ob der Gemeinderat mit der Tagesordnung einverstanden ist. Wünsche auf Abänderung (z. B. durch Verweisung in nicht-öffentliche Sitzung) oder Erweiterung können jetzt gestellt werden. Der Gemeinderat stimmt darüber ab. Die eigentliche Beratung beginnt damit, dass der Vorsitzende den ersten Tagesordnungspunkt aufruft und den zugrunde liegenden Sachverhalt vorträgt oder durch einen beauftragten Gemeindebediensteten vortragen lässt. In der Regel ist dieser Vortrag lediglich eine Ergänzung der bereits zugestellten Sitzungsunterlagen oder Tischvorlagen. Gegebenenfalls wird auch das Beratungsergebnis aus den Sitzungen eines vorberatenden Ausschusses (Empfehlung) bekannt gegeben, ebenso wie Sachverständige die Berichterstattung vervollständigen können. Äußerungen im Rahmen der Berichterstattung sind zu unterscheiden von Äußerungen im Rahmen der Beratung. Zu Letzterem sind nämlich nur Mitglieder des Gemeinderates befugt. Der Vorsitzende erteilt ihnen hierzu in der Reihenfolge der Wortmeldungen das Wort; Zuhörern kann das Wort nicht erteilt werden. Das Rederecht ist eine der wichtigsten Befugnisse eines Gemeinderatsmitglieds; es kann in der Geschäftsordnung – vor allem hinsichtlich der Redezeit – geregelt werden.

Die Beratung der Tagesordnung gilt als abgeschlossen, wenn keine Wortmeldungen mehr vorliegen und wenn vom Berichterstatter, vom Sachverständigen oder vom Vorsitzenden ggf. Schlussäußerungen abgegeben wurden. Nun kann die Abstimmung folgen. Selbstverständlich kann es vorkommen, dass die Beratung zu einer Vertagung der anstehenden Entscheidung führt.

Aufgrund der meistens sehr zahlreichen Tagesordnungspunkte reduziert sich die Beratung gelegentlich auf die Äußerungen der Fraktionsvorsitzenden, wenn ein Beratungsgegenstand bereits ausführlich in einem Ausschuss und in den Fraktionen behandelt wurde.

Der letzte Tagesordnungspunkt einer Sitzung ist meist „Verschiedenes" oder „Sonstiges". Hier können durch den Vorsitzenden Informationen gegeben werden und die Mitglieder des Gemeinderates können Fragen über nicht behandelte Beratungsgegenstände stellen. Der Vorsitzende beantwortet diese Fragen nach Möglichkeit sofort; ggf. werden die Antworten – fall sie ohne Vorbereitung nicht möglich sind – in der nächsten Sitzung oder schriftlich gegeben. Aussprachen sind hierzu nicht vorgesehen. Keinesfalls können im Zusammenhang mit diesen Informationen und Anfragen Abstimmungen nachgeschoben werden; das käme einer unzulässigen Erweiterung der Tagesordnung gleich. Wenn alle Tagesordnungspunkte behandelt sind, schließt der Vorsitzende die Sitzung.

3.3.7 Wer darf Anträge stellen?

Neben dem Rederecht des Gemeinderatsmitglieds steht sein Antragsrecht; es wird auch Initiativrecht genannt und bedeutet, dass das einzelne Mitglied beantragen kann, bestimmte Beratungsgegenstände auf die Tagesordnung zu setzen und einen vorgeschlagenen Beschluss zu fassen. Dieses Initiativrecht ist in der Gemeindeordnung nicht ausdrücklich genannt, ergibt sich jedoch aus dem Gedanken der kommunalen Selbstverwaltung und der danach vorgesehenen Funktion des Gemeinderates als zentrale Willensbildungsinstanz. Der Erste Bürgermeister ist verpflichtet, einen solchen Antrag in die Tagesordnung der nächsten Sitzung aufzunehmen, wenn gemäß **Art. 46 Abs. 2 GO** eine ausreichende Vorbereitung möglich ist. Das Recht, zu prüfen, ob der Antrag eine gemeindliche Angelegenheit betrifft, hat der Erste Bürgermeister nicht; stattdessen hat der Gemeinderat zu entscheiden, ob er dem Antrag entspricht oder ihn ablehnt. In den Geschäftsordnungen wird das Antragsrecht üblicherweise näher ausgeführt, indem Form- und Fristvorschriften vorgegeben werden. Es liegt auf der Hand, dass z. B. die Einreichungsfrist deutlich über der Ladungsfrist liegen muss, um die ausreichende Vorbereitung zu ermöglichen. Die Schriftform und die ausreichende Begründung sind zur Erleichterung der Vorbereitung ebenfalls notwendig. Außerdem ist bei ausgabewirksamen Anträgen immer ein Deckungsvorschlag zu unterbreiten. Das Recht, seinen Antrag in der Sitzung mündlich zu erläutern, hat das einzelne Mitglied als Ausfluss seines Rederechts zunächst nur im Plenum. Das Recht, das auch im Ausschuss zu tun, steht ihm nur zu, wenn er Ausschussmitglied ist oder wenn es die Geschäftsordnung Nicht-Mitgliedern ausdrücklich zubilligt.

Die Frist- und Formvorschriften für die Anträge ergeben sich aus dem Gebot, die Beratungsgegenstände vorzubereiten. Daraus folgt, dass solche Vorschriften dort obsolet sind, wo eine Vorbereitung nicht notwendig ist. Das ist bei einfachen Sachentscheidungen und bei Anträgen zur Geschäftsordnung der Fall. Die Geschäftsordnungen sehen deshalb vor, dass solche Anträge während einer Sitzung und mündlich gestellt werden können. Ein Sonderfall ist in diesem Zusammenhang der Geschäftsordnungsantrag; er betrifft den aktuellen Geschäftsgang, indem z. B. Nichtbefassung, Vertagung, Redezeitbegrenzung oder Schluss der Debatte verlangt werden.

Das Antragsrecht steht nicht nur dem einzelnen Mitglied des Gemeinderates zu, es kann auch von mehreren Mitgliedern oder von einer Fraktion wahrgenommen werden. Außenstehenden, z. B. einer Partei oder einer Interessengruppe steht es nicht zu. Davon zu unterscheiden ist der Bürgerantrag, der den Gemeinderat lediglich dazu verpflichtet, sich mit einem bestimmten Gegenstand zu befassen; er ist nicht auf eine bestimmte Beschlussfassung gerichtet.

3.3.8 Wie wird abgestimmt?

Der Beschluss des Gemeinderates schließt die Willensbildung ab. **In Art. 51 Abs. 1 GO** wird bestimmt, dass die Beschlüsse in offener Abstimmung herbeizuführen sind. Die offene Abstimmung bedeutet, dass erkennbar ist, wer wie abstimmt. Eine geheime Abstimmung, die dies nicht erkennen lässt, macht einen entsprechenden Beschluss ungültig. Die Frage, über die abzustimmen ist, muss mit „Ja“ oder mit „Nein“ zu beantworten sein. Der Vorsitzende formuliert diese Frage und bittet zunächst um ein Handzeichen von denjenigen, die mit „Ja“ stimmen. Wenn sich keine Einstimmigkeit ergibt, wird als Gegenprobe um ein Handzeichen für „Nein“ gebeten. Ein Vorschlag oder Antrag ist angenommen, wenn sich die einfache Mehrheit der an der Abstimmung teilnehmenden Mitglieder des Gemeinderates für „Ja“ entscheidet. Sind die Ja-Stimmen und die Nein-Stimmen gleich, ist der Vorschlag abgelehnt.

WICHTIG:

Nur in wenigen Fällen, so z. B. bei Gebietsänderungen **(Art. 11 Abs. 3 GO),** bei der Verleihung des Ehrenbürgerrechts (**Art. 16 Abs. 2 GO)** oder bei der Abberufung des Leiters des Rechnungsprüfungsamtes oder seines Stellvertreters **(Art. 104 Abs. 3 GO)** ist eine qualifizierte Mehrheit von zwei Dritteln der Sollstärke bzw. der stimmberechtigten Mitglieder erforderlich.

Nicht immer sind alle anwesenden Gemeinderatsmitglieder stimmberechtigt. Vor der Beratung und der Abstimmung sind diejenigen Mitglieder des Gemeinderates auszuschließen, die an einem zur Abstimmung stehenden Gegenstand persönlich beteiligt sind **(Art. 49 Abs. 1 GO).** Als persönliche Beteiligung ist ein aus dem Beschluss direkt resultierender Vor- oder Nachteil anzusehen. Dieser Vor- oder Nachteil wird auch dann als persönliche Beteiligung gewertet, wenn davon Ehegatten, Lebenspartner, Verwandte und Verschwägerte bis zum dritten Grad sowie Personen oder Organisationen betroffen sind, die von einem Gemeinderatsmitglied vertreten werden. Ist der Erste Bürgermeister als Vorsitzender betroffen, vertritt ihn sein Stellvertreter nach **Art. 39 Abs. 1 GO.** Ein Gemeinderatsmitglied, das in diesem Sinn persönlich beteiligt ist, muss den Vorsitzenden unaufgefordert über die einschlägigen Umstände informieren. Die Entscheidung über den Ausschluss trifft der Gemeinderat. Ein Verstoß gegen die Ausschluss-Regelung führt nur dann zur Ungültigkeit des Beschlusses, wenn die Mitwirkung des betreffenden Gemeinderatsmitglieds für das Abstimmungsergebnis entscheidend war.

Im Lauf der Beratungen kann es vorkommen, dass neben dem ursprünglichen Beschlussvorschlag als Alternative ein geänderter Beschlussvorschlag zur Abstimmung gestellt wird. Meistens sind hierzu in der Geschäftsordnung Regelungen enthalten. Sieht man einmal davon ab, dass Anträge zur Geschäftsordnung immer sofort, also vorrangig zu behandeln sind, gilt der Grundsatz, dass der sog. weiterführende Antrag Vorrang hat. Als weiterführend ist stets derjenige Antrag anzusehen, der größeren Aufwand erfordert oder einschneidendere Maßnahmen zur Folge hat.

Die offene Abstimmung gilt nicht für Wahlen, denn bei diesen muss der Abstimmungsvorgang geheim erfolgen **(Art. 51 Abs. 3 GO).** Die Wahl setzt keinen Vorschlag bzw. Antrag voraus; es ist allerdings üblich, dass es einen Vorschlag gibt. Gewählt ist, wer die Mehrheit der abgegebenen gültigen Stimmen erhält; diese Mehrheit kann durchaus auch jemand erhalten, der nicht (offiziell) vorgeschlagen war. Leere Stimmzettel sind ungültige Stimmen. Verzicht auf das Wahlgeheimnis durch eine offene Abstimmung führt zur Nichtigkeit der Wahl.

WICHTIG:

Für Wahlen gilt der Ausschluss wegen persönlicher Beteiligung nicht. Das bedeutet, dass die sog. Selbstwahl zulässig ist.

BEACHTE:

Im Übrigen ist zu beachten, dass nicht jede Personalentscheidung als Wahl im Sinne von **Art. 51 Abs. 3 GO** anzusehen ist. Nur wenn das Gesetz ausdrücklich von „Wahl" spricht, ist geheim abzustimmen. Wenn von „Bestimmen" (z. B. in **Art. 39 Abs. 1 GO** im Fall der weiteren Stellvertreter des Ersten Bürgermeisters) oder von „Bestellen" (z. B. in **Art. 104 Abs. 3 GO** im Fall des Leiters des Rechnungsprüfungsamtes) die Rede ist, muss in offener Abstimmung entschieden werden.

3.3.9 Wie geht man mit Störern um?

Nach **Art. 54 Abs. 1 GO** handhabt der Vorsitzende während der Sitzung die Ordnung und übt das Hausrecht aus. Seine Ordnungsgewalt bezieht sich vor allem auf das geordnete Miteinander der Mitglieder des Gemeinderates, während das Hausrecht sich in erster Linie auf die Abwehr von Störungen „von außen" richtet. Der geordnete Ablauf der Sitzung setzt vor allem eine disziplinierte Beratung voraus.

Beispiel:

Ein geordneter Ablauf der Sitzung erfordert die Einhaltung der Rednerliste, die Beschränkung der Redebeiträge auf den Beratungsgegenstand, die Einhaltung eventuell vorgegebener Redezeiten sowie den Verzicht auf beleidigende Äußerungen.

Der Vorsitzende hat das Recht und die Pflicht, die betreffenden Gemeinderatsmitglieder auf Verstöße aufmerksam zu machen und sie zur Einhaltung der „Spielregeln" zu ermahnen. Dies kann auch durch einen Ordnungsruf geschehen oder – in gravierenden Fällen – durch Entziehen des Wortes. Weitergehende Sanktionen sind nur dann angebracht, wenn jemand wiederholt stört und dadurch einen ordnungsgemäßen Sitzungsverlauf unmöglich macht. Die Gemeindeordnung eröffnet in diesem Fall mit **Art. 53 Abs. 1 GO** die Möglichkeit, den Störer mit Zustimmung des Gemeinderates von der weiteren Sitzung auszuschließen. Ein förmlicher Beschluss ist hierfür wegen der besonderen Situation nicht erforderlich: Die Zustimmung des Gemeinderates gilt als erteilt, wenn dem Vorsitzenden nach Ausschluss niemand aus der Mitte des Gemeinderates widerspricht. Sollte es sich um einen „Wiederholungstäter" handeln, der vor höchstens zwei Monaten schon einmal wegen einer erheblichen Störung ausgeschlossen wurde, so kann der Gemeinderat dem betreffenden die Teilnahme für zwei weitere Sitzungen untersagen **(Art. 53 Abs. 2 GO).**

Die Zuhörer in einer Sitzung haben keinerlei Mitwirkungsrechte, sie dürfen insbesondere nicht das Wort ergreifen. Jeder Versuch eines Zuhörers, auf die Beratung Einfluss zu nehmen oder sie während der Sitzung zu kommentieren, ist eine Störung.

Beispiel:

Die Mitnahme z. B. von Plakaten mit Hinweisen auf einen Beratungsgegenstand stellt einen unerlaubten Versuch der Einflussnahme dar und ist als Störung zu bewerten.

Der Vorsitzende wird in solchen Fällen entsprechend dem Grundsatz der Verhältnismäßigkeit zunächst auf den Verstoß aufmerksam machen und Unterlassung verlangen. Wenn diese Aufforderung keine Wirkung zeigt, kann er sein Hausrecht dazu verwenden, zum Verlassen des Sitzungssaales aufzufordern; ggf. kann er sich zur Durchsetzung dieses Verlangens polizeilicher Hilfe bedienen.

BEACHTE:

In turbulenten Sitzungsphasen kann es vorkommen, dass die Rückkehr zu einem geordneten Sitzungsverlauf unmöglich ist. In solchen Fällen kann der Vorsitzende die Sitzung unterbrechen. Diese Unterbrechung bedeutet eine Vertagung, denn die Sitzung muss spätestens am nächsten Tag fortgeführt werden. Eine erneute Ladung ist hierfür nicht erforderlich.

Seit 1.8.2010 verbietet das bayerische Gesetz zum Schutz der Gesundheit u. a. in den Gebäuden der Gemeinden und Gemeindeverbände das Rauchen. Damit entfällt die bis dahin offene Frage, ob das Rauchen im Sitzungssaal ggf. eine ordnungswidrige Belästigung darstellt.

3.3.10 Was geschieht nach der Sitzung?

Die Verhandlungen des Gemeinderats sind gemäß Art. 54 der Gemeindeordnung niederzuschreiben. Die Niederschrift muss Tag und Ort der Sitzung, die anwesenden Gemeinderatsmitglieder, die behandelten Gegenstände, die Beschlüsse und das Abstimmungsergebnis ersehen lassen. Jedes Mitglied kann verlangen, dass in der Niederschrift festgehalten wird, wie es abgestimmt hat. Niederschrift ist von der oder dem Vorsitzenden und von der Schriftführerin oder dem Schriftführer zu unterschreiben und vom Gemeinderat zu genehmigen. Die Gemeinderatsmitglieder können jederzeit die Niederschriften der öffentlichen sowie der nichtöffentlichen Sitzungen des Gemeinderats einsehen und sich unentgeltlich Kopien der Niederschriften der öffentlichen Sitzungen erteilen lassen. Die Gemeindebürger können Einsicht in die Niederschriften der öffentlichen Sitzungen des Gemeinderats nehmen und sich Kopien erteilen lassen. Für die Fertigung der Kopien können die Gemeinden Kosten nach Maßgabe des Kostengesetzes erheben.

Schließlich sind nach **Art. 52 Abs. 2 GO** die in nicht-öffentlicher Sitzung gefassten Beschlüsse der Öffentlichkeit mitzuteilen, wenn die Gründe für die Verschwiegenheit entfallen sind. Das ist häufig bereits unmittelbar nach der Sitzung der Fall. Eine bestimmte Form der Bekanntgabe ist nicht vorgesehen. Dieser Veröffentlichungspflicht ist Genüge getan, wenn die Medien entsprechend informiert werden oder die betreffenden Beschlüsse in der nächsten öffentlichen Sitzung bekannt gegeben werden.

3.4 Der kommunale Entscheidungsprozess

3.4.1 Wer hat Anteil am kommunalen Entscheidungsprozess?

In formaler Hinsicht sind es die Hauptorgane der Gemeinde einschließlich ihrer Hilfsorgane, die im Zusammenwirken die Entscheidungen in der Kommune herbeiführen. Der Geschäftsgang im Gemeinderat als das förmliche Zusammenwirken vermag allerdings allein nicht zu erklären, weswegen es z. B. zu einer bestimmten Entscheidung kam. Mit der Beschränkung auf die formale Sicht wird man deshalb der politischen Wirklichkeit in der Kommune nicht gerecht. Die kommunalen Organe und damit die Mandatsträger sehen sich mit einer Umgebung konfrontiert, die auf vielfältige Weise auf die Entscheidungsfindung einwirkt und indirekt an ihr teilnimmt. In einer freiheitlichen Ordnung, die jedem das Recht gibt, sich mit anderen zur Verfolgung gemeinsamer Interessen zusammenzuschließen (Art. 9 GG), und jedem das Recht gibt, seine Meinung in Wort, Bild oder Schrift frei zu äußern (Art. 5 GG), bilden sich gerade in unseren Kommunen entsprechende Strukturen heraus, die politische Wirkung entfalten.

In erster Linie gehören dazu die politischen Parteien, die nach ihrem grundgesetzlichen Auftrag ausdrücklich bei der politischen Willensbildung mitwirken sollen. Neben ihnen steht eine Vielfalt von Vereinigungen und Gruppierungen, die ihre Aktivität auf die Wahrung und Durchsetzung bestimmter Interessen richten. Im kommunalen Bereich sind dies häufig Einzelhandelsverbände, die Heimat- und Kulturvereine, die Sportvereine oder auch die Kirchengemeinden, gelegentlich auch größere Wirtschaftsunternehmen. Ihre eigentliche Breitenwirkung erzielen die Parteien und Gruppierungen durch die Medien, die dafür sorgen, dass ihre Aktivitäten in der Öffentlichkeit wahrgenommen werden. Häufig entspricht es dem Selbstverständnis dieser Medien, dass sie nicht nur Informationen transportieren, sondern sich dabei für das Gemeinwohl bzw. eine bestimmte Gemeinwohlinterpretation engagieren.

3.4.2 Welche Rolle spielen die Parteien und Interessengruppen?

Politische Parteien (einschließlich der Wählergruppen) und Interessengruppen sind Ausdruck des gesellschaftlichen **Pluralismus.** Im Rahmen dieses Pluralismus nehmen sie Wünsche, Anregungen und Bedenken von Bürgern auf, filtern und verdichten sie und tragen sie in die öffentliche Diskussion hinein. Nicht nur die politischen Parteien, auch viele Interessengruppen stehen dabei durchaus miteinander in Konkurrenz, weil sie im Wettbewerb um die Zustimmung durch die Bürger stehen. Eine Mitgliedschaft wird dann umso nützlicher empfunden, je zuverlässiger ein Interesse dorthin transportiert und dort artikuliert wird, wo die gemeindlichen Entscheidungen fallen. Ihr Wirken gilt deshalb umso erfolgreicher, je häufiger es gelingt, die Wünsche und Anregungen in Impulse umzusetzen, die im Gemeinderat aufgegriffen werden und im günstigsten Fall positiv entschieden werden. Die politischen Parteien haben hierbei besonders gute Chancen, weil Teile von ihnen über die Fraktionen selbst Bestandteil der Entscheidungsstrukturen sind.

Es wäre allerdings unzutreffend, Partei und Fraktion für identische Strukturen zu halten. Eine Partei kann sich eher frei und unabhängig für ein bestimmtes Anliegen einsetzen, während die Fraktion in ihrer Verantwortung für die Kommune vielfältigen Einschränkungen und Entscheidungszwängen unterliegt. So kann eine Partei eine bestimmte Maßnahme fordern, ohne sich mit den Details der Machbarkeit auseinandersetzen zu müssen. Ihrem Selbstverständnis entsprechend beschränkt sie sich dabei auf die Rolle eines Sprachrohrs. Die Fraktion hingegen muss in der gleichen Angelegenheit – zu Recht – zurückhaltender agieren, weil sie z. B. im Rahmen eines Antrages eine Finanzierungsmöglichkeit aufzeigen muss.

Für die Interessengruppen gilt Ähnliches wie für die Parteien. Sie haben innerhalb des Gemeinderates zwar keine Entsprechung in der Form einer Fraktion. Nichtsdestoweniger finden die bedeutenden Gruppierungen in einer Kommune meist eine Möglichkeit, einen oder mehrere Vertreter ihres Interesses in den Gemeinderat zu „entsenden". Auch in diesem Fall bedeutet die Einbindung in die Gesamtverantwortung des Gemeinderates eine Einschränkung für die Wahrnehmung des Interesses gegenüber den relativ freien Aktivitäten der außerhalb stehenden Interessengruppe.

Unter diesem Blickwinkel sind politische Parteien und Interessengruppen für den kommunalen Entscheidungsprozess wichtige „Zulieferer". Es gibt allerdings einen ebenso wichtigen Informationsfluss in die entgegengesetzte Richtung. Die Mitglieder des Gemeinderates stehen im Meinungsaustausch mit ihrer Partei oder ihrer Interessengruppe, der sie sich zugehörig fühlen. Selbst wenn manche Inhalte der Beratung im Gemeinderat unter das Verschwiegenheitsgebot fallen, gelangen über diesen Kanal Informationen über Absichten und Tendenzen in die Öffentlichkeit. Hier fungieren die politischen Parteien und Interessengruppen als Multiplikatoren. Weil man von ihnen erwartet, dass sie über Einzelheiten der Entscheidungsfindung gut informiert sind, werden sie neben den Mitgliedern des Gemeinderates von den Bürgern häufig als Ansprechpartner angesehen und genützt.

3.4.3 Welche Rolle spielen die Medien?

Die Medien gründen ihr Selbstverständnis auf Art. 5 GG, wonach jeder das Recht hat, sich mit seiner Meinung frei zu äußern und sich aus allgemein zugänglichen Quellen zu informieren. Die Pressefreiheit ist also sowohl eine Beschaffungsfreiheit als auch eine Meinungsfreiheit. Sie ist insofern für den demokratisch-repräsentativen Staat ein konstituierendes Merkmal. Dabei ist zu beachten, dass das Mediengeschehen durchaus auch unter wirtschaftlichen Gesichtspunkten verstanden werden muss. Medien verkaufen Informationen; je interessanter die Information ist oder aufgemacht wird, umso höher ist der Verkaufserfolg. Das bedeutet, dass eine Information unterschiedlichen Anforderungen genügen muss. Sie muss der Transparenz und damit der demokratischen Kontrolle dienen und sie muss im Informations- und Meinungsmarkt Beachtung finden. Wegen des Grundsatzes der Öffentlichkeit von Gemeinderatssitzungen handelt es sich bei den Beratungen meist um allgemein zugängliche Quellen, weswegen die Sitzungen des Gemeinderates selbstverständlich regelmäßig Gegenstand der Berichterstattung sind. Dass die Kommunen darüber hinaus ein Interesse daran haben, die Öffentlichkeit umfassend und korrekt zu informieren, wurde bereits dargestellt (vgl. oben Teil 3 Kapitel 1.5).

Die Beschaffungsfreiheit hat zur Folge, dass die Argumente im Entscheidungsgremium der Öffentlichkeit mitgeteilt werden können. In Kombination mit der Meinungsfreiheit des Berichterstatters bedeutet dies freilich auch, dass über die sog. objektive Information hinaus auch Meinung publiziert wird. Verständlicherweise versuchen die Medien, auch aus anderen Quellen Informationen z. B. über die einer Beratung im Gemeinderat zugrunde liegenden Sachverhalte zu erhalten. Gerade die lokalen Interessengruppen sind in diesem Zusammenhang gefragte Gesprächspartner der Medien.

Die Publizierung dieser Informationen wiederum ergibt für die kommunalen Entscheidungsträger wichtige Anhaltspunkte über Inhalt und Zielrichtung der öffentlichen Diskussion. In der Zusammenschau bildet die Berichterstattung aus dem Gemeinderat, die Darstellung der Positionen von Parteien und Interessengruppen sowie die Ansprüche der Medien selbst bzw.

seiner Berichterstatter eine wichtige Gemengelage. Diese Gemengelage ist wesentlicher Bestandteil der öffentlichen Diskussion und macht das Kräftespiel im Vorfeld der Entscheidungsfindung transparent.

3.4.4 Wer bringt den kommunalen Entscheidungsprozess in Gang?

Der kommunale Entscheidungsprozess mündet ab einem bestimmten Stadium in den förmlichen Geschäftsgang des Gemeinderates ein und endet dort mit einem Beschluss. Die Rolle der kommunalen Organe als der Hauptbeteiligten ist damit zunächst hinlänglich beschrieben, denn die konkurrierende Gegenüberstellung unterschiedlicher Positionen und Argumente zielt letztlich stets darauf ab, eine verbindliche Entscheidung herbeizuführen. Die dazu in der Kommunalverfassung bestimmten Instanzen sind die kommunalen Hauptorgane. Deren Rolle kann allerdings über diese Funktion hinausgehen. Es fragt sich nämlich, durch wessen Aktivität ein Entscheidungsprozess angestoßen und in Gang gesetzt wird. Es geht dabei darum, Probleme, Mängel und Fragen aufzugreifen und die Notwendigkeit ihrer Behandlung bis hin zur Entscheidung zu verdeutlichen.

Grundsätzlich kommen hierfür alle am kommunalen Entscheidungsprozess Beteiligten infrage: In der kommunalen Wirklichkeit sind dies sowohl die Parteien und Interessengruppen als auch die Medien oder die kommunalen Organe selbst. Eine allgemein gültige Aussage, wer die Initiative am häufigsten ergreift, ist nicht möglich, weil sich die Konstellationen in den Gemeinden zu stark voneinander unterscheiden.

Zwei Tendenzen sind allerdings erkennbar. Der Gesetzgeber hat in Bayern mit der Einführung von Bürgerbegehren und Bürgerentscheid sowie des Bürgerantrages zwar die Möglichkeiten der Bürger erweitert, Initiativen zu ergreifen. Die bisherigen Erfahrungen mit Bürgerbegehren und Bürgerentscheid belegen allerdings, dass dies **kaum** zu vermehrten originären bürgerschaftlichen Initiativen geführt hat. In den weitaus meisten Fällen waren Bürgerbegehren und Bürgerentscheid Reaktionen auf bereits erfolgte Entscheidungen oder Vorentscheidungen; es handelte sich insofern nicht um echte Initiativen, mit denen etwas angestoßen werden sollte.

Demgegenüber lässt sich erkennen, dass die Initiativen zunehmend von den kommunalen Organen ausgehen. Sie entwickeln sich aus dem engen Zusammenwirken von Mandatsträgern und Gemeindeverwaltung, wobei die „Initialzündung“ von beiden Seiten kommen kann: Entweder werden problematische Entwicklungen und Sachverhalte von den Gemeindebediensteten frühzeitig erkannt, an die Mandatsträger – also an Bürgermeister und Gemeinderatsmitglieder – „weitergemeldet“ und von diesen dann (ggf. über den Umweg einer Fraktion) thematisiert, oder die Mandatsträger nehmen aus ihrem jeweiligen Umfeld Anregungen auf, lassen diese von der Gemeindeverwaltung auf Relevanz prüfen, um sie ggf. anschließend zum Thema zu machen. In beiden Fällen sind die kommunalen Organe die Initiatoren. Dieser Funktionszusammenhang unterstreicht die wichtige Stellung des Mandatsträgers im Gesamtzusammenhang des kommunalen Entscheidungsprozesses. Daraus erklärt sich auch unser sehr stark personalisiertes Kommunalwahlrecht.

3.5 Exkurs: Die Satzung als Ausdruck der Rechtsetzungshoheit

3.5.1 Wo steht etwas über die Rechtsetzungshoheit?

Kommunale Selbstverwaltung bedeutet, in Angelegenheiten der örtlichen Gemeinschaft selbstverantwortlich zu entscheiden. Viele dieser Entscheidungen beziehen sich darauf, Regeln für die Handhabung bestimmter Sachverhalte aufzustellen. Art. 23 GO erlaubt es in diesem Sinne den Gemeinden, ihre Angelegenheiten in Satzungen und Verordnungen zu regeln. Es handelt sich dabei zwar um Rechtsetzungsakte durch den Gemeinderat, was allerdings nicht zur Folge hat, dass sich der Gemeinderat entsprechend der Gewaltenteilungslehre als Legislative verstehen müsste. Die Satzungen und Verordnungen werden auf der Basis von Gesetzen geschaffen, sie sind insofern konkrete Ausgestaltung gesetzgeberischer Vorgaben und deshalb Exekutive.

Neben Art. 23 GO beschäftigt sich auch der Art. 24 GO mit der kommunalen Rechtsetzungshoheit, indem die besonders als regelungsbedürftig anzusehenden Sachverhalte aufgezählt werden und Einzelheiten für die Ausgestaltung dieser Satzungen vorgegeben werden.

3.5.2 Was ist eine Rechtsverordnung, was eine Satzung?

Der Rechtsetzungshoheit der Kommunen umfasst die Befugnis, Satzungen und Rechtsverordnungen zu erlassen. Die Rechtsverordnung kommt dadurch zustande, dass der Staat den Kommunen vorwiegend im Bereich der öffentlichen Sicherheit und Ordnung staatliche Befugnisse überträgt. Die Rechtsverordnung ist insofern eine Regelung, die den übertragenen Wirkungskreis betrifft. Um eine Rechtsverordnung erlassen zu dürfen, bedarf es einer ausdrücklichen gesetzlichen Ermächtigung, aus der Inhalt, Zweck und Ausmaß, also Eckdaten der Regelung hervorgehen. Die wichtigste Grundlage für den Erlass einer Rechtsverordnung ist das Landesstraf- und Verordnungsgesetz (LStVG), das in Art. 42 ff. das Verfahren beim Erlass regelt. Neuerdings gehen kommunale Rechtsverordnungen vermehrt auch auf andere Gesetze zurück (z. B. Bayerisches Naturschutzgesetz).

Die Satzung ist demgegenüber eine Regelung im eigenen Wirkungskreis. Sie ist insofern in besonderer Weise Ausdruck kommunaler Selbstverantwortung, als die Kommunen damit ihre ureigensten Angelegenheiten frei von staatlicher Einflussnahme regeln. Dabei ist es in vielen Bereichen in das Ermessen der Gemeinde gestellt, ob sie von ihrer Rechtsetzungshoheit überhaupt Gebrauch macht. Es gibt allerdings auch diejenigen Fälle, in denen die Gemeinde verpflichtet ist, eine Satzung zu erlassen, so z. B. hinsichtlich der Entschädigung ehrenamtlich tätiger Gemeindebürger: Wie deren Anspruch auf eine angemessene Entschädigung umgesetzt wird, muss nach Art. 20a GO in einer Satzung geregelt werden.

In jedem Fall hat die Gemeinde hinsichtlich der Satzungsinhalte einen weiten Ermessensspielraum, der es ihr erlaubt, die jeweiligen örtlichen Verhältnisse zu berücksichtigen. Grenzen sind der Kommune nur bei Rechtswidrigkeit, insbesondere bei Willkür gezogen. In der Hauptsache beziehen sich die kommunalen Satzungen auf gemeindliche Einrichtungen, deren Benützung und Finanzierung.

Ein Sonderfall sind die sog. bewehrten Satzungen und die Satzungen zur Regelung übertragener Angelegenheiten. Letztere sind mittlerweile selten; es handelt sich dabei – ähnlich wie bei Rechtsverordnungen – um die örtliche Regelung gesetzlicher Vorgaben, wie z. B. beim Marktwesen. Die bewehrten Satzungen sind solche, die ein bestimmtes Verhalten verlangen und für Zuwiderhandlungen eine Ahndungsmöglichkeit vorsehen. Sowohl diese bewehrten Satzungen als auch die Satzungen zur Regelung übertragener Aufgaben bedürfen einer ausdrücklichen gesetzlichen Ermächtigung, auf die im Satzungstext hingewiesen werden muss. Konsequenterweise unterliegen die Kommunen bei Satzungen zum übertragenen Wirkungskreis hinsichtlich Erlass und Vollzug der Fachaufsicht **(Art. 109 Abs. 2 GO).**

3.5.3 Wie wird eine Satzung erlassen?

Die Vorschriften über die Art und Weise, wie eine Satzung zu erlassen ist, sind in der Gemeindeordnung an verschiedenen Stellen zu finden. Zunächst gilt, dass eine Satzung grundsätzlich vom gesamten Gemeinderat zu beschließen ist (Art. 29 GO). Die Übertragung der Satzungsbefugnis bei Bebauungsplänen und das Baugesetzbuch betreffenden Angelegenheiten auf einen beschließenden Ausschuss (Bausenat) ist allerdings gemäß **Art. 32 Abs. 2 GO** zulässig. Nie ist der Erste Bürgermeister zuständig, es sei denn, dass er von seiner Befugnis Gebrauch macht, wegen besonderer Eilbedürftigkeit eine Satzung zu erlassen. Die in einer Satzung zu regelnden Angelegenheiten dürften allerdings nur äußerst selten diese Eilbedürftigkeit haben.

Die Rechtsaufsichtsbehörden haben generell nach Art. 111 GO ein Informationsrecht, wonach sie sich Satzungen vorlegen lassen können. Sie haben nach Art. 112 GO darüber hinaus auch die Pflicht, rechtswidrige Beschlüsse zu beanstanden und die Aufhebung oder Änderung zu verlangen.

In ein paar besonderen Fällen besteht aufgrund gesetzlicher Vorschriften eine Genehmigungspflicht. So kann z. B. der Haushalt sog. Verpflichtungsermächtigungen nach Art. 67 GO oder Kreditaufnahmen nach Art. 71 GO enthalten. Es handelt sich dabei um genehmigungspflichtige Bestandteile des Haushalts gem. **Art. 65 Abs. 3 GO.**

Im Übrigen sollen die Rechtsaufsichtsbehörden gemäß Art. 108 GO die Gemeinden bei der Erfüllung ihrer Aufgaben, also gerade auch in den manchmal schwierigen Fragen des Satzungsrechts, durch Beratung unterstützen. Bevor eine Satzung in Kraft treten kann, ist sie auszufertigen **(Art. 26 Abs. 2 GO).** Die Ausfertigung ist die vollständige textliche Fassung der Satzung mit Datumsangabe und handschriftlicher Unterzeichnung dessen, der zum Vollzug befugt ist; dies ist in der Regel der Erste Bürgermeister. Mit der Ausfertigung ist eine Urkunde entstanden, die anschließend amtlich bekannt gemacht wird. Satzungen treten regelmäßig eine Woche nach Bekanntmachung in Kraft. Abweichende Regelungen sind entweder in der Gemeindeordnung (z. B. in **Art. 63 Abs. 3 GO** für die Haushaltssatzung) oder in der Satzung selbst enthalten.

3.5.4 Was enthalten die Satzungen?

Art. 24 GO beschäftigt sich eingehend mit den Inhalten der Satzungen. Im Absatz 1 werden zunächst katalogartig die einzelnen Sachverhalte aufgezählt, die vorwiegend zu regeln sind. Da geht es um die Benützung gemeindlichen Eigentums und gemeindlicher Einrichtungen, um den Anschluss- und Benutzungszwang für gemeindliche Einrichtungen aus Gründen des öffentlichen Wohls sowie um Hand- und Spanndienste. In den Absätzen 2 und 3 wird dargestellt, welche Zwangsmittel im Zusammenhang mit der Benützung gemeindlichen Eigentums eingesetzt werden dürfen und welche Maßnahmen beim Vollzug solcher Satzungen vom Bürger geduldet werden müssen. Schließlich wird unter Bezug auf die Mitwirkungsrechte der Kirchen und Religionsgemeinschaften bei Bestattungen gemäß Art. 149 Abs. 4 BV bestimmt, dass der Benutzungszwang für kommunale Friedhöfe und zugehörige Bestattungseinrichtungen zum Nachteil der Kirchen und Religionsgemeinschaften unzulässig ist (sog. Kirchenprivileg). Ein großer Teil des kommunalen Alltags wird insofern vom Erlass vom Vollzug und den damit verbundenen Konflikten beherrscht.

4. Die Arbeit des Mandatsträgers im Landkreis

4.1 Der Landkreis als Selbstverwaltungskörperschaft

Der Landkreis ist ein Gebilde, das einerseits die Merkmale einer Gebietskörperschaft besitzt, andererseits auch Elemente eines Gemeindezusammenschlusses aufweist. Als Gebietskörperschaft tritt er seinen Einwohnern und Bürgern mit Hoheitsgewalt gegenüber, als Gemeindeverband besteht er aus Gemeinden als Mitglieder (kreisangehörige Gemeinden). Nach **Art. 28 Abs. 2 GG** gilt die Selbstverwaltungsgarantie auch für die Landkreise als Gemeindeverbände, während die Bayerische Verfassung in Art. 11 Abs. 2 in diesem Zusammenhang nur die Gemeinden, nicht aber die Landkreise erwähnt. Nichtsdestoweniger ist der Landkreis als Selbstverwaltungskörperschaft konstruiert – in weiten Teilen nach dem Vorbild der Gemeinden. Dementsprechend ist die wichtigste Gesetzesgrundlage für die Landkreise, die Landkreisordnung (LKrO), in vielen Passagen wortgleich mit der Gemeindeordnung (GO). Soweit es sich um die Wahlen im Landkreis handelt, sind deren Regelungen sogar mit den Regelungen für die Gemeindewahlen in einem Gesetz, dem Gemeinde- und Landkreiswahlgesetz (GLKrWG), zusammengefasst. Die Grundstruktur und die Funktionsweisen von Gemeinden und Landkreisen sind sich insofern sehr ähnlich: Dem Gemeinderat und dem Ersten Bürgermeister als gemeindlichen Hauptorganen entsprechen der Kreistag und der Landrat als Hauptorgane des Landkreises (Art. 22 LKrO). Die Kompetenzaufteilung zwischen Kreistag und Landrat entspricht wesentlich der Kompetenzaufteilung zwischen Gemeinderat und Erstem Bürgermeister (Art. 30 und 34 LKrO). Insofern ist auch die Arbeit eines Kreisrates der eines Gemeinderates sehr ähnlich. Es gibt allerdings auch Unterschiedlichkeiten in den gesetzlichen Vorgaben, die für die Arbeit des Mandatsträgers bedeutsam sind.

4.2 Was ist für den Mandatsträger im Landkreis anders als in der Gemeinde?

4.2.1 Das Landratsamt als Staatsbehörde

Nach Art. 37 LKrO ist das Landratsamt eine sog. Doppelbehörde. Es ist zunächst Kreisbehörde und erledigt in dessen Funktion Aufgaben des eigenen und des übertragenen Wirkungskreises. Die übertragenen Aufgaben sind staatliche Aufgaben, deren Erledigung zwar weisungsgebunden, aber in kommunaler Verantwortung geschieht (Art. 6 LKrO). Insoweit ergibt sich für den Landkreis zunächst kein Unterschied zur Gemeinde.

Neben dieser im Vordergrund stehenden kreiskommunalen Zuordnung ist das Landratsamt allerdings auch Staatsbehörde. Es nimmt als sog. Kreisverwaltungsbehörde auch rein staatliche Aufgaben auf der unteren staatlichen Ebene wahr. Dabei handelt es sich insbesondere um die Aufgaben der staatlichen Aufsicht über die kreisangehörigen Gemeinden und sonstige Einrichtungen des öffentlichen Rechts. Das hat zur Folge, dass der Landrat im Vollzug der staatlichen Aufgaben als Organ des Staates tätig wird **(Art. 37 Abs. 6 LKrO).** Er untersteht in dieser Funktion den Weisungen seiner vorgesetzten Dienststellen. Der Staat teilt den Landratsämtern für Zwecke der Staatsbehörde deshalb nach Bedarf Staatsbeamte als Bedienstete zu.

Die in **Art. 23 Abs. 2 LKrO** vorgesehene Überwachung der Kreisverwaltung durch den Kreistag erstreckt sich deshalb nicht auf das Landratsamt als Staatsbehörde. Der Kreistag und seine Ausschüsse haben also keine Möglichkeit, auf Entscheidungen des staatlichen Teils des Landratsamtes Einfluss zu nehmen.

4.2.2 Der Kreisausschuss ist Hauptorgan

Der Kreistag bildet einen obligatorischen Ausschuss, der in gleicher Funktion in der Gemeindeordnung nicht vorgesehen ist: Es handelt sich dabei um den Kreisausschuss, der gemäß Art. 26 LKrO vom Kreistag als ständiger Ausschuss bestellt werden muss. Er hat für den Kreistag zunächst vorberatende Funktion, besitzt aber – entsprechend den ihm vom Kreistag übertragenen Aufgaben – eigene Beschlusszuständigkeiten. Er ist deshalb ein wichtiges Hauptorgan des Landkreises – zumal er weitaus häufiger als der Kreistag zusammentritt. Der Kreistag als relativ großes Gremium (nach Art. 24 LKrO 50–70 Kreisräte je nach Größe des Landkreises) tagt verhältnismäßig selten. Demgegenüber tritt der Kreisausschuss in der Regel monatlich zusammen. Er hat deshalb im politischen Alltag als Ausschuss eine herausragende Bedeutung, weil er alle Angelegenheiten behandelt, die der Landrat nicht in eigener Zuständigkeit entscheidet – entweder vorberatend oder beschließend. Seine Zusammensetzung ist nach der Landkreisordnung vorgeschrieben; Art. 27 sieht je nach Einwohnerzahl 10–14 Mitglieder vor. Anders als im Gemeinderat, wo die Entscheidungen der beschließenden Ausschüsse einem Reklamationsrecht unterliegen, gibt es für den Kreistag diese Revision nicht.

4.2.3 Der Landrat kann nicht auf den Vorsitz in einem Ausschuss verzichten

Während es in der Gemeinde möglich ist, den Vorsitz in einem Ausschuss einem vom Gemeinderat bestimmten Mitglied zu übertragen **(Art. 33 Abs. 2 GO),** ist eine analoge Regelung in den Ausschüssen des Kreistages nicht zulässig. Nach Art. 33 LKrO führt der Landrat den Vorsitz im Kreistag, im Kreisausschuss und in den weiteren Ausschüssen. Bei Verhinderung oder persönlicher Beteiligung des Landrates handelt sein Stellvertreter für ihn. Ein Verzicht auf den Ausschussvorsitz ist also nicht möglich. Im Übrigen gilt auch nach der Landkreisordnung, dass der Vorsitzende im Rechnungsprüfungsausschuss vom Kreistag in offener Abstimmung aus der Mitte des Ausschusses bestimmt wird. Da der Landrat dem Rechnungsprüfungsausschuss angehören darf, kann er auch zu dessen Vorsitzenden bestimmt werden.

4.2.4 Der einzelne Kreisrat hat ein Auskunftsrecht

Die Gemeindeordnung sieht vor, dass ein Mitglied des Gemeinderates allein kein Recht auf Akteneinsicht und Auskunft hat. Das Kontrollrecht gegenüber der Gemeindeverwaltung kann nur vom Kollegialorgan ausgeübt werden, was zur Folge hat, dass dem Auskunftsersuchen eines Gemeinderatsmitglieds nur nach entsprechender Beauftragung gemäß **Art. 46 Abs. 1 GO** entsprochen werden muss. In der Landkreisordnung ist eine davon abweichende Regelung getroffen. Auch hier steht das Kontrollrecht zunächst dem Kreistag insgesamt zu – mit der Folge, dass Akteneinsicht nur gewährt werden muss, wenn eine Beauftragung durch den Kreistag vorliegt. Das weniger weitreichende Auskunftsrecht steht nach **Art. 23 Abs. 2 LKrO** hingegen jedem einzelnen Kreisrat zu. Es besteht gegenüber dem Landrat, nicht gegenüber einem Bediensteten und bezieht sich nur auf kommunale, nicht auf staatliche Angelegenheiten.

Teil 4 Die Kommunen als eigenständige Körperschaften

1. Aufgabenbereiche der Kommunen

1.1 Grundsätzliches zu Umfang und Abgrenzung der kommunalen Aufgaben

In Teil 2 „Die kommunale Selbstverwaltung als Selbstverantwortung" haben wir bereits grundlegende Begriffe wie „eigener Wirkungskreis", „übertragener Wirkungskreis", „Pflichtaufgaben", „freiwillige Aufgaben", „Rechtsaufsicht" und „Fachaufsicht" kurz kennengelernt. Im Folgenden sollen diese Begriffe unter Einbeziehung des Verhältnisses zwischen kreisangehörigen Gemeinden und Landratsamt bzw. Landkreis vertieft und anhand einer Reihe von typischen kommunalen Aufgaben veranschaulicht werden.

1.1.1 Kommunale Aufgabenzuständigkeit allgemein

Grundsätzlich ist bei den kommunalen Aufgaben zu unterscheiden zwischen den Selbstverwaltungsangelegenheiten im eigentlichen Sinn (eigene Angelegenheiten) und den übertragenen Angelegenheiten, die den Kommunen zur Erledigung anstelle des Staates gesetzlich zugewiesen wurden (übertragene Angelegenheiten). Allen (kreisangehörigen und kreisfreien) Gemeinden wird durch Art. 28 Abs. 2 Satz 1 GG und Art. 11 Abs. 2 BV das Selbstverwaltungsrecht kraft Verfassung garantiert. Den Gemeinden steht damit in ihrem Gebiet grundsätzlich die Erfüllung aller öffentlichen örtlichen Aufgaben zu. Eine gesetzliche Definition dieser „gemeindlichen Allzuständigkeit" gibt es allerdings nicht. Ebenso wenig gibt es eine abschließende gesetzliche Aufzählung aller gemeindlicher Aufgaben. Art. 83 BV und Art. 57 GO nennen lediglich Beispiele – hierzu später.

Den Landkreisen und Bezirken steht gem. Art. 28 Abs. 2 Satz 2 GG ein Selbstverwaltungsrecht „nach Maßgabe der Gesetze" zu. Das heißt, ein Selbstverwaltungsrecht ist als solches (institutionell) garantiert, jedoch wird sein Umfang durch Gesetz bestimmt (z. B. Errichtung von Krankenhäusern und Förderung der Gartenkultur, Art. 51 Abs. 3 LKrO). Näheres siehe unten.

Rechtsgrundlagen: Art. 28 Abs. 2 GG; Art. 10, 11 und 83 BV; Art. 1, 6 und 7 GO, Art. 1, 4 und 5 LKrO, Art. 1, 4 und 5 BezO.

TIPP!

Einen Überblick über Umfang und Vielfalt der Gemeindeaufgaben gibt der sog. Einheitsaktenplan, der seit dem 1.1.2003 vom Bayerischen Gemeindetag, Bayerischen Städtetag und vom Bayerischen Landkreistag sowie der Generaldirektion der Staatlichen Archive herausgebracht wird. Seine Anwendung wird den Kommunen, Zweckverbänden und Landratsämtern dringend empfohlen. Eine unkommentierte Fassung kann über die Staatlichen Archive Bayerns in Papierform und als PDF-Datei bestellt werden.

1.1.2 Eigener Wirkungskreis und übertragener Wirkungskreis – was ist der Unterschied?

Die Gemeinden (ähnlich die Landkreise und Bezirke) erfüllen entweder im eigenen Wirkungskreis ***eigene Aufgaben*** oder im übertragenen Wirkungskreis ***übertragene Aufgaben.*** Der eigene Wirkungskreis bei den Gemeinden umfasst alle öffentlichen Angelegenheiten der örtlichen Gemeinschaft, der übertragene Wirkungskreis dagegen die Angelegenheiten, die ein Gesetz oder eine Rechtsverordnung den Gemeinden zur Besorgung für den Staat oder für andere Körperschaften des öffentlichen Rechts zuweist.

Beispiele:

Nach Art. 9 Nr. 4 Bayerisches Sammlungsgesetz ist die kreisangehörige Gemeinde Erlaubnisbehörde für Sammlungen innerhalb des Gemeindegebiets (Besorgung für den Staat).

Nach Art. 83 AGSG sind kreisangehörige Gemeinden auf Anforderung des Landkreises u. a. zur Mitwirkung bei der Prüfung und Auszahlung von Sozialhilfeleistungen verpflichtet.

Der wichtigste Unterschied zwischen den beiden Wirkungskreisen liegt darin, dass die Kommunen im eigenen Wirkungskreis nur an die gesetzlichen Vorschriften gebunden sind (vgl. Art. 20 Abs. 3 GG und Art. 56 Abs. 1 GO, Art. 50 LKrO, Art. 47 BezO) und im Übrigen nach pflichtgemäßem Ermessen handeln können (vgl. Art. 7 Abs. 2 GO), während sie im übertragenen Wirkungskreis zusätzlich den fachlichen Weisungen der zuständigen Staatsbehörden unterworfen sind (vgl. Art. 8 Abs. 2 GO) und hier auch das Ermessen der Gemeinde vollinhaltlich überprüft und ersetzt werden kann.

Im eigenen Wirkungskreis unterliegen die Kommunen nur der Rechtsaufsicht, im übertragenen Wirkungskreis dagegen zusätzlich der Fachaufsicht des Staates; vgl. hierzu Teil 4 Kapitel 1.1.5.

1.1.3 Eigener Wirkungskreis – wofür ist die Gemeinde, der Landkreis, der Bezirk zuständig?

Die Aufgabenzuständigkeiten der Gemeinden, Landkreise und Bezirke lassen sich in erster Linie nach dem Umfang der jeweiligen Einzelaufgabe, insbesondere nach dem Einzugsbereich einer bestimmten Aufgabe abgrenzen.

Die Gemeinden sind nach Art. 1, 6 und 7 GO für die ***örtlichen Aufgaben*** zuständig. Die Landkreise für die Erledigung der ***überörtlichen Angelegenheiten*** bzw. Aufgaben, die innerhalb des Kreisgebiets anfallen und die über das Gemeindegebiet hinausreichen (Art. 1, 4 und 5 LKrO). Die Bezirke wiederum sind für die überörtlichen Aufgaben zuständig, deren Einzugsbereich sogar über das Kreisgebiet hinausgeht und das Gebiet eines ganzen Bezirks umfasst (Art. 1, 4 und 5 BezO).

Artikel 4 Abs. 1 LKrO enthält den weiteren Grundsatz, dass den Landkreisen die Erfüllung der Aufgaben zusteht, die über das Leistungsvermögen der kreisangehörigen Gemeinden hinausgehen (soweit es sich nicht ohnehin um Staatsaufgaben handelt).

Ähnlich lautet Art. 4 BezO für das Verhältnis Landkreise – Bezirk.

Grundsätzlich kann man sagen, dass der Rahmen der örtlichen Gemeinschaft und der gemeindlichen Leistungsfähigkeit dann überschritten wird, wenn eine Aufgabe wegen ihres Einzugsbereichs und des damit verbundenen Umfangs nicht mehr von einer Gemeinde allein und auch nicht von mehreren Gemeinden im Wege der kommunalen Zusammenarbeit ausreichend erfüllt werden kann.

Es kann auch der Fall eintreten, dass im Laufe der Jahre ursprünglich rein örtliche Angelegenheiten zu überörtlichen Angelegenheiten werden, weil beispielsweise die zunehmende Spezialisierung einer Aufgabe einen größeren Einzugsbereich für eine wirtschaftliche Erledigung durch eine leistungsfähigere Behörde erfordert.

Beispiele:

Krankenhauswesen: Früher haben nicht selten auch kleinere Gemeinden kleine Krankenhäuser unterhalten. Wegen der Spezialisierung der Aufgaben selbst in den Krankenhäusern der sog. medizinischen Grundversorgung (Innere Medizin, Chirurgie, Gynäkologie, Urologie usw.) überstieg die Vorhaltung solcher Krankenhäuser alsbald sowohl den Einzugsbereich als auch die finanzielle Leistungsfähigkeit der kreisangehörigen Gemeinden. Deshalb hat der Gesetzgeber in Art. 51 Abs. 3 LKrO auf die Landkreise die Aufgabe übertragen, die erforderlichen Krankenhäuser der Grundversorgung zu errichten und zu unterhalten. Dagegen sind für Spezialkrankenhäuser, z. B. für Psychiatrie, Neurologie oder Suchtkranke, deren Einzugsbereich selbst über das Kreisgebiet hinausreicht, grundsätzlich die Bezirke zuständig (Art. 48 Abs. 2 BezO). Bei den Krankenhäusern wird es aktuell aufgrund der bundespolitischen Finanzierungsvorgaben zu weiteren Strukturdiskussionen kommen müssen, um auf Dauer eine qualitäthaltige und echte Grundversorgung der Bevölkerung sicherzustellen. Wegen der Kleinteiligkeit der bayerischen Krankenhauslandschaft sind schon heute viele Standorte massiv defizitär und können bei objektiver Betrachtung den geschuldeten Versorgungsstandard nicht leisten. Die politisch notwendigen Diskussionen um die (auch wirtschaftlich) ideale Struktur werden oft nach dem Motto „nur Standorterhalt um jeden Preis ist Bürgernähe" vermieden. Das ist falsch, weil die Qualität und der medizinische Umfang der Versorgung den absoluten Vorrang haben muss.

Schulwesen: Das Einzugsgebiet einer oder mehrerer Gemeinden (in einem Schulverband) ist groß genug, um eine Grund- und Hauptschule zu unterhalten. Dagegen setzt der organisatorisch sinnvolle und wirtschaftliche Betrieb von Berufsschulen, Realschulen, Gymnasien und Förderschulen jeweils ein erheblich über das Gebiet einer oder einzelner Gemeinden hinausgehendes Einzugsgebiet voraus. Deshalb sind hier die Landkreise (bei bestimmten Förderschulen, z. B. für Blinde und Gehörlose, die Bezirke) zuständig.

In einigen Aufgabenbereichen sieht der Gesetzgeber sogar ineinander übergreifende Zuständigen vor, beispielsweise für Gemeinden und Landkreise in der Jugendarbeit (Art. 17 Bayerisches Kinder- und Jugendhilfegesetz) oder für Gemeinden, Landkreise und Bezirke bei der Mitfinanzierung des Denkmalschutzes oder der Denkmalpflege (Art. 22 Denkmalschutzgesetz).

Exkurs: Zwischen kreisangehörigen Gemeinden und Landkreisen gibt es insbesondere bei freiwilligen Aufgaben, soweit keine klare ausschließliche Zuständigkeit gesetzlich geregelt ist, und die Aufgaben an der Grenze zwischen örtlicher und überörtlicher Erfüllung liegen, immer wieder einmal Meinungsverschiedenheiten darüber, ob für eine Aufgabe nur die Gemeinde oder (ggf. auch) der Landkreis zuständig ist. Der kommunalpolitische Hintergrund für manche Diskussion ist zum einen das Selbstverständnis und Selbstbewusstsein der kreisangehörigen Gemeinden, zum anderen auch die Tatsache, dass die Gemeinden über die vom Landkreis zu erhebende ***Kreisumlage*** (vgl. Teil 4 Kapitel 2 „Die Finanzhoheit der Kommune") den nicht durch anderweitige Einnahmen (Staatszuschüsse, Gebühren usw.) des Landkreises gedeckten Aufwand übernehmen müssen (Art. 18 Finanzausgleichsgesetz).

Oft wird argumentiert, die Gemeinde möchte eine Aufgabe lieber selbst durchführen, statt sie vom Landkreis durchführen zu lassen und über die Kreisumlage mitzufinanzieren. Gelegentlich sind kreisangehörige Gemeinden auch der Auffassung, dass bestimmte in den Kreishaushalt einbezogene Maßnahmen des Landkreises nicht in den Kreishaushalt hätten eingestellt werden dürfen, weil hierfür die Gemeinden zuständig seien. In einem solchen Fall haben die Gemeinden die Möglichkeit, den Kreisumlagebescheid anzufechten und eine notfalls gerichtliche Klärung herbeiführen zu lassen. Aufsehen erregt hat hier das sogenannte Forchheimer Urteil, das die Kreisumlage deshalb für ungültig erklärt hat, weil der Landkreis die finanzierenden Kommunen nicht ausreichend bei der Umlagenfestsetzung mit eingebunden hatte. Die ganz überwiegende Praxis zwischen kreisangehörigen Gemeinden und Landkreis ist aber durchaus durch eine einvernehmliche Zusammenarbeit und Aufgabenteilung gekennzeichnet.

Beispiel:

In Grenzbereichen, beispielsweise bei Volkshochschulen oder Musikschulen, gibt es unterschiedliche Formen des Zusammenwirkens von Gemeinden und Landkreis, beispielsweise: VHS nur in Gemeindehand und ggf. Förderung durch den Landkreis; VHS wird durch Zweckverband oder eingetragenen Verein betrieben, an dem Gemeinden und Landkreis beteiligt sind; schließlich auch Kreisvolkshochschule.

Für ein gedeihliches Zusammenwirken von Landkreis und Gemeinden ist es sicher nicht von Nachteil, dass im Landesdurchschnitt drei Viertel der Kreistagsmitglieder zugleich Bürgermeister oder Gemeinderatsmitglied sind. Vorstehendes gilt sinngemäß für das Verhältnis Landkreise : Bezirk. Leider stellen wir aber immer öfter fest, dass die Gremienmitglieder bisweilen je nach Gusto argumentieren.

1.1.4 Im eigenen Wirkungskreis gibt es Pflichtaufgaben und freiwillige Aufgaben

Die vielfältigen Aufgaben im kommunalen Bereich sind sehr unterschiedlich zu beurteilen. Die Rechtsordnung schreibt vor, welche lebensnotwendigen Aufgaben die Kommunen erfüllen, insbesondere welche unverzichtbaren Einrichtungen der **Daseinsvorsorge** (z. B. Trinkwasserversorgung, Abwasserbeseitigung) sie schaffen und unterhalten müssen. Diese Aufgaben nennt man ***Pflichtaufgaben.***

Die übrigen Aufgaben, die nicht grundlegende Voraussetzung für das Funktionieren der örtlichen Gemeinschaft sind, nennt man ***freiwillige Aufgaben.***

Die Pflichtaufgaben sind nur zum geringen Teil unmittelbar in den Kommunalgesetzen geregelt, wie z. B. die Trinkwasserversorgung in Art. 57 Abs. 2 GO, Krankenhäuser in Art. 51 Abs. 3 LKrO oder Suchtkliniken in Art. 48 Abs. 3 BezO. Die meisten Pflichtaufgaben finden sich in Spezial-Gesetzen. Darauf weisen die Kommunalgesetze auch hin (z. B. Art. 57 Abs. 1 Satz 2 GO, Art. 51 Abs. 2 LKrO, Art. 50 BezO).

Natürlich kann und muss eine Kommune auch Pflichtaufgaben nur in den Grenzen ihrer (finanziellen und verwaltungsmäßigen) Leistungsfähigkeit erfüllen (vgl. Art. 57 Abs. 1 GO). Allerdings ist, wenn eine Pflichtaufgabe die Leistungsfähigkeit einer Gemeinde übersteigt, zunächst ein Ausweg durch kommunale Zusammenarbeit mit anderen Gemeinden zu suchen (Art. 57 Abs. 3 GO). ***Pflichtaufgaben*** haben Vorrang vor den ***freiwilligen Aufgaben.*** Dies ist insbesondere dann zu beachten, wenn die Grenzen der finanziellen Leistungsfähigkeit einer Kommune erreicht sind.

Beispiel:

Beispielsweise muss dann die Errichtung eines gemeindlichen Sportstadions hinter dem Bau einer dringend benötigten Grund- und Mittelschule zurückstehen.

Andererseits gibt es Fälle, in denen eine Kommune nach dem Grundsatz der Subsidiarität von der Erfüllung einer Pflichtaufgabe in eigener Regie befreit ist, soweit Dritte diese Aufgabe erfüllen.

Beispiel:

Errichtung und Betrieb von Kindergärten durch freie gemeinnützige Träger.

Eine vollständige Aufzählung aller ***Pflichtaufgaben*** und ***freiwilligen Aufgaben*** der Kommunen (vgl. hierzu Tipp in Teil 4 Kap. 1.1.1: Einheitsaktenplan) würde den Rahmen dieses Buches sprengen. Deshalb können an dieser Stelle nur die wichtigsten Aufgaben beispielhaft genannt werden.

- **Pflichtaufgaben kreisangehöriger Gemeinden:**
  - Sorge für den ordnungsgemäßen Geschäftsgang (technische Abwicklung und innere Organisation der Gemeindeverwaltung, Verkehr mit Bürgern und anderen Behörden, Geheimhaltung von Geheimangelegenheiten) und Schaffung der hierzu erforderlichen Einrichtungen (z. B. Büroräume und Inventar), Art. 56 und 56a GO.
  - Anstellung des fachlich geeigneten Verwaltungspersonals, Art. 42 GO.
  - Bestellung des Kassenverwalters nebst Stellvertreter, Art. 100 GO.
  - Sparsame und wirtschaftliche Planung und Führung der Haushaltswirtschaft (u. a. Aufstellung des Haushaltsplans und Erlass der Haushaltssatzung), Art. 61 ff. GO.
  - Pflegliche und wirtschaftliche Verwaltung des Gemeindevermögens und Bildung von Rücklagen, Art. 74, 76 GO.
  - Erhebung der zur Erfüllung der Gemeindeaufgaben erforderlichen Beiträge, Gebühren und Steuern nach den gesetzlichen Vorschriften, Art. 62 GO i. V. m. (u. a.) Art. 5 ff. Kommunalabgabengesetz, § 127 Baugesetzbuch. Feuerwehren, Art. 1 Bayerisches Feuerwehrgesetz.

- Straßenbaulast (Bau, Unterhaltung) für Gemeindestraßen und für öffentliche Feld- und Waldwege, Art. 47 und 54 Bayerisches Straßen- und Wegegesetz. Reinhaltung der öffentlichen Straßen innerhalb der geschlossenen Ortslage und Verkehrssicherungspflicht einschließlich Winterdienst, Art. 51 BayStrWG.
- Herstellung und Unterhaltung der erforderlichen Bestattungseinrichtungen (insbesondere Friedhöfe), Art. 7 Bestattungsgesetz.
- Aufstellung von Flächennutzungs- und Bebauungsplänen und Erschließungslast (Straßen, Grünanlagen usw.), §§ 2 und 123 BauGB. Wasserversorgung, Art. 57 Abs. 2 GO.
- Abwasserbeseitigung, Art. 41b BayWG.
- Gemeindliche Versorgungsunternehmen (Strom, Gas).
- Sachaufwand und Hauspersonal für öffentliche Grund- und Mittelschulen, Art. 8 Bayerisches Schulfinanzierungsgesetz. Kindergärten (soweit nicht freigemeinnütziger Träger übernimmt).
- Schülerbeförderung, Art. 3 Abs. 4 BaySchFG.

• **Zusätzliche Pflichtaufgaben kreisfreier Gemeinden (Städte):**
  - Errichtung eines Rechnungsprüfungsamtes, Art. 104 GO.
  - Träger der örtlichen Sozialhilfe, Art. 80 AGSG i. V. m. § 3 Abs. 2 SGB XII.
  - Örtlicher Träger der öffentlichen Jugendhilfe einschließlich Jugendamt, Art. 3 ff. Bayerisches Kinder- und Jugendhilfegesetz. Krankenhäuser, Art. 9 Abs. 1 Satz 2 GO i. V. m. Art. 51 Abs. 3 LKrO.
  - Abfallbeseitigung, Art. 3 Bayerisches Abfallwirtschaftsgesetz.
  - Schulaufwand für berufliche Schulen und weiterführende Schulen wie Gymnasien und Realschulen, Art. 8 BaySchFG.
  - Schülerbeförderung, Art. 1 Schulwegkostenfreiheitsgesetz.

• **Pflichtaufgaben der Landkreise:**

  Überwiegend ähnlich oder inhaltsgleich mit den vorgenannten zusätzlichen Pflichtaufgaben der kreisfreien Gemeinden, also z. B.:
  - Kreisstraßenbau, Krankenhäuser, örtlicher Sozialhilfeträger, Jugendamt, Schulaufwandsträgerschaft, Schülerbeförderung, Rechnungsprüfungsamt, Abfallbeseitigung.
  - Außerdem Beschaffung der überörtlich erforderlichen Feuerwehrfahrzeuge und Geräte (Art. 2 BayFwG), Erhebung der Kreisumlage (Art. 18 FAG).

- **Pflichtaufgaben der Bezirke:**
  - Sicherstellung der geordneten Verwaltung und der finanziellen Grundlagen ähnlich wie bei den anderen Kommunen.
  - Überörtliche Träger der Sozialhilfe, Art. 81 AGSG i. V. m. § 3 Abs. 2 SGB XII.
  - Krankenhäuser für Psychiatrie und Suchtkranke sowie zentrale Einrichtungen zur Eingliederung Behinderter, Art. 48 Abs. 3 BezO.
  - Sachaufwandsträger für bestimmte Grund-, Mittel- und Berufsschulen für Behinderte mit besonders großem Einzugsbereich, wie z. B. Blinde oder Gehörlose, Art. 8 BaySchFG.

Ungeachtet der Entscheidung nach eigenem Ermessen bei den **freiwilligen Aufgaben** müssen selbstverständlich auch hier bestehende gesetzliche Vorschriften beachtet werden (Grundsatz der Gesetzmäßigkeit).

Einige Beispiele freiwilliger Aufgaben:

- Fremdenverkehrsbeitrag und Kurbeitrag, Art. 6 und 7 KAG.
- Altenhilfe (bei Landkreis und kreisfreier Stadt aber Sollaufgabe, § 71 SGB XII).
- Kulturpflege (z. B. Bücherei, Heimatmuseum, Heimatpfleger, Volksfeste, Musikschule, bei größeren Kommunen auch Theater und Orchester).
- Förderung der Erwachsenenbildung und des Sports, Naherholungseinrichtungen wie z. B. Campingplätze und Spielplätze. Schwimmbad, Sportstadion oder Eislaufplatz.
- Förderung ehrenamtlichen Engagements.

1.1.5 Übertragener Wirkungskreis

Der übertragene Wirkungskreis der Gemeinden umfasst Aufgaben, die den Gemeinden durch Gesetz „zur Besorgung namens des Staates oder anderer Körperschaften des öffentlichen Rechts" zugewiesen sind (Art. 11 Abs. 3 BV, Art. 8 Abs. 1 GO).

Übertragene Aufgaben sind naturgemäß immer Pflichtaufgaben. Zu den übertragenen Aufgaben gehören nicht solche Aufgaben, für die das staatliche Landratsamt (vgl. Teil 4 Kapitel 1.1.6) oder Sonderbehörden, wie z. B. Forstämter, Landwirtschaftsämter oder Polizeidienststellen zuständig sind (vgl. Art. 58 Abs. 1 GO, Art. 53 Abs. 1 LKrO). Die Gemeinden sind wiederum für die örtlichen Aufgaben und darüber hinaus für die gesetzlich vorgesehene Mitwirkung in der sonstigen öffentlichen Verwaltung zuständig (Art. 58 Abs. 1 GO).

Der übertragene Wirkungskreis der Landkreise umfasst die staatlichen Aufgaben, die das Gesetz den Landkreisen zur Erledigung zuweist (Art. 6 Abs. 1 und 53 Abs. 1 LKrO). Ähnliches gilt für die Bezirke (Art. 56 BezO). Zu den Aufgaben des staatlichen Landratsamts siehe unten.

Einige Beispiele übertragener Aufgaben:

Bei allen Gemeinden:

- Unterstützung der Gemeindeangehörigen bei der Einleitung von Verwaltungsverfahren (auch wenn für deren Durchführung eine andere Behörde zuständig ist).
- Entgegennahme von Anträgen auch an andere Behörden, Bereithaltung von Vordrucken, Art. 58 GO.
- Erlass und Vollzug von Rechtsverordnungen, Art. 43 Landesstraf- und Verordnungsgesetz.
- Mitwirkung bei Bundestags-, Landtags- und Bezirkswahlen.
- Durchführung der Gemeindewahlen gem. Gemeinde- und Landkreiswahlgesetz.
- Vollzug des Ordnungswidrigkeitenrechts.
- Vollzug eines Teils der Gewerbeordnung.

Nur bei kreisangehörigen Gemeinden:

- Vorbehandlung von Bauanträgen, Art. 67, Art. 64 Abs. 2 Bayerische Bauordnung (BayBO).
- Mitwirkung bei Landkreiswahlen.

Nur bei kreisfreien Gemeinden:

Erfüllung der außerhalb des Gemeindegebiets sonst vom Landratsamt zu erfüllenden Staatsaufgaben und sonst von den Landkreisen zu erfüllenden übertragenen Aufgaben, Art. 9 Abs. 1 GO.

Bei den Landkreisen:

- Rettungsdienst, Art. 18 Bayerisches Rettungsdienstgesetz.
- Vollzug fleischhygienerechtlicher Vorschriften (Gesetz zur Ausführung des Fleischhygienegesetzes).
- Erlass von Rechtsverordnungen (z. B. Landschaftsschutzverordnung).
- Vollzug des Wohngeldgesetzes.
- Gemäß Art. 53 Abs. 2 LKrO müssen die Landkreise die zur Erledigung der staatlichen Aufgaben erforderlichen Einrichtungen zur Verfügung stellen, wie z. B. Bau und Unterhalt des Landratsamts, Personalaufwand für das Kreispersonal.

1.1.6 Abgrenzung zwischen Landratsamt, kreisfreier Stadt und Großer Kreisstadt

Die Abgrenzung bereitet immer wieder Schwierigkeiten und ist auch für Gemeinderäte kreisangehöriger Gemeinden, zumindest soweit sie auch Mitglied des Kreistags sind, von Interesse. Wichtig ist, sich zu vergegenwärtigen: Das **Landratsamt** ist sowohl ***Kreisbehörde*** als auch ***Staatsbehörde*** (Art. 37 Abs. 1 LKrO). Als Kreisbehörde erfüllt es die Aufgaben des Landkreises im eigenen und im übertragenen Wirkungskreis. Als untere staatliche Verwaltungsbehörde, in Art. 9 Abs. 1 GO etwas missverständlich als **„Kreisverwaltungsbehörde“** bezeichnet, nimmt das Landratsamt rein staatliche Aufgaben wahr, insbesondere auch die staatliche Aufsicht über die kreisangehörigen Gemeinden. Leiter des Landratsamts ist der unmittelbar vom Volk gewählte Landrat, der zwar Beamter des Landkreises ist, jedoch eine Doppelfunktion innehat: Er ist einerseits kommunaler Wahlbeamter, andererseits, soweit er Staatsaufgaben ausführt, Vertreter des Staates.

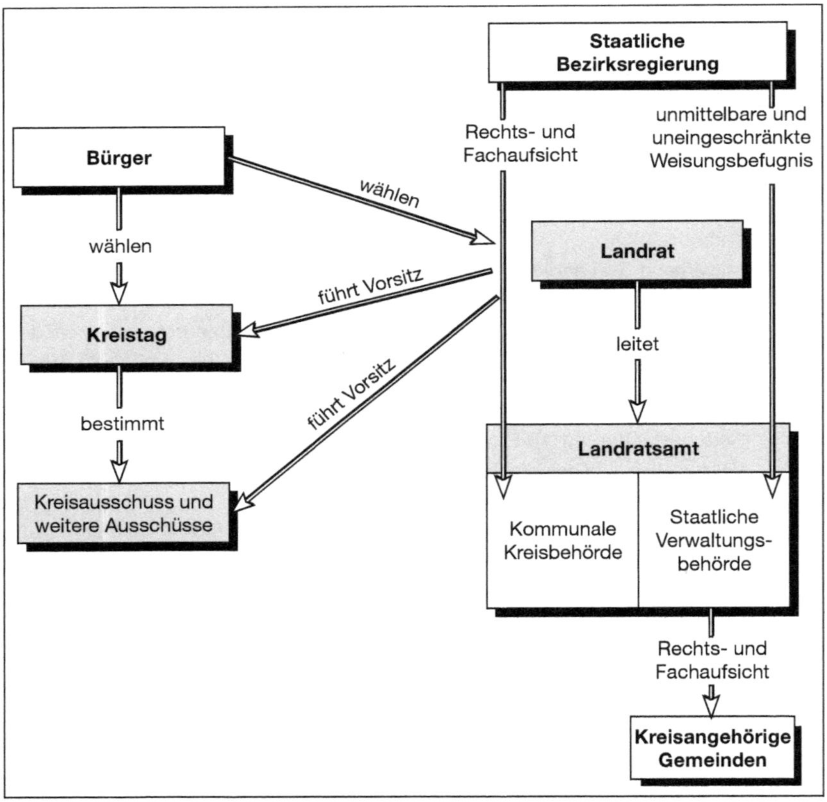

Doppelstellung von Landratsamt und Landrat

Neben der bereits erwähnten Aufsicht über die kreisangehörigen Gemeinden ist das Landratsamt in seiner Eigenschaft als Staatsbehörde u. a. untere Bauaufsichtsbehörde, untere Naturschutzbehörde, Ausländerbehörde, Kfz-Zulassungsstelle und untere Straßenverkehrsbehörde, und außerdem zuständig u. a. für Waffenrecht, Sprengstoffrecht, Wasserrecht, Katastrophenschutz und Immissionsschutz, schließlich auch für die überörtliche Rechnungs- und Kassenprüfung bei den kreisangehörigen Gemeinden (soweit diese nicht Mitglieder des Bayerischen Kommunalen Prüfungsverbands sind).

Die ***kreisfreie Gemeinde/kreisfreie Stadt*** ist, wie schon an anderer Stelle ausgeführt, innerhalb ihres Gebiets nicht nur für die gemeindlichen Aufgaben des eigenen und übertragenen Wirkungskreises, sondern auch für die sonst vom Landratsamt zu erledigenden staatlichen Aufgaben sowie für die eigenen und übertragenen Kreisaufgaben zuständig (Art. 9 Abs. 1 GO). Daher kommt es, dass viele identische Aufgaben innerhalb des Kreisgebiets Staatsaufgaben, innerhalb des Gebiets der kreisfreien Stadt dagegen gemeindliche Aufgaben im übertragenen Wirkungskreis sind.

Beispiel:

Die Genehmigung von Einzelbauanträgen ist bei der kreisfreien Stadt Aufgabe des übertragenen Wirkungskreises, d. h., für die Entscheidung von größeren Bauvorhaben sind in der Regel der Stadtrat oder ein beschließender Bauausschuss, bei kleineren Bauvorhaben („laufende Angelegenheiten") der Oberbürgermeister und die von ihm ermächtigte Verwaltung zuständig. Innerhalb des Kreisgebiets werden dagegen alle Bauanträge vom Landratsamt als Staatsbehörde, also vom Landrat und seiner Verwaltung entschieden. Der Kreistag oder ein Ausschuss kann also weder über Bauanträge beschließen noch dem Landrat vorschreiben, wie er entscheiden soll!

Die **Große Kreisstadt** als kreisangehörige Gemeinde erfüllt zusätzlich zu ihren sonstigen Gemeindeaufgaben auch diejenigen Aufgaben, die sonst vom Landratsamt als Staatsbehörde wahrgenommen werden und die ihr durch Rechtsverordnung der Staatsregierung zugewiesen sind (Art. 9 Abs. 2 GO). Dazu gehören nach der Verordnung über Aufgaben der Großen Kreisstädte z. B. Aufgaben der unteren Bauaufsichtsbehörde, der unteren Straßenverkehrsbehörde oder Aufgaben des Landratsamts zum Vollzug des Gaststättengesetzes.

1.1.7 Rechtsaufsicht und Fachaufsicht

Die einschlägigen Regelungen finden sich im Wesentlichen inhaltsgleich für Gemeinden in Art. 108 ff. GO, für Landkreise in Art. 94 ff. LKrO und für Bezirke in Art. 90 ff. BezO.

In den Angelegenheiten des ***eigenen Wirkungskreises*** beschränkt sich die staatliche Aufsicht auf die Überwachung der Erfüllung der gesetzlich festgelegten und übernommenen öffentlich-rechtlichen Aufgaben und Verpflichtungen der Kommunen und der Gesetzmäßigkeit ihrer Verwaltungstätigkeit **(Rechtsaufsicht)**. Dagegen kann die Rechtsaufsicht den Kommunen nicht vorschreiben, **welche freiwilligen** Aufgaben sie wahrnehmen sollen und **wie sie** freiwillige und Pflichtaufgaben erfüllen sollen.

Im ***übertragenen Wirkungskreis*** erstreckt sich die staatliche Aufsicht über die Rechtsaufsicht hinaus auch auf die Handhabung des gemeindlichen Verwaltungsermessens **(Fachaufsicht)**. Dies bedeutet, dass die Fachaufsicht grundsätzlich auch Weisungen bezüglich des **Wie** der Erfüllung einer übertragenen Aufgabe erteilen kann. Gleichwohl kann die Fachaufsichtsbehörde nicht willkürlich in das Verwaltungsermessen der Kommune eingreifen, sondern hat sich grundsätzlich auf die Fälle zu beschränken, in denen das Gemeinwohl oder öffentlich-rechtliche Ansprüche Einzelner eine Weisung oder Entscheidung erfordern (vgl. z. B. Art. 109 Abs. 2 GO).

Die Rechtsaufsicht über die kreisangehörigen Gemeinden übt das staatliche Landratsamt, die Rechtsaufsicht über kreisfreie Gemeinden und über Landkreise die Regierung aus. Das **„Instrumentarium" der Rechtsaufsichtsbehörde** besteht aus dem Informationsrecht, aus dem Beanstandungsrecht gegenüber rechtswidrigen Beschlüssen und Verfügungen. Bei Nichterfüllung öffentlicher Aufgaben oder Verpflichtungen besteht das Recht der Ersatzvornahme (wenn die Kommune innerhalb angemessener Frist die Anordnungen der Rechtsaufsicht nicht befolgt). Ferner ist zu nennen (im Fall der Beschlussunfähigkeit des Gemeinderats/Kreistags oder der Verweigerung gegenüber rechtmäßigen Anordnungen der Rechtsaufsicht) die Bestellung eines Beauftragten (vgl. im Einzelnen Art. 114 GO bzw. Art. 100 LKrO).

Dieses Instrumentarium, insbesondere die letztgenannten Alternativen, klingt auf den ersten Blick furchterregend, wird aber im „Normalfall" nicht anzuwenden sein. Seit wenigen Jahren gilt ohnehin das **Opportunitätsprinzip,** d. h., die Aufsicht muss nicht in jedem Fall tätig werden, sondern sie entscheidet darüber in eigenem Ermessen. Dies ist insbesondere für „Bagatellfälle" eine Erleichterung. Vorstehendes gilt sinngemäß für die Bezirke.

Abgesehen von der Möglichkeit der Kommunen, gegen Verwaltungsakte beispielsweise der Beanstandung oder der Ersatzvornahme, Rechtsmittel einzulegen, versteht sich die Rechtsaufsicht (und auch die Fachaufsicht) in erster Linie nicht als Eingriffsbehörde, sondern als **Beratungsinstanz.** Nach Art. 108 GO (ähnlich LKrO und BezO) sollen die Aufsichtsbehörden die Gemeinden bei der Erfüllung ihrer Aufgaben „verständnisvoll beraten, fördern und schützen sowie die Entschlusskraft und die Selbstverantwortung der Gemeindeorgane stärken". Die Beratung umfasst z. B. die Klärung von Rechtsfragen, die Begutachtung gemeindlicher Bauvorhaben aus fachlicher Sicht oder Hinweise für die Aufstellung des Haushaltsplans. Auch soweit eine Kommune gegen Rechtsvorschriften verstößt und dies der Aufsichtsbehörde zu Ohren kommt, wird die Aufsichtsbehörde zunächst alle Möglichkeiten ausschöpfen, um den Einzelfall im gütlichen Einvernehmen mit der Kommune zu bereinigen. Die Beratung soll die Kommunen bei der Erfüllung ihrer Aufgaben aber nur unterstützen, nicht dagegen ihnen diese Aufgabe abnehmen.

Beispiel:

Wenn sich beispielsweise eine Gemeinde in schwierigen und folgenreichen Verhandlungen mit einem Bauträger über den Abschluss eines Nachfolgelastenvertrages befindet, wird die Aufsichtsbehörde die Gemeinde beraten und über mögliche Konsequenzen aufklären. Die Ausarbeitung des Vertragstextes ist dagegen nicht Aufgabe der Aufsichtsbehörde.

1.2 Ehrenamtliches Engagement

In diesem Abschnitt geht es nicht um die kommunalen Ehrenämter, zu deren Übernahme die Bürgerinnen und Bürger nach den Kommunalgesetzen und nach dem Kommunalwahlrecht verpflichtet sind und die nur aus wichtigen Gründen abgelehnt werden können. Angesprochen ist die **freiwillige**, ehrenamtliche Tätigkeit und darüber hinaus jede Art von bürgerschaftlichem Engagement für die Kommunalverwaltung und für die Gesellschaft insgesamt. Sowohl die öffentliche Verwaltung als auch die hilfsbedürftigen Mitmenschen in unserer Gesellschaft sind zunehmend auf freiwillige Bürgermitarbeit angewiesen. Gerade bei der Bewältigung der enormen Herausforderungen, die die Flucht- und Asylbewegung 2015 ff. mit sich brachten hat sich gezeigt, wie wichtig ein funktionierendes ehrenamtliches, bürgerschaftliches Engagement ist.

Freiwillige ehrenamtliche Tätigkeit ist im herkömmlichen Sinne die aktive Mitwirkung in Vereinen und anderen Einrichtungen, wie z. B. Freiwillige Feuerwehren, Rettungsdienstorganisationen, Jugendringe und Wohlfahrtsverbände. Neben dieser verbands- und vereinsmäßigen ehrenamtlichen Tätigkeit, die nur ausnahmsweise gesetzlich geregelt ist, wie etwa die Freiwilligen Feuerwehren, der Elternbeirat oder der Kindergartenbeirat, gewinnt der höchst **private, unmittelbare Dienst am Nächsten** zunehmend Bedeutung.

Bürgerinnen und Bürger suchen nach einer sinnvollen ehrenamtlichen Betätigung, ohne sich gleich fest an eine Institution binden zu wollen. Im Vordergrund steht dabei der Wunsch nach einem begrenzten und oft auch projektbezogenen Engagement, das sich zeitlich mit den sonstigen individuellen Interessen und Freizeitbedürfnissen in Einklang bringen lässt. Deshalb gehört die **umfassende Förderung** insbesondere jugendlichen Engagements zu den wichtigsten freiwilligen Aufgaben der Gemeinden und Landkreise, aber auch der Bezirke.

Die Kommunen haben den unschätzbaren Wert ehrenamtlichen Engagements in allen Bereichen wie etwa Jugendhilfe, Altenpflege, Kultur, Sport, Umweltschutz, Betreuung von Kranken und Behinderten, soziale Aufgaben erkannt. Sie fördern das ehrenamtliche Engagement in **ideeller, organisatorischer und finanzieller Hinsicht** auf unterschiedlichste Weise. Als sehr nützlich erweist sich z. B. die Einrichtung einer kommunalen **Kontakt-, Informations- und Beratungsstelle.** Eine solche Stelle kann Handlungsfelder für bürgerschaftliches Engagement aufzeigen, Anleitung und Hilfestellung geben, Verbindungen zwischen Bürgern und Organisationen herstellen und nicht zuletzt durch öffentliche Anerkennung und medienwirksame Begleitung den Anreiz zu einer ehrenamtlichen Tätigkeit erhöhen. Ein kleiner Baustein ist auch der sogenannte Ehrenamtsnachweis, der vom Bay. Sozialministerium iniziiert wurde und von den Kommunen ausgereicht werden kann. Bei Fragen zur Ehrenamtskarte wenden Sie sich bitte an das Sozialministerium Bayern, ehrenamtskarte@stmas.bayern.de, Tel. 089 12611273.

Beispiel:

Zur Veranschaulichung seien nur einige förderungswürdige Tätigkeitsbereiche genannt: Selbsthilfegruppen im sozialen und gesundheitlichen Bereich, Krankenpflege, Kinderbetreuung, Nachbarschaftshilfe, Hol- und Bringdienste, Transporte zu Gottesdiensten, Beratungsdienste, Ferienfreizeitaktionen, Integration von Ausländern und nicht zuletzt die Mitarbeit im Rahmen der Agenda 21.

Es ist beileibe keine Selbstverständlichkeit, dass Bürger sich in ihrer Freizeit ehrenamtlich zur Verfügung stellen. Zeit ist ein kostbares Gut geworden, und die Bereitschaft, sich einzubringen, hat ein anderes Gesicht erhalten. Waren es vor 20 Jahren noch die uneigennützigen Generalisten, die sich, weil es einfach dazugehörte, in den Dienst der Allgemeinheit gestellt haben, so steht heute das punktuelle, projektbezogene Engagement auf Zeit im Vordergrund.

Wie dem auch sei: Eine vitale Gemeinde, die über hohes bürgerschaftliches Engagement verfügt, sollte es anerkennen und fördern, wenn sich Menschen ehrenamtlich einsetzen.

TIPP

Laden Sie ihre Vereinsvorsitzenden und eine besonders engagierte Person, die der Vorsitzende mitbringt, einmal im Jahr zu einer zünftigen Brotzeit ein. Wenn Sie dabei auch noch den Ehrenamtsnachweis aushändigen, der vom Sozialministerium unter Unterstützung vieler Organisationen ins Leben gerufen wurde, verleihen Sie Ihrer persönlichen Wertschätzung besonderen Ausdruck. Auch sogenannte Blaulichtempfänge, bei der die Mitarbeiter der Hilfsorganisationen eingeladen werden, sich austauschen und der Öffentlichkeit präsentieren können, haben sich etabliert. Vgl. http://www.bayern.de/blaulichtempfang-der-stadt-alzenau/

1.3 Schule und Bildung

Nach Art. 6 Bayerisches Erziehungs- und Unterrichtsgesetz (BayEUG) gliedert sich das Schulwesen in allgemeinbildende und berufliche Schularten. ***Allgemeinbildende Schulen*** sind die Grundschule und Mittelschule, die Realschule, das Gymnasium und die Schulen des Zweiten Bildungswegs (u. a. Abendrealschule, Abendgymnasium). Zu den **beruflichen Schulen** zählen Berufsschule, Berufsfachschule, Wirtschaftsschule, Fachschule, Fachoberschule, Berufsoberschule und Fachakademie. Ein Sonderfall sind die **Förderschulen** für Behinderte und Kranke, die es ebenfalls als allgemeinbildende Schulen (Grundschulen und Mittelschulen) und berufliche Schulen gibt. Nach Art. 41 BayEUG können Schüler mit sonderpädagogischem Förderbedarf in den Unterricht von allgemeinbildenden Schulen integriert werden, soweit das Erreichen der Lernziele dieser Schulen zu erwarten ist und der sonderpädagogische Förderbedarf zusammen mit den Mobilen Sonderpädagogischen Diensten erfüllt werden kann. Die Inklusion von Schülern mit Handicap in die Regeleinrichtungen entwickelt sich zunehmend zu einer kommunalen Herausforderung. Die Sachaufwandsträger stehen oft kurzfristig vor baulichen Anpassungsnotwendigkeiten. Außerdem sind die geltenden Raum- und Förderprogramme nicht im geringsten geeignet, die Infrastruktur angemessen anzupassen. Das Thema der Schulwegbegleiter und Einzelfallbetreuer spielt eine nicht unbeträchtliche Rolle im Bereich der Jugendhilfekosten.

Entsprechend dem Verfassungsauftrag des Art. 133 BV sind die Schulen hauptsächlich **öffentliche Schulen.** Diese sind wiederum entweder (ganz überwiegend) **staatliche Schulen** (Dienstherr des Lehrpersonals ist der Staat) oder **kommunale Schulen** (Dienstherr des Personals ist eine einzelne Kommune oder ein Zweckverband). Um das öffentliche Schulwesen „zu vervollständigen und zu bereichern“, ist nach Art. 90 ff. BayEUG auch die Errichtung von **privaten Schulen** (Schulen in freier Trägerschaft) möglich und zwar entweder als **Ersatzschulen** mit entsprechender Ausbildung wie bei öffentlichen Schulen (staatliche Genehmigung erforderlich) oder als

Ergänzungsschulen. Von der Errichtung einer **öffentlichen Förderschule** soll abgesehen werden, wenn die ausreichende Unterrichtung und Erziehung von behinderten Schulpflichtigen durch eine private, gemeinnützig betriebene Förderschule gewährleistet ist und sich der Privatschulträger verpflichtet, alle Schüler aufzunehmen und nach den staatlichen Lehrplänen zu unterrichten, sofern die Privatschule die heimatnächste Einrichtung für die entsprechende Behindertengruppe ist (Art. 33 Abs. 2 BayEUG).

Gerade im Bereich der schulischen Bildung kündigen sich mit Blick auf die demografischen Entwicklungen tiefgreifende Veränderungen an.

1.3.1 Grund- und Mittelschule

Die Jahrgangsstufen 1 und 4 werden von den Grundschulen betreut. Diese bereiten auf die weitere schulische Bildung vor (Art. 7 BayEUG). Die Mittelschule umfasst nach Art. 7a BayEUG die Jahrgangsstufen 5 mit 9, soweit ein Mittlerer-Reife-Zugang angeboten wird, auch die Jahrgangsstufe 10.

Mittlerweile haben sich an den Grund- und Mittelschulen gebundene und offene Ganztagesangebote etabliert, die eine durchgängige Betreuung der Kinder sicherstellen. Vgl.: www.km.bayern.de/ministerium.html dort unter Schulsuche.

Man unterscheidet zwischen gebundenen Ganztagesklassen Art. 6 Abs. 5 BayEUG, bei denen der pädagogische Stoff über den ganzen Tag verteilt vermittelt wird und bei denen auch staatliches Lehrpersonal eingesetzt wird. Dem steht die Schule mit offener Ganztagesbetreuung gegenüber. Bei dieser Form gibt es qualitativ möglicherweise erhebliche Unterschiede. Zuständig für die offene Betreuung, bei der die Eltern ihren Betreuungsbedarf auf Zeit buchen können, ist der Sachaufwandsträger. Das ist die Gemeinde oder der Schulverband, der für die schulische Infrastruktur verantwortlich zeichnet. Obwohl der Staat Fördermittel gewährt, verbleibt ein hoher Restfinanzierungsanteil bei den Sachaufwandsträgern.

Merke: Ob es sinnvoll ist, eine gebundene Ganztagesschule aufzubauen, hängt vor allem von der Nachfrage der Eltern, aber auch vom Engagement der Schule ab. Die offene Betreuungsform hat den Vorteil, dass die Eltern den individuellen Betreuungsbedarf passend buchen können. Fest steht aber auch: Gute pädagogisch ausgerichtete Betreuung kostet Geld. Man sollte sich die Dienstleister und deren Leistungsportfolio sehr genau ansehen. Zu empfehlen ist eine qualifizierte Bedarfserhebung, die – weil sie nur eine Momentaufnahme ist – aber in regelmäßigen Abständen zu überprüfen ist. Eine Betreuungskulisse rechtzeitig aufzubauen und die damit verbundene Infrastruktur zu sichern, wird die Aufwandsträger in den kommenden Jahren intensiv beschäftigen. Die derzeitige Koalition auf Bundesebene hat beschlossen, die Ganztagesbetreuung aller Grundschüler ab 2025 mit einem Rechtsanspruch sicherzustellen.

Geld in Bildung und Ausbildung zu investieren, ergibt nicht nur heute mehr Sinn denn je. Aber nicht nur wegen der Betreuung, sondern auch aufgrund der zunehmend geforderten und notwendigen Digitalisierung.

Zuständig für die Grund- und Mittelschule als Aufwandsträger sind die Gemeinden oder Schulverbände als Zusammenschluss mehrerer Gemeinden (vgl. Art. 9, 8 BaySchulFG).

Organe des Schulverbandes sind die Schulverbandsversammlung (Erster Bürgermeister der beteiligten Gemeinden, ggf. weitere Vertreter, abhängig von der Zahl der aus den Gemeinden kommenden Schüler) und der Schulverbandsvorsitzende (von den Mitgliedern der Schulverbandsversammlung gewählt). Weitere Einzelheiten vgl. Art. 8, 9 BaySchulFG.

1.3.2 Errichtung und Finanzierung von Schulen

Staatliche Schulen werden durch staatliche Rechtsverordnung im Benehmen mit dem zuständigen Aufwandsträger, kommunale Schulen durch Satzung des kommunalen Schulträgers errichtet. Die zuständige Regierung bildet bei Pflichtschulen (Grundschule, Mittelschule, Berufsschule, entsprechende Förderschule) die **Schulsprengel.** Mittlere-Reife-Klassen der Mittelschule werden vom Staatlichen Schulamt nach Bedarf und im Benehmen mit dem Aufwandsträger und dem Elternbeirat eingerichtet.

Bezüglich der Schulfinanzierung ist zunächst zwischen **Personalaufwand** und **Schulaufwand** zu unterscheiden (Art. 2 und 3 BaySchFG). Der Personalaufwand umfasst im Wesentlichen den Aufwand für die Lehrkräfte und das Verwaltungspersonal der Schule. Zum Schulaufwand gehört alles, was nicht Personalaufwand ist. Der Schulaufwand umfasst den für den ordnungsgemäßen Schulbetrieb und Unterricht erforderlichen **Sachaufwand** (z. B. Errichtung und Ausstattung der Schulanlage, Lehrmittel, Geschäftsbedürfnisse der Schule) und den Aufwand für das Hauspersonal. Zum Schulaufwand der Grund-, Mittel- und Förderschulen gehört auch die notwendige ***Schülerbeförderung;*** bei den weiterführenden Schulen ist diese im Schulwegkostenfreiheitsgesetz geregelt. Einzelheiten über den Umfang der Schülerbeförderung finden sich in der Schülerbeförderungsverordnung. Träger des Schulaufwands sind je nach Schultyp und nach Einzugsbereich die Gemeinden, Landkreise und Bezirke (Einzelheiten siehe Art. 8 BaySchFG, bei Grund- und Mittelschulen also die Gemeinden bzw. Schulverbände, wobei Letztere intern eine Schulverbandsumlage erheben). Gemäß Art. 5 BaySchFG gewährt der Staat den Trägern des Schulaufwands Finanzhilfen zu genehmigten Baumaßnahmen (Art. 10 FAG), bei beruflichen Schulen auch zur Erstausstattung. Im Übrigen übernimmt der Staat zwei Drittel der von den Schulaufwandsträgern aufzubringenden Kosten für die **Lernmittelfreiheit** (pauschalierte Zuweisungen gem. Art. 22 BaySchFG).

1.3.3 Erwachsenenbildung

Nach Art. 1 und 3 des Gesetzes zur Förderung der Erwachsenenbildung ist die Erwachsenenbildung ein eigenständiger, gleichberechtigter Hauptbereich des Bildungswesens. Sie verfolgt das Ziel, zur Selbstverantwortung und Selbstbestimmung des Menschen beizutragen. Sie gibt mit ihren Bildungsangeboten Gelegenheit, die in Schule, Hochschule oder Berufsausbildung erworbene Bildung zu vertiefen, zu erneuern und zu erweitern. Ihr Bildungsangebot erstreckt sich auf persönliche, gesellschaftliche, politische und berufliche Bereiche. Nicht zur Erwachsenenbildung gehören Einrichtungen, die überwiegend einem fachlichen Spezialgebiet dienen, Einrichtungen des Sports, Einrichtungen der Jugend- und Sozialhilfe und verwaltungs- oder betriebsinterne berufliche Aus- und Fortbildungseinrichtungen, ebenso u. a. nicht Fernlehrinstitute, Bibliotheken, Einrichtungen der allgemeinen Kultur-, Kunst-, Brauchtums- und Heimatpflege sowie Unterhaltungseinrichtungen (Art. 3).

Einrichtungen der Erwachsenenbildung sind zwar in Art. 57 Abs. 1 GO als Sollaufgabe der Gemeinden genannt. Eine zwingende Verpflichtung ergibt sich jedoch weder aus dieser Vorschrift noch aus dem Gesetz zur Förderung der Erwachsenenbildung. Art. 3 nennt ganz allgemein als Träger der Erwachsenenbildung „juristische Personen des öffentlichen oder privaten Rechts, die mit ihren Einrichtungen ausschließlich und unmittelbar gemeinnützige Zwecke verfolgen".

Erwachsenenbildung wird hauptsächlich im Rahmen der Volkshochschulen in Trägerschaft von Gemeinden und/oder Landkreisen betrieben. Daneben gibt es auch Einrichtungen beispielsweise der Kirchen oder Gewerkschaften (Grundsatz der Pluralität). Nach Art. 12 des Gesetzes zur Förderung der Erwachsenenbildung sollen Staat, Gemeinden, Landkreise und Bezirke als Sachaufwandsträger von Schulen geeignete Schulräume und geeignete Räume für Veranstaltungen sowie Lehr- und Arbeitsmittel den Einrichtungen der Erwachsenenbildung nach Möglichkeit zur Mitbenutzung überlassen sowie bei Planung und Bau von Schul- und Bildungszentren die Möglichkeit zur Mitbenutzung durch Einrichtungen der Erwachsenenbildung berücksichtigen. Dies ist gängige Praxis.

Die Volkshochschulen sind auch eine geeignete Plattform, um im Rahmen der notwendigen Integrationsarbeit Sprache und Gesellschaftsverständnis zu vermitteln. Dabei kommt Alphabetisierungsangeboten für Personen, die mit Lesen und Schreiben Probleme haben, eine herausragende Bedeutung zu.

1.3.4 Digitalisierung im Bereich der Bildung

Deutschland belegt im europäischen und internationalen Bereich beim Thema Digitalisierung einen schlechten Rang in der zweiten Hälfte des Vergleichsfeldes. Die Ursachen sind vielfältig und beginnen beim zögerlichen Ausbau der Basisinfrastruktur. Sie liegen aber auch in unserer föderalen Struktur und der wenig ausgeprägten Neigung der staatlichen Organe, einheitliche Schnittstellen und Anwendungsvorgaben zu definieren. Wer hier ins Blaue investiert, kann viel Geld verbraten. Die Frustrationsschwelle ist niedrig.

Gerade in den Schulen gilt es, den Anschluss nicht zu verpassen. Aber digitale Bildung bedeutet nicht, die Tafel gegen ein Whiteboard, den Overheadprojektor gegen den Beamer zu tauschen. Digitale Bildung ist ein ganzheitlicher, disruptiver Ansatz; wenn Sie so wollen ein neuer didaktischer Ansatz, der den Nutzern Grundkenntnisse im Bereich der Informatik abverlangt.

Für die Lehrkräfte heißt das Umdenken, Umorientieren, sich mit Neuem auseinanderzusetzen und selbst zu lernen. Die neue Infrastruktur will vorausgedacht sein, die Bereitschaft des Lehrkörpers, sich selbst diesem Veränderungsprozess zu unterwerfen, will genauestens hinterfragt sein, ehe man investiert. Der Computer und das teuere Whiteboard nutzen niemandem, wenn sie nicht umfänglich eingesetzt werden.

Der Gesetzgeber ist gefordert, vor allem im Bereich der Lehreraus- und -fortbildung schnellstens umzusteuern und für eine ausreichende Administration der neuen Systeme durch staatliches Lehrpersonal zu sorgen. Digitale Bildung ist Bildung und nicht Sachaufwand!

1.4 Kulturarbeit und Kulturförderung

Das kommunale Aufgabengebiet „Kultur“ ist ein weites Feld und gesetzlich kaum geregelt. Nach Art. 140 BV sind Kunst und Wissenschaft, kulturelles Leben und Sport von Staat und Gemeinden zu fördern. Nach Art. 57 Abs. 1 GO, Art. 51 LKrO und Art. 48 Abs. 1 BezO „sollen“ die Gemeinden, Landkreise und Bezirke jeweils in ihrem eigenen Wirkungskreis und in den Grenzen ihrer Leistungsfähigkeit die öffentlichen Einrichtungen schaffen, die u. a. für das „kulturelle Wohl ihrer Einwohner“ nach den Verhältnissen ihres Gebiets erforderlich sind. Art. 57 Abs. 1 GO nennt darüber hinaus konkret die „Kultur- und Archivpflege“. Diese Vorschriften und übrigens ebenso Art. 83 BV, der die „örtliche Kulturpflege“ zum eigenen Wirkungskreis der Gemeinden zählt, sind rechtliche Basis für die Kulturpflege als **freiwillige Aufgabe.**

Gerade bei der Finanznot vieler Kommunen laufen Kulturarbeit und Kulturpflege zunehmend Gefahr, angesichts der anderen dringenden Aufgaben, insbesondere der vorrangigen Pflichtaufgaben, ins Hintertreffen zu geraten. Dies gilt vor allem für kleinere Gemeinden im ländlichen Raum, die die finanziellen und personellen Ressourcen für eine effektive Kulturarbeit oft nicht haben. Dabei ist eine vielfältige Kulturarbeit nicht nur in den Städten, sondern gerade auch für kleinere Gemeinden außerhalb der Ballungsräume ein wichtiger Faktor für die Stärkung der örtlichen Gemeinschaft, für die freiwillige Mitarbeit der Bürgerinnen und Bürger und insbesondere für die wirtschaftliche Entwicklung.

Ein gutes Kulturangebot ist wesentlicher Standortfaktor für die Ansiedlung von neuen Unternehmen. Kulturpflege ist aber auch einer der letzten Bereiche einer ***echten kommunalen Selbstverwaltung***. Hier können die Kommunen noch weitgehend ohne gesetzliche Reglementierung wirkliche **Kommunalpolitik** betreiben und sich nicht nur als Vollzugsbehörde für staatliche Vorgaben, sondern als kommunale Selbstverwaltung präsentieren.

Die bereits erwähnten finanziellen und personellen Ressourcen hängen natürlich von der unterschiedlichen Leistungsfähigkeit und damit vor allem von der unterschiedlichen Größe der Kommunen ab. Während beispielsweise gemeindliche Theater, Orchester, Gemäldegalerien, große Museen und Bibliotheken mit wissenschaftlichem Anspruch nur von den großen Städten mit erheblichen staatlichen Sonderförderungen vorgehalten werden, bietet sich auch für die kleineren Kommunen ein Betätigungsfeld etwa bei Heimatmuseen, Gemeindebüchereien oder bei der Förderung des Vereinslebens, der Heimatpflege und des ehrenamtlichen Engagements.

Während größere Kommunen zum Teil eigene Einrichtungen unterhalten oder selbst als Kulturveranstalter auftreten und auch hauptamtliches Personal hierfür einstellen, sind die kleineren Kommunen mehr auf die „Kunst des Möglichen“ angewiesen, z. B. auf Ideenreichtum für „Nischenkultur“, auf nebenberufliches und ehrenamtliches Personal und auf Synergieeffekte der Zusammenarbeit mit Vereinen.

Beispiele für kommunale Kulturpflege:

Sing- und Musikschulen, Musikkapellen, Trachten- und Brauchtumsvereine, Freizeitheime, Heimatfestspiele und Heimattheater, Musikgruppen, Kirchenchöre, Gesangvereine, Kunstvereine, Heimatpfleger, Musikfestivals, Freilichtmuseen.

1.5 Umweltschutz

Der Begriff des ***Umweltschutzes*** ist nicht einheitlich definiert. Ausgehend von Art. 141 BV (zu den einzelnen geschützten Gütern siehe dort) kann man ihn als Gesamtheit aller Maßnahmen zum Schutz der natürlichen Lebensgrundlagen verstehen. Der Umweltschutz berührt praktisch alle Lebensbereiche und ist **Querschnittsaufgabe** für Staat und Kommunen.

1.5.1 Natur- und Landschaftsschutz

Rechtsgrundlagen sind u. a. Bundesnaturschutzgesetz, Bundeswaldgesetz, Bayerisches Naturschutzgesetz und Naturschutz-Ergänzungsgesetz. Zu den Zielen des Naturschutzes und der Landschaftspflege gehören u. a. die Leistungsfähigkeit des Naturhaushalts, die Nutzungsfähigkeit der Naturgüter, die Pflanzen- und Tierwelt sowie die Vielfalt, Eigenart und Schönheit von Natur und Landschaft. Im Einzelnen siehe § 2 BNatSchG und Art. 1 und 2 BayNatSchG. Untere Naturschutzbehörden sind die „Kreisverwaltungsbehörden“, also die Landratsämter als Staatsbehörden und die kreisfreien Gemeinden (dort übertragener Wirkungskreis). Die Landkreise und kreisfreien Gemeinden sind u. a. für den Erlass von Rechtsverordnungen über Landschaftsschutzgebiete, alle Gemeinden für den Erlass von Rechtsverordnungen über die Pflege von Grundstücken in einzelnen Ortsteilen zuständig.

1.5.2 Immissionsschutz

Wichtigste Rechtsgrundlagen sind das Bundes-Immissionsschutzgesetz und seine Ausführungsverordnungen sowie das Bayerische Immissionsschutzgesetz. Wichtigster Anwendungsbereich des Immissionsschutzrechts sind Anlagen, Fahrzeuge und Verkehrswege sowie die Herstellung und der Handel mit bestimmten Stoffen (§ 2 BImSchG). Hier bestehen umfangreiche Genehmigungspflichten. Zuständig für Genehmigung und Überwachung sind auf der unteren Ebene grundsätzlich die Kreisverwaltungsbehörden. Die Gemeinden können zum Schutz vor schädlichen Einwirkungen durch Luftverunreinigungen oder Geräusche durch Verordnung die Errichtung und den Betrieb von Anlagen und die Verwendung bestimmter Brennstoffe verbieten, befristen oder von Vorkehrungen abhängig machen (Art. 10 BayImSchG). Nach Art. 14 können die Gemeinden zum Schutz vor unnötigen Störungen Verordnungen über die zeitliche Beschränkung ruhestörender Hausarbeiten oder Gartenarbeiten, über die Benutzung von Musikinstrumenten, Tonübertragungsgeräten und Tonwiedergabegeräten sowie über das Halten von Haustieren erlassen.

1.5.3 Abfallwirtschaft

Wichtigste Rechtsgrundlagen sind das Kreislaufwirtschafts- und Abfallgesetz des Bundes (KrW-/AbfG) und das Bayerische Abfallwirtschaftsgesetz (BayAbfG). Während das Abfallrecht in früherer Zeit reines Sicherheitsrecht war und sich auf die Abfallbeseitigung beschränkte, geht es dem heutigen Abfallwirtschaftsrecht vorrangig um Vermeidung und Verwertung von Abfällen. Nach Art. 1 BayAbfG sind in dieser Reihenfolge Ziele der ***Abfallwirtschaft:***

- **Abfallvermeidung** (den Anfall von Abfällen so gering wie möglich halten),
- **Schadstoffminimierung** (Schadstoffe in Abfällen so weit wie möglich vermeiden oder verringern),
- **Abfallverwertung** (angefallene Abfälle, insbesondere Glas, Papier, Metall, Kunststoff, Bauschutt und kompostierbare Stoffe weitestgehend in den Stoffkreislauf zurückführen),
- **Abfallbehandlung** (nicht verwertbare Abfälle so behandeln, dass sie umweltverträglich verwertet oder abgelagert werden können),
- wenn nichts anderes mehr geht, dann **Abfallablagerung** (nicht verwertbare oder nicht weiter zu behandelnde Abfälle umweltverträglich ablagern).

Nach Art. 2 BayAbfG sind neben dem Staat die Gemeinden, Landkreise und Bezirke verpflichtet, **vorbildhaft dazu beizutragen,** dass die vorgenannten Ziele erreicht werden.

Die Landkreise und kreisfreien Gemeinden sind nach Art. 3 BayAbfG für die in ihrem Gebiet anfallenden Abfälle die **entsorgungspflichtigen Körperschaften.** Sie haben auch die Aufgabe, Abfälle aus Haushaltungen, die wegen ihres Schadstoffgehalts getrennt entsorgt werden müssen, getrennt von den sonstigen Abfällen einzusammeln und zu lagern sowie darauf hinzuwirken, dass möglichst wenig Abfall entsteht (insbesondere Beratung der Abfallbesitzer durch Fachkräfte). Außerdem haben sie Anlagen zur Verwertung und zur Beseitigung von Abfällen nach dem Stand der Technik zu errichten, zu betreiben und zu überwachen.

Nach Art. 5 BayAbfG können die Landkreise durch Rechtsverordnung einzelne Aufgaben der Abfallentsorgung den kreisangehörigen Gemeinden oder deren Zusammenschlüssen mit deren Zustimmung **übertragen.** Das Einsammeln, Befördern und Kompostieren pflanzlicher Abfälle, ggf. zusammen mit organischen Bestandteilen von Abfällen aus Haushaltungen, kann der Landkreis nach Anhörung der kreisangehörigen Gemeinden oder ihrer Zusammenschlüsse diesen übertragen; auf Antrag sollen diese Aufgaben übertragen werden. Im Übrigen haben die kreisangehörigen

Gemeinden nach Art. 5 Abs. 2 BayAbfG den Landkreis bei der Durchführung von Verwertungsmaßnahmen im Gemeindegebiet zu unterstützen, insbesondere Grundstücke, Einrichtungen und Personal zur Erfassung von stofflich verwertbaren Abfällen bereitzustellen.

Abfälle aus Privathaushalten und zu **beseitigende** Gewerbeabfälle sind den Landkreisen und kreisfreien Gemeinden zu überlassen (§ 13 Abs. 1 KrW-/AbfG). In Anschlusszwangssatzungen nach Art. 18 LKrO und Art. 24 GO kann bestimmt werden, in welcher Art, in welcher Weise, an welchem Ort und zu welcher Zeit ihnen die Abfälle zu überlassen sind (vgl. Art. 7 BayAbfG). Zu **verwertende** Gewerbeabfälle unterliegen dagegen nicht dem Anschlusszwang.

Im Übrigen hat sich das Abfallrecht auch zum **Wirtschaftsrecht** entwickelt, wenn man die Vorgaben der Verpackungsverordnung und die Errichtung des Dualen Systems Deutschland (Verwertungsindustrie) mit seinen Milliardenumsätzen betrachtet.

1.5.4 Agenda 21

Die „Agenda 21" ist als eines der wichtigsten Dokumente auf der großen UNO-Konferenz „Umwelt und Entwicklung" des Jahres 1992 in Rio de Janeiro verabschiedet worden. Die Agenda hat als Leitmotiv den Umweltschutz als verantwortliche Generationenvorsorge, die den künftigen Generationen ihr Recht sichert, in einer intakten Umwelt zu leben. Neu ist die Verbindung von Umwelt- mit Entwicklungspolitik als Teile eines Ganzen. Die Agenda 21 fordert alle Kommunen auf, ihren Beitrag zu einer nachhaltigen Entwicklung zu leisten und ein kommunales **Umweltaktionsprogramm** im Dialog mit den Bürgern, aber auch mit den Vereinen, Wirtschaftsverbänden, Arbeitgeberverbänden und Gewerkschaften aufzustellen.

TIPP!

Anregungen für Gemeinden und Landkreise

Anregungen für Kommunen und ihre Mandatsträger sind die in der Kommunalverwaltung vorhandenen beiden Loseblattsammlungen „Die umweltbewusste Gemeinde" und „Der zukunftsbewusste Landkreis". Beide „Leitfäden für eine nachhaltige Kommunalentwicklung" wurden vom Bayerischen Staatsministerium für Landesentwicklung und Umweltfragen[1]) in Zusammenarbeit mit den kommunalen Spitzenverbänden erarbeitet. Sie enthalten Handlungskonzepte u. a. zu den Themen Organisation des gemeindlichen Umweltschutzes, Landschaftsplanung und Landschaftspflege, Verkehr, Wasser und Abfall.

Die Leitfäden sind beim Bayerischen Staatsministerium für Landesentwicklung und Umweltfragen[1]) erhältlich.

1) Jetzt: Staatsministerium für Umwelt- und Verbraucherschutz

1.6 Straßen und Verkehr

Unter „Straßenrecht" versteht man die im Bundesfernstraßengesetz (FStrG) und im Bayerischen Straßen- und Wegegesetz (BayStrWG) enthaltenen Regelungen insbesondere über Bau, Unterhaltung, Widmung und Benutzung öffentlicher Straßen. Das „Straßenverkehrsrecht" (StVG, StVO, StVZO) dagegen befasst sich mit der Sicherheit und Ordnung des Straßenverkehrs.

1.6.1 Straßenrecht

Träger der **Straßenbaulast** für die Kreisstraßen sind grundsätzlich die Landkreise und kreisfreien Gemeinden jeweils in ihrem Gebiet (Art. 41 BayStrWG). Im Übrigen haben die Gemeinden die Straßenbaulast für Gemeindestraßen (Ortsstraßen und Gemeindeverbindungsstraßen, Art. 47 mit 46), für ausgebaute öffentliche Feld- und Waldwege (Art. 54) und für beschränkt-öffentliche Wege (Art. 54a). Die Straßenbaulast umfasst gemäß Art. 9 alle mit dem Bau und der Unterhaltung der Straße zusammenhängenden Aufgaben, also z. B. erstmalige Herstellung, Umbau, Erneuerung, Unterhaltung, Schadenausbesserung, Erweiterung und Verbesserung der Straßen. Die Straßenbaulastträger haben nach ihrer Leistungsfähigkeit die Straßen in einem dem gewöhnlichen Verkehrsbedürfnis und den Erfordernissen der öffentlichen Sicherheit und Ordnung genügenden Zustand zu bauen und zu unterhalten. Soweit ihre (vor allem finanzielle) Leistungsfähigkeit nicht ausreicht, müssen sie entsprechende Verkehrszeichen aufstellen.

Nicht zur Straßenbaulast gehören die in Art. 51 geregelten **Pflichten.** Danach müssen die Gemeinden innerhalb der geschlossenen Ortslage wiederum „nach ihrer Leistungsfähigkeit" die öffentlichen Straßen beleuchten, reinigen, von Schnee räumen und alle gefährlichen Fahrbahnstellen, die Fußgängerüberwege und die Gehbahnen bei Glätte streuen, wenn das dringend erforderlich ist und nicht andere aufgrund sonstiger Rechtsvorschriften (insbesondere Verkehrssicherungspflicht) hierzu verpflichtet sind. Art. 51 ist insoweit von subsidiärer Bedeutung. Innerhalb der geschlossenen Ortslage können die Gemeinden die Straßenanlieger unter bestimmten Voraussetzungen durch Rechtsverordnung zur Sicherung der Gehwege bei Schnee oder Glatteis und zu Leistungen bei der Reinhaltung und Reinigung der öffentlichen Straßen auf eigene Kosten verpflichten.

Wenn jemand eine Straße (u. a. Fahrbahn und unselbstständige Geh- und Radwege) über den ihrer Widmung entsprechenden Gemeingebrauch hinaus nutzen will, dann liegt eine **Sondernutzung** vor. Wenn durch die Sondernutzung der Gemeingebrauch beeinträchtigt werden kann (z. B.

Verengung des Gehwegs durch Verkaufsstand), dann bedarf der Betreffende einer Erlaubnis der Straßenbaubehörde (bei Gemeindestraßen z. B. ist dies die Gemeinde selbst, Art. 58). Gemäß Art. 18 können Landkreise und Gemeinden Sondernutzungsgebührensatzungen erlassen.

1.6.2 Straßenverkehrsrecht

Straßenverkehrsbehörden im Sinn der Straßenverkehrs-Ordnung (StVO) sind die Gemeinden als **örtliche Straßenverkehrsbehörden** und die Landratsämter, kreisfreien Gemeinden und Großen Kreisstädte als **untere Straßenverkehrsbehörden** (Art. 2 Gesetz über Zuständigkeiten im Verkehrswesen). Die unteren Straßenverkehrsbehörden erfüllen in ihrem Zuständigkeitsbereich grundsätzlich alle Aufgaben der StVO, soweit nicht die örtlichen Straßenverkehrsbehörden oder die Autobahndirektionen zuständig sind. Gemäß Art. 3 ZustGVerk sind die Gemeinden als örtliche Straßenverkehrsbehörden insbesondere für den Vollzug des § 45 StVO, beispielsweise für innerörtliche Tempo-30-Zonen, für die Kennzeichnung von Fußgängerbereichen oder für die Kennzeichnung von Parkmöglichkeiten für Menschen mit Schwerbehinderung zuständig.

1.6.3 Öffentlicher Personennahverkehr

Der ÖPNV ist eine Aufgabe der Daseinsvorsorge nicht nur in den Ballungsgebieten. Er erfüllt einen wesentlichen Beitrag zum Umweltschutz, insbesondere wenn das Angebot attraktiv gehalten werden kann und durch entsprechende Öffentlichkeitsarbeit schmackhaft gemacht wird. Nach Art. 8 BayÖPNVG ist die Planung, Organisation und Sicherstellung des ÖPNV eine freiwillige Aufgabe der Landkreise und kreisfreien Gemeinden im eigenen Wirkungskreis. Sie führen diese Aufgabe in den Grenzen ihrer Leistungsfähigkeit durch und sollen sich für diese Aufgaben Dritter, insbesondere der privaten Planungsbüros und der privaten Verkehrsunternehmen, bedienen. Nach Art. 9 haben die Landkreise den kreisangehörigen Gemeinden oder deren Zusammenschlüssen durch Verordnung einzelne Aufgaben des ÖPNV auf deren Verlangen zu übertragen, wenn die Nahverkehrsbeziehungen im Wesentlichen auf das Gebiet einer Gemeinde bzw. eines Zusammenschlusses von Gemeinden beschränkt sind. Art. 11 lässt den Aufgabenträgern die Wahlfreiheit zwischen Regiebetrieb, Eigenbetrieb, selbstständigem Kommunalunternehmen des öffentlichen Rechts und einer Rechtsform des privaten Rechts. Für das Gebiet der Aufgabenträger sind ein Nahverkehrsplan und ein ÖPNV-Investitionsplan aufzustellen.

1.7 Soziale Aufgaben

In Art. 20 und 28 GG und in Art. 3 BV ist das **Sozialstaatsprinzip** verfassungsrechtlich verankert. Dieses Prinzip umfasst nicht nur die Sozialpflichtigkeit des Staates gegenüber dem Einzelnen (z. B. Sozialhilfe), sondern auch das Verhältnis der Bürger zueinander (z. B. Pflicht zur Sozialverträglichkeit) und das Verhältnis des Einzelnen gegenüber dem Staat (z. B. Pflicht zu Sozialabgaben). Die Sozialleistungen der öffentlichen Hand sind vielfältig. Neben der Sozialhilfe gibt es z. B. Sozialversicherung, gesetzliche Krankenversicherung, Kinder- und Jugendhilfe (vgl. unter Ziffer 1.8), Kindergeld, Wohngeld und Pflegeversicherung.

Nach § 8 SGB XII umfasst die ***Sozialhilfe*** die allgemeine Hilfe zum Lebensunterhalt (vgl. §§ 27–40 SGB XII) und die Hilfe in besonderen Lebenslagen, wie z. B. Hilfe bei Krankheit, Eingliederungshilfe für Behinderte, Hilfe zur Pflege und Altenhilfe (vgl. §§ 41–74 SGB XII). Nach § 1 SGB XII ist es **Aufgabe** der Sozialhilfe, dem Empfänger die Hilfe zur Führung eines Lebens zu ermöglichen, das der Würde des Menschen entspricht. Die Hilfe soll insoweit befähigen, unabhängig von ihr zu leben; hierbei muss der Leistungsempfänger nach seinen Kräften **mitwirken.** Mit anderen Worten bezweckt die Sozialhilfe die soziale und wirtschaftliche Eingliederung des Hilfeempfängers. Sozialhilfe ist in erster Linie **Hilfe zur Selbsthilfe,** d. h. kein Dauerzustand, insbesondere kein Versorgungs- oder Rentenersatz. Die Sozialhilfe wird sowohl vorbeugend als auch nachgehend geleistet (§ 15 SGB XII). Ganz wichtig ist der in § 2 SGB XII festgelegte **Nachrang der Sozialhilfe,** d. h., Sozialhilfe wird nur als letztes und äußerstes Mittel nach Ausschöpfung aller anderen Möglichkeiten gewährt. Vor der Sozialhilfe haben die **Selbsthilfe** und die **Hilfe von anderer Seite** (z. B. von Angehörigen oder von Trägern anderer Sozialleistungen) absoluten Vorrang.

Örtliche Träger der öffentlichen Sozialhilfe sind die Landkreise und kreisfreien Städte, **überörtliche Träger** sind die Bezirke. Vgl. im Einzelnen § 3 SGB XII i. V. m. Art. 80 ff. AGSG. Bei den örtlichen und überörtlichen Trägern ist ein Sozialhilfeausschuss zu bilden, dem neben dem Landrat/Oberbürgermeister/Bezirkstagspräsidenten und Mitgliedern des Kreistags/Stadtrats/Bezirkstags (beschließende Mitglieder) auch sozial erfahrene Personen u. a. aus der freien Wohlfahrtspflege und aus den Kirchen (beratende Mitglieder) angehören. Die Durchführung der Sozialhilfe erfolgt als Aufgabe des eigenen Wirkungskreises.

Die ***kreisangehörigen Gemeinden*** sind nach Art. 83 AGSG verpflichtet, auf Anfordern der Landkreise bei der Feststellung und Prüfung der für die Gewährung von Sozialhilfe erforderlichen Voraussetzungen **mitzuwirken**

(Entsprechendes gilt für die örtlichen Träger gegenüber den überörtlichen Trägern, Art. 84 AGSG). Nur in wenigen Fällen in die Praxis umgesetzt ist die von Art. 73 Abs. 2 AGSG geschaffene Möglichkeit, dass die Landkreise auf Antrag kreisangehöriger Gemeinden oder aller Mitgliedsgemeinden einer Verwaltungsgemeinschaft durch Verordnung diesen Gemeinden Aufgaben des örtlichen Trägers übertragen.

Die Träger der Sozialhilfe tragen nach Art. 86 AGSG die **Kosten für die Sozialhilfeaufgaben,** soweit sie dafür zuständig sind. Soweit Aufgaben von den Bezirken auf die Landkreise und kreisfreien Städte als örtliche Träger übertragen werden (vgl. oben), haben die Bezirke die aufgewendeten Kosten (ohne persönliche und sächliche Verwaltungskosten) zu erstatten. Gleiches gilt für den oben genannten Ausnahmefall der Aufgabenübertragung vom Landkreis auf kreisangehörige Gemeinden. Der Staat gewährt nach Art. 88 AGSG in Verbindung mit Art. 15 Finanzausgleichsgesetz (FAG) den Bezirken einen Ausgleich zu den Belastungen, die ihnen als überörtlichen Träger der Sozialhilfe erwachsen. Soweit die staatlichen Zuwendungen und auch die übrigen Einnahmen der Bezirke aus Ersatzleistungen des Bundes, anderer Sozialhilfeträger, anderer Sozialleistungsträger u. a. nicht ausreichen, decken die Bezirke den ungedeckten Bedarf über die ***Bezirksumlage*** bei den Landkreisen und kreisfreien Städten. Angesichts der unterschiedlichen Sozialhilfebelastungen in den einzelnen Landkreisen und Städten hat die Bezirksumlage eine wichtige Ausgleichsfunktion. Letztlich schlagen die ungedeckten Kosten über die Kreisumlage auch auf die kreisangehörigen Gemeinden durch.

Die finanzielle Dimension der durch die öffentliche Sozialhilfe entstehenden Belastungen wird durch den Anstieg der gesamten Sozialhilfeausgaben deutlich. Diese betrugen im Jahr 2011 bundesweit rund 3,1 Mrd. €. Zusammen mit den Gesamtausgaben der Kinder- und Jugendhilfe, die 2011 mehr als 4 Mrd. € ausmachte, ergibt sich eine Gesamtbelastung der bayerischen Kommunen für Sozial- und Jugendhilfe, die den Kommunen weitgehend den Spielraum für ihre Selbstverwaltung und die Gestaltung von Kommunalpolitik nimmt.

1.8 Kinder, Jugend und Familie

Kinder-, Jugend- und Familienpolitik hängen eng zusammen und greifen ineinander über. Beispielsweise stellen Art. 6 GG und Art. 124, 126 BV Ehe und Familie unter den besonderen Schutz der staatlichen Ordnung. Pflege und Erziehung der Kinder sind das natürliche Recht der Eltern und die zuvörderst ihnen obliegende Pflicht. Die Eltern sind bei der Erziehung der Kinder durch Staat und Kommunen zu unterstützen. Neben diesen Verfassungsbestimmungen formuliert § 1 des Sozialgesetzbuches VIII des Bundes (SGB VIII) das Recht jedes jungen Menschen auf Förderung seiner Entwicklung und auf Erziehung zu einer eigenverantwortlichen und gemeinschaftsfähigen Persönlichkeit. Die ***Jugendhilfe*** soll deshalb insbesondere junge Menschen in ihrer individuellen und sozialen Entwicklung fördern, Eltern bei der Erziehung beraten und unterstützen, Kinder und Jugendliche vor Gefahren für ihr Wohl schützen und schließlich dazu beitragen, positive Lebensbedingungen für junge Menschen und ihre Familien sowie eine kinder- und familienfreundliche Umwelt zu schaffen und zu erhalten.

Nach § 2 SGB VIII sind ***Aufgaben der Jugendhilfe*** u. a. Jugendarbeit, Jugendsozialarbeit, Förderung der Erziehung in der Familie, Förderung von Kindern in Tageseinrichtungen und Hilfe für junge Volljährige einschl. Nachbetreuung.

Die Jugendhilfe wird von den Trägern der freien Jugendhilfe (insbesondere Wohlfahrtsverbände) und von den Trägern der öffentlichen Jugendhilfe geleistet. Dabei gilt der Grundsatz der **Subsidiarität,** d. h., gemäß § 4 SGB VIII soll die öffentliche Jugendhilfe von eigenen Maßnahmen absehen, soweit geeignete Einrichtungen, Dienste und Veranstaltungen von anerkannten Trägern der freien Jugendhilfe betrieben werden. Die öffentliche Jugendhilfe soll aber die freie Jugendhilfe fördern und dabei die verschiedenen Formen der **Selbsthilfe** stärken. Zu den wichtigsten Leistungen der Jugendhilfe zählen nach § 11 ff. SGB VIII die Jugendarbeit (z. B. außerschulische Jugendbildung, Sport, arbeits-, schul- und familienbezogene Jugendarbeit, Kinder- und Jugenderholung, Jugendberatung), die Förderung der eigenverantwortlichen Tätigkeit der Jugendverbände und Jugendgruppen und die Jugendsozialarbeit (sozialpädagogische Hilfen zum Ausgleich sozialer Benachteiligungen und individueller Beeinträchtigungen).

Träger der ***öffentlichen Jugendhilfe*** sind die Landkreise und kreisfreien Städte als **örtliche** Träger (§ 69 SGB VIII, Art. 3 Bayerisches Kinder- und Jugendhilfegesetz, BayKJHG) und der Freistaat Bayern (Landesjugendamt) als überörtlicher Träger. Die örtlichen Träger erfüllen eine Pflichtaufgabe im eigenen Wirkungskreis. Daneben können aber auch kreisangehörige Gemeinden in Abstimmung mit den örtlichen Trägern in der Jugendhilfe tätig werden (§ 69 Abs. 5). Art. 17 BayKJHG formuliert als „Soll“-Aufgabe der kreisangehörigen Gemeinden, im eigenen Wirkungskreis, eingeschränkt durch die „Grenzen ihrer Leistungsfähigkeit“, dafür zu sorgen, dass im örtlichen Bereich die erforderlichen Einrichtungen, Dienste und Veranstaltungen der Jugendarbeit und zur Förderung von Kindern in Tageseinrichtungen „rechtzeitig und ausreichend zur Verfügung stehen“. Die Gesamtverantwortung bleibt aber beim Landkreis, der die kreisangehörigen Gemeinden bei ihrer Arbeit zu beraten und unterstützen hat. Die Aufgaben der örtlichen Träger werden vom **Jugendamt**, das jeder Landkreis und jede kreisfreie Stadt zu errichten haben, wahrgenommen (§ 70 SGB VIII und Art. 4 BayKJHG). Das Jugendamt besteht aus der Verwaltung und dem **Jugendhilfeausschuss.** Auch die Bezirke sind durch Art. 18 BayKJHG in die Jugendhilfe eingebunden, insbesondere durch die Förderung von Jugendbildungsstätten.

Für Kinder und Jugendliche und deren Betreuung gilt in Bayern das Bayerische Kinderbildungs- und -betreuungsgesetz (BayKiBiG). Hier wird die Errichtung und der Betrieb von Krippen, Horten, Kindergärten, schlicht von Kinderbetreuungseinrichtungen, geregelt, an deren Finanzierung sich der Freistaat mit einem pauschalen Kopfbetrag beteiligt. Dieses Gesetz birgt erhebliche Planungs- und Vollzugsprobleme und hat den verwaltungstechnischen Aufwand bei den Gemeinden und Einrichtungen erheblich erhöht.

In Ergänzung zu den bereits genannten, sich aus den Gesetzen ergebenden Handlungsfeldern **kommunaler Kinder-, Jugend- und Familienpolitik** seien nur beispielhaft noch einige weitere genannt:

Beispiel:

Bei den ***Landkreisen und kreisfreien Städten:*** Aufstellung des Jugendhilfeplans, Sozialraummanagement der Jugendämter, Erziehungsberatungsstellen, Familienberatung zur Stärkung der Familienselbsthilfe (dazu gehören z. B. Eltern-Kind-Gruppen, Familien- und Mütterzentren, Selbsthilfe bei chronisch kranken und behinderten Kindern), sozialpädagogische Familienhilfe, teilstationäre Freizeitangebote, wie z. B. heilpädagogische Tagesstätten, Bestellung eines Familienbeauftragten als Ansprechpartner, Einrichtung einer Fachstelle für Familienfragen, Runder Tisch Familien mit Beteiligung von Gemeinden, Kirchen, Wohlfahrtsverbänden, Familienselbsthilfegruppen.

Bei den ***kreisangehörigen Gemeinden:*** Koordinierung der Jugendarbeit auf örtlicher Ebene (Zusammenführung von Verbänden, Kirchen, Selbsthilfegruppen usw.), Unterstützung des Jugendsports, offene Jugendarbeit (Einrichtung von Jugendtreffs und Jugendhäusern, ggf. mit Jugendpflegern und Sozialarbeitern), Ferienfreizeitveranstaltungen, Zusammenarbeit der Kindergärten mit den Schulen (Hort an der Schule, Mittags- und Nachmittagsbetreuung), Kinderkrippen, Organisation von Tagesmüttern und Unterstützung der Familienselbsthilfe.

1.9 Weitere kommunale Aufgaben

Aus Platzgründen im Rahmen dieses Buches kann eine Reihe weiterer wichtiger Aufgaben nur stichpunktartig herausgestellt werden (vgl. im Übrigen die Zusammenstellung unter Teil 4 Kapitel 1.1.4 und 1.1.5).

1.9.1 Gesundheitswesen/Krankenhäuser

Zum allgemein gebräuchlichen Begriff des Gesundheitswesens gehören nicht nur die Krankenhäuser, sondern beispielsweise auch die Gesundheitsabteilungen der Landratsämter und Veterinärabteilungen, daneben z. B. der Vollzug von Bundesseuchengesetz, Fleischhygienegesetz und Schwangerenberatungsgesetz.

Nach Art. 51 Abs. 3 LKrO sind die Landkreise (und nach Art. 9 Abs. 1 GO auch die kreisfreien Städte) verpflichtet, die erforderlichen Krankenhäuser der Grundversorgung zu errichten und zu unterhalten. Zur Errichtung der erforderlichen stationären und teilstationären Einrichtungen u. a. für Psychiatrie und Neurologie, für Suchtkranke und wesentlich Sehbehinderte, Hörbehinderte und Sprachbehinderte sind gemäß Art. 48 Abs. 3 BezO die Bezirke verpflichtet. Für ganz Bayern ist zur bedarfsgerechten Versorgung der Bevölkerung ein Krankenhausbedarfsplan aufgestellt, der laufend fortgeschrieben wird. Das Krankenhausfinanzierungsgesetz des Bundes betont die Vielfalt der Krankenhäuser und die daraus folgende Sicherstellung der Existenz auch von freigemeinnützigen und privaten Krankenhäusern.

1.9.2 Bauen und Stadtentwicklung

Zur kommunalen Bauleitplanung siehe unter Teil 4 Kapitel 4 („Bauen in der Kommune"). Zu den städtebaulichen Sanierungsmaßnahmen in Stadt und Land siehe §§ 136 bis 156a Baugesetzbuch (z. B. Festlegung eines Sanierungsgebietes durch Satzung). Zu städtebaulichen Entwicklungsmaßnahmen in Stadt und Land siehe §§ 165 bis 171 BauGB (Vorbereitung und Durchführung durch die Gemeinden u. a. mit Bebauungsplänen).

1.9.3 Freizeit und Sport

Hierbei handelt es sich um (überwiegend freiwillige) Querschnittsaufgaben im eigenen Wirkungskreis. Teilweise werden Freizeit- und Sporteinrichtungen von den Gemeinden und (soweit von überörtlicher Bedeutung bzw. mit überörtlichem Einzugsbereich) von Landkreisen selbst unterhalten, zum größeren Teil aber werden Einrichtungen z. B. von Vereinen finanziell, organisatorisch oder koordinierend gefördert.

Beispiele:

Gemeindliche Sportanlagen wie Turnhallen, Sportplätze, Freibäder, Hallenschwimmbäder, Eisbahnen und Eislaufplätze, Rodelbahnen, Langlaufloipen; Förderung von Sportvereinen, insbesondere Förderung des Jugendsports; Durchführung von Sportgroßveranstaltungen; Anlegung und Betrieb von Wanderwegen, Trimm-Dich-Pfaden, Radwegen, Reitwegen, Campingplätzen, Spiel- und Bolzplätzen.

1.9.4 Fremdenverkehr

Zu den Zielen des im jeweiligen Abs. 1 der Art. 57 GO, 51 LKrO und 48 BezO angesprochenen „wirtschaftlichen Wohls" der Einwohner gehört auch die Förderung des Fremdenverkehrs. In vielen Gemeinden und Landkreisen, insbesondere in landschaftlich begünstigten Gebieten ist der Tourismus ein wichtiger Wirtschaftsfaktor und prägt oft den Charakter der Gemeinden. Viele Fremdenverkehrsgemeinden sehen sich einem Zielkonflikt zwischen der Schaffung attraktiver Tourismuseinrichtungen einerseits und der Erhaltung einer attraktiven, natürlichen Landschaft als wichtigstes Zukunftskapital für die Anziehung von Urlaubsgästen andererseits gegenüber. Der zunehmende Urlauberverkehr nicht nur durch Ferienreisende, sondern auch durch Tagesausflügler stellt die Gemeinden vor Probleme (zumal wenn sie Luftkurort sind).

Beispiele für kommunale Handlungsfelder:

Kommunales Marketing und Fremdenverkehrswerbung (zusammen mit dem zuständigen überörtlichen Fremdenverkehrsverband), Einbindung der Landwirte in den Erhalt einer attraktiven Kulturlandschaft einschließlich „Ferien auf dem Bauernhof", Anlage von Loipen, Rad- und Wanderwegen unter Schonung empfindlicher Landschaftsteile, Festlegung von verkehrsberuhigten oder Fußgängerzonen, umweltgerechte Anlage von Sport- und Freizeitanlagen, Angebote für umweltbewusste Urlauber, wie z. B. naturkundliche Wanderungen, Bauerntheater, Musikveranstaltungen, spezielle Kinderprogramme.

1.9.5 Sicherheit und Ordnung

Die **Gemeinden,** Landratsämter, Regierungen und das Staatsministerium des Innern haben als Sicherheitsbehörden die Aufgabe, die öffentliche Sicherheit und Ordnung durch Abwehr von Gefahren und durch Unterbindung und Beseitigung von Störungen aufrechtzuerhalten (Art. 6 Landesstraf- und Verordnungsgesetz – LStVG). Anordnungen und sonstige Maßnahmen, die in Rechte anderer eingreifen, dürfen grundsätzlich nur getroffen werden, wenn die Sicherheitsbehörden durch Gesetz oder aufgrund eines Gesetzes dazu besonders ermächtigt sind; Ausnahmen von diesem Ermächtigungsvorbehalt gelten u. a. für die Verhütung oder Unterbindung von Straftaten und Ordnungswidrigkeiten und für die Abwehr von Gefahren und Störungen für Leben, Gesundheit oder Freiheit. Die Sicherheitsbehörden können den Dienststellen der Landespolizei Weisungen erteilen, wobei sie sich grundsätzlich an die unterste Polizeidienststelle wenden sollen, deren Dienstbereich für den Vollzug der Weisung ausreicht (Art. 10 LStVG und Art. 9 Polizeiorganisationsgesetz – POG).

Das LStVG regelt eine ganze Reihe von Einzelzuständigkeiten bezüglich Erlass von Rechtsverordnungen und Einzelmaßnahmen für kreisangehörige Gemeinden, kreisfreie Städte, Landratsämter als Staatsbehörde und Landkreise, z. B. in den Bereichen Schutz der Gesundheit und Reinlichkeit, Vergnügungen, Halten gefährlicher Tiere und vieles mehr. Eine Darstellung der Abgrenzung aller innerhalb des LStVG und außerhalb des LStVG in anderen Gesetzen (z. B. Ordnungswidrigkeitengesetz) geregelten Aufgabenzuständigkeiten, auch die Zuordnung zum eigenen Wirkungskreis oder (ganz überwiegend) zum übertragenen Wirkungskreis bzw. zum staatlichen Bereich des Landratsamts kann im Rahmen dieser kurzen Zusammenstellung nicht im Einzelnen erläutert werden. Nur beispielhaft sei angemerkt, dass der Vollzug von Verordnungen grundsätzlich der Kommune obliegt, die für den Erlass der Verordnung zuständig ist (Art. 42 und 43 LStVG), und dass die Verfolgung und Ahndung von Ordnungswidrigkeiten grundsätzlich in der Zuständigkeit derjenigen Behörde liegen, der der Vollzug der Rechtsvorschrift obliegt, gegen die sich die Zuwiderhandlung richtet (§ 1 Verordnung über Zuständigkeiten im Ordnungswidrigkeitenrecht; siehe auch § 2 bezüglich Zuständigkeit der kreisangehörigen Gemeinden für die Verfolgung und Ahndung von Zuwiderhandlungen gegen Ortsrecht). Weitere sicherheitsrechtliche Zuständigkeiten sind beispielsweise in dem bereits erläuterten Art. 51 BayStrWG und im Gaststättenrecht (z. B. Sperrzeitenregelung) geregelt.

2. Die Finanzhoheit der Kommunen

2.1 Die Kommunalfinanzen in Bedrängnis

Wichtiger Bestandteil des kommunalen **Selbstverwaltungsrechts** ist die **Finanzhoheit der Gemeinden,** kreisfreien Städte, Landkreise und Bezirke. Sie gibt den Kommunen im Rahmen der Gesetze die Befugnis, sich die notwendigen Mittel zu beschaffen und über deren Verwendung zu entscheiden. Gemeinden erheben in Ausübung ihrer Finanzhoheit **Steuern, Beiträge und Gebühren.** Sie stellen den Haushalt auf und bewirtschaften ihr Vermögen.

Die Gesamtausgaben der Kommunen in Bayern lagen im Jahr 2024 bei 64,5 Mrd. €. Die Ausgaben des Freistaats Bayern erreichten im Jahr 2024 rd. 77,5 Mrd. €, beim Bund lagen die Ausgaben 2024 bei 620 Mrd. €. Die Personalausgaben der bayerischen Kommunen lagen 2024 bei 16,6 Mrd. €, die Ausgaben für Baumaßnahmen bezifferten sich auf 9,6 Mrd. €. Diese Zahlen sollen aufzeigen, welche bedeutende Rolle der kommunale Sektor im öffentlichen Finanzgeschehen spielt.

Die Finanzhoheit der Kommunen wird jedoch durch die Übertragung immer personal- und kostenintensiverer Aufgaben und Standards, vor allem im **Sozial-** und **Jugendhilfe**bereich, eingeschränkt. Die Kern- und Extrahaushalte der Gemeinden und Gemeindeverbände (ohne Stadtstaaten) in Deutschland wiesen im Jahr 2024 ein Finanzierungsdefizit von 24,8 Mrd. Euro auf. Dies war das höchste kommunale Finanzierungsdefizit seit der deutschen Vereinigung im Jahr 1990. Gegenüber dem Jahr 2023 ist das Defizit deutlich gewachsen. Damals hatte es 6,6 Mrd. Euro betragen. Wesentliche Ursache hierfür war, dass die Ausgaben der kommunalen Kern- und Extrahaushalte mit +12,6 % zum Vorjahr deutlich stärker angestiegen sind als die Einnahmen mit +7,6 %. Ausgabentreiber waren vor allem die Sozialleistungen. In diesen Zahlen zeigt sich auch die strukturelle Unterfinanzierung der Kommunen.

Das **Grundgesetz** enthält **keine Konnexitätsbestimmungen,** die die Länder dazu verpflichten, den Kommunen die mit der Erfüllung bestimmter Aufgaben verbundenen Kosten zu ersetzen. Die Kommunen gelten finanzverfassungsrechtlich als unselbstständige Teile der Länder, sodass auch ihre Aufgaben und Ausgaben denen des Landes zugerechnet werden.

Nach der **Bayerischen Verfassung** ist jedoch der Freistaat Bayern verpflichtet, einen finanziellen Ausgleich zu leisten, wenn er den Kommunen Aufgaben überträgt, sie zur Erfüllung von Aufgaben im eigenen Wirkungskreis verpflichtet oder besondere Anforderungen an die Erfüllung bestehender oder neuer Aufgaben stellt (**Konnexitätsprinzip**; Art. 83 Abs. 3 und 6 BV). Die praktische Umsetzung wird in der „Vereinbarung über ein Konsultationsverfahren zwischen der Staatsregierung und den Kommunalen Spitzenverbänden zur Umsetzung des Konnexitätsprinzips" (Konsultationsvereinbarung) vom 21.05.2004 (GVBl. S. 218) geregelt. Das Konnexitätsprinzip beruht auf dem Grundgedanken, dass die Kommunen – neben den Leistungen aus dem kommunalen Finanzausgleich – einen unabhängigen Ausgleich für Mehrbelastungen durch staatliche Aufgabenübertragungen und -veränderungen erhalten.

Im **Verhältnis des Bundes zu den Kommunen** sieht Art. 84 Abs. 1 Satz 7 GG für den Bereich der landeseigenen Verwaltung (Art. 83 GG) ein **Aufgabenübertragungsverbot** vor („Durch Bundesgesetz dürfen Gemeinden und Gemeindeverbänden Aufgaben nicht übertragen werden."). Ein Fall des Aufgabenübertragungsverbots liegt vor, wenn ein Bundesgesetz den Kommunen erstmals eine bestimmte Aufgabe zuweist oder eine damit funktional äquivalente Erweiterung einer bundesgesetzlich bereits zugewiesenen Aufgabe vornimmt (Beschluss des Bundesverfassungsgerichts vom 07.07.2020, Az. 2 BvR 696/12). Direkte Aufgabenzuweisungen an die Kommunen können nach dieser Regelung nur die Länder vornehmen, sodass hierfür grundsätzlich ein finanzieller Ausgleich nach dem Konnexitätsprinzip zu leisten ist (s. o.).

Für das im Zuge der **Föderalismusreform I** von 2006 eingefügte **Aufgabenübertragungsverbot** gilt jedoch eine Übergangregelung. Nach Art. 125a Abs. 1 Satz 1 GG gelten Regelungen in Bundesgesetzen, die vor dem 01.09.2006 erlassen worden sind und wegen des Aufgabenübertragungsverbots nicht mehr erlassen werden könnten, fort. Dies betrifft z. B. die Aufgaben für Leistungen der Grundsicherung für Arbeitssuchende oder für die Sozialhilfe.

Diese verfassungsrechtlichen Rahmenbedingungen konnten jedoch die strukturelle Unterfinanzierung der Kommunen und die Negativrekorde bei den Finanzierungssalden nicht verhindern (s. o.). Der **Koalitionsvertrag von CDU, CSU und SPD** sieht verschiedene Maßnahmen vor, um die Finanzsituation der Kommunen zu verbessern. Dazu gehört u. a. die Verankerung des Grundsatzes „Wer bestellt, bezahlt“. Der Koalitionsvertrag hierzu wörtlich: „Wer eine Leistung veranlasst oder ausweitet, muss für ihre Finanzierung aufkommen. Das heißt, wenn Bundesgesetze oder andere Maßnahmen des Bundes bei den Ländern und Kommunen zu Mehrausgaben oder Mindereinnahmen führen, muss sichergestellt werden, dass die Mittel bei der ausführenden Ebene ankommen.“ Das gilt auch für Verwaltungs- und Personalaufwände (Zeilen 3623 ff. des Koalitionsvertrags). Zudem soll eine deutliche Entlastung der Kommunen erreicht und es sollen gemeinsam mit den Ländern und in Abstimmung mit den Kommunen Lösungen erarbeitet werden, um die Ausgabendynamik zu durchbrechen (Zeilen 3634 ff. des Koalitionsvertrags).

Im März 2025 haben der Deutsche Bundestag und der Bundesrat einer Änderung des Grundgesetzes zugestimmt, mit der die finanzverfassungsrechtlichen Rahmenbedingungen verändert worden sind. Die Grundgesetzänderungen sind am 25.03.2025 in Kraft getreten und umfassen drei Schwerpunkte:

- Erstens werden sicherheits- und verteidigungspolitisch begründete Ausgaben – für Verteidigung, Zivil- und Bevölkerungsschutz, Nachrichtendienste, IT-Sicherheit sowie zur Unterstützung völkerrechtswidrig angegriffener Staaten wie der Ukraine – von der regulären Kreditobergrenze der Schuldenbremse ausgenommen, soweit sie einen Sockelwert von 1 % des Bruttoinlandsprodukts (BIP) überschreiten. Durch diese **Bereichsausnahme** soll ein verlässlicher finanzieller Rahmen für **sicherheitsrelevante Ausgaben** geschaffen werden. Für alle übrigen Ausgaben des Bundeshaushalts gilt die Schuldenregel unverändert.
- Zweitens wurde ein **Sondervermögen für zusätzliche Investitionen in Infrastruktur** in Höhe von bis zu 500 Mrd. Euro geschaffen, das sich

über einen Bewilligungszeitraum von zwölf Jahren erstreckt. Die Mittel aus dem Sondervermögen sollen zusätzlich zu den Investitionen im Bundeshaushalt eingesetzt werden. Aus diesem Sondervermögen werden **100 Mrd. Euro dem Klima- und Transformationsfonds** zugeführt. Dies dient der langfristigen Absicherung zentraler Investitionen zur Erreichung der Klimaneutralität bis zum Jahr 2045 und trägt dem erheblichen Finanzierungsbedarf insbesondere in den Bereichen Dekarbonisierung, Energieinfrastruktur und industrielle Transformation Rechnung. Weitere **100 Mrd. Euro aus dem Sondervermögen stehen den Ländern und Kommunen für Investitionen in deren Infrastruktur** zur Verfügung (hierzu sogleich unten).

- Drittens wurde den Ländern – angesichts der hohen Investitionsbedarfe und in Angleichung an den strukturellen Verschuldungsspielraum des Bundes – ein **struktureller Neuverschuldungsspielraum in Höhe von 0,35 % des BIP** ermöglicht.

Durch die Bereitstellung von 100 Mrd. € aus dem **Sondervermögen Infrastruktur und Klimaneutralität** für Länder und Kommunen sollen Defizite in der öffentlichen Infrastruktur abgebaut und Impulse für zusätzliches Wirtschaftswachstum geschaffen werden. Von den 100 Mrd. € entfallen **rd. 15,7 Mrd. €** auf den **Freistaat Bayern** und die **bayerischen Kommunen**. Aus diesen Mitteln wurde u. a. ein neues kommunales Investitionsbudget in Höhe von 2 Mrd. € eingerichtet, das von den Kommunen bei Bedarf für die Umsetzung konkreter Investitionsprojekte abgerufen werden kann. Von den 2 Mrd. € entfallen 57 % (1,14 Mrd. €) auf die kreisangehörigen Gemeinden, 23 % (460 Mio. €) auf die kreisfreien Städte und 20 % (400 Mio. €) auf die Landkreise.

2.2 Begriff der Abgaben

Unter den Begriff der Abgaben fallen alle hoheitlich auferlegten Lasten, die in Geld zu erbringen sind und die der Einnahmebeschaffung dienen. Kennzeichen der Abgabe ist, dass sie zwangsweise erhoben wird. Zu den Abgaben zählen im Wesentlichen ***Steuern, Beiträge und Gebühren.***

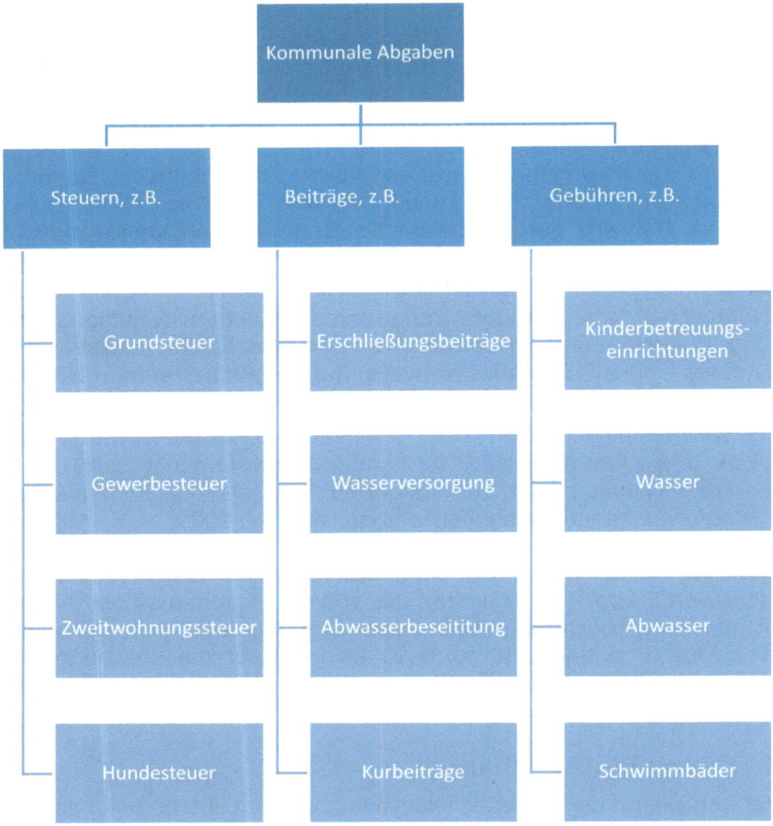

Steuern sind Geldleistungen, die ohne Gegenleistung von einem öffentlich-rechtlichen Gemeinwesen zur Erzielung von Einnahmen allen auferlegt werden, die den gesetzlichen Besteuerungstatbestand erfüllen. Gemeindesteuern sind insbesondere die **Grund-** und ***Gewerbesteuer,*** die ***Zweitwohnungssteuer (Erhebung seit 1.8.2004 möglich)*** und die ***Hundesteuer.*** Wesensmerkmal der Steuer ist, dass sie ohne Gegenleistung erhoben wird.

Beiträge sind Geldleistungen, die von juristischen Personen des öffentlichen Rechts für die Möglichkeit der Inanspruchnahme öffentlicher Einrichtungen erhoben werden. Ob dieser Vorteil auch tatsächlich wahrgenommen wird, spielt dabei keine Rolle. Beiträge werden nach dem Kommunalabgabengesetz

(KAG) erhoben, z. B. für Wasserversorgungs- und ***Abwasserbeseitigungsanlagen***. Hinzu kommen die **Erschließungsbeiträge** nach dem Baugesetzbuch für die erstmalige Herstellung von Straßen. Die gesetzliche Regelung für die Erhebung von **Straßenausbaubeiträgen** für die Verbesserung oder Erneuerung von Straßen wurde mit Wirkung zum 1.1.2018 aufgehoben. Weitere Beiträge sind insbesondere der **Kurbeitrag** und der **Fremdenverkehrsbeitrag.** Wesensmerkmal des Beitrags ist die Möglichkeit der Inanspruchnahme einer öffentlichen Einrichtung durch den Beitragspflichtigen.

Gebühren sind Geldleistungen, die von juristischen Personen des öffentlichen Rechts für tatsächlich in Anspruch genommene öffentliche Leistungen erhoben werden. Sie werden erhoben für die Benutzung öffentlicher Einrichtungen (Benutzungsgebühren) oder für eine Dienstleistung der Verwaltung (Verwaltungsgebühren). Der Gebühr steht immer eine Gegenleistung gegenüber, die der Gebührenpflichtige tatsächlich in Anspruch genommen hat. Darin unterscheidet sich die Gebühr vom Beitrag. Am wichtigsten sind die Benutzungsgebühren nach Art. 8 KAG für Wasserversorgungs- und Abwasserbeseitigungsanlagen, für die Abfallentsorgung, die Straßenreinigung, das Bestattungswesen, für Märkte, Schlachthäuser, Verkehrsbetriebe, für Bäder, Kindergärten, Theater, Büchereien usw.

Daneben gibt es noch sonstige Abgaben. Zu erwähnen sind in Bezug auf die Kommunen die Verbandsumlagen und die Konzessionsabgabe (Entgelte für die Einräumung des Rechts zur Benutzung öffentlicher Verkehrswege für die Verlegung und den Betrieb von Leitungen, z. B. für Strom). Die Feuerschutzabgabe wird seit 1995 nicht mehr erhoben, nachdem sie mit Beschluss des Bundesverfassungsgerichts vom 24.1.1995 für verfassungswidrig erklärt wurde.

2.3 Reihenfolge der Einnahmebeschaffung

Art. 62 Abs. 2 GO gibt den Gemeinden eine „Einnahmehierarchie" vor. Danach muss eine Gemeinde zunächst die sonstigen Einnahmen (v.a. aus dem ***Finanzausgleich***, der ***Einkommen- und Umsatzsteuersteuerbeteiligung,*** den Zinseinnahmen aus Geldanlagen und die Erträge aus Pacht- und Mietverträgen sowie die Ablieferungen aus gemeindlichen Eigenbetrieben und Gewinnausschüttungen kommunaler Eigengesellschaften) verwenden. An zweiter Stelle folgen die besonderen Entgelte (Gebühren und Beiträge). An dritter und letzter Stelle der Einnahmehierarchie stehen die Steuern *(z. B.* ***Grund-***, ***Gewerbe-, Zweitwohnungs-*** und ***Hundesteuer)***.

WICHTIG!

Beiträge und Gebühren vor Steuern!

Diese Vorschrift zielt darauf ab, zuerst denjenigen heranzuziehen, der eine „Leistung" der Gemeinde in Anspruch nimmt oder nehmen kann ***(Gebühren*** und ***Beiträge)***. Vor einer Anhebung, z. B. der Grundsteuer, müssten die kostenrechnenden Einrichtungen – insbesondere Abwasserbeseitigung und Wasserversorgung – annähernd kostendeckend finanziert werden.

Bei Kindergärten, Kinderkrippen, Büchereien, Theater, Museen und Bädern werden Defizite als zulässig erachtet, soweit bei diesen Einrichtungen soziale und kulturelle Ziele der Gemeinde im Vordergrund stehen und eine Kostendeckung nicht „geboten" und „vertretbar" ist (Art. 62 Abs. 2 GO). Grenzfälle, bei denen die Finanzhoheit einer Gemeinde besonders sichtbar wird, sind der vom Gemeinderat für vertretbar erachtete Kostendeckungsgrad bei Friedhöfen, Musikschulen und Volkshochschulen.

2.4 Gewerbesteuer

2.4.1 Allgemeines

Das Aufkommen der ***Gewerbesteuer*** ist den Gemeinden durch das Grundgesetz zugewiesen (Art. 106 Absatz 6 Satz 1 GG). Bund und Länder sind am Gewerbesteueraufkommen durch die Gewerbesteuerumlage, auf die noch näher eingegangen wird, beteiligt. Das Aufkommen betrug in Bayern im Jahr 2024 rd. 13.274,7 Mio. €, wovon Bund und Land über die Gewerbesteuerumlage 1.349,3 Mio. € zugeflossen sind. Die Gewerbesteuer netto betrug 2024 somit 11.925,4 Mio. € in Bayern.

Seit dem 17. Jahrhundert gibt es die besondere Besteuerung von Gewerbebetrieben. Bei der Realsteuerform von 1936 kam für das ganze Reichsgebiet ein einheitliches Gewerbesteuergesetz zustande.

Bis einschließlich 1997 wurde neben der Ertragskraft von Gewerbebetrieben auch das Gewerbekapital besteuert. Die Gewerbekapitalsteuer wurde jedoch durch das Gesetz zur Fortsetzung der Unternehmensteuerreform vom 25.10.1997 abgeschafft. Die Gemeinden erhielten zum Ausgleich eine Beteiligung an der Umsatzsteuer, die unter Teil 4, 2.7 beschrieben ist.

Die Gewerbesteuer wurde durch das Gesetz zur Unternehmensteuerreform 2008, dem der Deutsche Bundestag am 25.5.2007 und der Deutsche Bundesrat am 6.7.2007 zugestimmt haben, zum 1.1.2008 reformiert. Die Reform umfasst in Bezug auf die Gewerbesteuer u. a. die Senkung der Gewerbesteuermesszahl von 5 auf 3,5 % (führt zu einem Ausfall der Gewerbesteuer um 30 %!) bei gleichzeitigem Wegfall des Staffeltarifs, eine Änderung der Anrechnung der Gewerbesteuer auf die Einkommensteuer und eine Änderung der Hinzurechnung der Dauerschuldzinsen (künftig eine Hinzurechnung 25 % aller Zinsen und Finanzierungsanteile von Mieten, Pachten, Leasingraten und Lizenzen unter Einführung eines Freibetrags für Hinzurechnungen von 100.000 €; bisher 50 % der Dauerschuldzinsen). Die Reform führt vor allem durch die Senkung der Gewerbesteuermesszahl auf 3,5 % zu Mindereinnahmen der Gemeinden. Diese werden durch den Wegfall der Gewerbesteuerstaffel, einer erweiterten Zinshinzurechnung und einer Senkung der Gewerbesteuerumlage zum Teil ausgeglichen.

Diese Reform wurde begrüßt, da damit die Zukunft der Gewerbesteuer gesichert ist. Diese Reform hat die Unternehmen (vor allem durch die Senkung des Körperschaftsteuersatzes von 25 auf 15 % und der Senkung der Gewerbesteuermesszahl von 5 auf 3,5 %) um jährlich 5 Mrd. € entlastet, um die im internationalen Vergleich hohen Steuersätze in Deutschland zu reduzieren und die Wettbewerbsfähigkeit der deutschen Firmen zu stärken.

2010/2011 wurde im Rahmen der Kommission zur Neuordnung der Gemeindefinanzierung der Bestand der Gewerbesteuer erneut vom Bundesfinanzminister infrage gestellt. Da jedoch mit den kommunalen Spitzenverbänden und den Ländern in der Arbeitsgruppe Kommunalsteuern kein einvernehmlicher Beschlussvorschlag formuliert werden konnte, hat die Kommission am 15.6.2011 beschlossen, die Abschaffung der Gewerbesteuer vorläufig nicht mehr weiterzuverfolgen.

2.4.2 Wer wird besteuert?

Steuergegenstand der Gewerbesteuer ist jeder stehende Gewerbebetrieb, soweit er im Inland betrieben wird. Unter Gewerbebetrieb ist ein gewerbliches Unternehmen im Sinne von § 15 Abs. 2 Einkommensteuergesetz zu verstehen (§ 2 Abs. 1 GewStG). Hiernach liegt ein Gewerbebetrieb vor, wenn folgende Merkmale vorliegen:

- Selbständigkeit,
- Nachhaltigkeit der Betätigung,
- Gewinnerzielungsabsicht,
- Beteiligung am allgemeinen wirtschaftlichen Verkehr,
- keine selbstständige Tätigkeit, Ausübung eines freien Berufes (z. B. Rechtsanwälte, Ärzte, Steuerberater) oder Land- und Forstwirtschaft.

Personengesellschaften, z. B. eine OHG oder KG, gelten stets und in vollem Umfang als Gewerbebetrieb, wenn sie eine gewerbliche Tätigkeit ausüben. Unabhängig von ihrer Tätigkeit gelten Personengesellschaften in vollem Umfang als Gewerbebetrieb, bei denen ausschließlich eine oder mehrere Kapitalgesellschaften persönlich haftende Gesellschafter sind und nur diese oder Personen, die nicht Gesellschafter sind, zur Geschäftsführung befugt sind, z. B. GmbH & Co KG.

Als Gewerbebetrieb gilt auch stets und in vollem Umfang die Tätigkeit der Kapitalgesellschaften (z. B. GmbH oder AG), der Erwerbs- und Wirtschaftsgenossenschaften und der Versicherungsvereine auf Gegenseitigkeit.

Des Weiteren gilt als Gewerbebetrieb auch die Tätigkeit der sonstigen juristischen Personen des privaten Rechts und der nicht rechtsfähigen Vereine, soweit sie einen wirtschaftlichen Geschäftsbetrieb (ausgenommen Land- und Forstwirtschaft) unterhalten.

Die Gewerbesteuerpflicht kann aber teilweise oder ganz **§ 3 GewStG** eingeschränkt sein.

Beispiele einer gewerblichen Tätigkeit:

Selbstständige Tätigkeit als Handwerker, Einzelhändler, Großhändler, Gastwirt, Taxifahrer, Anlageberater, Handelsvertreter, Betrieb einer Fremdenpension, eines Campingplatzes oder eines Hotels.

2.4.3 Wie lauten die Rechtsgrundlagen?

Die Festsetzung und Erhebung der Gewerbesteuer ist im Gewerbesteuergesetz (GewStG) und der Gewerbesteuer-Durchführungsverordnung (GewStDV) geregelt. Zur Klärung von Zweifels- und Auslegungsfragen sind Gewerbesteuerrichtlinien als allgemeine Verwaltungsvorschriften herausgegeben worden.

2.4.4 Wie hoch ist die Steuer und wer setzt sie fest?

Besteuerungsgrundlage ist der Gewerbeertrag. Das ist der nach den Vorschriften des Einkommensteuergesetzes (EStG) oder des Körperschaftsteuergesetzes (KStG) zu ermittelnde Gewinn aus dem Gewerbebetrieb, vermehrt und vermindert um Hinzurechnungen und Kürzungen. Bei der Berechnung der Gewerbesteuer ist die Steuermesszahl von 3,5 Prozent (ab 1.1.2008; zuvor 5 %) anzuwenden.

WICHTIG!

Gewerbeertrag × Gewerbesteuermesszahl (3,5 %) = Gewerbesteuermessbetrag

Gewerbesteuermessbetrag × Hebesatz = Gewerbesteuer

Der zu berücksichtigende Freibetrag, die Hinzurechnungen und Kürzungen des Gewerbeertrags sind nachfolgend beschrieben.

Die Gewerbesteuer wird in einem zweistufigen Verfahren festgesetzt. Das Finanzamt ermittelt die Höhe des zu versteuernden Ertrags und setzt den Gewerbesteuermessbetrag im Gewerbesteuermessbetragsbescheid fest. Dieser Bescheid stellt die Besteuerungsgrundlage für die Gemeinde dar.

Die Gemeinde bestimmt im Rahmen ihrer Finanzhoheit gem. § 16 GewStG die Höhe des Gewerbesteuerhebesatzes. Die Gemeinde wendet nun auf den Steuermessbetrag ihren in der Haushaltssatzung (oder einer gesonderten Hebesatzsatzung) festgesetzten Gewerbesteuerhebesatz an und erlässt den Gewerbesteuerbescheid. Ein Beschluss über die Erhöhung des Gewerbesteuerhebesatzes muss gemäß § 16 Abs. 3 GewStG bis zum 30.6. eines Kalenderjahres gefasst sein, wenn die Höhe vom Beginn dieses Kalenderjahres an wirksam werden soll. Der Hebesatz muss für alle in der Gemeinde vorhandenen Unternehmen der gleiche sein. Bei der Bestimmung der Höhe des Hebesatzes hat die Gemeinde einen weiten Ermessensspielraum. Die Gemeinde muss dabei insbesondere den gesetzlich festgelegten Mindesthebesatz beachten (§ 16 Abs. 4 GewStG).

Beispiel:

Bei einem einheitlichen Gewerbesteuermessbetrag von 400 € (vergleiche Berechnungsbeispiel) und einem Hebesatz von 310 v. H. errechnet sich eine Gewerbesteuer von 1.240 €. Bei einem Hebesatz von 490 v. H. errechnet sich eine Gewerbesteuer in Höhe von 1.960 €.

In beiden Fällen zu zahlende Gewerbesteuerumlage 2024: 35 % vom Gewerbesteuermessbetrag von 400 € = 140 €.

Im Hebesatzrecht wird die ***Finanzhoheit*** der Gemeinden und damit das Recht auf Selbstverwaltung in besonderer Weise sichtbar.

2.4.5 Gewerbesteuerhebesätze 2024 im Landesdurchschnitt

Kreisfreie Städte	
• mit 500.000 oder mehr Einwohnern	486 v. H.
• mit 200.000 bis unter 500.000 Einwohnern	470 v. H.
• mit 100.000 bis unter 200.000 Einwohnern	423 v. H.
• mit 50.000 bis unter 100.000 Einwohnern	394 v. H.
• unter 50.000 Einwohner	363 v. H.
gesamt:	***459 v. H.***
Kreisangehörige Gemeinden	
• 50.000 Einwohner und mehr	360 v. H.
• 20.000 bis unter 50.000 Einwohner	351 v. H.
• 10.000 bis unter 20.000 Einwohner	331 v. H.
• 5.000 bis unter 10.000 Einwohner	321 v. H.
• 3.000 bis unter 5.000 Einwohner	322 v. H.
• 1.000 bis unter 3.000 Einwohner	333 v. H.
• unter 1.000 Einwohner	302 v. H.
gesamt:	***330 v. H.***

2.4.6 Hinzurechnungen und Kürzungen des Gewerbeertrags

Der Gewinn muss zur Errechnung des Gewerbeertrags um verschiedene Hinzurechnungen (§ 8 GewStG) und Kürzungen (§ 9 GewStG) verändert werden.

Dem Gewinn aus dem Gewerbebetrieb werden z. B. folgende Beträge wieder hinzugerechnet, soweit sie bei der Ermittlung des Gewinns abgesetzt worden sind: Ein Viertel der Summe aus

- Entgelten für Schulden,
- Renten und dauernden Lasten und
- Gewinnanteilen des stillen Gesellschafters.

Anteilig hinzugerechnet werden auch Miet- und Pachtzinsen (einschließlich Leasingraten) für die Benutzung von beweglichen und unbeweglichen Wirtschaftsgütern des Anlagevermögens. Die Hinzurechnungsvorschriften liegen im Wesentlichen im Realsteuercharakter der Gewerbesteuer begründet. Es soll das Objekt „Gewerbebetrieb" besteuert werden, unabhängig davon, wie dieser finanziert ist.

Der Gewinn ist zu kürzen, wenn die in § 9 GewStG genannten Tatbestände gegeben sind. Die Kürzung soll z. B. verhindern, dass der zum Betriebsvermögen des Unternehmens gehörende Grundbesitz sowohl Gewerbesteuer wie auch Grundsteuer entrichten muss. Die im Erhebungszeitraum als Betriebsausgabe erfasste Grundsteuer für den zum Betriebsvermögen des Unternehmers gehörenden Grundbesitz wird daher von der Summe des Gewinns und der Hinzurechnungen abgezogen.

2.4.7 Freibetrag für natürliche Personen

Gewerbesteuer fällt nicht an, wenn der Gewerbeertrag nicht höher ist als 24.500 €.

2.4.8 Freibetrag für juristische Personen

Bei juristischen Personen unterscheiden wir zwischen Kapitalgesellschaften (GmbH und AG), Genossenschaften, Versicherungsvereinen auf Gegenseitigkeit und anderen juristischen Personen (z. B. Vereine, Stiftungen und juristische Personen des öffentlichen Rechts). Für Vereine, Stiftungen und juristische Personen des öffentlichen Rechts sowie juristische Personen (AG, GmbH) wird seit 2009 einheitlich ein Freibetrag von 5.000 € berücksichtigt.

2.4.9 Abrundung

Der um die Hinzurechnungen und Kürzungen veränderte Gewinn wird auf volle 100 € abgerundet (§ 11 GewStG).

2.4.10 Zerlegung des Gewerbesteuermessbetrags

Es kommt häufig vor, dass gewerbliche Unternehmen nicht nur über eine Betriebsstätte verfügen, sondern mehrere Betriebsstätten in verschiedenen Gemeinden unterhalten. Zu denken ist z. B. an Kreditinstitute (z. B. Deutsche Bank) oder an Handelsketten (z. B. Aldi). Diese Unternehmen erwirtschaften einen Gewinn, für den das Betriebsfinanzamt (Sitz der Geschäftsleitung maßgebend) einen Gewerbesteuermessbetrag errechnet, der dann auf die Gemeinden mit einer Betriebsstätte verteilt wird. Als Zerlegungsmaßstab werden grundsätzlich die Arbeitslöhne herangezogen. Maßgebend ist das Verhältnis der gesamten Arbeitslöhne zu den Arbeitslöhnen, die an die Beschäftigten bei den Betriebsstätten der einzelnen Gemeinde gezahlt worden sind.

TIPP!

Bei Bauausführungen errichtete feste, örtliche Anlagen (z. B. Baubuden, Baracken) begründen eine Betriebsstätte, wenn die betreffende Bauausführung sechs Monate überstiegen hat.

Eine einheitliche mehrgemeindliche Betriebstätte liegt vor, wenn zwischen den einzelnen Teilen der Betriebsstätte ein derartiger räumlicher, organisatorischer, technischer und wirtschaftlicher Zusammenhang besteht, dass die Betriebsstätte als einheitliches Ganzes anzusehen ist. Unterhält ein Unternehmen mehrere selbstständige Betriebsstätten in verschiedenen Gemeinden und ist darunter auch eine Betriebsstätte, die sich auf mehrere Gemeinden erstreckt (mehrgemeindliche Betriebsstätte), so ist in dem Zerlegungsbescheid eine Zerlegung in zwei Stufen durchzuführen:

- Zunächst ist der Gewerbesteuermessbetrag nach dem Maßstab des § 29 GewStG auf die Betriebstätten in den verschiedenen Gemeinden zu zerlegen (Hauptzerlegung).
- Anschließend ist der Zerlegungsanteil, der auf die mehrgemeindliche Betriebsstätte entfällt, nach § 30 GewStG auf diejenigen Gemeinden weiter zu zerlegen, auf die sich die mehrgemeindliche Betriebsstätte erstreckt (Unterzerlegung).

WICHTIG!

Führt die Zerlegung nach den §§ 28–31 GewStG zu einem offenbar unbilligen Ergebnis, können sich alle beteiligten Gemeinden zusammen mit dem Steuerschuldner auf einen anderen Zerlegungsmaßstab einigen, der dann von der Finanzverwaltung zugrunde zu legen ist.

Eine Zerlegung findet nur statt, wenn der Gewerbesteuermessbetrag insgesamt 10 € übersteigt. Kleinere Beträge als 10 € werden der Gemeinde zugewiesen, in der sich die Geschäftsleitung der Firma befindet.

2.4.11 Die Gewerbesteuerumlage

Aufgrund des Gemeindefinanzreformgesetzes sind Bund und Länder seit 1970 durch die Gewerbesteuerumlage an den Gewerbesteuereinnahmen der Gemeinden beteiligt. Maßgebend für die Berechnung der Gewerbesteuerumlage ist das Istaufkommen der Gewerbesteuer, das durch den von der Gemeinde für dieses Jahr festgesetzten Hebesatz geteilt wird. Ausgelöst durch die Unternehmenssteuerreform 2000, 2004 und 2008 veränderte sich die Gewerbesteuerumlage von

- 83 % im Jahr 2000 auf
- 91 % im Jahr 2001 auf
- 102 % im Jahr 2002 auf
- 114 % im Jahr 2003 auf
- 82 % im Jahr 2004 auf
- 81 % im Jahr 2005 auf
- 74 % im Jahr 2006 auf
- 73 % im Jahr 2007 auf
- 65 % im Jahr 2008 auf
- 66 % im Jahr 2009 auf
- 71 % im Jahr 2010 auf
- 70 % im Jahr 2011 auf
- 69 % ab dem Jahr 2012
- 68,3 % im Jahr 2018
- 64,0 % im Jahr 2019
- 35,0 % ab dem Jahr 2020

In Art. 6 des Solidarpaktfortführungsgesetzes vom 20.12.2001 (BGBl. S. 3955) wurde das gesetzliche Ende der erhöhten Gewerbesteuerumlage ab 2020 bereits fixiert. Diese Situation brachte den Gemeinden ab 2019 ein Plus von 110 Mio. € und ab 2020 ein zusätzliches Plus von rd. 740 Mio. € bei der Gewerbesteuer netto und bei der Berechnung der Steuer- und Umlagekraft ab 2021 bzw. 2022 eine entsprechendes Plus.

1. **Berechnung der Gewerbesteuerumlage bis 2018:**

1. Bundesvervielfältiger (§ 6 Abs. 3 GFRG)	14,5 %-Punkte
2. Landesvervielfältiger (§ 6 Abs. 3 GFRG)	53,8 %-Punkte
bestehend aus:	
a) Basisvervielfältiger	20,5 %-Punkte
b) Solidarpakt	29,0 %-Punkte
c) Erhöhungszahl Fonds Deutsche Einheit	4,3 %-Punkte
Vervielfältiger insgesamt	**68,3 %-Punkte**

2. **Erhöhungszahl Fonds Deutsche Einheit – Wegfall 2019:**

   Entsprechend den Regelungen im Vertrag zwischen der Bundesrepublik Deutschland und der Deutschen Demokratischen Republik über die Herstellung der Einheit Deutschlands – Einigungsvertrag – vom 31.8.1990 (BGBl. II S. 885) wurde auch nach der Wiedervereinigung der Länderfinanzausgleich bis Ende 1994 zwischen den elf alten und den fünf neuen Bundesländern getrennt durchgeführt. Den neuen Bundesländern wurde finanziell durch den Fonds Deutsche Einheit (FDE) der notwendige Ausgleich für die fehlende Steuerkraft gewährt. Der FDE wurde i. H. v. 47 Mrd. € kreditfinanziert.

   Mit dem vorzeitigen Auslaufen der FDE-Abfinanzierung Ende 2018 entfiel die sachliche Grundlage für die in § 6 Abs. 5 Gemeindefinanzreformgesetz geregelte Mitfinanzierung der westdeutschen Gemeinden an den FDE-Finanzierungslasten ihrer Länder. § 6 Abs. 5 Gemeindefinanzreformgesetz war damit nicht mehr erforderlich und wurde ab 1.1.2019 aufgehoben. Damit ist ab 1.1.2019 die Erhöhungszahl FDE von 4,3 %-Punkten entfallen, wodurch die Einnahmen der Gemeinden aus der Gewerbesteuer netto um rund 110 Mio. € in 2019 ansteigen. Im Jahr 2021 verzeichnete die Steuer- und Umlagekraft einen entsprechenden Zuwachs.

3. **Solidarpaktumlage i. H. v. 29 %-Punkten – Wegfall 2020:**

   Entsprechend der Regelung in § 6 Abs. 3 Gemeindefinanzreformgesetz entfiel ab 2020 die Erhöhungszahl zur Finanzierung der Solidarumlage i. H. v. 29 %-Punkten beim jeweiligen Landesvervielfältiger. Dieser wurde 1995 eingeführt, um die westdeutschen Kommunen an den Belastungen ihrer Länder an der Deutschen Einheit zu beteiligen. Somit endete nach 25 Jahren die Mitfinanzierung der Deutschen Einheit durch die Kommunen (Art. 6 Solidarpaktfortführungsgesetz vom 20.12.2001, BGBl. I S. 3955).

   Bundesweit ging es hier um Belastungen der Kommunen i. H. v. 3,5 Mrd. €, allein in Bayern um 740 Mio. €. Die Solidarpaktumlage musste deshalb entsprechend der gesetzlichen Lage Ende 2019 auslaufen, da die Sondersituation durch die Wiedervereinigung mit Auslauf des Solidarpakts II zum 31.12.2019 beendet war und der Bund den Ländern zusätzliche Mittel aus der Umsatzsteuer von 4 Mrd. € zukommen lässt. Es gab keine Begründung, die sich aus den Verhandlungen über die Neuordnung der Bund-Länder-Finanzbeziehungen herleiten lässt, dieses kommunale Sonderopfer fortzuführen, zumal der Freistaat Bayern eine Entlastung aus der Neuregelung der Bund-Länder-Finanzbeziehungen ab 2020 erfährt.

Entsprechenden Vorstößen aus den Ländern (z. B. aus Hessen), wonach die erhöhte Gewerbesteuerumlage fortgeführt werden soll, wurde eine deutliche Absage erteilt. Eine Fortführung hätte die bayerischen Kommunen jährlich i. H. v. rd. 740 Mio. € belastet, die dringend zur Finanzierung anstehender Infrastrukturmaßnahmen im Bereich Schulen, Kindertageseinrichtungen, Krankenhäuser und Straßen benötigt wurden. Damit endete mit Ablauf 2019 der Beitrag der Gemeinden zur Mitfinanzierung der Deutschen Einheit nach 25 Jahren.

Zur Ermittlung der Gewerbesteuerumlage wird das Istaufkommen der Gewerbesteuer eines Jahres durch den von der Gemeinde für dieses Jahr festgesetzten Hebesatz geteilt und das Ergebnis mit dem gesetzlichen Vomhundertsatz der Gewerbesteuerumlage multipliziert (seit 2020: 35 %). Das Landesamt für Statistik ermittelt für jede Gemeinde den Unterschiedsbetrag zwischen den Beteiligungsbeträgen an der Einkommen- und Umsatzsteuer und dem Betrag an Gewerbesteuerumlage und übermittelt die für die Auszahlung und Erhebung erforderlichen Daten anschließend an das Finanzamt München (§ 5 BayAVGFRG).

Beispiel:

Gewerbesteuermessbetrag: 1.000 €; die Gewerbesteuer beträgt:

Fall 1: bei einem Hebesatz von 310 v. H. = 3.100 €

Fall 2: bei einem Hebesatz von 490 v. H. = 4.900 €

Die Gewerbesteuerumlage errechnet sich in beiden Fällen auf 350 € (1.000 € × 35 v. H.), da die Gewerbesteuerumlage hebesatzneutral ist. Berechnungsgrundlage ist der Gewerbesteuermessbetrag. Die Nettogewerbesteuer (Gewerbesteuer ./. Gewerbesteuerumlage) liegt im Fall 1 bei 2.750 € und im Fall 2 bei 4.550 €.

Eine Gemeinde mit einem Gewerbesteuerhebesatz von 310 v. H. muss damit im Jahr 2024 von der eingenommenen Gewerbesteuer 11,3 % an Bund und Land abführen (bei einem Gewerbesteuerhebesatz von 490 v. H. 7,1 %).

2.4.12 Berechnungsbeispiel/Gewerbesteuer im Jahr 2024

(natürliche Person oder Personengesellschaft)	
Gewinn (nach Hinzurechnungen und Kürzungen)	100.000 €
./. Freibetrag	24.500 €
	75.500 €
Gewerbesteuermessbetrag	2.642,50 €
Gewerbesteuer (2642,50 × Hebesatz von 310 v. H.)	8.191,75 €
./. Gewerbesteuerumlage 2024: 35 % vom Gewerbesteuermessbetrag (2.642,50 €)	924,87 €
Gewerbesteuer netto der Gemeinde	7.266,88 €
Anrechnung auf die Einkommensteuer (4-Fache des Gewerbesteuermessbetrags von 2.642,50 €)	10.570 €
Jedoch höchstens die Gewerbesteuer	8.191,75 €
Nettobelastung des Steuerzahlers	0

2.5 Grundsteuer

2.5.1 Allgemeines

Das Aufkommen an der ***Grundsteuer*** ist den Gemeinden durch das Grundgesetz zugewiesen (Art. 106 Abs. 6 Satz 1 GG). Die Grundsteuer gehört zu den ältesten Formen der direkten Besteuerung. Seit der Realsteuerreform von 1936 steht das Aufkommen ausschließlich den Gemeinden zu. Das Aufkommen betrug in Bayern im Jahr 2024 rd. 2.021,5 Mio. €.

2.5.2 Grundsteuerreform

Das Bundesverfassungsgericht hat mit Urteil vom 10.4.2018 (1 BvL 11/14 und andere) festgestellt, dass die Regelungen des Bewertungsgesetzes zur Einheitsbewertung von Grundvermögen in den „alten" Bundesländern jedenfalls seit dem Beginn des Jahres 2002 mit dem allgemeinen Gleichheitssatz unvereinbar und damit verfassungswidrig sind.

Hintergrund ist, dass die Einheitswerte für den Grundbesitz nach den Vorschriften des Bewertungsgesetzes in den „alten" Bundesländern auf der Grundlage der Wertverhältnisse zum 1.1.1964 (neue Bundesländer: 1.1.1935) ermittelt worden sind und die Grundlage für die Bemessung der Grundsteuer bilden. Da sich die Werte von Grundstücken seit 1964 beziehungsweise 1935 sowohl in den westdeutschen als auch in den ostdeutschen Ländern sehr unterschiedlich entwickelt haben, kommt es auf Basis der Einheitswerte zu erheblichen steuerlichen Ungleichbehandlungen. Diese sind nach dem Urteil des Bundesverfassungsgerichts vom 10.4.2018 nicht zu rechtfertigen. Eine ausreichende Rechtfertigung für diese Ungleichbehandlungen ergebe sich in einem System, das den Verkehrswert zum Ziel hat, weder allgemein aus dem Ziel der Vermeidung eines allzu großen Verwaltungsaufwands noch aus Gründen der Typisierung und Pauschalierung, noch wegen Geringfügigkeit der Grundsteuerlast, noch aus einer etwaigen Kompensation durch Nachfeststellungen und Wertfortschreibungen. Die Ungleichbehandlung gleichartiger Grundstücke ohne sachlichen Grund verstößt damit gegen das im Grundgesetz verankerte Gebot der Gleichbehandlung.

Das Bundesverfassungsgericht hat die Bewertungsregelungen allerdings nicht für nichtig erklärt, sondern dem Gesetzgeber eine Frist für eine Neuregelung bis zum 31.12.2019 gesetzt. Der Bundesrat hat der Reform der Grundsteuer am 8.11.2019 zugestimmt, die Zustimmung des Deutschen Bundestages erfolgte bereits am 18.10.2019. Das Gesetzespaket aus Grundgesetzänderung sowie Änderung des Grundsteuer- und Bewertungsrechtes ist in weiten Teilen am 3.12.2019 und damit innerhalb der vom Bundesverfassungsgericht gesetzten Frist in Kraft getreten. Die fristgerechte Neuregelung war für die Kommunen wichtig, um die Grundsteuer als bedeutende konjunkturunabhängige Einnahmequelle zu erhalten (vgl. zu Reformbedarf und Grundzügen der Reform ergänzend: Geiger, Kommentar zur Grundsteuer, Rechtslage ab 1.1.2025, Teil 0 – Überblick zur Reform, erschienen bei jehle).

Im Rahmen der Neuregelung wurde eine Abweichungsmöglichkeit für die Länder geschaffen (Länderöffnungsklausel). Von dieser Länderöffnungsklausel hat der Landesgesetzgeber mit dem Bayerischen Grundsteuergesetz vom 10.12.2021 (GVBl. S. 638) vor allem für den Bereich der Grundstücke des Grundvermögens (Grundsteuer B) weitreichend Gebrauch gemacht. Für den Bereich der Betriebe der Land- und Forstwirtschaft (Grundsteuer A) wurden nur punktuelle Änderungen vorgenommen. Die mit dem Gesetz zur Änderung des Grundsteuergesetzes zur Mobilisierung von baureifen Grundstücken für die Bebauung vom 30.11.2019 (BGBl. I S. 1875) geschaffene Möglichkeit der Erhebung einer Grundsteuer C findet in Bayern keine Anwendung (Art. 5 Abs. 2 BayGrStG).

2.5.3 Wie lautet die Rechtsgrundlage?

Die gesetzlichen Grundlagen sind insbesondere im Grundsteuergesetz (GrStG), im Bewertungsgesetz (BewG), im Bayerischen Grundsteuergesetz (BayGrStG) sowie im Kommunalabgabengesetz (Art. 18 KAG) zu finden.

2.5.4 Was wird besteuert?

Die ***Grundsteuer*** ist wie die Gewerbesteuer eine Realsteuer, bei der die persönlichen Verhältnisse des Eigentümers fast ausnahmslos außer Betracht bleiben. Steuerpflichtig ist der im Inland liegende Grundbesitz.

Steuerpflichtig sind die Betriebe der Land- und Forstwirtschaft (Grundsteuer A; Aufkommen in 2024: 87,5 Mio. €) und die übrigen Grundstücke (Grundsteuer B; Aufkommen in 2024: 1.934 Mio. €).

Für die Grundsteuer B gilt nach dem Bayerischen Grundsteuergesetz ein wertunabhängiges Flächenmodell. Für die Besteuerung kommt es damit nur auf die Flächen von Grund und Boden sowie des Gebäudes und die Gebäudenutzung an (Art. 2 BayGrStG). Der Wert des Grundstücks und damit auch der Bodenrichtwert spielt für die Besteuerung keine Rolle.

Für die Grundsteuer B werden die Flächen mit wertunabhängigen Äquivalenzzahlen angesetzt. Diese betragen für die Fläche des Grund und Bodens grundsätzlich 0,04 €/m² und für Gebäudeflächen 0,50 €/m² (Art. 3 BayGrStG).

Diese sog. Äquivalenzbeträge werden mit der Grundsteuermesszahl multipliziert. Diese beträgt grundsätzlich 100 %. Für den Äquivalenzbetrag der Wohnflächen wird die Grundsteuermesszahl auf 70 % ermäßigt. Daneben sind u. a. für den sozialen Wohnungsbau und Baudenkmäler eine zusätzliche Ermäßigung von 25 % vorgesehen (Art. 4 BayGrStG).

Als Ergebnis erhält man den Grundsteuermessbetrag, der mit dem jeweiligen Hebesatz der Gemeinde multipliziert wird.

Das Besteuerungsverfahren stellt sich damit für die Grundsteuer B im Überblick wie folgt dar:

Fläche des Grund und Bodens sowie Gebäudefläche

× Äquivalenzzahl (für Flächen des Grund und Bodens grundsätzlich 0,04 €/m², für Gebäudeflächen 0,50 €/m²)

= Äquivalenzbeträge

× Grundsteuermesszahl (grundsätzlich 100 %, Ermäßigungen insbesondere für Wohnflächen, Wohnflächen land- und forstwirtschaftlicher Betriebe, Baudenkmäler, sozialen Wohnungsbau)

= Grundsteuermessbetrag

× Hebesatz der Gemeinde

= Grundsteuer B

2.5.5 Festsetzung der Grundsteuerhebesätze A und B

Die Gemeinde bestimmt im Rahmen ihrer Finanzhoheit gem. § 25 GrStG die Höhe der Grundsteuerhebesätze, was entweder mit dem Erlass der Haushaltssatzung oder mit einer Hebesatzsatzung geschieht. Ein Beschluss zur Erhöhung des Grundsteuerhebesatzes muss gemäß § 25

Abs. 3 GrStG spätestens bis zum 30. Juni eines Kalenderjahres gefasst sein, wenn die Höhe vom Beginn dieses Kalenderjahres an wirksam werden soll. Die Erhebung einer Grundsteuer C (sog. „Baulandsteuer") hat der bayerische Landesgesetzgeber ausgeschlossen (Art. 5 Abs. 2 BayGrStG).

2.5.6 Grundsteuerhebesätze 2024 im Landesdurchschnitt

Kreisfreie Städte	Grundsteuer A	Grundsteuer B
500.000 oder mehr Einwohner	397 v. H.	540 v. H.
200.000 bis unter 500.000 Einwohner	485 v. H.	555 v. H.
100.000 bis unter 200.000 Einwohner	333 v. H.	456 v. H.
mit 50.000 bis unter 100.000 Einwohnern	294 v. H.	437 v. H.
unter 50.000 Einwohner	330 v. H.	396 v. H.
zusammen	346 v. H.	498 v. H.
Kreisangehörige Gemeinden		
50.000 oder mehr Einwohner	350 v. H.	375 v. H.
20.000 bis unter 50.000 Einwohner	338 v. H.	359 v. H.
10.000 bis unter 20.000 Einwohner	353 v. H.	355 v. H.
5.000 bis unter 10.000 Einwohner	351 v. H.	348 v. H.
3.000 bis unter 5.000 Einwohner	348 v. H.	343 v. H.
1.000 bis 3.000 Einwohner	370 v. H.	355 v. H.
unter 1.000 Einwohner	401 v. H.	375 v. H.
zusammen	358 v. H.	352 v. H.
Gemeinden insgesamt	357 v. H.	402 v. H.

2.5.7 Grundsteuererlass

Ein Grundsteuererlass ist insbesondere vorgesehen

- für Grundbesitz oder Teile von Grundbesitz, dessen Erhaltung wegen seiner Bedeutung für Kunst, Geschichte, Wissenschaft oder Naturschutz im öffentlichen Interesse liegt, wenn die erzielten Einnahmen und die sonstigen Vorteile (Rohertrag) in der Regel unter den jährlichen Kosten liegen. Bei Park- und Gartenanlagen von geschichtlichem Wert ist der Erlass von der weiteren Voraussetzung abhängig, dass sie in dem billigerweise zu fordernden Umfang der Öffentlichkeit zugänglich gemacht sind (§ 32 Abs. 1 Nr. 1 GrStG);
- für öffentliche Grünanlagen, Spiel- und Sportplätze, wenn die jährlichen Kosten in der Regel den Rohertrag übersteigen (§ 32 Abs. 1 Nr. 2 GrStG).
- wesentlicher Reinertragsminderung bei Betrieben der Land- und Forstwirtschaft (§ 33 GrStG) und
- wesentlicher Ertragsminderung bei bebauten Grundstücken (§ 34 GrStG).

Daneben kommt nach Art. 8 BayGrStG ein Erlass in Betracht, soweit nach dem durch das Bayerische Grundsteuergesetz vorgeschriebenen Systemwechsel zur Besteuerung nach einem wertunabhängigen Flächenmodell nach Lage des einzelnen Falles eine unangemessen hohe Steuerbelastung eintritt. Dies kann insbesondere vorliegen bei wirtschaftlichen Einheiten des Grundvermögens,

- wenn die Lage erheblich von den in der Gemeinde ortsüblichen Verhältnissen abweicht,
- wenn die Gesamtnutzungsdauer des Gebäudes überschritten ist oder
- bei einer Übergröße des nicht zu Wohnzwecken genutzten Gebäudes, sofern dieses eine einfache Ausstattung aufweist und entweder einen Hallenanteil aufweist oder auf Dauer nicht genutzt wird.

2.6 Einkommensteuer

2.6.1 Allgemeines

Die Einkommensteuer ist die bedeutendste Einnahmequelle der öffentlichen Haushalte. 2024 erreichte die Einkommensteuer (einschließlich der Lohnsteuer und der Abgeltungsteuer) mit einem Aufkommen von rund 343 Mrd. € einen Anteil von 40 % am gesamten Steueraufkommen (ohne Gemeindesteuern) in Höhe von rd. 861 Mrd. €.

2.6.2 Gemeindeanteil an der Einkommensteuer

Den Gemeinden ist seit 1970 durch das Grundgesetz ein Anteil am Aufkommen der ***Einkommensteuer*** garantiert (Art. 106 Absatz 5 GG). Nach dem Gemeindefinanzreformgesetz beträgt dieser Anteil 15 % des Aufkommens an Lohn- und veranlagter Einkommensteuer sowie 12 % des Aufkommens aus der Abgeltungsteuer. Die Einkommensteuer wird von den Finanzämtern erhoben. Die Gemeinden erhalten ihren Anteil in vierteljährlichen Zahlungen durch das Finanzamt München. Der Anteil der bayerischen Gemeinden an der Einkommensteuer betrug im Jahr 2024 insgesamt 10,1 Mrd. € und stellt nach der Gewerbesteuer (13,3 Mrd. € – Gewerbesteuerumlage 1,3 Mrd. € = Gewerbesteuer netto 11,9 Mrd. €) die zweitgrößte Einnahmequelle der Gemeinden dar. Bund und Länder sind seit 1970 zum Ausgleich an der Gewerbesteuer durch die Gewerbesteuerumlage beteiligt (vgl. Teil 4 Kap. 2.4.11).

2.6.3 Verteilungsmodus

Der Einkommensteueranteil wird auf die Gemeinden grundsätzlich entsprechend dem jeweiligen örtlichen Aufkommen verteilt. Der individuelle Anteil, den jede Gemeinde in Bayern erhält, wird über eine Schlüsselzahl ermittelt. Diese Schlüsselzahl ist eine auf sieben Stellen gerundete Bruchzahl. Sie errechnet sich dadurch, dass man das Einkommensteueraufkommen in einer Gemeinde in Beziehung setzt zum Einkommensteueraufkommen des jeweiligen Bundeslandes. Allerdings richtet sich der Anteil der einzelnen Gemeinden im Interesse einer landesweit gleichmäßigeren Verteilung der Steuereinnahmen nur nach dem Aufkommen, das auf zu versteuernde Einkommen bis zu einer vom Bundesgesetzgeber festzulegenden Einkommensgrenze entfällt. Diese Einkommensgrenze liegt seit 2024 bei 40.000 € für einzeln veranlagte Personen und 80.000 € für zusammen veranlagte Ehegatten (vorher: 35.000 € für einzeln veranlagte Personen und 70.000 € für zusammen veranlagte Ehegatten).

Man spricht hier von Sockelbeträgen. Im Ergebnis erhalten Gemeinden mit einer einkommensschwächeren Bevölkerung mehr Einkommensteueranteil und Gemeinden mit einer einkommensstarken Bevölkerung weniger Einkommensteueranteil, als den jeweiligen Gemeinden bei einer Verteilung rein nach dem örtlichen Aufkommen zustehen würde.

Beispiel

Einkommensteuer 2026 insgesamt im Bundesland A:	5 Mrd. €
Daten aus der Einkommensteuerstatistik 2019:	
a) anrechenbares Aufkommen des Landes A	3 Mrd. €
b) anrechenbares Aufkommen der Gemeinde X	6.000.000 €
c) Schlüsselzahl (gültig von 2024–2026) (6.000.000 € : 3.000.000.000 €)	0,002000
d) Einkommensteueranteil der Gemeinde X im Jahr 2026	

15 % von 5 Mrd. € Landeseinnahme im Jahr 2026 = 750.000.000 € Gemeindeanteil mal 0,002000 (Schlüsselzahl der Gemeinde X) = 1.500.000 € Einkommensteueranteil im Jahr 2026 für die Gemeinde X im Bundesland A

2.6.4 Einkommensteuerstatistik

Die Schlüsselzahl wird durch die Einkommensteuerstatistik im dreijährigen Turnus für jede Gemeinde ermittelt. Die bis 2023 geltenden Schlüsselzahlen für die Verteilung des Gemeindeanteils an der Einkommensteuer beruhten auf den Ergebnissen der Bundesstatistik über die Lohn- und Einkommensteuer für das Jahr 2016. Von 2024 bis 2026 erfolgt die Verteilung nach der Einkommensteuerstatistik 2019 erfolgen. Die Einkommensteuerstatistik 2022 kommt ab 2027 zur Anwendung.

WICHTIG!

Nur Gemeinden, die dafür sorgen, dass die Zahl der Beschäftigten, die in ihrer Gemeinde leben, nicht rückläufig ist, sondern stets leicht ansteigt, werden an der

Entwicklung des Anteils an der Einkommensteuer teilnehmen. Auch Rentenempfänger werden immer häufiger Einkommensteuerzahler, allerdings in deutlich geringerem Umfang als Beschäftigte.

2.7 Gemeindeanteil an der Umsatzsteuer

2.7.1 Allgemeines

Im Rahmen der Unternehmenssteuerreform wurde die Gewerbekapitalsteuer zum 1. Januar 1998 abgeschafft. Die damit verbundenen Einnahmeausfälle der Gemeinden werden durch einen Anteil am Umsatzsteueraufkommen ausgeglichen. Zur Festschreibung der Beteiligung der Gemeinden am Umsatzsteueraufkommen und zur Sicherung ihrer Ertragshoheit an der Gewerbesteuer wurden Art. 28 GG und Art. 106 GG geändert.

2.7.2 Wie lautet die Rechtsgrundlage?

Geregelt ist der Anteil der Gemeinden an der ***Umsatzsteuer*** in Art. 106 Abs. 5a GG. Die Höhe des Anteils wird durch § 1 Abs. 1 des Gesetzes über den Finanzausgleich zwischen Bund und Ländern (Finanzausgleichsgesetz – FAG) festgelegt; er beträgt rd. 2 % des Umsatzsteueraufkommens. Hinzu kommen die Umsatzsteuerfestbeträge nach § 1 Abs. 2 FAG. Der Anteil der bayerischen Gemeinden an der Umsatzsteuer lag 2024 bei rd. 1,4 Mrd. €. Damit erreicht der Anteil an der Umsatzsteuer die Höhe von rd. 70 % der Einnahmen aus der Grundsteuer (2024: rd. 2 Mrd. €)!

Das einstige Ansinnen, der Bund solle sich etwa zu 1/3 an den Kosten der Eingliederungshilfe beteiligen, ließ sich wegen der in den Bundesländern unterschiedlichen Zuständigkeiten für die Eingliederungshilfe nicht umsetzen. Als Kompromiss erwies sich schließlich eine Kombination aus der Verteilung über die Bundesbeteiligung an den Kosten der Unterkunft (KdU), über die gemeindliche Umsatzsteuerbeteiligung und über den Länderanteil an der Umsatzsteuer.

2.7.3 Verteilung auf die Gemeinden

Die Umsatzsteuer wird von den Finanzämtern erhoben. Die Gemeinden erhalten ihren Anteil in vierteljährlichen Zahlungen durch das Finanzamt München. Der Anteil der Gemeinden am Umsatzsteueraufkommen bestimmt sich nach einem orts- und wirtschaftsbezogenen Schlüssel (s. Teil 4, Kap. 2.7.4).

2.7.4 Verteilung des Umsatzsteueranteils an Gemeinden ab 2024

Zum 1. Januar 2024 wurden die Schlüsselzahlen für die Aufteilung des Gemeindeanteils an der Umsatzsteuer unter Berücksichtigung des

Gebietsstands am 1. Januar 2024 fortgeschrieben. Der Gemeindeanteil an der Umsatzsteuer wird anhand folgender Merkmale ermittelt:

- zu 25 % aus dem Anteil der einzelnen Gemeinde an der Summe des Gewerbesteueraufkommens 2016 bis 2021,
- zu 50 % aus dem Anteil der einzelnen Gemeinde an der Anzahl der sozialversicherungspflichtig Beschäftigten am Arbeitsort 2019 bis 2021 (ohne öffentlichen Dienst im engeren Sinn), wobei für die Gewichtung des Merkmals die gewogenen durchschnittlichen Gewerbesteuerhebesätze 2019 bis 2021 maßgebend sind, und
- zu 25 % aus dem Anteil der einzelnen Gemeinde an der Summe der sozialversicherungspflichtigen Entgelte am Arbeitsort 2018 bis 2020 (ohne öffentlichen Dienst im engeren Sinn), wobei für die Gewichtung des Merkmals die gewogenen durchschnittlichen Gewerbesteuerhebesätze 2018 bis 2020 maßgebend sind.

Der Verteilungsschlüssel gilt für die Jahre 2024 bis 2026 und wird alle drei Jahre aktualisiert.

2.8 Hundesteuer

Die Hundesteuer ist wie die Zweitwohnungssteuer eine örtliche Verbrauch- bzw. Aufwandsteuer. Die ***Hundesteuer*** kann aufgrund des Art. 3 Abs. 1 des Kommunalabgabengesetzes (KAG) von den Gemeinden erhoben werden. Nach der Mustersatzung des Bayerischen Staatsministeriums des Innern, für Sport und Integration vom 28. Juli 2020 wird die Hundesteuer als gemeindliche Jahresaufwandssteuer erhoben. Steuerpflichtig ist das Halten eines über vier Monate alten Hundes. Steuerschuldner ist der Hundehalter. Nach der Mustersatzung hat die Gemeinde die Möglichkeit, für jeden Hund gleich viel Steuer zu erheben (z. B. 50 €) oder den Steuersatz pro Hund zu staffeln (erster Hund 50 €, zweiter Hund 75 €, und 100 € für jeden weiteren Hund) sowie einen höheren Hundesteuersatz für Kampfhunde festzusetzen. Die Mustersatzung sieht für Hunde,

- die in Einöden gehalten werden sowie
- für Hunde, die von Forstbediensteten, Berufsjägern oder Inhabern eines Jagdscheines ausschließlich oder überwiegend zur Ausübung der Jagd oder des Jagd- oder Forstschutzes gehalten werden, eine Steuerermäßigung um die Hälfte vor.

Das Aufkommen aus der Hundesteuer betrug in Bayern im Jahr 2024 insgesamt 41,2 Mio. €.

WICHTIG!

Für „Kampfhunde" kann ein erhöhter Steuersatz festgesetzt werden. Im Landesstraf- und Verordnungsgesetz (Artikel 37 LStVG) wird der Begriff „Kampfhund" wie folgt definiert: Kampfhunde sind Hunde, bei denen aufgrund rassespezifischer Merkmale, Zucht oder Ausbildung von einer gesteigerten Aggressivität und Gefährlichkeit gegenüber Menschen oder Tieren auszugehen ist. Ergänzend wird auf die Verordnung über Hunde mit gesteigerter Aggressivität und Gefährlichkeit vom 10.7.1992 verwiesen.

2.9 Zweitwohnungssteuer

Das Verbot einer Steuer auf das Innehaben einer Wohnung aus Art. 3 Abs. 3 Kommunalabgabengesetz (KAG) wurde mit Wirkung vom 1.8.2004 aufgehoben. Damit haben auch die bayerischen Gemeinden die Möglichkeit, eine örtliche Aufwandssteuer auf das Innehaben einer Zweitwohnung zu erheben. Die Zweitwohnungssteuer ist eine Steuer auf die wirtschaftliche Leistungsfähigkeit, die in der Verwendung des Einkommens für den persönlichen Lebensbedarf zum Ausdruck kommt. Das Innehaben einer weiteren Wohnung für den persönlichen Lebensbedarf (Zweitwohnung) neben der Erstwohnung ist ein besonderer Aufwand, der gewöhnlich die Verwendung von finanziellen Mitteln erfordert und in der Regel wirtschaftliche Leistungsfähigkeit zum Ausdruck bringt. Gründe für die Erhebung einer Zweitwohnungssteuer sind, neben den Einnahmen aus dieser Steuer, Vorteile dadurch, dass sich Bürger, die ursprünglich nur mit Zweitwohnsitz in der jeweiligen Gemeinde gemeldet waren, zur Vermeidung der Zahlung der Zweitwohnungssteuer ihren ersten Wohnsitz dort begründen. Dies hat für die Gemeinde z. B. positive Auswirkungen auf die Höhe des Einkommensteueranteils.

Die Einnahmen aus der Zweitwohnungsteuer lagen bei den bayerischen Gemeinden im Jahr 2024 bei rd. 59,5 Mio. €.

2.10 Beiträge – was man wissen muss

2.10.1 Allgemeine Einführung

Der ***Beitrag*** ist eine Geldleistung, die eine Gemeinde (oder ein Landkreis) zum Ausgleich des Vorteils, der durch die Möglichkeit der Inanspruchnahme einer öffentlichen Leistung entsteht, erhebt. Rechtliche Grundlagen sind das Kommunalabgabengesetz (KAG) und die gemeindlichen Satzungen. Beiträge dienen zur Deckung des Investitionsaufwands kommunaler Einrichtungen, wie Straßen, Wasserversorgung oder Abwasserbeseitigung. Sie werden einmalig von denjenigen erhoben, denen die Möglichkeit der Inanspruchnahme besondere Vorteile bietet (zum Beispiel Anlieger oder Benutzer), unabhängig davon, ob sie tatsächlich davon Gebrauch machen.

Die Beitragserhebung ist nur dann zulässig, wenn die Inanspruchnahme der öffentlichen Einrichtung möglich ist und sie dem Beitragspflichtigen einen besonderen Vorteil bietet. Insbesondere Art. 5 Abs. 1, Art. 6 Abs. 3 und Art. 7 Abs. 2 des KAG enthalten den Vorteilsbegriff. Aber auch für den Erschließungsbeitrag nach § 127 ff. BauGB ist der Vorteilsbegriff entscheidend.

Der Beitrag dient nach Art. 5 Abs. 1 Satz 1 KAG der Deckung des Aufwands der Gemeinde für die Herstellung, Anschaffung, Verbesserung oder Erneuerung der Anlage (Investitionsaufwand). Im Unterschied dazu werden die Unterhaltungs-, Betriebs- und Instandhaltungskosten über Gebühren finanziert.

Beitragspflichtig ist nach Art. 5 Abs. 6 KAG derjenige, der im Zeitpunkt des Entstehens der Beitragsschuld Grundstückseigentümer oder Erbbauberechtigter ist. Im Gegensatz dazu ist im Erschließungsbeitragsrecht Beitragsschuldner derjenige, der im Zeitpunkt der Bekanntgabe des Beitragsbescheides Grundstückseigentümer oder Erbbauberechtigter ist.

Der Beitrag ruht gemäß Art. 5 Abs. 7 KAG bzw. § 134 Abs. 2 BauGB bei Erschließungsanlagen als öffentliche Last auf dem Grundstück. Das hat für den Fall einer etwaigen Zwangsversteigerung oder eines Konkurses aus der Masse zur Folge, dass zunächst die Forderungen der öffentlichen Hände (also u. a. der Gemeinde) befriedigt werden, bevor die an Rangstelle gesetzten übrigen Gläubiger befriedigt werden.

Der Beitrag ist mittels Beitragsbescheid festzusetzen, Vorauszahlungen dürfen erhoben werden.

2.10.2 Was sind Erschließungsbeiträge?

Die Erschließung von Baugebieten durch Bereitstellung von Infrastruktur vor Ort ist eine Aufgabe der Gemeinden. Erschließungsanlagen, für die die Anlieger wegen besonderer Vorteile regelmäßig anteilig bezahlen müssen, sind dabei typischerweise zum einen die leitungsgebundenen Einrichtungen (z. B. Wasserversorgung, Entwässerung) und zum anderen die Erschließungsstraßen (ggf. zusätzlich Parkplätze, Grünanlagen und Lärmschutzanlagen).

Beiträge für die erstmalige Herstellung von Straßen, Parkplätzen, Grünanlagen und Lärmschutzanlagen werden dabei im engeren Sinn als „Erschließungsbeiträge“ bezeichnet. Sie werden aufgrund von Art. 5a KAG in Verbindung mit einer entsprechenden Erschließungsbeitragssatzung erhoben. Die Beitragspflicht entsteht für die erschlossenen Grundstücke automatisch aufgrund der Satzung, wenn die rechtlichen Voraussetzungen – v. a. technische Herstellung der Anlage, Vorliegen aller Rechnungen und Erschließungswirkung – vorliegen.

Die Gemeinden sind verpflichtet, entsprechende Beiträge zu erheben und müssen dabei nicht mehr als 10 % der Erschließungskosten selbst tragen. Erschließungsbeiträge dürfen seit dem 1. April 2014 grundsätzlich nur noch innerhalb einer Höchstfrist von 20 Jahren nach dem Eintritt der Vorteilslage erhoben werden. Die Vorteilslage ist dann gegeben, wenn die Erschließungsanlage „insgesamt betriebsfertig", d. h. technisch endgültig fertiggestellt ist. Darüber hinaus gilt seit dem 1. April 2021, dass Erschließungsbeiträge 25 Jahre nach dem Beginn der erstmaligen technischen Herstellung einer Erschließungsanlage nicht erhoben werden dürfen (Art. 5a Abs. 7 Satz 2 KAG).

2.10.3 Anschlussbeiträge für leitungsgebundene öffentliche Einrichtungen

Für die übrigen Erschließungsanlagen, insbesondere leitungsgebundene Einrichtungen (z. B. Wasserversorgung, Entwässerung), können ebenfalls Beiträge aufgrund des Kommunalabgabengesetzes verlangt werden. Dazu muss die Gemeinde zwei Satzungen erlassen: eine Stammsatzung, die die Benutzung der Einrichtung regelt (z. B. eine Wasserabgabesatzung für die Wasserversorgung oder eine Entwässerungssatzung für die Kanalisation), sowie eine dazugehörige Abgabensatzung (meist als „Beitrags- und Gebührensatzung" bezeichnet). Anders als bei Erschließungsbeiträgen hat die Gemeinde hier ein Wahlrecht: Sie kann ihren Investitionsaufwand über Beiträge finanzieren oder ihn in die Kalkulation der laufend zu erhebenden Gebühren mit einfließen lassen und ihn so in vielen kleinen Schritten über einen längeren Zeitraum refinanzieren. Es ist auch möglich, beide Optionen zu kombinieren und den Investitionsaufwand zum Teil über Beiträge und zum Teil über Gebühren auf die Bürger umzulegen. Die Entscheidung für eine dieser Möglichkeiten trifft die Gemeinde in der örtlichen Beitrags- und Gebührensatzung dadurch, dass sie entsprechend kalkulierte Beitrags- bzw. Gebührensätze vorsieht.

TIPP!

Auf die Mustersatzungen des Bayerischen Staatsministeriums des Innern, für Sport und Integration, insbesondere die Beitrags- und Gebührensatzung zur Entwässerungssatzung sowie die Beitrags- und Gebührensatzung zur Wasserabgabesatzung wird hingewiesen.

Die Gewährleistung einer ordnungsgemäßen Trinkwasserversorgung ist heute für jede Gemeinde eine wichtige Aufgabe der öffentlichen Daseinsvorsorge. In Bayern gibt es bei 2.056 Gemeinden über 2.100 Wasserversorgungsunternehmen. 99 % der bayerischen Bevölkerung sind an die Trinkwasserversorgung angeschlossen.

Eine ebenso wichtige Aufgabe der öffentlichen Daseinsvorsorge wie die Trinkwasserversorgung ist die Reinigung und Entsorgung der in Bayern jährlich entstehenden Abwasser. Heute sind über 97 % der Bevölkerung Bayerns an rund 2.300 öffentliche Kläranlagen angeschlossen. Die Kanalnetze haben eine Gesamtlänge von über 105.000 km. Seit 1946 haben die bayerischen Gemeinden und Städte rund 37 Mrd. € in die Abwasserentsorgung investiert.

Werden Investitionen für leitungsgebundene Einrichtungen getätigt, muss für die Beitragsberechnung vom gesamten Aufwand ausgegangen werden. Da beispielsweise Entwässerungsanlagen gemäß Art. 21 Abs. 2 GO in der Regel als eine Einrichtung anzusehen sind, muss bei der Ermittlung des Beitragsmaßstabes beachtet werden, dass für künftige Baugebiete oder für bisher noch nicht angeschlossene Gebiete eine Erweiterung des bestehenden Leitungsnetzes erforderlich wird. Hier ist also eine Kalkulation erforderlich, in die neben dem bereits feststehenden Aufwand auch eine Schätzung der für die Netzerweiterung entstehenden Kosten einfließt.

Um eine möglichst genaue Vorschau und damit Beitragsgrundlage zu erhalten, soll eine sogenannte Globalberechnung durchgeführt werden, mit deren Hilfe der nötige Investitionsaufwand so genau wie nur irgend möglich ermittelt wird.

2.10.4 Ausbaubeiträge für Straßen wurde zum 1.1.2018 abgeschafft

Aus Art. 5 Abs. 1 Satz 3 KAG ergab sich bis Ende 2017, dass für die Verbesserung oder Erneuerung von Ortsstraßen und beschränkt-öffentlichen Wegen Beiträge von den Anliegern erhoben werden sollen. Von einer Verbesserung war auszugehen, wenn die bestehende Straße insgesamt oder Teile davon in ihrer Qualität positiv verändert werden, z. B. wenn eine Straßenbeleuchtung oder die Straßenentwässerung eingerichtet werden. Diese Beiträge wurden zum 1.1.2018 abgeschafft. Die Gemeinden erhalten über den kommunalen Finanzausgleich Ausgleichszahlungen.

2.10.5 Fremdenverkehrsbeitrag

Gemeinden, in denen die Zahl der Fremdübernachtungen in einem Jahr in der Regel die Einwohnerzahl um das Siebenfache übersteigt, können einen Fremdenverkehrsbeitrag erheben. Die Ermächtigungsgrundlage dazu ist in Art. 6 KAG zu finden. Als gemeindliche Aufwendungen für den Fremdenverkehr gelten z. B. Werbemaßnahmen oder der Betrieb eines Fremdenverkehrsamtes. Der Beitrag wird von den selbstständig tätigen, natürlichen und den juristischen Personen, den offenen Handelsgesellschaften und den Kommanditgesellschaften erhoben, denen durch den Fremdenverkehr im Gemeindegebiet unmittelbar oder mittelbar wirtschaftliche Vorteile erwachsen.

TIPP!

Auf die Mustersatzung des Bayerischen Staatsministeriums des Innern, für Sport und Integration zur Erhebung eines Fremdenverkehrsbeitrags wird verwiesen.

2.10.6 Kurbeitrag

Besondere Voraussetzung für den Kurbeitrag ist, dass eine Gemeinde ganz oder teilweise als Heilbad, Kneippheilbad, Kneippkurort, Schrothheilbad, Schrothkurort, Waldheilbad, heilklimatischer Kurort, Ort mit Heilquellenkurbetrieb, Ort mit Heilstollenkurbetrieb, Ort mit Peloid-Kurbetrieb, Ort mit Waldkurbetrieb, Luftkurort oder Erholungsort anerkannt ist. Zuständig für die Anerkennung nach ist das Bayerische Staatsministerium des Innern, für Sport und Integration im Einvernehmen mit den Bayer. Staatsministerien für Wirtschaft, Landesentwicklung und Energie und für Gesundheit, Pflege und Prävention.

Die Ermächtigungsgrundlage für den Kurbeitrag ist in Art. 7 KAG zu finden.

Beitragspflichtig sind alle Personen, die sich in einem als Heilbad, Kneippheilbad etc. (s. o.) anerkannten Gebiet zu Kur- oder Erholungszwecken aufhalten, ohne dort ihre alleinige Wohnung oder Hauptwohnung im Sinn des Melderechts zu haben, oder die neben einer alleinigen Wohnung oder Hauptwohnung im Sinn des Melderechts in diesem Gebiet eine vorwiegend benutzte Wohnung im Ausland haben und denen die Möglichkeit zur Benutzung der Einrichtungen und zur Teilnahme an den Veranstaltungen geboten ist (Kurgäste). Sind die Vorteile, die den Beitragspflichtigen aus den Einrichtungen und Veranstaltungen erwachsen können, verschieden groß, so ist das durch entsprechende Abstufung der Beitragshöhe zu berücksichtigen. Die Beitragssatzung kann aus wichtigen Gründen eine vollständige oder teilweise Befreiung von der Beitragspflicht vorsehen.

TIPP!

Auf die Mustersatzung des Bayerische Staatsministeriums des Innern, für Sport und Integration zur Erhebung eines Kurbeitrages wird verwiesen.

2.11 Gebühren – was man wissen muss

2.11.1 Benutzungsgebühren

Die Kommunen bieten ihren Bürgern in den Bereichen der Ver- und Entsorgung, aber auch in einer Vielzahl anderer Einrichtungen Leistungen an, deren Finanzierung ganz oder teilweise über die Erhebung von Benutzungsgebühren erfolgt. Die Benutzungsgebühr dient dazu, den Unterhaltungsaufwand einer öffentlichen Einrichtung abzudecken. Die Erhebung einer Benutzungsgebühr ist nur dann zulässig, wenn die öffentliche Einrichtung (z. B. Entwässerungsanlage) tatsächlich benutzt wird und wenn die Benutzung einzelnen Personen oder Personengruppen einen unmittelbaren Vorteil bietet. Die Ermächtigungsgrundlage für die Benutzungsgebühren ist insbesondere in Art. 8 KAG zu finden.

Voraussetzung für die Erhebung von ***Gebühren*** ist der Erlass einer entsprechenden Gebührensatzung. Diese müssen, wie alle anderen Rechtsnormen auch, Mindestanforderungen erfüllen. Um den Gemeinden Formulierungshilfen an die Hand zu geben, hat das Bayerische Staatsministerium des Innern, für Sport und Integration einige Mustersatzungen veröffentlicht.

TIPP!

Mustersatzungen, insbesondere:

Beitrags- und Gebührensatzung zur Wasserabgabesatzung

Beitrags- und Gebührensatzung zur Entwässerungssatzung

Satzung für die Erhebung einer Straßenreinigungsgebühr

Die Benutzungsgebühr muss ihrer Höhe nach der Leistung entsprechen, die die Gebietskörperschaft erbringt. Es ist erforderlich, dass das Ausmaß der Benutzung der öffentlichen Einrichtung festgestellt wird. Möglich ist die Feststellung des Ausmaßes der Benutzung z. B. bei der Lieferung von Wasser. Bei der Entwässerungsgebühr, bei der Abfallwirtschaftsgebühr und bei der Straßenreinigungsgebühr wird auf die wahrscheinliche Inanspruchnahme abgestellt. Es gilt das Kostendeckungsprinzip, d. h., das Gebührenaufkommen soll die ansatzfähigen Kosten nicht übersteigen. Bei der Gebührenbemessung können die Kosten für einen mehrjährigen Zeitraum berücksichtigt werden, der jedoch höchstens vier Jahre umfassen soll. Die Gebühr entsteht mit jeder Benutzung.

Eine Gemeinde kann Einrichtungen, z. B. ein Schwimmbad, auch auf rein privatrechtlicher Basis führen und erhält dann die vom Nutzer vertraglich geschuldete Gegenleistung. Damit handelt die Gemeinde wie ein Privater. Sie kann die Benutzung dann nur über Verträge und mit Allgemeinen Geschäftsbedingungen regeln und muss sich im Streitfall an die Zivilgerichte wenden.

2.11.2 Erhebung von Verwaltungskosten

Gemeinden und Gemeindeverbände können für ihre Amtshandlungen im eigenen Wirkungskreis Kosten (Gebühren und Auslagen) erheben. Eine Amtshandlung liegt vor, wenn eine Behörde im Bereich der hoheitlichen Verwaltung nach außen tätig wird, z. B. durch Erstellung von Bescheinigungen, Ausstellung von Ausweisen, Genehmigungen, Beglaubigungen, Erlass von Bescheiden.

Die Rechtsgrundlage für die Erhebung von Kosten für Amtshandlungen im eigenen Wirkungskreis ist in Art. 20 Kostengesetz geregelt. Voraussetzung für die Erhebung von Verwaltungskosten ist der Erlass einer Kostensatzung. Im Einzelnen wird wegen der Gebührenhöhe auf das Kommunale Kostenverzeichnis verwiesen. Im Übrigen ergeben sich die Gebühren insbesondere aus dem Kostenverzeichnis (Rechtsverordnung des Bayerischen Staatsministeriums der Finanzen und für Heimat), Art. 6 Kostengesetz.

TIPP!

Auf die Mustersatzung des Bayerischen Staatsministeriums des Innern, für Sport und Integration über die Erhebung von Verwaltungskosten für Amtshandlungen im eigenen Wirkungskreis der Gemeinde wird verwiesen.

2.12 Kommunaler Finanzausgleich

2.12.1 Wozu benötigen die Gemeinden einen Finanzausgleich?

In unserer modernen föderativen Staatsordnung stehen als Träger öffentlicher Aufgaben Gebietskörperschaften verschiedener Ordnung neben- und untereinander. Es sind dies bei uns Bund, Länder, Gemeinden und Gemeindeverbände (Landkreise, Bezirke). Diese Gebietskörperschaften müssen sich die Mittel zur Erfüllung der ihnen jeweils zugewiesenen Aufgaben, soweit andere Einnahmen nicht vorhanden sind bzw. nicht ausreichen, durch Steuern verschaffen. Sie sind dabei auf die Steuerkraft der gleichen Bevölkerung angewiesen, d. h., derselbe Bürger wird zur Zahlung von Bundes-, Landes- und Kommunalsteuern herangezogen (Gesamtsteueraufkommen 2024: 947,7 Mrd. € in Deutschland).

Bedingt durch Wesen und Struktur der einzelnen Steuern können sie nun nicht so präzise auf die Gebietskörperschaften aufgeteilt werden, dass jede von ihnen gerade und genau diejenigen Einnahmen erhält, die sie zur Erfüllung ihrer Aufkommen benötigt. Es muss also durch Zahlungen innerhalb der Gebietskörperschaften das Steueraufkommen so umverteilt werden, dass jede Gebietskörperschaft wenigstens die Einnahmen erhält, die mindestens ihrem notwendigen Ausgabenbedarf entsprechen.

So kennen wir den bundesstaatlichen ***Finanzausgleich,*** d. h. den finanziellen Ausgleich der Leistungskraft zwischen Bund und Ländern (der Ausgleich erfolgt vor allem über die Aufteilung der Umsatzsteuer), den Länderfinanzausgleich (bzw. Finanzkraftausgleich), d. h. den Finanzausgleich zwischen finanzkraftstarken und finanzkraftschwachen Ländern und jeweils einen innerstaatlichen Finanzausgleich in den einzelnen Bundesländern zwischen den Ländern, Gemeinden und Gemeindeverbänden.

2.12.2 Aufgaben und Leistungen des kommunalen Finanzausgleichs in Bayern

Die Spannbreite der Steuerkraft der einzelnen Gemeinden in Bayern reicht 2026 von 512 € bis 35.367 € je Einwohner. Aufgabe des kommunalen Finanzausgleichs ist, diese extremen Steuerkraftunterschiede auszugleichen, um auch finanzschwache Gemeinden bzw. Gemeindeverbände in die Lage zu versetzen, die Aufgaben der Daseinsvorsorge zu erfüllen.

Der kommunale ***Finanzausgleich*** in Bayern hat insbesondere zum Ziel, die Finanzausstattung der Kommunen zu verbessern, damit sie ihre Aufgaben angemessen erfüllen können, und soll zudem eine angemessene Finanzverteilung zwischen den Kommunen gewährleisten.

Die Leistungen des Freistaats Bayern im kommunalen Finanzausgleich belaufen sich in 2026 auf insgesamt 12,83 Mrd. €, die reinen Landesleistungen (nach Abzug des Kommunalanteils an der Krankenhausfinanzierung und der Leistungen nach dem Entflechtungsgesetz/Gemeindeverkehrsfinanzierungsgesetz) belaufen sich auf 12,38 Mrd. €. Je Einwohner belaufen sich die Finanzausgleichsleistungen 2026 auf 968,40 €.

Im Einzelnen erfüllt der kommunale Finanzausgleich folgende Aufgaben:

- Er mindert die vorhandenen Steuerkraftunterschiede der Gemeinden durch die Gewährung von ***Schlüsselzuweisungen.***
- Er gewährt den Kommunen besondere Zuweisungen zur finanziellen Entlastung bei laufenden Ausgaben (Finanzzuweisungen, Straßenunterhalt, Schülerbeförderung).
- Er gewährt gezielte Zuwendungen zur Durchführung von Investitionsvorhaben (Bau von Schulen, Schulsportanlagen, Kindergärten, Kindergrippen, Krankenhäusern, Straßen und kommunale Theater).

2.12.3 Übersicht über die Finanzausgleichsleistungen 2026 in Euro

Stand 30.10.2025

	2026 in Mio. €
A. Leistungen aus den Steuerverbünden	
I. Leistungen aus dem allgemeinen Steuerverbund	6.801,4
Anteil:	13,3 %
davon:	
a) Schlüsselzuweisungen	4.981,7
b) Umschichtung Art. 10 BayFAG	712,6

	2026 in Mio. €
c) Umschichtung Art. 15 BayFAG	606,2
d) Investitionspauschale	446,0
e) Umschichtung Kommunaler Prüfungsverband	6,1
f) Umschichtung Selbstverwaltungskolleg	0,3
g) Umschichtung Bedarfszuweisung	48,4
II. Überlassung des Aufkommens Kfz-Steuerersatzverbund	1.084,0
Anteil:	(70 %)
davon:	
a) Straßenbau und Straßenunterhalt	359,1
b) komm. Umgehungsstraßen	33,9
c) Abwasserförderung	165,0
d) ÖPNV-Betriebskosten, BayÖPNVG	94,3
e) ÖPNV-Investitionsförderung, BayGVFG, Härtefonds	143,4
f) Umschichtung Art. 15 BayFAG	43,25
g) Komm. Straßenbau/BayGVFG	160,0
h) Straßenausbaupauschalen	85,0
III. Überlassung des staatlichen Aufkommens an Grunderwerbsteuer (38 %)	763,0
Anteil:	8 / 21
IV. Zuweisungen „Familienleistungsausgleich" (Einkommensteuerersatz)	822,0
B. Leistungen außerhalb der Steuerverbünde	
1. Finanzzuweisungen	499,5
2. Gebührenaufkommen der Landkreise	295,0
3. Überlassung der Geldbußen und Verwarnungsgelder	158,0
4. Zuwendungen für Verbraucherschutz und Heimaufsicht	67,0
5. Nutzungsentgelt Datenbank Bayernrecht	0,1
6. Zuweisungen für Gesundheits- und Veterinärämter sowie Heimaufsicht	67,0
7. Zuweisungen für Wasserwirtschaftsämter	2,5
8. Zuwendung n. d. Krankenhausfinanzierungsgesetz	800,0
9. Zuschüsse nach Art. 10 BayFAG für Schulen, Kindertageseinrichtungen u. a.	1.070,4

	2026 in Mio. €
davon:	
a) allgemeine Haushaltsmittel – verfügbar –	357,8
b) Umschichtung aus allg. Steuerverbund (vgl. I b)	712,6
10. Investitionspauschale	446,0
davon:	
a) allgemeine Haushaltsmittel	0
b) Umschichtung allgemeiner Steuerverbund	446,0
11. Zuschüsse zur Abfallbeseitigung und Altlasten	3,6
12. Zuweisung zu den Kosten d. Schülerbeförderung	320,0
13. Allgemeine Bedarfszuweisungen	150,0
a) allgemeine Haushaltsmittel	101,6
b) Umschichtung allg. Steuerverbund	48,4
14. Zuweisungen an die Bezirke	1.316,5
davon:	
a) allgemeine Haushaltsmittel	667,0
b) Umschichtung aus allg. Steuerverbund (vgl. I c)	606,2
c) Umschichtung aus Kfz-Steuerverbund Steuerersatzverbund (vgl. II f)	43,3
15. Jugendhilfeausgleich	16,9
16. Abgeltung urheberrechtl. Ansprüche zug. v. Kommunen	9,7
17. Zuwendung für den ÖPNV nach Bundes-GVFG	55,0
19. kommunale Umgehungsstraßen davon:	40,0
a) allgemeine Haushaltsmittel	6,1
b) Mittel aus dem KfzSt-Ersatzverbund	33,9
C. FAG-Leistungen insgesamt	12.830,2
Kommunalanteil am KHG	– 397,4
Bundesleistungen nach dem Entflechtungsgesetz/BundesGVFG	– 55,0
D. Bereinigte Landesleistungen	12.377,8

2.12.4 Allgemeines zur Entwicklung der Kommunalfinanzen 2024

Die Haushalte der Gemeinden und Landkreise in Deutschland wiesen im Jahr 2024 ein Finanzierungsdefizit von 24,8 Mrd. € auf. Das war das höchste kommunale Finanzierungsdefizit seit der deutschen Vereinigung im Jahr 1990. Gegenüber dem Jahr 2023 mit – 6,6 Mrd. € ist das Defizit deutlich gewachsen. Wesentliche Ursache hierfür war, dass die Ausgaben mit + 12,6 % zum Vorjahr deutlich stärker angestiegen sind als die Einnahmen mit + 7,6 %. Ausgabentreiber waren vor allem die Sozialleistungen.

Diese bundesweite Entwicklung gilt auch für die bayerischen Kommunen, z. B. im Zeitraum von 2018 bis 2024: Während die kommunalen Ausgaben für die Leistungen der Sozialhilfe und sonstige soziale Leistungen von 2018 bis 2024 um 43 % angestiegen sind (von 7,3 Mrd. € im Jahr 2018 auf 10,4 Mrd. €; Anstieg um 3,1 Mrd. €), sind die kommunalen Steuereinnahmen im gleichen Zeitraum „nur" um rd. 28 % gewachsen (von 20,1 Mrd. € im Jahr 2018 auf 25,6 Mrd. € im 2024; Anstieg um 5,5 Mrd. €). Im Jahr 2024 sind die kommunalen Ausgaben für Soziales im Vergleich zum Vorjahr mit + 1,2 Mrd. € (+ 13 %) stärker angestiegen als die kommunalen Steuereinnahmen mit + 0,3 Mrd. € bzw. + 1,3 %; weitere Ausgabensteigerungen (z. B. Tarifsteigerungen) sind darin noch nicht berücksichtigt.

Der Finanzierungssaldo der bayerischen Kommunen hat sich dadurch innerhalb von nur zwei Jahren um knapp 6 Mrd. € verschlechtert, von + 0,5 Mrd. € im Jahr 2022 auf – 5,4 Mrd. € im Jahr 2024. Diese Negativentwicklung setzt sich auch im Jahr 2025 weiter fort. In den Zahlen spiegelt sich auch die rückläufige bzw. stagnierende Wirtschaftsentwicklung in den letzten Jahren wider. Das reale Bruttoinlandsprodukt ist 2023 um – 0,3 % und 2024 um -0,2 % zurückgegangen und im Jahr 2025 nur geringfügig gewachsen (+ 0,2 %). Diese Entwicklung betrifft alle kommunalen Ebenen und zeigt sich auch im Umlagebedarf der bayerischen Landkreise, der von 5.509,5 Mio. € in 2020 auf 7.448,5 Mio. € in 2025 zugenommen hat, insbesondere aufgrund deutlich gestiegener Sozialausgaben. Der Anstieg um 1.939 Mio. € oder 35 % in nur 5 Jahren ist die wesentliche Ursache dafür, dass die Kreisumlagesätze in den letzten Jahren in vielen Landkreisen angehoben werden mussten. Die Umlagekraft ist im gleichen Zeitraum mit 22 % geringer angestiegen (von 12.177,5 Mio. € in 2020 auf 14.870,2 Mio. € in 2025). Die Kreisumlagesätze in Bayern 2025 liegen zwischen 42,8 % und 56,5 %, der Landesdurchschnitt liegt bei rd. 50 %.

Positiv ist die volle Übernahme der Kosten für die Grundsicherung im Alter und bei Erwerbsminderung durch den Bund ab 2014 und die Verstärkung der Mittel zur Stützung der kommunalen Finanzkraft im Zusammenhang mit der Last der Kommunen durch Eingliederungshilfe für Menschen mit Behinderung vor allem über den Umsatzsteueranteil der Gemeinden (siehe Kapitel 2.7).

Die Rechtsbestimmungen des sozialen Leistungsrechts nehmen jedoch auf die finanzielle Leistungsfähigkeit der zur Ausführung verpflichteten Kommunen zu wenig Rücksicht. Die aktuellen Umlagesätze zur Finanzierung der Sozialausgaben führen bei den Gemeinden, kreisfreien Städten, Landkreisen und Bezirken dazu, dass notwendige Investitionen nicht zeitgerecht in Angriff genommen werden können. Die Folgen davon sind an den Unterhaltungsrückständen bei Schulen, Einrichtungen und Straßen sowie an nicht realisierten Infrastrukturmaßnahmen abzulesen.

2.12.5 Wie lautet die Rechtsgrundlage für den kommunalen Finanzausgleich?

Rechtsgrundlage für den kommunalen Finanzausgleich in Bayern ist das Gesetz über den Finanzausgleich zwischen Staat, Gemeinden und Gemeindeverbänden (Bayerisches Finanzausgleichsgesetz – BayFAG) vom 16. April 2013 (GVBl. S. 210) in der jeweils geltenden Fassung.

2.12.6 Der allgemeine Steuerverbund (Art. 1, 2 bis 6 BayFAG)

Kernstück des kommunalen Finanzausgleichs ist der allgemeine Steuerverbund. Nachdem die eigenen Einnahmen der Kommunen nicht ausreichen, um die vielfältigen kommunalen Aufgaben zu finanzieren, sind die Länder nach Art. 106 Abs. 7 GG verpflichtet, die Kommunen am Gesamtaufkommen der Gemeinschaftssteuern zu beteiligen. Dementsprechend beteiligt der Freistaat Bayern im Rahmen des allgemeinen Steuerverbunds die Gemeinden und Landkreisen im Jahr 2026 mit 13,3 % an seinen Einnahmen aus der ***Einkommensteuer***, Körperschaftsteuer, Mindeststeuer, Umsatzsteuer und der Gewerbesteuerumlage. Ab dem Jahr 2027 wird dieser Verbundanteil auf 13,5 % angehoben. Maßgebend sind die Steuereinnahmen des Freistaats Bayern vom 1. Oktober des vorvorhergehenden Jahres bis zum 30. September des vorhergehenden Jahres. Für die Leistungen aus dem allgemeinen Steuerverbund 2026 waren also die genannten Steuereinnahmen des Freistaats im Zeitraum vom 1.10.2024 bis zum 30.9.2025 maßgebend.

Aus dem Kommunalanteil im allgemeinen Steuerverbund (2026: 6.801,4 Mio. €) werden in erster Linie die Schlüsselzuweisungen (4.981,7 Mio. €), die Investitionspauschale (446 Mio. €), Umschichtungen zugunsten der Hochbauförderung (z. B. Schulen, Kindertageseinrichtungen 712,6 Mio. €), die Bedarfszuweisungen bzw. Stabilisierungshilfen (48,4 Mio. €) und die Zuweisungen an die Bezirke (606,2 Mio. €) finanziert.

2.12.7 Die Schlüsselzuweisungen, ein Buch mit sieben Siegeln?

Kernstück der Leistungen im kommunalen Finanzausgleich sind die sogenannten ***Schlüsselzuweisungen*** an die Gemeinden und Landkreise mit einem Gesamtvolumen in 2026 von 4.981,7 Mio. €. Sie gehen zu 64 % an die Gemeinden und zu 36 % an die Landkreise. Die Bezirke erhalten keine

Schlüsselzuweisungen. Die Berechnung der Schlüsselzuweisungen für das jeweils nächste Jahr erfolgt nach dem jährlichen Spitzengespräch über den kommunalen Finanzausgleich. In der Regel Mitte Dezember erhalten die Gemeinden und Landkreise die Mitteilung über die Höhe der jeweiligen Schlüsselzuweisungen. Zum gleichen Zeitpunkt steht in der Regel auch die voraussichtliche Höhe der Bezirksumlagesätze und die endgültige Steuer- und Umlagekraft fest. Damit liegen die wichtigsten Eckdaten vor, um die Haushalte in den Landkreisen und Gemeinden aufstellen zu können. Die Höhe der Schlüsselzuweisungen ist also für die Landkreise und die meisten Gemeinden von entscheidender Bedeutung.

Die Schlüsselzuweisungen sind dazu bestimmt, die finanzielle Leistungsfähigkeit der Gemeinden, kreisfreien Städte und Landkreise zu verbessern. Diese Zuweisungen schaffen bei denjenigen Gemeinden einen Ausgleich, deren Steuereinnahmen nicht ausreichen, um die Aufgaben angemessen zu bestreiten. Entsprechendes gilt für die Landkreise in Bezug auf das Umlageaufkommen. Ihren Namen verdanken die Schlüsselzuweisungen der Tatsache, dass sie nach einem besonderen Verteilungsschlüssel an die Gemeinden und Landkreise gehen. Dabei werden, um zu einer möglichst gerechten Verteilung zu gelangen, zwei Dinge berücksichtigt:

- Wie hoch ist die fiktive Ausgabenbelastung der Gemeinde, des Landkreises?
- Wie hoch ist die Steuerkraft der Gemeinde oder die Umlagekraft des Landkreises?

Der Unterschied zwischen fiktiver Ausgabenbelastung und Steuerkraft bestimmt also die Höhe der Schlüsselzuweisungen.

Die tatsächlichen Ausgaben einer Gemeinde oder eines Landkreises spielen also keine Rolle. Hohe tatsächliche Ausgaben, wie z. B. hohe Zinsbelastung, hohe Personalausgaben, Folgekosten für gemeindliche Einrichtungen sind ohne Bedeutung bei der Berechnung der Schlüsselzuweisungen.

WICHTIG!

Ist die Steuerkraft kleiner als die fiktive Ausgabenbelastung, erhält die Gemeinde 55 v. H. des Unterschiedsbetrags als Schlüsselzuweisung.

Exkurs: Wie werden die Schlüsselzuweisungen berechnet?

a) Ermittlung der Ausgabenbelastung

Der finanztechnische Ausdruck für die fiktive Ausgabenbelastung ist die „Ausgangsmesszahl“, der für die Steuerkraft die „Steuerkraftmesszahl“.

Die fiktive Ausgabebelastung wird durch die so genannte „Ausgangsmesszahl“ ausgedrückt. Für die Berechnung der Ausgangsmesszahl wird zunächst für jede Kommune ein fiktiver Finanzbedarf ermittelt. Dieser baut auf der Einwohnerzahl auf und nennt sich „Hauptansatz“. Maßgebend ist hierbei die Einwohnerzahl vom 31. Dezember des vorvorhergehenden Jahres (für die Schlüsselzuweisungen 2026 also die Einwohnerzahl zum 31.12.2024).

Zum Ausgleich finanzieller Nachteile durch Einwohnerverlust wird seit 1.1.2006 der sogenannte „Demografiefaktor“ bei der Berechnung der Schlüsselzuweisungen berücksichtigt. Hierzu wird die Einwohnerzahl zum 31.12. des vorvorhergehenden Jahres mit der durchschnittlichen Einwohnerzahl der vorangegangenen letzten zehn Jahre verglichen. Für die Schlüsselzuweisungen 2026 kommt es auf den Vergleich der Einwohnerzahl zum 31.12.2024 mit der durchschnittlichen Einwohnerzahl am 31.12. der Jahre 2014 bis 2023 an. Maßgeblich für die weitere Berechnung ist der jeweils höhere Wert. Durch den Demografiefaktor werden also die Folgen eines mehrjährigen Bevölkerungsrückgangs bei der Berechnung der Schlüsselzuweisungen zeitlich abgefedert.

Der Einwohnerzahl der Gemeinden und Landkreise werden drei Viertel der Zahl der nicht kasernierten Mitglieder der Stationierungsstreitkräfte und deren Angehörige dazugerechnet. Der „Demografiefaktor“ wird auch bei diesem Personenkreis angewendet.

Der ***Finanzausgleich*** unterstellt, dass der Finanzbedarf mit zunehmender Einwohnerzahl je Einwohner ansteigt. Diese Überlegung findet ihre Berücksichtigung im gestaffelten Hauptansatz. Der Hauptansatz beträgt zum Beispiel bei Gemeinden mit nicht mehr als 5.000 Einwohnern 112 % der Einwohnerzahl und bei 500.000 Einwohner 150 % der Einwohnerzahl. Es wird für die Berechnung der fiktiven Ausgabenbelastung die Einwohnerzahl der Gemeinde hochgerechnet, um den unterstellten Mehrbedarf zu berücksichtigen. Die Hauptansatzstaffel gem. Art. 3 BayFAG:

- Bis 5.000 Einwohner 112 v. H. der Einwohnerzahl,
- ab 10.000 Einwohner 115 v. H. der Einwohnerzahl,
- ab 25.000 Einwohner 125 v. H. der Einwohnerzahl,
- ab 50.000 Einwohner 135 v. H. der Einwohnerzahl,
- ab 100.000 Einwohner 140 v. H. der Einwohnerzahl,
- ab 250.000 Einwohner 145 v. H. der Einwohnerzahl,
- ab 500.000 Einwohner 150 v. H. der Einwohnerzahl.

Für Gemeinden mit dazwischen liegenden Einwohnerzahlen gelten die entsprechenden dazwischenliegenden Beträge.

Die Staffelung des Hauptansatzes nach der Einwohnergröße bewirkt also, dass bei einwohnerstärkeren Gemeinden für die Berechnung der Schlüsselzuweisungen ein höherer Finanzbedarf je Einwohner unterstellt wird.

Der Hauptansatz für Landkreise beträgt grundsätzlich 100 %. Er erhöht sich, wenn der Anteil an Einwohnern eines Landkreises unter 18 Jahren über dem Landesdurchschnitt liegt. Damit sollen bei einem überproportionalen Anteil an Jugendlichen unter 18 Jahren insbesondere die hohen Belastungen des Landkreises im Schulwesen ausgeglichen werden.

Neben dem Hauptansatz werden bei der Berechnung der Ausgabenbelastung für die Festsetzung der Schlüsselzuweisungen gewisse Sonderbelastungen durch die nachfolgend aufgeführten Ergänzungsansätze berücksichtigt:

1. Kreisfreie Städte erhalten seit 1993 einen Ergänzungsansatz von 10 % des Hauptansatzes. Hierdurch wird der Kreisfunktion der Städte Rechnung getragen.
2. Kreisfreien Städten und Landkreisen wird als Träger der örtlichen Sozialhilfe und der Grundsicherung für Arbeitssuchende ein Sozialhilfeansatz gewährt. Dieser Ansatz wird seit 2016 anhand der Zahl der Personen in Bedarfsgemeinschaften ermittelt, die mit dem Faktor 3,1 gewichtet werden.
3. Strukturschwachen Gemeinden, die eine überdurchschnittliche Zahl an Arbeitslosen im Verhältnis zur Steuerkraft aufweisen, erhalten einen Ergänzungsansatz von bis zu 35 v. H.
4. Seit 2016 die Zahl der Kinder in Kinderbetreuungseinrichtungen.

Die Einwohnerzahl wird nun nach dem Hauptansatz und den Ergänzungsansätzen gewichtet.

b) Grundbetrag

Anschließend wird die so gewichtete Einwohnerzahl mit dem Grundbetrag vervielfältigt. Dieser Grundbetrag ist eine bloße Rechengröße, die jedes Jahr für die Gemeinden und die Landkreise neu bestimmt wird. Der Grundbetrag ist von der Höhe der für die Schlüsselzuweisungen zur Verfügung stehenden Mittel (Schlüsselmasse), der Steuer- bzw. Umlagekraft und der durch Hauptansatz und Ergänzungsansatz gewichteten Einwohnerzahl abhängig. Er dient dazu, die als Schlüsselmasse zur Verfügung stehende Summe in voller Höhe an die Gemeinden und Landkreise aufzuteilen. Der Grundbetrag stellt sicher, dass insgesamt nicht mehr Schlüsselzuweisungen an Gemeinden und Landkreise verteilt werden, als im Staatshaushalt veranschlagt sind. 2025 beträgt der Grundbetrag für Gemeinden 1.277,53 € und für Landkreise 897,75 €.

c) Ermittlung der Steuerkraft

Durch die „Steuerkraftmesszahl“ werden die nach dem Finanzausgleichsgesetz relevanten Einnahmemöglichkeiten der Gemeinden und durch die „Umlagekraftmesszahl“ diejenigen der Landkreise wiedergegeben.

Bei der Ermittlung der ***Steuerkraft*** werden folgende Steuereinnahmen der Gemeinden zugrunde gelegt:

1. Grundsteuer A
2. Grundsteuer B
3. Gewerbesteuer
4. Einnahmen aus der Spielbankabgabe in Höhe von 50 v. H.
5. Einkommensteueranteil
6. Umsatzsteuerbeteiligung.

Alle anderen Einnahmemöglichkeiten (z. B. Anteil der Gemeinden an der Grunderwerbsteuer, Einnahmen aus wirtschaftlichen Betrieben) bleiben für die Berechnung der Steuerkraft außer Ansatz.

WICHTIG!

Bei der Berechnung der Steuerkraft wird nach dem BayFAG von den Einnahmen des vorvorhergehenden Jahres ausgegangen. Für die Ermittlung der Steuerkraft 2026 sind die Einnahmen des Jahres 2024 maßgebend.

Bei der Berechnung der Steuerkraft wird nicht von den in den einzelnen Gemeinden festgesetzten Hebesätzen ausgegangen, sondern von landeseinheitlichen Hebesätzen, den sogenannten **Nivellierungshebesätzen.** Für die Höhe der Steuerkraft ist also die Einnahmemöglichkeit einer Gemeinde ausschlaggebend. In welcher Höhe diese Einnahmemöglichkeit tatsächlich von der Gemeinde ausgeschöpft wird, ist für die Höhe der Steuerkraftberechnung und damit für die Höhe der Schlüsselzuweisungen (aber auch der Höhe der Kreisumlage, Krankenhausumlage) nicht entscheidend. Die Ermittlung der Steuerkraft ist somit hebesatzneutral.

Die Heranziehung der tatsächlichen Hebesätze einer Gemeinde hätte zur Folge, dass jene Gemeinden finanziell benachteiligt wären (durch geringere Schlüsselzuweisungen und höhere Kreisumlagen), die ihre Einnahmemöglichkeiten durch hohe Hebesätze stark ausschöpfen. Umgekehrt würden Gemeinden mit niedrigen Hebesätzen ungerechtfertigt zu Lasten der Gemeinden bevorzugt, die ihren Bürgern höhere Hebesätze auferlegen.

WICHTIG!

Durch die Wirkung der Nivellierungshebesätze (ab 2016 einheitlich 310 v. H.) wird sichergestellt, dass zusätzliche Einnahmen, die eine Gemeinde durch die Anhebung der Hebesätze zufließen, auch in der Gemeinde verbleiben und nicht durch den Finanzausgleich (geringere Schlüsselzuweisungen, höhere Kreis- und Solidarumlage) geschmälert werden. Diese Regelung stärkt damit die Finanzhoheit der Gemeinden. Darüber hinaus werden ab 2016 die tatsächlichen Einnahmen, die über dem Nivellierungshebesatz von einheitlich 310 v. H. liegen, in Höhe von 10 Prozent in die Steuerkraft eingerechnet.

Die **Nivellierungshebesätze** sind in Art. 4 Abs. 2 BayFAG seit 2016 wie folgt festgesetzt:

1.	Grundsteuer A	310 v. H.
2.	Grundsteuer B	310 v. H.
3.	Gewerbesteuer	310 v. H.

Bei der Berechnung der Steuerkraft wird von den Gewerbesteuereinnahmen noch die Gewerbesteuerumlage in Höhe von 35 v. H. des Gewerbesteuermessbetrags abgezogen. Beim Gemeindeanteil an der Einkommensteuer ist der den Gemeinden für das vorvorhergehende Jahr zugeflossene Gemeindeanteil an der Einkommensteuer maßgebend. Dieser wird erhöht um die in diesem Zeitraum zugeflossenen Ausgleichsleistungen aus dem Familienleistungsausgleich. Hierauf wird die zu Beginn des laufenden Jahres maßgebende Schlüsselzahl angewendet. Beim Gemeindeanteil an der Einkommensteuer werden die Einnahmen, soweit die Beteiligungsbeträge unter 50 % des Landesdurchschnitts liegen, statt mit 100 % nur mit 65 % in die Steuerkraft eingerechnet.

Beispiel:

Beträgt der Landesdurchschnitt der Einkommensteuerbeteiligung 608 € je Einwohner und erhält die Gemeinde A 420 €, dann ergibt sich folgende Berechnung:

Einkommensteuerbeteiligung der Gemeinde A: 420 €

Ansatz der Einnahmen bis zu 50 v. H. des Landesdurchschnitts (304 €) mit 65 v. H. = 197,60 €

Ansatz der restlichen Einnahmen (420 € – 304 € = 116 €) mit 100 v. H. = 116 €; somit 313,60 € von 420 € in die Steuerkraft eingerechnet.

Freie Spitze in diesem Fall 420 € – 313,60 € = 106,40 € = 25,3 %

Im vorliegenden Beispielsfall wird die Einkommensteuerbeteiligung der Gemeinde in Höhe von 74,70 % in die Steuerkraft eingerechnet.

Der Gemeindeanteil an der Umsatzsteuer wird in voller Höhe in die Steuerkraft eingerechnet.

Die Summe der Steuerkraftzahlen (Grundsteuer A und B, Gewerbesteuer, 50 % der Spielbankabgabe, Einkommensteueranteil, und Umsatzsteueranteil) ergibt die Steuerkraftmesszahl. Sie spiegelt die Einnahmemöglichkeiten der Gemeinde wider und wird als €-Betrag ausgedrückt.

d) Ermittlung der Umlagekraft der Landkreise

Für die Berechnung der Landkreisschlüsselzuweisungen tritt an die Stelle der Steuerkraftmesszahl die sogenannte Umlagekraftmesszahl. Für die Ermittlung der ***Umlagekraft*** werden

- 40 % der Summe der Steuerkraftzahlen der kreisangehörigen Gemeinden, zuzüglich
- 40 % der Steuerkraftzahlen der gemeindefreien Gebiete,
- 40 % des Schlüsselzuweisungsanteils von 80 % der kreisangehörigen Gemeinden aus dem Vorjahr

gerechnet.

e) Berechnung der Schlüsselzuweisung

Die Berechnung der Schlüsselzuweisungen ausgehend von der Differenz von Ausgangsmesszahl und Steuerkraftmesszahl (bei Gemeinden) oder Umlagekraftmesszahl (bei Landkreisen) erfolgt nunmehr in einem dritten Schritt.

Bei Gemeinden wird die Steuerkraftmesszahl von der Ausgangsmesszahl abgezogen. Ist bei einer Gemeinde die Ausgangsmesszahl größer als die Steuerkraftmesszahl, so erhält diese Gemeinde 55 % des Unterschiedsbetrags als Schlüsselzuweisung.

Besonders steuerschwache Gemeinden mit einer weit unterdurchschnittlichen Steuerkraft erhalten zusätzlich zu den allgemeinen Schlüsselzuweisungen Sonderschlüsselzuweisungen. Sie betragen 15 % des Unterschieds zwischen der eigenen Steuerkraft und 75 % des Landesdurchschnitts.

Bei Landkreisen wird die Umlagekraftmesszahl von der Ausgangsmesszahl abgezogen. Die Differenz wird in Höhe von 50 % durch Schlüsselzuweisungen aufgefüllt, wenn die Ausgangsmesszahl größer ist als die Umlagekraftmesszahl. Die Gewährung von Sonderschlüsselzuweisungen für besonders finanzschwache Landkreise wurde 1985 abgeschafft.

2.12.8 Berechnungsbeispiel Gemeindeschlüsselzuweisung für das Jahr 2025

1. Berechnung der Ausgangsmesszahl	
Einwohnerzahl am 31.12.2023	4.474
Durchschnitt der Hauptwohnsitze der Jahre 2013 bis 2022	4.354
Zu berücksichtigende (höhere) Einwohnerzahl	4.474
Hauptansatz nach Gemeindegröße (bis 5.000 Einwohner) 112 %	5.011
+ Ansatz für strukturschwache Gemeinden 18,3 % der Einwohner gesamt	819
Ergänzungsansatz für Kinderbetreuung für 23 Kinder in Tageseinrichtungen	23
Summe der Ansätze (5.011 + 819 + 23 =)	5.853
Einheitlicher Grundbetrag 2025	1.277,53 €
Ausgangsmesszahl (5.853 × 1.277,53 € =)	7.477.230 €
2. Steuerkraftmesszahl	2.320.866 €
3. Berechnung der Höhe der Schlüsselzuweisung	
Unterschiedsbetrag von	
Ausgangsmesszahl und Steuerkraftmesszahl	5.156.364 €
Ausgleichssatz	55 %
a) Allgemeine Schlüsselzuweisung	2.836.000 €
(abgerundet auf den nächsten durch vier teilbaren €-Betrag, § 6 Abs. 1 FAGDV)	
b) Sonderschlüsselzuweisungen	
75 % des Landesdurchschnitts an Steuerkraft je Einwohner 2025	1.181,25 €
× Hauptansatz nach der Gemeindegröße (112 %)	1.323,00 €
– Steuerkraftmesszahl je Einwohner (2.320.866 € : 4.474 =)	– 518,75 €
Unterschiedsbetrag je Einwohner	804,25 €
Unterschiedsbetrag nach Einwohnern (804,25 € × 4.474 =)	3.598.236 €
Ausgleichssatz	15 %
Sonderschlüsselzuweisungen	539.732 €
(abgerundet auf den nächsten durch vier teilbaren €-Betrag, § 6 FAGDV)	
c) Schlüsselzuweisungen gesamt	3.375.732 €

2.12.9 Berechnungsbeispiel Landkreisschlüsselzuweisungen für das Jahr 2025

1.	Berechnung der Ausgangsmesszahl	
	a) Ermittlung der Einwohnerzahl	
	Einwohnerzahl am 31.12.2023	92.352
	Durchschnittliche Einwohnerzahl der 10 vorangegangenen Jahre	93.720
	+ 75 % der nicht kasernierten Stationierungsstreitkräfte	4.530
	Einwohner insgesamt	98.250
	b) Ansätze	
	Hauptansatz unter besonderer Berücksichtigung der Bevölkerung unter 18 Jahren, z. B. 101,8 %	100.019
	Ergänzungsansatz für Soziallasten	8.650
	(Personen in Bedarfsgemeinschaften; Jahresdurchschnitt 2023: z. B. 2.790,37 mal Faktor 3,1 = 8.650)	
	c) gewichtete Einwohnerzahl (98.250 × 101,8% = 100.019 + 8.650)	108.669
	d) einheitlicher Grundbetrag 2025	897,75 €
	e) Ausgangsmesszahl (108.669 Einw. × 897,75 € =)	97.557.595 €

2.	Berechnung Umlagekraftmesszahl	
	a) Steuerkraft 2023 der kreisangehörigen Gemeinde	95.450.450 €
	+ 80 % der Schlüsselzuweisungen 2022 der kreisangehörigen Gemeinden	22.209.214 €
	Umlagegrundlagen gesamt	117.659.664 €
	b) Umlagekraftzahl (= 40 % der Umlagegrundlagen)	47.063.866 €
3.	Berechnung Schlüsselzuweisung	
	a) Ausgangsmesszahl	97.557.595 €
	– Umlagekraftmesszahl	47.063.866 €
	= Unterschiedsbetrag	50.493.729 €
	b) Ausgleichssatz	50 %
	c) Schlüsselzuweisung	25.246.864 €
	(abgerundet auf den nächsten durch vier teilbaren €-Betrag, § 6 FAGDV)	

2.12.10 Beteiligung der Kommunen an der Grunderwerbsteuer

Die Gemeinden und Landkreise sind mit 8/21 am Aufkommen der Grunderwerbsteuer beteiligt (***Grunderwerbsteuerverbund***, Art. 8 BayFAG). Die ***Grunderwerbsteuer*** ist eine Landessteuer. Der Kommunalanteil an der Grunderwerbsteuer fließt entsprechend dem örtlichen Aufkommen den kreisfreien Städten und den Großen Kreisstädten in voller Höhe zu. Die übrigen kreisangehörigen Gemeinden erhalten $^3/_7$ und die Landkreise $^4/_7$ des Kommunalanteils.

Die Grunderwerbsteuer wird vom Finanzamt erhoben. Der Kommunalanteil wird monatlich an die Kommunen überwiesen. Die Zuweisungen sind freie Deckungsmittel, d. h. sie sind nicht zweckgebunden. Das Kommunalanteil aus der Grunderwerbsteuer wird 2026 voraussichtlich 763,0 Mio. € erreichen. Bei den Gemeinden und Landkreisen fließt der Anteil an der Grunderwerbsteuer nicht in die Steuerkraft ein.

Die Grundstückspreise sind in Bayern sehr unterschiedlich. Der Grunderwerbsteuerverbund soll den Kommunen in diesem Zusammenhang einen Ausgleich verschaffen, d. h., in Regionen mit hohen Grundstückspreisen sind auch die Einnahmen der Kommunen aus der Grunderwerbsteuer in der Regel hoch, in Regionen mit niedrigen Grundstückspreisen die Einnahmen niedrig. Über die Beteiligung an der Grunderwerbsteuer sollen die Kommunen in die Lage versetzt werden, den notwendigen Grunderwerb für die von ihr zu leistenden Investitionen (Verwaltungsgebäude, Schulen, Krankenhäuser u. a.) zu finanzieren.

2.12.11 Einkommensteuerersatz (Familienleistungsausgleich, Art. 1b BayFAG)

Das Kindergeld ist seit 1996 Teil der Einkommensteuer. Die veränderte Abrechnung des Kindergeldes durch die Neuregelung des Familienleistungsausgleichs ab 1996 führt zu Mindereinnahmen von Ländern und Kommunen bei der Einkommensteuer, da das Kindergeld vor 1996 als Geldleistungsgesetz des Bundes in erster Linie vom Bund aufgebracht wurde. Durch die durch die Rechtsänderung für Länder und Gemeinden entstandenen Belastungen erhalten die Länder einen erhöhten Anteil an der Umsatzsteuer. Der Freistaat gibt die Ausgleichsleistungen entsprechend dem Anteil der Kommunen an den Mindereinnahmen (26,08 %) an diese weiter. Die Leistungen aus dem Familienleistungsausgleich betragen 2026 voraussichtlich 822,0 Mio. €. Dieser Betrag wird auf die Gemeinden nach denselben Kriterien aufgeteilt, wie der kommunale Einkommensteueranteil.

2.12.12 Beteiligung der Kommunen am Kraftfahrzeugsteuerersatzverbund

Der Freistaat Bayern stellte den Kommunen ab 2020 70 % der Einnahmen aus dem Kraftfahrzeugsteuerersatzverbund zu Verfügung.

Der Kommunalanteil am **Kfz-Steuerersatzverbund** wurde ab 2020 von 54,5 Prozentpunkten auf 70,0 Prozentpunkte erhöht. Hierzu ist zunächst positiv hervorzuheben, dass der Freistaat Bayern die ab 2020 entfallenden **Bundesmittel** nach dem **Entflechtungsgesetz** in Höhe von 196,135 Mio. €, die bisher im Rahmen des kommunalen Finanzausgleichs an die Kommunen weitergeleitet wurden, **vollständig aus Landesmitteln** und in der bisherigen Höhe übernimmt. Daneben werden die bereits im Kfz-Steuerersatzverbund verankerten Straßenausbaupauschalen von bisher 35 Mio. € um 50 Mio. € auf 85 Mio. € erhöht. Zur Umsetzung der vorgenannten Maßnahmen wird der Kommunalanteil am Kfz-Steuerersatzverbund (Verbundsatz) haushaltsneutral von bisher 54,5 Prozent auf 70,0 Prozent erhöht.

Aufgrund der Änderung des Art. 106 Abs. 1 Nr. 3, Abs. 2 Nr. 3 GG steht ab 1.7.2009 dem Bund das Aufkommen an der Kraftfahrzeugsteuer zu. Die Länder erhalten dafür als Kompensation einen jährlichen Festbetrag aus dem Steueraufkommen des Bundes. An diesem Festbetrag von 1.550 Mio. € für Bayern sind die Kommunen ab 2020 mit 70 % beteiligt.

Verwendung der Mittel aus dem Kraftfahrzeugsteuerersatzverbund im Haushaltsjahr 2026:

Straßenbau	638,1 Mio. €
ÖPNV-Förderung (Investitionen/Defizite)	237,7 Mio. €
Abwasserförderung	165,0 Mio. €
Zuweisungen an die Bezirke (Art. 15 BayFAG)	43,3 Mio. €
Gesamt	1.084,0 Mio. €

Entwicklung der Einnahmen aus dem Kraftfahrzeugsteuerersatzverbund:

Haushaltsjahr	**Verbundsatz im %**	**Haushaltsbetrag in Mio. €**
1957	20	14,2
1987	65	547,6
2007	42,83	658,0
2008	50	761,0
2013	51	789,8
2014	52,5	813,0
2019	54,5	844,0
ab 2020	70,0	1.084,0

Gemeinden und Landkreise erhalten 2013 Zuschüsse für den Straßenbau und -unterhalt in Höhe des Durchschnitts der Beteiligungen der Jahre 2008 bis 2010. Grundlage für diesen Durchschnitt sind:

Gemeinden mit mehr als 5.000 Einwohnern waren bis 2009 am örtlichen Kraftfahrzeugsteueraufkommen beteiligt. Die Beteiligungssätze liegen bei 6,3, 9,8 bzw. 13,3 %. Die Höhe ist davon abhängig, ob die Gemeinde Träger der Baulast an Ortsdurchfahrten im Zuge von Staatsstraßen oder Bundesstraßen ist.

Gemeinden unter 5.000 Einwohner erhielten bis 2010 eine Straßenunterhaltungspauschale von 1.200 € je km, die ab 2011 nach dem auf der Basis der 2010 gewährten Straßenunterhaltungspauschalen (km Gemeindestraße x 1.200 €) gewährt wurde. Zusätzliche Straßenkilometer werden ab 2011 nicht mehr berücksichtigt.

Die Landkreise erhielten bis 2010 ebenfalls Straßenbau- und Unterhaltungszuschüsse, die nach dem Verhältnis der Einwohnerzahl zur Kreisstraßenlänge gestaffelt sind. 2010 für jeden

1. Kilometer je 1.000 Einwohner: 660 €
2. Kilometer je 1.000 Einwohner: 2.900 €
3. Kilometer je 1.000 Einwohner: 3.890 €
4. Kilometer je 1.000 Einwohner: 5.450 €.

Ab 2011 erfolgt die Zahlung nach dem auf der Basis der 2010 gewährten Kreisstraßenpauschalen.

Für den Härtefonds nach Art. 13c BayFAG stehen 66.100.000 € zur Verfügung. Aus diesen Mitteln werden besonders teurere oder technisch aufwendige Straßenbauprojekte (insbesondere Brücken), die Pauschalzuweisungen für den kommunalen Winterdienst und der Bau oder Ausbau von auf Straßenkörpern geführten Verkehrswegen der S- und U-Bahnen, Straßenbahnen sowie der Bau oder Ausbau von Betriebshöfen, zentralen Werkstätten, zentralen Omnibusbahnhöfen gefördert.

Der Bund gewährt den Ländern Finanzhilfen für Investitionen zur Verbesserung der Verkehrsverhältnisse in Gemeinden mit Großprojekten. Dafür standen 2026 55 Mio. € zur Verfügung.

2.12.13 Finanzzuweisungen (Art. 7 BayFAG)

Die Gemeinden und Landkreise erhalten zum Ausgleich der Aufwendungen, die ihnen bei der Durchführung von Aufgaben des übertragenen Wirkungskreises entstehen, ***Finanzzuweisungen***. Die Landkreise auch als Ersatz des Verwaltungsaufwands für die Staatsbehörde Landratsamt (Art. 53 Abs. 2 der Landkreisordnung). Die Gemeinden und Landkreise erhalten 2026 18,42 € je Einwohner, die kreisfreien Städte 36,84 € je Einwohner. Die kreisfreien Städte erhalten daneben eine ergänzende Zuweisung zu ihren staatlichen Aufgaben im übertragenen Wirkungskreis in Höhe von 2 € je Einwohner. Die Landkreise erhalten zudem das vom staatlichen Landratsamt festgesetzte Kostenaufkommen (Gebühren und Auslagen 2026: 295 Mio. €). Außerdem verbleiben die von den Gemeinden und den Landratsämtern erhobenen Verwarnungsgelder und Geldbußen bei den jeweiligen kommunalen Körperschaften (2026: 158 Mio. €).

2.12.14 Zuweisungen für Gesundheits-, Veterinär- und Wasserwirtschaftsämter sowie Heimaufsicht

Im Rahmen des Art. 9 BayFAG erhalten die Landkreise und kreisfreien Städte im Jahr 2026 pauschale Zuweisungen in Höhe von 69,5 Mio. €.

2.12.15 Förderung kommunaler Hochbaumaßnahmen (Art. 10 BayFAG)

Der Freistaat gewährt seinen Kommunen Zuwendungen für Hochbaumaßnahmen, wie z. B. Schulen, schulische Sportanlagen, Kindertageseinrichtungen und kommunale Theater- und Konzertsaalbauten. Dafür stehen 2026 insgesamt 1.070,4 Mio. € zur Verfügung. Hinzu kommen im Jahr 2026 weitere 300 Mio. € aus dem Sondervermögen Infrastruktur und Klimaneutralität des Bundes (vgl. Teil 4, Kap. 2.1). Diese Mittel sind zweckgebunden. Die Verwendung muss von den Kommunen nachgewiesen werden. Zuweisungsfähig sind Neubau, Umbau, Erweiterung und Generalsanierung der genannten Einrichtungen.

Die Festsetzung der Höhe der staatlichen Zuwendung erfolgt nach der Höhe der zuwendungsfähigen Kosten. Die Grundsätze der Förderung sind in den Richtlinien über Zuweisungen des Freistaats Bayern zu kommunalen Baumaßnahmen im kommunalen Finanzausgleich (FAZR) enthalten. Förderfähig sind nur Maßnahmen, deren zuweisungsfähige Kosten 100.000 € überschreiten. Zur Finanzierung kleinerer Maßnahmen stehen den Kommunen die Investitionspauschalen zur Verfügung. Im Übrigen muss die Kommune in der Lage sein, die Eigenmittel aufzubringen und die zu erwartenden Folgekosten der Baumaßnahme zu finanzieren.

Aus den Mitteln des Sondervermögens Infrastruktur und Klimaneutralität des Bundes wird zusätzlich eine Pauschale in Höhe von 10 % der regulären Zuweisungen zur Verringerung der kommunalen Eigenanteile finanziert. Hierfür werden im Jahr 2026 für die kommenden vier Jahre Mittel in Höhe von insgesamt 900 Mio. € bereitgestellt. Zudem wurde aus den Mitteln des Sondervermögens ein kommunales Investitionsbudget in Höhe von 2 Mrd. € eingerichtet, das von den Kommunen bei Bedarf für die Umsetzung konkreter Investitionsprojekte abgerufen werden kann. Von den 2 Mrd. € entfallen 57 % (1,14 Mrd. €) auf die kreisangehörigen Gemeinden, 23 % (460 Mio. €) auf die kreisfreien Städte und 20 % (400 Mio. €) auf die Landkreise. Diese Mittel können auch zur Finanzierung verbleibender Eigenanteile für kommunale Hochbaumaßnahmen verwendet werden.

Grundlage für die staatliche Förderung sind nicht die tatsächlichen Gesamtkosten, sondern Kostenrichtwerte. Das Staatsministerium der Finanzen und für Heimat veröffentlicht auf seiner Internetseite (https://www.stmfh.bayern.de/) unter „Themen“ in der Rubrik „Kommunaler Finanzausgleich → Förderung kommunaler Hochbauten“ die jeweils maßgeblichen Kostenrichtwerte. Die Kostenrichtwerte betragen mit Stand 1.2.2026 beispielsweise für:

Schulgebäude je qm zuwendungsfähiger Nutzungsfläche	7.151 €
Kleinsporthallen (18 m × 12 m)	1.837.300 €
Sporthallen (27 m × 15 m × 5,5 m)	3.353.200 €
Sporthalle (27 m × 30 m × 5,5 m)	6.594.300 €
Rasenspielfeld / Kunstrasenspielfeld (40 m × 60 m)	205.400 €
Kindertageseinrichtungen je qm zuwendungsfähiger Nutzungsfläche	7.412 €

Der Förderrahmen beträgt grundsätzlich 0 bis 80 %. Bei der Bemessung der Zuweisung wird die finanzielle Lage des Zuweisungsempfängers unter Berücksichtigung der demografischen Entwicklung, ein über das Hoheitsgebiet des Zuweisungsempfängers hinausgehendes Einzugsgebiet, das Staatsinteresse und die Höhe der verfügbaren Mittel berücksichtigt.

2.12.16 Weitere Zuweisungen im Finanzausgleich

In besonderen Ausnahmefällen gewährt der Freistaat Bayern ***Bedarfszuweisungen und Stabilisierungshilfen***, um Härten im Einzelfall abzumildern (bei Gewerbesteuereinbrüchen, Naturkatastrophen, Bevölkerungsrückgang, hoher Verschuldung usw.). Weiter werden die Kosten der ***Schülerbeförderung*** in Höhe von ca. 60 % ersetzt. Zur Finanzierung von Erhaltungsaufwand und kleinerer Investitionsmaßnahmen erhalten die Kommunen eine Investitionspauschale, die nach der Einwohnerzahl und der Umlagekraft pauschal berechnet wird. Bei der Mindestinvestitionspauschale beträgt der Basiswert 110.000 € und kommt den kleineren Gemeinden zugute. Die Mindestinvestitionspauschale ist nach der Umlagekraft gestaffelt. Liegt die Umlagekraft der betroffenen Gemeinde unter 50 % des Landesdurchschnitts, dann erhält die Gemeinde z. B. eine Mindestinvestitionspauschale von 159.500 €. Daneben fördert der Freistaat Bayern gemeinsam mit den Kommunen **Krankenhausinvestitionen** im Jahr 2026 mit 800 Mio. €, wovon die Landkreise und kreisfreien Städte die Hälfte über die Krankenhausumlage beisteuern. Abwasserbeseitigungs- und Trinkwasserversorgungsanlagen werden mit Mitteln aus dem Kraftfahrzeugsteuerverbund gefördert (2026: 165 Mio. €). Für die **Zuweisungen an die Bezirke** nach Art. 15 BayFAG stehen 2026 beispielsweise 1.316,5 Mio. € zur Verfügung.

2.12.17 Die Kreisumlage

Vorbemerkung

Bis zur Realsteuerreform des Jahres 1936 waren sowohl die Gewerbesteuer als auch die Grundsteuer reine Staatssteuern, die das Land erhob und deren Aufkommen dem Land verblieb. Ab Rechnungsjahr 1937 wurde die Gewerbesteuer, ab Rechnungsjahr 1938 auch die Grundsteuer reine Gemeindesteuern, die die Gemeinden erheben und deren Aufkommen den Gemeinden verbleibt. Weder das Land noch die Gemeindeverbände konnten zu diesen Gemeindesteuern unmittelbare Zuschläge erheben, wie das in früheren Jahren möglich war. Dafür wurde das bis heute geltende System der Kreis- und Bezirksumlagen eingeführt, wonach die Umlagen keine Steuerleistungen mehr sind, die unmittelbar von den Steuerpflichtigen erhoben werden, sondern Geldleistungen, die von den Gemeinden bzw. Landkreisen an den übergeordneten Gemeindeverband abgeführt werden.

Die Landkreise haben also keine eigenen Steuerquellen. Sie legen gemäß Art. 18 BayFAG ihren durch sonstige Einnahmen nicht gedeckten Bedarf auf die kreisangehörigen Gemeinden um. Der Umlagebedarf 2025 lag bei 7.448,5 Mio. €. Neben der Bezirksumlage (Anteil der Landkreise 2025: 3.449,4 Mio. €) werden aus der ***Kreisumlage*** Bau und Unterhalt der weiterführenden Schulen, die Krankenhäuser, die örtliche Sozialhilfe, die Kosten der Unterkunft und für Heizung für Grundsicherungsempfänger, die Jugendhilfe und die Kreisstraßen finanziert.

Rechtsgrundlagen

Gemäß Art. 106 Abs. 6 Satz 5 Grundgesetz können die Gemeindeverbände nach Maßgabe der Landesgesetzgebung die Grundsteuer, die Gewerbesteuer sowie den Gemeindeanteil vom Aufkommen der Einkommensteuer und der Umsatzsteuer als Bemessungsgrundlage für Umlagen zugrunde legen. Die Kreisumlage hat ihre Rechtsgrundlage sowohl in der Landkreisordnung (LKrO) als auch im BayFAG. Die LKrO stellt in ihrem Art. 16 Abs. 2 das Recht der Landkreise fest, zur Deckung des für die Erfüllung ihrer Aufgaben notwendigen Finanzbedarfs Abgaben nach Maßgabe des Gesetzes zu erheben, soweit ihre sonstigen Einnahmen nicht ausreichen. Zu diesen Abgaben zählen auch die Kreisumlagen. Art. 18 Abs. 1 BayFAG bestimmt hierzu, dass die Landkreise ihren durch die sonstigen Einnahmen nicht gedeckten Bedarf auf die kreisangehörigen Gemeinden umlegen. Diese Umlage ist die Kreisumlage.

Umgelegt wird demnach derjenige Finanzbedarf, zu dessen Deckung die sonstigen Einnahmen des Landkreises nicht ausreichen. Die sonstigen Einnahmen sind also die primären Deckungsmittel, die Kreisumlagen, die sekundären Deckungsmittel, die erst erhoben werden dürfen, wenn die primären Mittel zur Deckung der im Haushaltsplan vorgesehenen Ausgaben nicht ausreichen. Unter sonstigen Einnahmen sind alle Einnahmen zu verstehen, die der Landkreis aufgrund der bestehenden Gesetze und nach den haushaltsrechtlichen Vorschriften zu veranschlagen hat, also z. B. das

Aufkommen aus eigenen Steuern, Leistungen des Staates aufgrund des BayFAG, andere Staatszuschüsse, Einnahmen aus Gebühren, Erträgnisse des Vermögens, Leistungen Dritter.

Die Kreisumlage wird in Prozentsätzen der Umlagegrundlagen bemessen. Umlagegrundlagen für die Kreisumlagen sind die für die kreisangehörigen Gemeinden geltenden Steuerkraftzahlen, sowie 80 v. H. von deren Schlüsselzuweisungen des vorangegangenen Haushaltsjahres (Art. 18 Abs. 3 BayFAG). Zuständig für die Festsetzung der Umlagesätze ist der Kreistag, der diese Aufgabe nicht dem Kreisausschuss oder einem anderen beschließenden Ausschuss übertragen kann (Art. 30 Abs. 1 Nr. 14 LKrO). Die Festsetzung der Umlagesätze muss in der Haushaltssatzung des Landkreises enthalten sein (Art. 57 Abs. 2 Satz 1 Nr. 4 LKrO). Die Kreisumlage wird für jedes Rechnungsjahr neu festgesetzt (Art. 19 Abs. 1 Satz 1 BayFAG). Die Umlagesätze können im Lauf des Haushaltsjahres einmal geändert werden. Die Änderung muss aber, sofern dabei die Umlagesätze erhöht werden, vor dem 1.6. beschlossen werden. Der Umlagebeschluss, den der Kreistag zu erlassen hat, bedarf der Genehmigung der Aufsichtsbehörde, wenn

a) das Umlagesoll des vorausgegangenen Haushaltsjahres um mehr als 20 v. H. übersteigt, wobei es unbeachtlich ist, ob das Vorjahressoll auch tatsächlich erreicht wurde (Art. 18 Abs. 2 BayFAG),
b) bei Festsetzung verschiedener Umlagesätze auf die Steuerkraftzahlen der höchste Umlagesatz den niedrigsten um mehr als ein Drittel übersteigen soll (Art. 18 Abs. 3 Satz 3 Halbsatz 2 BayFAG),
c) von der Möglichkeit, für einzelne kreisangehörige Gemeinden die Prozentsätze gem. Art. 20 BayFAG zu erhöhen, Gebrauch gemacht wird.

Die Landkreise setzen die Umlagebeträge durch schriftlichen oder elektronischen Bescheid (Umlagebescheid) fest (§ 17 Abs. 1 FAGDV). Die Kreisumlage wird mit einem Zwölftel ihres Jahresbetrags am 25. eines jeden Monats fällig. Wird sie nicht rechtzeitig entrichtet, kann der Landkreis von der säumigen Gemeinde Verzugszinsen bis zu 0,5 v. H. für jeden vollen Monat fordern (Art. 19 Abs. 1 BayFAG).

Der Finanzierungssaldo der bayerischen Kommunen hat sich innerhalb von nur zwei Jahren um knapp 6 Mrd. € verschlechtert, von + 0,5 Mrd. € im Jahr 2022 auf – 5,4 Mrd. € im Jahr 2024. Diese Negativentwicklung setzt sich auch im Jahr 2025 weiter fort. In den Zahlen spiegelt sich auch die rückläufige bzw. stagnierende Wirtschaftsentwicklung in den letzten Jahren wider. Das reale Bruttoinlandsprodukt ist 2023 um – 0,3 % und 2024 um -0,2 % zurückgegangen und im Jahr 2025 nur geringfügig gewachsen (+ 0,2 %). Diese Entwicklung betrifft alle kommunalen Ebenen und zeigt sich auch im Umlagebedarf der bayerischen Landkreise, der von 5.509,5 Mio. € in 2020 auf 7.448,5 Mio. € in 2025 zugenommen hat, insbesondere aufgrund deutlich gestiegener Sozialausgaben. Der Anstieg um 1.939 Mio. € oder 35 % in nur 5 Jahren ist die wesentliche Ursache dafür, dass die Kreisumlagesätze in den letzten Jahren in vielen Landkreisen angehoben werden mussten. Die Umlagekraft ist im gleichen Zeitraum mit 22 % geringer angestiegen (von 12.177,5 Mio. € in 2020 auf 14.870,2 Mio. € in 2025). Die Kreisumlagesätze in Bayern 2025 liegen zwischen 42,8 % und 56,5 %. Die Kreisumlage wird vom Kreistag jährlich neu festgesetzt und liegt 2025 im Landesdurchschnitt bei rd. 50 % (vgl. Teil 4 Kap. 2.12.4).

2.12.18 Die Bezirksumlage

Ähnlich wie die Landkreise erheben die Bezirke eine ***Bezirksumlage*** bei ihren Landkreisen und kreisfreien Städten, zur Finanzierung des ungedeckten Bedarfs in ihren Haushalten (Art. 21 BayFAG). Umlagegrundlagen 2026 sind die Steuerkraftzahlen 2026 der Gemeinden und gemeindefreien Gebiete und 80 % der Gemeindeschlüsselzuweisungen 2025.

Kostensteigerungen im Bereich der Eingliederungshilfe für Menschen mit Behinderung und der Pflege führen seit Jahren zu einem stetigen Anstieg des Umlagebedarfs der Bezirke.

Die Entwicklung der Umlagesätze der Bezirke 2022–2025 können der nachfolgenden Aufstellung entnommen werden:

Entwicklung der Bezirksumlagesätze 2022–2025

Bezirke	Bezirksumlagesätze in Prozent			
	2022	2023	2024	2025
Oberbayern	22,0	22,0	22,0	23,55
Niederbayern	20,0	20,0	20,0	21,4
Oberpfalz	17,8	18,8	19,3	23,2
Oberfranken	17,5	17,5	19,0	21,3
Mittelfranken	23,55	23,55	23,55	25,92
Unterfranken	20,0	20,0	18,3	20,0
Schwaben	22,9	22,7	21,2	25,0
Durchschnitt	21,31	21,40	21,20	23,39

2.13 Der Haushalt

Das Recht, den Haushalt aufzustellen, ist ein wichtiger Teil der kommunalen **Finanzhoheit** und damit Teil des Rechts der Gemeinden auf Selbstverwaltung. Mit dem Erlass der Haushaltssatzung (Rechtsnormteil) erhält der Haushaltsplan (Zahlenteil) seine Rechtsverbindlichkeit. Der Haushalt kann nach den Grundsätzen der **Kameralistik** oder der doppelten kommunalen Buchführung – **Doppik** – aufgestellt werden (Art. 61 Abs. 4 GO).

2.13.1 Die Haushaltssatzung

Mit dem Erlass der Haushaltssatzung erhält der Haushaltsplan seine Rechtsverbindlichkeit. Die Haushaltssatzung ist ein Rechtssatz eigener Art, da sich die Haushaltssatzung mit einem ganz konkreten Sachverhalt, nämlich der Haushaltsplanung für ein bestimmtes Jahr befasst.

Der Mindestinhalt der Haushaltssatzung ist in Art. 63 Abs. 2 GO vorgeschrieben. Danach enthält die Haushaltssatzung:

1. den Gesamtbetrag der Einnahmen und Ausgaben des Haushaltsjahres (Kameralistik) bzw. den Gesamtbetrag der Erträge und Aufwendungen des Haushaltsjahres sowie des sich daraus ergebenden Saldos des Ergebnishaushalts, den Gesamtbetrag der Einzahlungen und Auszahlungen aus laufender Verwaltungstätigkeit, aus der Investitionstätigkeit und aus der Finanzierungstätigkeit des Haushaltsjahres sowie des sich daraus ergebenden Saldos des Finanzhaushalts (Doppik),
2. den Gesamtbetrag der vorgesehenen Kreditaufnahmen für Investitionen und Investitionsförderungsmaßnahmen (Kreditermächtigungen),
3. den Gesamtbetrag der Verpflichtungsermächtigung,
4. die Hebesätze der Gemeindesteuern,
5. den Höchstbetrag der Kassenkredite.

Die Angaben zu den Kreditaufnahmen, den Verpflichtungsermächtigungen und den Kassenkrediten sind auch für die Eigenbetriebe zu machen. Die Haushaltssatzung muss jedes Jahr erlassen werden. Die mögliche Festsetzung für zwei Haushaltsjahre ist nicht gebräuchlich.

2.13.2 Kameralistik

Die Kameralistik arbeitet mit dem Verwaltungs- und Vermögenshaushalt. Rechtsgrundlage ist Art. 61 Abs. 4 GO und die Verordnung über das Haushalts-, Kassen- und Rechnungswesen der Gemeinden, der Landkreise und der Bezirke nach den Grundsätzen der Kameralistik (KommHV-Kameralistik). Die Kameralistik ordnet die Einnahmen (Steuern, Zuweisungen) und Ausgaben (Personal, Umlagen, Mieten) im Verwaltungshaushalt. Im Vermögenshaushalt erscheinen alle vermögenswirksamen Einnahmen und Ausgaben (Erwerb/Veräußerung von Anlagevermögen, Rücklagenzuführungen und -entnahmen, Kreditaufnahmen und -tilgungen).

2.13.3 Der Haushaltsplan

Der Haushaltsplan ist eine Anlage zur Haushaltssatzung. Sein Inhalt und seine Gliederung ist in Art. 64 GO geregelt. Er muss die Einnahmen und Ausgaben, die Verpflichtungsermächtigungen enthalten und in einen Verwaltungshaushalt und einen Vermögenshaushalt gegliedert sein.

Der Verwaltungshaushalt enthält die wiederkehrenden Finanzvorgänge, die laufenden Einnahmen und Ausgaben. Der Verwaltungshaushalt gibt Aufschluss über den laufenden Bedarf und darüber, wie er gedeckt wird.

Inhalt des Haushaltplans:

a) Verwaltungshaushalt

Einnahmen	**Ausgaben**
Steuern	Personalausgaben
Einnahmen aus Verwaltung	Verwaltungsaufwand
Einnahmen aus Betrieb	Betriebsaufwand
Sonstige Finanzeinnahmen	Sonstige Finanzausgaben
(Schlüsselzuweisungen)	**Zuführung an den Vermögenshaushalt**

Im Vermögenshaushalt erscheinen alle vermögenswirksamen Einnahmen und Ausgaben.

b) Vermögenshaushalt

Einnahmen	**Ausgaben**
Zuführung vom Verwaltungshaushalt	Erwerb von Anlagevermögen
Veräußerung von Anlagevermögen	Bauten
Rücklagenentnahme	Rücklagenzuführung
Investitionszuweisungen	Investitionsförderung (Zuweisungen an Dritte)
Kreditaufnahmen	Kredittilgung

Die Trennung des vermögenswirksamen vom konsumtiven Teil erlaubt eine rasche Beurteilung der gemeindlichen Finanzausstattung und macht das Haushaltsgeschehen durchsichtig. Bedeutsam ist die Zuführung vom Verwaltungshaushalt an den Vermögenshaushalt.

Für die Zuordnung zum Verwaltungs- bzw. zum Vermögenshaushalt gibt es genaue Regeln. Die Kommunalhaushaltsverordnung (KommHV) zählt in § 1 Abs. 1 abschließend auf, was in den Vermögenshaushalt gehört. Auf der Einnahmenseite ist dies in erster Linie die Zuführung vom Verwaltungshaushalt, dann z. B. die Entnahmen aus Rücklagen, Erlöse aus Veräußerungen von Anlagevermögen, Investitionszuweisungen des Staates, Beiträge und schließlich die Kreditaufnahme. Die Ausgabeseite umfasst die Kredittilgung und die Zuführungsbeträge zu den Rücklagen, vor allem aber die „Ausgaben für die Veränderung des Anlagevermögens", wie die KommHV die Investitionen nennt.

Beispiel eines Verwaltungshaushalts:

Einnahmen	€*)	Ausgaben	€*)
Realsteuern	5.100	Personalkosten	4.100
Einkommensteuer	5.200	Bauunterhalt	950
Umsatzsteuer	400	Bewirtschaftungskosten	800
Schlüsselzuweisungen	2.300	Mietausgaben	210
Gebühren	2.100	Fahrzeughaltung	90
Mieteinnahmen	410	Lernmittel	120
s. Betriebseinnahmen	3.700	Versicherungen	110
Schuldendiensthilfen	45	Geschäftsausgaben	350
Zinsen	110	s. Betriebsausgaben	5.530
Ersätze	1.300	Zuschüsse	1.400
Abschreibungen	1.100	Zinsen	320
Kalk. Zinsen	420	Kreisumlage	4.200
		Solidarumlage	310
		Gewerbesteuerumlage	520
		Abschreibungen	1.100
		Kalk. Zinsen	420
		Zwischensumme	20.530
		Zuführung zum VmHH	1.655
Summe Einnahmen	22.185	Summe Ausgaben	22.185

*) In Tausend Euro

Beispiel eines Vermögenshaushalts:

Einnahmen	€*)	Ausgaben	€*)
Zuführung vom VwHH	1.655	Grundstückskäufe	1.625
Rücklagenentnahme	–	Rücklagenzuführung	110
Grundstücksverkäufe	2.030	Bewegl. Anlagegüter	1.150
s. Verkaufserlöse	300	Planungskosten Schule	105
Beiträge	730	Soz. Wohnungsbau	405
Staatszuweisungen	540	Erweiterung Kläranlage	670
Kreditaufnahme		Bau einer Sporthalle	1.300
a) Investitionen	960	Straßenbau	455
b) Umschuldung	450	Investitionszuschuss	110
		ordentl. Kredittilgung	275
		außerord. Kredittilgung	450
Summe Einnahmen	6.655	Summe Ausgaben	6.655

*) In Tausend Euro

Haushaltsausgleich – schematische Darstellung

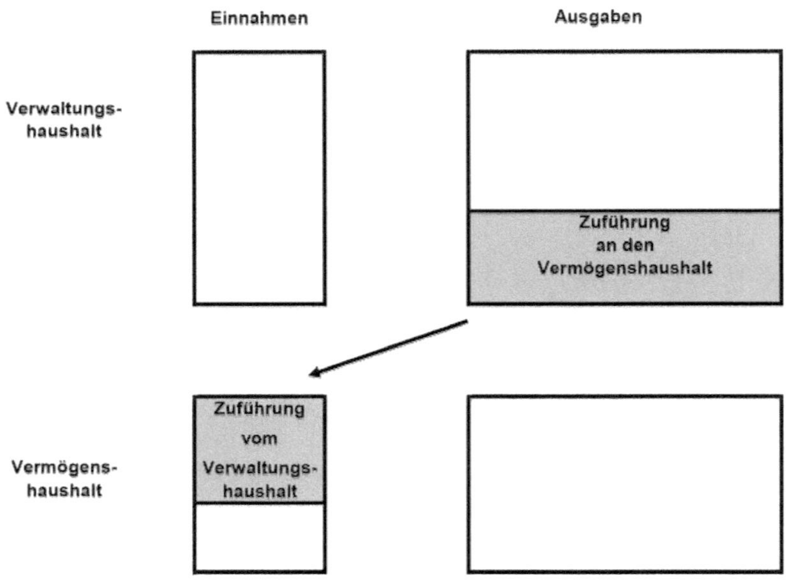

Aufbau des Haushaltsplanes – Haushaltsausgleich

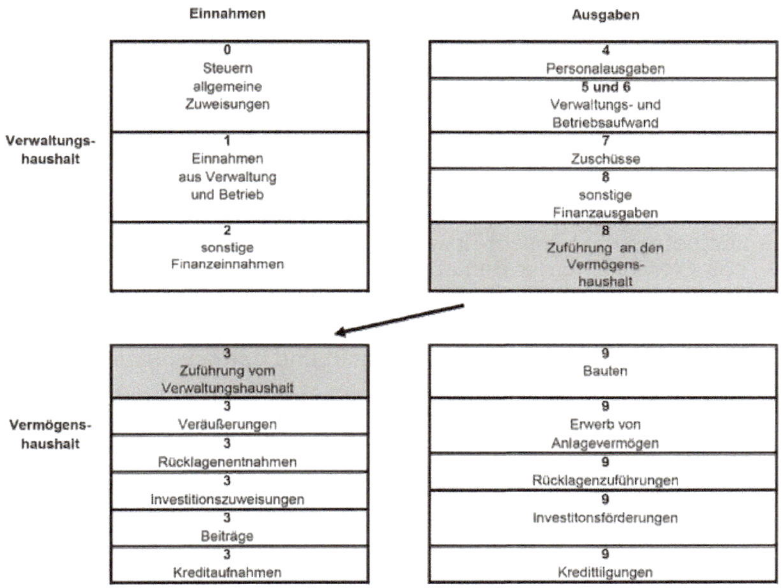

2.13.4 Wie gliedert sich ein Haushalt?

Die KommHV schreibt den formalen Aufbau des Haushaltsplans bis ins Einzelne vor. Bestandteile des Haushaltsplans sind:

1. Gesamtplan,
2. Einzelpläne des Verwaltungs- und des Vermögenshaushalts,
3. Sammelnachweise,
4. Stellenplan für die Beamten und Arbeitnehmer.

Die Bestandteile des Haushaltsplans haben Satzungsqualität.

2.13.5 Anlagen des Haushalts

Die Anlagen zum Haushaltsplan besitzen keine Satzungsqualität. Sie sind aber gerade für den Gemeinderat und seine Ausschüsse bei der Beratung von Interesse, weil sie Aufschluss über finanzwirtschaftliche Vorgänge und Entwicklungen in der Gemeinde geben. Folgende Anlagen sind dem Haushaltsplan beizufügen:

1. der Vorbericht,
2. eine Übersicht über die Ausgaben, die aus den Verpflichtungsermächtigungen resultieren,
3. eine Übersicht über den voraussichtlichen Stand der Schulden – ohne Kassenkredite – und der Rücklagen zu Beginn des Haushaltsjahres,
4. die Wirtschaftspläne und neuesten Jahresabschlüsse der Sondervermögen, für die Sonderrechnungen geführt werden; das gleiche gilt für die Unternehmen mit einer über 50 v. H. liegenden eigenen Beteiligung; an die Stelle der Jahresabschlüsse und Wirtschaftspläne kann eine kurzgefasste Übersicht über die Wirtschaftslage und die voraussichtliche Entwicklung der Betriebe treten,
5. der Finanzplan mit dem ihm zugrundeliegenden Investitionsprogramm sowie eine Übersicht über die im Finanzplanungszeitraum gültigen Kreditermächtigungen aus den Vorjahren und deren Inanspruchnahmen,
6. eine Übersicht über die Budgets mit einer Benennung der den einzelnen Budgets zugeordneten Abschnitte und Unterabschnitte.

2.13.6 Werdegang des Haushalts

Nach Art. 65 Abs. 2 GO ist die Haushaltssatzung samt ihren Anlagen spätestens einen Monat vor Beginn des Haushaltsjahres der Rechtsaufsichtsbehörde vorzulegen. Der Haushalt 2026 einer kreisangehörigen Gemeinde musste demnach schon bis 1.12.2025 dem Landratsamt vorliegen. Auch wenn dieser Termin praktisch nicht eingehalten werden kann (Informationen über Schlüsselzuweisungen, Umlagesätze werden erst im Dezember bekannt) ist es notwendig, frühzeitig mit der Aufstellung des Haushaltsplans zu beginnen.

Der Erste Bürgermeister als Leiter der Verwaltung ist dafür verantwortlich, dass die Vorarbeiten rechtzeitig beginnen. Es folgen die Vorberatungen in den Ausschüssen, in kleineren Gemeinden im Gemeinderat. Noch im November sollte der vorberatene Entwurf dem Gemeinderat vorgelegt werden. Die Beschlussfassung muss nach der Gemeindeordnung in öffentlicher Sitzung erfolgen. Wenn die Haushaltssatzung beschlossen ist, ist sie der Rechtsaufsichtsbehörde vorzulegen (Landratsamt bei kreisangehörigen Gemeinden). Die Rechtsaufsicht darf nur die Rechtmäßigkeit des gemeindlichen Handels überprüfen. Ein Genehmigungsvorbehalt besteht insbesondere für die Kreditaufnahmen und die Verpflichtungsermächtigungen.

Die amtliche Bekanntmachung der Haushaltssatzung ist Voraussetzung für ihre Wirksamkeit.

2.13.7 Haushaltslose Zeit

Es kommt häufig vor, dass eine Gemeinde zu Beginn des Jahres noch keinen neuen Haushalt aufgestellt und in Kraft gesetzt hat. Vielfach werden die Haushaltspläne erst im Januar oder später beraten, wenn die Höhe der Schlüsselzuweisungen, die Höhe der Bezirksumlagesätze und die Höhe der Kreisumlagesätze feststehen. Nach Art. 69 GO darf die Gemeinde auch ohne gültigen Haushalt Ausgaben leisten, zu denen sie rechtlich verpflichtet ist. Ein großer Anteil der Haushaltsausgaben fällt darunter: Personalkosten, Bewirtschaftungskosten der Grundstücke, Verträge mit Versicherungen, Sozial- und Jugendhilfeleistungen, Mieten, Zinsen und Tilgungen usw.

Zulässig sind darüber hinaus Ausgaben, die für die Weiterführung notwendiger Aufgaben unaufschiebbar sind. Es können demnach ohne Einschränkungen die üblichen Sachmittel für die Einrichtungen (Büromaterial, Lehr- und Lernmittel, Brennstoffe, Werkzeuge, Betriebsstoffe usw.) beschafft werden. Die Gemeindeordnung lässt es sogar zu, dass Bauten und Beschaffungen fortgesetzt werden, wenn dafür schon im Vorjahreshaushalt Beträge enthalten waren.

Verboten ist es, neue Maßnahmen zu beginnen oder den Stellenplan des Vorjahreshaushalts zu überschreiten, auch wenn im neuen Haushalt Stellenhebungen und Stellenmehrungen geplant sind.

Solange keine neue Haushaltssatzung existiert, gelten die Hebesätze des Vorjahres weiter.

2.13.8 Was bedeutet mittelfristige Finanzplanung?

Gem. Art. 70 GO hat die Gemeinde ihrer Haushaltswirtschaft einen fünfjährigen Planungszeitraum zugrunde zu legen. Für das Haushaltsjahr 2026 umfasst der Finanzplanungszeitraum die Haushaltsjahre 2025, 2026, 2027, 2028 und 2029. Die Finanzplanung setzt sich aus dem Finanzplan und dem Investitionsprogramm zusammen.

Der Finanzplan stellt die Einnahmen und Ausgaben summarisch dar und soll sich an den Orientierungsdaten des Staatsministeriums des Innern, für Sport und Integration orientieren. Das Investitionsprogramm stellt eine Vorausschau für künftige Projekte der Gemeinde dar und gibt Aufschluss über deren Finanzierung.

2.13.9 Allgemeine Haushaltsgrundsätze

1. Sicherung der Aufgabenerfüllung, Art. 61 Abs. 1 Satz 1 GO,
2. Sicherstellung der dauernden Leistungsfähigkeit, Vermeidung einer Überschuldung, Art. 61 Abs. 1 Satz 2 GO,
3. Sparsamkeit und Wirtschaftlichkeit, Art. 61 Abs. 2 GO,
4. Wahrheit und Klarheit,
5. Einheit und Vollständigkeit,
6. Jährlichkeit und Jährigkeit, Art. 63 Abs. 3 GO,
7. Öffentlichkeit, Art. 65 Abs. 1 GO.

2.13.10 Unvorhergesehene Ausgaben – was tun?

Eine überplanmäßige Ausgabe liegt vor, wenn zwar ein Haushaltsansatz existiert, dieser Ansatz aber nicht ausreicht. Von einer außerplanmäßigen Ausgabe reden wir, wenn für den benötigten Zweck keinerlei Haushaltsansatz vorhanden ist. Art. 66 GO lässt über- und außerplanmäßige Ausgaben zu, wenn sie unabweisbar sind und gedeckt werden können.

Als unabweisbar wird eine Ausgabe angesehen, wenn sie zur Ausgabenerfüllung notwendig ist und nicht auf einen späteren Zeitpunkt verschoben werden kann.

Wenn die Abweichung vom Haushaltsplan ein solches Gewicht annimmt, dass sie das ursprüngliche Haushaltsbild entscheidend verändert, dann ist der Zeitpunkt für einen Nachtragshaushalt gekommen. Nach Art. 68 GO muss ein ***Nachtragshaushalt*** aufgestellt werden, wenn

1. ein Haushaltsfehlbetrag droht,
2. die zusätzlichen Ausgaben in Relation zu den Gesamtausgaben einen erheblichen Umfang annehmen,
3. bisher nicht veranschlagte erhebliche Investitionen oder Investitionsförderungsmaßnahmen geleistet werden sollen,
4. der Stellenplan geändert werden soll.

Abgesehen von diesen Fällen ist es der Gemeinde in Wahrnehmung ihrer Finanzhoheit immer möglich, den Haushaltsplan zu ändern. Dazu ist aber immer eine Nachtragshaushaltssatzung notwendig gem. Art. 68 Abs. 1 GO.

2.13.11 Reform des kommunalen Haushaltsrechts

Mit dem Beschluss der Innenministerkonferenz der Länder vom 23.11.2003 wurde ein gesetzlicher Rahmen für die Reform und Modernisierung des kommunalen Haushalts- und Rechnungswesens festgelegt. Die Kommunen in Bayern haben die Möglichkeit, ihr Rechnungswesen in Form der kaufmännischen doppelten Buchführung umzustellen.

Generell wurde den Kommunen ein Wahlrecht eingeräumt, ob sie ihre Haushaltswirtschaft nach den Grundsätzen der Kameralistik oder der doppelten kommunalen Buchführung führen. Eine große Mehrheit der Kommunen setzt in Bayern weiterhin auf die Kameralistik. Bei den kreisangehörigen Gemeinden haben derzeit 64 auf die Doppik umgestellt, darunter 8 Große Kreisstädte. Hinzu kommen 6 Verwaltungsgemeinschaften. Von den 25 kreisfreien Städten haben sich 10 für die Doppik entschieden. Bei den Landkreisen haben 25 (von 71) die Doppik eingeführt.

2.13.12 Doppik

Die doppelte kommunale Buchführung – Doppik – arbeitet mit dem Finanzhaushalt, dem Ergebnishaushalt und der Bilanz. Rechtsgrundlage ist Art. 61 Abs. 4 GO und die Verordnung über das Haushalts-, Kassen- und Rechnungswesen der Gemeinden, Landkreise und Bezirke nach den Grundsätzen der doppelten kommunalen Buchführung (KommHV-Doppik). Die Doppik ordnet die Erträge und Aufwendungen (einschl. Abschreibungen) dem Ergebnishaushalt zu. Dieser ist das Planungsinstrument des doppischen Haushaltsrechts. Der Finanzhaushalt beinhaltet alle Einzahlungen und Auszahlungen und stellt die Veränderung des Geldvermögens dar. Die Bilanz ist der Abschluss des Rechnungswesens für ein Haushaltsjahr in Form einer Gegenüberstellung von Vermögen (Aktiva) und Kapital (Passiva).

2.14 Umsatzsteuerpflicht für Kommunen

Mit dem Steueränderungsgesetz 2015 wurde die Umsatzbesteuerung juristischer Personen des öffentlichen Rechts durch die Einführung des § 2b Umsatzsteuergesetz (UStG) zum 1.1.2017 auf eine neue gesetzliche Grundlage gestellt. Der Gesetzgeber hat damit auf die Rechtsprechung des Gerichtshofs der Europäischen Union und des Bundesfinanzhofs reagiert, die in mehreren Entscheidungen die Auffassung vertreten haben, dass Leistungen der öffentlichen Hand, die mit denen privater Anbieter vergleichbar sind oder in direktem Wettbewerb zu Privaten erbracht werden, der Umsatzsteuer zu unterwerfen sind. Der Gesetzgeber hat mit § 2b UStG daher eine stärker am Unionsrecht orientierte Regelung geschaffen.

Dies führt zu einer grundlegenden Neuregelung der Umsatzsteuerpflichten für juristische Personen des öffentlichen Rechts. Eine zentrale Fragestellung ist dabei, ob eine Tätigkeit der öffentlichen Hand vorbehalten ist (keine Umsatzsteuerpflicht) oder ob die Tätigkeit im Wettbewerb mit privaten Anbietern steht (umsatzsteuerpflichtig). Folge des Systemwechsels war ein Aufkommen einer Vielzahl von steuerlichen Auslegungs- und Abgrenzungsfragen. Um eine Klärung dieser Fragen vor der Anwendung der neuen Vorschriften zu ermöglichen, hat der Gesetzgeber eine (erste) Übergangsregelung in § 27 Absatz 22 Satz 3 UStG geschaffen. Sie ermöglichte es den juristischen Personen, die alten Vorschriften über die Umsatzbesteuerung der juristischen Personen des öffentlichen Rechts zunächst bis zum 1. Januar 2021 weiter anzuwenden. Von dieser Möglichkeit wurde umfassend Gebrauch gemacht.

Diese Übergangsregelung wurde inzwischen mehrfach verlängert, zuletzt im Rahmen des Jahressteuergesetzes 2024. Dadurch durch der Optionszeitraum zur Anwendung des § 2b UStG um zwei weitere Jahre bis zum 31. Dezember 2026 verlängert (§ 27 Abs. 22a UStG). Die erstmalig verpflichtende Anwendung des § 2b UStG ist hiernach zum 1. Januar 2027 vorgesehen.

Seit der Neuregelung des § 2b UStG haben insbesondere das Bundesministerium der Finanzen und das Bayerische Landesamt für Steuern zu zahlreichen umsatzsteuerlichen Sachverhalten Stellung genommen. Auch der bayerische Gesetzgeber hat auf die Neuregelung zur Umsatzsteuerpflicht reagiert. So stellt beispielsweise Art. 39 Abs. 3 KommZG klar, dass die Aufgaben der Geschäftsstelle eines Zweckverbands nur auf eine juristische Person des öffentlichen Rechts übertragen werden können und damit nicht wettbewerbsrelevant sind. Im Kostengesetz (KG) wurde geregelt, dass die Kosten (Gebühren und Auslagen) zuzüglich der gesetzlichen Umsatzsteuer erhoben werden, wenn die Amtshandlung der Umsatzsteuer unterliegt (Art. 10a KG).

3. Die Personalhoheit der Kommune

3.1 Was ist Personalhoheit?

Das Recht, die Angelegenheiten der örtlichen Gemeinschaft selbst im Rahmen der Gesetze zu regeln und zu ordnen (= Selbstverwaltungsrecht), hat viele Facetten. Eine davon ist die Befugnis, eigenes Personal zu beschäftigen.

Die Kommunen als selbstständige Rechtspersönlichkeiten dürfen, ja müssen in ausreichendem Umfang Beamte, Angestellte und Arbeiter beschäftigen, um die ihnen übertragenen Aufgaben angemessen zu erfüllen. Bei der Strukturierung des Dienstleistungsbetriebes und der Dienstposten, bei der Auswahl der Bewerberinnen und Bewerber und in der Frage, ob die geforderten Tätigkeiten durch Angestellte, Beamte oder Arbeiter erledigt werden, sind die Körperschaften innerhalb gewisser Grenzen frei. Dieses umfassende Recht nennt man Personalhoheit.

3.2 Wo steht etwas über die Personalhoheit?

Art. 32 Abs. 2 Nr. 3 GO vermittelt beschließenden Ausschüssen die Entscheidungszuständigkeit in Besoldungs- und Vergütungsfragen.

Art. 37 GO spricht von der Möglichkeit, dem Bürgermeister Befugnisse in Personalsachen durch Gemeinderatsbeschluss zu übertragen.

Art. 42, 43 GO enthält nähere Bestimmungen zur Dienstaufsichtspflicht sowie zur Pflicht zur Anstellung geeigneten Personals.

In der LkrO und BezO sind vergleichbare Bestimmungen enthalten. Für die Dienstverhältnisse selbst gelten die bundes- und landesrechtlichen Bestimmungen zum Beamtenrecht, wie Tarifordnungen für Beschäftigte im öffentlichen Dienst sowie das Bürgerliche Gesetzbuch. Wichtig ist ferner das Bayer. Personalvertretungsgesetz (BayPVG), das die Einrichtung und die Befugnisse von Personalvertretungen regelt.

Im Übrigen gilt das neue Tarifvertragsrecht, der Tarifvertrag für den öffentlichen Dienst (TVöD), der erstmals eine einheitliche Vorschrift für alle im öffentlichen Dienst Beschäftigten vorgibt. Die Unterscheidung zwischen Arbeiter und Angestellte ist damit aufgehoben.

3.3 Personalplanung und Personalauswahl

Personalentscheidungen sind Zukunftsentscheidungen.

Die Effizienz einer Kommune hängt in besonderer Weise von der Struktur, Qualifikation und Motivation der Mitarbeiterinnen und Mitarbeiter ab. Auch wenn Mandate nur auf Zeit vergeben werden: Es ist besonders wichtig, bei Personalentscheidungen, für die die Mandatsträger zuständig sind, weit über die jeweilige Wahlperiode hinauszublicken. Die Beendigung von Arbeitsverhältnissen ist bei Mitarbeitern öffentlicher Verwaltungen weit problematischer als in der Privatwirtschaft.

Der Grund dafür liegt nicht allein im Beamtenrecht oder in der besonderen Struktur der maßgeblichen Tarifverträge. Entscheidend ist auch, ob sich für entsprechende Maßnahmen Mehrheiten finden und inwieweit einem öffentlichen Druck, der den kommunalen Arbeitgebern besondere „Sozialtoleranzen“ auferlegt, widerstanden wird.

WICHTIG!

Personalentscheidungen, egal, ob Beförderungen oder Einstellungen, wirken weit in die Zukunft. Sie sind auch nur sehr schwer rückgängig zu machen. Eine optimale Personalstruktur ist der sicherste Garant einer leistungsfähigen Verwaltung.

Wenn auch der Landrat oder Bürgermeister Dienstvorgesetzter der Beschäftigten ist, das Direktions- oder Weisungsrecht und die Disziplinargewalt ausübt – das entscheidende Gremium ist und bleibt das Gesamtkollegialorgan. Nur in den seltensten Fällen werden Anstellung und Beförderung auf Bürgermeister und Landrat übertragen. Ob neue, bisher nicht existierende Stellen geschaffen werden, entscheiden ebenfalls Gemeinderat oder Kreistag durch Mehrheitsbeschluss.

3.3.1 Was finde ich an Personalstruktur vor?

Ein neu gewählter Bürgermeister oder Landrat, aber auch ein neu gewähltes Gemeinderatsmitglied sollte sich schnell einen Überblick verschaffen, welches Personal für welche Aufgaben vorgehalten wird.

Die meisten Kommunen besitzen neben Geschäftsverteilungsplänen auch Organigramme, aus denen sich grundlegende Aufbaustrukturen der Behörde entnehmen lassen.

Neben der Aufbauorganisation, verstanden als die Gliederung einer Behörde in z. B. Abteilungen und Sachgebiete, ist es auch hilfreich, die vorhandene Ablauforganisation zu durchschauen. Die Ablauforganisation klärt mit Hilfe von Ziel- oder Dienstvereinbarungen, Anordnungen und Anweisungen, welche Stellen bei welchen Fragen mit einzubinden sind, wer unterschreiben darf, wie und wer informiert wird, wie und durch wen konkrete Beschlüsse umgesetzt werden, welche Hilfsmittel zur Verfügung stehen u. v. m.

TIPP!

Es ist bestimmt hilfreich, wenn der sog. geschäftsleitende Beamte zu Beginn einer Wahlperiode die wesentlichen Strukturen der Behörde erläutert, die Abteilungen, deren Leiter und das Personal vorstellt sowie auch Einblicke in Dienstanweisungen gibt, die für die Routinedienstabläufe wichtig sind.

Die Organisationstheorie empfiehlt, wie auch die KGSt (Kommunale Gemeinschaftsstelle in Köln) Aufgabengliederungspläne, Verwaltungsgliederungspläne und darauf aufbauende Geschäftsverteilungspläne als Grundlagen einer optimalen Aufbauorganisation. In der Praxis wird sich dieses „Ideal“ kaum finden. Bürgermeister und Landräte übernehmen meist eine historisch gewachsene, im Idealfall den örtlichen und sachlichen Gegebenheiten angepasste Organisation. Erst nach einer gewissen Phase der Orientierung ist man selbst in der Lage, die Funktionsfähigkeit oder Unfähigkeit des Apparats zu verifizieren.

Gewisse Anhaltspunkte und Hilfen allerdings mehr für die Ablauforganisation gibt die ADO (Allgemeine Dienstordnung). Klassischerweise finden sich in kleineren bis mittleren Gemeinden zwei- oder dreiteilige Organisationsstrukturen, z. B. Amt I = Hauptverwaltung, Amt II = Finanzverwaltung, Amt III = Bauverwaltung, denen Sachgebiete zugeordnet sind.

Infolge eines finanzbedingten, aber auch allgemein auf Optimierung ausgerichteten Umdenkens haben sich auch „Sonderabteilungen" herausgebildet, die als Stabstellen oder eigene Abteilungen bestimmte Aufgaben wahrnehmen.

Beispiele:

Amt für Kulturwesen und Fremdenverkehr.

Stabstelle für Wirtschaftsförderung und Stadtmarketing.

Abteilung für städtische Betriebe.

Im Unterschied zur Abteilung ist eine Stabstelle meist unmittelbar einem Amts- oder Behördenchef zugeordnet und verfügt nicht über untergeordnete Sachgebiete.

WICHTIG!

Welche Aufbaustruktur für eine Kommune ideal ist, wird von vielen Faktoren beeinflusst: Größe der Kommune, Ausrichtung auf Fremdenverkehr, Wirtschaft, Industrie. Zielsetzungen u. v. m. spielen eine Rolle. In der Regel findet man ein historisch entwickeltes, in sich relativ starres Behördensystem vor. Erst nach einer gewissen Zeit kann man die Effizienz der vorgefundenen Struktur beurteilen.

Beliebt ist vor allem das Schlagwort „Bürgerbüro" oder zentrale Anlaufstelle. Gemeint ist damit, dass im Sinne der angestrebten Bürgerfreundlichkeit ein Verantwortungsbereich geschaffen wird, der gleichsam „Mädchen für alles" ist.

Im ersten Moment klingt das begeisternd. Egal, ob Führerschein, Trauung, Geburts- oder Sterbebeurkundung, der Bürger wird an einer Stelle sofort und umfassend bedient.

In der Praxis allerdings wird man hier schnell an personelle und fachliche Grenzen stoßen, denn auch die öffentliche Verwaltung lebt von arbeitsteiliger Spezialisierung – nicht aus Selbstzweck, sondern im Interesse einer kompetenten und korrekten Beratung und „Bedienung" der Bürger.

Aber – es gibt sicher einen guten Weg, um dem Kunden Bürger „Buchbinder Wanninger"-Erlebnisse zu ersparen. Bei näherer Analyse gibt es in vielen Fällen (für große Kommunen mag das anders sein) ohnehin zentrale Anlaufstellen, etwa das Einwohnermeldeamt. Setzt man die dort tätigen Mitarbeiter in die Lage, **jedem** verbindlich zu sagen, wer für das konkrete Anliegen Ansprechpartner ist, lässt sich viel erreichen. Die Auskunft: „Wenden Sie sich bitte an Frau Müller, Zimmer 13, sie wird sich Ihres Anliegens annehmen“ **muss** verbindlich sein. Ein kurzer Anruf bei der Sachbearbeiterin oder gar das persönliche Begleiten des Bürgers zu ihr hilft zusätzlich, positiv zu punkten.

TIPP!

Ist das Ziel, die Bürgernähe zu verbessern, dann sollte man zunächst daran denken, wie auf der Grundlage bestehender Strukturen deutliche Verbesserungen erzielt werden können. Je größer eine Behörde, umso mehr spricht für eine Auskunfts- oder Anlaufstelle, die sich alleine auf die Aufgabe beschränkt, den Kunden lebender Wegweiser und Hilfesteller in Bagatellfällen zu sein.

Einen raschen Überblick erhält man durch das Studium eines Geschäftsverteilungsplans, des Verwaltungsorganigramms und der Stellenpläne, die dem Kommunalhaushalt als Anlage beigefügt sind.

3.3.2 Personalplanung

Unter Personalplanung versteht man die langfristig angelegte, strategische Zusammensetzung des Personals. Dazu gehört die Frage, für welche Aufgabenbereiche wie viele Sachbearbeiter mit welchen Qualifikationen benötigt werden. Eine Rolle spielt auch die Frage, mit welchem Zeitaufwand für konkrete Tätigkeiten gerechnet werden muss. Eine strategische Planung muss auch Krankheits- und Vertretungsfälle berücksichtigen. Besonders wichtig sind nach wie vor die Fragen, etwa wie betriebsintern mit Altersteilzeitmodellen umgegangen werden soll. Lässt man Altersteilzeit generell zu? In welcher Form? Des Weiteren virulent ist auch die Frage der Ausgestaltung und Anwendung des TVöD mit Blick auf die sog. Leistungszulagen, die eine nachvollziehbare und transparente Beurteilung des gesamten Personals voraussetzen. Diese Leistungszulage soll als Motivation für überdurchschnittlich engagierte Beschäftigte dienen. Es kann ein gutes Instrument sein, um die tatsächlichen Leistungsträger zu motivieren und allen anderen Anreize zu schaffen, selbst Leistungsträger zu werden. Das setzt aber eine objektive Einschätzung voraus, ob tatsächlich überdurchschnittlich viel geleistet wird. Vielfach besteht allerdings die Gefahr, dass zur Vermeidung von Friktionen nach dem Gießkannenprinzip vorgegangen wird und jeder Beschäftigte Anteil an dieser Zulage erhält.

Zu der eher strukturellen Personalplanung kommt ein dynamisches Moment hinzu. Neue Aufgaben erfordern möglicherweise neue Stellen. Beschließt der Gemeinderat z. B., intensiv in die Jugendarbeit einzusteigen, so stellt sich die Frage, ob die damit verbundenen Aufgaben durch die vorhandenen Mitarbeiter erledigt werden können oder neues Personal erforderlich ist.

Die Notwendigkeit, eine neue Stelle zu schaffen, kann auch dadurch entstehen, dass eine bestimmte, durch die vorhandenen Mitarbeiter nicht abgedeckte Qualifikation erforderlich ist. Wenn man sich mit Personalplanung beschäftigt, sind grundlegende Strukturkenntnisse über Aufgabenbereiche und vorhandenes Personal, z. B. Alterszusammensetzung, Teilzeitkräfte, Vollzeitkräfte, Qualifikationen notwendig. Bestehende und entstehende Kosten müssen im Planungsprozess berücksichtigt werden.

Eine zunehmend bedeutende Rolle spielt dabei auch die allgemeine Privatisierungsdiskussion. Es wirkt sich auf die Personalplanung aus, ob etwa die Durchführung bestimmter Aufgaben durch eigene, privatrechtlich organisierte Firmen mit Personal (= unechte Privatisierung) sichergestellt werden soll. Ebenso ist es von Bedeutung, wenn bestimmte Aufgaben generell vollständig an private Firmen übergeben werden, die nicht kommunal beherrscht sind (= echte Privatisierung). Die derzeitige Debatte um die Liberalisierung der kommunalen Wasserversorgung mag als aktuelles Beispiel dienen.

Personalplanung ist in erster Linie Chefsache. Aber neben Landrat und Bürgermeister sind auch die Kollegialorgane gefordert. Sie entscheiden über das Ob und Wie der Organisationsstruktur und Stellenbesetzung.

In der Praxis hat es sich bewährt, dass der Behördenleiter zusammen mit dem zuständigen Abteilungsleiter Grundstrukturen entwickelt. Beide verfügen über die notwendigen Grundinformationen: Welche Aufgaben, welche Erledigungsansätze, welches Personal ist vorhanden, welche konkrete Personalstruktur findet man vor, wie sieht ein optimaler, bürgerbezogener Ablauf aus?

WICHTIG!

Wichtig ist, bereits bei der Ermittlung der Entscheidungsgrundlagen alle Abteilungen einzubeziehen. Abteilungsübergreifende Arbeitsgruppen unter Hinzuziehung eines oder mehrerer Ratsmitglieder garantieren den bestmöglichen Erfolg eines Organisations- und Entwicklungsprozesses, der nie abgeschlossen sein kann.

Ob man zusätzlich externen Sachverstand mit einschaltet oder interessierte Bürger beteiligt, ist eine Frage einer Kosten-Nutzen-Bewertung.

3.3.3 Personalentscheidung

Die Entscheidung, welches Personal für welchen Zweck generell beschäftigt werden soll, ob Teilzeitarbeitsplätze zur Verfügung gestellt werden, neue Stellen geschaffen werden, Auszubildende eingestellt werden obliegt i. d. R. (außer die Geschäftsordnung bestimmt etwas anderes) dem Hauptgremium, also dem Gemeinderat, Kreistag etc.

Für die Beschäftigung und Ernennung von Beamten gibt es verbindliche Obergrenzen, die eingehalten werden müssen. Der konkrete Einsatzbereich eines Kommunalbeschäftigten erklärt sich grundsätzlich aus seinem Arbeitsvertrag bzw. der Geschäftsordnung. Umsetzungen und Einzelanweisungen verfügt meist der Bürgermeister oder Landrat als Dienstvorgesetzter.

Der Entscheidungsfindungsprozess stellt sich i. d. R. folgendermaßen dar:

Verwaltung, Bürgermeister und Mitglieder des Stadtrats stellen ein Personaldefizit fest.

Es wird nach verwaltungsinternen Vorbereitungen, ggf. unter Beteiligung des Personalrats und Abklärung der finanziellen Auswirkungen durch Ausschuss und Hauptorgan entschieden, ob und inwieweit dem Defizit abgeholfen wird. Die Verwaltung führt die notwendigen Folgemaßnahmen, wie etwa Ausschreibung, Höhergruppierung durch. Bei einer Stellenneubesetzung erfolgt nach der Ausschreibung die Sichtung der Bewerber und eine neuerliche Beschlussfassung über die tatsächliche Anstellung. Auch insoweit ist der Personalrat zu beteiligen. Einstellungen können nur mit seiner Zustimmung vorgenommen werden (Art. 70 ff. BayPVG).

TIPP!

Jede Personalentscheidung hat unmittelbare Auswirkungen auf das Betriebsklima. Einstellungen, vor allem aber Beförderungen sollten daher den Mitarbeitern gegenüber transparent gemacht werden. Gleichbehandlung vergleichbarer Beschäftigter ist Grundlage eines motivierten Teams.

Zunehmend an Bedeutung gewinnen nicht nur vor dem Hintergrund von Vereinbarkeit von Beruf und Familie Heimarbeitsplätze. Das kann für die Rekrutierung von geeignetem Personal wegen des Dranges die persönliche Work-Life-Balance optimal zu realisieren entscheidend sein. In Zeiten der Vollbeschäftigung tut sich der gehaltstechnisch reglementierte Bereich der öffentlichen Hand schwer gutes Personal zu bekommen.

Bei der Einrichtung funktionierender Homeoffice-Arbeitsstellen ergeben sich neben einem automatischen „Kontrollverlust" eine Vielzahl von Fragen, die gut abgeklärt sein wollen. Datenschutz, Datenzugriff, Auswirkungen auf die Belegschaft uvm. Dennoch ... in einer zunehmend digitalen Arbeitswelt wird auch die öffentliche Verwaltung an diesem Thema nicht vorbeikommen.

3.3.4 Methoden der Personalgewinnung

Während in der freien Wirtschaft Führungspositionen aufgrund von Empfehlungen professioneller „Headhunter“ besetzt werden, bildet die Stellenausschreibung und anschließende Bewerberauswahl die Grundlage der Personalrekrutierung im öffentlichen Dienst.

Die Möglichkeiten, wie dieser Entscheidungsprozess ablaufen kann, sind vielfältig. Hier soll deshalb der Versuch unternommen werden, eine bewährte Grundstruktur zu vermitteln. Dem Anwender stehen allerdings zahlreiche Abänderungs- und Anpassungsmöglichkeiten offen.

Ziel einer effizienten Personalgewinnung muss es sein, durch ein möglichst objektives Verfahren den/die am besten geeigneten Bewerber/Bewerberin zu finden. Politische Beziehungen, lokale Bezüge oder etwa geschlechtsspezifische Bevorzugungen dürfen nicht den Ausschlag geben.

Zu Beginn einer Personalbesetzung steht die Entscheidung, dass eine Stelle zu besetzen ist. Dabei kann das Entscheidungsorgan auch schon Vorgaben zu Qualifikation und Aufgabenbereich machen.

Sinnvoll ist es, ein Auswahlgremium zu bilden. Vertreten sein sollte Landrat oder Bürgermeister, der für Personal zuständige Abteilungsleiter, ein Vertreter des Amtes, für das er eingestellt wird, ein Vertreter des Personalrats, ein Mitglied des Entscheidungsorgans (Stadtrat oder Ausschuss) und ggf. der oder die Gleichstellungsbeauftragte.

Auf der Grundlage eines Geschäftsverteilungsplans oder Aufgabenkatalogs sollten Stellenbeschreibung und Qualifikations- bzw. Anforderungsprofil entwickelt werden. Gemeinsam wird entschieden, ob die Stelle nicht ausgeschrieben wird, weil evtl. qualifizierte Bewerber vorgeschlagen werden können oder ob die Stelle intern, d. h. innerhalb der Behörde oder extern, d. h. unter Beteiligung des gesamten Arbeitsmarktes ausgeschrieben wird.

Das Auswahlgremium entscheidet sich, wie das konkrete Auswahlverfahren aussehen soll. Welche konkreten Methoden angewendet werden, hängt maßgeblich vom Anforderungsprofil ab.

An erster Stelle steht aber immer die Sichtung der Bewerberunterlagen. Es schließt sich ein mehr oder weniger strukturiertes Vorstellungsgespräch, evtl. sogar ein formalisiertes Auswahlverfahren im Sinne eines Assessment-Centers an.

Das Auswahlgremium bewertet den gewonnenen Eindruck nach einem idealerweise zuvor vereinbarten standardisierten Schema und versucht im zweiten Schritt, eine begründete Reihung der Bewerber vorzuschlagen.

Nach Rücksprache mit der Fachabteilung, für die eingestellt wird, erhalten Personalvertretung und Entscheidungsgremium den Vorschlag zur Beschlussfassung.

In größeren Behörden kann die Personalauswahl auch einer eigenständigen Abteilung delegiert werden. Wichtig ist es in jedem Fall, das Auswahlgremium möglichst schlank zu halten.

Ziel eines Auswahlverfahrens ist die Beurteilung der Bewerber hinsichtlich formeller Voraussetzungen wie Ausbildung, Erfahrung und Fachkompetenz, Methodenkompetenz, sozialer und persönlicher Kompetenz sowie hinsichtlich vorhandener Schlüsselqualifikationen.

Die Auswertung der schriftlich eingereichten Unterlagen allein reicht selten aus, um eine optimale Auswahlentscheidung zu treffen. Dennoch lassen sich aus den eingereichten Unterlagen vielfältige bewertbare Schlüsse ziehen. Sind die Unterlagen vollständig, sind sie strukturiert, wie ist der Lebenslauf aufgebaut, welche Zeugnisse liegen bei, wie sind die Beurteilungen ausgefallen usw.?

In aller Regel wird ein vorher ausgewählter Teil der Bewerber zu einem Vorstellungsgespräch eingeladen, durch das weitere Rückschlüsse auf die Eignung erwartet werden.

Wesentlich ist die strukturierte Vorbereitung und Durchführung sowie die Auswertung des Vorstellungsgesprächs.

Anhand eines Leitfadens und eines damit verbundenen Bewertungsbogens sollte die Durchführung stattfinden. Die gewählten Fragen sollen Rückschlüsse auf die gestellten Anforderungen zulassen.

Beispiel:

Die Fragen sind idealerweise indirekt zu stellen,

also nicht:

- Wie schätzen Sie Ihre Teamfähigkeit ein?,

sondern:

- Wie beurteilen Ihre Kollegen die Zusammenarbeit mit Ihnen oder wo sehen Ihre Kollegen Ihre Schwächen?

Hilfreich sind auch Rollenfragen, die sich mit speziellen Situationen beschäftigen, wie sie für die ausgeschriebene Position typisch sind.

Rückschlüsse auf die soziale Kompetenz und persönliche Struktur lassen sich auch durch die Körperhaltung und Gestik des Bewerbers gewinnen. Bei der Beurteilung sollte auch hierauf ein Augenmerk gelegt werden. Wird z. B. Blickkontakt gehalten? Macht der Bewerber einen gelösten oder gehemmten Eindruck? Vermittelt er Offenheit? Wirkt er fahrig?

Wichtig ist, dem Bewerber zu Beginn des Vorstellungsgesprächs Sicherheit zu geben und die besondere „Examensatmosphäre“ etwas zu entspannen. Aufschlussreich kann die einleitende Frage nach den bisherigen Berufsstationen oder nach Herkunft, Anreise sein. Für das gesamte Interview gilt die Faustregel: 25 % Fragezeit, 75 % Antwortzeit.

Im Hauptabschnitt des Bewerbungsgesprächs soll durch vorstrukturierte Fragen die fachliche und personelle Eignung und auch der Grund der Bewerbung sowie die Erwartungen des Bewerbers selbst geklärt werden.

Der Schluss des Gesprächs dient der Offenlegung konkreter, das angestrebte Arbeitsverhältnis betreffender Fragen, Höhe des Gehalts, Urlaubstage, Arbeitszeit etc. Versuchen Sie auch zu ermitteln, ob noch weitere Bewerbungen offen sind und ob ein wirkliches Interesse des Kandidaten für die angebotene Position besteht.

Besonders interessant und deshalb mitteilenswert ist der anschließende Entscheidungsfindungsprozess und der konkrete Entscheidungstermin.

An jedes Auswahlverfahren knüpft sich eine subjektive Beurteilung an. Menschenkenntnis, aber auch im Besonderen die Kenntnis und die Erfahrung mit Auswahlmethoden sind entscheidende Erfolgsfaktoren. Ob und inwieweit getroffene Auswahlentscheidungen „richtig“ waren, sollte durch periodische Nachbeurteilungen im folgenden Jahr nach der Anstellung des Bewerbers geprüft werden.

Im Laufe der Zeit ergibt sich ein relativ klares Bild anhand folgender Kriterien:

Wie viele Auswahlverfahren fanden statt, wie viele Personen wurden eingestellt, wie viele Personen wurden nach der Probezeit übernommen, inwieweit erfüllt das Personal die Anforderungen des Auswahlgremiums nach sechs bzw. zwölf Monaten.

TIPP!

Irren ist menschlich. Daher sollte die Anstellung einer/s neuen Mitarbeiterin/s immer erst nach vorheriger ärztlicher Untersuchung und zunächst in einem ersten Schritt auch zeitlich befristet geschehen. Die in der Regel maximal sechsmonatige Probezeit ist zu kurz, um eine abschließende und möglichst zuverlässige Dauerprognose über die Eignung des Bewerbers anzustellen.

3.3.5 Personalführung

Egal, ob Sie nach der Wahl als Mitglied des Gemeinderats, als Bürgermeister oder Landrat tätig sind: Sie werden mit den Beschäftigten der Verwaltung intensiven Kontakt haben und mit ihnen zusammenarbeiten. Dabei werden Sie mit den Mitarbeitern umgehen, sie betreffende Entscheidungen treffen müssen.

Ohne auf die Schlagwörter wie autoritärer, teamorientierter Führungsstil einzugehen: Ihre Mitarbeiter dürfen von Ihnen Offenheit, Akzeptanz und Kooperationswillen erwarten. Das dürfen aber auch Sie von Ihren Mitarbeitern erwarten. Eine Portion „Vertrauensvorschuss" wirkt Wunder und beflügelt die Motivation.

Mitarbeitergespräche helfen Ihnen, die Fähigkeiten der Beschäftigten selbst einzuschätzen und unauffällige Kontrollen gestellter Aufgaben vermitteln Ihnen zusätzliche Einblicke. Sie werden vom Grundsatz her zwei „Arbeitstypen" kennen: Den „Lösungstyp" und den „Umsetzungstyp". Beide haben ihre Vorzüge und im Team sind sie unschlagbar.

Der „Lösungstyp" braucht nur ein klar definiertes Ziel und wird Freude daran haben, den Weg dorthin zu finden.

Der „Umsetzungstyp" findet bisweilen zwar das Ziel oder die Lösung, braucht aber einen Konstruktionsplan für den Weg, den er dann allerdings perfekt umsetzt.

Alles in allem: Kooperation und Bündelung der individuellen Mitarbeiterfähigkeiten sind der Schlüssel zu einer effektiven, modernen Verwaltung.

TIPP!

- Regelmäßige Abteilungsleiterbesprechungen fördern den Informationsfluss und Austausch und damit das wechselseitige Vertrauen.
- Projektbezogenes Arbeiten ermöglicht die effiziente Bündelung sachgebietsübergreifender Kompetenzen und fördert wechselseitig das Verständnis innerhalb der Verwaltungseinheiten.
- Ein modernes, gut ausgerüstetes Datenverarbeitungssystem mit Arbeitsplätzen für alle Mitarbeiter spart Zeit und Kosten. Es ermöglicht auch den Aufbau eines effizienten Controllings.
- Ein EDV-gestütztes Wissensmanagement hilft schnell, richtig und bürgerorientiert entscheiden zu können.
- Eine leistungsfähige, personell und sachlich gut ausgestattete Systembetreuung erhöht die Effektivität.
- Betriebsfeste und Anerkennung besonderer Leistungen erhöhen die Motivation der tarif- und besoldungsgeknebelten Mitarbeiter.

3.3.6 Leistungsgerechte Vergütung

Geringfügig Beschäftigte § 8 Abs. 1 Nr. 1 SGB IV sind unfallversichert, beim Minijob auch grundsätzlich rentenversichert, von den anderen Sozialversicherungen aber befreit. Eine Befreiung von der gesetzlichen Rentenversicherung ist möglich. Zuständig für die Anmeldung ist die Minijobzentrale, die von der Bundesknappschaft getragen wird.

Der Tarifvertrag für den öffentlichen Dienst sieht seit einigen Jahren vor, dass ein bestimmter Betrag der Bruttolohnsumme, der im Haushalt eingestellt ist, auch zur Verfügung gestellt werden muss für sogenannte Leistungsanreize. Ob diese Leistungsanreize für besondere Leistungsträger laufend oder als Einmalzahlung gewährt werden, hängt vom Gusto des jeweiligen Arbeitgebers ab. Jedenfalls sind Vereinbarungen mit dem Personalrat notwendig, um die Leistungsprämien und Leistungsentgelte rechtssicher abwickeln zu können. In vielen Fällen, gerade bei kleineren Verwaltungseinheiten, führen aber individuelle Leistungsentgelte oft zu erheblichem Unmut unter den Beschäftigten. Nur mit einem transparenten Beurteilungssystem kann dem einigermaßen entgegengewirkt werden. Viele Kommunen sind auch dazu übergegangen Pauschalen auszukehren, die allerdings dem eigentlichen Zweck, Leistungsanreize für die Leistungsträger zu bieten, nicht entsprechen.

Wer die Leistungsprämie wirklich als Motivationsfaktor einsetzen will, darf sich nicht scheuen, erhebliche Differenzierungen in der Bewertung der Beurteilten vorzunehmen und zu tatsächlichen Motivationsanreizen zu kommen. Mittlerweile gibt es eine Anzahl von verschiedenen Regelungs- und Beurteilungssystemen, die auch im Internet vorgehalten werden.

3.4 Kommunalbedienstete

3.4.1 Die Kommunalbeamten

Die Beschäftigten bei den Kommunen sind Beamte und Beschäftigte des öffentlichen Dienstes. Für jede Gruppe gelten Besonderheiten, die überblickartig genannt sein sollen.

Kommunalbeamter ist, wer zu einer dienstherrnfähigen Organisation des öffentlichen Rechts in einem besonderen öffentlich-rechtlichen Dienst- und Treueverhältnis steht, das durch Aushändigung einer Ernennungsurkunde begründet wird. Der Dienstherr der Kommunalbeamten können Gemeinde, Landkreis bzw. Bezirk sein.

Die wichtigsten Regelungen finden Sie in Art. 33 GG, §§ 2, 5 Beamtenrechtsrahmengesetz (BRRG) und im Bayerischen Beamtengesetz (BayBG).

Kommunale Wahlbeamte sind die berufsmäßigen, durch den Gemeinderat auf Zeit benannten hauptamtlichen Gemeinderäte, die haupt- oder ehrenamtlichen Bürgermeister, der Landrat und sein Stellvertreter, der Bezirkstagspräsident und sein Stellvertreter. Für diese gelten die Vorschriften der GO, LKrO, BezO sowie des KWBG und die allgemeinen beamtenrechtlichen Vorschriften.

Den beamtenrechtlichen Status erlangen berufsmäßige Gemeinderatsmitglieder (nur in Kommunen über 10.000 Einwohner) durch Ernennung zum Beamten auf Zeit, im Übrigen durch schriftliche Annahme der Wahl mit Beginn der Amtszeit. Kommunalbeamte im engeren Sinn sind die im Beamtenverhältnis auf Zeit bzw. auf Lebenszeit, zur Probe oder auf Widerruf ernannten Mitarbeiter der Gebietskörperschaften. Die Anzahl der Beamten ist durch eine Stellenobergrenzenverordnung beschränkt. Die Kommunen sind damit nicht in der Lage, ihren gesamten Personalbedarf durch Beamte zu decken. Man unterscheidet hier hierarchische Laufbahngruppen: den einfachen, den mittleren, den gehobenen und den höheren Dienst. Für den Einstieg in die jeweilige Laufbahngruppe sind die schulischen und sonstigen Ausbildungsvoraussetzungen maßgeblich.

Begründet wird ein Beamtenverhältnis durch einen streng formalisierten Ernennungsakt. Beendet wird das Beamtenverhältnis durch Verlust des Beamtenrechts, Entlassung oder Eintritt in den Ruhestand. Die Bezahlung der Beamten richtet sich nach ihrem Dienststatus und ist für bayerische Beamte im Bayer. Besoldungsgesetz geregelt.

Disziplinar sind die Kommunalbeamten ihrem Dienstvorgesetzten sowie den für sie zuständigen Disziplinarbehörden verantwortlich. Dienstvorgesetzte sind für die jeweiligen Beamten Bürgermeister, Landräte bzw. Bezirkstagspräsident. Disziplinarbehörden für Gemeindebeamte sind das Landratsamt, für Kreisbeamte die Regierung, für Bezirksbeamte das Staatsministerium des Innern. Es besteht ein abgestuftes Disziplinarsystem, das vom Verweis über die Entfernung aus dem Dienst bis hin zur Aberkennung des Ruhegehalts reicht.

Nach Ausscheiden aus dem aktiven Dienst haben die Kommunalbeamten einen Anspruch auf angemessene Versorgung. Um dies sicherzustellen, besteht für die Kommunen (= Dienstherren) eine Pflichtmitgliedschaft im Bayer. Versorgungsverband.

Diesem Versorgungsverband obliegt auch die Durchführung der betrieblichen Altersvorsorge für Arbeitnehmer von kommunalen Arbeitgebern. Die Rechtsform dieses Versorgungsverbandes ist die einer rechtsfähigen Anstalt des öffentlichen Rechts (vgl. auch Gesetz über das öffentliche Versorgungswesen, VersoG).

3.4.2 Beschäftigte des öffentlichen Dienstes

Die Hauptgruppe bilden die im öffentlichen Dienst beschäftigten Mitarbeiter. Die Unterscheidung zwischen Arbeiter und Angestellte gibt es seit Einführung des TVöD nicht mehr. Im Unterschied zu den Beamten beginnt die Beschäftigung dieser Mitarbeiter mit Abschluss eines Vertrages, für den neben den allgemeinen Regeln des Bürgerlichen Gesetzbuches besondere tarifliche Regelungen hinzutreten können.

Im 19. und 20. Jh. gelang es den organisierten Interessensvertretungen der Arbeitnehmer verbindliche, auch von den Arbeitgebern anzuerkennende Arbeitsbedingungen auszuhandeln. Diese Vereinbarungen nennt man Tarifverträge.

WICHTIG!

Ein Anspruch auf die tarifvertraglichen Leistungen besteht nur, wenn die folgenden Voraussetzungen erfüllt sind:

- Es muss ein wirksames Arbeitsverhältnis begründet sein.
- Das Arbeitsverhältnis muss vom Tarifvertrag auch umfasst sein.
- Beide Vertragsparteien, also Arbeitgeber und Arbeitnehmer müssen tarifgebunden sein bzw. der Tarifvertrag muss für allgemein verbindlich erklärt sein.

Übrigens: Weder TVöD noch die sonstigen für den öffentlichen Dienst einschlägigen Tarifverträge sind für allgemein verbindlich erklärt.

In der Praxis wird vielfach unabhängig von einer Tarifbindung auf den tarifvertraglichen Lohn abgehoben. Nach den geltenden Haushaltsregeln, z. B. Art. 43 Abs. 4 GO müssen Arbeitsbedingungen und Gehälter angemessen sein. Sie gelten als angemessen, wenn sie den tarifvertraglichen Regelungen für Angestellte und Arbeiter entsprechen.

Für die Kommunalbeschäftigten gilt der TVöD.

WICHTIG!

Ein wirksamer Arbeitsvertrag liegt nicht erst dann vor, wenn er schriftlich fixiert ist. Mündliche Vereinbarungen reichen. Gilt Tarifrecht, besteht ein Anspruch auf einen schriftlichen Arbeitsvertrag.

Ein wichtiges Personalsteuerungselement ist die Probezeit zu Beginn eines Beschäftigungsverhältnisses. Tarifvertraglich gelten die ersten sechs Monate eines unbefristeten Arbeitsverhältnisses automatisch als Probezeit. Eine längere Probezeit als sechs Monate darf nicht vereinbart werden. Bewährt sich der Arbeitnehmer während der Probezeit nicht oder entspricht die Arbeitsstelle nicht seinen eigenen Vorstellungen, ist die Vertragslösung relativ leicht möglich. Der Vertragspartner teilt dem jeweils anderen mit, dass er das Arbeitsverhältnis mit Ablauf der Probezeit beendet.

Die tarifgebundenen Arbeitnehmer unterliegen besonderen Pflichten, wie etwa Nebentätigkeiten genehmigen zu lassen, über dienstliche Kenntnisse Stillschweigen zu bewahren, sich in bestimmten Fällen untersuchen zu lassen.

Was bei Beamten die Disziplinarmaßnahmen sind, das sind bei den Beschäftigten des öffentlichen Dienstes die dem Direktionsrecht entspringenden aufsichtlichen Maßnahmen, von der Ermahnung über die Abmahnung bis hin zur Kündigung.

WICHTIG!

In welchen Vergütungsgruppen die Beschäftigten einzugliedern sind, folgt zwingend aus den auszuübenden Tätigkeitsmerkmalen, die von den Tarifvertragsparteien nach der von diesen vorgenommenen Werteinschätzung bestimmten Vergütungsgruppen zugeordnet sind. Es besteht also eine Tarifautomatik oder ein Anspruch, entsprechend der tariflich vorgesehenen Eingruppierung entlohnt zu werden.

Die Tarifgruppen sind mit arabischen Ziffern aufsteigend durchnummeriert. Sie steigen mit zunehmend höheren Anforderungsmerkmalen. Zwischen bestimmten tariflichen Beförderungen muss sich der Beschäftigte erst eine gewisse Zeit in einer niedrigeren Vergütungsgruppe bewährt haben. Das tatsächliche Gehalt setzt sich zusammen aus der Grundvergütung und Zuschlägen bzw. Zulagen.

Für die Beschäftigungsverhältnisse der Beschäftigten im öffentlichen Dienst besteht grundsätzlich Sozialversicherungspflicht. Über eine Zusatzversorgung erhalten die Beschäftigten eine besondere Absicherung für die Zeit nach dem Ausscheiden aus dem Erwerbsleben.

Besondere Probleme im Bereich der Personalsteuerung bringt die flexible Altersteilzeitregelung, vor allen Dingen für kleinere Kommunen. Hat man einmal begonnen Altersteilzeitregelungen zuzulassen, entsteht ein faktischer Kontrahierungszwang für die Zukunft. Die finanziellen Belastungen für die Kommunen sind hoch, andererseits muss auch die Chance erkannt und gewichtet werden, durch Altersteilzeitmodelle jungem Personal Chancen zu vermitteln und den ausscheidenden Mitarbeitern einen gleitenden Übergang zu ermöglichen. Diese „Sozialfaktoren“ wirken sich motivationsfördernd aus, sind aber (leider) betriebswirtschaftlich nicht bilanzierbar.

Seit Einführung des TVöD müssen die kommunalen, tarifgebundenen Arbeitgeber beginnend mit dem Jahr 2007 eine bestimmte Quote des Beschäftigungsentgelts zusätzlich in Form einer sog. Leistungsprämie an die Beschäftigten ausbezahlen. Im Rechnungsjahr 2007 handelt es sich dabei um ein Budget von 1 % des entsprechenden Gesamtentgeltes der Arbeitnehmer, das zusätzlich gebildet werden muss.

Hierzu ist mit der Personalvertretung ein Beurteilungs- und Bewertungssystem zu entwickeln, das die unterschiedliche Leistungsfähigkeit der Mitarbeiter möglichst objektiv und vergleichbar abbildet. Dass die notwendigen Bewertungen auch immer von subjektiven Einschätzungen getragen werden, liegt auf der Hand. Dennoch: Es sollte und muss immer das Bemühen nach einer möglichst objektiven vergleichbaren und gerechten Bewertung bestehen. Ein paritätisches Gremium steht als Beschwerdeinstanz zur Verfügung. Die Beurteilung ist dem jeweiligen Mitarbeiter zu eröffnen.

TIPP!

Es hat sich bewährt, das individuelle Beurteilungsverfahren und seine vergütungstechnischen Auswirkungen mit dem Personal in einer Versammlung zu besprechen. Sicher ist es auch bedenkenswert, im ersten Jahr eine Testbeurteilung durchzuführen, im Übrigen aber die erste Prämie, wie vom TVöD auch grundsätzlich ermöglicht, im Gießkannenprinzip an alle zu verteilen. Das eröffnet den Mitarbeitern ihren Status quo „folgenneutral" zu erfahren. Den zur Beurteilung zuständigen Vorgesetzten vermittelt es zusätzliche Sicherheit.

3.4.3 Geringfügig Beschäftigte

Eine geringfügig entlohnte Beschäftigung ist gegeben, sofern das Arbeitsentgelt aus dem Beschäftigungsverhältnis im Monat 603 € nicht übersteigt. Das bedeutet aber auch, wer z. B. als Urlaubsvertretung ausnahmsweise arbeitet und in diesem Monat deshalb 700 € verdient, ist auch in diesem Monat dennoch geringfügig entlohnt, weil eben auf den durchschnittlichen Monatsbezug abgehoben wird.

Eine kurzfristige Beschäftigung liegt vor, wenn sie im Kalenderjahr auf maximal 3 Monate oder 70 Arbeitstage befristet ist und nicht berufsmäßig ausgeübt wird. Sie ist sozialversicherungsfrei, unabhängig von der Lohnhöhe, erfordert aber, dass die Tätigkeit nicht den Hauptlebensunterhalt sichert.

Wichtige Merkmale:

Zeitgrenze: Maximal 3 Monate (bei einer 5-Tage-Woche) oder 70 Arbeitstage (bei weniger als 5 Tagen) pro Kalenderjahr.

Keine Berufsmäßigkeit: Die Tätigkeit darf nicht der Hauptberuf sein, sondern nur ein Nebenjob.

Verdienstgrenze: Es gibt keine spezielle Lohngrenze. Verdient man jedoch über 603 Euro monatlich (Stand 2026), ist die Berufsmäßigkeit zu prüfen.

Sozialversicherung: Sozialversicherungsfrei (Kranken-, Renten-, Arbeitslosenversicherung).

Lohnsteuer: Erfolgt in der Regel über die elektronischen Lohnsteuerabzugsmerkmale (ELStAM).

Besonderheiten:

Landwirtschaft: Ab 1. Januar 2026 gelten für kurzfristige Beschäftigungen in der Landwirtschaft höhere Grenzen von 15 Wochen oder 90 Arbeitstagen.

Vorerkrankungen: Liegen mehrere kurzfristige Jobs im Jahr vor, werden diese zusammengezählt, um die Grenze von 70 Tagen nicht zu überschreiten.

Berufsmäßigkeit: Eine Beschäftigung ist berufsmäßig, wenn sie für den Arbeitnehmer von erheblichem wirtschaftlichem Wert ist und den Lebensunterhalt sichert.

Es handelt sich um eine Form der geringfügigen Beschäftigung.

Mehr dazu auf der Seite der Minijob-Zentrale unter https://www.minijob-zentrale.de/

Konkretere Angaben zur geringfügigen Beschäftigungsverhältnissen oder kurzfristigen Beschäftigungsverhältnissen erfahren Sie aus dem Internet, insbesondere betreffend die Höhe der Steuerpauschalen bzw. Sozialabgaben.

Ein besonderes kommunalpolitisches Ärgernis ist die Tatsache, dass durch entsprechende Erlasse des Bundesarbeitsministeriums auch die Entschädigungen, die im ehrenamtlichen Bereich geleistet werden (Feuerwehr, Sportvereine etc.) grundsätzlich der Sozialversicherungspflicht unterworfen wurden, sofern die genannten Grenzen überschritten sind.

TIPP!

Ehe Ferienarbeiter, Saisonarbeitskräfte mit konkreten Nettolohnzusagen eingestellt werden, lohnt ein Gespräch mit dem zuständigen Personalreferenten. Leider wird ein nicht unerheblicher bürokratischer Prüfungsaufwand nicht zu vermeiden sein, um verlässliche Auskünfte zu erhalten.

Bemerkenswert ist, dass durch neuerliche Regelungen jetzt auch gilt, dass tarifliche Sonderzuwendungen, etwa Weihnachts- oder Urlaubsgelder, auch an nicht tarifgebundene geringfügig Beschäftigte zu bezahlen sind.

3.4.4 Die Beendigung des Arbeitsverhältnisses mit Beschäftigten des öffentlichen Dienstes

Wie bereits erwähnt, handelt es sich bei Beschäftigungsverhältnissen der vorbezeichneten Art um vertragliche Beschäftigungsverhältnisse. Was vertraglich zustande kommt, kann vertraglich auch beendet werden.

Man spricht insoweit von einem Aufhebungsvertrag. Einseitig beendet werden kann das Arbeitsverhältnis durch ordentliche (= fristgemäße) und außerordentliche (= fristlose) sowie durch ändernde (= vertragsmodifizierende) Kündigung. Das Arbeitsverhältnis endet auch mit Erreichen der Altersgrenze (Ruhestand), Berufs- oder Erwerbsunfähigkeit auf Dauer oder durch Tod des Beschäftigten.

4. Bauen in der Kommune

4.1 Allgemeine Fragen

4.1.1 Welche Gesetze sind wichtig?

Im Bereich des Baurechts gibt es zwei wichtige Gesetze. Bei dem einen handelt es sich um das **Baugesetzbuch** (BauGB) und bei dem anderen um die **Bayerische Bauordnung** (BayBO). Dass das Baurecht nicht in einem einzigen Gesetz zusammengefasst ist, liegt in der grundgesetzlichen Kompetenzordnung begründet. Das Grundgesetz weist dem Bundesgesetzgeber und den Landesgesetzgebern bestimmte Gesetzgebungsmaterien zu. Im Bereich des Bauens ist dabei Art. 74 Nr. 18 GG ausschlaggebend. Diese Vorschrift gibt dem Bund die Befugnis zur Regelung des **Rechts des Bodens.** Diese Ermächtigungsgrundlage ist Basis für das **Baugesetzbuch,** das folgerichtig insbesondere die planungsrechtlichen – also die grundsätzlichen – Fragen des Baurechts beinhaltet. Dazu gehören zum Beispiel alle Regelungen, die sich mit der Bauleitplanung beschäftigen, sowie die Vorschriften, die die planungsrechtliche Zulässigkeit von Einzelbauvorhaben regeln.

Die Länder haben demgegenüber insbesondere die Gesetzgebungsbefugnis im Bereich des Sicherheits- und Polizeirechts. Gerade das **Sicherheitsrecht** spielt selbstverständlich auch beim Bauen eine wichtige Rolle. Nicht ohne Grund spricht man auch heute noch von der „Baupolizei“. Bauliche Anlagen müssen so errichtet und genutzt werden, dass sie Rechtsgüter anderer nicht verletzen oder gefährden. Hier befindet sich der Hauptregelungsbereich der **Bayerischen Bauordnung.** Deshalb stehen in diesem Gesetz vor allem Anforderungen, bei denen es um die Sicherheit baulicher Anlagen geht, beispielsweise Anforderungen aus dem Bereich des Brandschutzes und aus dem Bereich der Standsicherheit, man findet aber auch die Vorgaben des Abstandsflächenrechts, bei denen vor allem Gesichtspunkte der Belichtung, Besonnung und Belüftung im Vordergrund stehen, was natürlich auch mit Gesundheitsschutz zu tun hat. In der Bauordnung sind aber auch Regelungen enthalten, bei denen man nicht sofort an Sicherheitsrecht denkt, so etwa die Vorschriften, die sich mit den notwendigen Stellplätzen für Kraftfahrzeuge beschäftigen, sowie das Verunstaltungsverbot. Die Bayerische Bauordnung enthält darüber hinaus die Regelungen, die für das **bauaufsichtliche Verfahren** wesentlich sind. In der Bauordnung ist daher insbesondere geregelt, welche Vorhaben überhaupt genehmigungspflichtig sind, welche Bauaufsichtsbehörden es gibt und welche Befugnisse diese Behörden haben.

Neben dem Baugesetzbuch und der Bayerischen Bauordnung gibt es natürlich noch eine Vielzahl weiterer Bestimmungen, die für das Baurecht

Bedeutung haben. Von den wichtigsten Gesetzen und Verordnungen wird im Folgenden noch die Rede sein.

TIPP!

Das einzelne Gemeinderatsmitglied ist gut beraten, wenn es sich die einschlägigen Gesetzestexte besorgt und auch die wichtigsten Passagen nachliest. Natürlich wird man nicht jede Regelung auf Anhieb verstehen; aber man bekommt ein Gefühl für die Formulierungen des Gesetzes und lernt, mit den Gesetzen zu arbeiten, ohne dass es einer „Übersetzung“ durch Dritte bedarf. Im Internet sind die entsprechenden Gesetzestexte problemlos und auf jederzeit aktuellem Stand abrufbar.

Wichtig ist in diesem Zusammenhang ein gewisses Problembewusstsein zu entwickeln. Das Gemeinderatsmitglied muss nicht selbst alle baurechtlichen Fragen beantworten können, es muss aber erkennen, wann es die entsprechenden Fragen zu stellen hat.

4.1.2 Wie kommt die Gemeinde mit dem Baurecht in Berührung?

Die Gemeinde kommt mit dem Baurecht prinzipiell in zweierlei Hinsicht in Berührung. Zum einen gehört zur gemeindlichen Selbstverwaltung ganz zentral auch die Planungshoheit. Das bedeutet, dass die Gemeinde in ihrem Gebiet die bauliche Entwicklung grundsätzlich autonom bestimmen darf. Diese planerische Aufgabe bewältigt die Gemeinde insbesondere mit den Instrumenten des ***Flächennutzungsplans*** und des ***Bebauungsplans.*** Zum anderen ist die Gemeinde vor allem über die Möglichkeiten der §§ 36 BauGB und 36a BauGB und das darin enthaltene ***Einvernehmenserfordernis*** bzw. das neu geschaffene Zustimmungserfordernis nach dem „Bauturbo“ auch bei der Beurteilung von Einzelbauvorhaben eingebunden. Zudem spielt die Gemeinde auch im Rahmen des ***Freistellungsverfahrens*** nach Art. 58 BayBO eine wichtige Rolle.

Möglich ist schließlich, dass die Gemeinde selbst Baugenehmigungsbehörde ist; dies ist bei kreisfreien Städten, den Großen Kreisstädten und schließlich bei Gemeinden der Fall, denen gem. Art. 53 Abs. 2 BayBO die Aufgaben der Bauaufsichtsbehörde übertragen worden sind.

4.1.3 Wer ist in der Gemeinde zuständig?

Mit der Beantwortung der Frage, in welcher Weise die Gemeinde mit dem Baurecht in Berührung kommt, ist noch nichts darüber ausgesagt, welches Organ innerhalb der Gemeinde für die entsprechenden Aufgaben zuständig ist. Dabei ist wieder zwischen der Bauleitplanung und der Behandlung von Einzelbauvorhaben zu unterscheiden.

Im Rahmen der ***Bauleitplanung*** wird ausschließlich der Gemeinderat oder unter bestimmten Voraussetzungen auch ein Gemeinderatsausschuss – etwa der Bauausschuss – tätig. Der Erste Bürgermeister bzw. die Verwaltung sind unter keinen Umständen dazu berechtigt, Beschlüsse im Zusammenhang mit **Bauleitplänen** zu fassen. Mit anderen Worten, es ist nur der Gemeinderat, der das Verfahren bei der Aufstellung des Flächennutzungsplans oder der Bebauungspläne unter Kontrolle hat. Die Kompetenz des Gemeinderats erfasst alle Beschlüsse vom Aufstellungsbeschluss nach § 2 Abs. 1 Satz 2 BauGB bis zum Satzungsbeschluss für einen Bebauungsplan bzw. zum Feststellungsbeschluss beim Flächennutzungsplan. Der Bürgermeister kann hier auch in – von vornherein praktisch kaum vorstellbaren – Eilfällen nicht tätig werden. Eine Ausnahme hat der BayVGH lediglich beim Erlass einer Veränderungssperre nach § 14 BauGB angenommen, die der Bürgermeister in Eilfällen gemäß Art. 37 Abs. 3 GO erlassen darf.

Anders ist es bei der Behandlung von Einzelbauvorhaben, also insbesondere bei der Entscheidung über das gemeindliche ***Einvernehmen*** nach § 36 BauGB oder beim Freistellungsverfahren über die Durchführung eines Baugenehmigungsverfahrens im Sinne des Art. 58 Abs. 2 Nr. 5 BayBO. Hier gilt als Abgrenzung – wie letztlich bei allen Zuständigkeitsfragen innerhalb der Gemeinde – Art. 37 Abs. 1 Satz 1 Nr. 1 GO. Danach erledigt der Erste Bürgermeister in eigener Zuständigkeit die laufenden Angelegenheiten, die für die Gemeinde keine grundsätzliche Bedeutung haben und keine erheblichen Verpflichtungen erwarten lassen. Der Zuständigkeitsbereich des Ersten Bürgermeisters ist daher für jede Gemeinde und für jedes Bauvorhaben einzeln zu ermitteln. Je größer und leistungsfähiger eine Gemeinde ist, desto weiter ist der Zuständigkeitsbereich des Bürgermeisters, je schwieriger die baurechtliche Frage zu beantworten ist, desto eher wird der Gemeinderat zuständig sein. Selbst in kleineren Gemeinden wird aber beispielsweise im Rahmen des Freistellungsverfahrens die Erklärung, ob ein Genehmigungsverfahren durchgeführt werden soll, prinzipiell in die Kompetenz des Ersten Bürgermeisters fallen. Umgekehrt werden auch in größeren Gemeinden – soweit es sich nicht um kreisfreie Städte handelt – Außenbereichsfälle noch im Gemeinderat behandelt werden müssen. Inwieweit das neu geschaffene Zustimmungserfordernis des § 36a BauGB als Angelegenheit der laufenden Verwaltung anzusehen sein wird, bleibt abzuwarten. Zumindest in kleinen Gemeinden wird das Zustimmungserfordernis aufgrund seiner Planersatzfunktion regelmäßig beim Gemeinderat anzusiedeln sein.

TIPP!

Grundsätzlich empfiehlt sich dringend, in der Geschäftsordnung exakt zu umschreiben, für welche Fälle der Erste Bürgermeister und für welche Fälle der Gemeinderat zuständig ist.

Dabei ist jedoch zu beachten, dass Regelungen der Geschäftsordnung zwar Aufgaben vom Gemeinderat auf den Ersten Bürgermeister übertragen können, nicht jedoch umgekehrt; mit anderen Worten: In den originären Zuständigkeitsbereich des Ersten Bürgermeisters kann auch die Geschäftsordnung nicht eingreifen.

Bei der Frage, wie viel an Zuständigkeit auf den Ersten Bürgermeister übertragen werden soll, sollte man im Übrigen auch bedenken, dass es sich bei der Entscheidung über Einzelbauvorhaben in aller Regel um gebundene Entscheidungen handelt, dass also ein politischer Ermessens- oder gar Abwägungsspielraum nicht existiert. Ob sich also der Gemeinderat bei diesen gebundenen Einvernehmensentscheidungen „ins Zeug legen" sollte, obwohl es im Prinzip nur **eine** richtige Entscheidung gibt, oder ob er seine naturgemäß beschränkte Zeitressource auf die Bauleitplanung konzentrieren sollte, sollte gut überlegt werden. Schließlich ist zu bedenken, dass das Landratsamt zum einen die Genehmigung verweigern wird, wenn die Gemeinde das Einvernehmen rechtswidrig erteilt hat, und ein rechtswidrig verweigertes Einvernehmen unweigerlich ersetzen wird. Das bedeutet, dass die Gemeinde bei entsprechenden Meinungsverschiedenheiten in jedem Fall den „Kürzeren zieht". Ob in einer solchen Situation das Kollegialorgan das richtige Gremium ist, um Entscheidungen zu treffen, die von der „nächsten Instanz" gegebenenfalls wieder aufgehoben werden, muss jeder Gemeinderat für sich beurteilen. So zumindest das Grundsystem des Baugesetzbuchs. Anders beurteilt sich diese Frage seit dem Jahr 2026 für das Zustimmungserfordernis nach § 36a BauGB. Hier besteht für die zuständigen Gremien ein eigener „städtebaulicher" Entscheidungsspielraum, den es auf der Grundlage von Konzepten und Grundsatzbeschlüssen zu füllen gilt.

4.2 Bauleitplanung

4.2.1 Welche Arten von Bauleitplanung gibt es?

Die Bauleitplanung gehört – auch wenn dies immer wieder bestritten wird – zu den Kernbereichen der kommunalen Selbstverwaltung. Die Aufgabe, die bauliche und sonstige Nutzung in der Gemeinde zu lenken und zu leiten, wird durch die beiden Hauptplanungsinstrumente des Baugesetzbuchs bewältigt, nämlich durch den ***Flächennutzungsplan*** als dem vorbereitenden Bauleitplan und den ***Bebauungsplan*** als dem verbindlichen Bauleitplan.

Flächennutzungsplan	Bebauungsplan
• gilt für das ganze Gemeindegebiet • enthält grobe Darstellungen • wirkt lediglich gemeindeintern • ist prinzipiell nicht anfechtbar	• gilt für ein Baugebiet • enthält abschließende Festsetzungen • setzt einklagbares Baurecht • ist als Satzung mit Normenkontrolle anfechtbar

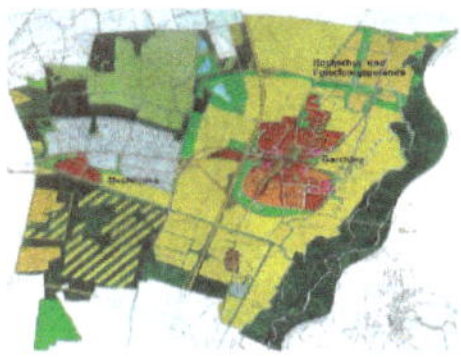

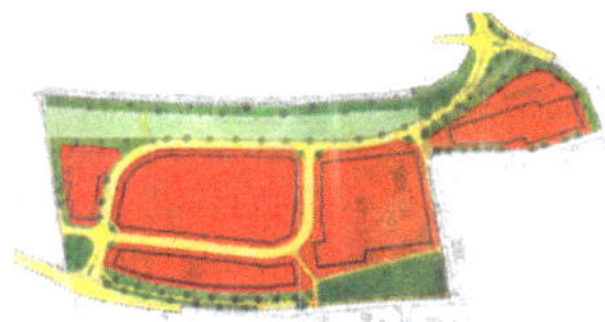

Bauleitplanung

Im ***Flächennutzungsplan*** werden dabei für das ganze Gemeindegebiet die sich aus der beabsichtigten städtebaulichen Entwicklung ergebende Art der Bodennutzung nach den voraussehbaren Bedürfnissen der Gemeinde in den Grundzügen dargestellt. Im Idealfall stellt er die Planungskonzeption für die Gemeinde in den nächsten 12 bis 15 Jahren dar. Es existiert in der Gemeinde – grundsätzlich – immer nur **ein** Flächennutzungsplan, der sich regelmäßig über die gesamte Gemeinde erstreckt. Welche Inhalte der Flächennutzungsplan haben kann, regelt § 5 Abs. 2 BauGB in einer Art Checkliste. Natürlich wird der Flächennutzungsplan nicht alle Bereiche, die dort genannt sind, in jedem Fall abdecken; im Wesentlichen werden aber die Bauflächen, die Infrastruktureinrichtungen, verkehrliche Verbindungen, Grünzüge, ökologische Ausgleichsflächen und -maßnahmen oder Flächen für die Landwirtschaft oder Wald dargestellt sein.

WICHTIG!

Die Darstellungen des Flächennutzungsplans wirken nicht nach außen, sondern sind zunächst lediglich gemeindeintern. Insbesondere wird durch den Flächennutzungsplan kein Baurecht geschaffen. Demgemäß kann er – anders als ein Bebauungsplan – von Dritten auch nicht angefochten werden.

Gleichwohl entfaltet der Flächennutzungsplan bereits verschiedene Bindungswirkungen: Andere Planungsträger – etwa im Bereich des Straßenbaus –, die an seiner Aufstellung beteiligt waren und dem Plan nicht widersprochen haben, haben ihre Planungen gemäß § 7 Satz 1 BauGB an den Flächennutzungsplan anzupassen. Aber auch die Gemeinde selbst wird gebunden, sie muss ihre Bebauungspläne gemäß § 8 Abs. 2 Satz 1 BauGB prinzipiell aus dem Flächennutzungsplan entwickeln.

Eine weitere inhaltliche Wirkung des Flächennutzungsplans enthält § 35 Abs. 3 Satz 3 BauGB. Danach kann der Flächennutzungsplan Konzentrationszonen für bestimmte Vorhaben, insbesondere für Windenergieanlagen oder den Bodenschatzabbau darstellen und damit gleichzeitig den übrigen Außenbereich von solchen Nutzungen frei halten.

Anders der ***Bebauungsplan***. Er enthält die rechtsverbindlichen Festsetzungen für die städtebauliche Ordnung. Der Bebauungsplan wird als Satzung beschlossen, hat Außenwirkung, ist durch Normenkontrolle nach §47 VwGO anfechtbar und umschreibt detailliert und in aller Regel abschließend das konkrete Baurecht der betroffenen Grundstückseigentümer. Er ist aber auch Grundlage für etwaige Vorkaufsrechte oder Enteignungsmaßnahmen zugunsten der Gemeinde, insbesondere wenn es um festgesetzte Gemeinbedarfsflächen – z. B. Straßen – geht.

An dieser Stelle lohnt ein Blick auf die unterschiedlichen Arten von Bebauungsplänen, auch wenn die meisten Unterschiede erst dann zutage treten, wenn es um die Behandlung von Einzelbauvorhaben geht, die auf ihrer Grundlage beurteilt werden sollen.

- Der in der Praxis wichtigste Bebauungsplan ist der **qualifizierte Bebauungsplan** nach §30 Abs. 1 BauGB. Wenn eine Fläche mit einem solchen Bebauungsplan überplant ist, ist ein Bauvorhaben planungsrechtlich ausschließlich nach seinen Festsetzungen zu beurteilen. Das Gesetz formuliert, dass ein Vorhaben im Geltungsbereich eines Bebauungsplans nach §30 Abs. 1 BauGB dann zulässig ist, wenn es den entsprechenden Festsetzungen nicht widerspricht und die Erschließung gesichert ist.

WICHTIG!

Qualifiziert ist ein Bebauungsplan dann, wenn er bestimmte Mindestfestsetzungen enthält, nämlich über die Art der baulichen Nutzung, über das Maß der baulichen Nutzung, über die überbaubaren Grundstücksflächen und über die örtlichen Verkehrsflächen. Nur auf der Grundlage eines qualifizierten Bebauungsplans ist auch das Freistellungsverfahren nach Art. 58 BayBO denkbar.

- Vom qualifizierten Bebauungsplan grenzt man den **einfachen Bebauungsplan** nach §30 Abs. 3 BauGB ab. Ihm fehlt mindestens eine Festsetzung nach §30 Abs. 1 BauGB. Das Baurecht beurteilt sich folgerichtig nicht nur nach dem Bebauungsplan selbst; die insoweit fehlenden Beurteilungsmaßstäbe müssen vielmehr den Tatbeständen des § 34 BauGB (Innenbereich) oder des § 35 BauGB (Außenbereich) entnommen werden. Regelt z. B. ein Bebauungsplan zwar die Art der baulichen Nutzung und die überbaubaren Grundstücksflächen, nicht aber das

Maß der baulichen Nutzung, so muss das Vorhaben insoweit an § 34 BauGB oder § 35 BauGB gemessen werden. Daran kann man erkennen, dass ein einfacher Bebauungsplan im bisherigen Außenbereich wenig Sinn ergibt, weil dort die Restbeurteilungskriterien fehlen. Im Innenbereich müsste man das zulässige Maß an der umgebenden Bebauung ablesen. In der Praxis kommt der einfache Bebauungsplan dort vor, wo bereits grundsätzliches Baurecht vorliegt, das die Gemeinde prinzipiell gar nicht verändern will, sondern wo mit Hilfe einer konkreten Festsetzung nur an einer ganz bestimmten Stellschraube gedreht werden soll.

Beispiel:

Nur einen einfachen Bebauungsplan benötigt man, wenn die Gemeinde – etwa in einem Dorfbereich – am grundsätzlichen Baurecht nichts ändern, sondern nur die Wohnungszahl begrenzen will, etwa um zu verhindern, dass in dem Dorf Appartmenthäuser o. Ä. entstehen können.

- Eine neue Kategorie von Bebauungsplänen hat das BauROG 1998 (Bau- und Raumordnungsgesetz 1998) mit den **vorhabenbezogenen Bebauungsplänen** im Sinne der §§ 30 Abs. 2, 12 BauGB eingeführt. Vorhabenbezogene Bebauungspläne werden im Zusammenhang mit Vorhaben- und Erschließungsplänen erlassen und sind vom Verfahren her und auch inhaltlich qualifizierten Bebauungsplänen vergleichbar. Auch aus ihnen ergibt sich das gesetzte Baurecht abschließend. Allerdings ist die Gemeinde nicht an den Festsetzungskatalog des § 9 BauGB bzw. an die BauNVO gebunden; der vorhabenbezogene Bebauungsplan muss auch nicht notwendig alle Festsetzungen des qualifizierten Bebauungsplans enthalten, um abschließend Baurecht zu setzen. Grundlage des vorhabenbezogenen Bebauungsplans ist der vom Investor zu fertigende Vorhaben- und Erschließungsplan. Hinzu kommt zwingend ein Durchführungsvertrag zwischen Gemeinde und Investor, in dem sich dieser zur Durchführung des Vorhabens und der Erschließung innerhalb einer bestimmten Frist verpflichtet. Wird das Vorhaben nicht realisiert, soll die Gemeinde das Baurecht ohne Entschädigung wieder wegnehmen. In der Praxis eignet sich der Vorhaben- und Erschließungsplan vor allem bei größeren Einzelvorhaben, etwa bei Einzelhandelsgroßprojekten oder Fremdenverkehrsprojekten.

Von den „echten" Bebauungsplänen unterschieden werden müssen Regelungen der Gemeinde, die ebenfalls Baurecht geben oder es zumindest beeinflussen. Dabei sind in der Praxis wichtig insbesondere die **örtlichen Bauvorschriften** nach Art. 81 BayBO und die Satzungen nach § 34 Abs. 4 bis 6 BauGB und § 35 Abs. 6 BauGB.

- Grundlage für den Erlass von örtlichen Bauvorschriften bildet Art. 81 BayBO. Wichtige Ermächtigungen sind insoweit Art. 81 Abs. 1 Nr. 1 BayBO, wonach die Gemeinde Vorschriften erlassen kann über besondere Anforderungen an die äußere Gestaltung von baulichen Anlagen zur Erhaltung und Gestaltung von Ortsbildern, Art. 81 Abs. 1 Nr. 2 BayBO, wonach die Gemeinde das Verbot der Errichtung von Werbeanlagen regeln darf, sowie Art. 81 Abs. 1 Nr. 4 BayBO, wonach die Gemeinde die Pflicht einführen kann, bei der Errichtung baulicher Vorhaben eine erforderliche Zahl von Stellplätzen für Kraftfahrzeuge herzustellen.

Beispiel:

Im Rahmen der Gestaltungsvorschriften kann die Gemeinde z. B. Vorschriften erlassen über die Dachneigung, die Zulässigkeit von Dachaufbauten, die Art der Dacheindeckung oder die Fassadengestaltung.

- Gemäß Art. 81 Abs. 3 BayBO bzw. § 9 Abs. 4 BauGB ist es möglich, dass diese örtlichen Bauvorschriften auch innerhalb eines Bebauungsplans erlassen werden. Äußerlich ist also im Bebauungsplan nicht erkennbar, ob eine Anforderung eine bauplanungsrechtliche Festsetzung nach § 9 Abs. 1 BauGB darstellt oder ob es sich um eine bauordnungsrechtliche Festlegung nach Art. 81 BayBO handelt. Selbstverständlich kann eine Gemeinde auch eine eigenständige Ortssatzung im Sinne des Art. 81 BayBO erlassen; ob sie eine solche isolierte Satzung wählt oder ob sie die Vorschriften als Teil eines Bebauungsplans erlässt, steht in ihrem Ermessen.
- § 34 Abs. 4 bis 6 BauGB ist die Rechtsgrundlage für die sogenannten ***Innenbereichssatzungen***. Dabei unterscheidet man drei Typen:
  - Die ***Abgrenzungssatzung*** nach § 34 Abs. 4 Satz 1 Nr. 1 BauGB, in der – allerdings nur deklaratorisch, also ohne neues Baurecht schaffen zu können – die Grenzen für im Zusammenhang bebaute Ortsteile festgelegt werden können;
  - die ***Festlegungssatzung*** nach § 34 Abs. 4 Satz 1 Nr. 2 BauGB, in der bebaute Bereiche im Außenbereich – sog. Splittersiedlungen – als im Zusammenhang bebaute Ortsteile festgelegt werden können, wenn die Flächen im Flächennutzungsplan als Baufläche dargestellt sind;
  - die ***Einbeziehungssatzung*** nach § 34 Abs. 4 Satz 1 Nr. 3 BauGB, wonach einzelne Außenbereichsflächen in die im Zusammenhang bebauten Ortsteile einbezogen werden können, wenn die einbezogenen Flächen durch die baulichen Nutzungen des angrenzenden Bereichs entsprechend geprägt sind. Größere praktische Bedeutung

hat vor allem die Einbeziehungssatzung, da sie dazu geeignet ist, zumindest prinzipiell im Außenbereich Baurecht zu schaffen.

- Allerdings ist darauf hinzuweisen, dass der Anwendungsbereich dieser Satzung rechtlich genau genommen äußerst schmal ist, da nur solche Außenbereichsflächen einbezogen werden dürfen, die eine Prägung durch die sie umgebende Bebauung erfahren. Dazu genügt ein bloßes Angrenzen der erfassten Flächen nicht, sondern es ist ein darüber hinausgehender besonderer Bezug zwischen der Außenbereichsfläche und der vorhandenen Bebauung erforderlich.

WICHTIG!

Mehr als eine Erleichterung für die Behandlung von Grenzfällen bietet die Regelung damit also nicht. In der Praxis überschreiten entsprechende Satzungen allerdings nicht selten den gesetzlichen Rahmen.

- Schließlich ist noch auf §35 Abs. 6 BauGB – die sog. ***Lückenfüllungssatzungen*** – hinzuweisen, wonach die Gemeinde für bebaute Bereiche im Außenbereich, die nicht überwiegend landwirtschaftlich geprägt sind und in denen eine Wohnbebauung von einigem Gewicht vorhanden ist, durch Satzungen bestimmen kann, dass Wohnzwecken dienenden Vorhaben nicht entgegengehalten werden kann, dass sie einer Darstellung im Flächennutzungsplan über Flächen für die Landwirtschaft oder Wald widersprechen oder die Entstehung oder Verfestigung einer Splittersiedlung befürchten lassen. Das hinreichende Gewicht lässt sich zahlenmäßig schwer beziffern, wird aber in der Praxis ab einem Bestand von vier Wohnhäusern angenommen.

4.2.2 Wie läuft das Verfahren zur Aufstellung von Bauleitplänen?

Das einzelne Gemeinderatsmitglied kann grundsätzlich darauf vertrauen, dass die Bauverwaltung die Regelungen über das Planaufstellungsverfahren beherrscht. Gleichwohl sollte man zumindest Grundkenntnisse über die einzelnen Verfahrensschritte besitzen und sich insbesondere darüber im Klaren sein, wann, mit welcher Funktion und mit welchen Auswirkungen der Gemeinderat innerhalb dieses Verfahrens Beschlüsse zu fassen hat.

Aufstellungsbeschluss

Das Planaufstellungsverfahren beginnt prinzipiell mit dem ***Aufstellungsbeschluss.*** §2 Abs. 1 Satz 2 BauGB spricht insoweit lediglich davon, dass dieser Beschluss öffentlich bekannt zu machen ist. Daraus folgt, dass der Aufstellungsbeschluss kein essenzieller Bestandteil des Verfahrens ist; mit anderen Worten bleibt ein Planaufstellungsverfahren rechtsfehlerfrei, wenn ein Aufstellungsbeschluss nicht gefasst wird. Allerdings hat sich in der

Praxis die Fassung eines solchen Beschlusses eingebürgert. Rechtlich ist er nur in zweierlei Hinsicht bedeutsam bzw. erforderlich: Eine ***Veränderungssperre*** nach § 14 BauGB und eine Zurückstellung des Baugesuchs nach § 15 BauGB sind zum einen nur dann möglich, wenn ein Aufstellungsbeschluss existiert, zum anderen setzt die Zulassung von Vorhaben schon während der Planaufstellung nach § 33 BauGB einen Aufstellungsbeschluss voraus. Konkrete Aussagen über den Planinhalt muss der Aufstellungsbeschluss nicht enthalten, es muss jedoch erkennbar sein, auf welches Gebiet sich der Beschluss erstrecken soll. Selbstverständlich ist jedoch eine stärkere Konkretisierung der Planungsabsichten der Gemeinde dann erforderlich, wenn die Planung durch eine Veränderungssperre oder durch Zurückstellung gesichert werden soll.

Gerade der Erlass einer ***Veränderungssperre*** nach § 14 BauGB ist in der Praxis ein ganz geläufiges Mittel, um eine gemeindliche Planungsabsicht dort zu sichern, wo bereits – anderes – Baurecht besteht. Würde es ein solches Instrument nicht geben, könnte ein Grundstückseigentümer die neue Planung dadurch konterkarieren, dass er sich während des Planaufstellungsverfahrens – also während der „neue" Bebauungsplan noch nicht wirksam ist – Baugenehmigungen erteilen ließe, die dem noch geltenden Baurecht entsprechen. Dies verhindert die Veränderungssperre. Dabei handelt es sich um eine gemeindliche Satzung, die bewirkt, dass Bauvorhaben nicht durchgeführt und vorhandene bauliche Anlagen nicht beseitigt sowie erhebliche sowie wesentlich wertsteigernde Maßnahmen von Grundstücken oder baulichen Anlagen nicht vorgenommen werden dürfen, es sei denn, die Gemeinde stimmt einer Ausnahme von dieser Veränderungssperre zu.

Es kommt oft vor, dass die Gemeinde erst durch einen konkreten Bauantrag, der auf der Grundlage des geltenden Baurechts zulässig wäre, auf die Notwendigkeit einer Bebauungsplanaufstellung oder -änderung aufmerksam wird. Es ist dann grundsätzlich nicht zu beanstanden, wenn sie dieses Vorhaben zum Anlass für einen Aufstellungsbeschluss und eine Veränderungssperre nimmt, solange sie nicht lediglich dieses Vorhaben verhindern will (bloße Negativplanung), sondern eine eigene positive Planungsvorstellung für das betreffende Gebiet besitzt. Zulässig ist dabei im Übrigen auch, dass die Aufstellung des Bebauungsplans und die Satzung über die Veränderungssperre in der gleichen Sitzung beschlossen werden.

Beispiel:

Ein Bauträger möchte in einem Dorf ein 20-Familien-Haus bauen. Nach § 34 BauGB wäre das Vorhaben prinzipiell zulässig. Die Gemeinde kann das Vorhaben nur dadurch verhindern, dass sie einen Aufstellungsbeschluss für einen Bebauungsplan fasst (Ziel: Wohnungszahlbegrenzung) und gleichzeitig eine Veränderungssperre beschließt.

Die Veränderungssperre gilt gemäß § 17 Abs. 1 BauGB grundsätzlich zwei Jahre, sie kann um ein weiteres Jahr und, wenn besondere Umstände dies erfordern, um ein viertes Jahr verlängert werden. Erst wenn der Eigentümer länger als vier Jahre daran gehindert wird, sein ursprüngliches Baurecht auszunutzen, tritt nach § 18 BauGB eine Entschädigungspflicht der Gemeinde ein.

Geht es im Übrigen nur um ein Bauvorhaben, kann es ausreichen, wenn die Gemeinde bei der Baugenehmigungsbehörde die Zurückstellung des Baugesuchs nach § 15 BauGB beantragt. Allerdings müssen für diese Zurückstellung die Voraussetzungen für den Erlass einer Veränderungssperre vorliegen, insbesondere also Aufstellungsbeschluss und hinreichend konkrete Planungsvorstellungen der Gemeinde.

Frühzeitige Öffentlichkeitsbeteiligung

In aller Regel liegt – wenn der Aufstellungsbeschluss gefasst wird – bereits ein Planentwurf vor. Im nächsten Verfahrensschritt wird dieser Entwurf im Rahmen der **frühzeitigen Öffentlichkeitsbeteiligung** vorgestellt. § 3 Abs. 1 BauGB spricht davon, dass die Öffentlichkeit möglichst frühzeitig über die allgemeinen Ziele und Zwecke der Planung, sich wesentlich unterscheidende Lösungen, die für die Neugestaltung oder Entwicklung eines Gebiets in Betracht kommen, und die voraussichtlichen Auswirkungen der Planung öffentlich zu unterrichten ist; ihr ist dabei Gelegenheit zur Äußerung und Erörterung zu geben. In welcher Form die Gemeinde diese Öffentlichkeitsbeteiligung vornimmt, regelt das Gesetz nicht. Notwendig ist lediglich, dass die interessierten Bürger bzw. sonstige Betroffene die erforderlichen Informationen über die Planungsziele erhalten und Gelegenheit bekommen, darauf zu reagieren. Insbesondere muss die Gemeinde die Formalitäten des § 3 Abs. 2 BauGB nicht beachten; es genügt beispielsweise, dass eine Bürgerversammlung durchgeführt wird oder auch, dass die Öffentlichkeit lediglich Gelegenheit zur Vorsprache bei der Gemeinde erhält.

Gem. § 3 Abs. 1 Satz 2 BauGB kann von der frühzeitigen Öffentlichkeitsbeteiligung im Übrigen dann abgesehen werden, wenn sich bei Aufstellung eines Bebauungsplans die Planungsabsicht der Gemeinde auf das Plangebiet und die Nachbargebiete nicht oder nur unwesentlich auswirkt oder wenn die Unterrichtung und Erörterung der Öffentlichkeit bereits zuvor auf anderer Grundlage erfolgt sind. Auf die frühzeitige Öffentlichkeitsbeteiligung kann auch dann verzichtet werden, wenn die Voraussetzungen des § 13 BauGB vorliegen und ein vereinfachtes Verfahren durchgeführt wird. Der Gesetzgeber hat schließlich mit dem sog. beschleunigten Verfahren des § 13a BauGB (Bebauungsplan der Innenentwicklung) eine weitere

Möglichkeit geschaffen, bei der die Gemeinde die Verfahrenserleichterungen des § 13 BauGB in Anspruch nehmen kann.

Behördenbeteiligung

Normalerweise gleichzeitig mit der frühzeitigen Öffentlichkeitsbeteiligung werden die Behörden und die sonstigen ***Träger öffentlicher Belange*** nach § 4 Abs. 1 BauGB beteiligt. Das Gesetz legt zwar keinen Zeitpunkt für diese Beteiligung zwingend fest, allerdings empfiehlt § 4a Abs. 2 BauGB, dass die frühzeitige Öffentlichkeitsbeteiligung und die frühzeitige Behördenbeteiligung gleichzeitig stattfinden. Als Träger öffentlicher Belange bezeichnet man Behörden oder sonstige Einrichtungen, denen durch Gesetz oder aufgrund eines Gesetzes eine öffentliche Aufgabe zugewiesen ist, die auch die Wahrnehmung solcher Interessen umfasst, die von städtebaulichem Belang für die Bauleitplanung sind. Wichtige Behörden bzw. Träger öffentlicher Belange sind beispielsweise die untere Bauaufsichtsbehörde, die untere Naturschutzbehörde, die untere Denkmalschutzbehörde – die regelmäßig auf der Ebene des Landratsamtes zusammengefasst sind –, das Wasserwirtschaftsamt und das Straßenbauamt. Die anerkannten Naturschutzverbände gehören hingegen nicht zu den Trägern öffentlicher Belange und können ihre Anregungen und Bedenken im Rahmen der Öffentlichkeitsbeteiligung vorbringen. Wichtig ist, dass nur die Behörden bzw. Träger öffentlicher Belange beteiligt werden müssen, deren Aufgabenbereich durch die Planung berührt wird. Insbesondere bei Planänderungen kommt es daher vor, dass nur wenige Träger öffentlicher Belange eingeschaltet werden müssen.

WICHTIG!

Die Äußerungen der Behörden und der sonstigen Träger öffentlicher Belange sind in aller Regel lediglich Abwägungsmaterial. Nur ausnahmsweise sind deren Vorstellungen für die Gemeinde strikt zu beachten, nämlich dann, wenn zwingende gesetzliche Vorgaben bestehen; so kann natürlich in einem durch Rechtsverordnung festgesetzten Naturschutzgebiet, in dem bauliche Anlagen ausdrücklich ausgeschlossen sind, keine Bebauungsplanung etwa für ein Wohngebiet Bestand haben. Im Übrigen – und das sind die weitaus meisten Fälle – hat die Gemeinde aber die Stellungnahme der Behörden und der Träger öffentlicher Belange zwar bei der Abwägung zu berücksichtigen, muss den fachlichen Vorstellungen jedoch nicht unbedingt nachkommen, wenn anderweitige Gründe für die von der Gemeinde gewünschte Planungsabsicht sprechen. Dies hat der Gesetzgeber im Übrigen in § 4a Abs. 1 BauGB noch einmal deutlich ausgedrückt.

Häufig klagen die Gemeinden über die umfangreichen und sie einengenden Stellungnahmen der Behörden und der Träger öffentlicher Belange. Genau genommen sind diese Klagen jedenfalls teilweise nicht berechtigt.

Zwar ist oft in den Stellungnahmen nicht erkennbar, welche Aussagen für die Gemeinden bindend sind und welche lediglich in die Abwägung eingehen. Je mehr Informationen von den Trägern öffentlicher Belange an die Gemeinde gelangen, je umfangreicher also die Basis der Abwägungsentscheidung ist, desto wahrscheinlicher ist es aber, dass die von der Gemeinde gefundenen Ergebnisse rechtlich nicht zu beanstanden sind. Kurz gesagt: Je mehr Informationen die Gemeinde besitzt und abwägt, desto rechtssicherer wird ihre Planung.

Das EAG-Bau (Gesetz zur Anpassung des BauGB an EU-Richtlinien, Europarechtsanpassungsgesetz Bau) hat in Umsetzung der sog. Plan-UP-Richtlinie eine zweistufige Behördenbeteiligung – ähnlich wie schon bisher bei der Öffentlichkeitsbeteiligung – festgelegt. Das heißt, dass auch die Behörden bzw. die sonstigen Träger öffentlicher Belange zum Bauleitplanentwurf zweimal zu hören sind. Während der „erste Durchgang" insbesondere dazu dient, den Untersuchungsrahmen der von der Gemeinde durchzuführenden Umweltprüfung abzustecken, geht es bei der zweiten Beteiligung um die klassische Anhörung der Behörden. Grundsätzlich haben die Behörden dabei nach § 4 Abs. 2 Satz 2 BauGB ihre Stellungnahmen innerhalb eines Monats abzugeben. Belange, die nicht innerhalb dieser Frist vorgetragen wurden, werden gemäß § 4 Abs. 6 BauGB in der Abwägung nicht berücksichtigt, es sei denn – wie das Gesetz es etwas kompliziert formuliert –, die verspätet vorgebrachten Belange sind der Gemeinde bekannt oder hätten ihr bekannt sein müssen oder sind für die Rechtmäßigkeit des Bauleitplans von Bedeutung. Gerade die letzte Einschränkung zeigt, dass die Gemeinde gut beraten ist, wenn sie verspätet vorgebrachte Stellungnahmen trotzdem noch verarbeitet.

Umweltprüfung

Eine Umweltprüfung wird grundsätzlich **bei allen Bauleitplänen,** also Flächennutzungsplänen und Bebauungsplänen, und zwar bei ihrer Aufstellung, ihrer Änderung, ihrer Erweiterung oder auch ihrer Aufhebung durchgeführt. Lediglich in § 13 BauGB sowie in § 13a BauGB für das beschleunigte Verfahren sind Ausnahmen von der UP-Pflicht vorgesehen. Nicht UP-pflichtig sind allerdings andere städtebauliche Satzungen, insbesondere die Innenbereichssatzungen des § 34 Abs. 4 BauGB und die Lückenfüllungssatzung des § 35 Abs. 6 BauGB.

Wesentliche Rechtsfolge der Umweltprüfung ist die Verpflichtung, während der Planerarbeitung einen **Umweltbericht** zu erstellen, in dem die erheblichen Umweltauswirkungen der Planung beschrieben und bewertet werden. Das Ergebnis der Umweltprüfung ist in der Abwägung zu berücksichtigen. Der Umweltbericht wird schließlich Teil der Begründung des Bauleitplans.

Materielle Änderungen, insbesondere was die Gewichtung der Belange des Umweltschutzes betrifft, sind mit der Gesetzesänderung aber nicht verbunden. Der Umweltbericht ist im Grunde nichts anderes als die aktenmäßige Zusammenfassung der Überlegungen zu den Umweltbelangen, die die Gemeinde seit je ohnehin im Rahmen ihrer Abwägung anzustellen hatte.

Eine weitere zusätzliche Verpflichtung trifft die Gemeinde jetzt in Bezug auf die Überwachung der erheblichen Umweltauswirkungen der Planung. Dieses sog. **Monitoring** soll die Gemeinden in die Lage versetzen, insbesondere unvorhergesehene nachteilige Wirkungen frühzeitig zu erkennen und geeignete Maßnahmen zur Abhilfe zu schaffen. So muss die Gemeinde beispielsweise eine Verkehrszählung nach Realisierung des Bebauungsplans durchführen, wenn ihre Abwägung auf einer bestimmten angenommenen Verkehrszunahme für eine Straße beruht hat.

Billigungs- und Auslegungsbeschluss

Liegen die Informationen aus der frühzeitigen Öffentlichkeitsbeteiligung und aus der Behördenbeteiligung vor, muss sich auch der Gemeinderat damit auseinander setzen. Der Entwurf des Bauleitplans hat nach diesen Verfahrensschritten dann bereits einen relativ konkreten Stand erreicht. Den Beschluss, den der Gemeinderat in diesem Stadium – also nach der Behandlung der genannten Stellungnahmen – fasst, nennt man den ***Billigungs- und Auslegungsbeschluss.*** Dieser Beschluss wird vom Gesetzgeber nicht ausdrücklich erwähnt, er ist aber Voraussetzung dafür, dass der Bauleitplanentwurf in die förmliche Öffentlichkeitsbeteiligung gem. § 3 Abs. 2 BauGB gegeben werden kann. Deshalb wird dieser Beschluss teilweise auch als Offenlagebeschluss bezeichnet.

Förmliche Öffentlichkeitsbeteiligung

Die Entwürfe der Bauleitpläne sind nach § 3 Abs. 2 BauGB mit der Begründung und den nach Einschätzung der Gemeinde wesentlichen, bereits vorliegenden umweltbezogenen Stellungnahmen **für die Dauer eines Monats, mindestens jedoch für die Dauer von 30 Tagen,** oder bei Vorliegen eines wichtigen Grundes für die Dauer einer angemessenen längeren Frist **im Internet** zu veröffentlichen.

Zusätzlich zur Veröffentlichung im Internet sind **eine oder mehrere andere leicht zu erreichende Zugangsmöglichkeiten,** etwa durch öffentlich zugängliche Lesegeräte oder durch eine **öffentliche Auslegung der Unterlagen,** zur Verfügung zu stellen. Die nach § 4 Absatz 2 Beteiligten sollen von der Veröffentlichung im Internet auf elektronischem Weg benachrichtigt werden. Die Internetseite oder Internetadresse, unter der die Unterlagen eingesehen werden können, die Dauer der Veröffentlichungsfrist sowie Angaben dazu, welche Arten umweltbezogener Informationen verfügbar sind, sind vor Beginn der Veröffentlichungsfrist ortsüblich bekannt zu machen.

In der Bekanntmachung ist dabei darauf hinzuweisen, dass Stellungnahmen während der Dauer der Veröffentlichungsfrist abgegeben werden können, dass Stellungnahmen elektronisch übermittelt werden sollen, bei Bedarf aber auch auf anderem Weg abgegeben werden können, dass nicht fristgerecht abgegebene Stellungnahmen bei der Beschlussfassung über den Bauleitplan unberücksichtigt bleiben können und welche anderen leicht zu erreichenden Zugangsmöglichkeiten bestehen. Der Inhalt der Bekanntmachung ist zusätzlich in das Internet einzustellen und die zu veröffentlichenden Unterlagen und der Inhalt der Bekanntmachung sind über ein zentrales Internetportal des Landes zugänglich zu machen.

Satzungsbeschluss/Feststellungsbeschluss

Den Abschluss des Planaufstellungsverfahrens bildet bei Bebauungsplänen der Satzungsbeschluss und bei Flächennutzungsplänen der Feststellungsbeschluss. Im Rahmen der Fassung dieses Beschlusses trifft der Gemeinderat die abschließende Abwägungsentscheidung. Schwierigkeiten können dabei insbesondere dann entstehen, wenn – was durch Art. 32 Abs. 2 Satz 2 Nr. 2 GO insbesondere für Bebauungspläne zugelassen wird – bis zum Satzungsbeschluss ein beschließender Ausschuss gehandelt hat und erst den Satzungsbeschluss selbst das Gemeinderatsplenum fassen soll. Fehlerhaft wäre es, wenn sich in einem solchen Fall das Plenum durch Vorberatungen und Beschlüsse des Ausschusses gebunden fühlte. Vielmehr muss das Gemeinderatsplenum nochmals die gesamte Abwägung gleichsam nachvollziehen und wiederholen. Es ist daher aus Gründen der Verfahrensökonomie äußerst fraglich, ob eine solche Arbeitsteilung zwischen Gesamtgemeinderat und Ausschuss sinnvoll ist.

TIPP!

Will man Bebauungsplanentscheidungen in die Hand eines Ausschusses legen, ist es besser, entweder den Ausschuss von Anfang an mit allen Entscheidungen zu betrauen oder lediglich den Aufstellungsbeschluss, der die grundsätzlichen Eckdaten des zukünftigen Bebauungsplans enthält, vom Gesamtgemeinderat fassen und dann den Ausschuss eigenverantwortlich handeln zu lassen.

Genehmigung

Der **Flächennutzungsplan** bedarf nach § 6 Abs. 1 BauGB der Genehmigung der höheren Verwaltungsbehörde. Dies ist regelmäßig das Landratsamt oder bei Großen Kreisstädten und kreisfreien Städten die Regierung (vgl. § 2

Zuständigkeitsverordnung im Bauwesen – ZustVBau). Allerdings hat die Genehmigungsbehörde keine eigene Planungsentscheidung zu treffen, sondern sie darf gemäß §6 Abs. 2 BauGB die Genehmigung nur versagen, wenn Rechtsfehler gemacht worden sind. Über die Genehmigung ist innerhalb von drei Monaten zu entscheiden. Lediglich aus wichtigen Gründen kann diese Frist um maximal nochmals drei Monate verlängert werden. Wird die Genehmigung erteilt, hat die Gemeinde dies ortsüblich bekannt zu machen. Mit dieser Bekanntmachung wird der Flächennutzungsplan wirksam.

Bebauungspläne benötigen regelmäßig keine Genehmigung. Lediglich dann, wenn sie nicht aus dem Flächennutzungsplan entwickelt sind, müssen sie vom Landratsamt oder von der Regierung genehmigt werden (§ 10 Abs. 2 BauGB). Falls keine Genehmigung notwendig ist, kann die Gemeinde nach dem Satzungsbeschluss diesen sofort bekannt machen. Mit der Bekanntmachung tritt der Bebauungsplan in Kraft.

Gemäß §§ 6a Abs. 2 und 10a Abs. 2 BauGB sollen der wirksame Flächennutzungsplan und der wirksame Bebauungsplan mit der Begründung und der zusammenfassenden Erklärung ergänzend auch ins Internet eingestellt und über ein zentrales Internetportal des Freistaats Bayern zugänglich gemacht werden.

Verfahren zur Aufstellung von Bauleitplänen

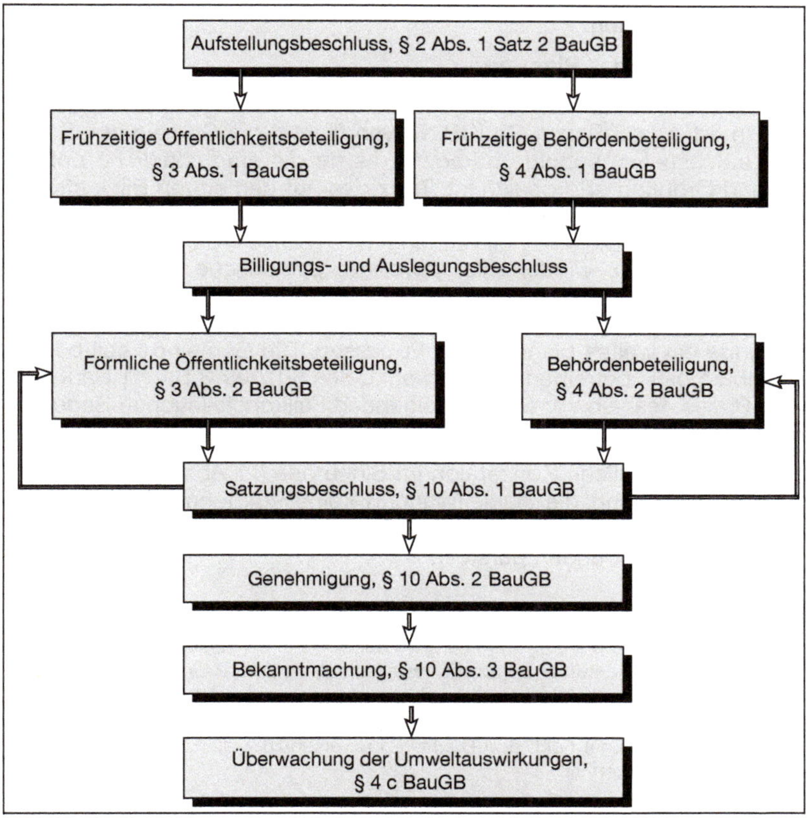

Verfahren zur Aufstellung von Bauleitplänen

4.2.3 Die wesentlichen inhaltlichen Bindungen der Bauleitplanung

Aufgabe der Bauleitplanung ist es, die bauliche und sonstige Nutzung der Grundstücke in der Gemeinde vorzubereiten und zu leiten. Diesen Grundsatz enthält § 1 Abs. 1 BauGB; er gibt einfachgesetzlich nochmals den Kernbereich der gemeindlichen Planungshoheit wieder. Im Vordergrund steht also zunächst der planerische Spielraum der Gemeinde. Sie bestimmt autonom, wann sie plant, welche Grundstücke sie überplant und welche Nutzungen sie festlegt. Das Gesetz enthält lediglich bestimmte

Begrenzungen dieses Rahmens; nur wenn der Korridor planerischer Gestaltungsfreiheit verlassen wird, wird der gemeindliche Wille rechtswidrig und unbeachtlich.

Erforderlichkeit der Planung

Eine erste Einschränkung der gemeindlichen Planungshoheit findet sich dabei in § 1 Abs. 3 Satz 1 BauGB. Er verpflichtet die Gemeinden, Bauleitpläne aufzustellen, sobald und soweit es für die städtebauliche Entwicklung und Ordnung erforderlich ist. Trotz des auf den ersten Blick strengen Wortlauts enthält die Vorschrift allerdings keine hohe Hürde für das Planungsermessen. Die Rechtsprechung hat nämlich darauf hingewiesen, dass es letztlich wieder die jeweilige planerische Konzeption der Gemeinde ist, aus der sich ergibt, wann die städtebauliche Entwicklung und Ordnung die Aufstellung eines Bauleitplans erfordert. Dabei besitzt die Gemeinde ein weites planerisches Ermessen. Die Gemeinde soll bewusst Städtebaupolitik betreiben. Die Schranke des § 1 Abs. 3 Satz 1 BauGB hat in der Praxis deshalb vor allem in folgenden Fallkonstellationen Bedeutung gewonnen:

- Eine städtebauliche Konzeption im Sinne des § 1 Abs. 3 Satz 1 BauGB fehlt dann, wenn die Bauleitplanung keine städtebauliche Rechtfertigung besitzt, insbesondere lediglich eine Gefälligkeitsplanung aus unsachlichen Gründen darstellt.

Beispiel:

Eine Gefälligkeitsplanung wäre es etwa dann, wenn ausschließlich ein bestimmter Grundstückseigentümer begünstigt werden soll. Andere Beispiele wären der Ausschluss von Einzelhandelsbetrieben, nur um vorhandene Händler vor Konkurrenz zu schützen, oder die erklärte Absicht der Gemeinde, unter Hintanstellung anderer Gesichtspunkte nur noch dort Bauland ausweisen zu wollen, wo sie selbst Eigentümer der Flächen ist.

- Allerdings genügt eine Bauleitplanung gleichwohl dem Leitziel der geordneten städtebauliche Entwicklung, wenn neben solche sachfremden Gesichtspunkte planungsrechtlich tragfähige Rechtfertigungsgründe treten.
- Von § 1 Abs. 3 Satz 1 BauGB wird auch die sog. Negativplanung verboten. Dabei darf jedoch nicht übersehen werden, dass jede positive Planung auch negative, also Vorhaben ausschließende Wirkungen besitzt. Daraus folgt, dass Festsetzungen in einem Bebauungsplan nicht schon dann als Negativplanung nichtig sind, wenn ihr Hauptzweck in der Verhinderung bestimmter städtebaulich relevanter Nutzungen besteht, sondern nur dann, wenn sie nicht dem planerischen Willen der

Gemeinde entsprechen und nur vorgeschoben sind, um eine andere Nutzung zu verhindern.

Beispiel:

So ist nicht selten die Festsetzung einer Grünfläche auf einem privaten Grundstück deshalb fehlerhaft, weil damit keine städtebauliche Zielsetzung verfolgt, also die Grünfläche eigentlich gar nicht gewollt wird, sondern der entsprechende Grundstückseigentümer lediglich dafür „bestraft“ werden soll, dass er beispielsweise bestimmte städtebauliche Verträge im Vorfeld der Bauleitplanung mit der Gemeinde nicht abschließen wollte.

- § 1 Abs. 3 Satz 1 BauGB greift auch dann ein, wenn ein Bebauungsplan etwas festsetzt, was sich realistischerweise nicht umsetzen wird.

Beispiel:

Ein Bebauungsplan für einen Sportplatz wäre mangels Erforderlichkeit beispielsweise dann nichtig, wenn feststünde, dass die geltenden Lärmgrenzwerte für Sportanlagen auch unter Berücksichtigung von zusätzlichen Lärmschutzmaßnahmen und Betriebszeiteneinschränkungen nicht eingehalten werden können.

Ziele der Raumordnung

Eine weitere Bindung der Bauleitplanung stellt § 1 Abs. 4 BauGB dar. Danach sind die Bauleitpläne den Zielen der ***Raumordnung*** anzupassen. Mit dieser Formulierung verdeutlicht der Gesetzgeber, dass – soweit die Bindung dieser Vorschrift reicht – kein Abwägungsspielraum für die Gemeinde in der Bauleitplanung zurückbleibt. Ein Bauleitplan, der gegen ein Ziel der Raumordnung verstößt, ist mit anderen Worten von vornherein nichtig. Allerdings besteht diese Bindungswirkung nur gegenüber wirklichen Zielen der Raumordnung. Das heißt, dass beispielsweise eine landesplanerische Beurteilung als Ergebnis eines Raumordnungsverfahrens kein solches Ziel darstellt, sie also nur als Abwägungsmaterial in die gemeindliche Entscheidung eingestellt werden muss. Keine strikte Bindungswirkung haben auch bloße Grundsätze der Raumordnung, die zwar im Rahmen der Abwägung ein erhebliches Gewicht besitzen, gleichwohl aber bei Vorliegen entsprechend gewichtiger anderer Gründe überwunden werden können. Schließlich beinhalten die Ziele der Raumordnung selbst nicht selten Auslegungs- und Konkretisierungsspielräume, die von der Gemeinde bei der Abwägung genutzt werden dürfen.

Beispiel:

Setzt ein Regionalplan parzellenscharf als Ziel der Raumordnung einen Grünzug fest, hat die Gemeinde dies zwingend zu beachten. Ein Bebauungsplan, der dann bauliche Anlagen vorsehen würde, wäre gem. § 1 Abs. 4 BauGB nichtig.

Das Abwägungsverfahren

Kernstück jeder Entscheidung im Rahmen der Bauleitplanung stellt die Abwägung dar. Der Gesetzgeber umschreibt den Vorgang in § 1 Abs. 7 BauGB dadurch, dass er von der Gemeinde verlangt, bei der Aufstellung der Bauleitpläne die öffentlichen und privaten Belange gegeneinander und untereinander gerecht abzuwägen. In § 1 Abs. 6 BauGB findet sich ein Katalog von Belangen, die bei der Abwägung regelmäßig berücksichtigt werden müssen. Was Abwägung bedeutet und wie sie funktioniert, wird aus diesen Formulierungen jedoch noch nicht klar.

Der Abwägungsvorgang lässt sich nur schwer in abstrakte Worte fassen. Abwägung heißt dabei zunächst nicht, dass die Gemeinde willkürlich bestimmte Belange einfach wegwägen könnte; mit anderen Worten: Sie benötigt für jede Entscheidung eine nachvollziehbare, städtebauliche Begründung. Auf der anderen Seite meint Abwägung, dass die Gemeinde einen sehr breiten Entscheidungsspielraum besitzt, welche Lösungsmöglichkeit aus dem zur Verfügung stehenden Variantenkatalog sie wählt; rechtswidrig und nichtig ist eine Planungsentscheidung erst dann, wenn dieser Entscheidungskorridor verlassen wird. Folgerichtig hat die Rechtsprechung eine Systematik von ***Abwägungsfehlern*** entwickelt, die, wenn sie realisiert werden, den Bauleitplan fehlerhaft machen. Man unterscheidet dabei vier Fehlerkategorien:

- Von **Abwägungsausfall** spricht man, wenn eine (sachgerechte) Abwägung überhaupt nicht stattfindet. Ein solcher Abwägungsausfall kommt in der Praxis insbesondere dann vor, wenn sich die Gemeinde – etwa in einem Vertrag – vorweg zu einem bestimmten Ergebnis verpflichtet und deshalb annimmt, keine Abwägung mehr vornehmen zu können.
- Ein **Abwägungsdefizit** liegt dann vor, wenn in die Abwägung an Belangen nicht eingestellt wird, was nach Lage der Dinge in sie hätte eingestellt werden müssen. Ein solches Abwägungsdefizit liegt beispielsweise dann vor, wenn die Gemeinde trotz bestehendem Altlastenverdacht es unterlässt, weitere Untersuchungen vorzunehmen.
- Als **Abwägungsfehleinschätzung** bezeichnet man eine Situation, in der die Gemeinde die Bedeutung der betroffenen Belange verkennt. Dies kann dann der Fall sein, wenn die Gemeinde zum Beispiel zwar wahrnimmt, dass im beabsichtigten Geltungsbereich des Bebauungsplans naturschutzfachlich äußerst wertvolle Flächen liegen, sie jedoch fälschlicherweise diese Einschätzung nicht teilt und nur von einer geringen Bedeutung für den Naturschutz ausgeht.
- Schließlich kann die Gemeinde den Ausgleich zwischen den von der Planung berührten Belangen in einer Weise vornehmen, die zur objekti-

ven Gewichtigkeit einzelner Belange außer Verhältnis steht **(Abwägungsdisproportionalität).** Ein solcher Fehler liegt dann vor, wenn die Gemeinde einem Belang den Vorzug gibt, der ganz offensichtlich dem zurückgestellten Belang an Gewicht nicht gleichkommt.

Die Gemeinde kann also sowohl im Abwägungsverfahren als auch im Abwägungsergebnis Fehler machen. Dabei ist wichtig, dass ein Abwägungsfehler – etwa in Form eines Abwägungsdefizits – auch dann beachtlich ist, wenn das Abwägungsergebnis fehlerfrei erreichbar gewesen wäre. Das Unterlassen weiterer Untersuchungen bei Vorliegen eines Altlastenverdachts macht den Bebauungsplan also unabhängig davon nichtig, ob sich dieser Altlastenverdacht später bestätigt oder nicht.

Man kann den Abwägungsvorgang daher auch in drei Schritte unterteilen, die alle vollständig und fehlerfrei durchgeführt werden müssen:

- Zunächst müssen die beachtlichen Belange vollständig ermittelt werden (§ 2 Abs. 3 1. Alt. BauGB). Eingestellt werden muss dabei alles, was im Rahmen der Öffentlichkeitsbeteiligung und der Beteiligung der Behörden und sonstigen Träger öffentlicher Belange geltend gemacht wurde, und alles, was sich der Gemeinde aufdrängt.
- Diese Belange müssen dann in ihrer Betroffenheit richtig erfasst und gewichtet werden (§ 2 Abs. 3 2. Alt. BauGB). Dabei ist davon auszugehen, dass alle Belange grundsätzlich gleichrangig sind, dass also nicht automatisch beispielsweise die Belange von Natur und Landschaft wichtiger sind als das Interesse der Gemeinde an der Entwicklung von Gewerbegebieten. Allerdings müssen die Belange in ihrem jeweiligen konkreten Gewicht eingestellt werden. Das bedeutet, dass z. B. der Belang von Natur und Landschaft umso schwerer wiegt, je seltener und bedeutender ein bestimmtes Biotop ist, in das durch die Bauleitplanung eingegriffen werden soll.
- Schließlich müssen die Belange in einer dem Verhältnismäßigkeitsprinzip entsprechenden Weise miteinander zum Ausgleich gebracht werden (§ 1 Abs. 7 BauGB). Hier hilft das Bild der Waage ein wenig weiter, um zu verdeutlichen, was die Gemeinde tun muss. Die Waage muss in ein im wahrsten Sinne des Wortes ausgewogenes Verhältnis gebracht werden. Das heißt letztlich nichts anderes, als dass die Gründe, die für die Planung sprechen mindestens genauso schwer wiegen müssen wie die Belange, in die durch die Planung eingegriffen wird.

WICHTIG!

Die Abwägung ist das schwerste Stück Arbeit für den Gemeinderat bei der Bauleitplanung. Er sollte sich an dieser Stelle besondere Mühe geben und sich intensiv mit den einzelnen Belangen und Interessen auseinandersetzen. Dies führt zum einen zu einer rechtssicheren, aber zum anderen auch zu einer sachgerechten, eben „ausgewogenen“ Planungsentscheidung.

4.2.4 Die Entwicklung aus dem Flächennutzungsplan

Die Aufteilung der Bauleitplanung auf zwei Ebenen – Flächennutzungsplan und Bebauungsplan – erfordert eine rechtliche Regelung über deren Verzahnung. Dies leistet in erster Linie § 8 Abs. 2 Satz 1 BauGB, wonach Bebauungspläne aus dem Flächennutzungsplan zu entwickeln sind (Entwicklungsgebot). Mit anderen Worten ist ein Bebauungsplan nur dann rechtlich einwandfrei zustande gekommen, wenn er auf dem gültigen Flächennutzungsplan fußt und seine Aussagen umsetzt und konkretisiert. Dabei ist aber zu beachten, dass der Flächennutzungsplan in seinen planerischen Aussagen von vornherein erheblich unschärfer ist als der spätere Bebauungsplan. Daraus folgt, dass der Bebauungsplan durchaus von dem notwendig groben Raster sachlich und räumlich abweichen darf, solange die Grundkonzeption des Flächennutzungsplans gewahrt bleibt.

Beispiel:

Unbedenklich wäre es, wenn die Gemeinde in einer als Mischgebiet dargestellten Fläche im Bebauungsplan eine Grünfläche festsetzen würde, die der Wohnbevölkerung des Mischgebiets als Kinderspielplatz dienen soll. Dem Entwicklungsgebot nicht mehr genügen würde aber eine Planung, die in diesem Fall statt eines Mischgebiets insgesamt ein allgemeines Wohngebiet festsetzen würde.

§ 8 BauGB enthält selbst drei Varianten, die das ***Entwicklungsgebot*** wieder etwas auflockern. Von Ausnahmen zu sprechen, würde allerdings zu weit gehen, da die Regelungen die Bindung an den Flächennutzungsplan gleichwohl – jedenfalls teilweise – aufrechterhalten:

- Gemäß § 8 Abs. 2 Satz 2 BauGB ist ein Flächennutzungsplan dann nicht erforderlich, wenn der Bebauungsplan ausreicht, um die städtebauliche Entwicklung zu ordnen **(isolierter Bebauungsplan).** Die Vorschrift erfasst also nur Fälle, in denen kein Flächennutzungsplan vorhanden ist, dürfte also in der Praxis nur selten vorkommen.
- Gemäß § 8 Abs. 3 BauGB kann eine erforderliche Änderung des Bebauungsplans gleichzeitig mit der Aufstellung des Bebauungsplans erfolgen **(Parallelverfahren).** Insoweit wird also auf die Verzahnung zwischen Flächennutzungsplan und Bebauungsplan nicht verzichtet, sondern nur eine verfahrensmäßige Erleichterung angeordnet.

- Schließlich kann nach § 8 Abs. 4 BauGB ein vom Flächennutzungsplan abweichender Bebauungsplan aufgestellt werden, wenn dringende Gründe es erfordern und wenn der Bebauungsplan der beabsichtigten städtebaulichen Entwicklung des Gemeindegebiets nicht entgegenstehen wird **(vorzeitiger Bebauungsplan).**

4.2.5 Was kann man in einem Bebauungsplan festsetzen?

Während bisher vor allem rechtliche Bindungen und Einschränkungen im Vordergrund standen, wird es im Weiteren um das eigentliche Feld der Bauleitplanung gehen, sozusagen um den kreativen Teil, der sich mit der Umsetzung der planerischen Vorstellungen in konkrete Planfestsetzungen beschäftigt. Die nachfolgenden Ausführungen beschränken sich im Übrigen auf den Bebauungsplan, der in der Praxis der häufigste Anwendungsfall für die planende Gemeinde ist.

Aber auch bei den Festsetzungsmöglichkeiten im Bebauungsplan steht zunächst nicht die planerische Gestaltungsfreiheit im Vordergrund, sondern eine gesetzliche Bindung. Die Gemeinde darf im Bebauungsplan nicht alles, was sie will, festsetzen, sondern sie benötigt eine Rechtsgrundlage für ihre Festsetzung.

WICHTIG!

Die Gemeinde hat kein Festsetzungserfindungsrecht, sondern ist auf die Instrumentarien beschränkt, die das Baurecht vorsieht.

Wichtigste Vorschrift in diesem Zusammenhang ist § 9 Abs. 1 BauGB. Er enthält einen – abschließenden – Katalog von städtebaulichen Festsetzungsmöglichkeiten im Bebauungsplan. In insgesamt 26 Nummern werden von der Festsetzung der Art und des Maßes der baulichen Nutzung (Nr. 1) bis zur Festsetzung der Flächen für Aufschüttungen, Abgrabungen und Stützmauern, soweit sie zur Herstellung des Straßenkörpers erforderlich sind (Nr. 26), fast alle Sachverhalte erfasst, die aus ortsplanerischer Sicht von Bedeutung sind.

Durch die Novelle des BauGB 2004 neu eingefügt wurde § 9 Abs. 2 BauGB. Danach kann die Gemeinde in besonderen Fällen festsetzen, dass bestimmte Nutzungen und Anlagen nur für einen bestimmten Zeitraum zulässig oder bis zum Eintritt bestimmter Umstände zulässig oder unzulässig sind. Dadurch hat die Gemeinde mit anderen Worten und etwas vereinfacht ausgedrückt die Möglichkeit, bei Vorliegen entsprechender städtebaulicher Gründe Baurecht auf Zeit zu vergeben.

TIPP!

Jedes Gemeinderatsmitglied sollte sich jedenfalls einmal die Mühe machen, die Auflistung durchzulesen; die Aufzählung ist aus sich heraus verständlich und man erhält durch die Lektüre einen guten Überblick über die städtebaulichen Möglichkeiten eines Bebauungsplans.

Was § 9 BauGB nicht erlaubt, darf im Bebauungsplan auch nicht festgesetzt werden, selbst wenn es aus Sicht der Gemeinde wünschenswert und sinnvoll wäre.

Beispiel:

Nach § 9 Abs. 1 Nr. 6 BauGB kann im Bebauungsplan die höchstzulässige Zahl der Wohnungen in Wohngebäuden festgesetzt werden. Die Rechtsprechung hat diese Möglichkeit – gemeindefreundlich – so ausgelegt, dass zulässigerweise entweder eine absolute Wohnungszahl angegeben werden kann (z. B. max. drei Wohnungen je Wohngebäude) oder eine relative Zahl bezogen auf die Grundstücksgröße (z. B. 1 Wohnung je 200 m^2 Grundstücksfläche). Nicht erlaubt – weil schlicht vom Wortlaut der Vorschrift nicht gedeckt – wäre aber eine Festsetzung einer bestimmten Wohnungszahl „je Bauraum“ oder „je Parzelle“ bzw. die Festlegung der höchstzulässigen Wohnungszahl in gemischt genutzten Gebäuden. Das mag bedauerlich sein, zeigt aber die strikte Bindung des Plangebers an die Festsetzungsmöglichkeiten des § 9 Abs. 1 BauGB.

Zu beachten ist, dass selbstverständlich für jede Festsetzung in einem Bebauungsplan auch eine städtebauliche Rechtfertigung existieren muss. Es genügt also nicht, dass man eine Ermächtigungsgrundlage findet, man braucht auch eine ausreichende, den konkreten Fall berücksichtigende Begründung.

Beispiel:

Will die Gemeinde z. B. nach § 9 Abs. 1 Nr. 23 a BauGB die Verwendung von fossilen Brennstoffen verbieten, reicht es nicht aus, die Rechtsgrundlage zu finden. Erforderlich ist vielmehr eine städtebauliche Rechtfertigung, die z. B. in einer besonders sensiblen Nutzung in der Nachbarschaft (Lungensanatorium) oder in häufigen Inversionswetterlagen bei einer Hangbebauung gefunden werden kann, aber nicht darin, allgemein die Umwelt schützen oder für einen Anschluss an das gemeindliche Fernwärmenetz sorgen zu wollen.

Eine ganz wesentliche Hilfestellung bei den zentralen Festsetzungen der Art und des Maßes der baulichen Nutzung, der Bauweise und der überbaubaren Grundstücksfläche findet sich in der ***Baunutzungsverordnung*** (BauNVO). Diese Verordnung besitzt die Besonderheit, dass sie ganz regelmäßig nicht aus sich selbst heraus gilt, sondern nur, weil die Gemeinde in einem Bebauungsplan auf sie verweist. Sie ist gleichsam die

Klaviatur, auf der die Gemeinde spielen kann, um ihre planerische Komposition umsetzen zu können.

Beispiel:

Setzt die Gemeinde ein allgemeines Wohngebiet (WA) fest, so gilt automatisch – und zwar zunächst unabhängig davon, ob dies der Gemeinde bewusst ist oder nicht – die entsprechende Vorschrift des § 4 BauNVO. Die Festsetzung „WA" schreibt gleichsam die Vorschrift des § 4 BauNVO in den Bebauungsplan hinein; regelmäßig zulässig sind daher in einem WA gemäß § 4 Abs. 2 BauNVO neben Wohngebäuden beispielsweise die der Versorgung des Gebiets dienenden (aber nur diese) Läden, Schank- und Speisewirtschaften, gemäß § 4 Abs. 3 BauNVO ausnahmsweise zulässig sind z. B. Betriebe des Beherbergungsgewerbes – also Hotels –, Gartenbaubetriebe oder Tankstellen. Die Gemeinde kann hier übrigens auch anders entscheiden, aber das muss sie ausdrücklich im Bebauungsplan anordnen. Dazu noch später.

Die BauNVO enthält – wie bereits erwähnt – nähere Konkretisierungen zu den Festsetzungsinstrumenten Art und Maß der baulichen Nutzung, Bauweise und überbaubare Grundstücksfläche. Im Folgenden sollen nur einige wesentliche Aspekte der dafür zur Verfügung gestellten Instrumente angesprochen werden. Das „normale" Gemeinderatsmitglied kommt nur selten in die Verlegenheit, selbst mit der BauNVO umgehen zu müssen, gleichsam auf der Klaviatur der BauNVO zu spielen. Allerdings sollte man wissen, welche Art von Melodien man spielen kann und wo die Bandbreite des Instruments verlassen wird.

4.2.6 Die Baugebietstypen

§§ 1 bis 15 BauNVO befassen sich mit der zulässigen ***Art der baulichen Nutzung***. Zentral sind dafür die von der BauNVO bereitgestellten Baugebietstypen. Es gibt gemäß § 1 Abs. 2 BauNVO elf verschiedene Baugebiete, aber nur diese elf. Auch hier gilt wieder, dass die Gemeinde kein Baugebietserfindungsrecht besitzt, sondern sich innerhalb der zur Verfügung gestellten Typen bewegen muss. Hier muss die Gemeinde vor allem ehrlich sein, d. h. den Typus festsetzen, dessen Zwecksetzung sie tatsächlich will. Wenn eine Gemeinde zwar eigentlich Wohnbebauung wünscht, aber – um eine erhöhte Zumutbarkeit von Lärm- und/oder Geruchsimmissionen zu erhalten – ein Misch- oder Dorfgebiet festsetzt, wird das von der Rechtsprechung als **„Etikettenschwindel"** bezeichnet und führt zur Nichtigkeit der entsprechenden Planung. In der Praxis setzt die Gemeinde ein Baugebiet im Übrigen häufig nur durch das entsprechende Kürzel der BauNVO fest, also z. B. WA für allgemeines Wohngebiet.

Der Typenzwang wird durch zwei Instrumente gemildert: Zum einen kann die Gemeinde im Rahmen der Festsetzung eines Sondergebiets ihre individuellen Bedürfnisse einbringen, wenn die anderen Baugebiete dazu nicht in der Lage sind. Zum anderen kann die Gemeinde mit Hilfe des Feinsteuerungsinstrumentariums des § 1 Abs. 4 ff. BauNVO, auf das später noch kurz eingegangen werden soll, Baugebietstypen verändern und den jeweiligen Wünschen anpassen.

Die Vorschriften über die Baugebiete sind fast durchgängig gleich aufgebaut. Der erste Absatz enthält die Zwecksetzung des Baugebiets, hier kann die Gemeinde also den Grundtyp auswählen; der zweite Absatz zählt die regelmäßig zulässigen Vorhaben auf, der dritte Absatz die nur ausnahmsweise zulässigen.

TIPP!

Die Baunutzungsverordnung ist eine Regelung, die recht verständlich die Zulässigkeit bzw. Unzulässigkeit von Bauvorhaben bestimmt. Als Gemeinderatsmitglied sollte man zumindest die Vorschriften über die Baugebietstypen einmal durchlesen.

Die elf Baugebietstypen sind:

- **Kleinsiedlungsgebiete** (WS, § 2 BauNVO): sie dienen vorwiegend der Unterbringung von Kleinsiedlungen einschließlich von Wohngebäuden mit entsprechenden Nutzgärten und landwirtschaftlichen Nebenerwerbsstellen. Die Kleinsiedlungsgebiete haben in der Praxis kaum Bedeutung.
- **Reine Wohngebiete** (WR, § 3 BauNVO): sie dienen dem Wohnen. Bei Festsetzung eines reinen Wohngebiets sollte sich die Gemeinde bewusst sein, dass außer Wohngebäuden fast keine anderen Nutzungsarten zulässig sind – ein recht unflexibles Instrument also.
- **Allgemeine Wohngebiete** (WA, § 4 BauNVO): sie dienen vorwiegend dem Wohnen, aber auch bestimmte andere, das Wohnen nicht störende Nutzungen werden durch die Vorschrift zugelassen.
- Gebiete zur Erhaltung und Entwicklung der Wohnnutzung = **Besondere Wohngebiete** (WB, § 4a BauNVO): dieser Typus kommt nur in bereits überwiegend bebauten Bereichen infrage, die – wie die Vorschrift regelt – aufgrund ausgeübter Wohnnutzung und vorhandener sonstiger Anlagen eine besondere Eigenart aufweisen und in denen unter Berücksichtigung dieser Eigenart die Wohnnutzung erhalten und fortentwickelt werden soll. Besondere Wohngebiete haben gerade in kleineren Gemeinden kaum Bedeutung erlangt.

- **Dorfgebiete** (MD, § 5 BauNVO): sie dienen der Unterbringung der Wirtschaftsstellen land- und forstwirtschaftlicher Betriebe, dem Wohnen und der Unterbringung von nicht wesentlich störenden Gewerbebetrieben sowie der Versorgung der Bewohner des Gebiets dienenden Handwerksbetrieben. Die Festsetzung eines so strukturierten Dorfgebiets „auf der grünen Wiese" dürfte kaum denkbar sein. Ein Dorfgebiet sollte nur dann festgesetzt werden, wenn – ggf. unter Einbeziehung bereits vorhandener landwirtschaftlicher Betriebe innerhalb des Geltungsbereichs – eine echte Durchmischung der in der Zweckbestimmung genannten Nutzungen erfolgt. Die Gemeinde sollte sich bei Festsetzung eines Dorfgebiets immer genau überlegen, ob sie eine solche Durchmischung wirklich will.
- **Dörfliches Wohngebiet** (MDW, § 5a BauNVO): Dörfliche Wohngebiete dienen dem Wohnen sowie der Unterbringung von land- und forstwirtschaftlichen Nebenerwerbsstellen und nicht wesentlich störenden Gewerbebetrieben. Die Nutzungsmischung muss nicht gleichgewichtig sein.
- **Mischgebiete** (MI, § 6 BauNVO): sie dienen dem Wohnen und der Unterbringung von Gewerbebetrieben, die das Wohnen nicht wesentlich stören. Auch hier muss die Durchmischung von Wohnen und Gewerbe wirklich gewollt sein. Die Festsetzung eines MI als Puffer zwischen einem Gewerbegebiet und einem Wohngebiet ist regelmäßig unter dem Gesichtspunkt des Etikettenschwindels problematisch und führt nicht selten zu erheblichen Schwierigkeiten in der Umsetzung: Das Nebeneinander von Wohnen und Gewerbe, das man mit dem Puffer mildern wollte, kann und soll sich ja innerhalb des MI gerade realisieren.
- **Urbane Gebiete** (MU, § 6a BauNVO): sie dienen dem Wohnen sowie der Unterbringung von Gewerbebetrieben und sozialen, kulturellen und anderen Einrichtungen, die die Wohnnutzung nicht wesentlich stören. Trotz der städtischen Tendenz in der Benennung dieses Baugebietstyps kann ein MU auch in kleineren und mittleren Gemeinden festgesetzt werden. Das Urbane Gebiet ähnelt dem Mischgebiet, unterscheidet sich aber vor allem dadurch, dass im MU die Nutzungsmischung insbesondere zwischen Wohnen und Gewerbe nicht gleichgewichtig sein muss.
- **Kerngebiete** (MK, § 7 BauNVO): sie dienen vorwiegend der Unterbringung von Handelsbetrieben sowie den zentralen Einrichtungen der Wirtschaft, der Verwaltung und der Kultur. Es handelt sich bei Kerngebieten ganz regelmäßig um innerstädtische Gebiete größerer Orte.
- **Gewerbegebiete** (GE, § 8 BauNVO): sie dienen vorwiegend der Unterbringung von nicht erheblich belästigenden Gewerbebetrieben.

- **Industriegebiete** (GI, § 9 BauNVO): sie dienen ausschließlich der Unterbringung von Gewerbebetrieben, und zwar vorwiegend solcher Betriebe, die in anderen Baugebieten unzulässig sind.
- **Sondergebiete** (SO, §§ 10 und 11 BauNVO): hier ist zwischen Sondergebieten, die der Erholung dienen, etwa Wochenendhausgebieten, Ferienhausgebieten oder Campingplatzgebieten, und sonstigen Sondergebieten, die sich von den übrigen Baugebieten wesentlich unterscheiden, zu differenzieren. Die BauNVO nennt für die letzte Kategorie ebenfalls eine Reihe von Beispielen (insbesondere Ladengebiete, Gebiete für Einkaufszentren, Hochschulgebiete, Klinikgebiete). Allerdings ist diese Aufzählung nicht abschließend; die Gemeinde kann dann Sondergebiete schaffen, wenn Vorhaben untergebracht werden sollen, die in die Zwecksetzung der benannten Baugebiete nicht passen (z. B. Sondergebiet „Hotel" oder Sondergebiet „landwirtschaftliche Aussiedlerhöfe").

Gebiete mit Wohnnutzung	Gebiete mit Mischnutzung	Gebiete mit Gewerbenutzung	Sondergebiete
– WS Kleinsiedlungsgebiet	– MD Dorfgebiet	– GE Gewerbegebiet	– SO Sondergebiet
– WR reines Wohngebiet	– MDW Dörfliches Wohngebiet	– GI Industriegebiet	
– WA allgemeines Wohngebiet	– MI Mischgebiet		
– WB besonderes Wohngebiet	– MK Kerngebiet		
	– MU Urbanes Gebiet		

Mehrfach wurde schon darauf hingewiesen, dass die Gemeinde nicht sklavisch an den von den Vorschriften der BauNVO vorgezeichneten Zulässigkeitsvorgaben kleben muss, es vielmehr die Möglichkeit gibt, dem Instrument eine ganz auf die gemeindlichen Wünsche und Vorstellungen angepasste „Melodie" zu entlocken. Diese **Feinsteuerung** leistet § 1 Abs. 4 ff. BauNVO. Der Regelungskomplex gehört sicher mit zum kompliziertesten, was das Bauplanungsrecht zu bieten hat, und es ist nicht erforderlich, dass das einzelne Gemeinderatsmitglied diese Feinheiten bis ins Detail beherrscht. Hilfreich ist allerdings eine grobe Vorstellung dessen, was in diesem Feinsteuerungsteil verborgen liegt. Insoweit sollen einige wesentliche Beispiele genügen:

- Nach § 1 Abs. 4 BauNVO kann die Gemeinde die Baugebiete nach §§ 4 bis 9 BauNVO nach der Art der zulässigen Nutzung, nach der Art der Betriebe und Anlagen und nach deren besonderen Bedürfnissen und Eigenschaften gliedern. Das heißt, dass innerhalb des Geltungsbereichs eines Bebauungsplans nicht überall alle gemäß der jeweiligen Gebietskategorie prinzipiell zulässigen Vorhaben auch zugelassen werden müssen. Einer der wichtigsten Anwendungsfälle dieser Gliederungsfunktion ist das Lärmemissionsverhalten der Betriebe – also eine Eigenschaft im Sinne der genannten Vorschrift.

Beispiel:

Die Gemeinde kann ein GE etwa so gliedern, dass in einem Teil nur solche Betriebe zugelassen werden, die vergleichsweise wenig Lärm machen. In einem solchen eingeschränkten GE geht man in der Regel so vor, dass der vom Gesamtgebiet ausgehende, maximal zulässige Lärm rechnerisch auf die Bauflächen verteilt wird. Jedem Quadratmeter Grundstücksfläche wird dann ein sog. flächenbezogener Schallleistungspegel zugeteilt; je größer das Grundstück, desto mehr Lärm darf auf ihm gemacht werden. Man kann sich das vereinfacht als einen „Lärmkuchen" vorstellen, der auf die Grundstücke verteilt wird. Wenn alle Grundstücke ihre Lärmanteile ausnützen, wird gleichwohl der höchstzulässige Lärmpegel nicht überschritten.

- Über § 1 Abs. 5 und 6 i. V. m. Abs. 7 BauNVO kann die Gemeinde die groben Baugebietstypen auf ihre Bedürfnisse zuschneiden. Insbesondere kann sie einzelne Vorhabensgruppen oder Vorhaben, die in den Baugebietstypen genannt werden, gleichsam hin- und herschieben. Sie kann aus regelmäßig zulässigen Vorhaben, nur ausnahmsweise zulässige machen oder sie gar für unzulässig erklären, sie kann Ausnahmen zu Regelvorhaben machen oder sie aus dem Bebauungsplan entfernen. Und sie kann dabei mit ganz feinem Skalpell vorgehen und exakt die Vorhabensarten regeln, die für sie wichtig sind, und dabei Vorhabensarten auch „erfinden", die in der BauNVO nicht genannt sind, solange sie nur abgrenzbar sind und in der Realität vorkommen.

Beispiel:

Die Gemeinde kann in einem WA etwa regeln, dass Anlagen für sportliche Zwecke, die an sich nach § 4 Abs. 2 Nr. 3 BauNVO zulässig sind, lediglich ausnahmsweise zulässig sein sollen, weil die Gemeinde – wegen der möglichen Lärmproblematik solcher Anlagen – jeweils eine konkrete Einzelfallprüfung durchführen will. Die Gemeinde könnte Tankstellen (ausnahmsweise im WA zulässig nach § 4 Abs. 3 Nr. 5 BauNVO) bei entsprechender Begründung in dem konkreten Baugebiet entweder ganz ausschließen oder aber in den Katalog der regelmäßig zulässigen Vorhaben übernehmen. Sie könnte schließlich aus dem Begriff der der Versorgung des Gebiets dienenden Schank- und Speisewirtschaften (§ 4 Abs. 2 Nr. 2 BauNVO) eine Unterkategorie „Tagescafés“ bilden und alle anderen Schank- und Speisewirtschaften ausschließen und und und ...

Eine in der Praxis bedeutsame Vorschrift im Zusammenhang mit der Art der baulichen Nutzung stellt schließlich § 15 BauNVO dar, nämlich das Gebot der Rücksichtnahme. Es ist kein Instrument zur Planung, sondern soll besondere Umstände des Einzelfalls, die notwendigerweise bei abstrakten Planungen unberücksichtigt bleiben, einbeziehen helfen. Das Rücksichtnahmegebot wird also erst bei der Zulassung eines Einzelbauvorhabens aktiv. Es kann dazu führen, dass ein Vorhaben, das an sich nach den Festsetzungen des Bebauungsplans zulässig wäre, unzulässig wird. Dies ist dann der Fall, wenn das beantragte Bauvorhaben – etwas vereinfacht ausgedrückt – im Einzelfall der Zweckbestimmung des Baugebiets widerspricht oder solche Belästigungen oder Störungen hervorruft bzw. ihnen ausgesetzt ist, dass eine Zulassung als unzumutbar erscheint.

Beispiel:

Gemäß § 4 Abs. 2 Nr. 3 BauNVO sind – wie bereits erwähnt – in einem WA unter anderem auch Anlagen für sportliche Zwecke regelmäßig zulässig. Diese Regelzulässigkeit kann natürlich nicht dazu führen, dass etwa ein großes Fußballstadion von der Art der baulichen Nutzung her in diesem Baugebiet zulässig wäre; vielmehr würde ein solches Stadion eindeutig der Zwecksetzung widersprechen. Es wäre nach § 15 BauNVO unzulässig.

Selbstverständlich lassen sich auch Beispiele finden, deren Ergebnisse nicht so eindeutig ablesbar sind. Diese Unsicherheit macht die Beschäftigung mit dem Rücksichtnahmegebot in der baurechtlichen Praxis auch besonders spannend.

4.2.7 Das Maß der baulichen Nutzung

Die Festsetzung des Maßes der baulichen Nutzung steuert das Bauvolumen. Auch hier gibt die BauNVO die Instrumente vor, die die Gemeinde einsetzen darf. Gemäß § 16 Abs. 2 BauNVO kann das ***Maß der baulichen Nutzung*** nämlich bestimmt werden durch Festsetzung:

- der Grundflächenzahl (GRZ) oder der Größe der Grundflächen (GR) der baulichen Anlagen,
- der Geschossflächenzahl (GFZ) oder der Größe der Geschossfläche (GF), der Baumassenzahl (BMZ) oder der Baumasse (BM),
- der Zahl der Vollgeschosse (Z),
- der Höhe der baulichen Anlagen (H).

Wie sich aus § 16 Abs. 3 BauNVO ergibt, hat die Gemeinde dabei immer die Grundflächenzahl oder die Größe der Grundflächen festzusetzen. Darüber hinaus muss die Zahl der Vollgeschosse oder die Höhe der baulichen Anlagen festgesetzt werden, wenn ohne diese Festsetzung öffentliche Belange, insbesondere das Orts- oder Landschaftsbild, beeinträchtigt werden können. Alle anderen Maßfestsetzungen sind sozusagen freiwillig; die Gemeinde kann mit den verschiedenen Instrumenten aber regelmäßig exakt das erreichen, was ihrer planerischen Vorstellung entspricht.

In der Regel werden mit den Maßfestsetzungen Höchstmaße festgesetzt. Die Gemeinde kann aber für die Geschossflächenzahl oder die Größe der Geschossfläche, für die Zahl der Vollgeschosse und die Höhe der baulichen Anlagen gleichzeitig auch Mindestmaße festsetzen. Die Zahl der Vollgeschosse und die Höhe können sogar zwingend festgelegt werden.

WICHTIG!

Die BauNVO bestimmt selbst sehr genau und nicht immer ganz unkompliziert, was unter den Maßkriterien zu verstehen ist. Das Gemeinderatsmitglied sollte zumindest mit diesen Begriffen umgehen können, um die planerische Konzeption eines Bebauungsplans „lesen" zu können.

Mit den Begriffen Grundfläche (GR) und ***Grundflächenzahl (GRZ)*** setzt sich § 19 BauNVO auseinander. § 19 Abs. 2 BauNVO definiert dabei die zulässige Grundfläche als den Anteil des Baugrundstücks, der von baulichen Anlagen überdeckt werden darf, während nach § 19 Abs. 1 BauNVO die GRZ angibt, wie viel Quadratmeter Grundfläche je Quadratmeter Grundstücksfläche zulässig sein sollen. Die GR ist also eine absolute Zahl – z. B. 400 m² Grundfläche je Baugrundstück –, die GRZ ist eine relative Zahl – z. B. GRZ 0,4, d. h., 40 % der Baugrundstücksfläche dürfen überbaut werden. Sind in einem Baugebiet die Baugrundstücke gleich groß, unterscheiden sich die Ergebnisse der beiden Mechanismen nicht. Haben beispielsweise alle Grundstücke eine Größe von etwa 1.000 m², so ist es egal, ob die Gemeinde eine GR von 400 m² festlegt oder eine GRZ von 0,4. Unterschiede entstehen erst bei unterschiedlichen Grundstücksgrößen: die GR von 400 m² führt regelmäßig zu gleich großen Gebäuden, egal, wie groß das Grundstück ist, die GRZ von 0,4 bewirkt größere Gebäude auf größeren Grundstücken und kleinere Gebäude auf kleineren Grundstücken.

In besonderer Weise behandelt § 19 Abs. 4 BauNVO die Anrechnung von Garagen und Stellplätzen nebst Zufahrten, Nebenanlagen und baulichen Anlagen unterhalb der Geländeoberfläche, durch die das Baugrundstück lediglich unterbaut wird (etwa bei einer Tiefgarage). Diese Flächen werden grundsätzlich mitgerechnet. Allerdings darf die Grundfläche der genannten Anlagen die zulässige Grundfläche um bis zu 50 % überschreiten.

Beispiel:

Für ein Baugrundstück mit 1.000 m^2 ist eine GRZ von 0,3 festgesetzt, das bedeutet, dass 300 m^2 überbaut werden dürfen. Zulässig nach § 19 Abs. 4 BauNVO sind jetzt weitere 150 m^2 – also insgesamt 450 m^2 – überbaute Fläche, wenn sie von den eben bezeichneten Anlagen überbaut werden sollen. Unzulässig wäre allerdings, wenn bereits das Hauptgebäude mehr als 300 m^2 überbauen würde, selbst wenn insgesamt – also Nebenanlagen inklusive – 450 m^2 überbaute Fläche nicht überschritten werden. Als Höchstmaß der Überschreitung legt § 19 Abs. 4 Satz 2 BauNVO jedoch die GRZ von 0,8 fest.

In recht ähnlicher Weise wie bei GR und GRZ regelt § 20 BauNVO die Geschossfläche (GF) und die ***Geschossflächenzahl (GFZ).*** An dieser Stelle kann nicht auf die Feinheiten der Vollgeschossberechnung eingegangen werden, die äußerst kompliziert, wenn auch in der Praxis sehr folgenreich ist. Das Verständnis der Grundstruktur genügt aber in den meisten Fällen.

Beispiel:

Ein Baugrundstück mit 1.000 m^2 hat eine GFZ von 0,8 zugewiesen bekommen. Nur unter Zugrundelegung dieser Festsetzung – natürlich muss das Vorhaben auch alle anderen Festsetzungen insbesondere über die Höhenentwicklung oder die Bauräume einhalten – könnte theoretisch ein eingeschossiges Gebäude mit einer Grundfläche von 800 m^2 oder auch ein viergeschossiges Gebäude mit einer Grundfläche von 200 m^2 entstehen. Fügt man der GFZ von 0,8 also beispielsweise eine GRZ von 0,4 hinzu, steht das entstehende Gebäude – falls das Baurecht ausgenutzt wird – fest: Grundfläche 400 m^2 und zwei Vollgeschosse! Übrigens kann bei dieser Konstellation noch ein Dachgeschoss dazu kommen, wenn es kein Vollgeschoss ist, es sei denn der Bebauungsplan setzt etwas anderes fest.

WICHTIG!

Gerade bei den Maßfestsetzungen sollte man immer an die größtmögliche Ausnutzung des Baurechts denken, um die richtige planerische Entscheidung treffen zu können.

Die Festsetzung der Baumasse (BM) oder der ***Baumassenzahl (BMZ)*** funktioniert analog; die Begriffe sind in § 21 BauNVO erklärt. Baumasse und Baumassenzahl spielen nur in Gewerbegebieten und Industriegebieten eine praktische Rolle; über die Festsetzung der Geschossflächen kann in diesen Gebieten die Höhe der baulichen Anlagen nur unzureichend gesteuert werden, weil die Geschosshöhen oft nicht vorauszusehen sind.

Die BauNVO selbst enthält im Übrigen in § 17 BauNVO Orientierungswerte für die GRZ, die GFZ und die BMZ. Sie sind aus der unten stehenden Tabelle abzulesen.

Baugebiet	**GRZ**	**GFZ**	**BMZ**
in Kleinsiedlungsgebieten (WS)	0,2	0,4	–
in reinen Wohngebieten (WR) allgemeinen Wohngebieten (WA) Ferienhausgebieten	0,4	1,2	–
in besonderen Wohngebieten (WB)	0,6	1,6	–
in Dorfgebieten (MD) und Mischgebieten (MI)	0,6	1,2	–
in Urbanen Gebieten (MU)	0,8	3,0	
in Kerngebieten (MK)	1,0	3,0	–
in Gewerbegebieten (GE) Industriegebieten (GI) sonstigen Sondergebieten	0,8	2,4	10,0
in Wochenendhausgebieten	0,2	0,2	–

Die Höhenentwicklung der baulichen Anlagen schließlich wird über die Festsetzung der Zahl der ***Vollgeschosse*** bzw. über die Festsetzung der **Höhe** der baulichen Anlagen determiniert. Insbesondere bei der Festsetzung der Höhe ist auf eindeutige Aussagen im Bebauungsplan zu achten.

TIPP!

Gerade bei Festlegung der Wandhöhe sollte im Bebauungsplan selbst der untere und der obere Bezugspunkt festgelegt werden. Die Traufhöhe als Maßangabe sollte in der Regel vermieden werden, da die Traufe durch konstruktive Maßnahmen verändert werden kann; sie eignet sich daher kaum für eine eindeutige Höhenbegrenzung.

4.2.8 Die Bauweise

Der Bebauungsplan kann die ***Bauweise*** als offene oder geschlossene Bauweise festsetzen (§ 22 Abs. 1 BauNVO); er kann aber auch eine davon abweichende Bauweise festlegen (§ 22 Abs. 4 BauNVO). Die Bauweise in der BauNVO hat nichts mit der Konstruktion oder den verwendeten Baumaterialien zu tun. Vielmehr werden in der offenen Bauweise die Gebäude mit seitlichem Grenzabstand errichtet, in der geschlossenen folgerichtig ohne seitlichen Grenzabstand. Atypische oder abweichende Bauweisen können beispielsweise einen einseitigen Grenzanbau oder den Anbau an die vordere oder rückwärtige Grundstücksgrenze festschreiben.

Bei der offenen Bauweise ist wichtig, dass ihre Festsetzung nicht unbedingt bedeutet, dass ein Grenzanbau ausgeschlossen ist. Zum einen ist es möglich, dass auch in der offenen Bauweise die nach der Bauordnung an der Grenze zulässigen Gebäude – insbesondere die Grenzgaragen nach Art. 6 Abs. 9 BayBO – gebaut und auch aneinandergebaut werden dürfen. Dadurch kann eine Verkettung der baulichen Anlagen entstehen. Zum anderen sind nach § 22 Abs. 2 Sätze 1 und 2 BauNVO auch in der offenen Bauweise Doppelhäuser und Hausgruppen (Reihenhäuser), deren Außenwände jedenfalls teilweise auf der Grundstücksgrenze stehen, zulässig, wenn die Gesamtlänge dieser Hausformen unter 50 m beträgt.

Der Bebauungsplan kann in diesem Zusammenhang auch die Hausformen festsetzen, also etwa festlegen, dass nur Einzelhäuser bzw. keine Reihenhäuser oder Doppelhäuser zulässig sein sollen. Auch hier muss man aber bedenken, was diese Festsetzung bewirkt. Die Beschränkung auf Einzelhäuser bedeutet nicht, dass nur Einfamilienhäuser errichtet werden dürfen. Beim Einzelhaus kommt es vielmehr zunächst auf die funktionale Selbständigkeit des Gebäudes an. Auch ein Einzelhaus ist also ein Gebäude mit einem Eingang und einem Treppenhaus, selbst wenn sich darin zehn Wohneinheiten befinden. Da nach der Rechtsprechung des Bundesverwaltungsgerichts zur Definition des Doppelhauses – und auch der Hausgruppe – gehört, dass eine Grundstücksgrenze die Haushälften – bzw. die Reihenhäuser – teilt, handelt es sich bei einem Gebäude, das aus zwei vertikal aneinander gebauten, vollständig selbstständig nutzbaren Hälften besteht, ebenfalls um ein Einzelhaus, solange dieses Gebäude auf einem Buchgrundstück steht. Erst die teilende Grundstücksgrenze macht daraus ein Doppelhaus. Diese Unterscheidung mag man verstehen oder nicht, sie schränkt jedenfalls die Festsetzungsmöglichkeiten der Gemeinde im Bereich der Hausformen spürbar ein.

Gemäß § 23 BauNVO werden die überbaubaren Grundstücksflächen, die häufig auch als Baufenster oder Bauräume bezeichnet werden, durch die Festsetzung von Baulinien, Baugrenzen oder Bebauungstiefen bestimmt. Die Bebauungstiefe hat in der Praxis nur geringe Bedeutung, sodass sich die weiteren Darlegungen auf Baulinien und Baugrenzen beschränken.

Die ***Baulinien*** sind das strengere Instrument; auf ihnen muss gebaut werden. Die Außenwände dürfen – von geringfügigen oder ausdrücklich im Bebauungsplan vorgesehenen Abweichungen abgesehen (vgl. § 23 Abs. 2 Sätze 2 und 3 BauNVO) – weder vortreten noch zurückbleiben.

Verschiedene Bauweisen

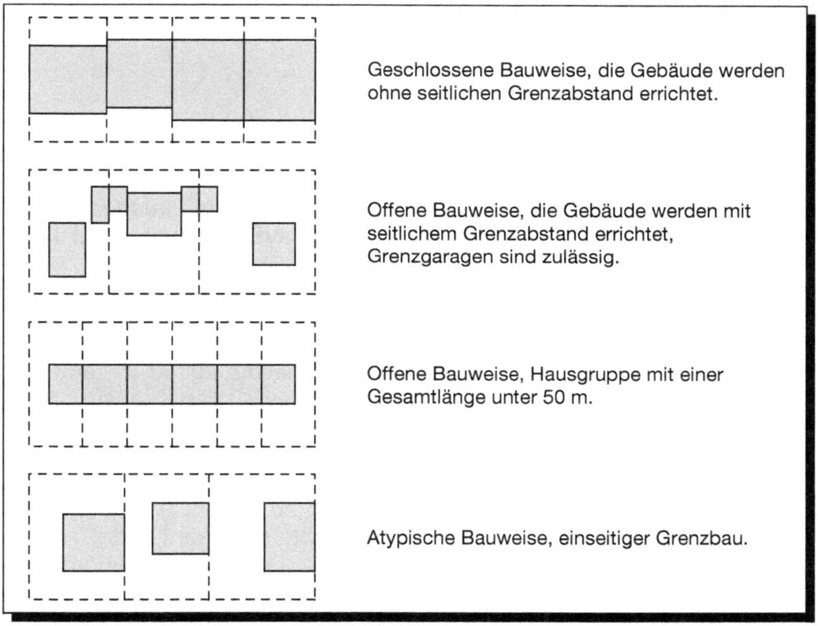

Verschiedene Bauweisen

WICHTIG!

Eine Baulinie setzt man fest, wenn es auf die Außenwand genau an dieser Stelle – etwa aus städtebaulichen oder lärmschutzfachlichen Gründen – ankommt.

Die Baulinie erkennt man im Bebauungsplan in der Regel daran, dass sie rot ausgeführt ist.

Ist eine ***Baugrenze*** festgesetzt, so dürfen die baulichen Anlagen diese nicht überschreiten. Ein Zurückbleiben ist erlaubt. Innerhalb eines durch Baugrenzen bestimmten Bauraums kann sich der Bauherr also gleichsam frei bewegen. Die Baugrenze wird in der Regel im Bebauungsplan blau ausgeführt.

TIPP!

Setzt der Bebauungsplan nichts anderes fest, können gemäß § 23 Abs. 5 BauNVO *Nebenanlagen und Garagen* nach Art. 6 Abs. 9 BayBO auch außerhalb der Bauräume entstehen. Daran sollte man bei Planaufstellung denken und – wenn man das vermeiden will – eine entsprechende Regelung im Bebauungsplan aufnehmen.

4.3 Einzelbauvorhaben

4.3.1 Genehmigungsfreiheit und Genehmigungspflicht

Art. 55 Abs. 1 BayBO enthält den Grundsatz, dass die Errichtung, die Änderung oder die Nutzungsänderung baulicher Anlagen einer Baugenehmigung bedarf. Die wichtigsten Ausnahmen von diesem Grundsatz bilden die Art. 57 BayBO und Art. 58 BayBO. Art. 57 BayBO enthält dabei Tatbestände sogenannter ***Verfahrensfreiheit,*** also Vorhaben, die aufgrund ihrer geringen Größe oder ihrer untergeordneten städtebaulichen Bedeutung keiner präventiven Prüfung bedürfen. Genehmigungsfrei sind beispielsweise kleinere Gebäude bis zu 75 m^3 umbauten Raum oder Garagen im Sinn des Art. 6 Abs. 9 BayBO mit einer Fläche bis zu 50 m^2 außer im Außenbereich. Ist ein Vorhaben gemäß Art. 57 BayBO verfahrensfrei, findet ein bauaufsichtliches Verfahren nicht statt; weder die Gemeinde noch das Landratsamt werden beteiligt. Auch die Nachbarn erfahren nicht zwingend vorab von dem Vorhaben. Der Bauherr darf also ein nach Art. 57 BayBO verfahrensfreies Vorhaben bauen, ohne vorher zu fragen. Weiter reicht die Wirkung der Genehmigungsfreiheit aber nicht; sie beantwortet nur die Frage des Bauherrn: „Muss ich vorher die Bauaufsichtsbehörde fragen?“ –, nicht aber die Frage: „Darf ich wirklich bauen?“.

WICHTIG!

Der Bauherr muss selbstverständlich auch bei verfahrensfreien Vorhaben das materielle Baurecht beachten. Genehmigungsfreiheit bedeutet nicht unbedingt Zulässigkeit des Vorhabens, wie umgekehrt Genehmigungspflicht natürlich nicht Unzulässigkeit bedeutet. Auch genehmigungsfreie Vorhaben können also rechtswidrig sein.

Eine besondere Art der Genehmigungsfreiheit beinhaltet das ***Freistellungsverfahren*** des Art. 58 BayBO. Insoweit steht nicht die Geringfügigkeit des Vorhabens im Vordergrund, sondern eine andere Überlegung. Wenn die Gemeinde einen qualifizierten Bebauungsplan erlässt, regelt sie darin abschließend, welche Vorhaben unter welchen Voraussetzungen zulässig sein sollen. Der Detaillierungsgrad eines solchen Bebauungsplans ist – zumindest planungsrechtlich – mit einer Baugenehmigung vergleichbar. Wenn sich ein Bauherr ausnahmslos an diese Festsetzungen hält, wäre die Erteilung einer zusätzlichen Baugenehmigung regelmäßig ein entbehrlicher Zwischenschritt, auf den verzichtet werden kann. Diese Überlegung greift Art. 58 BayBO auf und stellt bestimmte Vorhaben dann von einer Baugenehmigung frei, wenn sie den Festsetzungen eines qualifizierten Bebauungsplans entsprechen.

In der Bauordnungsnovelle 2008 hat der Gesetzgeber die ursprünglich 1994 eingefügte und 1998 veränderte Vorschrift von ihrem Anwendungsbereich her nochmals deutlich ausgeweitet. Erfasst werden alle baulichen Anlagen bis zur Grenze des Sonderbaus nach Art. 2 Abs. 4 BayBO. Sonderbauten sind beispielsweise Hochhäuser, bauliche Anlagen mit einer Höhe von mehr als 30 m, Gebäude mit einer Fläche von mehr als 1.600 m², größere Verkaufsstätten, größere Versammlungsstätten, Schulen, Kindergärten.

Diese Vorhaben sind dann genehmigungsfrei, wenn sie fünf Voraussetzungen erfüllen. Die fünf Voraussetzungen stehen völlig selbstständig nebeneinander und hängen insbesondere nicht voneinander ab. Nur dann, wenn alle fünf Voraussetzungen eingehalten werden, kann das Vorhaben ohne Baugenehmigung entstehen; fehlt nur eine, ist ein Baugenehmigungsverfahren durchzuführen. Diese fünf Voraussetzungen sind:

- Das Vorhaben muss sich innerhalb des Geltungsbereichs eines qualifizierten Bebauungsplans nach § 30 Abs. 1 BauGB oder eines vorhabenbezogenen Bebauungsplans nach §§ 12, 30 Abs. 2 BauGB befinden.
- Die Festsetzungen des zugrunde liegenden Bebauungsplans und etwaige örtliche Bauvorschriften sind vollständig einzuhalten. Ist eine Ausnahme oder eine Befreiung erforderlich, kann das Vorhaben nicht im Freistellungsverfahren entstehen. Es ist dann auch nicht möglich, das Genehmigungsverfahren auf den Bereich zu beschränken, wo die Ausnahme oder die Befreiung benötigt werden. Vielmehr muss das gesamte Vorhaben im Genehmigungsverfahren laufen.
- Wie bei allen Zulässigkeitstatbeständen, die sich mit Einzelbauvorhaben befassen, muss die Erschließung gesichert sein.
- Das Freistellungsverfahren ist ausgeschlossen bei baulichen Anlagen, durch die Wohnungen mit insgesamt mehr als 5.000 m² Bruttogrundfläche geschaffen werden sollen oder die öffentlich zugänglich sind und der gleichzeitigen Nutzung von mahr als 100 Personen dienen, wenn die Vorhaben die Mindestabstände zu einem sog. „Störfallbetrieb“ nach der EU-Richtlinie Seveso III unterschreiten. Das dürfte in der Praxis höchst selten vorkommen.
- Schließlich darf die Gemeinde nicht innerhalb der Frist des Art. 58 Abs. 3 Satz 5 BayBO – also innerhalb eines Monats – erklären, dass ein Baugenehmigungsverfahren durchgeführt werden soll bzw. darf die Gemeinde innerhalb dieser Frist nicht eine vorläufige Untersagung nach § 15 Abs. 1 Satz 2 BauGB bei der Bauaufsichtsbehörde beantragen.

Der Umstand, dass die Gemeinde überhaupt in das Freistellungsverfahren einbezogen worden ist, und die Art und Weise, wie dies der Gesetzgeber getan hat, überrascht zunächst. Man hätte annehmen können, dass eine Beteiligung der Gemeinde deshalb unterbleiben kann, weil das dem Freistellungsverfahren unterliegende Vorhaben sämtliche Vorgaben des gemeindlichen Bebauungsplans einhalten muss und von daher gemeindliche Belange nicht als berührt erscheinen. Diese Sichtweise würde allerdings übersehen, dass die gemeindliche Planungshoheit nicht mit dem Erlass eines Bebauungsplans endet, sondern dass die Gemeinde ihren Planungswillen selbstverständlich jederzeit ändern oder konkretisieren kann. Würde die Gemeinde im Freistellungsverfahren nicht beteiligt, wäre es denkbar, dass ein Vorhaben entsteht, das zwar den Festsetzungen des Bebauungsplans entspricht, nicht (mehr) aber dem tatsächlichen Willen der Gemeinde. Die Gemeinde muss auch im Freistellungsverfahren die Möglichkeit erhalten, an sich plankonforme Vorhaben zu verhindern, indem – durch Veränderungssperre oder Zurückstellung des Baugesuchs gesichert – der Bebauungsplan abgeändert wird. Um dies sicherzustellen, hat die Gemeinde im Freistellungsverfahren das Recht, aus einem potenziell genehmigungsfreien Vorhaben ein genehmigungspflichtiges zu machen, um dann die planungsrechtlichen Sicherungsmittel der §§ 14 und 15 BauGB einsetzen zu können.

WICHTIG!

Haftungsansprüche gegen die Gemeinde entstehen weder, wenn ein an sich plankonformes Vorhaben ins Genehmigungsverfahren geführt wird, noch, wenn die Gemeinde kein Genehmigungsverfahren fordert, obwohl das Vorhaben rechtswidrig ist und die Bauaufsichtsbehörde nachträglich eine Baueinstellung oder eine Baubeseitigung anordnet.

Wenn ein Bauvorhaben genehmigungspflichtig ist, ist die Gemeinde insbesondere über die Erteilung des ***Einvernehmens*** gemäß § 36 BauGB in das Geschehen einbezogen. Nach dieser Vorschrift wird über die Zulässigkeit von Vorhaben nach §§ 31, 33 bis 35 BauGB im bauaufsichtlichen Verfahren von der Baugenehmigungsbehörde im Einvernehmen mit der Gemeinde entschieden. Das bedeutet, dass die Gemeinde bei allen Bauvorhaben ihr Einvernehmen erteilen muss, außer es handelt sich um völlig plankonforme Vorhaben.

In § 36 Abs. 2 BauGB werden die Prüfungsmaßstäbe der Gemeinde bei der Entscheidung über das Einvernehmen festgelegt. Die Gemeinde darf ihr Einvernehmen nur aus den sich aus den §§ 31, 33, 34 und 35 BauGB ergebenden Gründen versagen. Mit anderen Worten steht der Gemeinde nur das Planungsrecht als Maßstab für ihre Entscheidung zur Verfügung. Nur dann, wenn das Vorhaben nicht mit den planungsrechtlichen Vorschriften übereinstimmt, darf das gemeindliche Einvernehmen verweigert werden. Andere Überlegungen dürfen in die entsprechende Entscheidung nicht einbezogen werden. Daher sind Vorgehensweisen – wie sie in der Praxis oft zu beobachten sind – dahin gehend, dass baurechtsfremde Forderungen der Gemeinde zu einer Verweigerung des Einvernehmens führen, nicht zulässig. Sogar baurechtliche Verstöße, die aber nur das Bauordnungsrecht betreffen, können von der Gemeinde nicht gerügt werden.

Eine Art baurechtliches Sonderrecht wurde im Jahr 2026 mit dem Bauturbogesetz des Bundes geschaffen. Mit Zustimmung der Gemeinde kann bis zum Ablauf des 31. Dezember 2030 von den Vorschriften des Baugesetzbuchs oder den aufgrund dieses Gesetzbuchs erlassenen Vorschriften abgewichen werden, wenn die Abweichung unter Würdigung nachbarlicher Interessen mit den öffentlichen Belangen vereinbar ist und einem der folgenden Vorhaben dient:

1. der Errichtung Wohnzwecken dienender Gebäude,
2. der Erweiterung, Änderung oder Erneuerung zulässigerweise errichteter Gebäude, wenn hierdurch neue Wohnungen geschaffen oder vorhandener Wohnraum wieder nutzbar wird, oder
3. der Nutzungsänderung zulässigerweise errichteter baulicher Anlagen zu Wohnzwecken, einschließlich einer erforderlichen Änderung oder Erneuerung.

Vorhaben nach § 246e BauGB sind gemäß § 36a BauGB nur mit Zustimmung der Gemeinde zulässig, auch wenn die Gemeinde selbst die zuständige Bauaufsichtsbehörde ist. Die Gemeinde erteilt die Zustimmung, wenn das Vorhaben mit ihren Vorstellungen von der städtebaulichen Entwicklung und Ordnung vereinbar ist. Sie kann ihre Zustimmung unter der Bedingung erteilen, dass der Vorhabenträger sich verpflichtet, bestimmte städtebauliche Anforderungen einzuhalten. Die Zustimmung der Gemeinde gilt als erteilt, wenn sie nicht binnen drei Monaten nach Eingang des Ersuchens der Genehmigungsbehörde verweigert wird. Die Gemeinde kann der betroffenen Öffentlichkeit dabei vor der Entscheidung über die Zustimmung Gelegenheit zur Stellungnahme zu dem Antrag innerhalb angemessener Frist geben, höchstens jedoch innerhalb eines Monats. In diesem Fall verlängert sich die Entscheidungsfrist um die Dauer der Stellungnahmefrist.

Die kommenden Jahre werden zeigen, welche Wirkung der Bauturbo in unseren Städten und Gemeinden zeitigen wird.

Beispiel:

Unzulässig ist es, wenn die Gemeinde die Erteilung des Einvernehmens davon abhängig macht, ob der Bauherr an anderer Stelle im Gemeindegebiet eine Grundabtretung vornimmt, oder wenn die Gemeinde ihr Einvernehmen verweigert, weil das Vorhaben die erforderlichen Abstandsflächen nicht einhält.

4.3.2 Die drei planungsrechtlichen Bereiche

Die Zuordnung einer Fläche zu einem bestimmten Bereich des Planungsrechts ist für die Bebaubarkeit von eminenter Bedeutung. Die Voraussetzungen, ob ein Grundstück überhaupt und falls ja mit welcher Art und welchem Maß genutzt werden kann, hängen in erster Linie davon ab, in welchem Plangebiet es liegt.

Dabei ist die rechtliche Situation in Bezug auf die Zuordnung zunächst von frappierender Einfachheit. Die gesamte Bundesrepublik Deutschland ist in lediglich drei Kategorien planungsrechtlicher Zulässigkeit eingeteilt. Eine Fläche gehört danach entweder

- zum Geltungsbereich eines ***qualifizierten Bebauungsplans*** nach § 30 Abs. 1 BauGB oder eines vorhabenbezogenen Bebauungsplans nach § 30 Abs. 2 BauGB,
- zum ***Innenbereich*** nach § 34 BauGB oder
- zum ***Außenbereich*** nach § 35 BauGB.

Eine vierte Variante existiert – mit Ausnahme der Bereiche, die aufgrund Fachplanungsrecht überplant sind (z. B. Bahngelände, Fernstraßen) und auf die hier nicht eingegangen werden kann – nicht, sodass letztlich jeder Quadratzentimeter Fläche eindeutig einer bestimmten Kategorie und damit einer Form planungsrechtlicher Zulässigkeit zugeordnet werden kann.

4.3.3 Wie werden Innen- und Außenbereich voneinander abgegrenzt?

Ob für ein Grundstück bzw. für eine zur Bebauung vorgesehene Fläche ein qualifizierter Bebauungsplan vorliegt, lässt sich leicht feststellen. Dies ergibt sich eindeutig aus den jeweiligen Instruktionsgrenzen der entsprechenden Bebauungspläne.

Schwieriger und für das Baurecht in der Regel von entscheidender Wichtigkeit ist hingegen die Unterscheidung zwischen Innen- und Außenbereich. Der Gesetzgeber hat, um das oben geschilderte Ergebnis einer Zuordnung zu einem von drei Planbereichen zu erreichen, für diese Unterscheidung einen normativen Trick angewandt. Er definiert nicht jeweils materiell die Begriffe Innenbereich und Außenbereich für sich, sondern er bestimmt nur einen Begriff und formuliert den anderen als Auffangtatbestand. Außenbereich ist daher alles, was nicht Innenbereich ist. Diese im ersten Moment etwas kuriose Begriffsbestimmung leistet eben genau die oben beschriebene klare Einteilung in drei – und nur drei – Planbereiche. Außenbereich ist daher keinesfalls gleichzusetzen mit Vorstellungen wie „weitab von jeder Bebauung" oder „in der freien Natur", Außenbereich ist vielmehr juristisch und als sich negativ vom Innenbereich abgrenzender Begriff definiert.

Die Begriffsbestimmung, was nun ***Innenbereich*** ist, liefert § 34 Abs. 1 BauGB. Die Vorschrift ist anzuwenden auf Vorhaben, die innerhalb im Zusammenhang bebauter Ortsteile liegen. Zwei Tatbestandsmerkmale müssen also unterschieden werden, der Bebauungszusammenhang einerseits und der Ortsteil andererseits. Beide Tatbestandsmerkmale müssen vorliegen, damit man von Innenbereich sprechen kann und damit umgekehrt kein Außenbereich vorliegt. Nicht jeder Bebauungszusammenhang ist aber ein Ortsteil, nicht jedes innerhalb eines Ortsteils gelegene Baugrundstück gehört notwendigerweise einem Bebauungszusammenhang an. Fehlt aber nur einer der beiden Teile der Definition, befindet sich die entsprechende Fläche im Außenbereich. So ist es denkbar, dass eine Splitterbebauung durchaus einen Bebauungszusammenhang aufweist, der aber mangels Ortsteileigenschaft komplett im Außenbereich liegt, es kann umgekehrt sein, dass eine größere unbebaute Fläche innerhalb eines Ortsteils an dessen Bebauungszusammenhang nicht mehr teilnimmt und deshalb einen „Außenbereich im Innenbereich" darstellt.

Ein Bebauungszusammenhang liegt dann vor, wenn Gebäude tatsächlich aufeinander folgen und so den Eindruck der Geschlossenheit (Zusammengehörigkeit) vermitteln. Zu diesem Zusammenhang können auch Baulücken gehören bzw. Flächen, die von ihrer Natur (z. B. Wasserflächen) oder ihrer Zweckbestimmung (z. B. Sportplatz) her nicht bebaubar sind.

Bei der Frage, ob eine bestimmte Fläche noch dem eben beschriebenen Bebauungszusammenhang zugehört, sind vor allem zwei Fallgestaltungen in der Praxis problematisch:

- Wo endet der Bebauungszusammenhang bei Randlagen und
- wie groß darf eine Freifläche innerhalb einer bestehenden Bebauung sein, damit der Bebauungszusammenhang nicht unterbrochen wird?

Grundsätzlich endet der Innenbereich mit der letzten Bebauung. Die Grenze zum Außenbereich kann daher nicht dadurch „abgerundet" werden, dass ein Bebauungsvorsprung in den Außenbereich hinein durch Fortschreibung zu einer weiteren Bauzeile aufgefüllt werden könnte. Die Grenzlinie zwischen Außen- und Innenbereich springt also regelmäßig mit der vorhandenen Bebauung vor und zurück. Die Abgrenzung zwischen Innen- und Außenbereich erfolgt auch völlig unabhängig von den Grundstücksgrenzen. Es ist daher durchaus möglich, dass ein Teil eines Buchgrundstücks dem Innen- und der andere Teil dem Außenbereich zugeordnet werden muss. Ein Bebauungszusammenhang kann ausnahmsweise auch durch andere tatsächliche – insbesondere topografische – Umstände gegenüber dem Außenbereich abschließen, insbesondere durch Geländeeinschnitte, Böschungen, Waldränder, Gewässer, Straßen oder Wege. In diesen Fällen ist denkbar, dass eine Fläche am Rande eines Bebauungszusammenhangs diesem noch zugerechnet werden kann, wenn sie diesseits der beschriebenen tatsächlichen Abgrenzung liegt.

Nicht jeder Bebauungszusammenhang genügt für die Anwendung des § 34 BauGB. Vielmehr muss es sich um einen Ortsteil handeln. Ortsteil ist jeder Bebauungskomplex von einigem Gewicht im Gebiet einer Gemeinde, der nach der Zahl der vorhandenen Bauten ein gewisses Gewicht besitzt und Ausdruck einer organischen Siedlungsstruktur ist. Die Definition enthält ein eher **quantitativ** geprägtes Element („Bebauungskomplex von einigem Gewicht“) und ein eher **qualitativ** geprägtes („organische Siedlungsstruktur“); nur wenn beide Merkmale nebeneinander vorliegen, kann von einem Ortsteil gesprochen werden.

Dabei kann als extrem grober Anhalt davon ausgegangen werden, dass unterhalb von etwa zehn Gebäuden ganz regelmäßig kein hinreichendes Gewicht mehr vorhanden ist. Eine solche Ansammlung von Gebäuden bezeichnet man als „Splittersiedlung“; sie liegt, obwohl Bebauung vorhanden ist, insgesamt im Außenbereich.

4.3.4 Zulässigkeit von Vorhaben im Geltungsbereich eines qualifizierten Bebauungsplans

Die Zulässigkeit von Einzelbauvorhaben im Geltungsbereich eines qualifizierten Bebauungsplans regelt zunächst § 30 Abs. 1 BauGB. Denklogisch bestimmt die Vorschrift, dass Bauvorhaben dann zulässig sind, wenn sie den Festsetzungen des Bebauungsplans nicht widersprechen. Dabei ist wichtig, dass die Vorhaben, um plankonform zu sein, natürlich **alle** Festsetzungen einhalten müssen und nicht nur die, die einen Bebauungsplan zu einem qualifizierten machen. Regelt der Bebauungsplan einen bestimmten Bereich nicht, ist der Bauherr aber gleichsam frei.

Beispiel:

Enthält der Bebauungsplan z. B. keine Festsetzungen über Dachgauben, sind diese grundsätzlich und in jeder Ausführung und Größe zulässig; absolute Schranke bildet dann nur noch das Verunstaltungsverbot.

Soll von den Festsetzungen eines Bebauungsplans abgewichen werden, stehen die Instrumente der ***Ausnahme*** (§ 31 Abs. 1 BauGB) und der ***Befreiung*** (§ 31 Abs. 2 BauGB) zur Verfügung. Der Unterschied zwischen diesen beiden Abweichungstatbeständen besteht darin, dass die Ausnahme nach Art und Umfang im Bebauungsplan ausdrücklich vorgesehen sein muss, während die Befreiung bei zwingenden Festsetzungen infrage kommt. Den in der Praxis häufigsten Fall der Befreiung bildet § 31 Abs. 2 Nr. 2 BauGB. Danach kann eine Befreiung gewährt werden, wenn die Abweichung die Grundzüge der Planung nicht berührt, die Abweichung städtebaulich vertretbar und sie auch unter Würdigung nachbarlicher Interessen mit öffentlichen Belangen vereinbar ist. Gerade das Tatbestandsmerkmal der Berührung der Grundzüge der Planung ist schwer zu konkretisieren. Man geht davon aus, dass die Grundzüge dann berührt sind, wenn es um eine Festsetzung geht, die den Bebauungsplan gleichsam wie ein roter Faden durchzieht, sodass eine Abweichung zu weitreichenden Folgen führen würde. In der Praxis sind Befreiungen ein sehr häufiges Mittel, um an sich nicht dem Bebauungsplan entsprechende Vorhaben zu ermöglichen – nicht selten über den eigentlichen, rechtlich zulässigen Anwendungsbereich der Vorschrift hinaus.

Die Gemeinde sollte bereits bei der Festsetzung überlegen, ob sie gegebenenfalls auf Antrag des Bauherrn von ihr befreien würde. Falls sie dies tun würde, kann sie auf diese Festsetzung von vornherein verzichten. So käme man gleichsam automatisch zu schlanken Bebauungsplänen, weil nur das festgeschrieben würde, was die Gemeinde wirklich wünscht und auch umsetzen will; darüber hinaus würde den Bauherren klar, dass auch der Bebauungsplan eine echte Rechtsnorm ist, von der Abweichungen grundsätzlich nicht zugelassen werden.

Ist ein Bebauungsplan noch nicht rechtskräftig, kann im Übrigen unter den Voraussetzungen des § 33 BauGB bei ***Planreife*** gleichwohl bereits auf seiner Grundlage gebaut werden. Die Vorschrift kennt dabei zwei Varianten:

- Nach § 33 Abs. 1 BauGB zulässig ist ein Vorhaben, wenn die öffentliche Auslegung des Bebauungsplans nach § 3 Abs. 2 BauGB sowie die Behördenbeteiligung nach § 4 Abs. 2 BauGB erfolgt sind (sog. formelle Planreife), wenn anzunehmen ist, dass das Vorhaben den künftigen Festsetzungen des Bebauungsplans nicht entgegenstehen wird (sog. materielle Planreife), wenn der Antragsteller diese Festsetzungen für sich und seine Nachfolger schriftlich anerkennt und wenn die Erschließung gesichert ist.
- § 33 Abs. 2 und 3 BauGB enthalten nochmalige Lockerungen im Bereich der formellen Planreife. Gemäß § 33 Abs. 2 BauGB kann vor

einer **erneuten** Öffentlichkeits- bzw. Behördenbeteiligung genehmigt werden, wenn sich die vorgenommene Änderung oder Ergänzung des Bebauungsplanentwurfs nicht auf das Vorhaben auswirkt. § 33 Abs. 3 BauGB lässt es beim **vereinfachten Verfahren** nach § 13 BauGB sowie beim beschleunigten Verfahren nach § 13a BauGB genügen, dass der betroffenen Öffentlichkeit und den berührten Behörden Gelegenheit zur Stellungnahme gegeben worden ist.

4.3.5 Zulässigkeit von Vorhaben im Innenbereich

Kernstück der Zulässigkeit baulicher Anlagen im bauplanungsrechtlichen Innenbereich nach § 34 BauGB ist das Einfügungsgebot. Danach sind Bauvorhaben prinzipiell zulässig, wenn sie sich nach Art und Maß der baulichen Nutzung, der Bauweise und der Grundstücksfläche, die überbaut werden soll, in die Eigenart der näheren Umgebung einfügen.

Zur Umgebung kann nur die tatsächlich vorhandene Bebauung gehören. Eine mögliche Bebauung – etwa auch wenn sie ein benachbarter Bebauungsplan zuließe – gehört nicht zur nach § 34 BauGB relevanten Umgebung. Hier gilt, dass nur das einbezogen werden kann, was zu sehen ist. Die nähere Umgebung besteht dabei nicht nur aus den unmittelbar benachbarten Grundstücken, sondern schließt die Grundstücke mit ein, auf die sich die Ausführung des Vorhabens auswirken kann bzw. die ihrerseits den bodenrechtlichen Charakter des Baugrundstücks prägen oder wenigstens beeinflussen.

§ 34 Abs. 1 BauGB enthält abschließend die Komponenten, nach denen sich das Einfügen bemisst, nämlich Art und Maß der baulichen Nutzung, Bauweise und Grundstücksfläche, die überbaut werden soll. Andere Komponenten dürfen nicht einbezogen werden; eine Gesamtschau im Sinne einer die einzelnen Komponenten abwägenden Entscheidung ist nicht möglich. Bei der Prüfung muss das Vorhaben also der Reihe nach an den genannten Kriterien gemessen werden. Bei der Frage des Einfügens nach der Art der baulichen Nutzung kann zunächst auf die Fallgruppen der Baunutzungsverordnung zurückgegriffen werden. Lässt sich die Umgebungsbebauung eindeutig einem Regelgebiet zuordnen, beurteilt sich die Zulässigkeit allein danach (vgl. § 34 Abs. 2 BauGB); im Übrigen lassen sich auch in den Fällen nicht eindeutiger Zuordnung wichtige Hilfen aus § 2 ff. BauNVO ziehen.

Beim Maß der baulichen Nutzung kann die BauNVO nicht unmittelbar herangezogen werden. Zwar können auch hier die in der BauNVO festgelegten Kriterien wichtige Hilfestellungen beinhalten; die im Bebauungsplan besonders wichtigen relativen Maßeinheiten (insbesondere Grundflächen-

und Geschossflächenzahlen) sind aber nur dann beachtlich, wenn sich in der relevanten Umgebung im Wesentlichen gleich große und gleich geschnittene Grundstücke befinden. Die häufig anzutreffende Praxis, das Einfügungsgebot vor allem über GRZ und GFZ zu konkretisieren, findet daher im Gesetz keine hinreichende Stütze. Abgestellt werden muss vielmehr insbesondere auf die absolute Grundfläche oder Geschossfläche, auf die Zahl der Vollgeschosse oder die Höhe der Gebäude.

Nicht zum Maß der baulichen Nutzung gehört z. B. die Anzahl der Wohnungen in einem Gebäude. Befinden sich in der Umgebung beispielsweise nur Ein- oder Zweifamilienhäuser kann mit diesem Argument allein ein Sechsfamilienhaus, das sich von seinen Ausmaßen her einfügen würde, nicht abgelehnt werden. Andere von § 34 Abs. 1 BauGB nicht genannte Kriterien sind bei der Frage des Einfügens und bei der Zulässigkeit nach § 34 BauGB schlechthin ohne Belang. So spielt es keine Rolle, welche Aussagen der Flächennutzungsplan enthält, oder ob – über die in § 34 Abs. 1 BauGB genannten Anknüpfungspunkte „Erschließung", „gesunde Wohn- und Arbeitsverhältnisse" sowie „Ortsbild" hinaus – andere öffentliche Belange tangiert werden.

Einfügen bedeutet nicht völlige Gleichartigkeit und Einheitlichkeit, sondern etwas vereinfacht ausgedrückt Harmonie. Es darf auch etwas entstehen, was in dieser Form in der näheren Umgebung noch nicht vorhanden ist. Richtig ist zwar, dass je einheitlicher sich die Umgebungsbebauung darstellt, desto enger auch der einzuhaltende Rahmen wird. Gleichwohl soll das Einfügungsgebot – wie das Bundesverwaltungsgericht selbst ausführt – nicht als starre Festlegung auf den gegebenen Rahmen allen individuellen Ideenreichtum blockieren; es zwingt also nicht zur Uniformität.

4.3.6 Zulässigkeit von Vorhaben im Außenbereich

Soll ein Vorhaben im Außenbereich ausgeführt werden, richtet sich seine Zulässigkeit nach § 35 BauGB. Bei der Anwendung dieser Vorschrift ist immer zu beachten, dass der Außenbereich grundsätzlich von Bebauung freigehalten werden muss. Die Vorschrift unterscheidet zwischen zwei Kategorien:

- ***Privilegierte Vorhaben*** nach § 35 Abs. 1 BauGB sind zulässig, wenn ***öffentliche Belange*** nicht **entgegenstehen** und eine ausreichende Erschließung gesichert ist. Ein Entgegenstehen in diesem Sinne kommt in der Praxis äußerst selten vor, sodass man etwas vergröbert davon auszugehen hat, dass privilegierte Vorhaben in der Regel im Außenbereich zulässig sind. Was ***privilegierte Vorhaben*** sind, regelt insoweit abschließend § 35 Abs. 1 BauGB. Hinzu gehören z. B. Vorhaben, die einem landwirtschaftlichen Betrieb dienen und nur einen untergeordneten Teil der Betriebsfläche ausmachen (§35 Abs. 1 Nr. 1 BauGB), Vorhaben, die der öffentlichen Versorgung mit Elektrizität, Gas, Telekommunikationsdienstleistungen – hierzu gehören grundsätzlich auch Mobilfunkantennen –, Wärme und Wasser, der Abwasserwirtschaft oder einem ortsgebundenen Gewerbebetrieb, z. B. dem Kiesabbau, dienen (§ 35 Abs. 1 Nr. 3), Vorhaben, die wegen ihrer besonderen Anforderungen an die Umgebung, wegen ihrer nachteiligen Wirkungen auf die Umgebung oder wegen ihrer besonderen Zweckbestimmung nur im Außenbereich ausgeführt werden sollen – der Anwendungsbereich ist relativ eng, erfasst werden z. B. bestimmte Intensivtierhaltungen außerhalb der Landwirtschaft oder Sprengplätze (§ 35 Abs. 1 Nr. 4 BauGB) –, sowie Vorhaben, die der Erforschung, Entwicklung oder Nutzung der Wind- oder Wasserenergie dienen (§35 Abs. 1 Nr. 5 BauGB). Durch die Novelle des BauGB 2004 wurden unter genau umrissenen Voraussetzungen auch Biomasseanlagen einbezogen (§35 Abs. 1 Nr. 6 BauGB).

- Sonstige Vorhaben können nach §35 Abs. 2 BauGB im Einzelfall zugelassen werden, wenn ihre Ausführung und Benutzung ***öffentliche Belange*** nicht beeinträchtigt und die ausreichende Erschließung gesichert ist. Trotz des Wortlauts „können“ gibt auch § 35 Abs. 2 BauGB einen Rechtsanspruch auf Baugenehmigung, wenn die entsprechenden Voraussetzungen erfüllt sind. Allerdings ist – anders als beim Entgegenstehen – ganz regelmäßig eine Beeinträchtigung eines öffentlichen Belangs durch das sonstige Vorhaben gegeben, was zur Unzulässigkeit im Außenbereich führt. Wenn beispielsweise Wohngebäude regelmäßig an § 35 Abs. 2 BauGB scheitern, liegt dies daran, dass bestimmte öffentliche Belange praktisch immer als beeinträchtigt angesehen werden müssen; es sind dies die Belange „Flächennutzungsplan“, „natürliche Eigenart der Landschaft“ und „Entstehung, Verfestigung oder Erweiterung einer Splittersiedlung“. Eben diese Belange – mit Ausnahme des Belangs „natürliche Eigenart“ – lassen sich über eine Lückenfüllungssatzung nach §35 Abs. 6 BauGB ausschalten. Allerdings ist es oft denkbar, dass in den Fällen, in denen die Voraussetzungen für den Erlass einer solchen Außenbereichssatzung gegeben sind – nämlich bei der Innenverdichtung von Splittersiedlungen –, auch eine Einzelbaugenehmigung infrage kommt.

Was als ***öffentliche Belange*** berücksichtigt werden muss, regelt insbesondere §35 Abs. 3 BauGB. Zwar ist die Vorschrift nicht abschließend, sondern zählt die öffentlichen Belange nur „insbesondere“ auf. Allerdings werden die in der Praxis wichtigsten Bereiche umschrieben, sodass öffentliche Belange außerhalb §35 Abs. 3 BauGB nur selten infrage kommen werden.

5. Vergaberecht

<u>Wichtige Vorschriften und Bekanntmachungen</u> sind insbesondere

- §§ 97 ff. des Gesetzes gegen Wettbewerbsbeschränkungen – GWB –
- Vergabeverordnung – VgV –
- Vergabe- und Vertragsordnung für Bauleistungen – VOB –
- Konzessionsvergabeverordnung – KonzVgV –
- Teil 3 des Bayerischen Gesetzes über wirtschafts- und vergaberechtliche Vorschriften (BayWiVG)
- Sektorenverordnung (SektVO) für öffentliche Aufträge in den Bereichen Verkehr, Trinkwasserversorgung und Energieversorgung
- Umweltrichtlinien Öffentliches Auftragswesen (öAUmwR)
- Unterschwellenvergabeverordnung – UVgO –
- Verwaltungsvorschrift zum öffentlichen Auftragswesen (VVöA)
- § 31 KommHV-Kameralistik; § 30 KommHV-Doppik
- Bekanntmachung des Staatsministeriums des Innern und für Integration über die Vergabe von Aufträgen im kommunalen Bereich vom 31.07.2018 (AllMBl. S. 547) in der jeweils geltenden Fassung
- Rundschreiben, Hinweise und Arbeitshilfen auf der Homepage des Bayerischen Staatsministeriums des Innern, für Sport und Integration unter http://www.stmi.bayern.de/kub/kommunale_vergaben/index.php.

5.1 Ziele und Grundsätze des Vergaberechts

Das Vergaberecht (vgl. zu den europarechtlichen Aspekten auch Teil 2 Kapitel 6.4.1) regelt das Verfahren beim Einkauf von Gütern und Leistungen durch öffentliche Auftraggeber. Hierzu gehören Staat und Kommunen, aber auch bestimmte Privatunternehmen (z. B. Energieversorger). Dem Vergaberecht liegen folgende Zielsetzungen zugrunde:

- Wirtschaftlichkeit und Sparsamkeit: Die öffentliche Hand soll durch Ansprache von möglichst vielen möglichen Auftragnehmern Sach- und Personalmittel zu preiswerten und besten Konditionen beschaffen.
- Schutz der Wirtschaft durch Wettbewerb, Gleichbehandlung und Transparenz.

Aus diesen Zielen leiten sich unter anderem folgende Vergabegrundsätze ab:

- Fairer Wettbewerb: In einem formalisierten Verfahren sollen möglichst viele Unternehmen die Möglichkeit haben, ihre Leistung anzubieten.

- Transparenz: Nur ein nachvollziehbares Vergabeverfahren garantiert einen echten Wettbewerb zwischen den Unternehmen.
- Gleichbehandlung: Alle Unternehmen, die in einem Vergabeverfahren ein Angebot eingereicht haben (Bieter), sind gleich zu behandeln. Maßgebliches Kriterium für die Auswahl des Auftragnehmers ist seine Eignung; entscheidend sind also Fachkunde, Leistungsfähigkeit und Zuverlässigkeit. Deshalb ist eine Beschränkung des Vergabeverfahrens auf in einer Kommune ansässige Unternehmen unzulässig.
- Wirtschaftlichkeit: Der Zuschlag ist auf das wirtschaftlichste Angebot zu erteilen; die Höhe des angebotenen Preises für die Ware oder die Leistung ist also nicht allein maßgeblich.

Entscheidend für die Frage, welche Rechtsvorschriften zur Anwendung kommen, sind die EU-Schwellenwerte (siehe unten Kapitel 5.4).

5.2 Auftrag

5.2.1 Begriffe

Ein öffentlicher Auftrag ist ein entgeltlicher (zivil- oder öffentlich-rechtlicher) Vertrag mit einem öffentlichen Auftraggeber, der Liefer-, Bau- oder Dienstleistungen zum Gegenstand hat.

(1) Entgeltlichkeit

Entscheidend ist allein, ob die Vertragspartner eine Gegenleistung mit geldwertem Charakter vereinbart haben. Ein entgeltlicher Vertrag setzt also nicht voraus, dass zwischen der Kommune und dem Unternehmen eine Geldleistung fließt. Deshalb unterliegen z. B. Baukonzessionen, bei denen die Gegenleistung statt in einer Vergütung in einem Recht auf Nutzung einer Bauleistung besteht, ebenfalls dem Vergaberecht.

(2) Öffentlicher Auftraggeber[1])

Oberhalb der EU-Schwellenwerte sind öffentliche Auftraggeber

- Gemeinden, Landkreise, Bezirke
- Zweckverbände
- Kommunale Unternehmen, wenn die Kommune oder der Zweckverband einen beherrschenden Einfluss ausüben oder das Unternehmen überwiegend finanzieren und das Unternehmen zu dem besonderen Zweck gegründet wurde, im Allgemeininteresse liegende Aufgaben nichtgewerblicher Art zu erfüllen.

1) Die folgenden Ausführungen benennen aus Vereinfachungsgründen die Kommune als Auftraggeber.

Unterhalt der EU-Schwellenwerte sind öffentliche Auftraggeber
- Gemeinden, Landkreise, Bezirke
- Zweckverbände
- Verwaltungsgemeinschaften
- Eigenbetriebe.

5.2.2 Einzelne Aufträge

- Bauauftrag: Vertragsgegenstand ist die Ausführung (ggf. zusammen mit der Planung) eines Bauvorhabens.
- Lieferauftrag: Vertragsgegenstand ist die Beschaffung von Waren, insbesondere durch (Raten-)Kauf, Leasing, Miete oder Pacht.
- Konzessionen: Hier betraut ein Konzessionsgeber ein Unternehmen mit der Erbringung von Bauleistungen (Baukonzession) oder Dienstleistungen, die nicht Bauleistungen sind (Dienstleistungskonzession); dabei besteht die Gegenleistung entweder allein in dem Recht zur Nutzung des Bauwerks bzw. zur Verwertung der Dienstleistung oder in diesem Recht zuzüglich einer Zahlung.
- Unter bestimmten Voraussetzungen ist das Vergaberecht bei sog. Inhouse-Geschäften und interkommunalen Kooperationen nicht anwendbar.

5.2.3 Los

Umfangreiche Aufträge sind in sog. Lose (Fach- und Teillose) aufzuteilen. Damit sollen kleinere und mittlere Unternehmen die Chance erhalten, sich um einen Teil des Auftrags zu bemühen, wenn sie den gesamten Auftrag nicht meistern können.

5.3 Vergabeverfahren

Es gibt drei Arten von Vergabeverfahren:

- Die **Öffentliche Ausschreibung** (bei europaweiter Ausschreibung: das offene Verfahren) fordert in einem förmlichen Verfahren einen unbeschränkten Kreis von Unternehmen öffentlich zur Abgabe von Angeboten auf. Sie gewährleistet den größtmöglichen Wettbewerb.
- Die **Beschränkte Ausschreibung** (bei europaweiter Ausschreibung: das nicht offene Verfahren) gibt es in zwei Varianten: Bei einer **Beschränkten Ausschreibung mit Teilnahmewettbewerb** fordert die Kommune eine unbeschränkte Anzahl von Unternehmen öffentlich zur Abgabe von Teilnahmeanträgen auf. Nach der Eignungsprüfung fordert sie mehrere geeignete Bewerber auf, ein Angebot abzugeben; sie kann dabei die Zahl der aufgeforderten Bewerber begrenzen. Bei einer

Beschränkten Ausschreibung ohne Teilnahmewettbewerb verzichtet die Kommune auf einen Wettbewerb und fordert lediglich mehrere Unternehmen nach Prüfung ihrer Eignung auf, ein Angebot abzugeben.

- Die **Verhandlungsvergabe** (bei europaweiter Ausschreibung: das Verhandlungsverfahren) fordert die Kommune mehrere, grundsätzlich mindestens drei Unternehmen nach Prüfung ihrer Eignung auf, ein Angebot abzugeben. Sie kann einen Teilnahmewettbewerb vorschalten. Bei Verhandlungen über den Inhalt des Angebots, die im Ermessen der Kommune stehen, sind alle Bieter gleich zu behandeln.

Oberhalb der EU-Schwellenwerte kann die Kommune zwischen offenem und nicht offenem Verfahren (mit Teilnahmewettbewerb) frei wählen.

Unterhalb der EU-Schwellenwerte ist sie grundsätzlich zur **Öffentlichen Ausschreibung** oder **Beschränkten Ausschreibung mit Teilnahmewettbewerb** verpflichtet; dabei kann sie zwischen diesen Vergabearten ebenfalls frei wählen. Nur wenn die Natur des Geschäfts oder besondere Umstände dies zulassen, dürfen die anderen Verfahren gewählt werden. Die Kommune muss dabei grundsätzlich begründen, warum sie ausnahmsweise von einer Öffentlichen Ausschreibung oder einer Beschränkten Ausschreibung mit Teilnahmewettbewerb Abstand nimmt. Um unnötigen Verwaltungsaufwand zu vermeiden, hat das Bayerische Staatsministerium des Innern, für Sport und Integration Wertgrenzen (jeweils ohne Umsatzsteuer) festgelegt, bei denen es einer solchen Begründung nicht Bedarf.

Für kommunale Auftraggeber gelten vom 1. Januar 2025 bis zum 31. Dezember 2029 die folgenden Wertgrenzen:

Bauleistungen

- Direktauftrag bis zu einer Wertgrenze von 250.000 € netto,
- Verhandlungsvergabe und Beschränkte Ausschreibung ohne Teilnahmewettbewerb bis zu einer Wertgrenze von 1.000.000 € netto.

Lieferleistungen, Dienstleistungen, freiberufliche Leistungen:

- Direktauftrag bis zu einer Wertgrenze von 100.000 € netto,
- Verhandlungsvergabe und Beschränkte Ausschreibung ohne Teilnahmewettbewerb bis zu einem Netto-Auftragswert unterhalb des jeweiligen EU-Schwellenwertes.

5.4 Maßgebliche Rechtsvorschriften und Verfahren

Maßgeblich für die Frage, welche Rechtsvorschriften zur Anwendung kommen, sind die sog. EU-Schwellenwerte. Diese betragen ab 1.1.2026:

- Liefer- und Dienstleistungen
  - klassischer Bereich 216.000 € (bisher 221.000 €)
  - Sektorenbereich 432.000 € (bisher 443.000 €)
- Bauaufträge 5.404.000 € (bisher 5.538.000 €)
- Konzessionen 5.404.000 € (bisher 5.538.000 €)

(1) Auftrag erreicht oder überschreitet die EU-Schwellenwerte

Erreicht oder überschreitet der geschätzte Auftragswert (ohne Umsatzsteuer) die EU-Schwellenwerte, ist die Kommune nach Bundesrecht verpflichtet, den Auftrag europaweit auszuschreiben (§ 106 Abs. 2 GWB). Maßgebliche Vorschriften für die Vergabe von Aufträgen sind insbesondere das Gesetz gegen Wettbewerbsbeschränkungen (GWB), die Vergabeverordnung (VgV), die Sektorenverordnung (SektVO) und die Konzessionsvergabeverordnung (KonzVgV) sowie für die Vergabe von Bauleistungen die VOB/A.

(2) Auftrag unterschreitet die EU-Schwellwerte

Unterschreitet der Auftragswert die EU-Schwellenwerte, kommt es darauf an, wie das Land eine Anwendung der Vergabe- und Vertragsordnungen regelt. Für Bayern gilt Folgendes:

Für Bauaufträge hat das Bayerische Staatsministerium des Innern, für Sport und Integration durch Bekanntmachung die Kommunen auch bei Auftragswerten unterhalb des Schwellenwertes grundsätzlich zur Anwendung der VOB verpflichtet. Die Anwendung der UVgO bei Liefer- und Dienstleistungsaufträgen wird dagegen lediglich empfohlen.

Im Übrigen sind auch bei binnenmarktrelevanten, also eindeutig grenzüberschreitenden Aufträgen unterhalb der Schwellenwerte zumindest die aus dem EU-Primärrecht abgeleiteten Vergabegrundsätze der Transparenz und der Gleichbehandlung zu beachten. Deshalb muss die Kommune bei der Vergabe insbesondere eine angemessene Öffentlichkeit und Dokumentation sowie ein diskriminierungsfreies Verfahren gewährleisten. Dies gilt auch für kommunale Unternehmen, die nicht durch die o. g. Bekanntmachung gebunden werden. So soll die Kommune in Unternehmen des privaten Rechts, auf die sie – sei es durch mehrheitliche Beteiligung oder auf andere Weise – direkt oder indirekt bestimmenden Einfluss nehmen kann, darauf hinwirken, dass das beauftragende Unternehmen bei der Vergabe diese Grundsätze beachtet.

Auch bei Direktaufträgen ist der Haushaltsgrundsatz der Sparsamkeit und Wirtschaftlichkeit zu beachten und die Manipulations- und Korruptionsgefahr zu minimieren. Die Bekanntmachung des Bayerischen Staatsministeriums des Innern, für Sport und Integration zur Vergabe von Aufträgen im kommunalen Bereich enthält Vorschläge, welche Maßnahmen hierzu beispielsweise ergriffen werden können (z. B. formlose Abfrage bei mehreren Anbietern, Recherche im Internet, freiwillige ex-ante-Veröffentlichung auf dem Bayerischen Vergabe- und Bekanntmachungsportal BayVeBe).

5.5 Einzelheiten zum Verfahren

5.5.1 Zuschlag

Der Zuschlag wird auf das wirtschaftlichste Angebot erteilt; dieses bestimmt sich nach dem besten Preis-Leistungs-Verhältnis. Neben dem Preis können auch weitere Zuschlagskriterien festgelegt werden. Die Teilnahme am Verfahren kann ausnahmsweise bestimmten Bewerbern, wie z. B. Werkstätten für Menschen mit Behinderung vorbehalten werden. Eine Beschränkung des Wettbewerbs auf ortsansässige Unternehmen ist nicht zulässig; in der Regel ist mindestens ein Angebot von einem Unternehmer einzuholen, der seine Niederlassung nicht im eigenen Landkreis des kommunalen Auftraggebers bzw. bei kreisfreien Städten im eigenen Stadtgebiet haben. Die Bewerber sind dabei regelmäßig zu wechseln.

BEACHTE: AUSSCHREIBUNGSPFLICHT AUCH BEIM BEITRITT ZU RAHMENVEREINBARUNGEN

Gelegentlich werden über Waren und Leistungen, z. B. der Stromlieferung, insbesondere von den kommunalen Spitzenverbänden Rahmenvereinbarungen mit Unternehmen abgeschlossen. Die Kommune muss jedoch vergaberechtliche Verpflichtungen auch dann beachten, wenn sie einer solchen Rahmenvereinbarung beitreten will.

5.5.2 Bekanntmachung

Die Bekanntmachungen über öffentliche Aufträge erfolgen in den verschiedenen Ausschreibungsblättern, in Tageszeitungen, der Vergabeplattform des Bundes und des Freistaats Bayern sowie bei EU-weiten Ausschreibungen im Amtsblatt der EU.

5.5.3 Präqualifikationsverfahren

An öffentlichen Aufträgen interessierte Unternehmen können im Rahmen der sog. Präqualifikation Eignungsnachweise vorab und unabhängig von einem konkreten Auftrag bei einer Präqualifizierungsstelle prüfen lassen und durch Aufnahme in eine allgemein zugängliche Liste (Präqualifizierungsverzeichnis) nachweisen.

Für Bauaufträge können die kommunalen Auftraggeber das vom Verein für die Präqualifikation von Bauunternehmen e. V. bundesweit geführte Präqualifikationsverzeichnis kostenlos nutzen (www.pq-verein.de). Die Eintragung in diesem Verzeichnis ist gemäß § 6b Abs. 1 VOB/A als Nachweis der Bietereignung (Fachkunde, Leistungsfähigkeit und Zuverlässigkeit) als gleichwertig anstelle der geforderten Einzelnachweise anerkannt.

Die Industrie- und Handelskammer für München und Oberbayern führt für Bayern ein amtliches Verzeichnis für Unternehmen aus dem Liefer- und Dienstleistungsbereich. Es ist im Internet einsehbar unter: www.amtliches-verzeichnis.ihk.de.

5.5.4 Vergabevermerk

Das Vergabeverfahren ist grundsätzlich in einem Vergabevermerk zu dokumentieren (§ 20 VOB/A, § 6 UVgO, § 8 VgV).

5.5.5 Folgen bei vergaberechtlichen Verstößen

(1) Nachprüfungsverfahren

Ab Erreichen der EU-Schwellenwerte können übergangene Unternehmen ein förmliches Nachprüfungsverfahren nach § 155 ff. GWB beantragen. Zuständige Nachprüfungsbehörden für den kommunalen Bereich sind in erster Instanz die Vergabekammern. Sie sind in Bayern bei der Regierung von Oberbayern (Vergabekammer Südbayern, zuständig für Vergabestellen mit Sitz in den Regierungsbezirken Oberbayern, Niederbayern oder Schwaben) und bei der Regierung von Mittelfranken (Vergabekammer Nordbayern, zuständig für Oberfranken, Mittelfranken, Unterfranken und Oberpfalz) eingerichtet. Die Vergabekammer leitet ein Nachprüfungsverfahren nur auf Antrag ein. Antragsbefugt ist jedes Unternehmen, das ein Interesse an dem öffentlichen Auftrag oder der Konzession hat und eine Verletzung in seinen Rechten durch Nichtbeachtung von Vergabevorschriften geltend macht (§ 160 GWB).

Unterhalb der EU-Schwellenwerte sind die Regierungen Nachprüfungsstellen (VOB-Stellen) für Bauaufträge im Sinn des § 21 VOB/A. Aufgrund deren Entscheidungen schreiten gegebenenfalls die zuständigen Rechtsaufsichtsbehörden entsprechend ein. Für die Bezirke ist das Bayerische Staatsministerium für Wohnen, Bau und Verkehr Nachprüfungsstelle.

(2) Weitere Folgen

Weitere Folgen von Vergaberechtsverstößen können insbesondere die Nichtigkeit des Auftrags und zivilrechtliche Schadensersatzansprüche sein.

TIPP!

Für die Bayerische Staatsverwaltung wurden **Vergabehandbücher** eingeführt (für die Vergabe von Bauaufträgen „VHB Bayern“, für die Vergabe von Liefer- und Dienstleistungen „VHL Bayern“ und für die Vergabe von Freiberuflichen Dienstleistungen „VHF Bayern“). Ein Rückgriff auf diese Handbücher erleichtert auch für die Kommunen die praktische Arbeit bei Vergaben und trägt dazu bei, Auseinandersetzungen und Meinungsverschiedenheiten zu vermeiden.

Teil 5 Die kommunale Wirtschaft

1. Kommunale und private Aufgabenerledigung

1.1 Die Diskussion um die Alternativen

1.1.1 Das Diktat der leeren Kassen

Immer dann, wenn die öffentlichen Kassen unter besonderem Sparzwang stehen, verstärkt sich die Diskussion, ob und ggf. inwieweit Aufgaben, die bisher von der öffentlichen Hand erfüllt wurden, privaten Unternehmern zur Erledigung übertragen werden können oder sollen. Der weitaus größte Teil dieser Privatisierungsdiskussion bezieht sich auf die kommunalen Aufgaben, denn die Kommunen sind als Dienstleister mit ihrer vielfältigen Daseinsvorsorge derjenige öffentliche Sektor, der sich für solche Überlegungen vorrangig anbietet. Hoheitsaufgaben, die den Kommunen zur eigenen Erfüllung vorbehalten sind, können nicht Gegenstand der Diskussion sein. Eine Entlastung der kommunalen Finanzen durch eine Privatisierung ist beispielsweise dann zu erwarten, wenn dadurch bisherige Betriebskostendefizite bei kommunaler Aufgabenerfüllung nicht mehr entstünden. Häufig besteht dabei ein Spannungsverhältnis zwischen vollständiger Kostendeckung bzw. Gewinnerzielungsabsicht und gemeinwohlorientierter Aufgabenerfüllung, z. B. bei Kindergärten, Bibliotheken oder Schwimmbädern.

1.1.2 Wirtschaften Private günstiger?

Für den Fall der Übertragung defizitärer Leistungsbereiche auf private Anbieter ist zu prüfen, wie sich die von den Nutzern zu entrichtenden Leistungsentgelte verändern. Wenn private Anbieter von gleichen Kosten ausgehen müssen wie ein kommunaler Anbieter, müssten höhere Leistungsentgelte bezahlt werden, um kostendeckend bzw. gewinnbringend zu wirtschaften. Kostendeckung und Gewinn sind schließlich die Voraussetzung dafür, dass sich ein privater Anbieter überhaupt findet. Höhere Leistungsentgelte durch Privatisierung würden insofern bedeuten, dass sich die öffentliche Hand über eine stärkere Belastung der Nutzer (Bürger) entlastet.

Allerdings spricht einiges dafür, dass Private kostengünstiger arbeiten können. Die Abdeckung von Defiziten durch die öffentliche Hand vermindert den Zwang zu möglichst wirtschaftlicher Leistungserstellung. Der private Anbieter wird demgegenüber unter Ausnützung aller Einsparreserven meist eine günstigere Kostenstruktur aufweisen können. Wenn die günstigere Kostenstruktur den privaten Anbieter bei gleichbleibenden Leistungsentgelten in die Gewinnzone bringt, ist die Privatisierung für alle Beteiligten von Vorteil. Ob die günstigere Kostenstruktur allerdings genügt, um Erhöhungen des Leistungsentgeltes zu vermeiden, ist häufig fraglich. Es kann also trotz Privatisierung zur Erhöhung von Leistungsentgelten kommen, die zwar geringer ausfällt, als aufgrund des bisherigen Defizits zu befürchten war, aber dennoch eine Mehrbelastung des Nutzers mit sich bringt. Ein höherer Preis ist dabei umso eher durchsetzbar, je weniger Mitbewerber der private Anbieter hat. Sollte der erhöhte Preis auf dem Markt nicht durchsetzbar sein, wird es auch für den privaten Anbieter schwierig.

1.1.3 Worin besteht der prinzipielle Unterschied?

Die kommunale Aufgabenerledigung im Rahmen der kommunalen Leistungsverwaltung unterscheidet sich von der privaten Aufgabenerledigung dadurch, dass das jeweilige Leistungsangebot auf je unterschiedliche Weise bestimmt wird. Das kommunale Leistungsangebot geht von bestimmten Bedürfnissen aus, die zunächst von der Kommune nach Art und Umfang definiert werden und über deren Befriedigung die Kommunen entscheiden. Das bedeutet letztlich, dass z. B. der Gemeinderat beschließt, welche Bedürfnisse zu welchen Bedingungen, vor allem gegen welche Entgelte, befriedigt werden. Auf diese Weise wird die Verteilung von Gütern und Dienstleistungen durch den politischen Prozess gesteuert. Der politische Prozess ist nicht in erster Linie auf Wirtschaftlichkeit ausgerichtet, sondern auf Zustimmung durch die Bürger. Bei der privaten Aufgabenerledigung artikulieren sich die Bedürfnisse selbst und suchen sich auf einem Markt die passenden Angebote. Welche Bedürfnisse sich als Nachfrage mit welchen Angeboten treffen, wird im Marktprozess entschieden, der auch über den jeweiligen Preis entscheidet. Es handelt sich dabei um einen gesellschaftlich autonomen Prozess, der auf Wirtschaftlichkeit ausgerichtet ist, denn alle Beteiligten streben nach Nutzenmaximierung. Eine politische Steuerung findet hier nicht statt.

1.2 Rahmenbedingungen für private Aufgabenerledigung

1.2.1 Die Subsidiaritätsklausel

Für die wirtschaftliche Betätigung der Kommunen gilt die sog. Subsidiaritätsklausel des Art. 87 Abs. 1 GO. Danach darf eine Kommune ein Unternehmen außerhalb der kommunalen Daseinsvorsorge u. a. nur dann errichten, übernehmen oder erweitern, wenn ein öffentlicher Zweck das Unternehmen erfordert, insbesondere wenn die Gemeinde mit ihm gesetzliche Verpflichtungen oder ihre Aufgaben gemäß Art. 83 Abs. 1 BV und Art. 57 GO erfüllen will. Unzulässig ist es, ein kommunales Unternehmen aus einer reinen Gewinnerzielungsabsicht heraus zu betreiben.

Damit hat die private Aufgabenerledigung außerhalb der sog. kommunalen Daseinsvorsorge den Vorrang vor Aufgabenerledigung durch die Kommunen. Es handelt sich dabei um die Umsetzung des Subsidiaritätsprinzips, das als Ordnungsprinzip unser Staatsverständnis prägt. Es ist aber auch eine Schutzvorkehrung für die private Wirtschaft vor der Konkurrenz der öffentlichen Hand, die den sonst üblichen Wettbewerbsbedingungen nicht ausgesetzt ist.

1.2.2 Daseinsvorsorge als Kern der kommunalen Selbstverwaltung

Die Subsidiaritätsklausel nimmt die kommunale Daseinsvorsorge ausdrücklich vom Vorrang privatwirtschaftlicher Aufgabenerledigung aus. Die kommunale Daseinsvorsorge als Erfüllung eines wirtschafts- und sozialpolitischen Auftrags zählt nämlich zu dem verfassungsrechtlich geschützten Kern der kommunalen Selbstverwaltung und genießt deshalb Gestaltungsfreiheit bezüglich der Rechtsform, in der sie geschieht. Die Herausnahme aus dem Geltungsbereich der Subsidiaritätsklausel bedeutet im Umkehrschluss für die Kommune die Verpflichtung, ihrem wirtschafts- und sozialpolitischen Auftrag mit besonderer Aufmerksamkeit nachzukommen. Es handelt sich dabei um einen Aufgabenbereich, der die bewusste Steuerung durch den politischen Prozess verlangt. Die Abhängigkeit der Erfüllung dieser Aufgaben vom politischen Willen der betreffenden kommunalen Mandatsträger rechtfertigt, dass der Vorrang des Privaten hierfür nicht gilt.

1.2.3 Welche Aufgaben eignen sich für private Erledigung?

Je wichtiger es ist, dass die Art und Weise der Aufgabenerledigung nicht den Marktgesetzen folgt, sondern im Sinne wirtschafts- und strukturpolitischer, sozialpolitischer oder umweltpolitischer Zielsetzungen gesteuert wird, umso weniger eignet sie sich für Privatisierung. Es handelt sich dabei um diejenigen Fälle, in denen die Steuerung über den Marktprozess zu unsozialen, nicht flächendeckenden oder sonst mit dem öffentlichen Interesse nicht zu vereinbarenden Ergebnissen führt. Umgekehrt ist es geboten, überall dort, wo es kein politisches Gestaltungsinteresse gibt, Privatisierung anzustreben. Es handelt sich dabei z. B. um die sog. Hilfstätigkeiten (wie Reinigungsdienste, Hausdruckereien usw.). Grundsätzlich muss unter diesem Blickwinkel der gesamte Aufgabenkatalog des Art. 57 GO überprüft werden. Da seit Bestehen der Bundesrepublik Deutschland die öffentlichen Aufgaben vor allem im Bereich der kommunalen freiwilligen Leistungen ständig zugenommen haben, ist die vorrangige Zielrichtung nicht nur aus finanziellen, sondern auch aus prinzipiellen Gründen die möglichst weitgehende (Re-)Privatisierung. Die andere

Zielrichtung, dem privaten Sektor Aufgabenerledigung zu entziehen und in kommunale Verantwortung zu überführen, dürfte demgegenüber nur selten angebracht sein.

Der Tatsache, dass das politische Gestaltungsinteresse bei unterschiedlichen Aufgaben auch unterschiedlich groß ist, entspricht die Möglichkeit, unterschiedlich konsequente Privatisierungsformen zu realisieren. Wie im Folgenden dargestellt gibt es eine Reihe von Unternehmensformen, die bei unterschiedlich weit gehender Verselbstständigung einen Rest an kommunaler Steuerungsmöglichkeit beibehalten. Entscheidend ist dabei, wie sehr die kommunalen Mandatsträger bereit sind, mehr Selbstständigkeit zu gewähren und damit mehr Wirtschaftlichkeit zu ermöglichen, im gleichen Maß aber auf Einfluss zu verzichten.

2. Überblick über das kommunale Unternehmensrecht

Die Kommunen können ihre Aufgaben im Rahmen der allgemeinen Verwaltung, also in den Ämtern oder Fachbereichen führen. Unabhängig davon kann es Sinn ergeben, außerhalb dieser Verwaltungseinheiten eine mehr oder weniger verselbstständigte Organisation zu schaffen. Gerade im Bereich der Daseinsvorsorge stehen die Kommunen und ihre Einrichtungen immer stärker in einer Konkurrenzsituation mit privaten Anbietern. Dies gilt umso mehr, als die Europäische Union hier auf eine Öffnung der Märkte drängt und die Einführung des Wettbewerbs für bislang monopolistisch strukturierte Versorgungsbereiche (z. B. Stromversorgung) forciert. Vor diesem Hintergrund sind die Kommunen mehr denn je gehalten, sich mit der Frage auseinanderzusetzen, in welcher Rechtsform sie ihre kommunalen Aufgaben erfüllen wollen, um sich in der Konkurrenz zu privaten Anbietern behaupten zu können.

Der Kommune steht es grundsätzlich frei, in welcher Rechtsform sie ihre Aufgaben betreiben will. Ihre **Organisationshoheit** ist insoweit keiner gesetzlichen Einschränkung unterworfen. Auch die Rechtsaufsicht darf nur bei offensichtlichen Ermessensfehlern einschreiten. Bei der Entscheidung über die Wahl der Rechtsform der Aufgabenerfüllung handelt es sich somit um eine rein kommunalpolitische Entscheidung. Diese wird sich an den jeweiligen Vor- und Nachteilen der Rechtsformen orientieren.

Dabei befinden sich die Kommunen in einem Grundkonflikt zwischen dem Wunsch insbesondere der Politik und der Verwaltungsspitze, einen möglichst umfassenden Einfluss auf ihre kommunalen Einrichtungen zu behalten, und der Forderung der Einrichtungen für sich selbst nach unternehmerischer Freiheit und Unabhängigkeit. Bei der Entscheidung dieser Frage gibt es keinen Königsweg, der für jede Kommune Anwendung findet; vielmehr wird die Kommune sich selbst genau überlegen müssen, welche Rechtsform für die Erfüllung ihrer Aufgaben vor Ort die richtige ist. Unterschiede bei den Unternehmensformen bestehen vor allem in den Bereichen der Einflussmöglichkeit des Kollegialorgans auf die Unternehmensführung, der Personalwirtschaft, des Haushalts, des Steuerrechts und des Vergabewesens.

Im Einzelnen wird sich die Kommune bei ihrer Entscheidung folgenden Erwägungen stellen müssen:

Zunächst ist die Kommune gehalten, Privatisierungsmöglichkeiten zu prüfen: Ob und in welchem Umfang kann die kommunale Aufgabe durch nichtkommunale Stellen, insbesondere private Dritte oder in Zusammenarbeit mit Dritten mindestens ebenso gut erledigt werden? Kriterien für diese Entscheidung sind das Gebot der Wirtschaftlichkeit und Sparsamkeit und der möglichen Verbesserung des Leistungsangebotes durch die Einschaltung privater Dritter. Diese Frage stellt sich vor allem in den Bereichen Ver- und Entsorgung und Öffentlicher Personennahverkehr.

- Bei ***freiwilligen Aufgaben*** kann die Kommune vollständig auf die Erfüllung dieser Aufgaben verzichten oder sie auf einen privaten Dritten übertragen.
- Bei ***Pflichtaufgaben*** wird unterschieden:
  - Sind die Kommunen lediglich verpflichtet, „erforderliche" Einrichtungen zu betreiben, so kann die bestehende Einrichtung eines privaten Dritten ein kommunales Tätigwerden entbehrlich machen bzw. die Privatisierung einer bestehenden kommunalen Einrichtung ermöglichen.
  - Bei der Durchführung der Pflichtaufgaben kann sich die Kommune der Hilfe Privater bedienen, z. B.
    - durch Übertragung der Durchführung der Aufgabe auf einen privaten Dritten,
    - durch Übertragung der Betriebsführung, etwa für ein kommunales Krankenhaus an einen privaten Unternehmer.

  In beiden Fällen bleibt die Kommune Aufgabenträger.

Entscheidet sich die Kommune für eine Aufgabenerfüllung in eigener Trägerschaft, muss sie entscheiden, ob sie die Aufgabe den Ämtern oder Fachbereichen zuordnet oder sie in Gestalt einer **eigenen Einrichtung** erledigt.

Entscheidet sich die Kommune für die Schaffung einer mehr oder weniger verselbstständigten Einrichtung, so stehen ihr zwei grundsätzliche Möglichkeiten zur Verfügung:

- Bleibt die Einrichtung **innerhalb** der allgemeinen Verwaltung, so handelt es sich um einen ***Regiebetrieb***.
- Will die Kommune ihre Aufgaben **außerhalb** ihrer allgemeinen Verwaltung erledigen, so stehen ihr drei Rechtsformen, die sog. Unternehmen zur Verfügung:
  - ***Eigenbetrieb***
  - ***Kommunalunternehmen („Selbstständiges Kommunalunternehmen")***
  - ***Rechtsformen des Privatrechtes.***

Dabei unterscheidet man die **öffentlich-rechtlichen** Unternehmensformen

- Eigenbetrieb
- Kommunalunternehmen

und die **privatrechtlichen Unternehmensformen,** insbesondere

- GmbH
- Aktiengesellschaft

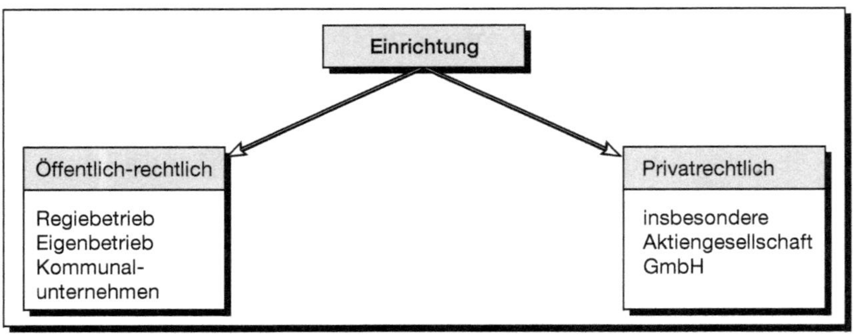

Unternehmensformen

Wählt die Kommune eine privatrechtliche Rechtsform, spricht man von Organisationsprivatisierung oder formeller Privatisierung. Diese ist von der Aufgabenprivatisierung und der funktionellen Privatisierung zu unterscheiden.

BEACHTE!

Unterscheide:

Aufgabenprivatisierung (materielle Privatisierung)

Eine Aufgabenprivatisierung sieht eine echte Aufgabenverlagerung auf Private vor. Die Kommune zieht sich vollständig aus der Erfüllung dieser Aufgabe zurück. Hier sind zu unterscheiden:

- Die Aufgabe verliert ihren öffentlich-rechtlichen Charakter und wird zur **privaten Aufgabe.**
- Bei der sogenannten **Beleihung** wird durch Gesetz eine Aufgabe hoheitlichen Charakters auf eine Privatperson übertragen. Der private Dritte handelt hoheitlich (z. B. TÜV).

Organisationsprivatisierung (formelle Privatisierung)

Bei der Organisationsprivatisierung bleibt die Kommune Trägerin der Aufgabe; sie wählt aber bei der Erfüllung dieser Aufgabe nicht die öffentlich-rechtliche Form (Regie-, Eigenbetrieb, Kommunalunternehmen), sondern bedient sich selbstständiger privatrechtlicher Rechtsformen. Bei den gemischt-wirtschaftlichen Unternehmen spricht man von einer Teilprivatisierung.

Heranziehung privater Dritter als Erfüllungsgehilfen (funktionale Privatisierung)

Von den eben genannten Privatisierungsformen ist die Heranziehung von Privaten zur Erfüllung kommunaler Aufgaben als sogenannte Erfüllungsgehilfen zu unterscheiden (Outsourcing). Hier wird die kommunale Aufgabe nicht übertragen, sondern private Dritte helfen als unselbstständige Auftragnehmer der Kommune bei der Erfüllung kommunaler Aufgaben mit. Dabei handelt es sich um Bereiche kommunaler Aufgaben, die nicht zum Kerngeschäft gehören.

Beispiel:

Reinigung von Verwaltungsgebäuden.

Insbesondere im Bereich der Verwaltung ihrer Liegenschaften bedienen sich Kommunen privater Dienstleister (z. B. Krankenhausreinigungsunternehmen), um damit

- Kosten zu senken,
- eine größere Kostentransparenz zu erreichen und
- sich die Professionalität des Dienstleisters zunutze zu machen.

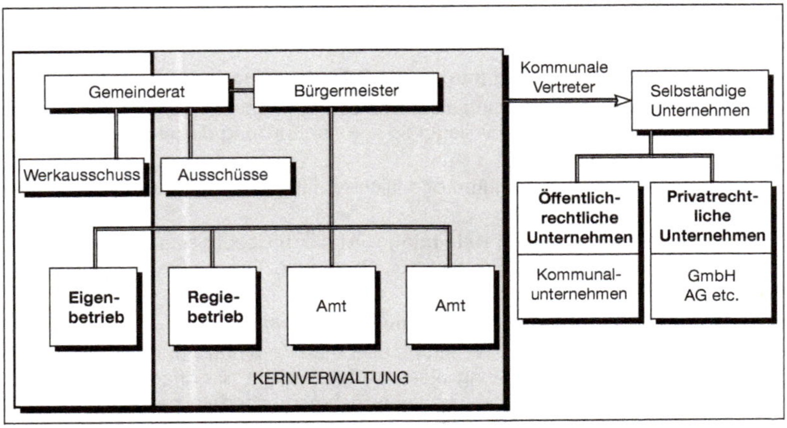

Überblick der Unternehmensformen am Beispiel der Gemeinde

3. Zulässigkeitsvoraussetzungen

3.1 Allgemeines

BEACHTE!

Rechtsgrundlagen:
Art. 87 GO, Art. 75 LKrO, Art. 73 BezO.

Die Kommune darf ein Unternehmen errichten, übernehmen oder wesentlich erweitern, wenn

- **allgemeine,** für alle Unternehmen geltende Zulässigkeitsvoraussetzungen und
- ggf. **besondere,** für die jeweilige Rechtsform geltende Voraussetzungen

erfüllt sind.

Dieselben Vorschriften gelten für die Beteiligung von Kommunen an Unternehmen. Beteiligung ist jeder Erwerb einer Mitgliedschaft in einem Unternehmen.

Der Oberbegriff des kommunalen Unternehmens wird nicht definiert. Der Gesetzgeber beschränkt sich darauf, die hierfür in Betracht kommenden Rechtsformen Eigenbetrieb, Kommunalunternehmen und Privatrechtsunternehmen aufzuzählen und zu beschreiben, sowie folgende **allgemeine** Zulässigkeitsvoraussetzungen zu formulieren:

3.2 Zweck

Mit dem Unternehmen muss ein öffentlicher Zweck verfolgt werden, der die Einrichtung eines Unternehmens erfordert. Die Kommunen haben hier einen **Beurteilungsspielraum.** Die in den ***eigenen Wirkungskreis*** fallenden Aufgaben werden damit unbeschadet einer Gewinnerzielungsabsicht als stets von einem öffentlichen Zweck getragen angesehen.

Beispiele

Versorgung mit Strom und Wasser.

Für die Ausgliederung **nicht** infrage kommen

- alle kraft Gesetzes von den Kommunen selbst zu erfüllenden Aufgaben (z. B. innere Organisation, Haushaltswesen)
- in der Regel die Aufgaben des übertragenen Wirkungskreises.

Ein öffentlicher Zweck wird dann **nicht** verfolgt, wenn die Kommune oder das Unternehmen nur deswegen am Wirtschaftsleben teilnimmt, um **Gewinn** zu erzielen. Dabei ist jede einzelne Tätigkeit des Unternehmens darauf hin zu untersuchen, ob hierfür ein öffentlicher Zweck gegeben ist.

Beispiele:

Die Einrichtung eines kommunalen Bauhofs dient grundsätzlich einem öffentlichen Zweck, wenn er für den Eigenbedarf der Kommune tätig wird. Eine Bauleistung an einen privaten Dritten ist, auch wenn sie nur einen Einzelfall darstellt, unzulässig.

Ein kommunaler Gartenbaubetrieb betreut zu 80 % seiner Tätigkeit die eigenen Parkanlagen und den Friedhof, zu 20 % private Anlagen. Letzteres ist unzulässig.

Die Kommune darf insbesondere **keine Bankunternehmen** errichten. Ausnahmen sind

- das öffentliche Sparkassenwesen und
- der Erwerb einzelner Geschäftsanteile an einer eingetragenen Kreditgenossenschaft (gilt nur für Gemeinden).

Mit dem Ausschluss allein auf Gewinnerzielung ausgerichteter Tätigkeiten sollen

- die **Kommunen** vor den Gefahren und Risiken überzogener unternehmerischer Tätigkeit geschützt und
- einer übermäßigen Erwerbstätigkeit der öffentlichen Hand zu Lasten der **Privatwirtschaft** vorgebeugt werden.

WICHTIG!

Das Verbot, mit dem Unternehmen ausschließlich oder überwiegend gewinnerzielend tätig zu werden, schließt nicht aus, dass

- gleichsam als Nebeneffekt der unternehmerischen Tätigkeit Erträge erwirtschaftet werden,
- die Kommune zusätzliche Leistungen anbietet, um das Unternehmen rentabel zu führen und dem Rentabilitätsgebot nicht auf andere Weise Rechnung getragen werden kann oder
- Tätigkeiten zur Nutzung des kommunalen Vermögens vorgenommen werden, die Ausfluss einer wirtschaftlichen Verwaltung sind.

Beispiele:

Der städtische Verkehrsbetrieb vermietet Werbeflächen in U-Bahnhöfen und auf U-Bahnwaggons; ein kommunaler Forstbetrieb verkauft Holz aus kommunalen Waldbeständen.

Die **wesentliche Erweiterung** eines Unternehmens sowie die **Beteiligung** einer Kommune an einem Unternehmen müssen ebenfalls von einem öffentlichen Zweck getragen sein, der die Erweiterung bzw. die Beteiligung der Kommune als solche erfordert. Eine Erweiterung ist wesentlich, wenn sie von der Satzung des Unternehmens nicht mehr gedeckt ist und deswegen deren Änderung voraussetzt.

Beispiel:

Das Unternehmen übernimmt neue Geschäftsfelder; die Unternehmenstätigkeit soll sich auf das Gebiet einer anderen Kommune erstrecken.

Ein Unternehmen ist unzulässig, wenn die Kommune außerhalb der kommunalen Daseinsvorsorge tätig wird und der mit dieser Tätigkeit verfolgte Zweck nicht ebenso gut und wirtschaftlich durch private Dritte erfüllt wird oder erfüllt werden kann (Subsidiaritätsprinzip).

Beispiel:

Die kommunale Fremdenverkehrseinrichtung vermittelt neben dem zulässigen Vertrieb von Prospekten und Unterkunftsverzeichnissen auch Busreisen.

Die Aufgabe, deren Erfüllung dem Unternehmen übertragen wird, muss für die Wahrnehmung außerhalb der Verwaltung **geeignet** sein. Damit soll verhindert werden, dass die Kommunen sich durch übermäßige Ausgliederungen auf die Rolle einer bloßen Holding beschränken.

BEACHTE!

Die Orientierung am öffentlichen Zweck gehört auch zu den Grundsätzen für die **Führung** kommunaler Unternehmen: Eigenbetriebe und Kommunalunternehmen sind unter Beachtung betriebswirtschaftlicher Grundsätze und des Grundsatzes der Sparsamkeit und Wirtschaftlichkeit so zu führen, dass der öffentliche Zweck erfüllt wird. Entsprechendes gilt für die Steuerung und Überwachung von Unternehmen in Privatrechtsform, an denen die Kommune mit mehr als 50 % beteiligt ist; bei einer geringeren Beteiligung soll die Kommune darauf hinwirken. Zudem dürfen kommunale Unternehmen selbstständige Betriebe in Landwirtschaft, Handwerk, Handel, Gewerbe und Industrie nicht wesentlich schädigen oder gar „aufsaugen".

3.3 Umfang des Tätigkeitsbereiches des Unternehmens

- Mit der Einrichtung eines Unternehmens darf die Kommune weder die Grenzen ihrer **Leistungsfähigkeit** überschreiten noch die Erfüllung sonstiger Aufgaben beeinträchtigen oder gefährden.
- Das Unternehmen darf seine Tätigkeit nicht über das Maß der vernünftigen Grenzen hinaus ausdehnen, die durch den **voraussichtlichen Bedarf** gekennzeichnet sind.
- Die Kommune darf mit ihrem Unternehmen ausnahmsweise auch **außerhalb ihres Gebietes** tätig werden. Tätigkeiten kommunaler Unternehmen, die das Gebiet einer Kommune überschreiten, haben in den letzten Jahren zunehmend eine Rolle gespielt. Durch eine Öffnung der Märkte, etwa in der Energieversorgung, wird diese Tendenz noch zunehmen. Die gebietsüberschreitende Tätigkeit ist zulässig, wenn
  - sie als solche von den genannten **allgemeinen Voraussetzungen**, vor allem von einem öffentlichen Zweck der ausgreifenden Kommune getragen ist und
  - die **berechtigten Interessen** der betroffenen Kommune gewahrt werden.

Für die Versorgung mit Strom, thermischer Energie (Fernwärme, Fernkälte) und Gas durch gemeindliche Unternehmen sowie für damit verbundene Tätigkeiten gelten Spezialvorschriften. Die Regelungen zu verbundenen Tätigkeiten gelten entsprechend auch für die Versorgung mit Trinkwasser (Art. 87 Abs. 3 GO).

3.4 Anzeigepflichten

Die Gründung, Übernahme und wesentliche Erweiterung, die Änderung der Rechtsform oder der Aufgaben eines kommunalen Unternehmens sowie andere grundsätzliche Rechtsakte müssen der Rechtsaufsichtsbehörde grundsätzlich angezeigt werden.

4. Die einzelnen Unternehmensformen

4.1 Abgrenzung der kommunalen Unternehmen zum Regiebetrieb

BEACHTE!

Rechtsgrundlagen:

Art. 88 Abs. 6 GO, Art. 76 Abs. 6 LKrO, Art. 74 Abs. 6 BezO

4.1.1 Was ist das?

Regiebetriebe sind **organisatorisch und rechtlich unselbstständige** Einrichtungen **innerhalb** der allgemeinen Kommunalverwaltung. Der Regiebetrieb ist somit ebenso wie ein Amt oder ein Fachbereich eine Einheit ohne eigene Rechtspersönlichkeit. Regiebetriebe fallen grundsätzlich nicht unter das kommunale Unternehmensrecht; auch wenn sie organisatorisch gesehen eigene Strukturen aufweisen, bleiben sie Teil der allgemeinen Kommunalverwaltung. Sie werden als Zusammenfassung technischer Mittel vor allem zur Deckung des Bedarfes der kommunalen Verwaltung selbst (z. B. Gemeindegärtnerei für die eigenen Grünanlagen; Druckerei für den Verwaltungsbedarf) gewählt.

4.1.2 Wer ist zuständig?

Die Einrichtung eines Regiebetriebs ändert nichts an den Zuständigkeiten der kommunalen Organe.

4.1.3 Haushalt und Wirtschaftsführung

Regiebetriebe können ganz oder teilweise nach Vorschriften über die Wirtschaftsführung der Eigenbetriebe geführt werden. Dies setzt voraus, dass der Regiebetrieb als Sondervermögen eingerichtet wird (sog. optimierter Regiebetrieb). Die Kommune kann jedoch in diesem Fall auch Regelungen vorsehen, die von einzelnen für Eigenbetriebe geltenden Vorschriften abweichen.

4.1.4 Personalwesen

Der Regiebetrieb hat keine eigene Rechtspersönlichkeit; das dort tätige Personal ist somit Personal der Kommune. Dem entsprechend können beim Regiebetrieb Beamte und Arbeitnehmer eingesetzt werden. Es gelten die allgemeinen Vorschriften des Öffentlichen Dienstrechtes für Kommunen.

4.2 Der Eigenbetrieb

BEACHTE!

Rechtsgrundlagen:

- Art. 88 GO, Art. 76 LKrO, Art. 74 BezO
- Eigenbetriebsverordnung
- Eigenbetriebssatzung

4.2.1 Was ist das?

Eigenbetriebe sind

- kommunale Unternehmen,
- die außerhalb der allgemeinen Kommunalverwaltung
- als organisatorisch selbstständige Einrichtung
- ohne eigene Rechtspersönlichkeit
- als Sondervermögen weitgehend haushaltsrechtlich verselbstständigt

geführt werden.

Die Versorgungsbetriebe einer Gemeinde sollen die gleiche Rechtsform haben und, wenn sie als Eigenbetrieb geführt werden, zu einem Eigenbetrieb zusammengefasst werden. Das Gleiche gilt für die Verkehrsbetriebe. Die Versorgungsbetriebe sollen den Namen „Gemeindewerke" („Stadtwerke") erhalten.

4.2.2 Wer ist zuständig?

Der Eigenbetrieb wird durch eigenständige Organe (Werkleitung, Werkausschuss) verwaltet. Daneben bleibt das Kollegialorgan für bestimmte Fragen weiter zuständig.

- Dem Kollegialorgan sind entscheidende Kompetenzen vorbehalten. Insbesondere erlässt das Kollegialorgan die Betriebssatzung, in der die innere Organisation, die unter Umständen einzurichtende Mitbestimmung der Beschäftigten, Vermögensverwaltung, Wirtschaftsführung und Rechnungslegung des Eigenbetriebes näher geregelt werden.
- Die **Werkleitung** führt die laufenden Geschäfte des Eigenbetriebs. Dabei handelt es sich um Geschäfte, die
  - regelmäßig im Eigenbetrieb anfallen und
  - typischerweise zur Aufrechterhaltung des Betriebs notwendig sind.

  Zweckmäßigerweise werden diese Geschäfte in der Betriebssatzung näher umschrieben.

Der Werkleiter vertritt für die laufenden Geschäfte des Eigenbetriebes diesen nach außen; die Kommune kann ihm weitere Vertretungsbefugnisse übertragen. Die Werkleitung ist Dienstvorgesetzte der Beamten im Eigenbetrieb und führt die Dienstaufsicht über die dort tätigen Beschäftigten; die Kommune kann ihr personalrechtliche Befugnisse übertragen.

- Der Werkausschuss ist für alle Angelegenheiten des Eigenbetriebes zuständig,
  - die nicht zu den laufenden Geschäften, die von der Werksleitung betreut werden, gehören und
  - deren Entscheidung sich der Gemeinderat nicht allgemein vorbehalten hat oder im Einzelfall an sich zieht.

  Der Werkausschuss ist ein beschließender Ausschuss. Er besteht in allen Kommunen, die einen Eigenbetrieb haben, kraft Gesetzes; die Kommune kann den Werkausschuss nicht wie die meisten übrigen Ausschüsse jederzeit auflösen.

4.2.3 Haushalt und Wirtschaftsführung

Eigenbetriebe sind als **Sondervermögen** zu verwalten. Dies bedeutet eine weitgehende haushaltsrechtliche Verselbstständigung gegenüber dem Haushalt der Kommune. Für jeden Eigenbetrieb ist eine gesonderte Kasse einzurichten. Die Eigenbetriebsverordnung enthält haushaltsrechtliche Sonderbestimmungen. Für das Rechnungswesen und die Rechnungslegung des Eigenbetriebs gelten ebenfalls Sondervorschriften. Auf den Jahresabschluss finden die Vorschriften des Dritten Buches des Handelsgesetzbuchs (Erster und Zweiter Abschnitt) Anwendung, soweit nach der Eigenbetriebsverordnung oder der Betriebssatzung keine weitergehenden Bestimmungen gelten. Der Eigenbetrieb muss grundsätzlich vierteljährliche Zwischenberichte, eine Gewinn- und Verlustrechnung, eine Bilanz sowie einen Lagebericht erstellen. Die laufende Prüfung der Wirtschaftsführung des Eigenbetriebes erfolgt durch das Rechnungsprüfungsamt.

4.2.4 Personalwesen

Der Eigenbetrieb hat wie der Regiebetrieb keine eigene Rechtspersönlichkeit; das dort tätige Personal ist somit Personal der Kommune. Auch hier können Beamte und Arbeitnehmer eingesetzt werden. Es gelten die allgemeinen Vorschriften des Öffentlichen Dienstrechtes für Kommunen.

4.3 Das Kommunalunternehmen

BEACHTE!

Rechtsgrundlagen:

- Art. 89 bis 91 GO, Art. 77 bis 79 LKrO, Art. 75 bis 77 BezO
- Art. 49 bis 50 KommZG
- Verordnung über Kommunalunternehmen
- Unternehmenssatzung

Spezialgesetzliche Vorschriften:

- Krankenhauswesen: Art. 25 Bayer. Krankenhausgesetz
- Öffentlicher Personennahverkehr: Art. 11 BayÖPNVG

4.3.1 Was ist das?

Die Kommune kann ein Kommunalunternehmen („Selbstständiges Kommunalunternehmen") neu errichten oder auch einen bestehenden Regie- oder Eigenbetrieb, unter bestimmten Voraussetzungen auch eine Kapitalgesellschaft, in ein Kommunalunternehmen umwandeln. Kommunalunternehmen sind

- kommunale Unternehmen, denen
- als organisatorisch selbstständige und
- rechtlich selbstständige
- Anstalten des öffentlichen Rechts
- von der Kommune einzelne oder alle mit einem bestimmten Zweck zusammenhängende Aufgaben ganz oder teilweise übertragen werden.

Das Kommunalunternehmen ist also eine von der Kommune rechtlich getrennte juristische Person des öffentlichen Rechts. Es steht in organisationsrechtlicher Hinsicht zwischen Eigenbetrieb und der GmbH.

BEACHTE!

Die Kommune kann Anstalten des öffentlichen Rechts als selbstständige juristische Personen des öffentlichen Rechts nur errichten, wenn sie hierzu ausdrücklich gesetzlich ermächtigt wird. Der Gesetzgeber hat dies z. B. für

- das Kommunalunternehmen sowie
- die Sparkassen

festgelegt.

Ein Zusammenschluss mehrerer Kommunen unter dem Dach eines Kommunalunternehmens ist seit 1.8.2004 auf der Grundlage des Gesetzes über kommunale Zusammenarbeit (Art. 49 f. KommZG) möglich (gemeinsames Kommunalunternehmen).

Das Kommunalunternehmen entsteht am Tag nach der Bekanntmachung der Satzung, wenn nicht in der Unternehmenssatzung ein späterer Zeitpunkt bestimmt ist. Die Gründung muss den Rechtsaufsichtsbehörden vorab angezeigt werden. Das Kommunalunternehmen unterliegt – anders als der Eigenbetrieb – unmittelbar der Rechtsaufsicht.

4.3.2 Wer ist zuständig?

Das Kommunalunternehmen wird durch eigene Organe (Vorstand, Verwaltungsrat) verwaltet. Die Funktionen sind ähnlich wie bei der GmbH aufgeteilt: Der Vorstand übernimmt die Leitung und die Vertretung des Unternehmens nach außen; der Verwaltungsrat überwacht die Tätigkeit des Vorstands und hat in wichtigen Fragen auch Entscheidungskompetenzen.

- Das kommunale **Kollegialorgan** hat ein Weisungsrecht im Hinblick auf den Erlass von Satzungen und Verordnungen. Die Unternehmenssatzung kann weitere Weisungs- und Informationsrechte des Kollegialorgans vorsehen.

  Die Kommune hat damit eine sichere Rechtsgrundlage, die Struktur des Kommunalunternehmens nach ihren Vorstellungen entsprechend zu gestalten. Freilich macht es wenig Sinn, dass sich das Kollegialorgan allzu viele Entscheidungen vorbehält, da ansonsten das an sich selbstständige Unternehmen faktisch den Status eines Regiebetriebs oder Eigenbetriebs bekommt.
- Das Kommunalunternehmen wird von einem **Vorstand** in eigener Verantwortung geleitet, soweit nicht gesetzlich oder durch die Unternehmenssatzung etwas anderes bestimmt ist. Der Vorstand vertritt das Kommunalunternehmen nach außen. Er wird auf die Dauer von höchstens fünf Jahren bestellt. Eine Wiederbestellung ist möglich.
- Der **Verwaltungsrat** bestellt den Vorstand; ihm obliegen Aufsicht und Überwachung der Geschäftsführung des Vorstands. Der Verwaltungsrat entscheidet über wichtige strategische Angelegenheiten.

  Den Vorsitz im Verwaltungsrat führt grundsätzlich der Erste Bürgermeister, Landrat oder Bezirkstagspräsident. Die übrigen Verwaltungsräte werden vom Kollegialorgan für sechs Jahre bestellt. Dies können auch Personen sein, die nicht Mitglieder des Kollegialorgans sind; deren Amtszeit beträgt sechs Jahre. Für Mitglieder des Kollegialorgans ist die Dauer der Mitgliedschaft im Verwaltungsrat an die Mandatsdauer geknüpft. Die Verwaltungsratsmitglieder unterliegen vergleichbaren Regelungen der Inkompatibilität und beim Ausschluss von einer Entscheidung wegen persönlicher Beteiligung wie die Mandatsträger in den kommunalen Gremien.

Der Verwaltungsrat unterliegt den oben genannten Weisungsrechten des Kollegialorgans. Er bestellt den Vorstand. Auch die Kompetenzen des Verwaltungsrats können durch Unternehmenssatzung erweitert werden (z. B. Bindung des Vorstands an Zustimmungsvorbehalte); der Gesetzgeber hat den Umfang der Übertragung weiterer Kompetenzen bewusst offen gelassen.

4.3.3 Haushalt und Wirtschaftsführung

Der Jahresabschluss und der Lagebericht von Kommunalunternehmen werden in entsprechender Anwendung der Vorschriften des Dritten Buches des Handelsgesetzbuchs aufgestellt und geprüft, sofern nicht weitergehende gesetzliche Vorschriften oder weitergehende Bestimmungen der Unternehmenssatzung gelten oder andere gesetzliche Vorschriften entgegenstehen. In Abweichung vom Eigenbetrieb wird auf die örtliche und überörtliche Rechnungsprüfung verzichtet. Das Kommunalunternehmen bleibt jedoch mittelbar Prüfungsgegenstand insoweit, als die Rechnungsprüfung der Kommune die Betätigung der Kommune bei Kommunalunternehmen unter Beachtung kaufmännischer Grundsätze mit prüft. Die Organe der Rechnungsprüfung der Kommune haben das Recht, sich insoweit unmittelbar beim Kommunalunternehmen zu unterrichten.

WICHTIG!

Die Aufnahme von Krediten und kreditähnlichen Rechtsgeschäften durch das Kommunalunternehmen ist nicht genehmigungspflichtig.

Die Kommune haftet als sogenannter Gewährträger grundsätzlich für alle Verbindlichkeiten des Unternehmens, soweit die Gläubiger sich nicht an dessen Vermögen halten können. Kommunalunternehmen dürfen keine wesentliche Schädigung selbstständiger wirtschaftlicher Betriebe bewirken.

4.3.4 Personalwesen

Das ***Kommunalunternehmen*** kann – anders als der Regie- und der Eigenbetrieb – selbst Dienstherr von Beamten sein, wenn und soweit es hoheitliche Befugnisse ausübt.

4.4 Unternehmen in Privatrechtsform

BEACHTE!

Rechtsgrundlagen:

- Art. 92 ff. GO, Art. 80 ff. LKrO, Art. 78 ff. BezO
- §§ 168 bis 173 Umwandlungsgesetz
- BGB, GmbH-Gesetz, Aktiengesetz, Handelsgesetzbuch, Genossenschaftsgesetz.

4.4.1 Was ist das?

Als Rechtsformen des privaten Rechts kommen in Betracht:

- Gesellschaft bürgerlichen Rechts (BGB-Gesellschaft)
- Offene Handelsgesellschaft (OHG)
- Kommanditgesellschaft (KG)
- GmbH
- Aktiengesellschaft (AG)
- KG auf Aktien
- Genossenschaft
- nicht rechtsfähiger Verein.

Die Kommunen können ihre Aufgaben auf Unternehmen in Privatrechtsform übertragen, wenn neben den oben unter Kapitel 3 genannten **allgemeinen Zulässigkeitsvoraussetzungen** folgende **besondere Zulässigkeitsvoraussetzungen** gegeben sind:

- Öffentlicher Zweck:

  Im Gesellschaftsvertrag (OHG, KG, GmbH) oder in der Satzung (AG) ist **sichergestellt**, dass das Unternehmen einen **öffentlichen Zweck** erfüllt.
- Angemessener Einfluss der Kommune:

  Die Kommune erhält einen **angemessenen Einfluss** im Aufsichtsrat oder in einem entsprechenden Gremium des Unternehmens. Diese Voraussetzung soll die Überwachungs- und Kontrollfunktion und damit den Einfluss des kommunalen Kollegialorgans auf das Unternehmen gewährleisten. Ein angemessener Einfluss liegt insbesondere dann vor, wenn sich der Anteil der Vertreter der Kommune an der Quote ihrer Beteiligung orientiert.
- Haftungsbegrenzung:

  Die **Haftung** der Kommune wird auf einen bestimmten, ihrer Leistungsfähigkeit angemessenen Betrag **begrenzt;** die Rechtsaufsicht kann von dieser Voraussetzung befreien. Damit sollen Risiken vermieden werden, die von der Kommune nicht ohne weiteres zu übersehen und zu beeinflussen sind. Eine derartige Haftungsbegrenzung ist bei der BGB-Gesellschaft, der OHG und einer Beteiligung der Kommune als persönlich haftende Gesellschafterin einer KG grundsätzlich nicht möglich.

Aus diesem Grund kommen in der **Praxis** als privatrechtliche Rechtsformen im Wesentlichen die **GmbH** und die **AG** in Betracht; im Folgenden sollen deshalb **diese Rechtsformen näher erörtert** werden.

Hält die Kommune sämtliche Anteile der Gesellschaft, handelt es sich um eine „Eigengesellschaft". Je nach Satzung kann der Bürgermeister, Landrat oder Bezirkstagspräsident zugleich die Mitgliederversammlung bilden und dem Aufsichtsrat vorsitzen. Hat die Kommune demgegenüber lediglich eine Beteiligung an einem Unternehmen erworben, spricht man von gemischt hoheitlich-wirtschaftlichem Unternehmen oder von einer „Beteiligungsgesellschaft". Bestehende Regie-, Eigenbetriebe oder Kommunalunternehmen können in ein Privatrechtsunternehmen umgewandelt werden.

Der Gesetzgeber hält die Kommune an, bei privatrechtlichen Unternehmen Kontrolle und Transparenz durch ein effektives **Beteiligungsmanagement** und gezielte Steuerungsmechanismen zu gewährleisten. So hat die Kommune dem Kollegialorgan jährlich einen **Bericht über ihre Beteiligungen** an Privatrechtsunternehmen vorzulegen, wenn ihr mindestens fünf Prozent der Anteile eines Unternehmens gehören. Der Beteiligungsbericht soll dafür sorgen, dass die Erfüllung kommunaler Aufgaben trotz privatrechtlicher Ausgliederungen für die Kommune und den Bürger transparent bleibt.

4.4.2 Wer ist zuständig?

- ***Organe der GmbH und der AG***

Aufgaben	**Organe**	
	GmbH	Aktiengesellschaft
– Laufende Geschäfte	Geschäftsführer	Vorstand
– Überwachung der Geschäftsführung	Gesellschafterversammlung/Aufsichtsrat	Aufsichtsrat
– Grundsatzfragen	Gesellschafterversammlung	Hauptversammlung
Rechtliche Grundlagen	Gesellschaftsvertrag	Satzung

Eine starke Stellung kommt dem **Geschäftsführer** (GmbH) oder dem **Vorstand** (AG) zu, die im Rahmen der Vorgaben der jeweiligen Satzung oder des Gesellschaftsvertrages in der Regel das Personal einstellen und entlassen können sowie einen erheblichen Spielraum für die wirtschaftlichen Entscheidungen haben. Damit ist schnelles Handeln gewährleistet.

WICHTIG!

Regelungen, welche die Kompetenzen des Geschäftsführers oder Vorstands einschränken, sind nur im Innenverhältnis wirksam, berühren aber nach gesellschaftsrechtlichen Vorschriften nicht die Vertretungsmacht im Außenverhältnis.

Die Bestellung und Abberufung des Geschäftsführers einer *GmbH* erfolgt durch die Gesellschafter **(Gesellschafterversammlung);** die Bestellung ist auch durch den Gesellschaftsvertrag möglich. Die Gesellschafter überwachen den Geschäftsführer und können ihn praktisch umfassend anweisen. Ein Aufsichtsrat, der die Geschäftsführung überwacht, ist nur unter bestimmten Voraussetzungen zwingend erforderlich, z. B. bei GmbHs mit mehr als 500 Arbeitnehmer (obligatorischer Aufsichtsrat); im Übrigen kann er auf freiwilliger Basis bestellt werden (fakultativer Aufsichtsrat).

Bei der *AG* wird der Vorstand vom **Aufsichtsrat** bestellt. Die Aktionäre haben gegenüber dem Vorstand grundsätzlich keine Weisungsrechte; die Überwachung des Vorstands erfolgt durch den Aufsichtsrat. Die Kommune kann allenfalls über sog. Beherrschungsverträge unmittelbar auf den Einfluss nehmen.

In der Praxis dominiert die GmbH.

- ***Vertretung und Einfluss der Kommune***
  - Die Vertretung in den mitgliedschaftlich organisierten Hauptorganen des Unternehmens, also etwa der **Hauptversammlung** oder der **Gesellschafterversammlung**, ist zwingend und geschieht im Regelfall durch den ersten Bürgermeister, Landrat oder Bezirkstagspräsident („geborene“ Vertreter); an ihre Stelle kann mit ihrer Zustimmung eine andere Person bestellt werden.

    Ob und in welchem Umfang die Vertreter der Kommune sich an die Beschlüsse der jeweiligen kommunalen Kollegialorgane halten müssen, richtet sich nach allgemeinen kommunalrechtlichen Grundsätzen; gesellschaftsrechtliche Bindungen bestehen nicht. In der Regel dürften die Entscheidungen, für die eine Gesellschafter- oder eine Hauptversammlung zuständig ist, keine laufenden Angelegenheiten sein, sodass die Stimmabgabe einen Beschluss des Kollegialorgans voraussetzt.
  - Die Kommunen sollen sich im Gesellschaftsvertrag oder in der Satzung des Unternehmens das Recht einräumen lassen, Mitglieder in einen **Aufsichtsrat** oder ein entsprechendes Gremium zu entsenden, soweit derartige Gremien bestehen. Damit sichern sie sich die Möglichkeit, auf die Unternehmenspolitik **Einfluss** zu nehmen. Die

entsandten kommunalen Vertreter müssen vorbehaltlich entgegenstehender gesetzlicher Vorschriften

- die Kommune über alle wichtigen Angelegenheiten möglichst frühzeitig **informieren** und ihr
- auf Verlangen **Auskunft** erteilen,
- **Weisungen** entgegennehmen, sofern sich die Kommunen Weisungsrechte im Gesellschaftsvertrag oder der Satzung vorbehalten haben.

Für die Entsenderechte sehen zum Teil aktien- bzw. gesellschaftsrechtliche Vorschriften Beschränkungen vor, die im Außenverhältnis den kommunalrechtlichen Vorschriften vorgehen. So sind bei der AG Entsenderechte höchstens für ein Drittel der Aufsichtsratsmitglieder zulässig.

Die entsandten Personen werden von der Kommune von der Haftung freigestellt; bei Vorsatz oder grober Fahrlässigkeit kann die Kommune auf die kommunalen Vertreter zurückgreifen, es sei denn, die betroffenen Personen haben auf Weisung der Kommune gehandelt.

Über die Entsendung bzw. die der Wahl durch die Haupt- oder Gesellschafterversammlung vorausgehende Entscheidung befindet das Kollegialorgan durch Beschluss. Ein vorausgehender Beschluss der Kollegialorgane ist auch notwendig, wenn sich ein Unternehmen, an dem die Kommune beteiligt ist, an einem anderen Unternehmen beteiligen will.

Bei **Eigengesellschaften** ist die geforderte Einflussmöglichkeit von vornherein gegeben: Die Haupt- bzw. Gesellschafterversammlung besteht dort aus den Vertretern der Kommune; die Besetzung eines Aufsichtsrates oder einer vergleichbaren Einrichtung wird durch die notwendige vorherige Entscheidung des kommunalen Kollegialorgans festgelegt. Eines besonderen Entsenderechts der Kommune zur Sicherung ihres Einflusses bedarf es hier nicht.

4.4.3 Haushalt und Wirtschaftsführung

Gehört der Kommune die Mehrheit der Anteile eines Unternehmens in Privatrechtsform muss sie u.a. darauf hinwirken, dass in sinngemäßer Anwendung der für Eigenbetriebe geltenden Vorschriften für jedes Wirtschaftsjahr ein Wirtschaftsplan aufgestellt und der Wirtschaftsführung eine fünfjährige Finanzplanung zugrunde gelegt wird. Die Aufstellung und Prüfung des Jahresabschlusses erfolgt nach den Vorschriften des Dritten Buches des Handelsgesetzbuchs. Darüber hinaus soll die Kommune dafür

Sorge tragen, dass ihr und dem für sie zuständigen **überörtlichen Prüfungsorgan** die gesetzlichen Befugnisse eingeräumt werden. Die Aufnahme von Krediten und kreditähnlichen Rechtsgeschäften ist wie beim Kommunalunternehmen nicht genehmigungspflichtig.

4.4.4 Personalwesen

Juristische Personen des Privatrechts können nicht Dienstherr von Beamten sein und unterliegen nicht dem Bayerischen Personalvertretungsgesetz. Aktiengesellschaften, Kommanditgesellschaften auf Aktien, Gesellschaften mit beschränkter Haftung sowie Genossenschaften unterliegen bei mehr als 500 Beschäftigten den Mitbestimmungsvorschriften des Drittelbeteiligungsgesetzes, bei mehr als 2.000 Beschäftigten dem Mitbestimmungsgesetz. Im Falle betrieblicher Mitbestimmung können sich die Mehrheitsverhältnisse in den Aufsichtsgremien grundlegend ändern.

5. Vergleich der Unternehmensformen

5.1 Steuerrecht

5.1.1 Körperschaft-, Gewerbe- und Umsatzsteuer

Eigenbetriebe und ***Kommunalunternehmen***

Eigenbetriebe und Kommunalunternehmen unterliegen nur der Körperschaftsteuer, der Gewerbesteuer und der Umsatzsteuer, wenn sie einen **Betrieb gewerblicher Art** unterhalten.

Ein Betrieb gewerblicher Art liegt grundsätzlich vor, wenn eine kommunale Einrichtung

- eine nachhaltige Tätigkeit
- wirtschaftlicher Art
- außerhalb der Land- und Forstwirtschaft
- zur Erzielung von Einnahmen ausübt und
- der Jahresumsatz einen Betrag von 45.000 €[1]) nachhaltig übersteigt.

WICHTIG!

- *Wirtschaftliche* Betätigungen im Rahmen eines Betriebes gewerblicher Art sind steuerpflichtig.
- *Hoheitliche* Tätigkeiten sind steuerfrei.

1) Betrag gemäß R 4.1 Abs. 5 Satz 1 der Körperschaftsteuerrichtlinien 2022 zu § 4 KStG.

Die Abgrenzung wirtschaftlicher und hoheitlicher Tätigkeiten ist im Einzelfall problematisch.

Beispiele:

- Wirtschaftliche Tätigkeiten: Versorgung mit Strom, Wasser und Gas; ÖPNV
- Hoheitliche Tätigkeiten: Abfallentsorgung aus privaten Haushalten nach § 20 Abs. 1 KrWG.

Die Steuerpflicht nach dem Körperschaft- und Gewerbesteuergesetz entfällt, wenn das Kommunalunternehmen einen steuerbegünstigten Zweck verfolgt. Dies ist in der Regel bei Krankenhäusern und Altenheimen der Fall.

Privatrechtliche Unternehmen

Die privatrechtlichen Unternehmen unterliegen demgegenüber bereits aufgrund ihrer Rechtsform und unabhängig von der Art der ausgeübten Tätigkeit in vollem Umfang der Körperschaft-, der Gewerbe- und der Umsatzsteuer.

WICHTIG!

Lieferungen und Leistungen zwischen Kommune und Kommunalunternehmen sind grundsätzlich umsatzsteuerpflichtig.

5.1.2 Grunderwerbsteuer

Wird eine bestehende Einrichtung in ein Kommunalunternehmen umgewandelt, soll damit häufig auch das Eigentum an Grundstücken und den darauf errichteten Gebäuden auf das Unternehmen übertragen werden. Jedes Rechtsgeschäft, das einen Anspruch auf Übereignung eines Grundstückes begründet, ist grunderwerbsteuerpflichtig.

Die Übereignung auf eine juristische Person des öffentlichen Rechts ist jedoch dann steuerfrei, wenn das Grundstück nicht überwiegend einem Betrieb gewerblicher Art dient.

Zur Vermeidung der Steuerpflicht kann die Kommune ein Modell wählen, bei dem sie Eigentümerin der Grundstücke bleibt und dem Unternehmen lediglich den Betrieb des Unternehmens überträgt; das Unternehmen pachtet oder leiht wiederum die erforderlichen Grundstücke oder Gebäude von der Kommune.

5.2 Personalwesen

5.2.1 Dienstherrnfähigkeit

Der ***Eigenbetrieb*** hat wie der Regiebetrieb keine eigene Rechtspersönlichkeit; das dort tätige Personal ist somit Personal der Kommune. Somit können beim Eigenbetrieb Beamte und Arbeitnehmer eingesetzt werden. Es gelten die allgemeinen Vorschriften für kommunale Beschäftigte, wie z. B. das Bayerische Personalvertretungsgesetz.

Demgegenüber kann das ***Kommunalunternehmen*** selbst Dienstherr von Beamten sein, wenn und soweit es hoheitliche Befugnisse ausübt, und unterliegt den Vorschriften des Personalvertretungsgesetzes.

Juristische Personen des Privatrechts können nicht Dienstherr von Beamten sein und unterliegen nicht dem Bayerischen Personalvertretungsgesetz, sondern unter bestimmten Voraussetzungen den Mitbestimmungsvorschriften des Drittelbeteiligungsgesetzes bzw. des Mitbestimmungsgesetzes.

5.2.2 Tarifrecht

Für die Kommune und deren Regiebetriebe oder ***Eigenbetriebe*** gilt die Tarifbindung des öffentlichen Dienstrechts.

Kommunalunternehmen und **privatrechtliche Unternehmen** als Gesellschaften eines öffentlich-rechtlichen Gesellschafters können dem Kommunalen Arbeitgeberverband beitreten; in diesem Fall unterliegen sie dann den Tarifen und Vorschriften des Tarifvertrags für den öffentlichen Dienst (TVöD).

BEACHTE!

Die Regelungen des TVöD sind mit ihren Arbeitnehmerschutz- und Gehaltsvorschriften eindeutig auf den öffentlichen Dienst zugeschnitten. Sie sind in weiten Teilen beamtenrechtlichen Vorschriften und einem hierarchischen Organisationsprinzip angeglichen; eine leistungsbezogene Vergütung, wie dies in der Privatwirtschaft ohne vergleichbare Bindungen möglich ist, kann danach nicht gewährt werden.

5.3 Vergabewesen

Nähere Ausführungen zum Vergabewesen finden sich unter Teil 4 Kapitel 5. Die Kommunen bzw. deren Regiebetriebe oder Eigenbetriebe sind sowohl oberhalb als auch unterhalb der Schwellenwerte an das Vergaberecht gebunden.

Dagegen unterliegen das ***Kommunalunternehmen*** und die **privatrechtlichen Unternehmen** grundsätzlich nur oberhalb der Schwellenwerte der Bindung an das Vergaberecht und auch nur dann, wenn sie Aufgaben nichtgewerblicher Art erfüllen.

6. Vorteile und Nachteile der verschiedenen Rechtsformen

6.1 Vorteile des Eigenbetriebs

Angesichts der organisatorischen Ausgliederung und der haushaltsrechtlichen Sonderbestimmungen sind die Entscheidungs- und Gestaltungsmöglichkeiten des Eigenbetriebs gegenüber dem Regiebetrieb deutlich größer. Im Verhältnis zum Kommunalunternehmen und zu privaten Dritten kann der Eigenbetrieb am Wirtschaftsverkehr teilnehmen, ohne dass dies mit geringeren Einflussmöglichkeiten der kommunalen Kollegialorgane verbunden ist.

6.2 Vorteile und Nachteile des Kommunalunternehmens gegenüber dem Eigenbetrieb

6.2.1 Vorteile

Das Kommunalunternehmen ist in dienst-, arbeits-, steuer- und wirtschaftsrechtlicher Hinsicht flexibler.

- **Entscheidungs- und Umsetzungskompetenz** liegen grundsätzlich in einer Hand. Damit wird dem Vorstand des Kommunalunternehmens die für unternehmerisches Handeln notwendige Selbstständigkeit und Unabhängigkeit eingeräumt.
- Das kommunale ***Kollegialorgan*** befasst sich nur noch mit grundlegenden Angelegenheiten, sodass Abstimmungsprozesse entfallen und Verfahren beschleunigt werden können. Die Mandatsträger können sich damit auf die **entscheidenden und strategisch wichtigen Fragen** konzentrieren und müssen sich nicht mit Detailproblemen auseinandersetzen.
- Beim Kommunalunternehmen wird der **Vorstand** vom Verwaltungsrat auf die Dauer von höchstens fünf Jahren bestellt. Der Verwaltungsrat wird eine Wiederbestellung vom Erfolg oder Misserfolg des von ihm geführten Unternehmens abhängig machen. Die Vorstände unterscheiden sich angesichts der **begrenzten Amtszeit** in ihrer Rechtsstellung somit deutlich von Behörden- und Werksleitern.

- In den Verwaltungsrat können **externe Fachleute** berufen werden; dies hat sich im Gesundheits- und Krankenhauswesen positiv auf die Sacharbeit in den Gremien ausgewirkt.

6.2.2 Nachteile

- Der Einfluss des gewählten ***Kollegialorgans*** der Kommune wird geschmälert. Gleichwohl haftet die Kommune für alle Verbindlichkeiten des Kommunalunternehmens unbeschränkt. Die Politik wird vom Bürger trotzdem für die Arbeit des Unternehmens verantwortlich gemacht.

TIPP!

Mit der Unternehmenssatzung und der Möglichkeit, hier dem Kollegialorgan Weisungs- und Informationsrechte einzuräumen, hat die Kommune es jedoch selbst in der Hand, wie stark sie durch das Kollegialorgan Einfluss auf das Kommunalunternehmen nehmen will. Der Gesetzgeber hat hier einen außerordentlich flexiblen Rahmen vorgegeben.

- Die Umwandlung einer bestehenden Einrichtung in ein Kommunalunternehmen ruft bei den **Beschäftigten** Ängste etwa um den Verlust des Arbeitsplatzes oder vor der Einführung einer neuen Unternehmenskultur hervor. Dem kann die Kommune dadurch begegnen, indem sie die Beschäftigten frühzeitig über einen Rechtsformwechsel informiert und – soweit möglich – in die Veränderungsprozesse aktiv einbindet.
- Es besteht die Gefahr der **Zersplitterung der Kommunalverwaltung.** Die Überschaubarkeit und Transparenz der Verwaltung der Kommune nimmt ab. Nicht auszuschließen ist, dass eine Vielzahl rechtlich selbstständiger Einrichtungen insgesamt für den Bürger zu einer Verteuerung der Verwaltung führen.

6.3 Vorteile und Nachteile des Kommunalunternehmens gegenüber den Unternehmensformen des Privatrechts

Das Kommunalunternehmen ist eine **juristische Person des öffentlichen Rechtes;** dies verschafft ihm gegenüber privaten Rechtsformen folgende Vorteile:

- Es kann **hoheitlich tätig** werden. Die mit den Aufgaben des Kommunalunternehmens zusammenhängenden Befugnisse, wie z. B. der Erlass von Satzungen und Verordnungen, Verwaltungsakten und Vollstreckungsakten können vom Kommunalunternehmen ausgeübt werden. Zu seinen Gunsten können ein **Anschluss- und Benutzungszwang** festgelegt und die Befugnis zur Erhebung von **Kommunalabgaben** übertragen werden.

- Das Kommunalunternehmen hat unter bestimmten Voraussetzungen **Dienstherrnfähigkeit**, kann also Beamte beschäftigen.
- Eine **Körperschaft-, Gewerbe- und Umsatzsteuerpflicht** besteht nur, wenn und soweit das Unternehmen einen Betrieb gewerblicher Art unterhält.
- Es fallen in der Regel geringere Kosten für die Gründung an (z.B. bei Kosten für Notar).
- Maßgebend bleibt **öffentliches Landesrecht**; damit kann die Steuerbarkeit des Kommunalunternehmens, die bei den Unternehmensformen des Privatrechtes gesellschaftsrechtlichen Vorschriften (des Bundes) unterliegen und damit stark beschränkt sind, landesrechtlich flexibler geregelt werden.

6.4 Vorteile und Nachteile von Privatrechtsunternehmen gegenüber dem Kommunalunternehmen

Mit der Einführung des Kommunalunternehmens sind die Vorteile privater Rechtsformen geringer geworden, auch wenn ein privates Unternehmen noch flexibler bei Gründung, Auflösung und Organisation und in der Betriebsführung ist. Unter anderem bestehen folgende Vorteile privatrechtlicher Unternehmen:

- Privatrechtliche Unternehmen können **weitere natürliche und juristische Personen als Gesellschafter** aufnehmen und sich deren Know-how und Kapital zunutze machen.

  Eigenbetriebe und Kommunalunternehmen können nicht **Organgesellschaft** sein. Für privatrechtliche Unternehmensformen besteht demgegenüber bei Großinvestitionen, z. B. dem Neubau und der Sanierung von Verwaltungsgebäuden, die Möglichkeit, erhebliche Steuerersparnisse zu realisieren.
- Bei der **GmbH** ist die Haftung der Kommune grundsätzlich auf die Kapitaleinlagen beschränkt.
- Die genannten Nachteile des Kommunalunternehmens gegenüber dem Eigenbetrieb gelten bei privatrechtlichen Unternehmen natürlich auch, zum Teil in größerem Maße. Insbesondere sind die **Steuerungs- und Kontrollmöglichkeiten der kommunalen Kollegialorgane noch stärker eingeschränkt.** Ein effektives **Beteiligungsmanagement** kann hier jedoch Abhilfe schaffen.

WICHTIG!

Die Wahl der Rechtsform des Kommunalunternehmens oder privatrechtlicher Rechtsformen bedeutet nicht automatisch, dass das Unternehmen nun wirtschaftlicher und effektiver arbeiten wird als ein Regie- oder Eigenbetrieb. Diese Unternehmensformen bieten allerdings eine Reihe von Möglichkeiten, die Erfüllung kommunaler Aufgaben zu verbessern. Dies gilt insbesondere im Hinblick auf die Einstellung und leistungsgerechte Bezahlung von Führungspersonen im Unternehmen. Dabei hat das Kommunalunternehmen den Vorteil, dass der Einfluss des Kollegialorgans stärker ist als bei Privatunternehmen.

Teil 6 Feuerwehrwesen und Katastrophenschutz

Mit Feuerwehren kommen Sie als Kommunalpolitikerin oder Kommunalpolitiker unausweichlich in Berührung. Sei es, dass Sie selbst Mitglied bei „Ihrer“ örtlichen Feuerwehr sind; sei es, dass Sie die Einsatzfahrzeuge hin und wieder mit Blaulicht und Martinshorn zum Einsatz fahren sehen und hören.

In Sitzungen des Gemeinderats tritt hin und wieder der Feuerwehrkommandant auf und trägt den Wunsch nach einem neuen Einsatzfahrzeug oder sogar nach einem neuen Feuerwehrhaus vor. Dann wird's richtig teuer. „Alles, was rot lackiert ist und ein Blaulicht oben drauf hat, kostet doppelt so viel wie sonst“ ist ein oft gehörtes Bonmot aus Gemeinderatssitzungen.

Leider entspricht dieses Zitat der Realität.

Das Vorhalten von Feuerwehren und deren Unterhalt sind tatsächlich recht teuer und aufwendig. Die Bürgerschaft vertraut andererseits auf die hohe Qualität bayerischer Feuerwehren und das starke Engagement der zumeist ehrenamtlichen Feuerwehrleute. Die Aufrechterhaltung der öffentlichen Sicherheit ist ein hohes Gut und wird von den Bürgern nachdrücklich erwartet. Daher lohnt es sich, die Rolle der Gemeinden und ihrer Feuerwehren im Feuerwehrwesen und auch im Katastrophenschutz näher zu beleuchten.

Die nachfolgenden Ausführungen beschränken sich auf diejenigen Bereiche des Feuerwehrwesens, mit denen Sie als Kommunalpolitikerin oder Kommunalpolitiker am ehesten in Berührung kommen.

6.1 „Feuerschutz“ ist gemeindliche Pflichtaufgabe

Das Feuerwehrwesen ist keine Angelegenheit, die Gemeinden „nach Lust und Laune“ betreiben, sondern ein wichtiges Thema der öffentlichen Sicherheit und Ordnung. Art. 83 der Bayerischen Verfassung (BV) führt in seinem Absatz 1 die gemeindliche Pflichtaufgabe „Feuerschutz“ als in den eigenen Wirkungskreis der Gemeinden fallend explizit auf.

Dementsprechend bestimmt Art. 1 Abs. 1 des Bayerischen Feuerwehrgesetzes (BayFwG), dass die Gemeinden als Pflichtaufgaben im eigenen Wirkungskreis

- dafür zu sorgen haben, dass drohende Brand- und Explosionsgefahren beseitigt und
- Brände wirksam bekämpft werden sowie

- ausreichende technische Hilfe bei sonstigen Unglücksfällen oder Notständen im öffentlichen Interesse geleistet wird.

Während die ersten beiden Aufgaben als „abwehrender Brandschutz" verstanden werden, definiert das Gesetz die dritte Aufgabe als „technischen Hilfsdienst".

6.2 Erfüllung der Pflichtaufgaben durch Feuerwehren

Da die Gemeinden diese Pflichtaufgaben nicht mit eigenem (Verwaltungs-)Personal und den üblichen Sachmitteln (z. B. des Bauhofs) bewältigen können, schreibt der Gesetzgeber in Art. 1 Abs. 2 BayFwG vor, dass die Gemeinden zur Erfüllung dieser Aufgaben

- gemeindliche Feuerwehren aufzustellen, auszurüsten und zu unterhalten sowie
- außerdem die notwendigen Löschwasserversorgungsanlagen bereitzustellen und zu unterhalten haben.

Begrenzt sind diese Pflichten allerdings durch die „Grenzen ihrer Leistungsfähigkeit", also durch die verwaltungsmäßige und finanzielle Leistungskraft einer Gemeinde.

Diese gesetzliche Begrenzung der Erfüllung der gemeindlichen Pflichtaufgaben darf nun aber nicht so verstanden werden, dass eine Gemeinde mit Hinweis auf ihre leere Kasse von den Pflichten des Feuerwehrgesetzes entbunden wäre. Dafür ist die öffentliche Sicherheit zu wichtig. Vielmehr muss die Gemeinde alle Möglichkeiten ausschöpfen, die Pflichtaufgaben des abwehrenden Brandschutzes und der technischen Hilfeleistung erfüllen zu können. Dazu zählen:

- die Aufnahme von Krediten, beispielsweise für die Beschaffung von Feuerwehrfahrzeugen,
- das konsequente Abrechnen von Einsätzen nach Art. 28 BayFwG,
- die Inanspruchnahme staatlicher Zuwendungen für die Beschaffung von Fahrzeugen und Geräten oder für den Bau, die Erweiterung oder Sanierung eines Feuerwehrgerätehauses,
- organisatorische Maßnahmen, wie beispielsweise eine Änderung des Alarmplans mit dem Ziel der Entlastung übermäßig beanspruchter (Orts-)Feuerwehren,
- eine strikte Beschränkung der Feuerwehrtätigkeiten auf die Erfüllung der Pflichtaufgaben bei gleichzeitiger Ablehnung der Übernahme freiwilliger Tätigkeiten,

- das Ausloten der Möglichkeiten kommunaler Zusammenarbeit (Arbeitsgemeinschaften, Zweckvereinbarungen, Zweckverbands-Feuerwehren, Verwaltungsgemeinschafts-Feuerwehren), beispielsweise bei der Vorhaltung von Löschwasserversorgungseinrichtungen oder bei – gelegentlich anzutreffender – gemeinsamer Nutzung von Feuerwehrgerätehäusern durch mehrere Feuerwehren,
- im äußersten Fall die Zuweisung von Einsatzbereichen einer Gemeinde an eine benachbarte Feuerwehr nach Art. 17 Abs. 3 Satz 1 BayFwG oder
- die Aufstellung einer Pflichtfeuerwehr nach Art. 13 Abs. 4 BayFwG.

Erst wenn all diese und weitere denkbare Möglichkeiten der Kostenreduzierung bzw. Mittelbeschaffung ausgeschöpft sind, wäre die Grenze der gemeindlichen Leistungsfähigkeit erreicht. Erst dann könnte eine Gemeinde berechtigterweise auf das „Ende der Fahnenstange" verweisen und die Unmöglichkeit der Pflichtaufgabenerfüllung erklären. Soweit ist es bislang in Bayern aber noch in keinem Fall gekommen.

6.3 Wie viele Feuerwehren braucht eine Gemeinde?

Rund 326.000 aktive Feuerwehrleute sorgen in Bayern für den Brandschutz, davon rund 320.000 ehrenamtlich. Sie engagieren sich in mehr als 7.400 Freiwilligen Feuerwehren, 7 Berufsfeuerwehren der bayerischen Städte und Gemeinden sowie rund 220 Werk- und 52 Betriebsfeuerwehren (Quelle: homepage des bayerischen Innenministeriums; Stand: September 2025).

Gemeint sind damit die Feuerwehren – abgesehen von den Werk- und Betriebsfeuerwehren – als öffentliche Einrichtungen der Kommunen. Art. 4 Abs. 1 Satz 1 BayFwG zählt alle Freiwilligen Feuerwehren, Pflichtfeuerwehren sowie Berufsfeuerwehren zu den gemeindlichen Feuerwehren. Sie sind nach Art. 4 Abs. 1 Satz 2 BayFwG „öffentliche Einrichtungen der Gemeinden".

Sauber davon zu trennen sind die Feuerwehrvereine. Diese sind – wie der Name schon sagt – Vereine, also juristische Personen des Privatrechts (vgl. §§ 21 ff. Bürgerliches Gesetzbuch – BGB –). Auf die Feuerwehrvereine haben die Gemeinden keine rechtlichen Einwirkungsmöglichkeiten. Sie können sich unabhängig vom Wunsch der Kommune gründen oder auflösen. Nach Art. 5 Abs. 1 Satz 1 BayFwG unterstützen die Feuerwehrvereine die gemeindliche Einrichtung Feuerwehr personell. Ihre Mitglieder bilden also in den meisten Gemeinden das personelle Rückgrat der Freiwilligen Feuerwehren.

Nicht wenige kommunale Mandatsträger stellen bisweilen angesichts knapper Kassen die Frage, ob sich die Gemeinde fünf, sechs oder gar zwölf Feuerwehren „leisten kann“. Wäre es nicht möglich, die eine oder andere Feuerwehr aufzulösen?

Die Gemeindegebietsreform von 1972 bis 1978 verringerte die Zahl der bayerischen Gemeinden von 6.962 im Jahr 1970 um über zwei Drittel auf etwas mehr als 2.000 kreisangehörige Gemeinden. Abgeschlossen wurde die Reform durch das Gesetz zum Abschluss der kommunalen Gebietsreform am 1. Januar 1980, mit dem noch kleinere Korrekturen vorgenommen wurden. Während so die Zahl der Gemeinden drastisch sank, legte die Politik keine Hand an die Feuerwehren. Sei es aus politischen Gründen, sei es, um das dichte Netz dieser traditionellen Sicherheitseinrichtungen nicht zu zerstören. Ja, man stattete die Freiwilligen Feuerwehren sogar mit einer ehernen Bestandsgarantie, auch „Ewigkeitsgarantie“ genannt, aus. Art. 5 Abs. 2 Satz 1 BayFwG bestimmt klipp und klar:

> „Organisatorisch selbstständige Freiwillige Feuerwehren für einzelne Ortsteile einer Gemeinde (Ortsfeuerwehren) sind zu erhalten, soweit sie die Aufgaben nach Art. 4 Abs. 1 und 2 erfüllen können.“

Damit steht fest: Solange eine Ortsfeuerwehr personell (!) in der Lage ist, ihre Pflichtaufgaben nach Art. 4 Abs. 1 und 2 BayFwG zu erfüllen, kann sie nicht aufgelöst werden. Weder durch Gemeinderatsbeschluss noch durch einen Akt der Selbstauflösung. „Sind zu erhalten“ bedeutet: muss als Feuerwehr erhalten bleiben.

Erst wenn der Kommandant als Leiter dieser gemeindlichen Einrichtung zu verstehen gibt, dass ihm nicht mehr das zur Aufgabenerfüllung erforderliche Personal zur Verfügung steht, also die Freiwillige Feuerwehr gleichsam auf einen kümmerlichen Rest an Aktiven zusammengeschrumpft ist, kann eine Gemeinde per Gemeinderatsbeschluss die Auflösung einer solchen Feuerwehr herbeiführen. Bevor sie einen derart weitreichenden (und politisch heiklen) Schritt unternimmt, muss der Gemeinderat allerdings die Möglichkeiten der personellen Verstärkung der notleidenden Freiwilligen Feuerwehr durch zwangsweise Heranziehung von Gemeindeeinwohnern zum Feuerwehrdienst nach Art. 13 Abs. 1 BayFwG und der Aufstellung einer Pflichtfeuerwehr nach Art. 13 Abs. 4 BayFwG prüfen.

6.4 In welchem Umfang muss die Gemeinde ihre Feuerwehren ausrüsten?

Nicht nur vorhalten, sondern auch ausrüsten müssen die Gemeinden nach Art. 1 Abs. 2 Satz 1 BayFwG ihre Feuerwehren. In diesem Zusammenhang stellt sich stets die Frage, in welchem Umfang die Feuerwehren auszurüsten sind. „Die Feuerwehr will immer neue, teure Ausstattung", klagen nicht wenige Gemeindekämmerer. Und: „Jede kleine Ortsfeuerwehr verlangt eine gute Ausstattung. Zähneknirschend müssen wir alle Beschaffungswünsche erfüllen", jammern nicht wenige Gemeinderatsmitglieder.

Sind die Klagen berechtigt? Woraus ergibt sich, wie Gemeinden ihre Feuerwehren ausrüsten müssen?

§ 1 AVBayFwG bestimmt:

> „Im Rahmen von Art. 1 Abs. 2 Satz 1 des Bayerischen Feuerwehrgesetzes (BayFwG) haben die Gemeinden insbesondere
> 1. Gerätehäuser mit den erforderlichen Einrichtungen bereitzustellen,
> 2. Fahrzeuge, Geräte, Material, Schutzausrüstung und Dienstkleidung zu beschaffen,
> 3. Einrichtungen zur Meldung und Alarmierung in der Gemeinde zu beschaffen und zu betreiben,
> 4. den Verwaltungsaufwand und, soweit dafür nicht Dritte aufkommen, die Kosten der Aus- und Fortbildung zu tragen."

Damit ist grundsätzlich klargestellt, dass eine Feuerwehr nicht nur „auf dem Papier" existieren darf, sondern mit einem Mindestmaß an Ausstattung rechnen kann.

Wie stellt eine Gemeinde aber konkret fest, was die Feuerwehr konkret kurz-, mittel- und langfristig braucht?

Ziffer 1.1 der Vollzugsbekanntmachung sieht vor, dass die Gemeinden sog. Feuerwehrbedarfspläne erarbeiten und dauerhaft fortschreiben.

> „Die Gemeinden haben für die Wahrnehmung des abwehrenden Brandschutzes und des technischen Hilfsdienstes Feuerwehren aufzustellen, auszurüsten und zu unterhalten; um dabei das örtliche Gefahrenpotential ausreichend zu berücksichtigen und eine optimale Aufgabenwahrnehmung durch die gemeindlichen Feuerwehren zu gewährleisten, sollen die Gemeinden grundsätzlich einen Feuerwehrbedarfsplan aufstellen. Das Staatsministerium des Innern, für Sport und Integration (Staatsministerium) gibt den Gemeinden Hinweise zur Erstellung eines Feuerwehrbedarfsplanes in Form eines Merkblattes. Es wird empfohlen, den zuständigen Kreisbrandrat oder die zuständige Kreisbrandrätin bei der Erstellung der Feuerwehrbedarfspläne zu beteiligen. Feuerwehrbedarfspläne sind fortzuschreiben und der Entwicklung in den Gemeinden anzupassen."

Auch wenn der Ruf nach weniger Bürokratie und rechtlichen Regelungen berechtigt und populär ist, so ist der Vorteil eines gemeindlichen Feuerwehrbedarfsplans nicht von der Hand zu weisen: Beide Seiten, Feuerwehr und Gemeinde, befassen sich mit dem Ist- und Sollstand der Ausstattung der Feuerwehr und können so ziel- und mittelgerecht (!) planen. Das kann letztlich auch zu mehr gegenseitigem Verständnis für Ausstattungswünsche der Feuerwehr einerseits und knappen Finanzmitteln andererseits führen. Ein Arbeitskreis „Feuerwehrbedarfsplanung in Bayern“ beim bayerischen Innenministerium hat das in der Vollzugsbekanntmachung erwähnte Merkblatt erarbeitet, das den Gemeinden Hinweise zur Erstellung eines Feuerwehrbedarfsplans gibt.

In der kommunalen Praxis hat es sich als zielführend erwiesen, auf die Erstellung von Feuerwehrbedarfsplänen spezialisierte Ingenieurbüros mit der Erarbeitung eines Feuerwehrbedarfsplans zu beauftragen. Das kostet zwar etwas Geld, hat aber den unbestreitbaren Vorteil, dass die Akzeptanz eines von einem neutralen Dritten erarbeiteten Plans deutlich höher ist als ein selbst erstellter.

6.5 Wichtiges Kriterium für Beschaffungsmaßnahmen: Die 10-Minuten-Hilfsfrist

Als wichtige Beurteilungsgrundlage für die Entscheidung, in welchem Umfang eine gemeindliche Feuerwehr ausgerüstet werden muss, ist die sogenannte „Hilfsfrist“ von zehn Minuten zu beachten.

Die Hilfsfrist findet sich in Ziffer 1.2 VollzBekBayFwG:

> „Um ihre Aufgaben im abwehrenden Brandschutz und im technischen Hilfsdienst erfüllen zu können, müssen die Gemeinden ihre Feuerwehren so aufstellen und ausrüsten, dass diese möglichst schnell Menschen retten, Schadenfeuer begrenzen und wirksam bekämpfen sowie technische Hilfe leisten können. Hierfür ist es notwendig, dass grundsätzlich jede an einer Straße gelegene Einsatzstelle von einer gemeindlichen Feuerwehr in höchstens zehn Minuten nach Eingang einer Meldung bei der alarmauslösenden Stelle erreicht werden kann (Hilfsfrist). Die Hilfsfrist setzt sich zusammen aus der Gesprächs- und Dispositionszeit der alarmauslösenden Stelle sowie der Ausrücke- und Anfahrtszeit der Feuerwehr. Die Gemeinden legen bei der Feuerwehrbedarfsplanung grundsätzlich eine Ausrücke- und Anfahrtszeit der gemeindlichen Feuerwehr von höchstens achteinhalb Minuten ab dem Abschluss ihrer Alarmierung zugrunde.“

Die Hilfsfrist ist ein wichtiges Kriterium bei der Beurteilung der Frage, wie eine Feuerwehr ausgestattet sein muss, insbesondere, welche Fahrzeuge beschafft werden sollen. Sie hat allerdings, wie jede fachliche Empfehlung, keinen rechtsverbindlichen Charakter, kann also nicht als gleichsam bindende Vorgabe für jedweden Beschaffungswunsch angesetzt werden. Darauf hat das Verwaltungsgericht Regensburg in seiner Entscheidung vom 22.10.2003 (Az.: RO 3 K 02.2309; BayVBl. 2004, 538, BayGT 2004, 29 ff.; siehe auch: BayVGH, Urteil vom 23.12.2016, Az. 4 CE 16.2063) zutreffend hingewiesen. Lassen Sie sich daher als Kommunalvertreter bitte nicht von Führungskräften der Feuerwehr argumentativ „in die Enge treiben“, wonach die Hilfsfrist zwingend einzuhalten sei, um eine gemeindliche Haftung auszuschließen. Sollte die Hilfsfrist bei einem Einsatz tatsächlich einmal nicht eingehalten worden sein, hat das weder rechtliche Auswirkungen auf den Kommandanten noch auf die Gemeinde (Erster Bürgermeister, Mitglied des Gemeinderats).

6.6 Gibt es staatliche Zuwendungen zu Beschaffungsmaßnahmen?

Ja. Der Freistaat Bayern fördert Beschaffungsmaßnahmen der Gemeinden im Wege pauschaler Förderung gemäß seinen Feuerwehr-Zuwendungsrichtlinien. Außerdem legt er von Zeit zu Zeit für spezielle Beschaffungsmaßnahmen, wie beispielsweise für Pressluftatmer, Schutzanzüge, Überhosen, o. Ä. zeitlich begrenzte Sonderförderprogramme auf. Die Förderstellen bei den jeweiligen Bezirksregierungen geben hierüber Auskunft.

Besonders hinzuweisen ist, dass der Freistaat kommunale Zusammenarbeit im Bereich des Beschaffungswesens von Feuerwehrfahrzeugen und des Baus von Feuerwehrgerätehäusern „belohnt“, indem er finanzielle Anreize schafft. So gibt es einen „Aufschlag“ von zehn Prozent auf den Förderfestbetrag bei Fahrzeugen, wenn zwei oder mehrere Kommunen zusammen notwendige baugleiche Feuerwehrfahrzeuge gemeinsam in der Weise beschaffen, dass die Beschaffung jeweils im Namen und auf Rechnung der das Feuerwehrfahrzeug benötigenden Kommune erfolgt. Und auch für den Bau gemeinschaftlicher Feuerwehrgerätehäuser gibt es erhöhte Zuschüsse.

Der Bayerische Gemeindetag befürwortet ausdrücklich kommunale Kooperationen und unterstützt die „Partnersuche“ von Gemeinden, die gemeinsam Feuerwehrfahrzeuge beschaffen wollen, durch ein kostenfreies Internetangebot auf seiner Homepage.

Aktuell fördert der Freistaat Bayern Beschaffungen der Gemeinden für ihre Feuerwehren wie folgt (Auszug aus den Feuerwehr-Zuwendungsrichtlinien 2025 – FwZR –):

Höhe der Festbeträge für Beschaffungen

Tabelle 1

Fahrzeuge und Geräte (nach DIN, DIN EN, Technischen Beschreibungen und Bauvorschriften)	**Basisfestbetrag**	**Erhöhter Festbetrag in RmbH**
Mehrzweckfahrzeug MZF	22.230 €	23.400 €
Mannschaftstransportwagen MTW	17.940 €	18.850 €
Einsatzleitwagen ELW 1	42.900 €	45.110 €
Gerätewagen Tragkraftspritze GW-TS	23.400 €	24.570 €
Kleinlöschfahrzeug KLF	27.300 €	28.730 €
Kleinalarmfahrzeug KLAF	32.890 €	34.580 €
Tragkraftspritzenfahrzeug TSF (ohne PFPN 10-1000)	32.890 €	34.580 €
Tragkraftspritzenfahrzeug TSF mit Atemschutz (ohne PFPN 10-1000)	41.110 €	43.220 €
Tragkraftspritzenfahrzeug TSF-W (ohne PFPN 10-1000)	66.130 €	69.380 €
Tragkraftspritzenfahrzeug Logistik TSF-Logistik (ohne PFPN 10-1000)	57.200 €	60.060 €
Mittleres Löschfahrzeug MLF	87.580 €	91.970 €
Löschgruppenfahrzeug LF 10	130.000 €	136.500 €
Hilfeleistungs-Löschgruppenfahrzeug HLF 10	124.150 €	130.390 €
Löschgruppenfahrzeug LF 20 KatS	125.840 €	132.080 €
Löschgruppenfahrzeug LF 20	130.000 €	136.500 €
Hilfeleistungs-Löschgruppenfahrzeug HLF 20	154.700 €	162.500 €
Druckluftschaumanlage (DLS) nach DIN EN 16327	6.500 €	6.890 €
Tanklöschfahrzeug TLF 3000-V	117.000 €	122.850 €
Tanklöschfahrzeug TLF 3000	100.100 €	105.170 €
Tanklöschfahrzeug TLF 4000	157.300 €	165.230 €
Drehleiter DLAK 23/12	292.500 €	307.190 €
Drehleiter DLAK 18/12	221.000 €	232.050 €
Teleskop-Gelenkmast (als Ergänzung für eine sonst zur Brandbekämpfung notwendige zweite oder weitere Drehleiter DLAK 23/12 oder DLAK 18/12)	221.000 €	232.050 €
Rüstwagen RW	200.200 €	210.210 €
Versorgungs-Lkw	52.910 €	55.510 €
Gerätewagen Logistik GW-L1	45.760 €	48.100 €
Gerätewagen Logistik GW-L2	52.910 €	55.510 €
– Zusatzbeladung Modul „Wasserversorgung“	47.190 €	49.500 €
Tragkraftspritzenanhänger TSA (ohne PFPN 10-1000)	8.500 €	8.900 €
Tragkraftspritze PFPN 10-1000, PFPN 10-1500 bzw. 10-2000	6.370 €	6.630 €
Verkehrssicherungsanhänger VSA	14.300 €	14.950 €
Vorwarneinrichtung (Dachaufsetzer)	7.150 €	7.540 €
LED-Vorwarnanhänger	14.300 €	15.080 €
Gerätewagen Gefahrgut GW-G – *gefördert nach Sonderförderprogramm GW-G entsprechend Stationierungskonzept Bayern (abgeschlossen)* –		
Gerätewagen Atem-/Strahlenschutz GW-A/S	143.000 €	150.150 €
Wechselladersystem nach DIN 14505		
– Trägerfahrzeug (2-achsig)	78.650 €	81.900 €
– Trägerfahrzeug (3-achsig oder 4-achsig)	102.700 €	107.900 €

Höhe der Festbeträge für Feuerwehrhäuser

Feuerwehrhäuser nach DIN 14092	Basis-festbetrag	Erhöhter Festbetrag in RmbH
Bei der Schaffung von notwendigen Stellplätzen durch – Neubau eines Feuerwehrhauses – Einrichtung eines neuen Feuerwehrhauses in ein zu diesem Zweck erworbenes Gebäude oder bei Generalsanierung eines Feuerwehrhauses je notwendigem Stellplatz		
– für den 1. und 2. Stellplatz je	160.000 €	168.000 €
– für den 3. bis 5. Stellplatz je	149.600 €	157.000 €
– für den 6. bis 9. Stellplatz je	182.600 €	191.800 €
– ab dem 10. Stellplatz je	209.000 €	219.400 €
Bei der Schaffung von notwendigen Stellplätzen durch – Einrichtung eines neuen Feuerwehrhauses in ein bereits im Eigentum der Gemeinde stehendes Gebäude, – Anbau von notwendigen weiteren Stellplätzen an ein bestehendes Feuerwehrhaus, – Neubau von notwendigen weiteren Stellplätzen, die nicht in das bestehende Feuerwehrhaus integriert oder unmittelbar angebaut werden können, wenn zum Feuerwehrhaus ein räumlich-funktionaler Zusammenhang besteht, – Einrichtung von notwendigen weiteren Stellplätzen in ein im Eigentum der Gemeinde stehendes bzw. in ein zur Einrichtung eines Feuerwehrhauses und zu dieser Nutzung erworbenes Gebäude, wenn zum Feuerwehrhaus ein räumlich-funktionaler Zusammenhang besteht; beim Ersatz von baulich nicht UVV-gerechten Stellplätzen durch neu errichtete Stellplätze, auch wenn dies nicht zu einer Erhöhung der Gesamtzahl der notwendigen Stellplätze führt, je notwendigem Stellplatz		
– für den 1. und 2. Stellplatz je	60.600 €	63.600 €
– für den 3. bis 5. Stellplatz je	74.800 €	78.600 €
– für den 6. bis 9. Stellplatz je	91.400 €	95.800 €
– ab dem 10. Stellplatz je	104.600 €	109.800 €
Für zusätzliche Flächen nach DIN 14092-1 für Berufsfeuerwehren und Ständige Wachen zusätzlich zu den o. a. Festbeträgen pro Stellplatz bei Schaffung von notwendigen Stellplätzen durch		
– Neubau oder Einrichtung eines neuen Feuerwehrhauses in ein zu diesem Zweck erworbenes Gebäude	39.600 €	41.600 €
– Erweiterung an einem bestehenden Feuerwehrhaus oder Einrichtung eines Feuerwehrhauses in ein bereits im Eigentum der Gemeinde stehendes Gebäude	19.800 €	20.800 €
Schaffung von Sanitärräumen (WC-Anlagen, Waschbecken und Duschen) für weibliche Feuerwehrdienstleistende		
– in bestehenden Feuerwehrhäusern mit 1 oder 2 Stellplätzen	15.000 €	15.750 €
– in bestehenden Feuerwehrhäusern ab 3 Stellplätzen	25.000 €	26.250 €
Bau von besonderen Einrichtungen in Feuerwehrhäusern		
– Bau eines Vollturms nach DIN 14092-3	132.000 €	138.600 €
– Bau eines Halbturms nach DIN 14092-3	88.000 €	92.400 €
– Bau einer Atemschutzwerkstatt nach DIN 14092-7	66.000 €	69.400 €
– Bau einer Atemschutz-Übungsanlage nach DIN 14093	132.000 €	138.600 €
Bau von Übungshäusern für die Ausbildung (Eine Förderung für die einzelnen Module wird möglich sein; die Verteilung des Festbetrags auf die einzelnen Module wird zusammen mit der Musterbauplanung veröffentlicht)	250.000 €	262.500 €

6.7 Was müssen Feuerwehren in der täglichen Praxis leisten?

Man unterscheidet bei den Feuerwehren zwischen der Erfüllung von Pflichtaufgaben und der Erbringung freiwilliger Leistungen:

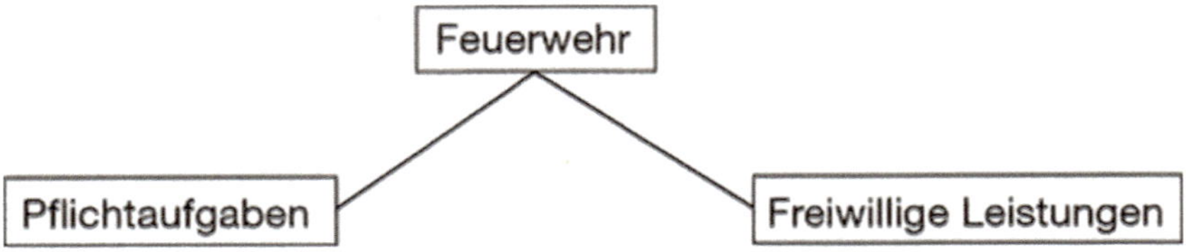

Es lohnt sich, das Aufgabenspektrum der Feuerwehren näher zu betrachten, um einschätzen zu können, welche Aufgaben eine Feuerwehr zwingend erledigen muss und welche Leistungen sie darüber hinaus auf freiwilliger Basis erbringen kann.

6.7.1 Pflichtaufgaben der Feuerwehren

Brandschutz

- **Abwehrender** Brandschutz (Art. 4 Abs. 1 Satz 1 in Verbindung mit Art. 1 Abs. 1 BayFwG): Abwehrender Brandschutz bedeutet, dass akut drohende Brand- oder Explosionsgefahren beseitigt und Brände wirksam bekämpft werden. Dazu gehört, dass die Feuerwehren möglichst schnell Menschen retten sowie Schadenfeuer begrenzen und wirksam bekämpfen (vgl. Ziffer 1.2 VollzBekBayFwG). Ein Schadenfeuer ist ein Feuer, das außerhalb einer Feuerstelle entstanden ist oder eine solche verlassen hat und das sich aus eigener Kraft weiterentwickelt, es sei denn, dass es sich unter Kontrolle befindet und einem bestimmten Zweck dient.
- **Beispiel:**

  Ein sogenanntes Kartoffelfeuer oder Reisigfeuer im Herbst auf dem Acker ist kein Schadenfeuer, solange es vom Menschen kontrolliert wird, also gegebenenfalls sofort gelöscht werden kann. Gerät es allerdings außer Kontrolle, breitet es sich beispielsweise über den eigentlichen Brandherd hinaus aus, so schlägt es in ein Schadenfeuer um, zu dessen Bekämpfung die Feuerwehr verpflichtet ist.

- **Vorbeugender** Brandschutz: Mitwirkung von Feuerwehrkräften bei der gemeindlichen Feuerbeschau. Oder Brandschutzerziehung und -aufklärung zum Beispiel in Kindertagesstätten oder Grundschulen.

Technischer Hilfsdienst

Unter technischem Hilfsdienst versteht das Bayerische Feuerwehrgesetz *„ausreichende technische Hilfe bei sonstigen Unglücksfällen oder Notständen im öffentlichen Interesse“* (vgl. Art. 1 Abs. 1 BayFwG). Was damit gemeint ist, führt Ziffer 4.2 VollzBekBayFwG näher aus:

> „Die Feuerwehren haben technische Hilfe bei Unglücksfällen oder Notständen zu leisten. Unglücksfall ist jedes unvermittelt eintretende Ereignis, das einen nicht nur unbedeutenden Schaden verursacht oder erhebliche Gefahren für Menschen oder Sachen bedeutet. Ein Notstand liegt vor, wenn die Allgemeinheit bedroht ist. Die gemeindlichen Feuerwehren leisten in diesen Fällen aber nur dann technische Hilfe, wenn am Tätigwerden der Feuerwehr ein öffentliches Interesse besteht (Art. 1 Abs. 1 BayFwG). Dies ist nur dann anzunehmen, wenn Selbsthilfe einschließlich gewerblicher Leistungen wegen Gefahr im Verzug oder wegen nur bei der Feuerwehr vorhandener technischer Hilfsmittel oder Fachkenntnisse nicht möglich ist. Ein Handeln der Gemeinden und damit auch der Feuerwehren als deren unselbstständige Einrichtungen setzt im Übrigen auch bei freiwilligen Leistungen einen öffentlichen Zweck voraus.“

Entscheidend ist also: Liegt eine akute Gefahr vor, die schnellstmöglich beseitigt werden muss?

Falls ja: Kann die Gefahr von der gefahrenbeseitigungspflichtigen Person selbst oder mit privaten Hilfsmitteln beseitigt werden?

Falls nein: Geht es wirklich um Gefahrenabwehr oder ist die Gefahr bereits anderweitig beseitigt worden oder (im schlechtesten Fall) bereits in einen Schaden umgeschlagen, sodass es (nur noch) um Schadensbeseitigung (sogenannte „Folgenbeseitigung“) geht?

Das sind die entscheidenden Fragen, die die den Alarm auslösende Stelle kurzfristig beantworten muss. Aber auch die Verwaltungskraft, die nach Tätigkeiten der Feuerwehren prüft, ob Kostenersatz geltend gemacht wird, muss diese Fragen beantworten, da sich für Kostenansprüche unterschiedliche Rechtsgrundlagen eröffnen.

Sicherheitswachen

Eine Sicherheitswache (Art. 4 Abs. 2 Satz 1 BayFwG) ist ein spezieller Wachdienst von Feuerwehrdienstleistenden bei Veranstaltungen, die ein erhöhtes Gefahrenpotential in sich bergen.

Beispiel:

Freiluftveranstaltungen mit einer großen Anzahl an Menschen oder Theatervorführungen.

Brandwache

Auch sie zählt zu den Pflichtaufgaben der Feuerwehr.

Ziffer 4.1 VollzBekBayFwG führt dazu aus:

> „Zu den Pflichtaufgaben der Feuerwehren im abwehrenden Brandschutz gehört auch eine notwendige Brandwache. Eine Brandwache ist notwendig, wenn nach Beendigung der Löscharbeiten die Gefahr eines Wiederaufflammens nicht mit hinreichender Sicherheit ausgeschlossen werden kann. Sie ist Teil des Brandeinsatzes und keine Sicherheitswache im Sinne von Art. 4 Abs. 2 Satz 1 BayFwG."

Die Brandwache ist also ein spezieller Wachdienst von Feuerwehrdienstleistenden, der nach der erfolgreichen Brandbekämpfung geleistet werden muss. Es geht darum, sicherzustellen, dass die Brandgefahr endgültig beseitigt ist und etwaige Glutnester, die noch im Verborgenen glimmen, kein neues Schadenfeuer hervorrufen. In der Regel verbleiben zwei oder drei Feuerwehrdienstleistende noch eine angemessene Zeit am Einsatzort, um die rauchenden Trümmer zu beaufsichtigen und gegebenenfalls ein Wiederaufflammen im Keim zu ersticken.

Bereitschaftsdienst

Eher an versteckter Stelle ist geregelt, dass zu den Pflichtaufgaben einer Feuerwehr auch ein allgemeiner Bereitschaftsdienst zählt.

Ziffer 6.3 VollzBekBayFwG führt dazu aus:

> „Ein Bereitschaftsdienst gemäß Art. 6 Abs. 1 Satz 2 BayFwG kann nicht nur bei besonderen Gefahren, sondern auch dann notwendig sein, wenn sonst die Einsatzbereitschaft der Feuerwehr nicht gewährleistet wäre."

Insbesondere in Zeiten erhöhter Waldbrandgefahr, also beispielsweise während besonders trockener Sommermonate oder an besonders verkehrsreichen Wochenenden (Ferienbeginn und -ende) wird man von solchen „besonderen Gefahren" ausgehen müssen. In solchen Fällen dürfte auch davon ausgegangen werden, dass ein Bereitschaftsdienst notwendig ist, weil sonst mangels ausreichender Einsatzkräfte die Einsatzbereitschaft der Feuerwehr nicht gewährleistet wäre.

Amtshilfe

Bisweilen leisten Feuerwehren zugunsten anderer Behörden Amtshilfe.

Beispiel: Sie werden zum Ausleuchten eines Tatorts, an dem eine Leiche gefunden wurde, gerufen. Hier helfen Feuerwehren der Staatsanwaltschaft bzw. der Polizei bei deren Ermittlungstätigkeiten; es geht nicht (mehr) um Gefahrenabwehr.

Amtshilfe muss von den Feuerwehren geleistet werden. Sie zählt zu den Pflichtaufgaben. Die Art. 4 ff. BayVwVfG legen im Einzelnen fest, unter welchen Voraussetzungen Amtshilfe geleistet werden muss.

Mitwirkung im Katastrophenfall

Stellt die Kreisverwaltungsbehörde (z. B. das Landratsamt) als untere Katastrophenschutzbehörde den Katastrophenfall fest, so müssen Feuerwehren nach Art. 7 Abs. 3 Nr. 4 BayKSG Katastrophenhilfe leisten. Das ist eigentlich eine Selbstverständlichkeit, da die Feuerwehren die zur Bewältigung von Katastrophen erforderliche Ausstattung besitzen und in entsprechenden Katastrophenschutzübungen eingewiesen sind. Es spielt dabei keine Rolle, ob es sich um Naturkatastrophen (beispielsweise Überschwemmungen, Schnee, Stürme) oder technische Katastrophen (erinnert sei an den Einsturz der Eissporthalle in Bad Reichenhall oder das Explosionsunglück im mittelfränkischen Lehrberg im Jahr 2006) handelt. Im Grunde handelt es sich bei Katastropheneinsätzen um Feuerwehreinsätze größeren Ausmaßes mit der Besonderheit, dass die Feuerwehren einem örtlichen Einsatzleiter als „verlängerter Arm" der Katastrophenschutzbehörde (z. B. Landratsamt) unterstellt sind.

Näheres dazu später unter Ziffer 6.10.

Überörtliche Hilfeleistung

Grundsätzlich beschränkt sich der „Aktionsradius" gemeindlicher Feuerwehren auf das eigene Gemeindegebiet. In besonderen Fällen haben Feuerwehren jedoch auch außerhalb ihrer Gemeindegrenzen Hilfe zu leisten. Das Feuerwehrgesetz spricht von „überörtlicher Hilfe" (Art. 17 BayFwG). Feuerwehren kommen anderen Feuerwehren dann zu Hilfe, wenn deren Kapazitäten zur Gefahrenabwehr erschöpft sind. Es gilt der Grundsatz „Bei Gefahren helfen wir alle zusammen!" Allerdings setzt die Pflicht zur überörtlichen Hilfeleistung immer voraus, dass der abwehrende Brandschutz und der technische Hilfsdienst in der eigenen Gemeinde dadurch nicht wesentlich gefährdet werden. Mit anderen Worten: „Wenn die eigene Bude brennt, geht das Löschen von ihr anderen Aufgaben vor."

Die Pflicht zur überörtlichen Hilfeleistung kann sogar länderübergreifend angezeigt sein. Ziffer 17.1 VollzBekBayFwG sieht dazu vor:

> „Die gemeindlichen Feuerwehren haben bei Bedarf auch Hilfe in anderen Bundesländern zu leisten (vergleiche Art. 35 Abs. 1 GG). Es ist daher nichts dagegen einzuwenden, wenn bayerische Feuerwehren in Alarmpläne von Gemeinden angrenzender Länder/Staaten aufgenommen werden. Umgekehrt sind bei der Alarmplanung für bayerische Feuerwehren (vergleiche Alarmierungsbekanntmachung) auch die Hilfemöglichkeiten benachbarter Feuerwehren dieser Bundesländer zu berücksichtigen. Auf der Grundlage der Gegenseitigkeit ist die überörtliche Hilfe gemeindlicher Feuerwehren in angrenzenden Bundesländern unter den gleichen Voraussetzungen kostenlos wie in Bayern."

6.7.2 Freiwillige Leistungen

Nicht selten erbringen Feuerwehren Leistungen, zu denen sie nicht verpflichtet sind.

Beispiele: Sie fällen oder entasten Bäume auf Privatgrundstücken, hängen in der Adventszeit Weihnachtsdekoration über Gemeindestraßen oder stellen gar am 1. Mai den Maibaum auf. Und wie ist es mit dem Einfangen von Bienenschwärmen? Mit dem Beseitigen von Wespen- oder Hornissennestern? Mit dem Auspumpen vollgelaufener Keller oder dem Öffnen von Türen von Privatpersonen?

Müssen die Feuerwehrdienstleistenden solche Leistungen erbringen? Handelt es sich dabei um Feuerwehrdienst?

Das Bayerische Feuerwehrgesetz bestimmt hierzu lapidar in Art. 4 Abs. 3:

> „Andere Aufgaben dürfen die Feuerwehren nur ausführen, wenn ihre Einsatzbereitschaft dadurch nicht beeinträchtigt wird."

Das bedeutet: Freiwillige Leistungen der Feuerwehren sind nicht ausgeschlossen. Es handelt sich um „andere" Aufgaben als die in Art. 4 Abs. 1 und Abs. 2 aufgeführten Pflichtaufgaben. Feuerwehren „dürfen" freiwillige Leistungen ausführen, müssen es aber nicht. Und: Freiwillige Leistungen müssen unterbleiben, wenn die Einsatzbereitschaft der Feuerwehr beeinträchtigt würde. Ob dies der Fall wäre, entscheidet ausschließlich der Kommandant.

Erhellendes zur Thematik liefert Ziffer 4.5 VollzBekBayFwG:

> „Neben den Pflichtaufgaben nach Art. 4 Abs. 1 Satz 1 BayFwG können die gemeindlichen Feuerwehren auch sogenannte freiwillige Tätigkeiten übernehmen. Hierbei ist zu berücksichtigen, dass die Gemeinden und damit auch die Feuerwehren außerhalb der kommunalen Daseinsvorsorge grundsätzlich wirtschaftliche Leistungen durch die Übernahme freiwilliger Leistungen nur erbringen dürfen, wenn ein öffentlicher Zweck dies erfordert und diese Leistungen nicht ebenso gut und wirtschaftlich von privaten Unternehmen erbracht werden können. Sie dürfen insoweit nicht in Konkurrenz zu privaten Wirtschaftsunternehmen treten. Die Verwaltung eigenen Vermögens bleibt unberührt.
>
> Bei den Freiwilligen Feuerwehren ist zu unterscheiden, ob diese Tätigkeiten allein dem Vereinsleben zuzuordnen sind oder ob die Feuerwehr zumindest auch als gemeindliche Einrichtung tätig wird. Im ersten Fall (zum Beispiel Ausrichten von Feuerwehrfesten) gilt ausschließlich Vereinsrecht. Im zweiten Fall (zum Beispiel Brandschutzerziehung und -aufklärung) muss die (allgemein oder für den Einzelfall erteilte) Einwilligung der Gemeinde vorliegen. Eine freiwillige Tätigkeit der Feuerwehr als gemeindliche Einrichtung ist hierbei schon immer dann gegeben, wenn Geräte der Feuerwehr verwendet werden (zum Beispiel Anbringen von Dekorationen mit Feuerwehrleitern)."

Insoweit gilt:

- Feuerwehren dürfen freiwillige Leistungen erbringen.
- Ob allgemein oder im Einzelfall freiwillige Leistungen erbracht werden dürfen, entscheidet die Gemeinde. Soll der Feuerwehr die Erlaubnis generell für bestimmte Leistungen erteilt werden, so entscheidet der Gemeinderat; ansonsten, für den Einzelfall, der Erste Bürgermeister.
- Ob im konkreten Fall eine freiwillige Leistung abgelehnt werden muss, weil die Einsatzbereitschaft der Feuerwehr (für die Erledigung von Pflichtaufgaben!) gefährdet wäre, entscheidet ausschließlich der Kommandant. Dazu gehört auch, dass er sich dagegen ausspricht, wenn die Gemeinde von der Feuerwehr die Erledigung sachfremder Leistungen erwartet, beispielsweise einen allgemeinen Räum- und Streudienst oder Reinigungsaufgaben.
- Die ehrenamtlich tätigen Feuerwehrdienstleistenden müssen bereit sein, freiwillige Leistungen zu erbringen. Sie können nicht angeordnet werden!
- Die Feuerwehr darf keine freiwilligen Leistungen erbringen, die ebenso gut Private, insbesondere private Unternehmen, leisten könnten. Aus Art. 87 Abs. 1 GO ergibt sich der Grundsatz, dass die öffentliche Hand der Privatwirtschaft nichts „wegnehmen“ darf, da sie nicht, wie die Privaten, im wirtschaftlichen Wettbewerb steht.
- Und: Bei freiwilligen Leistungen wird die Feuerwehr als gemeindliche Einrichtung tätig. Die Feuerwehrdienstleistenden sind dabei über den gesetzlichen Unfallversicherer, die Kommunale Unfallversicherung Bayern (KUVB), abgesichert.

6.7.3 „Gretchenfrage“: Erfüllung einer Pflichtaufgabe oder freiwillige Leistung?

Die gedankliche „Weggabelung“ zwischen Pflichtaufgabenerfüllung einerseits und Erbringung freiwilliger Leistungen andererseits besteht in der Beantwortung der Fragen: Muss die Feuerwehr eine akute Gefahrenlage beseitigen? Und: Hat die Allgemeinheit ein Interesse daran, dass die Gefahr von der Feuerwehr beseitigt wird?

Wenn ja: Pflichtaufgabenerfüllung. Wenn nein: Freiwillige Leistung der Feuerwehr.

Nach diesem – zugegebenermaßen einfachen – Maßstab lassen sich folgende Beispielsfälle einordnen:

- Entasten von Bäumen auf Privatgrundstücken: Droht akute Gefahr durch auf öffentlichen Grund überhängende, bereits erkennbar morsche

Äste für Passanten? Pflichtaufgabeneinsatz, wenn der Baumbesitzer nicht rechtzeitig einen privaten Gartenbaubetrieb beauftragen kann (z. B. am Sonn- oder Feiertag). Freiwillige Leistung, wenn es sich um gelegentliches Entasten ohne Gefahr für Unbeteiligte handelt. (Aber Vorsicht: Privater Gartenbaubetrieb hat Vorrang!)

- Auspumpen vollgelaufener Keller: Droht ein Öltank aufzuschwimmen und umzustürzen (mit der Folge des Auslaufens von Öl und einer nicht ausschließbaren Grundwasserverseuchung)? Pflichtaufgabeneinsatz, um Gefahren für die Allgemeinheit abzuwehren (Trinkwasserversorgung!). Freiwillige Leistung, wenn es – wie in den meisten Fällen – „nur" darum geht, das persönliche Pech des Hausbesitzers durch rasches Trockenlegen des Kellers zu mildern.
- Öffnen verschlossener Türen: Befindet sich in der Wohnung eine hilfebedürftige Person (Beispiele: Baby, Kleinkind, behinderte Person), die schnellstmöglich versorgt werden muss? Pflichtaufgabeneinsatz, wenn die Feuerwehr die Tür öffnet, um Menschenleben zu retten. Freiwillige Leistung, wenn lediglich aus Unachtsamkeit die Tür „ins Schloss gefallen ist" und sich der Wohnungsbesitzer einen teuren Schlüsseldienst sparen will.
- Maibaum aufstellen, Girlanden aufhängen o. Ä.: stets freiwillige Leistung.
- Beseitigung von Wespen-, Bienen-, Hornissennestern: Befindet sich das Nest beispielsweise in einem Raum, in dem sich typischerweise Menschen aufhalten (Wohnzimmer, Küche, Kinderzimmer, Schlafzimmer; also nicht: Speicher) und droht möglicherweise einer vom Insekt gestochenen Person ein allergischer Schock? Pflichtaufgabenerfüllung, wenn die Feuerwehr das Nest beseitigt und umsetzt. Freiwillige Leistung, wenn genügend Zeit bliebe, einen privaten Insektenbeseitigungsdienst oder Imker zu beauftragen – abgesehen von der tierschutzrechtlichen Problematik, ob Insektennester überhaupt umgesetzt werden dürfen.

6.7.4 Einsätze von „First-Responder-Einheiten": Erfüllung einer Pflichtaufgabe oder freiwillige Leistung?

In den vergangenen Jahren sind bei zahlreichen Freiwilligen Feuerwehren sogenannte „First-Responder-Einheiten" gebildet worden. Es handelt sich hierbei um eine Art „schnelle Eingreiftruppe", bestehend aus mit Erste-Hilfe-Maßnahmen sehr vertrauten Feuerwehrangehörigen, die – in der Regel ausgestattet mit einem schnellen Fahrzeug – die Erstversorgung von Verletzten am Einsatzort vornehmen. Es hat sich nämlich gezeigt, dass

Kräfte des Rettungsdiensts im Flächenstaat Bayern gerade in ländlichen Gegenden oftmals nicht rechtzeitig am Einsatzort eintreffen und Unfallbeteiligte sowie andere Verkehrsteilnehmer aus Angst, Fehler zu machen, keine Erste Hilfe leisten. Ersthelfergruppen (neudeutsch: „First Responder“) der Feuerwehren haben daher bereits vielfach segensreich und vorbildhaft die Erstversorgung von Verletzten vorgenommen.

So erfreulich und lobenswert diese Tätigkeit der Feuerwehrdienstleistenden ist, so bleibt doch festzuhalten, dass es sich hierbei um eine rein freiwillige Leistung der Feuerwehr handelt! Ärztliche Versorgung und Betreuung von Verletzten bleibt ausschließliche Aufgabe der hierfür eingerichteten Rettungsdienste. Die Feuerwehren haben weder die Aufgabe noch die Befugnis, Maßnahmen des Rettungsdiensts durchzuführen, sofern sie nicht – wie beispielsweise die Berufsfeuerwehr München – im Rettungsdienst aufgrund eines öffentlich-rechtlichen Vertrags nach Art. 19 Abs. 3 BayRDG selbst mitwirken. Es muss vielmehr darauf geachtet werden, dass durch die Tätigkeit der First-Responder-Einheiten der Feuerwehren keine schleichende Aufgabenübertragung vom Rettungsdienst auf die Feuerwehren stattfindet. Insbesondere darf keine Verwischung der Grenze zwischen Erste-Hilfe-Maßnahmen und Rettungsdienstmaßnahmen erfolgen. Haftungsrechtliche Konsequenzen wären nicht auszuschließen. Es bedarf daher einer intensiven Absprache zwischen dem Feuerwehrkommandanten und den Verantwortlichen des Rettungsdiensts sowie den Betreibern der alarmierenden Integrierten Leitstelle (ILS) mit dem Ziel einer eindeutigen Festlegung des jeweiligen Tätigkeitsbereichs.

6.8 Der „Chef“ der Feuerwehr: Der Feuerwehrkommandant

Unweigerlich werden Sie als Erster Bürgermeister oder als Mitglied des Gemeinde-/Stadtrats mit dem Feuerwehrkommandanten „in Kontakt“ kommen. Sei es persönlich, sei es im Rahmen von Gremiumssitzungen. Daher ist es wichtig, zu wissen, welche rechtliche Stellung der Kommandant hat und welche Forderungen er für „seine“ Feuerwehr erheben kann.

Darüber hinaus entscheiden Sie als Kommunalvertreter mit, wer Kommandant wird und ob er es bleibt.

6.8.1 Leiter der gemeindlichen Einrichtung Freiwillige Feuerwehr

Der Kommandant ist Leiter der gemeindlichen Einrichtung Freiwillige Feuerwehr. Er hat damit eine herausgehobene Führungs- und Vorbildfunktion.

Im Einzelnen hat er (Art. 8 Abs. 1 BayFwG)

- für die Einsatzbereitschaft der Freiwilligen Feuerwehr zu sorgen,
- die Einsätze der Freiwilligen Feuerwehr zu leiten (Art. 18 Abs. 2 BayFwG),
- die Ausbildung der Feuerwehrdienstleistenden zu leiten,
- Mannschafts- und Führungsdienstgrade zu ernennen und
- die Gemeinde in Fragen des abwehrenden Brandschutzes und des technischen Hilfsdiensts zu beraten.

Ausbildungsveranstaltungen setzt er im Einvernehmen mit der Gemeinde fest, soweit Erstattungs- oder Entschädigungsansprüche (beispielsweise von Arbeitgebern der Feuerwehrdienstleistenden oder von freiberuflich tätigen Feuerwehrdienstleistenden) entstehen können.

Für den Feuerwehrkommandanten gilt nichts anderes als für die sonstigen ehrenamtlichen Feuerwehrdienstleistenden: Auch er ist rechtlich nicht in den Personalkörper der Gemeinde eingegliedert. Anders als für die Verwaltungs- und sonstigen Bediensteten der Gemeinde gelten für ihn in seiner Funktion als Kommandant nicht die arbeits- oder dienstrechtlichen Vorschriften, sondern ausschließlich die Bestimmungen des Bayerischen Feuerwehrgesetzes.

Führung und Mannschaft müssen harmonieren. Daher hat der Gesetzgeber festgelegt, dass die Feuerwehrdienstleistenden ihren „Chef" aus den eigenen Reihen bestimmen sollen. Nicht eine von der Gemeinde, also dem Ersten Bürgermeister oder dem Gemeinderat, bestellte Person soll die Mannschaft führen; die Mannschaft erwählt sich selbst eine Person ihres Vertrauens.

Wahl durch die Mannschaft

- Wahlberechtigt sind (Art. 8 Abs. 2 Satz 1 BayFwG) alle Feuerwehrdienst leistenden Mitglieder der Freiwilligen Feuerwehr, alle hauptberuflichen Kräfte der Freiwilligen Feuerwehr sowie alle Feuerwehranwärter (vgl. Art. 7 BayFwG), die das 16. Lebensjahr vollendet haben.
- Die Amtszeit des Kommandanten beträgt sechs Jahre. Sie beginnt mit dem Erhalt des Bestätigungsschreibens (siehe unten) der Gemeinde. Der Feuerwehrkommandant muss in geheimer Wahl gewählt werden.

Bestätigung durch den Gemeinde-/Stadtrat

Die demokratische Legitimation durch die Wahl ist eine Voraussetzung, Kommandant zu werden. Hinzukommen muss die anschließende Bestätigung durch das Beschlussgremium Gemeinde-/Stadtrat. Die Ernennung zum Kommandanten ist also ein zweistufiges Verfahren.

Ziffer 8.2 VollzBekBayFwG nennt die Kriterien für die Bestätigung:

Für die Bestätigung müssen folgende Voraussetzungen vorliegen:

- Die Wahl muss ordnungsgemäß abgelaufen sein.
- Die gewählte Person muss wählbar sein.
- Die gewählte Person muss die Wahl angenommen haben.
- Die gewählte Person muss geeignet sein.

Zur Eignung gehört auch, dass die gewählte Person die durch § 7 Abs. 1 AVBayFwG vorgeschriebenen Lehrgänge mit Erfolg besucht hat oder dass der Ausnahmefall des Art. 8 Abs. 3 Satz 2 BayFwG vorliegt. In diesem Fall ist die Bestätigung unter der auflösenden Bedingung zu erteilen, dass die gewählte Person die vorgeschriebenen Lehrgänge in angemessener Frist mit Erfolg besucht. Die Frist soll ein Jahr nicht überschreiten.

Bei der Prüfung der Eignung zum Kommandanten gilt im Wesentlichen dasselbe wie bei der Prüfung der Eignung eines „normalen" ehrenamtlichen Feuerwehrdienstleistenden: Auch der Gewählte muss gesundheitlich, fachlich und „sonst" geeignet sein. Gerade weil er eine herausgehobene Führungsfunktion ausüben soll, muss auf die „sonstige" Eignung besonderes Augenmerk gelegt werden. Der Gewählte soll Vorbild in jeder Hinsicht sein. Neben dem Fachwissen und der körperlichen Belastbarkeit sollen insbesondere Führungsqualitäten vorhanden sein: Integratives Wesen, Ausgeglichenheit, ein offenes Ohr für Sorgen und Nöte der Feuerwehrdienstleistenden, aber auch selbstbewusstes Auftreten und Durchsetzungsfähigkeit gegenüber öffentlichen Institutionen (Gemeinde, Landratsamt, Polizei etc.).

Die Bestätigung durch die Gemeinde – wegen der grundsätzlichen Bedeutung auf der Grundlage eines Beschlusses des Gemeinderats/Stadtrats – ist ein Verwaltungsakt im Sinn von Art. 35 Satz 1 BayVwVfG. Die Bestätigung ist kein Entgegenkommen der Gemeinde; auf sie besteht ein Rechtsanspruch des Gewählten, wenn keine Versagungsgründe vorliegen. Das ergibt sich aus der Formulierung in Art. 8 Abs. 4 Satz 2 BayFwG „Die Bestätigung ist zu versagen, wenn …".

Das Ausgeführte gilt für Wahl und Bestätigung des stellvertretenden Kommandanten entsprechend.

6.8.2 Rechte und Pflichten eines Feuerwehrkommandanten

Aufnahme von Bewerber in die Freiwillige Feuerwehr

Wer ehrenamtlichen Feuerwehrdienst leisten will, muss einen Antrag auf Aufnahme in die Freiwillige Feuerwehr beim Kommandanten stellen. Art. 6 Abs. 3 BayFwG bestimmt:

> „Die Bewerber für den ehrenamtlichen Dienst in der Freiwilligen Feuerwehr werden vom Feuerwehrkommandanten aufgenommen. Bei der Entscheidung über die Aufnahme hat der Feuerwehrkommandant den Personalbedarf der Freiwilligen Feuerwehr und die Eignung des Bewerbers zu berücksichtigen. Der Feuerwehrkommandant kann ein ärztliches Gutachten verlangen. Fehlt einem Bewerber die Eignung für den Einsatzdienst, kann ihn der Kommandant mit der Maßgabe aufnehmen, dass sich sein Dienst auf bestimmte, seiner Eignung entsprechende Aufgaben der Feuerwehr beschränkt."

Damit ist klargestellt:

- Der Feuerwehrkommandant ist für die Aufnahme von Bewerbern ausschließlich, das heißt allein, zuständig.
- Er kann nicht unbeschränkt viele Bewerber aufnehmen, sondern hat den Personalbedarf der Feuerwehr zu berücksichtigen.
- Er, der Kommandant, prüft die körperliche, geistige und „sonstige" Eignung des Bewerbers. Er hat dabei einen gerichtlich nur eingeschränkt überprüfbaren, weiten Beurteilungsspielraum. Das bedeutet für den Bewerber: Er hat keinen Anspruch auf Aufnahme in die Feuerwehr, sondern nur darauf, dass der Kommandant seinen Beurteilungsspielraum sachgerecht ausschöpft und ihn (den Bewerber) nicht aus sachfremden Erwägungen ablehnt.
- Hat der Kommandant Zweifel an der körperlichen oder geistigen Eignung des Bewerbers, so kann er von ihm die Beibringung eines ärztlichen Gutachtens verlangen.
- Um dem Inklusionsgedanken auch bei der Freiwilligen Feuerwehr Rechnung zu tragen, hat der Gesetzgeber den Kommandanten die Möglichkeit eingeräumt, auch Bewerber mit körperlichen Einschränkungen aufzunehmen – allerdings mit der Maßgabe, dass sie ihren Dienst nur auf bestimmte, vom Feuerwehrkommandanten vorab festgelegte Aufgaben beschränken.

Entbindung vom Dienst wegen Wegfalls der körperlichen oder geistigen Eignung

Der Feuerwehrkommandant muss einen Feuerwehrdienstleistenden, der die Eignung für den Feuerwehrdienst ganz oder teilweise verloren hat, in entsprechendem Umfang vom Feuerwehrdienst entbinden (Art. 6 Abs. 4 Satz 1 BayFwG). Das bedeutet:

- Wer die körperliche oder geistige Eignung für den Feuerwehrdienst vollständig verloren hat, muss vom Kommandanten vom Dienst entbunden werden. Er scheidet damit aus der Feuerwehr aus.
- Wer die körperliche oder geistige Eignung nur teilweise verloren hat, kann weiterhin Feuerwehrdienst leisten, allerdings nur in eingeschränktem Umfang. Der Kommandant entbindet ihn dann teilweise vom Dienst, indem er ihm bestimmte Tätigkeiten untersagt (beispielsweise die Teilnahme an Einsätzen und Übungen).

Ausschluss vom Dienst wegen grober Pflichtverletzung

Bedauerlicherweise kommt es immer wieder vor, dass Feuerwehrdienstleistende negativ auffallen. Sei es, dass sie den Feuerwehrdienst nicht (mehr) ernst nehmen, indem sie beispielsweise nicht oder nur selten an Einsätzen und/oder Übungen und Ausbildungsveranstaltungen teilnehmen, sei es, dass sie sich unehrenhaft verhalten. Wiederholte Trunkenheit im Feuerwehrdienst oder gar die Begehung von Straftaten lassen es angeraten erscheinen, auf künftige „Dienste“ zu verzichten.

Der Kommandant hat in solchen Fällen die Pflicht, den einzelnen Feuerwehrdienstleistenden auch gegen dessen Willen vom Dienst auszuschließen

6.8.3 Das Amt des Feuerwehrkommandanten endet

- **mit Erreichen der Altersgrenze**

Von Gesetzes wegen endet der Feuerwehrdienst mit dem Erreichen der Regelaltersgrenze nach § 35 Satz 2 des Sechsten Buchs Sozialgesetzbuch (SGB VI), Art. 6 Abs. 2 Satz 1 BayFwG.

Was für das „einfache“ Feuerwehrmitglied gilt, trifft auch für den Kommandanten (bzw. Stellvertreter) zu: Mit dem 67. Geburtstag ist – aktuell – Schluss! Auch wenn die Amtszeit von sechs Jahren (Art. 8 Abs. 2 Satz 1 BayFwG) noch nicht beendet ist. Die gesetzliche Altersgrenze geht vor. Der Gesetzgeber geht derzeit davon aus, dass mit Vollendung des 67. Lebensjahrs die körperliche Leistungsfähigkeit eines Feuerwehrdienstleistenden so stark nachgelassen hat, dass er aus Fürsorgegrundsätzen nicht länger Feuerwehrdienst leisten soll. Dies muss umso mehr für den verantwortungsvollen Dienst als Feuerwehrkommandant bzw. Stellvertreter gelten.

- **mit Ablauf der Amtszeit (sechs Jahre) und keine Wiederwahl**

Ist die reguläre Amtszeit von sechs Jahren abgelaufen und der bisherige Kommandant (bzw. Stellvertreter) nicht erneut von den Feuerwehrdienstleistenden gewählt worden, so endet automatisch seine Funktion als Kommandant mit dem Tag, der seiner Wahl sechs Jahre zuvor entsprach.

- **durch erklärten Rücktritt**

Ein Feuerwehrkommandant kann jederzeit von seinem Amt zurücktreten. Wegen der Freiwilligkeit des Feuerwehrdiensts muss er – ebenso wie ein „einfaches" Feuerwehrmitglied – keine Gründe hierfür nennen und keinen entsprechenden (Genehmigungs-)Beschluss des Gemeinderats/Stadtrats erwirken. Allerdings erfordert es das Gebot der Fairness bzw. der Anstand, dass der Kommandant rechtzeitig die Gemeinde und die Feuerwehrdienstleistenden von seinem Vorhaben in Kenntnis setzt. Ein Rücktritt „von heute auf morgen" bringt möglicherweise seinen Stellvertreter, der damit sofort der „Chef" ist, in organisatorische Schwierigkeiten und könnte die Einsatzbereitschaft der Feuerwehr kurzfristig infrage stellen.

- **mit Rücknahme oder Widerruf der gemeindlichen Bestätigung**

Wenig schmeichelhaft für einen Kommandanten (bzw. den Vertreter) ist, wenn die gemeindliche Bestätigung zurückgenommen oder widerrufen wird.

Eine Zurücknahme (Art. 48 BayVwVfG) der Bestätigung setzt voraus, dass die fachliche, gesundheitliche oder „sonstige" Eignung des Kommandanten von vornherein, also im Zeitpunkt der Bestätigung, gefehlt hat.

Ein Widerruf (Art. 49 BayVwVfG) der Bestätigung kommt in Betracht, wenn die fachliche, gesundheitliche oder „sonstige" Eignung des Kommandanten später weggefallen ist.

Beispiele

Auftreten eines körperlichen Gebrechens oder unehrenhaftes Verhalten.

Wie für die Erteilung der Bestätigung ist auch für den actus contrarius, also für die Rücknahme oder den Widerruf, der Gemeinde- bzw. Stadtrat zuständig.

Rücknahme und Widerruf sind Verwaltungsakte, gegen die sich der Kommandant mit einer Anfechtungsklage wehren kann.

6.8.4 Sonderfall: Der „Notkommandant“

In den letzten Jahren mehren sich leider die Fälle, in denen kein gewählter Kommandant zur Führung der Feuerwehr zur Verfügung steht. Sei es, dass die reguläre Amtszeit von sechs Jahren ohne rechtzeitige Neuwahl eines Kommandanten abgelaufen ist, sei es, dass ein Kommandant – aus welchen Gründen auch immer – von seinem Amt zurückgetreten ist und sich kein geeigneter Nachfolger gefunden hat. Vor dem Hintergrund der über die Jahre gestiegenen Anforderungen an das Amt eines Kommandanten und der zunehmenden Technisierung und Spezialisierung der Feuerwehr kommen immer mehr Gemeinden in die Verlegenheit, sogenannte „Notkommandanten“ bestellen zu müssen.

Was ist ein „Notkommandant“?

Der Begriff selbst taucht im Feuerwehrgesetz nicht auf. Mit der dennoch landläufig verwendeten Bezeichnung ist das Kuriosum gemeint, dass „ein Freiwilliger bestimmt wird“.

An sich verbietet das Prinzip der Freiwilligkeit eine verwaltungsmäßige Übertragung eines Führungsamts gegen den Willen des Betroffenen. Es kann allerdings die Situation eintreten, dass sich kein Feuerwehrdienstleistender findet, der das Amt eines Feuerwehrkommandanten freiwillig übernehmen will; was zur Konsequenz hätte, dass eine Freiwillige Feuerwehr für einen unabsehbaren Zeitraum führungslos wäre. Der Stellvertreter des Kommandanten ist eben nur Stellvertreter, nicht Kommandant selbst. In seiner Funktion als Stellvertreter kann er davon ausgehen, dass er nur kurzzeitig Führungsaufgaben übernehmen muss, nicht aber auf Dauer.

Um diese unerwünschte Situation zu „bereinigen“, hat der Gesetzgeber in Art. 8 Abs. 2 Satz 2 und 3 BayFwG festgelegt:

> „Wird innerhalb von drei Monaten nach Ausscheiden des bisherigen Kommandanten kein geeigneter Nachfolger gewählt, hat die Gemeinde ein geeignetes Feuerwehrdienst leistendes Mitglied dieser Freiwilligen Feuerwehr zum Kommandanten zu bestellen. Die Bestellung endet mit der Bestätigung eines gewählten Feuerwehrkommandanten.“

Das bedeutet: Innerhalb eines Zeitraums von drei Monaten nach dem Ausscheiden des bisherigen Kommandanten muss es der Gemeinde gelingen, einen geeigneten Nachfolger wählen zu lassen. Schafft sie dies nicht, beispielsweise, weil sich in den anberaumten Wahlversammlungen kein Feuerwehrdienstleistender zum Kommandanten wählen lässt, so muss sie nach Ablauf der drei Monate einen Kommandanten „zwangsweise bestimmen“. Zuständig ist der Gemeinderat/Stadtrat. Der Notkommandant wird nicht – wie ein regulär gewählter Kommandant – auf sechs Jahre bestellt, sondern lediglich für einen überschaubaren Zeitraum, beispielsweise sechs Monate bis maximal ein Jahr. Innerhalb dieses Zeitraums muss die Gemeinde weiterhin bemüht sein, in einer oder mehreren Wahlversammlungen einen regulären Kommandanten wählen zu lassen.

6.9 Satzungen im Bereich des Feuerwehrwesens

6.9.1 Die Feuerwehrsatzung

Die Gemeinden und Städte können, ergänzend zu den umfangreichen gesetzlichen Bestimmungen, Einzelheiten, die ihre Feuerwehren betreffen, in eigenen Satzungen festlegen. Zum Beispiel, wie im Detail die Wahl eines Kommandanten und seiner Stellvertreter ablaufen soll. Die Vollzugsbekanntmachung des bayerischen Innenministeriums enthält dazu ein vorzügliches Muster. Auf dieses sollte zurückgegriffen werden.

6.9.2 Die Feuerwehrkostensatzung

Muss Kostenersatz verlangt werden oder nicht?

Keine Gemeinde ist gezwungen, Kostenersatz nach Feuerwehreinsätzen geltend zu machen. Die einschlägige Vorschrift hierzu, Art. 28 BayFwG, ist eine Ermessensvorschrift („kann"). Prinzipiell ist es daher jeder Kommune freigestellt, für Tätigkeiten ihrer Feuerwehren Geld vom Begünstigten des Einsatzes zu verlangen. Letztlich ist es einer politischen Grundsatzentscheidung des Gemeinderats vorbehalten, ob es sich die Gemeinde leisten kann, auf ihr zustehendes Geld zu verzichten. Maßgeblich ist die konkrete Haushaltslage. Einige wenige Gemeinden in Bayern sind in der glücklichen Lage, dank sprudelnder Steuerquellen auf anderweitige Einnahmemöglichkeiten verzichten zu können. Die große Mehrzahl der bayerischen Gemeinden wird hingegen vom staatlichen oder kommunalen Prüfer angehalten werden, konsequent alle Einnahmemöglichkeiten auszuschöpfen (vgl. Art. 61 und 62 GO).

Ist der Erlass einer Kostensatzung Voraussetzung für eine Kostenerhebung?

Nein. Das Recht, Kosten nach Feuerwehrtätigkeiten zu erheben, ergibt sich aus dem Gesetz selbst. Der Gesetzgeber hat in Art. 28 Abs. 4 BayFwG den Gemeinden das Recht eingeräumt, eine Kostensatzung – ergänzend zum Gesetz – zu erlassen, um den Verwaltungsvollzug zu erleichtern. Durch eine Kostensatzung können die durch den Einsatz entstandenen Kosten und Aufwendungen **pauschaliert** – und auf diese Weise die Abrechnung wesentlich erleichtert werden. Die meisten Gemeinden und Städte haben mittlerweile solche Satzungen erlassen.

Es ist praxisgerecht und sinnvoll, der Verwaltung die Abrechnung von Feuerwehreinsätzen zu erleichtern. Daher hat sich der Satzungserlass in diesem Bereich bewährt.

Der Bayerische Gemeindetag hat dazu vor langer Zeit einen Arbeitskreis gebildet, der zusammen mit dem Bayerischen Städtetag, dem Landesfeuerwehrverband und dem Kommunalen Prüfungsverband in einem regelmäßigen Turnus Musterkalkulationen für Pauschalsätze in solchen Satzungen vornimmt und diese den Gemeinden und Städten zur Verfügung stellt. Dies erleichtert den Kommunen die eigene Kalkulation.

Eine Feuerwehrkostensatzung könnte beispielsweise folgendermaßen aussehen:

Satzung über Aufwendungs- und Kostenersatz

für Einsätze und andere Leistungen gemeindlicher Feuerwehren

Die Gemeinde/Die Stadt/ Der Markt ... erlässt aufgrund Art. 28 Abs. 4 Bayerisches Feuerwehrgesetz (BayFwG) folgende

SATZUNG

§ 1
Aufwendungs- und Kostenersatz

(1) Die Gemeinde/Die Stadt/Der Markt ... erhebt im Rahmen von Art. 28 Abs. 1 BayFwG Aufwendungsersatz für die in Art. 28 Abs. 2 BayFwG aufgeführten Pflichtleistungen ihrer/seiner Feuerwehren, insbesondere für

1. Einsätze,
2. Sicherheitswachen (Art. 4 Abs. 2 Satz 1 BayFwG),
3. Ausrücken nach missbräuchlicher Alarmierung oder Fehlalarmen.

Einsätze werden in dem für die Hilfeleistung notwendigen Umfang abgerechnet. Für Einsätze und Tätigkeiten, die unmittelbar der Rettung oder Bergung von Menschen und Tieren dienen, wird kein Kostenersatz erhoben.

Der Aufwendungsersatz entsteht mit dem Tätigwerden, in den Fällen des Art. 28 Abs. 2 Nr. 7 BayFwG mit dem Ausrücken, der Feuerwehr.

(2) Die Gemeinde/Die Stadt/Der Markt ... erhebt Kostenersatz für die Inanspruchnahme ihrer/seiner Feuerwehren zu folgenden freiwilligen Leistungen (Art. 28 Abs. 4 Satz 1 BayFwG):

1. Hilfeleistungen, die nicht zu den gesetzlichen Pflichtaufgaben der Feuerwehren gehören,
2. Überlassung von Gerät und Material zum Gebrauch oder Verbrauch,
3. Leistungen der Atemschutzgerätewerkstatt/Schlauchwerkstatt.
4. Bereitstellung der Atemschutzstrecke zur Benutzung.

Die Kostenschuld entsteht mit der Inanspruchnahme der Feuerwehr.

(3) Die Höhe des Aufwendungs- und Kostenersatzes richtet sich nach den Pauschalsätzen gemäß der Anlage zu dieser Satzung. Für den Ersatz von Aufwendungen, die nicht in der Anlage enthalten sind, werden Pauschalsätze in Anlehnung an die für vergleichbare Aufwendungen festgelegten Sätze erhoben. Für Materialverbrauch werden die Selbstkosten berechnet.

(4) Aufwendungen, die durch Hilfeleistungen von Werkfeuerwehren entstehen (Art. 15 Abs. 7 Satz 2 BayFwG), sowie wegen überörtlicher Hilfeleistungen nach Art. 17 Abs. 2 BayFwG zu erstattende Aufwendungen werden unabhängig von dieser Satzung geltend gemacht.

§ 2
Schuldner

(1) Bei Pflichtleistungen bestimmt sich der Schuldner des Aufwendungsersatzes nach Art. 28 Abs. 3 BayFwG.

(2) Bei freiwilligen Leistungen ist Schuldner, wer die Feuerwehr willentlich in Anspruch genommen hat.

(3) Mehrere Schuldner haften als Gesamtschuldner.

§ 3
Fälligkeit

Aufwendungs- und Kostenersatz werden mit Eintritt der Bestandskraft des Bescheids zur Zahlung fällig.

§ 4
In-Kraft-Treten

Diese Satzung tritt am ____________________ in Kraft.

Ort, Datum Unterschrift

Rechtliche Grundlagen im Katastrophenschutz

Leider bleibt es nicht aus, dass hin und wieder ein Landratsamt als Katastrophenschutzbehörde (Art. 2 Abs. 1 Satz 1 Bayerisches Katastrophenschutzgesetz, BayKSG) den Katastrophenfall feststellt. Zumeist sind es Naturgewalten (Stürme, Orkane, Überflutungen nach Starkregen, Schnee, Dürre) oder große Brandereignisse oder Unfälle, die eine einzelne Gemeinde mit ihren Feuerwehren überlasten. Dann gilt der Grundsatz „Jetzt müssen alle zusammen helfen, um die Auswirkungen der Katastrophe zu bewältigen."

Was gilt in einem solchen Fall für die Gemeinden und ihre Feuerwehren? Es lohnt, sich darüber einen kurzen Überblick zu verschaffen.

6.10 Katastrophenschutz ist staatliche Aufgabe. Gemeinden und Feuerwehren helfen mit.

Der Katastrophenschutz in Bayern ist Staatsaufgabe. Das maßgebliche Bayerische Katastrophenschutzgesetz (BayKSG) legt in Art. 2 fest, dass die Kreisverwaltungsbehörden, die Regierungen und das Staatsministerium des Innern, für Sport und Integration die zuständigen Katastrophenschutzbehörden sind. Nur für den – eher unwahrscheinlichen – Fall, dass kreisangehörige Gemeinden während einer Katastrophe ohne Verbindung mit der Kreisverwaltungsbehörde, also dem Landratsamt, sind, nehmen sie in dieser Zeit die Aufgaben der Katastrophenschutzbehörde wahr. Es ist – ehrlich gesagt – schwer vorstellbar, dass eine kreisangehörige Gemeinde während einer Katastrophe keinerlei Verbindung zum Landratsamt haben kann. Sollte der Strom ausfallen und dadurch weder Telefon noch Internetverbindung funktionieren, stellt die Gemeinde die Verbindung zum Landratsamt über fahrende Boten her. Glücklicherweise musste dieses Szenario noch nie getestet werden.

Als Katastrophenschutzbehörde bildet beispielsweise ein Landratsamt im Krisenfall einen Krisenstab; in der Praxis ist der Jurist am Landratsamt, der für den Bereich Öffentliche Sicherheit und Ordnung zuständig ist, der formale Leiter des Krisenstabs. Der Kreisbrandrat hat dann die Funktion des örtlichen Einsatzleiters (ÖEL). Während der Kreisbrandrat als örtlicher Einsatzleiter am „Ort des Geschehen“, also in den von der Katastrophe betroffenen Gebieten im Landkreis ist und die erforderlichen Maßnahmen vor Ort koordiniert, sorgt der Jurist am Landratsamt mit seinen Referaten dafür, dass der Kreisbrandrat als örtlicher Einsatzleiter „alles bekommt, was er zur Bewältigung der Katastrophe braucht“. Der örtliche Einsatzleiter meldet also den Bedarf, das Landratsamt sorgt dafür, dass die entsprechenden Hilfskräfte alarmiert und die notwendigen Gerätschaften und Materialien an den Ort der Katastrophe geschafft werden.

In diesem Zusammenhang spielen die Gemeinden mit ihren Feuerwehren eine maßgebliche Rolle.

6.11 Gemeinden und Feuerwehren leisten Katastrophenhilfe.

Art. 7 Abs. 1 Satz 1 BayKSG definiert Katastrophenhilfe als die auf Ersuchen der Katastrophenschutzbehörde zu leistende Mitwirkung im Katastrophenschutz. Ergänzend führt das Gesetz aus: „Sie muss geleistet werden, wenn nicht durch die Hilfeleistung die Erfüllung dringender eigener Aufgaben ernstlich gefährdet wird.“ Damit ist klargestellt: Katastrophenhilfe ist Pflichtaufgabe; sobald sie das Landratsamt anfordert, ist sie zu leisten. Sie kann nur verweigert werden, wenn dringendere Aufgaben erfüllt werden müssen.

Beispiele

Brände im eigenen Gemeindegebiet löschen, Verkehrsunfälle im eigenen Gemeindegebiet bewältigen.

Gemäß Art. 7 Abs. 3 Ziffern 2 und 4 BayKSG sind die Gemeinden und ihre Feuerwehren zur Katastrophenhilfe verpflichtet. Eigentlich eine Selbstverständlichkeit; der Gesetzgeber hat sie aber ausdrücklich dazu verpflichtet.

Katastrophenhilfe geht sogar über das eigene Gemeinde-/Landkreisgebiet hinaus. Fordern andere Länder Katastrophenhilfe an, so müssen Gemeinden und Feuerwehren ggf. auch dort Hilfe leisten.

6.12 Bekommen die Gemeinden Kostenersatz?

Nein. Art. 11 Abs. 1 BayKSG bestimmt, dass die Gemeinden und ihre Feuerwehren die Aufwendungen, die durch die Bewältigung der Katastrophe entstehen, selbst zu tragen haben.

6.13 Refinanzierung über den K-Fonds

Gehen die Gemeinden also „leer" aus?

Nicht ganz. Das Staatsministerium des Innern, für Sport und Integration unterhält einen Fonds zur Förderung des Katastrophenschutzes (K-Fonds). Aus diesem Fonds können den Gemeinden für Maßnahmen, die der Abwehr einer Katastrophe dienen, Zuschüsse gewährt werden, um unzumutbare Belastungen abzuwenden, wenn es nicht durch Inanspruchnahme anderer Leistungen möglich ist. Nach den derzeit geltenden Richtlinien für Zuwendungen des Freistaats Bayerns zum Ausgleich von Einsatzkosten aus dem Katastrophenschutzfonds (Bekanntmachung des Innenministeriums in der derzeit geltenden Fassung der Bekanntmachung vom 10. März 2016, AllMBl. S. 1510) gewährt der Freistaat beispielsweise Kostenersatz für fortgewährte Leistungen und Verdienstausfallentschädigungen, Reisekosten, Einsatzentschädigungen, Personalkosten, Kraftstoffkosten, Verpflegungskosten sowie Reparatur- und Ersatzbeschaffungskosten für im Rahmen des Katastropheneinsatzes beschädigte oder verloren gegangene Ausstattung (Fahrzeuge, Geräte, Material, Schutzausrüstung und Dienstkleidung).

Im Regelfall werden 80 % der entstandenen Kosten aus dem Fonds ausgeglichen; in Härtefällen kann die Regierung im Einvernehmen mit dem Innenministerium den Satz auf 90 % erhöhen.

Die Gemeinden können diesen Ersatz aus dem K-Fonds über einen entsprechenden Antrag bei den Bezirksregierungen über die zuständigen Landratsämter stellen.

Leider nicht zuwendungsfähig sind die Kosten für die Beseitigung von baulichen Schäden an Straßen, Brücken, Gewässern und Gebäuden sowie die Kosten der Straßensäuberung, Kanalreinigung, Deponiegebühren und Containergestellung. Außerdem die Entsorgung kontaminierten Materials und Schlammentsorgung. Die Kosten für diese – zumeist sehr teuren – Schäden ersetzt der Freistaat Bayern leider nicht.

Teil 7 Digitale Verwaltung

1. Rechtliche, politische und organisatorische Grundlagen

1.1 Begriffe: Vom E-Government zur digitalen Verwaltung

Die zunehmende **Digitalisierung aller Lebensbereiche** wirkt sich nicht nur auf Wirtschaft und Gesellschaft, sondern auch auf die **kommunale Verwaltung** aus. Wer im Internet einkaufen geht und online seine Bankgeschäfte abwickelt, will auch in seiner Kommune online zum Amt gehen können. Der Begriff der elektronischen Verwaltung bzw. **E-Government** steht nach der sog. **Speyerer Definition** für die Abwicklung geschäftlicher **Prozesse** im Zusammenhang mit Regieren und Verwalten (Government) mit Hilfe von Informations- und Kommunikationstechniken über elektronische Medien.

Der Verwaltungspraxis liegt demgegenüber ein engeres Begriffsverständnis zugrunde. Der Fokus liegt in erster Linie auf dem zielgerichteten Einsatz von **Informations- und Kommunikationstechnologien** zur **Erfüllung von Verwaltungsaufgaben**, das „elektronische Regieren" spielt derzeit eine eher untergeordnete Rolle.

(1) E-Government

Der Begriff des E-Government stammt aus der Diskussion um die **Modernisierung der Verwaltung seit Anfang der 2000er-Jahre**. E-Government ist mit dem Ziel verbunden, Verwaltung durch IT effizienter und effektiver zu gestalten. Der Begriff E-Government ist damit

- **zielgerichtet** (auf die Modernisierung der Verwaltung durch IT),
- **positiv belegt** (Verwaltung soll durch IT effizienter werden) und
- auf die Optimierung von Prozessen und Verfahren
- in den einzelnen **Behörden** ausgerichtet.

Dieser Begriff von E-Government liegt auch den **Government-Gesetzen des Bundes und der Länder** zugrunde, die beginnend mit dem **E-GovG des Bundes im Jahr** 2013 schrittweise auch in allen Ländern eingeführt wurden.

(2) Digitale Verwaltung

Neben dem Begriff des E-Government wird in letzter Zeit immer häufiger auch der Begriff **„Digitale (Transformation der) Verwaltung"** verwendet. Der neuere Begriff der „Digitalen Verwaltung" stellt die Verwaltung stärker in den Kontext übergreifender Digitalisierungsprozesse. Aus dieser Perspektive ist der Einsatz von IT in der Verwaltung ein **Aspekt eines umfas-**

senden gesellschaftlichen, wirtschaftlichen und technischen **Digitalisierungsprozesses.**

Der Begriff der „Digitalen Verwaltung" ist nicht nur deutlich jünger als der Begriff des E-Government, sondern inhaltlich auch deutlich weiter gefasst. Der Begriff ist

- **beschreibend** (Digitalisierung verändert Verwaltung objektiv),
- **neutral belegt** (diese Veränderung bietet Chancen und Risiken und muss gestaltet werden) und
- **umfassend** auf **alle Aspekte von Digitalisierung** ausgerichtet (neben Prozessen und Verfahren, auch Organisation, Technik, Personal und Qualifizierung, Finanz etc.). Erfasst werden entsprechend
- nicht nur die Ebene der einzelnen Behörde, sondern **alle Ebenen der öffentlichen** Verwaltung, vor allem Bund, Länder und Kommunen aber auch alle sonstigen Träger der öffentlichen Verwaltung,
- darüber hinaus aber auch **alle weiteren Stakeholder der Verwaltungsdigitalisierung**, also Bürgerinnen und Bürger sowie Unternehmen als Antragsteller und/oder Beteiligte aber auch die Beschäftigten in der öffentlichen Verwaltung aber auch Politik und breitere Öffentlichkeit.

Merke:

Bei „Digitaler Verwaltung" geht es sowohl um Prozesse innerhalb des öffentlichen Sektors (G2G) als auch um jene zwischen diesem und der Bevölkerung (C2G und G2C), der Wirtschaft (B2G und G2B) und den Non-Profit- und Non-Government-Organisationen des Dritten Sektors (N2G und G2N):

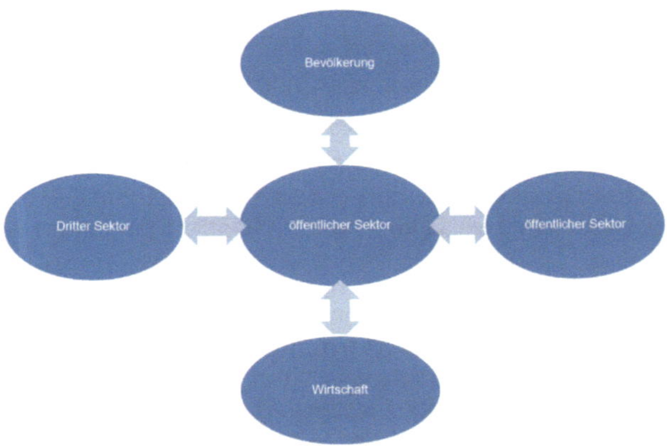

Der Begriff der Digitalen Verwaltung wird der heutigen **Vielschichtigkeit der digitalen Veränderungsprozesse** in der Verwaltung besser gerecht als der enger gefasste, stark auf die Prozessoptimierung in einzelnen Behörden ausgerichtete Begriff des E-Government. Der weiter gefasste Begriff deckt auch den **aktuellen Rechtsrahmen** der Digitalisierung von Verwaltung sinnvoller ab.

Das **Onlinezugangsgesetz** (OZG) von 2017 (umfassende Novelle 2024) enthält zwar auch einige auf behördenbezogenen Regelungen, zum Beispiel zum Schriftformersatz. Der eigentliche Zweck des OZG liegt aber darin, die Zusammenarbeit von **Bund, Länder und Kommunen** bei der Bereitstellung von **Onlinediensten** für Bürgerinnen Bürger und Unternehmen „zu organisieren.".

Mit dem **neuen Regelungsansatzes** des OZG trägt die Politik der Tatsache Rechnung, dass die einzelne Behörde beim Einsatz von digitalen Technologien sehr rasch an technische, personelle und finanzielle Grenzen stößt. Konsequenterweise nimmt das OZG mit dem Bund, den Ländern und den Kommunen die politisch für die Digitalisierung verantwortlichen Träger der örtlichen Verwaltung unmittelbar in die Pflicht.

Der Freistaat Bayern ist mit dem **Bayerischen Digitalgesetz (BayDiG) von 2022** einen entscheidenden Schritt weitergegangen. Das BayDiG regelt erstmals in Deutschland gesellschaftliche Digitalisierung umfassend in einem Rahmengesetz. Der Schwerpunkt der Regelungen bezieht sich auf die Verwaltungsdigitalisierung, die gemäß Art 2 Satz 1 BayDiG „im Interesse von Bürgern, Gesellschaft und Wirtschaft" gestaltet und gefördert werden soll.

Seinem weiten Regelungsansatz entsprechend deckt das BayDiG die **Inhalte der Government Gesetze** und des **OZG** ab. Es regelt darüber hinaus auch Fragen der **Behördenzusammenarbeit,** die Einrichtung und den Betrieb von **zentralen Rechenzentren**, die **IT-Sicherheit** sowie die **staatlich-kommunale Zusammenarbeit** in der Digitalisierung, einschließlich der Bereitstellung und Finanzierung zentraler Einrichtungen (BayKommun) und Dienste (BayernPackages).

1.2 „Quickcheck" Digitale Verwaltung: Das Wichtigste im Überblick

1.2.1 Politische Rahmenbedingungen: Von „BayernDigital" zur „Pilotregion Bayern"

Die konsequente Förderung der Digitalisierung hat im Freistaat Bayern seit mehreren Legislaturperioden besondere politische Priorität. Ein Schwerpunkt liegt dabei auf der **Digitalisierung der Kommunen.**

Start mit „BayernDigital“

Die Förderung der Digitalisierung im Freistaat war ab 2014 Gegenstand der Programme **„BayernDigital I und II“.** Diese bundesweit beispiellosen Programme sahen für den Zeitraum **bis 2022** Investitionen von insgesamt rd. **6 Mrd. Euro** in verschiedenen Schwerpunktbereichen der Digitalisierung vor. Für die bayerischen Kommunen waren dabei insbesondere der **Ausbau der digitalen Infrastruktur,** namentlich die Breitbandförderung und der flächendeckende Ausbau des BayernWLAN von besonderer Bedeutung. Darüber hinaus wurde die Gründung des bundesweit ersten **Landesamts für Sicherheit in der Informationstechnik** durch die Mittel aus BayernDigital angeschoben.

Die „High Tech Aganda“

Als nächste Stufe des Digitalisierungs- und Technologieprogramms des Freistaats Bayern wurde ab 2019 die **„Hightech-Aganda Bayern“** gestartet. Die Hightech-Agenda Bayern umfasst ein Volumen von weiteren **5,5 Mrd. Euro.** Es werden diverse Maßnahmen im Bereich KI und Supertech, Hochschulen, Mittelstand- und Unternehmensgründungen umgesetzt.

Die Hightech-Agenda umfasst auch das Investitionsprogramm **„Smart Bavaria“** des Bayerischen Staatsministeriums für Digitales für den weiteren Ausbau der „digitalen Verwaltung“ in Bayern. Schwerpunkt des mit **10 Mio. Euro** dotierten Programms ist der Ausbau **mobiler digitaler Verwaltungsangebote** und die Entwicklung einer **„Bayern App“.**

Besondere Maßnahmen für die kommunale Verwaltung

Seit der **Gründung des Bayerischen Staatsministeriums für Digitales (StMD) im Jahr 2018** wurden parallel zu den allgemeinen Digitalisierungs- und Technologieförderungsprogrammen besondere Maßnahmen zum Ausbau kommunaler digitaler Verwaltungsangebote getroffen.

- Mit dem Programm **„Digitales Rathaus“** förderte zunächst das StMFH und dann das StMD von 2019 bis 2023 den Ausbau kommunaler digitaler Verwaltungsangebote mit bis zu 20.000 Euro je Kommune.
- Das „Digitale Rathaus“ wurde ab 2022 schrittweise durch das neue Programm der **„BayernPackages“** mit einem Volumen von bis zu 25 Mio. Euro p.a. ersetzt. Im Rahmen der BayernPackages werden den Kommunen zentral über 200 Onlinedienste bereitgestellt. Die Kosten tragen der Freistaat und die Kommunen zu jeweils 50 %. Der Freistaat übernimmt zudem bestimmte Infrastrukturkosten.

- Mit der **BayKommun** wurde 2022/23 eine neue Anstalt öffentlichen Rechts geschaffen, die speziell die Unterstützung der kommunalen Verwaltungsdigitalisierung zum Gegenstand hat, insbesondere beim EfA-Roll-out.
- Im Jahr 2024 wurde die **Zukunftskommission #Digitales Bayern 5.0** von Ministerpräsident Söder und den Präsidenten der KSV unter der Federführung des StMFH ins Leben gerufen. Ziel ist, den Kommunen mehr und bessere zentrale IT-Dienstleistungen anzubieten.
- Seit 2025 haben das Bundesministerium für Digitalisierung und Staatsmodernisierung und das StMD die bundesweite **„Pilotregion Bayern“** ins Leben gerufen. Mit sechs bayerischen Pilotkommunen wird an Blaupausen für eine bessere kommunale Flächendeckung gearbeitet.

Von Bayern Digital zu #Digitales Bayern 5.0. & Pilotregion Bayern

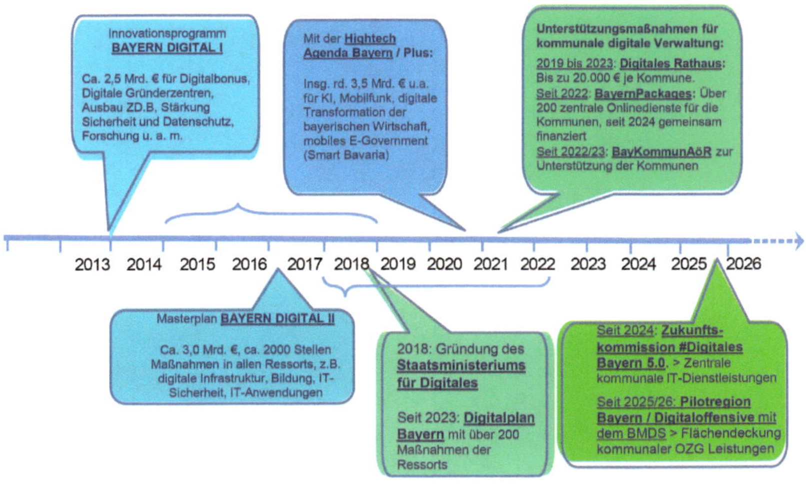

Von „BayernDigital“ bis zur „Pilotregion Bayern“
Quelle: Denkhaus/StMD

1.2.2 Bausteine der Digitalisierung der Verwaltung

Ein zentraler Baustein der Digitalstrategie des Freistaats Bayern ist damit der zügige und flächendeckende Ausbau der digitalen Verwaltung (vgl. Art. 2 Satz 2 Nr. 12 bis 15 BayDiG). Die erste Blaupause für eine bayerische E-Government-Strategie wurden unter dem Titel **„Montgelas 3.0"** bereits 2015 definiert und kontinuierlich weiterentwickelt. Die bayerische Strategie war von vornherein nicht nur auf die bloße Definition allgemeiner Ziele zum Ausbau digitaler Angebote beschränkt. Vielmehr ging es auch um die möglichst kurzfristige Umsetzung konkreter Maßnahmen in der Verwaltungspraxis. Eine strategische Grundsatzentscheidung war die Ausrichtung des Digitalisierungskonzept des Freistaats von vornherein nicht nur auf die Landesverwaltung, sondern **auch und vor allem auf die bayerischen Kommunen.**

Eckpunkte der Digitalisierung der Verwaltung in Bayern:

1) https://www.stmd.bayern.de/themen/digitalplan-bayern/

Quelle: Denkhaus/StMD/BVS

Die Strategie für die digitale Verwaltung beruhte auf den fünf Säulen Technik (u. a. BayernPortal und BayernID), Recht (u. a. Bayerisches Digitalgesetz), Organisation & Kooperation (u. a. BayKommun), Finanzen (Co-Finanzierung der BayernPackages) sowie Personal & Qualifizierung (u. a. DigitalCampus).

(1) Technik: BayernPortal und BayernID

Das **BayernPortal** ist das zentrale Verwaltungsportal des Freistaats Bayern (vgl. Art. 26, 27 BayDiG). Es bündelt Informationen über Verwaltungsleistungen von staatlichen und kommunalen Behörden und bietet einen Zugang zu diversen Online-Verfahren.

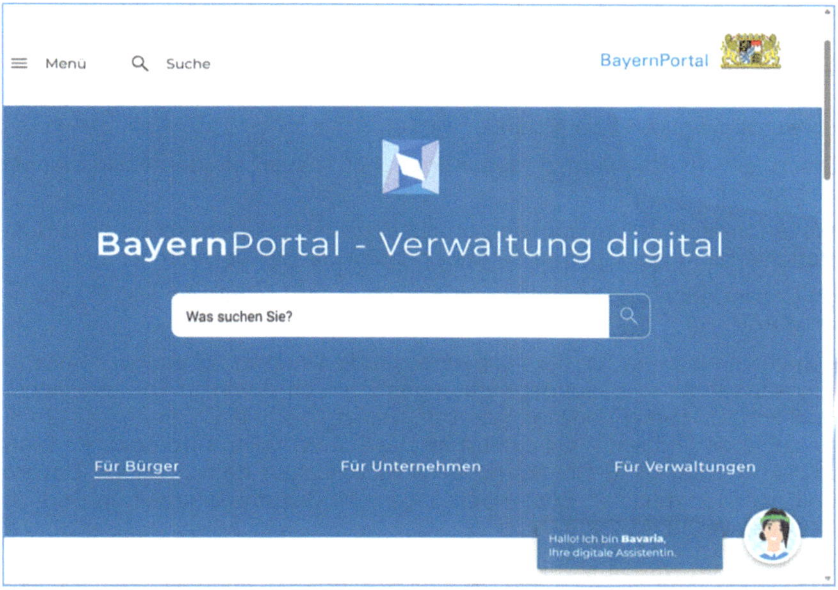

Das BayernPortal
Quelle: StMD (www.bayernportal.de)

Weiterführende Informationen zum BayernPortal finden Sie im Abschnitt 1.3.

Das BayernPortal mit seinen Basisdiensten (insbesondere BayernID) verknüpft die Internetseiten aller kommunalen und staatlichen Behörden sowie weitere Fach- und Serviceportale technisch zu einem Bayerischen Portalverbund.

Das BayernPortal wird durch **vier technische Dienste** flankiert, die sowohl von den Behörden des Freistaats als auch von den Kommunen in ihren jeweiligen Internetseiten und Fach- und Serviceportalen genutzt werden können (Denkhaus/Geiger, BayEGovG, Praxl Rn. 42 f.):

- **„BayernID“** als einheitliches Bürgerkonto des Freistaates Bayern zur sicheren Registrierung und Anmeldung bei Inanspruchnahme von Online-Verfahren (Zugang über Benutzername/Kennwort, Online-Ausweisfunktion des neuen Personalausweises und ELSTER, vgl. Art. 29 ff. BayDiG).
- **„Postkorb“** als Postfach für die sichere Kommunikation zwischen Behörde und Bürger, auch zur Übermittlung von Bescheiden an den Bürger (vgl. Art. 29 BayDiG). Der Postkorb ist Teil der BayernID.
- **E-Payment-Plattform** (ePayBL) für das elektronische Bezahlen kostenpflichtiger Verwaltungsleistungen (vgl. Art 18 Abs. 1 BayDiG).
- **„BayernPackages“,** über die Online-Verfahren zentral vom Freistaat Bayern und den bayerischen Kommunen bereitgestellt und finanziert werden (vgl. Art 55a BayDiG).

Die o. g. Dienste werden den Kommunen dauerhaft betriebskostenfrei überlassen.

Weiterführende Informationen zum Bayerischen Portalverbund und dem Portalverbund von Bund und Länder finden Sie in Abschnitt 1.5.2.

(2) Organisation und Kooperation: Kommunaler Digitalpakt und BayKommun AöR

Organisatorisch ist für die flächendeckende Umsetzung digitaler Verwaltungsangebote insbesondere ein enges Zusammenwirken von staatlicher und kommunaler Ebene erforderlich. Hierzu dient der bereits seit 2002 bestehende und seit 2024 explizit im BayDiG verankerte Kommunale Digitalpakt (bis 2022 „E-Government-Pakt“) zwischen dem Freistaat Bayern und den Kommunalen Spitzenverbänden zur Zusammenarbeit im Bereich der digitalen Verwaltung.

Im Rahmen regelmäßiger Sitzungen des Digitalpakts werden die wesentlichen Themen der **Fortentwicklung der digitalen Verwaltung** mit dem Ziel einvernehmlicher Lösungen thematisiert. Das Spektrum reicht von grundlegenden strategischen Positionierungen über Gesetzgebungsvorhaben im Bereich der digitalen Verwaltung (z. B. OZG, Bayerisches Digitalgesetz) und Standardisierungsfragen bis hin zu diversen Einzelprojekten.

Kompetenzzentrum „BayKommun“
Quelle: BayKommun

Im Jahr 2022 wurde mit der **BayKommun AöR** eine gemeinsame öffentliche Einrichtung von Freistaat und Kommunen geschaffen. Die BayKommun unterstützt die Kommunen im Freistaat bei der Umsetzung von OZG und BayDiG, insbesondere beim Roll-out von EfA-Leistungen (vgl. Art 52 ff BayDiG).

Weiterführende Informationen zur BayKommun AöR finden Sie in Abschnitt 1.5

(3) Finanzen: Von der Förderung zur gemeinsamen Umlagefinanzierung

Verwaltungsdigitalisierung scheitert im kommunalen Bereich häufig an **begrenzten finanziellen Ressourcen.** Dies gilt insbesondere bei kleineren

Gemeinden. Die finanzielle Unterstützung von Gemeinden und Gemeindeverbänden ist daher ein wichtiger Baustein jeder kommunalen Digitalisierungsagenda. Neben dem kommunalen Finanzausgleich stellt der Freistaat auch besondere Instrumente gerade zur Förderung der kommunalen digitalen Verwaltung bereit.

Das klassische Instrumentarium der **antragsgebundenen Förderung** über das Programm **„Digitales Rathaus“** (bis zu 20.000 € Förderung die Kommunen für die Anschaffung von Onlinediensten) wurde von den Kommunen zwar sehr gut angenommen, hatte jedoch auch eine Reihe von Nachteilen. Der Freistaat stellt den Kommunen zwar finanzielle Mittel bereit.

Die Kommunen hatten jedoch

(1) bei der Antragstellung der Förderung,

(2) bei der Auswahl, Beschaffung und Implementierung der Onlinedienste und

(3) bei der Abrechnung der Förderung und den Verwendungsnachweisen

mit einem erheblichen **Bürokratieaufwand** zu kämpfen. Darüber hinaus ist die einzelfallbezogene Förderung kein Instrument, um die **flächendeckende Bereitstellung** von digitalen Verwaltungsleistung in allen Kommunen Bayern zu gewährleisten.

Im Jahr 2023 ist der Freistaat daher auf ein neues Programm der umlagefinanzierten zentralen Beschaffung und Bereitstellung von Onlinediensten im Rahmen der **„BayernPackages“** umgestiegen. Anstelle der einzelfallbezogenen Förderung nach dem Geldleistungsprinzip erfolgt nunmehr eine zentrale **Bereitstellung von Onlinediensten als Sachleistungen** für alle Kommunen in Bayern.

Schaubild BayernPackages
Quelle: BayKommun/StMD

Die Bayern Packages umfassen mittlerweile **mehr als 200 Onlinedienste** von der Anlagengenehmigung und dem Aufenthaltstitel über BAföG, Geburtsanzeigen und das Meldeverfahren bis hin zu Personalausweis, Reisepass und Verpflichtungserklärungen. Über die **Auswahl von Onlinediensten** für die BayernPackages entscheiden die fachlich zuständigen Staatsministerien gemeinsam mit den jeweils zuständigen kommunalen Spitzenverbänden.

Die **Finanzierung der BayernPackages** erfolgt **ausschließlich zentral (vgl. Art. 55a BayDiG).** Die anfallenden Kosten von bis zu 25 Millionen € pro Jahr werden zu etwa 60 % durch den Freistaat Bayern zentral gedeckt (er übernimmt 50 % der Kosten der Onlinedienste und zusätzlich die Anschlussinfrastrukturkosten zu 100 %). Die verbleibenden rund 40 % werden von der kommunalen Familie im Wege der Umlagefinanzierung ebenfalls zentral bereitgestellt. Die **einzelnen Kommunen** müssen daher bei der Buchung von Onlinediensten aus den BayernPackages **kein Entgelt entrichten.**

Weiterführende Informationen zu den einzelnen Onlinediensten und Anwendungen der BayernPackages finden Sie in der Übersicht in Abschnitt 1.5.

(4) Personal und Qualifizierung:

Auch die digitale Verwaltung kommt ohne qualifiziertes Personal nicht aus. Neben finanziellen Leistungsgrenzen stellt daher der **Mangel an qualifiziertem Personal** die zweite wesentliche Hürde für die flächendeckende kommunale Verwaltungsdigitalisierung in Bayern dar. Ähnlich wie bei den finanziellen Ressourcen sind auch die personellen Ressourcen gerade bei den kleineren Gemeinden in Bayern in der Regel eng begrenzt.

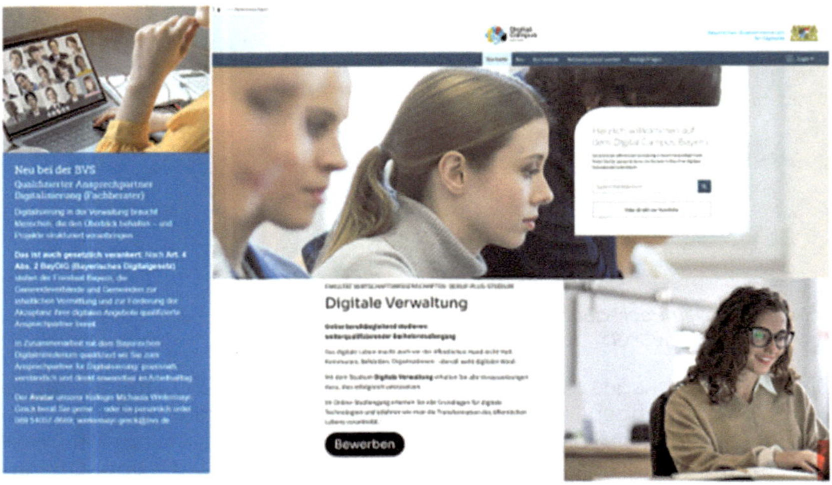

Bildungsangebote zur kommunalen digitalen Verwaltung
Quellen: StMD, BVS, HSH

Der Freistaat stellt bayerischen Kommunen auf dem **„DigitalCampus“** ein immer größeres Angebot von digitalen und nicht digitalen Schulungsangeboten bereit. Weiter bietet die **Bayerische Verwaltungsschule (BVS)** eine breite Palette von Weiterbildungsmöglichkeiten im Bereich der Digitalen

Verwaltung an (u. a. der Digitalwirt BVS). An der **Hochschule Hof** bestehen weitergehende, überwiegend onlinebasierte Studienmöglichkeiten, wie zum Beispiel der **„Bachelor für digitale Verwaltung“.**

Ab dem Jahr 2025/2026 besteht darüber hinaus die Möglichkeit für kommunale Mitarbeiterinnen und Mitarbeiter, sich zum **„Qualifizierten Ansprechpartner gem. Art 4 Abs. 2 BayDiG,** fortbilden zu lassen (zunächst als Pilot). Die Fortbildung zum qualifizierten Ansprechpartner wird von der BayKommun AöR in Abstimmung mit dem Staatsministerium für Digitales zertifiziert. Besonderer Wert wird auf eine starke Praxis-Orientierung und auf dem kommunalen OZG- und EfA Roll-out gelegt.

Weiterführende Links:

https://www.digitalcampus.bayern

https://www.bvs.de/digitalakademie/digital-campus/

https://www.hof-university.de/studium/studiengaenge-und-weiterbildungs-programme/studiengaenge/digitale-verwaltung-ba.html

https://de.linkedin.com/posts/bayerische-verwaltungsschule_neu-bei-der-bvs-qualifizierter-ansprechpartner-activity-7411696338448424960-GBLS

(5) Recht: Bayerisches Digitalgesetz

Die rechtliche Säule der bayerischen Digitalstrategie bildet das **Bayerische Digitalgesetz** (BayDiG), das Mitte 2022 verabschiedet wurde. Das BayDiG ersetzt das im Jahr 2022 außer Kraft getretene Bayerische E-Government-Gesetz (BayEGovG). Es wird durch die **Bayerische Digitalverordnung** (BayDiV) von 2023 ergänzt.

Das BayDiG bildet den Rechtsrahmen für die **flächendeckende Einführung der digitalen Verwaltung** auf allen Verwaltungsebenen. Es enthält **subjektive Rechte** der Bürger und Unternehmen auf Bereitstellung digitaler Verwaltungsleistungen, ebenso wie die damit korrespondierenden objektiv-rechtlichen **Pflichten der Behörden.**

Inner- und zwischenbehördlich wird die **elektronische Aktenführung,** die Behördenzusammenarbeit (Art. 36 ff) und die **IT-Sicherheit** (Art. 41 ff BayDiG) geregelt.

Im **Organisationsteil** (Art. 51 ff BayDiG) werden u. a. der Kommunale Digitalpakt, die BayKommun AöR und die BayernPackages geregelt und die gesetzlichen Regelungen im Vorfeld wie auch in der Umsetzungsphase über den Kommunalen Digitalpakt eng mit den **Kommunalen Spitzenverbänden** abgestimmt.

1.2.3 Ziele des Bayerischen Digitalgesetzes für die Verwaltung

Die wesentlichen Ziele des Gesetzgebers sind (vgl. Art. 2, Art. 16 ff, Art. 26 ff., 36 f., Art 50 ff. BayDiG):

- die Digitalisierung der Verwaltung und der Ausbau digitaler Verwaltungsangebote,
- die Vereinfachung und nutzerfreundliche Gestaltung von Verwaltungsleistungen,
- Bereitstellung und Betrieb des Portalverbunds Bayern als einheitliche Kommunikationsinfrastruktur zur Umsetzung des OZG in Bayern,
- die Stärkung der IT-Sicherheit in Staat und Verwaltung,
- die digitale Barrierefreiheit öffentlicher Dienste und
- der Ausbau der Behördenzusammenarbeit, insbesondere von Freistaat und Kommunen in der digitalen Verwaltung.

Das Bayerische Digitalgesetz ist damit der wesentliche Rechtsrahmen, um flächendeckend möglichst durchgängig elektronische Verwaltungsangebote im Freistaat zu ermöglichen:

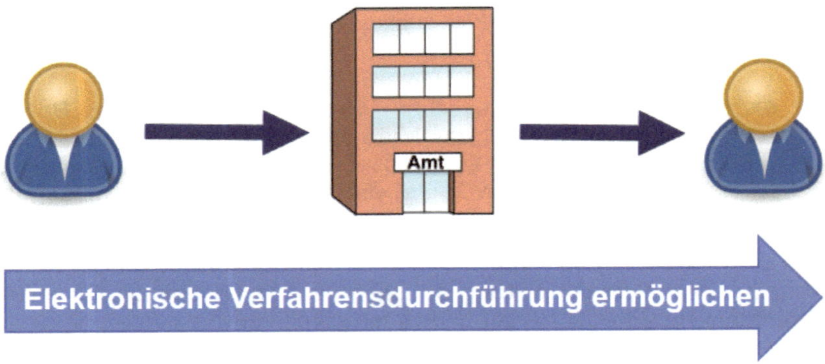

1.3 Technik: BayernPortal (www.freistaat.bayern)

Das BayernPortal (erreichbar unter www.freistaat.bayern) ist das zentrale E-Government-Portal des Freistaats Bayern. Das Portal bündelt Informationen über **Verwaltungsleistungen von Kommunen, Landes- und Bundesbehörden** und stellt u. a. Kontaktdaten bereit. Nach Auswahl einer Verwaltungsleistung und eines Ortes werden die Kontaktdaten der zuständigen Stelle und – soweit vorhanden – lokal gültige Informationen und Online-Verfahren der zuständigen Behörde angezeigt.

Die verschiedenen Basisdienste des BayernPortals ermöglichen z. B. eine Online-Antragstellung, eine sichere Kommunikation, die Online-Bezahlung von Gebühren oder die Online-Bekanntgabe von Bescheiden.

Das **BayernPortal** bietet folgende generelle **Vorteile:**

- **alle Informationen** auf einen Blick – Informationen über Leistungen, Online-Verfahren und Behörden sind über ein Portal zugänglich
- **sichere Authentifizierung** gegenüber der Verwaltung
- **sichere Kommunikation** mit der Verwaltung
- **Online-Verfahren** können unabhängig von den Öffnungszeiten der Behörden und von überall aus in Anspruch genommen werden.

Speziell für Kommunen bietet das BayernPortal insbesondere folgende Vorteile:

- bereits geprüfte und freigegebene Informationen über Leistungen können auf der Internetseite der Kommune veröffentlicht werden
- keine doppelte/mehrfache Datenpflege notwendig (Datenpflege grundsätzlich auch nur über Redaktionssystem des BayernPortals möglich)
- Zugang zu Online-Verfahren außer über die Internetseite der Kommune noch über weitere Portale (BayernPortal und Verwaltungsportale der Länder im Zuge der Errichtung eines bundesweiten Portalverbundes).

1.3.1 Informationen im BayernPortal

Im BayernPortal sind Informationen über Leistungen und zu Behörden veröffentlicht.

Übersicht zum BayernPortal:

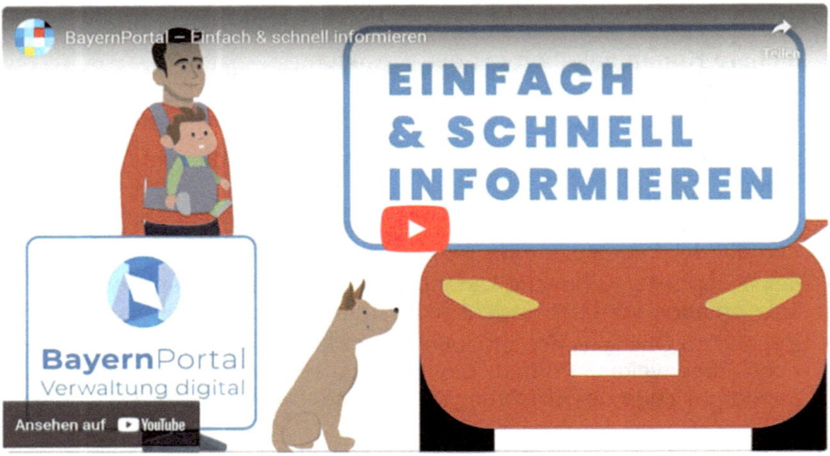

https://youtu.be/QYnHyNqN9bs

- **Beschreibungen von Verwaltungsleistungen:**

Im Bayernportal erhalten Bürgerinnen und Bürger, Unternehmen und Kommunen **Informationen zu Verwaltungsleistungen** von Behörden und sonstigen Stellen.

Die Leistungsbeschreibungen sind immer bayernweit gültig. Sie werden i. d. R. von dem fachlich **zuständigen Ministerium gepflegt** und von der **zentralen Redaktion** des BayernPortals den zuständigen Behörden zugeordnet.

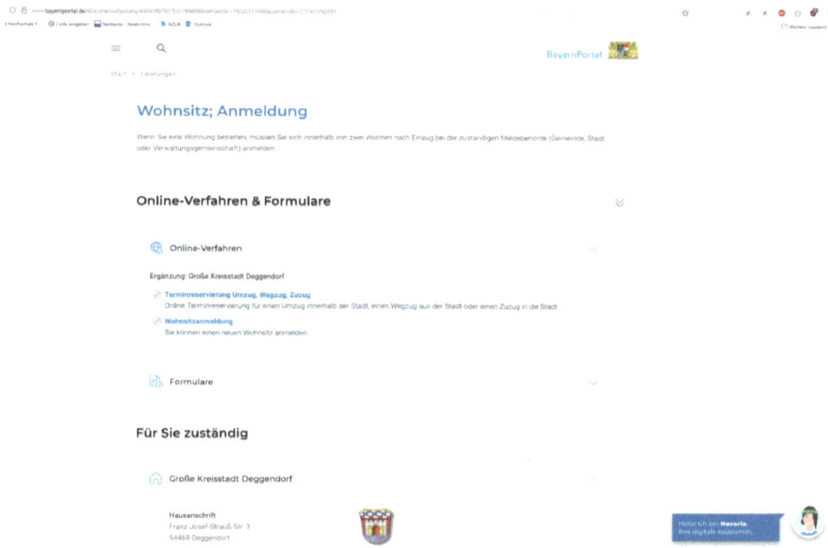

Beschreibung der Leistung „Wohnsitz, Abmeldung" mit Auswahl des Ortes Deggendorf"
Quelle: StMD

- **Informationen zu Behörden**

Jede Behörde kann im BayernPortal folgende **Kontaktdaten** über die Behörde selbst, ihre Außenstellen, jede ihrer Organisationseinheiten und ihre Ansprechpartner **veröffentlichen:**

- Haus- und Postanschrift
- Öffnungszeiten (bei Ansprechpartnern: Sprechzeiten)
- Telefon- und Faxnummer (bei Ansprechpartnern: Handynummer)
- E-Mail-Adresse
- De-Mail-Adresse
- Webseite

Neben den Kontaktdaten sind abhängig von der Behörde noch folgende **weiterführende Informationen** zugänglich:

- Namen der kommunalen Amtsträger (z. B. Bürgermeister und Landräte)
- Einwohnerzahlen
- Amtliche Gemeindeteile

- Gemeinden im Landkreis
- Gemeindefreie Gebiete
- Wappeninformationen
- Schulen im Ort
- Nächste Polizei/Polizeidienststellen im Landkreis
- Statistische Veröffentlichungen – Statistik kommunal, Demografie-Spiegel, regionalisierte Bevölkerungsvorausberechnung

Beispiel:

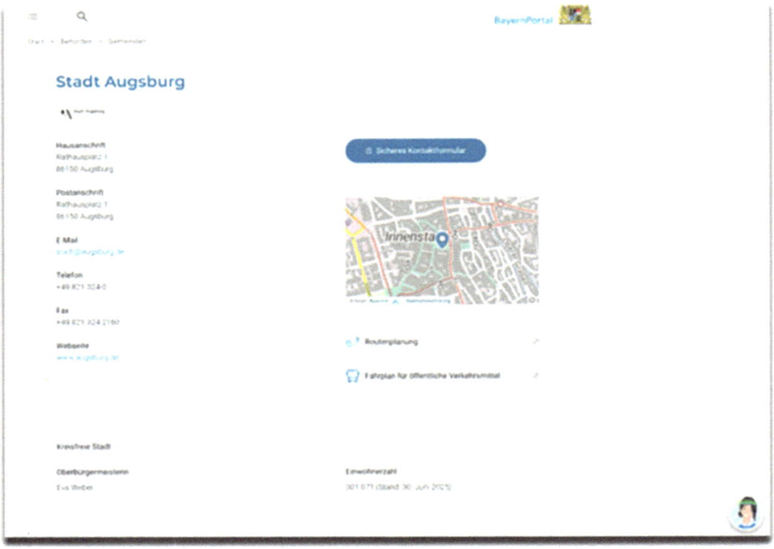

Abbildung: Behördenseite der Stadt Augsburg im BayernPortal
Quelle: StMD

1.3.2 Suchfunktion im BayernPortal

Das Bayernportal umfasst als Kernfunktion eine umfassende Suchfunktion mit verschiedenen Suchvarianten:

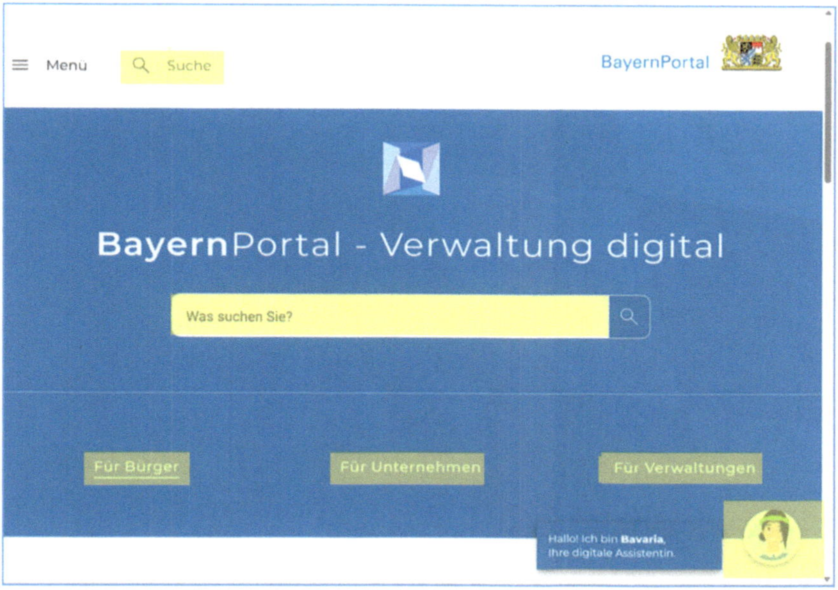

Suchfunktionen im BayernPortal (gelb markiert)

- **Freitextsuche**

Die Freitextsuche ist der zentrale Einstieg für die Suche nach Informationen im BayernPortal. Das Eingabefeld für Suchbegriffe befindet sich auf jeder Seite des BayernPortals.

Nach Eingabe des Suchbegriffs/der Suchbegriffe und dem Auslösen der Suche wird eine Trefferliste mit den gefundenen Seiten angezeigt.

Ergebnisanzeige bei Freitext-Suche „Kfz-Zulassung“
Quelle: StMD

- **Thematische Suche**

Das BayernPortal stellt Informationen für Bürger, Unternehmer und Verwaltungen bereit. Die Informationen für diese drei Nutzergruppen sind gebündelt über die Startseite zugänglich.

Die Verwaltungsleistungen (kurz: Leistungen) von staatlichen und kommunalen Behörden für Bürger sind über „Bürgerservice“, die für Unternehmer unter „Unternehmerservice“ und die für Verwaltungen über „Verwaltungsservice“ aufrufbar. Sie sind über die Einstiegsseiten über ABC-Listen und Lebens-, Geschäfts- und Verwaltungslagen zugänglich.

- **Suche über den Ort**

Nutzer können auch über den Ort (z. B. Wohnort, Geburtsort, Standort des Betriebs) die Suche starten.

Ortsauswahl

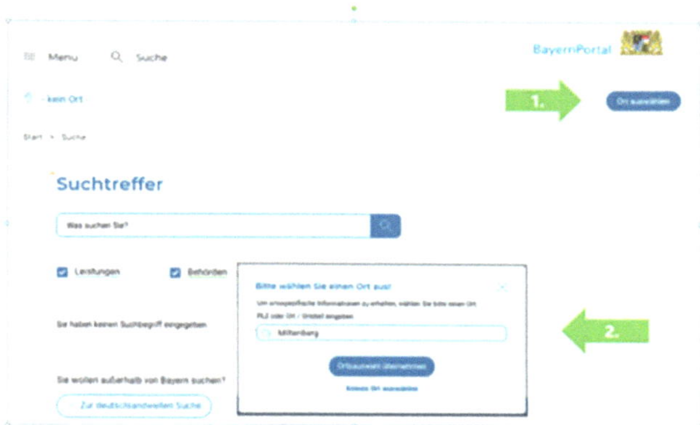

Nach Auswahl eines Ortes über „Vor Ort" auf der Startseite haben die Nutzer dann über die Ortsseite Zugang zu allen Leistungen (über ABC-Liste), zu den kommunalen Behörden (hier Beispiel Miltenberg):

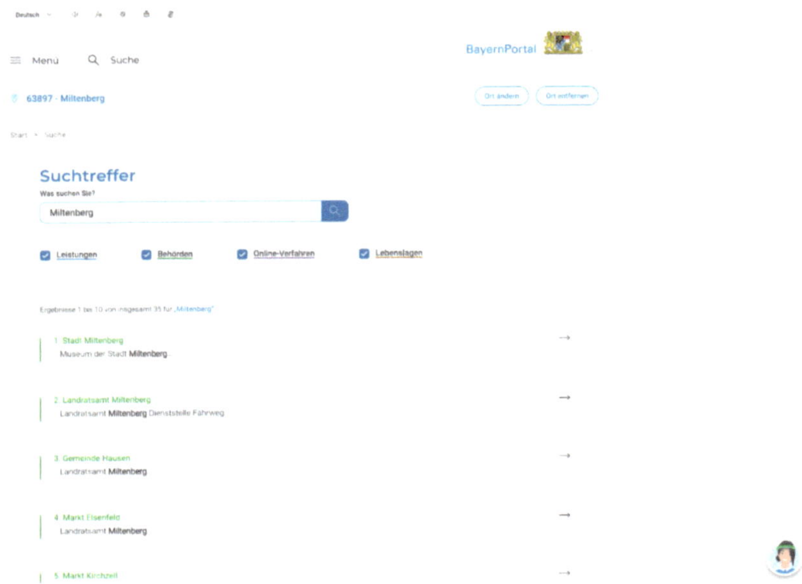

Ergebnisanzeige bei Vor-Ort-Suche „Miltenberg"
(Quelle: StMD)

- **Suche über die Such-Assistentin**

Nutzer können schließlich auch die Such-Assistentin Bavaria verwenden:

Such-Assistentin „Bavaria"

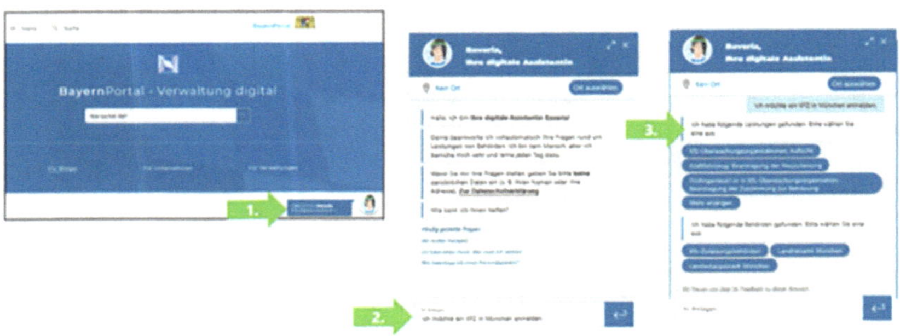

1.3.3 Datenpflege über das Redaktionssystem

Die veröffentlichten Daten im BayernPortal werden im Redaktionssystem für Verwaltungsinformationen in Bayern (https://www.bayvis-redaktions-system.bayern.de/) gepflegt.

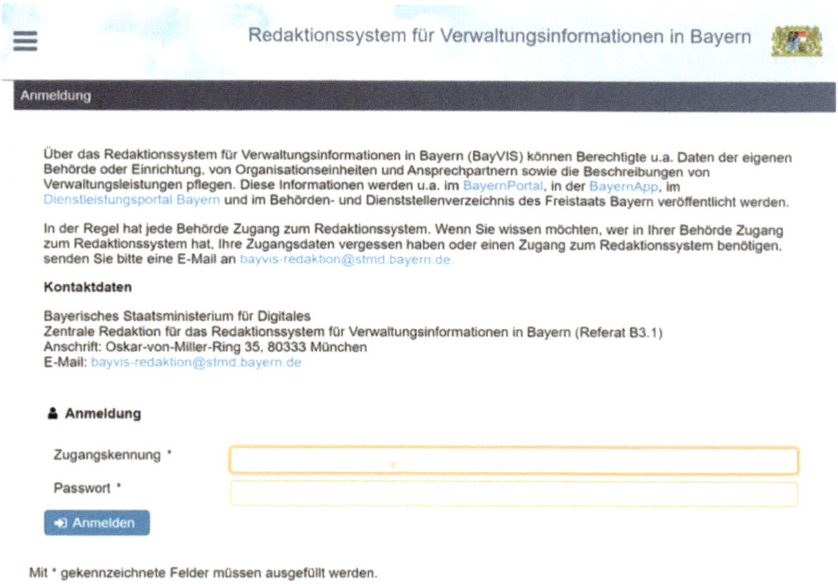

- **Zentrale Redaktion**

Die zentrale Redaktion ist im Bayerischen Staatsministerium der Finanzen und für Heimat angesiedelt. Sie ist u. a. verantwortlich für:

- die Betreuung der Redakteure in den Behörden,
- die Vergabe von Zugangsberechtigungen,
- den Betrieb des Redaktionssystems,
- die Anlage von neuen Leistungsbeschreibungen und deren Zuordnung zu den zuständigen Behörden,
- die Anlage von neuen Behörden und Außenstellen,
- Pflege der Kontaktdaten von Bundesbehörden und verschiedenen sonstigen Informationen.

- **Rolle der Kommunen bei der Redaktion**

Für die Pflege der **Daten zur Behörde** bzw. die Pflege der behördenbezogenen Informationen zu einer Leistung sind die **Behörden** selbst **verantwortlich.** Für **jede Kommune ist mindestens ein Zugang** zum Redaktionssystem vorhanden. Die Zugangskennungen sind Personen zugeordnet.

Wenn nicht bekannt ist, wer Redakteur der Behörde ist, erteilt die zentrale Redaktion Auskunft. Kommunen müssen folgende Daten über das Redaktionssystem pflegen **(erforderliche Datenpflege):**

- Kontaktdaten der Behörde
- Ergänzungen von behördenbezogenen Informationen bei bayernweit gültigen Leistungsbeschreibungen (z. B. Links zu von ihnen erlassen Rechtsvorschriften, eigenen Formularen und Online-Verfahren – Bezeichnung, Kurzbeschreibung und URL)
- Kontaktdaten des Datenschutzbeauftragten (Vorgabe des Bayerischen Landesbeauftragten für Datenschutz).

Die Kommunen können **weitere Daten freiwillig** pflegen. Darüber hinaus gibt es noch eine Reihe weiterer Datenbanken und Systeme, die Informationen, die über das Redaktionssystem gepflegt werden, abrufen bzw. nutzen.

Praxishinweis: Da bis zu **90 % aller Verwaltungsleistungen von den Kommunen** angeboten werden, steht und fällt die Qualität der Suchinformationen im BayernPortal mit der **Bereitschaft der Kommunen zur laufenden Mitarbeit** am Redaktionssystem.

1.3.4 Die Basisdienste des BayernPortals

Damit die Umsetzung zügig voranschreitet, bietet der Freistaat Bayern bayerischen Kommunen und staatlichen Dienststellen zusätzlich zum Bayernportal auch Schnittstellen zu folgenden Basisdiensten kostenfrei und dauerhaft an:

- **„BayernID“** zur sicheren Identifizierung (z. B. mit dem neuen Personalausweis),
- **„Postkorb“** für eine sichere Kommunikation mit dem Bürger,
- **„ePayment“** für elektronisches Bezahlen kostenpflichtiger Verwaltungsdienstleistungen.

Mit der BayernID und den weiteren Basisdiensten geht das Bayernportal über die Funktion eines bloßen Informationsportals hinaus. Die Bürger können sich ein **Konto beim Freistaat Bayern** freischalten lassen, um von diesem Konto aus **online Anträge** auszufüllen und digital an die Behörden zu versenden und eventuelle Gebühren auch gleich bei **E-Payment** zu begleichen. Umgekehrt können die Bürger auch **Bescheide online** in ihrem Postkorb im Nutzerkonto **erhalten.**

Mit der BayernID, dem Postkorb und der ePayment-Funktion wird aus dem BayernPortal ein **echtes E-Government-Portalangebot,** das neben **Informationen** auch **Transaktionen** zulässt, in Form der Stellung von digitalen Anträgen an die Behörden und der Übersendung von digitalen Bescheiden an die Bürger.

1.3.5 Die „BayernID" (Bürgerkonto) als zentraler Zugang zur digitalen Verwaltung in Bayern (Art. 29 BayDiG)

Die **BayernID** ist das zentrale digitale Bürgerkonto zur Authentifizierung bei Inanspruchnahme von Online-Verfahren.

BayernID

BayernID im Überblick
Quelle: StMD

https://youtu.be/-akV7RgW4hk

Bürger, die sich eine BayernID zulegen möchten, können die **Registrierung** wahlweise mit

- Benutzername/Passwort
- der Online-Ausweisfunktion des elektronischen Personalausweises (eID-Funktion des ePA)
- Europäischer ID
- ELSTER-Zertifikat
- mittels **„authega"** (= sicheres Zertifikat) vornehmen.

BayernID-Anmeldung
Quelle: StMD

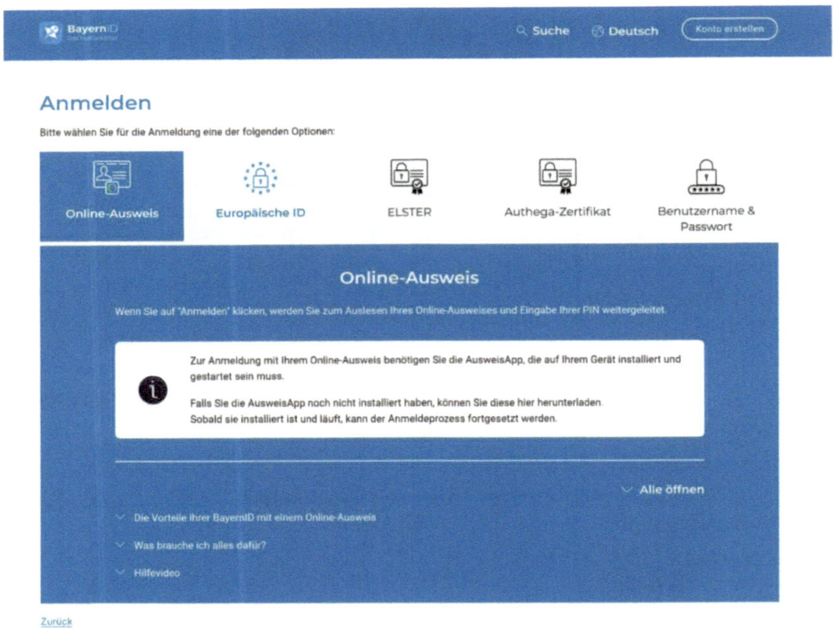

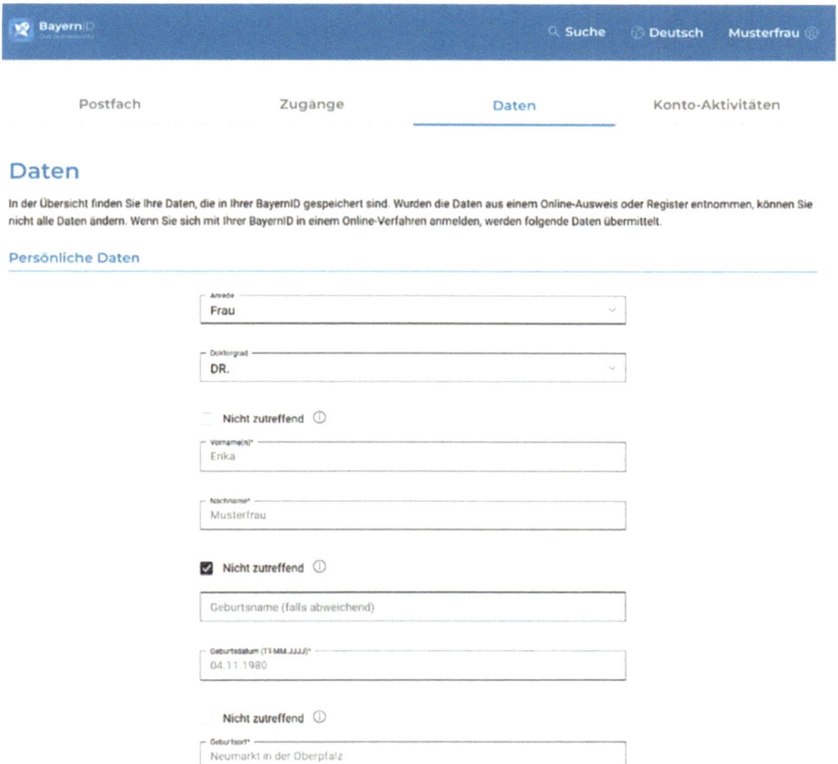

BayernID: Änderung von Kontodaten
Quelle: StMD

Praxishinweis: Kann ich auch mein **ELSTER-Zertifikat** im BayernPortal nutzen?

Aufgrund von **Hindernissen im Steuerrecht** (Abgabenordnung) konnte ELSTER in der Vergangenheit direkt nur innerhalb der Steuer genutzt werden. Mittlerweile wurde ELSTER aber als sicheres Identifizierungsmittel auch **außerhalb der Steuer bundesweit zugelassen**. Im Bundesrecht ist dies in § 3 Abs. 4 OZG geregelt. Für Bayern stellen Art. 29 und 31 BayDiG die eID Funktion des ePA und ELSTER als Identifizierungsmittel und als elektronischen Schriftformersatz gleich.

Praxishinweis: Was ist „authega“?

„authega“ ist eine sichere Identifizierungslösung, die technisch auf der elektronischen Steuererklärung **ELSTER** beruht. Wie bei ELSTER-Erklärungen erhält der Nutzer online ein **Zertifikat** zum Download sowie einen Pin-Brief per Post, um das Zertifikat freizuschalten. Da ELSTER in Bayern entwickelt und betrieben wird, war es möglich, die ELSTER-Technologie auch für das übrige E-Government zu nutzen.

„authega“ ist in Bayern rechtlich als **„digitale Unterschrift“** zugelassen (Rechtsgrundlage ist die Bayerische Digital-Verordnung). Die Technik wird im staatlichen Bereich bereits erfolgreich im Mitarbeiterportal für den öffentlichen Dienst eingesetzt. Im BayernPortal steht authega **seit 2020** als weiteres Identifizierungsmittel (neben dem nPA) zur Verfügung.

Einbindung der BayernID in staatliche und kommunale Websites
Quelle: StMD

Die BayernID (und die übrigen Basisdienste) sind nicht auf das Bayern-Portal beschränkt. Sie werden vielmehr allen Kommunen vom Freistaat kostenlos für deren Behördenwebsites zur Verfügung gestellt. Durch die **Einbindung der BayernID** (sowie Postkorb und E-Payment) kann jede Kommune in Bayern **ihre kommunale Website** zu einem digitalen Verwaltungsportal ausbauen.

1.3.6 Das Postfach: Nachrichten und Bescheide der Behörden an den Bürger

Das **Postfach der BayernID** dient der sicheren Kommunikation zwischen Behörde und Bürger (sog „Rückkanal").

An den Postkorb können auch **Nachrichten der Behörde** sicher übermittelt werden, z. B. wenn der Bürger die Behörde über das sichere Kontaktformular des BayernPortals kontaktiert hat.

Der Postkorb ermöglicht es den **Behörden** insbesondere, **Bescheide** und sonstige elektronische Dokumente **rechtssicher an Bürger und Unternehmen** als Adressaten **zu übermitteln.** Bei Übermittlung in den Postkorb wird an den Bürger eine Benachrichtigung versandt, mit der Bitte, den Posteingang abzurufen.

Die Übermittlung in den Postkorb mit Versand einer Benachrichtigung gilt rechtlich als **Bekanntgabe des Verwaltungsakts** (vgl. Art. 24 BayDiG, näher unten 2.6.).

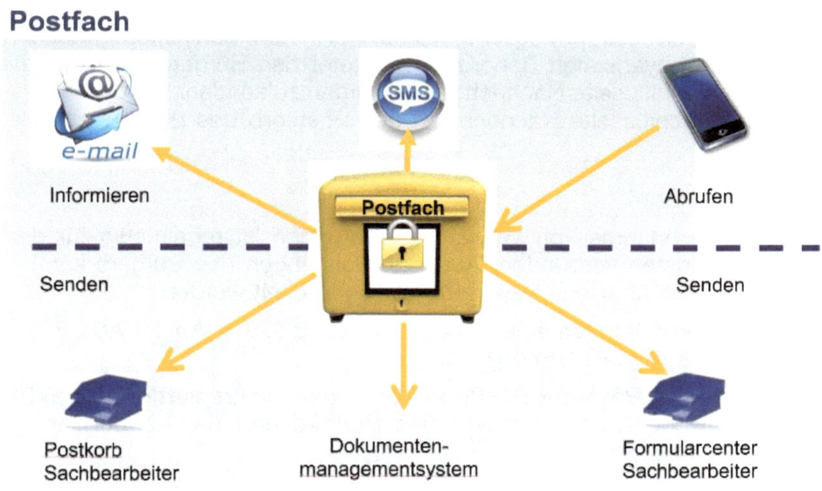

Kommunikation über den Postkorb

1.3.7 BayernStore: Online- Anträge des Bürgers an die Behörden

Der Postkorb ermöglicht es den Behörden, auf dem sog. **„Rückkanal"** Nachrichten an den Bürger zu senden. Umgekehrt hat natürlich auch der Bürger die Möglichkeit, Nachrichten und Anträge elektronisch über das BayernPortal an die Behörden zu senden **(„Hinkanal").**

Um eine sichere und rechtsverbindliche Kommunikation des Bürgers hin zur Behörde zu ermöglichen, werden im Bayern-Portal **elektronische Formulare** (Webformulare) und elektronische Online-Verfahren zur Verfügung gestellt. Wichtige Online-Verfahren für kommunale und staatliche Behörden werden vom Freistaat Bayern kostenfrei über den **BayernStore** bereitgestellt. (Der BayernStore ist **Teil der BayernPackages** siehe => 1.) Über die Suchfunktion des BayernPortals (siehe oben 1.3.2) kann der Bürger das von ihm gesuchte Antragsformular finden.

Hinweis: Die Buchung von Online-Diensten durch die Kommunen erfolgt über den Digitalmarkt der BayKommun. Siehe dazu näher 1.9.

1.3.8 Sicheres Kontaktformular: Sonstige Nachrichten und Anträge des Bürgers an die Behörden

Darüber hinaus kann der Bürger die Behörden über das BayernPortal aber auch für allgemeine Anfragen und Nachrichten erreichen. Hierzu dient das **„sichere Kontaktformular“** des BayernPortals, das als Online-Dienst ebenfalls über den Antragsmanager bereitgestellt wird.

Das Kontaktformular ermöglicht eine sichere Kommunikation zwischen Bürgern und bayerischen Behörden. Es bietet den Bürgern die Möglichkeit, eine verschlüsselte Nachricht an Behörden zu senden. Behörden können eine verschlüsselte Nachricht an den Postkorb des Bürgers zurücksenden.

1.3.9 E-Payment

Die Inanspruchnahme von Verwaltungsleistungen ist regelmäßig für den Bürger mit Kosten verbunden. Auch Geldleistungen des Bürgers können nutzerfreundlich über das BayernPortal abgewickelt werden.

Online-Verfahren können eine Online-Bezahlung (i. S. v. Art. 26 Abs. 2 S. 1 Nr. 5 i. V. m. 18 BayDiG) ermöglichen.

Sie sind an die ePayment-Plattform Zahlungsverkehrsplattform **ePayBL** (= Elektronische Bezahlplattform des Bundes und der Länder) angebunden.

Ihre Behörde muss **zwingend einen entsprechenden Vertrag mit einem ePayBL-Betreiber** (z. B. AKDB) und einem Zahlungsverkehrsprovider (z. B. s-Public Solutions) abgeschlossen haben.

BayernPortal-Redakteure können **im Redaktionssystem**

- **behördenbezogene** ePayment-Daten (z. B. Zahlungsarten) und
- **dienstbezogene** ePayment-Daten (z. B. Mandantennummer, Bewirtschafternummer, Objektnummer) erfassen.

Hierzu kann die **ePayment-Plattform ePayBL** für das elektronische Bezahlen kostenpflichtiger Verwaltungsleistungen an ein Online-Verfahren angeschlossen werden.

ePayBL ermöglicht eine **Erweiterung** der vorhandenen **kommunalen Kassensysteme** um die unterstützten Zahlverfahren, z. B.:

- Kreditkartenzahlung für **Visa und MasterCard**
- Bezahlung per Giropay (Online-Überweisung)
- Lastschrift mit Einzugsermächtigung

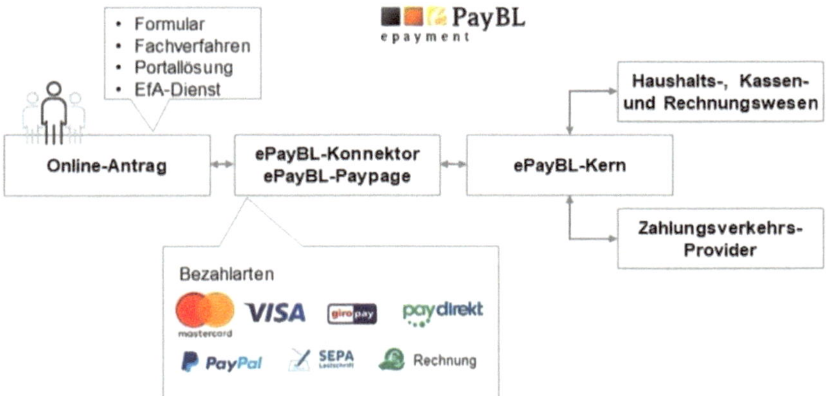

Bezahlung mit ePayBL
Quelle: FITKO

1.3.10 Die BayernApp

Bürgerinnen, Bürger und Unternehmen in Bayern haben einen Anspruch auf geeignete mobile digitale Angebote für die digitale Verwaltung (vgl. Art 13 BayDiG). Diesen Anspruch erfüllt der Freistaat Bayern durch die Bereitstellung der BayernApp.

Die BayernApp: Ein Überblick
Quelle: StMD

https://youtu.be/5ikbrft5Rcc

Die BayernApp: Was ist das?

- Bürger und Unternehmen erwarten auch einen einfachen mobilen Zugang zu staatlichen und kommunalen Verwaltungsleistungen.
- Dazu hat die Bayerische Staatsregierung im Rahmen der High Tech Agenda das Programm Smart Bavaria aufgelegt.
- Mit den insg. 10 Mio. Euro wurde u. a. die BayernApp entwickelt, die im Februar 2021 gestartet ist und laufend weiterentwickelt wird.
- Die neue App für iOS und Android soll sämtliche Verwaltungsdienste für Bürgerinnen und Bürger auf einer mobilen Plattform bündeln.

Die BayernApp: Was kann Sie?

- Bei der Suche nach passenden Verwaltungsleistungen können Nutzer ihren Ort eingeben und aus 31 Lebenslagen wählen.
- Bürgerinnen und Bürger können Online-Anträge direkt über die App suchen, finden und starten.

- Über News-Feeds werden aktuelle Meldungen zu verschiedensten Themen (z. B. aus den Bereichen Polizei, Schule, IT-Sicherheit) bereitgestellt.
- Eine Karte zeigt kostenfreie BayernWLAN-Hotspots in der Umgebung.
- Außerdem bietet die App interessante Statistikdaten zu Landkreisen und kreisfreien Städten.

Die BayernApp: Rechtliche Rahmenbedingungen:

- **Recht auf BayernApp gem. Art. 13 Abs. 2 iVm. § 7 Abs. 2 BayDiV**
  - Pflicht des Freistaats, eine **eigene native App** für den **Zugang zu Informationen und Online-Verfahren** geeigneter staatlicher und kommunaler Verwaltungsleistungen bereitzustellen („**BayernApp** – Verwaltung mobil“).
- **Unabhängigkeit von kommerziellen AppStores (§ 7 Abs. 3 S. 2 BayDiV)**
  Dazu Verpflichtung für **staatliche Behörden,** ihre Apps auch (**unabhängig vom kommerziellen Google Play Store**) öffentlich zugänglich als Installationsdateien zum Herunterladen anzubieten – zum Beispiel als Android-Package (**apk Datei**) für Android-basierte bzw. Android-unterstützende Plattformen.
  - **Für Kommunen nur Empfehlung** zur Erstellung von apk Dateien (§ 7 Abs. 3 S. 3 BayDiV)

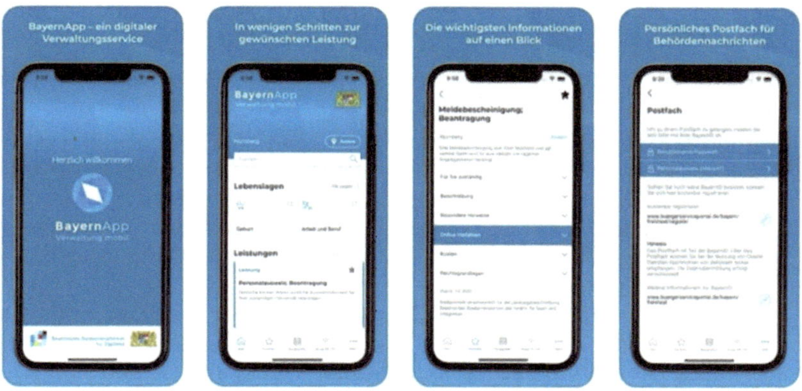

Die BayernApp: Ausgewählte Funktionen
Quelle: StMD

Weiterführende Links:

https://www.stmd.bayern.de/themen/digitale-verwaltung/bayernapp/

1.4 Nutzen für Bürger, Unternehmen und Verwaltung

Neben den traditionellen Wegen – persönlich, schriftlich, telefonisch, per Telefax – wird das Internet als weitere Möglichkeit der Kommunikation mit den Behörden immer wichtiger. Die wesentlichen Vorteile für die Bürger bzw. Unternehmen sind:

- Die Möglichkeit zur Information und zur Online-Antragstellung besteht rund um die Uhr, sieben Tage die Woche und von jedem Ort mit Internetverbindung aus.
- Zur Vorbereitung von Behördenkontakten können wesentliche Informationen (Öffnungszeiten, Ansprechpartner, erforderliche Unterlagen, Kosten etc.) über das Internet abgerufen werden.
- Antworten auf einfache Fragen können im Internet recherchiert werden.
- Übergreifende digitale Verwaltungsportale auf Landes- bzw. Bundesebene (z. B. BayernPortal des Freistaats Bayern) unterstützen beim Auffinden der „zuständigen Behörde", bündeln die online verfügbaren Verwaltungsleistungen und erleichtern so ihre Auffindbarkeit.
- Verwaltungsverfahren können zunehmend vollständig über das Internet abgewickelt werden.
- Der Zahlungsverkehr kann in vollem Umfang elektronisch abgewickelt werden.
- Genehmigungsverfahren können durch eine digitale Verwaltung erleichtert und beschleunigt werden.

Neben dem dargestellten Nutzen für Bürger und die Wirtschaft, kann **auch die Verwaltung** von einer zunehmenden Digitalisierung profitieren:

- Werden Anträge elektronisch übermittelt, kann die Dateneingabe durch die Mitarbeiter der Behörden grundsätzlich entfallen. Durch die Plausibilisierung im Fall der Datenerfassung durch die Bürger bzw. Unternehmen selbst, können Fehler bei der Eingabe vermindert bzw. vermieden werden. Auch Probleme mit der Lesbarkeit handschriftlich ausgefüllter Formulare entfallen.
- Haben sich die Bürger bzw. die Mitarbeiter von Unternehmen im Vorfeld eines Behördenkontakts über die wesentlichen Aspekte ihres Anliegens informiert, kann die persönliche Vorsprache zielgerichtet und abschließend (kein Nachfordern von Unterlagen etc.) erfolgen. Dies wirkt sich für die Verwaltungsmitarbeiter im direkten Kontakt in der Regel positiv aus.
- Einfache Fragen können direkt über die behördliche Internetseite beantwortet werden. Die Mitarbeiter können so von Standardanfragen entlastet werden und gewinnen Zeit für die Bearbeitung komplizierterer Anfragen.

Der Zeitpunkt für die Bearbeitung eines elektronisch eingereichten Antrags kann freier gewählt werden als bei einer persönlichen oder telefonischen Anfrage.

1.5 Aktuelle Herausforderungen für die digitale Verwaltung

Seit Beginn der laufenden Legislaturperiode im Jahr 2024 sind eine Reihe neuer Herausforderungen der digitalen Verwaltung in Erscheinung getreten.

1.5.1 Weiterer Ausbau der digitalen Angebote des Freistaats

Zu den hier geplanten weiteren Maßnahmen zählen:

- **Roll-out der „OZG-Cloud" für Kommunen:** Bei der OZG-Cloud handelt es sich um Kommunikationsinfrastruktur für kommunale und staatliche Behörden. Die OZG-Cloud ermöglicht unter anderem eine bidirektionale Kommunikation mit dem Bürger (zum Beispiel für Nachfragen), die zwischenbehördliche Kommunikation innerhalb einer Kommune aber auch zwischen verschiedenen Kommunen. Die OZG-Cloud umfasst zudem ein allgemeines Fachverfahren für einfache Schritte der Vorgangsbearbeitung (zum Beispiel Wiedervorlage). Sie verfügt auch über eine allgemeine Schnittstelle, um Onlinedienste anzubinden.
- **BayernPortal und BayernID**: Weiterer Ausbau für Bürger, Unternehmen und Verwaltung, für das Jahr 2026/27 ist unter anderem der Start eines **Organisationsportals** für die unternehmensbezogene Leistungssuche geplant.
- **BayernBox für Kommunen:** Weiterer Ausbau, um große Datenmengen ohne Medienbruch schnell, einfach und sicher austauschen zu können („staatliche Dropbox")
- **Mobile Government Lösungen**: BayernApp mit den wichtigsten Verwaltungsleistungen „online" für alle Bürger wird weiter ausgebaut

Weiterführende Links:

- https://insights.mgm-tp.com/de/2024/publicsector-de/die-ozg-cloud-auf-dem-zukunftskongress-bayern-ein-update/
- https://itvsh.de/was-wir-tun/unsere-loesungen-fuer-sie/ozg-cloud
- https://www.fitko.de/fileadmin/fitko/veranstaltungen/ozg-erfahrungs-austausch-23-2/OZG-Cloud__Vom_Sofa_bis_zum_Bescheid.pdf
- https://www.ldbv.bayern.de/digitalisierung/itdlz/bayernbox.html
- https://www.stmd.bayern.de/themen/digitale-verwaltung/bayernapp/

1.5.2 Vertiefte staatlich-kommunale Zusammenarbeit

Die letzten Jahre haben gezeigt: Der erfolgreiche Ausbau digitaler Verwaltungsangebote kann nur in **enger Zusammenarbeit zwischen Freistaat und Kommunen** gelingen.

In der Folge wurden in Bayern eine Reihe neuer staatlich kommunaler Strukturen geschaffen.

- Die **BayKommun AöR** unterstützt die Kommunen in Bayern bei OZG und EfA Roll-out. Sie wird vom Freistaat und den bayerischen Kommunen gemeinsam getragen (Art. 52BayDiG) siehe => 1.9
- Im Rahmen der **BayernPackages** werden den Kommunen in Bayern über 200 Onlinedienste zentral angeboten – gemeinsam finanziert vom Freistaat und den bayerischen Kommunen (Art. 55a BayDiG). Siehe => 1.6.

Im **Kommunalen Digitalpakt** stimmen sich Freistaat und kommunale Spitzenverbände über alle Fragen der Verwaltung von Digitalisierung wechselseitig ab (Art. 50 BayDiG). Im Frühjahr 2024 wurde zudem die staatlich-kommunale **Zukunftskommission #Digitales Bayern 5.0** eingesetzt, um die Digitalisierung der bayerischen Kommunen weiter voranzubringen. In der Zukunftskommission sind Vertreter des Freistaats und der kommunalen Spitzenverbände vertreten. Das wichtigste Ziel der Zukunftskommission liegt darin, den Kommunen in Bayern zentrale IT-Dienstleistungen „aus einer Hand“ anzubieten.

Weiterführender Link:

https://www.stmfh.bayern.de/internet/stmf/aktuelles/pressemitteilungen/25842/

1.5.3 Flächendeckende kommunale Onlinedienste

Die aktuell wohl wichtigste Herausforderung für die staatlich kommunale Zusammenarbeit in Bayern liegt in der flächendeckenden Bereitstellung von allen geeigneten Onlinediensten in allen Kommunen in Bayern. Es ist für Bürgerinnen, Bürger und Unternehmen in Bayern gerade nicht ausreichend, dass mittlerweile für die meisten Verwaltungsangebote auch Onlinedienste bei den IT-Dienstleistern zur Verfügung stehen. Vielmehr müssen diese Onlinedienste auch flächendeckend auf kommunaler Ebene ausgerollt werden.

Mit der BayKommun und den BayernPackages verfügt der Freistaat im bundesweiten Vergleich über vorbildliche Strukturen zur Unterstützung des flächendeckenden kommunalen Rollouts von digitalen Verwaltungsangeboten. Diese Strukturen müssen allerdings ständig weiterentwickelt und ihre Angebote von den Kommunen auch konsequent in Anspruch genommen werden.

Im Rahmen der **Pilotregion Bayern** arbeiten daher der Bund (Bundesministerium für Digitalisierung und Staatsmodernisierung), der Freistaat Bayern (Bayerisches Staatsministerium für Digitales, StMD), das Land Hessen (Hessisches Ministerium für Digitalisierung und Innovation, HMD) bei der Mission „Flächendeckung“ eng mit insgesamt sechs bayerischen Pilotkommunen zusammen.

Zu den **Pilotkommunen** zählen die kreisfreien Städte Augsburg und Aschaffenburg, die Landkreise Regensburg und Kelheim sowie die kreisangehörigen Gemeinden Pullach und Meitingen).

Ziel der Mission ist es,

- eine bundesweit nachnutzbare Blaupause für den Flächenrollout zu erstellen sowie
- in den Jahren 2026 und 2027 bei besonders wichtigen EfA/OZG Leistungen in beiden Ländern die kommunale Flächendeckung zu erreichen.

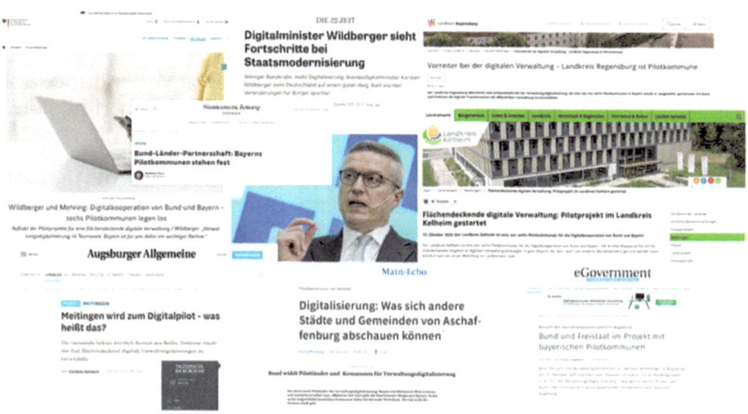

Pilotregion Bayern: Digitale Pilotkommunen im Spiegel der Medien: XXX

Weiterführende Links:

- https://bmds.bund.de/aktuelles/pressemitteilungen/detail/wildberger-und-mehring-digitalkooperation-von-bund-und-bayern-sechs-pilotkommunen-legen-los
- https://www.br.de/nachrichten/bayern/bayern-will-testregion-fuer-digitale-behoerden-werden,UqGy7fb

- https://www.egovernment.de/ein-ziemlich-perfektes-match-a-f878f3293cf93a949a3062ed2fcc3661/
- https://www.landkreis-kelheim.de/landratsamt/meldungen/flaechen-deckende-digitale-verwaltung-pilotprojekt-im-landkreis-kelheim-gestartet/
- https://www.landkreis-regensburg.de/Unser-Landkreis/Aktuelles/Aktu-elle-Meldungen/Vorreiter-bei-der-digitalen-Verwaltung-Landkreis-Regensburg-ist-Pilotkom-mune.php?ModID=255&FID=3987.72751.1

1.5.4 „Digital First“ und „Digital Only“

Neben dem „quantitativen Roll-out“ in die kommunale Fläche müssen digitale kommunale Verwaltungsangebote auch qualitativ weiterentwickelt werden. Eine wichtige Herausforderung für die Kommunen in Bayern wird in den nächsten Jahren darin liegen, die beiden Prinzipien „Digital First“ und „Digital Only“ in ihre Verwaltungspraxis umzusetzen. Beide Grundsätze sind rechtlich in Art. 20 BayDiG verankert.

„Digital First“: Art. 20 Abs. 1 BayDiG

Gemäß Art. 20 Abs. 1 BayDiG sollen die Behörden ihre Verwaltungsabläufe grundsätzlich vom analogen Prozess als Regelfall auf den digitalen Prozess als Regelfall umstellen.

Die Zielvorgabe des Art. 20 Abs. 1 umfasst grundsätzlich den gesamten Verwaltungsprozess vom Behördenzugang über behörden- und verfahrensbezogene Informationen sowie Antragstellung bis hin zur internen Vorgangsbearbeitung und der Bekanntgabe von Bescheiden.

Die konkrete Umsetzung der gesetzlichen Vorgaben liegt in der Organisationshoheit der jeweiligen Kommune. Daher verzichtet der Gesetzgeber hier bewusst auf konkrete Zeitpläne oder Detailvorgaben.

„Digital Only“: Art 20 Abs. 2 BayDiG

Art. 20 Abs. 2 eröffnet den Behörden die Möglichkeit, **unternehmensbezogenen Verwaltungsleistungen** (soweit diese über das Elsterunternehmenskonto abgewickelt werden) **nur noch rein digital** abzuwickeln. Gemäß **§ 1a Abs. 1 Satz 2 und OZG** besteht darüber hinaus ab 1.1.2030 beim Vollzug von Bundesgesetzen eine bundesgesetzliche Pflicht, unternehmensbezogene Leistungen ausschließlich digital anzubieten.

Im Onlinezugangsgesetz zeichnet sich ein **bundesweiter Trend** ab, alle staatlichen und kommunalen Behörden schrittweise zur ausschließlich digitalen Abwicklung von Verwaltungsverfahren zu verpflichten. In diesem Sinne hat die **Digitalministerkonferenz** im November 2025 eine gesetzliche Verpflichtung der Behörden auf den Digital-Only-Grundsatz gefordert. In Bayern plant das StMD die Regelungen zu „Digital Only" im Rahmen der anstehenden **Novelle des BayDiG (BayDiG 2.0)** entsprechend anzupassen.

Der Übergang zu einer „Digital Only Pflicht" findet vor allem deswegen immer breitere Zustimmung, weil nur so nachhaltige digitale Effizienz- und Effektivitätsgewinne für Staat und Kommunen zu erzielen sind. Solange neben dem digitalen Verfahren parallel auch noch das analoge Verfahren angeboten werden muss (mehr Kanalprinzip), ist dies notwendig mit zusätzlichen Kosten verbunden.

Die Umsetzung eines ausschließlich digitalen Verwaltungsverfahrens wird von Bürgerinnen, Bürgern und Wirtschaft aber nur dann akzeptiert werden, wenn die digitalen Verfahren nutzerfreundlicher gestaltet sind als die bisherigen analogen Prozesse. Darüber hinaus muss eine Umstellung auf rein digitale Prozesse mit geeigneten persönlichen Beratungsangeboten flankiert werden. In Härtefällen muss eine persönliche Antragstellung möglich bleiben.

Weiterführende Links:

- https://www.bundestag.de/presse/hib/kurzmeldungen-1105736
- https://www.bayern.de/digitalministerkonferenz-will-digital-only-gesetzlich-verankern-mehring-wir-schicken-die-analoge-komfortzone-in-den-ruhestand/
- https://www.heise.de/hintergrund/Interview-Digital-Only-koennte-insbesondere-aeltere-Frauen-unter-Druck-setzen-10358149.html
- https://www.schleswig-holstein.de/DE/landesregierung/ministerien-behoerden/I/_startseite/Artikel2025/IV/251124_deutschlandstack

1.5.5 OZG-Umsetzung in Bayern

Eine der wohl größten Aufgaben liegt gerade auf kommunaler Ebene weiterhin darin, die bundesgesetzlichen Anforderungen des **Gesetzes zur Verbesserung des Onlinezugangs zu Verwaltungsleistungen** (Onlinezugangsgesetz – OZG) vom 14.8.2017 (BGBl. I S. 3122, 3138) nicht nur punktuell, sondern **flächendeckend** in allen Kommunen in Bayern umzusetzen (s. o. 1.5.3.).

Der **Umsetzungskatalog zum Onlinezugangsgesetz** (OZG-Umsetzungskatalog",) enthält rund **575 „OZG-Leistungen"**, die gemäß § 1 Abs. 1 OZG digital über Verwaltungsportale angeboten werden müssen. Bei diesen Leistungen handelt es sich in der Regel um „Leistungsbündel", die jeweils mehrere einzelne Verwaltungsleistungen umfassen.

Der OZG-Umsetzungskatalog wird digital in der **OZG-Informationsplattform** umgesetzt und laufend fortgeschrieben (abrufbar unter: https://informationsplattform.ozg-umsetzung.de/iNG/app/intro)

1.5.5.1 Onlinezugangsgesetz und Portalverbund

Das **OZG** verpflichtet den Bund und die Länder über das reine Onlineangebot hinaus, ihre Verwaltungsportale miteinander zu einem Portalverbund zu verknüpfen (§ 1 Abs. 2 OZG).

Durch den Portalverbund soll ein einheitlicher Zugang zu allen digitalen Angeboten der Verwaltungen von Bund, Ländern und Kommunen ermöglicht werden. Für die Authentifizierung der Nutzer gegenüber digitalen Verwaltungsleistungen werden interoperable Nutzerkonten für Bürger und Unternehmen im Portalverbund bereitgestellt.

Praxishinweis zu den Pflichten aus dem OZG:

Laut OZG in der Fassung des **„OZG 2.0“** (2024) müssen

- alle Verwaltungsleistungen von Bund, Ländern und Kommunen als Webformulare **online** über Verwaltungsportale von Bund bzw. Ländern angeboten werden,
- die Verwaltungsportale von Bund und Ländern miteinander zu einem Portalverbund verknüpft sein,
- **Bürger und Unternehmen** alle **Verwaltungsleistungen** online über ein einheitliches **Nutzerkonto** in Anspruch nehmen können,
- **Anträge online** gestellt und **Bescheide** müssen **online** an den Bürger übermittelt werden können.

Die ursprüngliche **OZG-Umsetzungsfrist** bis Ende 2022 wurde mit dem **OZG 2.0. von 2024** gestrichen. Seither ist die Bereitstellung von Onlinediensten eine **Daueraufgabe.** (vgl. § 1a Abs. 1 Satz 1 OZG).

Der Portalverbund folgt in seiner Konzeption der föderalen Struktur Deutschlands. Alle am Verbund teilnehmenden Portale sind gleichberechtigte Partner.

In Bayern wird der Portalverbund insbesondere durch das BayernPortal und die BayernID umgesetzt. (vgl. Art 26 BayDiG) Die Internetseiten von kommunalen und staatlichen Behörden in Bayern werden über das BayernPortal an den Portalverbund angeschlossen.

(1) Was ist das Zielbild des OZG?

Das OZG zielt gem. §§ 1, 1a und 3 nicht nur darauf, dass alle Verwaltungsleistungen online gestellt werden, sondern auch darauf, dass diese technisch einheitlich über einen **Portalverbund von Bund und Ländern** bereitgestellt und für die Nutzer über Nutzerkonten in Anspruch genommen werden können.

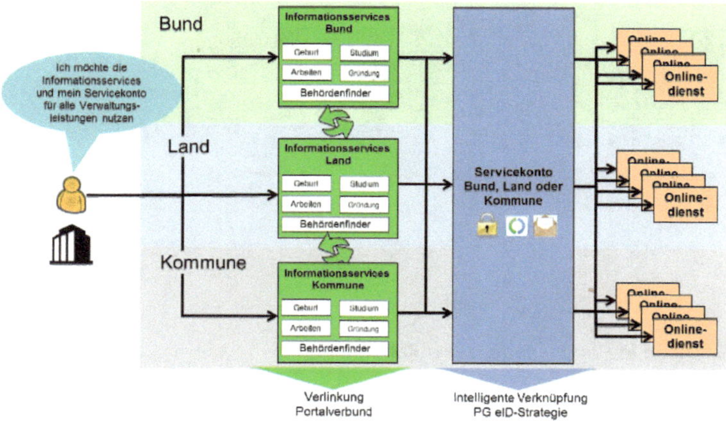

Zielbild „Portalverbund“
Quelle: IT-Planungsrat

Der **Bayerische Portalverbund** ist ein Teil des bundesweiten Portalverbundes. Er besteht gem. Art 26 BayDiG aus dem BayernPortal mit seinen Basisdiensten, dem (künftigen) Organisationsportal sowie den Internetseiten aller kommunalen und staatlichen Behörden sowie deren Fach- und Serviceportalen.

(2) Welche Verwaltungsleistungen fallen unter das OZG?

Für die Praxis haben sich Bund und Länder auf einen **OZG-Umsetzungskatalog** verständig, der zwischenzeitlich in die webbasierte OZG-Informationsplattform integriert wurde. Der OZG-Umsetzungskatalog wurde vom BMI vorgelegt, vom IT-Planungsrat zur Kenntnis genommen und wird laufend fortgeschrieben. Der OZG-Umsetzungskatalog gliedert die ca. 6.000 einzelnen Verwaltungsleistungen in 14 Themenfelder und etwa **575 OZG-Leistungsbündel**, für die digitale Lösungen umgesetzt werden müssen.

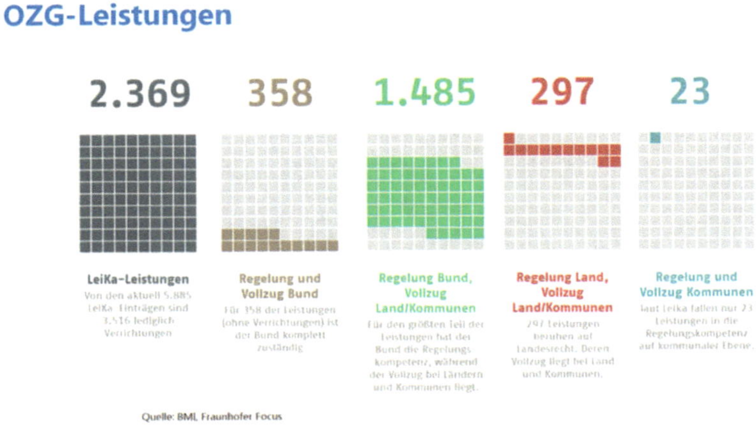

OZG-Leistungen in Bund, Ländern und Kommunen
Quelle: Fraunhofer-Focus

(3) Welche technischen Anforderungen muss eine Online-Verwaltungsleistung gem. OZG erfüllen?

Das OZG legt selbst nicht fest, welche technischen Voraussetzungen erfüllt sein müssen, damit eine Verwaltungsleistung rechtlich als „auch online" angeboten i. S. v. § 1a Abs. 1 Satz 1 OZG gilt. Diese Lücke hat der IT-Planungsrat mit dem sog. **Reifegradmodell** geschlossen:

Reifegradmodell
Quelle BMI/FITKO

(4) Die Entwicklung und Nachnutzung von OZG-Leistungen nach dem „EfA-Prinzip"

Bund, Länder und Kommunen können ihre Verpflichtung zur Bereitstellung von Onlinediensten in ihrem jeweiligen Zuständigkeitsbereich sowohl durch Eigen-Entwicklungen als auch durch Beschaffungen bei öffentlichen oder privaten IT-Dienstleistern erfüllen.

Bei Leistungen, die bundesweit im Wesentlichen nach den gleichen rechtlichen Rahmenbedingungen abzuwickeln sind, ist es jedoch in der Regel ineffizient, wenn 16 Länder nebeneinander zum Beispiel einen eigenen BAföG-Antrag entwickeln würden.

Um solche „Doppelentwicklungen" zu vermeiden, werden hierzu geeignete Verwaltungsleistungen nach dem **Einer-für-Alle-Prinzip (EfA-Prinzip)** von nur einem Land entwickelt (und gegebenenfalls auch betrieben) und den anderen Ländern (auf freiwilliger Basis) zur Nachnutzung angeboten. Diese Leistungen nennt man auch **„EfA-Leistungen"**.

Das EfA-Prinzip
Quelle: IT-PLR/FITKO/BMI

1.5.5.2 Das Bayerische Digitalgesetz als „OZG-Umsetzungsgesetz"

In Bayern findet die Verwaltungsdigitalisierung ihren einheitlichen Rechtsrahmen im Bayerischen Digitalgesetz (BayDiG). Das BayDiG regelt die Digitalisierung in Bayern umfassend (vgl. Art. 1 und 2). Es ersetzt das frühere Bayerische Government Gesetz (vgl. Art 12, 16 bis 19, 36 ff. und 41 ff. BayDiG). Darüber hinaus umfasst das BayDiG auch rechtlichen Rahmen für die Umsetzung des OZG in Bayern.

(1) Pflichten der Kommunen aus dem OZG:

Das **OZG** enthält für die staatlichen und kommunalen Behörden in Bayern **zwei zentrale Verpflichtungen:**

a) Alle Verwaltungsleistungen müssen gemäß **§ 1a OZG** auch online **über einen Portalverbund** von Bund und Ländern bereitgestellt werden.
b) Die Nutzer können sich gemäß **§ 3 OZG** für alle Verwaltungsleistungen über **einheitliche Nutzerkonten** identifizieren und Authentisierung und Bescheide sowie sonstige Erklärungen der Behörden über die Postfächer der Nutzerkonten abrufen.

Für die **Behörden in Bayern hat das OZG die Konsequenz,** dass sämtliche Verwaltungsleistungen

a) auch online bereitgestellt und
b) an den Portalverbund und
c) die Nutzerkonten i. S. d. OZG angeschlossen werden müssen.

Für die Kommunen in Bayern werden die Verpflichtungen aus dem OZG über die Art 26 ff. BayDiG umgesetzt. Die Art. 26 ff. BayDiG verpflichten alle staatlichen, kommunalen, sonstigen Behörden und Einrichtungen (wie Kammern und Hochschulen) zur **Bereitstellung aller ihrer Online-Verfahren**

- über den **Portalverbund Bayern** (i. S. v. Art. 26 bis 28 BayDiG) und
- das **Bürger- bzw. Organisationskonto** i. S. v. Art. 29 bis 31 BayDiG

(2) Anschluss an den Portalverbund Bayern

Der Portalverbund Bayer besteht gem. Art 26 Abs. 1 Satz 2 BayDiG aus

- dem Bayern Portal (mit Suchfunktion für Bürgersuche, vgl. Art. 27 BayDiG) und dem
- dem Organisationsportal Bayern (das Organisationsportal ist aktuell als Unternehmens- und Verwaltungssuche in das BayernPortal integriert).

Der Portalverbund Bayern ist gem. Art 26 Abs. 1 Satz 4 BayDiG zugleich das Verwaltungsportal des Freistaates Bayern im Sinne des § 1a Abs. 2 OZG.

Merke:

Durch den Anschluss ihrer Dienste an das Bayern Portal und die Nutzung des Redaktionssystems des Bayernportals erfüllen die Kommunen in Bayern automatisch auch ihre Verpflichtungen zum Anschluss an den bundesweiten Portalverbund im Sinne von § 1a OZG.

(3) Anschluss an das Bürgerkonto und das Organisationskonto i. S. d. BayDiG

Durch den Anschluss von Onlinediensten an das Bayern Portal wird es den Nutzerinnen und Nutzern ermöglicht, digitale Verwaltungsangebote und die dazugehörigen Leistungsbeschreibungen über ein zentrales Gateway aufzufinden (www.Bayernportal.de). Damit die Leistungen auch individuell in Anspruch genommen werden können, also insbesondere Onlineanträge wirksam gestellt werden können, müssen die einzelnen Onlinedienste zusätzlich noch an das Bayerische Bürgerkonto (BayernID) bzw. das Organisationskonto (ELSTER- Unternehmenskonto) angebunden sein.

Die Anbindung an BayernID erfolgt über das Redaktionssystem des Bayernportals ((https://www.bayvis-redaktionssystem.bayern.de/). Die Anbindung an das Organisationskonto erfolgt über das Self Service Portal des Unternehmenskontos (www.service.mein-unternehmenkonto.de).

Praxistipp:

Achten Sie bei der Beschaffung von Onlinediensten von vornherein darauf, dass die Onlinedienste vom jeweiligen Anbieter schon „by default" sowohl an das Bürger- als auch an das Unternehmenskonto angebunden sind. Die Bereitstellung dieser Anbindungen durch den Dienstleister entspricht den gesetzlichen Pflichten und ist daher immer auch „Stand der Technik".

(4) Festlegung verbindlicher Online-Leistungskataloge für die Kommunen

Durch das BayDiG wird das Staatsministerium für Digitales zusätzlich auch ermächtigt, im Einvernehmen mit den fachlich zuständigen Ressorts, durch eine Rechtsverordnung einen gesetzlichen Mindestkatalog von Leistungen festzulegen, die von den Kommunen verpflichtend online angeboten werden müssen. Dieses Instrument kann genutzt werden, um einen **rechtssicheren Leistungskatalog** für die Kommunen zu schaffen. Bislang hat das StMD aber von der VO-Ermächtigung gem. Art. 57 Abs. 3 Nr. 2 BayDiG noch keinen Gebrauch gemacht.

(5) Künftige Funktionen des Bürgerkontos, Einführung von „Bayern Standards"

Die BayernID soll als Nutzerkonto für Bürger und Unternehmen durch weitere Funktionalitäten attraktiver gemacht werden. Geplant ist u. a. eine **„Datensafe-Funktion"**, mit der Bürgerinnen und Bürger amtliche Dokumente digital sicher speichern können (vgl. Art 11 BayDiG). Verbindliche „Bayern-Standards" für Portale und Verfahren sollen die Nutzerfreundlichkeit, Open Source und Barrierefreiheit regeln (vgl. Art 57 Abs. 1 Nr. 8 BayDiG).

1.5.5.3 OZG-Umsetzung in den Kommunen

Die Kommunen tragen die Hauptlast des Verwaltungsvollzugs. Damit fällt auch ein wesentlicher Teil der 575 Verwaltungsleistungen des OZG-Umsetzungskatalogs in den kommunalen Bereich (sog. Typ 2/3 und Typ 4/5 Leistungen), siehe oben ⇒ Abschnitt 1.5.5.1.

Die damit verbundenen praktischen, personellen, technischen, organisatorischen und finanziellen Herausforderungen können gerade kleinere Gemeinden an die Grenzen ihrer Leistungsfähigkeit führen. Daher unterstützt der Freistaat die Kommunen bei der OZG-Umsetzung auf verschiedensten Ebenen:

- Das **Staatsministerium für Digitales** unterstützt die Kommunen beim Ausbau ihres Angebots an Onlinediensten u. a. mit den BayernPackages (s. hierzu unten ⇒ Abschnitt 1.6.2).
- Die Entscheidung, **wie Verwaltungsleistungen digitalisiert werden,** wird grundsätzlich dort getroffen, wo sie vollzogen werden, also in der Regel auf kommunaler Ebene. Bei den Kommunen kann dies beispielsweise durch den Einkauf von Onlinediensten bei IT-Dienstleistern, Eigenentwicklung oder Nutzung etwaiger Angebote des Freistaats erfolgen: So sollen Online-Anträge – schwerpunktmäßig bei den TOP-Leistungen Bayern – vom Freistaat über den Antragsmanager zentral bereitgestellt und den Kommunen zur freiwilligen Nutzung angeboten werden.
- Der Freistaat stellt den Kommunen das **BayernPortal mit seinen Basisdiensten (BayernID, Postkorb, ePayment)** kostenfrei zur Verfügung. Durch eine schnittstellenbasierte Anbindung werden die Nutzbarkeit (z. B. für Kommunen) vereinfacht, Aufwände für die Systemadministration minimiert und Kompetenzen an einer Stelle gebündelt.

  Die im BayernPortal veröffentlichten Informationen (z. B. Leistungsbeschreibungen mit den Ergänzungen der Behörde, Kontaktdaten von Organisationseinheiten und Ansprechpartnern) können per **Webservice** abgerufen und in die jeweilige Behördenseite der Kommune integriert werden. Informationen, die Kommunen für den eigenen Internetauftritt pflegen, können per Webservice an das BayernPortal übermittelt werden. Durch die Nutzung dieser kostenfreien Webservices kann eine Mehrfachpflege von Daten vermieden werden.

Der Freistaat stellt den Kommunen **Informationen zur OZG-Umsetzung** – zum Beispiel über die Homepage des Staatsministeriums für Digitales www.stmd.bayern – zur Verfügung. Der Fortschritt bei der OZG-Umsetzung kann online in einem vom Freistaat bereitgestellten Monitoring-Tool eingesehen werden.

Praxishinweis:

BayernPortal, BayernID und BayernPackages als „einfachster Weg" zur kommunalen OZG-Umsetzung.

Für die Kommunen ist der Anschluss an das BayernPortal (Suchfunktion und BayernID, siehe oben 1.3) der einfachste Weg, um die Verpflichtungen aus dem OZG bereits weitgehend zu erfüllen.

- Das BayernPortal ist der „bayerische Baustein" im Portalverbund von Bund und Ländern. Alle Kommunen, die an das BayernPortal angeschlossen sind, sind automatisch auch an den Portalverbund angeschlossen. Die technische Umsetzung gewährleistet und finanziert der Freistaat.
- Die Verpflichtung zur bundesweiten Bereitstellung von Online-Angeboten erfüllen die bayerischen Kommunen schon dadurch, dass sie diese Dienste im BayernPortal anbieten.
- Der Freistaat wird über das BayernPortal eine Reihe von Formularen für wichtige Verwaltungsleistungen bereitstellen, die auch von den Kommunen genutzt werden können.

Merke:

Bei den o. g. zentralen Angeboten bestehen **unterschiedliche Rechtspflichten der Kommunen:**

- Der Anschluss an **BayernPortal und BayernID** ist durch Art 26 ff. BayDiG gesetzlich für alle Kommunen in Bayern **gesetzlich vorgeschrieben.**
- Die Nutzung der Onlinedienste der BayernPackages ist dagegen für alle Kommunen nach wie vor **freiwillig.**

1.5.6 Barrierefreie Angebote der Informationstechnik

1.5.6.1 Anforderungen

Art. 14 Abs. 1 Satz 1 BayBGG verpflichtet die Träger öffentlicher Gewalt dazu, ihre Internet- und Intranetauftritte und -angebote sowie die von ihnen zur Verfügung gestellten grafischen Programmoberflächen, die mit Mitteln der Informationstechnik dargestellt werden, schrittweise technisch so zu gestalten, dass sie von Menschen mit Behinderung grundsätzlich uneingeschränkt genutzt werden können. **Dabei sind die Anforderungen an barrierefreie Angebote der Informationstechnik nach §§ 9 bis 11 BayDiV, der Richtlinie (EU) 2016/2102** und der **Europäischen Norm EN 301549** zu berücksichtigen.

Hinweis:

Die technischen Standards für barrierefreie Webseiten und Dokumente wurden bis 2019 in der Anlage 1 zur BITV 2.0 geregelt. Diese Anlage ist inzwischen entfallen. Stattdessen gilt die Europäische Norm EN 301549. Diese ist anwendbar auf Webseiten, Dokumente und nichtwebbasierte Software.

Schulen, Kindertageseinrichtungen und Großtagespflegestellen wird empfohlen, gemäß § 9 Abs. 1 und 2 BayBITV zu verfahren; § 1 Abs. 1 Satz 2 BayBITV (Websites und mobile Anwendungen) gilt, soweit sich die Inhalte auf wesentliche Online-Verwaltungsfunktionen beziehen (§ 9 Abs. 3 S. 2 BayDiV).

Die Anforderungen gelten für

- Internet- und Intranetauftritte und -angebote sowie
- die von den o. g. Behörden und juristischen Personen des öffentlichen Rechts zur Verfügung gestellten grafischen Programmoberflächen, die mit Mitteln der Informationstechnik dargestellt werden (Art. 14 Abs. 1 Satz 1 BayBGG, § 9 Abs. 1 Satz 1 BayDiV).

In den sachlichen Anwendungsbereich fallen auch Websites und mobile Anwendungen, für die die Anforderungen nach § 1 Abs. 1 Satz 1 BayBITV entsprechend gelten (§ 9 Abs. 1 Satz 3 BayDiV).

Darüber hinaus wurde in Bayern gem. § 11 BayDiV beim **Bayerischen Landesamt für Digitalisierung, Breitband und Vermessung** (LDBV) zum 1.10.2019 eine Stelle eingerichtet,

- um die **Überwachungs- und Berichterstattungsfunktion** i. S. d. Art. 8 Abs. 7 Richtlinie (EU) 2016/2102 durchzuführen, und
- die für die **Durchsetzung** der Richtlinie i. S. v. Art. 9 Abs. 2 Richtlinie (EU) 2016/2102 zuständig ist.

1.5.6.2 Unverhältnismäßige Belastung im Einzelfall

Nach § 9 Abs. 4 BayDiV kann **im Einzelfall** von einem barrierefreien Angebot abgesehen werden, wenn die Umsetzung eine unverhältnismäßige Belastung darstellt. Hierbei ist stets den voraussichtlich entstehenden Nutzen oder Nachteilen für die Bürger, insbesondere für Menschen mit Behinderungen, Rechnung zu tragen.

Nach § 3 BayBITV kann für Websites und mobile Anwendungen die Bewertung der öffentlichen Stelle, ob eine unverhältnismäßige Belastung vorliegt, von der Überwachungs- und Durchsetzungsstelle überprüft werden.

1.5.6.3 Erklärung zur Barrierefreiheit, Kontaktmöglichkeit

Insbesondere die Behörden des Freistaats Bayern, Gemeinden, Gemeindeverbände und Landratsämter werden in § 10 Satz 1 BayDiV dazu verpflichtet, eine Erklärung zur Barrierefreiheit zu veröffentlichen.

Um die Anforderungen an die Barrierefreiheitserklärung zu konkretisieren, hat die Kommission den Durchführungsbeschluss (EU) 2018/1523 vom 11.10.2018 zur Festlegung einer Mustererklärung zur Barrierefreiheit erlassen. Hier ist auch eine Mustererklärung zur Barrierefreiheit enthalten.

Zusätzlich muss über die jeweilige Website oder mobile Anwendung eine Kontaktmöglichkeit bereitgestellt werden, über die Nutzer Mängel bei der Einhaltung der Anforderungen an die Barrierefreiheit mitteilen oder Informationen, die nicht barrierefrei dargestellt werden müssen, anfordern können (§ 10 Satz 2 BayDiV).

§ 10 BayDiV gilt auch für Schulen, Kindertageseinrichtungen und Großtagespflegestellen, soweit sich die Inhalte auf wesentliche Online-Verwaltungsfunktionen beziehen (§ 210 i. V. m. § 9 Abs. 3 BayDiV).

1.5.6.4 Inkrafttreten und Übergangsvorschriften

Die Regelungen zur Barrierefreiheit von Angeboten der Informationstechnik waren bis zum Jahr 2020 in der BayBITV verankert. Die BayBITV wurde mit Wirkung vom 1.3.2020 in die Bayerische E-Government-Verordnung (BayEGovV) überführt. Die BayEGovV wurde mit Ablauf des 31.7.2023 aufgehoben. Die Regelungen zur Barrierefreiheit wurden in die §§ 9 bis 11 der Bayerischen Digitalverordnung (BayDiV) überführt.

1.6 Unterstützungsmaßnahmen für Kommunen

Der **Freistaat** unterstützt die Kommunen beim Ausbau des E-Governments. Die für die Kommunen in der Praxis wichtigsten Maßnahmen des Freistaats werden nachfolgend dargestellt.

1.6.1 Basisdienste und zentrale Dienste des BayernPortals

Der Freistaat Bayern bietet **für die Kommunen betriebskostenfrei** verschiedene Basisdienste und zentrale Dienste an, mit denen staatliche und kommunale Behörden ihre **Verpflichtungen aus dem BayEGovG** erfüllen können. Die nachfolgenden Dienste werden den Kommunen – entsprechend einer Vereinbarung im E-Government-Pakt – dauerhaft betriebskostenfrei zur Verfügung gestellt:

- „BayernID“ (Bürgerkonto) zur sicheren Authentifizierung (z. B. mit dem neuen Personalausweis),
- „sicheres Kontaktformular“ (als Anwendungsfall des Basisdienstes „Antragsmanager“, s. u.) und „Postfach“ für eine sichere Kommunikation mit dem Bürger,
- „E-Payment“ für elektronisches Bezahlen kostenpflichtiger Verwaltungsdienstleistungen und
- „Antragsmanager“ (Formularserver) zur Bereitstellung von Online-Formularen.

  Mit den genannten Diensten können staatliche und kommunale Behörden folgende Verpflichtungen aus **Art. 16 bis 18 BayDiG** ganz oder teilweise erfüllen:

- elektronische Erreichbarkeit und schriftformersetzende Kommunikation,
- verschlüsselte Kommunikation,
- elektronische Identifizierung,
- Behördendienste und Behördeninformationen,
- elektronisches Bezahlen,
- elektronische Verwaltungsverfahren.

1.6.2 Das Programm „BayernPackages“ (Art. 19 BayDiG)

Die in der Praxis wohl wichtigste und in der Umsetzung für die Kommunen aufwendigste Verpflichtung aus dem Bayerischen Digitalgesetz ergibt sich aus Art. 19. Demnach müssen die **Kommunen alle geeigneten Verwaltungsleistungen auch online** anbieten. Bei der Festsetzung, welche Verwaltungsleistungen für die Online-Bereitstellung „geeignet“ sind, haben die Kommunen einen **Beurteilungsspielraum.**

PRAXISTIPP:

Praktische Hinweise, wie die Kommunen in Bayern ihre Verpflichtung aus Art. 19 BayDiG mit überschaubarem Aufwand erfüllen, können bei der BayKommun AöR abgerufen werden (Kontakt@BayKommunen.bayern).

Als „geeignet“ dürften in der Regel jedenfalls alle die Verwaltungsleistungen anzusehen sein, die vom Freistaat Bayern über die **BayernPackages** zentral beschafft und zentral für alle Kommunen bereitgestellt werden.

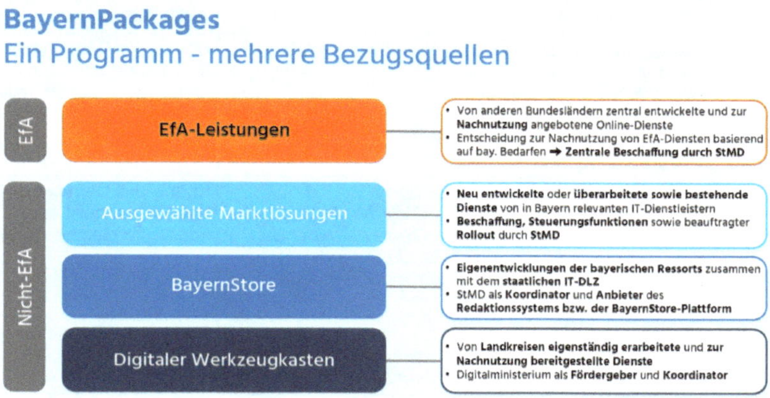

Die BayernPackages im Überblick
Quelle: StMD/BVS

Die Beiträge umfassen mittlerweile mehr als 200 Onlinedienste. Es werden jährlich Verwalter bei den kommunalen Spitzenverbänden überprüft und neu festgelegt. Der jeweils aktuelle Katalog der verfügbaren Onlinedienste wird jährlich als Anlage zur BayDiV veröffentlicht.

Zum Stand 1.1.2026 sind die folgenden Onlinedienste in den Bayern-Packages enthalten.

Übersicht: Dienste der BayernPackages für die Kommunen

Nr.	Name des Dienstes / Dienstbündels *(Beschreibung)*	Kommunale Ebene; ggf. Aufteilungsregel
1.	EfA-Dienste	
1.1.1	Geodigitalisierungskomponente *(In andere Dienste integrierbare Komponente, welche anhand einer graphischen Oberfläche und auf Basis amtlicher Geodaten die Erstellung von Lageskizzen ermöglicht)*	Alle Ebenen; zu gleichen Teilen
1.1.2	Breitband-Portal[1] *(Digitale und medienbruchfreie Beantragung und Bearbeitung von Verwaltungsleistungen im Rahmen der Verlegung und Änderung von Telekommunikationslinien gemäß dem Telekommunikationsgesetz)*	Alle Ebenen; zu gleichen Teilen

Nr.	**Name des Dienstes / Dienstbündels** ***(Beschreibung)***	**Kommunale Ebene; ggf. Aufteilungsregel**
1.1.3	Bürgerbeteiligung und Information (kommunale Elemente)[2] *(Durchführung von Beteiligungsverfahren nach dem Baugesetzbuch, dem Raumordnungsgesetz und in der Planfeststellung, Einstellen von raumbezogenen Planwerken in das Internet)*	Ebene der Gemeinden und Ebene der Landkreise; zu gleichen Teilen
1.1.4	WSP.NRW (kommunale Elemente) *(Das WSP.NRW bündelt über 80 zur Nachnutzung entwickelte Online-Dienste für Gewerbetreibende, Freie Berufe, grenzüberschreitende Dienstleistungen sowie die Anerkennung ausländischer Berufsabschlüsse.)*	Ebene der Gemeinden und Ebene der Landkreise; zu gleichen Teilen
1.2.1	Personalausweis[3] *(Annexleistungen zum Personalausweis: Antrag auf Befreiung von Ausweispflicht; Verlustmeldung)*	Ebene der Gemeinden
1.2.2	Reisepass *(Annexleistungen zum Reisepass: Meldung Fund/ Diebstahl/Verlust)*	Ebene der Gemeinden
1.2.3	Ummeldung[3] *(An- & Ummeldung, Adressänderung, Aktualisierung eID)*	Ebene der Gemeinden
1.3.1	Anlagengenehmigung und -zulassung[3] *(Anlagenbetreiber können ihre Anträge auf Erteilung einer immissionsschutzrechtlichen Genehmigung nach dem BImSchG medienbruchfrei erstellen und diese elektronisch und rechtsverbindlich an die zuständige Behörde übermitteln)*	Ebene der Landkreise
1.3.2	Aufenthaltstitel[4] (im Bündel mit Aufenthaltskarten und aufenthaltsrelevante Bescheinigungen und Beschäftigungserlaubnis) *(Anträge auf Ausstellung/Erteilung/Verlängerung von Aufenthaltstiteln in den Bereichen: „Erwerbstätigkeit", „Familiäre Gründe", „Ausbildung", „Beschleunigtes Fachkräfteverfahren", „Niederlassungserlaubnis", „Aufenthaltstitel für Ukraine-Geflüchtete"; auch: Anträge auf Änderung von Nebenbestimmungen; auf Aufenthaltskarten und aufenthaltsrelevante Bescheinigungen; nicht erfasst: vor Ort nötige Identifizierung /Fingerabdruckerfassung / Unterschrifterfassung)*	Ebene der Landkreise
1.3.3	Aufstiegsfortbildungsförderung *(Antrag auf Förderung nach dem Aufstiegsfortbildungsförderungsgesetz – „Aufstiegs- bzw. Meister-BAföG")*	Ebene der Landkreise

Nr.	Name des Dienstes / Dienstbündels *(Beschreibung)*	Kommunale Ebene; ggf. Aufteilungsregel
1.3.4	EMBE-Online *(Erfassung und Verwaltung von Emissionsmessberichterstattung sowie Übermittlung an Behörden)*	Ebene der Landkreise
1.3.5	eWaffe[3] *(Beantragung der grünen, gelben, roten Waffenbesitzkarte sowie der Erteilung einer Waffenbesitzkarte für Schießsportvereine)*	Ebene der Landkreise
1.3.6	Immissionsschutz-Online *(Erfüllung von Anzeige- und Auskunftspflichten nach dem Bundesimmissionsschutzgesetz)*	Ebene der Landkreise
1.3.7	Leistungen zum Infektionsschutz *(Belehrung nach dem Infektionsschutzgesetz sowie Ausstellung einer digitalen Bescheinigung)*	Ebene der Landkreise
1.3.8	Sozialplattform *(Anträge auf Aktivierung und berufliche Eingliederung, Leistungen für Bedarfe für Bildung und Teilhabe, Förderung der Aufnahme einer Erwerbstätigkeit, Grundsicherung im Alter und bei Erwerbsminderung, Hilfe zum Lebensunterhalt, Übernahme von Mietrückständen, Hilfe zur Überwindung besonderer sozialer Schwierigkeiten, Schuldnerberatung, Suchtberatung)*	Ebene der Landkreise
1.3.9	Trinkwasseranzeige *(Anzeige von Errichtung oder Änderungen im Betrieb von Wasserversorgungsanlagen und Nichttrinkwasseranlagen an das Gesundheitsamt)*	Ebene der Landkreise
1.3.10	Unterhaltsvorschuss[3] *(Abwicklung des Unterhaltsvorschuss-Erstantrags sowie der jährlichen Überprüfung der Anspruchsvoraussetzungen, inkl. digitaler Signatur und Upload aller Nachweise)*	Ebene der Landkreise
1.3.11	Verpflichtungserklärung[4] *(Abgabe von Verpflichtungserklärungen zur Absicherung der Kosten für den Lebensunterhalt von Drittstaatsangehörigen sowie Bezahlung per ePayment)*	Ebene der Landkreise
2.	**Nicht-EfA-Dienste** *(Digitale Meldeverfahren und Antragsverfahren für die Ausstellung von Urkunden/ Bescheinigungen/Genehmigungen, soweit nicht anders angegeben)*	
2.0.1	OZG-Cloud *(Die OZG-Cloud ist eine cloudbasierte fachunabhängige Open-Source Infrastrukturkomponente und Plattformlösung mit „allgemeinem Fachverfahren" für Online-Dienste, Antragsraum zur bidirektionalen Kommunikation mit Bürgern und Unternehmen sowie Fachstellenbeteiligungsplattform für kollaboratives Arbeiten.)*	Ebene der Gemeinden und Ebene der Landkreise; zu gleichen Teilen

Nr.	**Name des Dienstes / Dienstbündels** ***(Beschreibung)***	**Kommunale Ebene; ggf. Aufteilungsregel**
2.1.1	Anschluss öffentliche Wasserversorgung	Ebene der Gemeinden
2.1.2	Ausnahmegenehmigung Veränderungssperre	Ebene der Gemeinden
2.1.3	Baumfällgenehmigung *(Ausnahmegenehmigung bei kommunalrechtlich/ landesrechtlich geschützten Bäumen)*	Ebene der Gemeinden
2.1.4	Bewohnerparkausweis	Ebene der Gemeinden
2.1.5	Eheschließung	Ebene der Gemeinden
2.1.6	Eheurkunde	Ebene der Gemeinden
2.1.7	Fundsachen *(Statusabfrage, Herausgabe, Verwahrung, Versteigerung)*	Ebene der Gemeinden
2.1.8	Geburtsanzeige	Ebene der Gemeinden
2.1.9	Geburtsurkunde	Ebene der Gemeinden
2.1.10	Lebenspartnerschaftsurkunde	Ebene der Gemeinden
2.1.11	Marktfestsetzung	Ebene der Gemeinden
2.1.12	Meldebescheinigung *(Erteilung, Melderegisterauskunft, Lebensbescheinigung für Rentenversicherung)*	Ebene der Gemeinden
2.1.13	Parkplatzabsperrung	Ebene der Gemeinden
2.1.14	Schülerbeförderung *(Durchführung, Erstattung, Entlastung)*	Ebene der Gemeinden
2.1.15	Sterbefallanzeige *(Anzeige Sterbefall, Bescheinigung über Anzeige Todesfall, Sterbeurkunde im Rahmen der Sterbefallanzeige, Personenstandsregisterauszug im Rahmen der Sterbefallanzeige)*	Ebene der Gemeinden
2.1.16	Sterbefallanzeige (Erweiterung) *(Leichenschau, Bescheinigung über Anzeige eines Todesfalles, Beurkundung Sterbefall im Ausland)*	Ebene der Gemeinden
2.1.17	Sterbeurkunde	Ebene der Gemeinden
2.1.18	Übermittlungssperre	Ebene der Gemeinden
2.1.19	Veranstaltungserlaubnis	Ebene der Gemeinden
2.2.1	Antrag internationaler Führerschein	Ebene der Landkreise
2.2.2	Auskunft örtl. Fahrerlaubnisregister (Karteikartenabschrift)	Ebene der Landkreise
2.2.3	Ausnahmegenehmigung zum Parken für Betriebe	Ebene der Landkreise
2.2.4	Dienstfahrerlaubnis Katastrophenschutz Erteilung („Feuerwehrführerschein")	Ebene der Landkreise

Nr.	**Name des Dienstes / Dienstbündels** ***(Beschreibung)***	**Kommunale Ebene; ggf. Aufteilungsregel**
2.2.5	Fahrerlaubnis – Erstantrag	Ebene der Landkreise
2.2.6	Fahrerlaubnis – Verlängerung	Ebene der Landkreise
2.2.7	Fahrerqualifizierungsnachweis – Erstantrag	Ebene der Landkreise
2.2.8	Fahrlehrererlaubnis	Ebene der Landkreise
2.2.9	Fahrschulerlaubnis	Ebene der Landkreise
2.2.10	Führerschein Fahrgastbeförderung	Ebene der Landkreise
2.2.11	Führerschein Fahrgastbeförderung-Erweiterung um weitere Beförderungsart	Ebene der Landkreise
2.2.12	Führerschein Fahrgastbeförderung-Verlängerung	Ebene der Landkreise
2.2.13	Führerschein-Ersatz	Ebene der Landkreise
2.2.14	Führerschein-Erweiterung allg. Fahrerlaubnis	Ebene der Landkreise
2.2.15	Führerschein-Neuerteilung nach Entzug	Ebene der Landkreise
2.2.16	Führerschein-Umschreibung ausländischer Führerschein (EU/EWR-Führerschein und Drittstaaten)	Ebene der Landkreise
2.2.17	Führerschein-Umschreibung Dienstfahrerlaubnis in allg. Fahrerlaubnis	Ebene der Landkreise
2.2.18	Führerschein-Umtausch	Ebene der Landkreise
2.2.19	i-Kfz (Stufe 4) *(Zulassung, Um- und Abmeldung, Wunschkennzeichen, Wiederzulassung und Außerbetriebsetzung – auch für juristische Personen)*	Ebene der Landkreise
2.2.20	Spielhallen-Erlaubnis	Ebene der Landkreise
2.2.21	Kfz-Zulassungsbescheinigung *(Ausstellung, Änderung, Ersatz, Statusabfrage)*	Ebene der Landkreise

1.7 Umsetzungsfristen und Handlungsbedarfe

Das Bayerische Digitalgesetz (BayDiG) ist am 1.8.2022 in Kraft getreten. Zahlreiche Verpflichtungen für die Behörden waren bereits im Vorgängergesetz, dem Bayerischen E-Government-Gesetz, enthalten. Das BayDiG enthielt bei seinem Inkrafttreten daher nur wenige Übergangsregelungen. Die wesentlichen Umsetzungspflichten für die Behörden sind nachfolgend dargestellt:

Norm	Inhalt	Umsetzung/Unterstützungsangebote des Freistaats Bayern	Inkrafttreten/Übergangsfrist
Art. 16 Satz 1 BayDiG	Verpflichtung, einen Zugang für die Übermittlung digitaler sowie im Sinne des Art. 3a Abs. 2 und 3 BayVwVfG schriftformersetzender Dokumente zu eröffnen.	Minimum: E-Mailpostfach der Behörde (Schriftformersatz möglich, z. B. durch qualifiziert elektronisch signiertes Dokument). Empfehlung: Sicheres Kontaktformular mit Anbindung an Nutzerkonto (einschl. schriftformersetzender Verfahren).	1.8.2022
Art. 16 Satz 3 BayDiG	Verpflichtung, geeignete sichere Verfahren für die Kommunikation mit dem Nutzer bereitzustellen.	Hinkanal: Sicheres Kontaktformular mit Anbindung an Nutzerkonto. Rückkanal: Postfach des Nutzerkontos.	1.8.2022
Art. 18 Abs. 1 BayDiG	Verpflichtung, integrierte digitale Zahlungsmöglichkeiten anzubieten, soweit dies wirtschaftlich und zweckmäßig ist.	Nutzung des Dienstes „ePayment“.	1.8.2022
Art. 18 Abs. 2 BayDiG	Verpflichtung der Auftraggeber i. S. v. § 98 GWG, den Empfang und die Verarbeitung digitaler Rechnungen sicherzustellen, soweit • für sie eine Vergabekammer des Freistaates Bayern zuständig ist, • sie im Rahmen der Organleihe für den Bund tätig werden oder • dies durch Rechtsverordnung der Staatsregierung (§ 8 BayDiV) vorgesehen ist.	Unterstützung durch E-Rechnungs-Viewer: https://www.elster.de/eportal/e-rechnung	1.8.2022

Norm	Inhalt	Umsetzung/Unterstützungsangebote des Freistaats Bayern	Inkrafttreten/Übergangsfrist
Art. 19 Abs. 1 BayDiG	Verpflichtung, geeignete Verwaltungsleistungen auch digital anzubieten. Gemeindeverbände und Gemeinden sollen in Angelegenheiten des eigenen Wirkungskreises geeignete Verwaltungsleistungen auch digital anbieten.	Nutzung der BayernPackages über BayKommun/Nutzung von Online-Leistungen aus BayernStore und DigitalStore	1.1.2024
Art. 19 Abs. 2 BayDiG	Behördliche Formulare, die zur Verwendung durch Beteiligte dienen, sind in digital ausfüllbarer Form zum Abruf und zur sicheren Datenübermittlung an die Behörden bereitzustellen. Dies gilt nicht, soweit Verwaltungsleistungen gemäß Art. 19 Abs. 1 BayDiG (s. o.) vollständig digital angeboten werden.	Einstellen von ausfüllbaren PDF-Formularen oder Bereitstellen der vollständig digitalen Verwaltungsleistung.	1.1.2024
Art. 19 Abs. 3 BayDiG	Verpflichtung der Behörden, in digitalen Verwaltungsverfahren, in denen sie die Identität einer Person aufgrund einer Rechtsvorschrift festzustellen haben oder aus anderen Gründen eine Identifizierung für notwendig erachten, die Identifizierung über einen digitalen Identitätsnachweis gem. Art. 19 Abs. 3 BayDiG anzubieten.	Anbindung der digitalen Verwaltungsleistungen an das Nutzerkonto.	1.8.2022
Art. 33 Abs. 1 Satz 1 BayDiG	Staatliche Behörden sollen ihre Akten digital führen. Landratsämter und sonstige Behörden (z. B. Gemeinden) können ihre Akten digital führen.	Einsatz digitaler Aktenführungssysteme (z. B. Dokumentenmanagementsystem)	1.8.2022
Art. 43 Abs. 1 BayDiG	Verpflichtung, die zur Sicherheit der informationstechnischen Systeme angemessenen technischen, operativen und organisatorischen Maßnahmen zu treffen und die hierzu erforderlichen Informationssicherheitskonzepte zu erstellen.	Erstellung und Umsetzung Informationssicherheitskonzept bzw. Informationssicherheits-Managementsystem (ISMS) / Unterstützung durch Landesamt für Sicherheit in der Informationstechnik.	1.8.2022, geändert mWv 18.10.2024

1.8 Umsetzungsunterstützung für Kommunen ganz praktisch: Aufgaben und Angebote der BayKommun

Programme und Leitfäden können, auch wenn sie „gut gemacht" sind, eine persönliche Beratung und Unterstützung durch ein **kompetentes Team von Fachleuten** für das kommunale E-Government nicht ersetzen. Gerade für kleine und mittlere Kommunen ist eine von kommerziellen Interessen unabhängige fachliche externe Unterstützung unverzichtbar, um die Umstellung von analogen auf digitale Verwaltungsangebote erfolgreich meistern zu können.

Aus diesem Grunde hat der Freistaat Bayern gemeinsam mit den bayerischen Kommunen die **BayKommun AöR** gegründet.

Die BayKommun ist einer Anstalt öffentlichen Rechts mit Sitz in München. Träger sind der Freistaat Bayern sowie sämtliche bayerischen Gemeinden und Gemeindeverbände. Die Finanzierung des laufenden Haushalts bei Kommunen erfolgt durch den Freistaat Bayern. Die rechtlichen Grundlagen bei Kommunen sind in den Art. 52 ff. BayDiG geregelt.

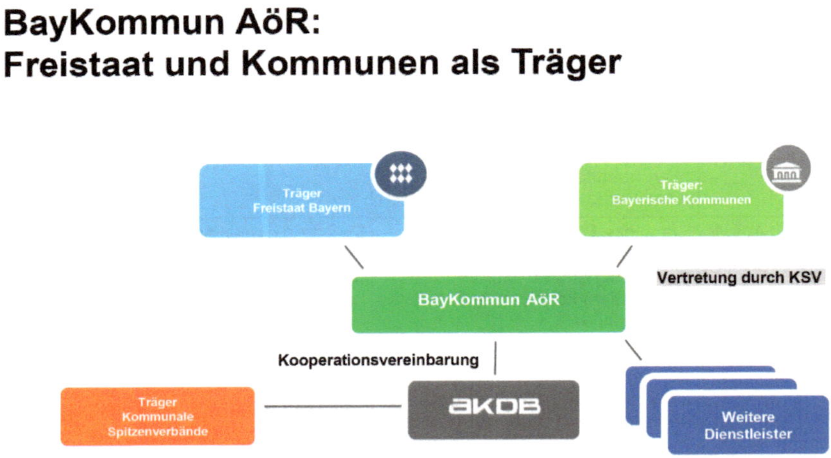

BayKommun: Trägerschaft
Quelle: StMD

Die gesetzliche Aufgabe der BayKommun liegt in der unabhängigen fachlichen Unterstützung der bayerischen Kommunen bei der Verwaltungsdigitalisierung, insbesondere beim EfA- und OZG-Roll-out. Die praktisch wichtigste Aufgabe der BayKommun liegt in der praktischen Bereitstellung der Onlinedienste der BayernPackages für die bayerischen Kommunen. Dabei arbeitet die BayKommun eng mit den jeweiligen IT-Dienstleistern zusammen, die für das Angebot einzelner OZG- bzw. EfA-Leistungen verantwortlich sind.

Aufgaben der BayKommun
Quelle: BayKommun

Inhousefähigkeit der BayKommun und EfA-Nachnutzung

Durch die gemeinsame Trägerschaft von Freistaat und Kommunen ist sichergestellt, dass die staatliche und die kommunale Ebene in der BayKommun partnerschaftlich und auf Augenhöhe zusammenarbeiten.

Ein wichtiger praktischer Vorteil der staatlich kommunalen Trägerschaft liegt darin, dass die BayKommun sowohl gegenüber dem Freistaat Bayern als auch gegenüber allen bayerischen Kommunen **„doppelt inhousefähig"** ist. Das bedeutet in der Konsequenz, dass sowohl der Freistaat als auch die Kommunen Leistungen in Anspruch nehmen können, ohne dass vorher ein langwieriges Vergabeverfahren durchgeführt werden müsste.

Daher können die bayerischen Kommunen insbesondere sämtliche **Leistungen der BayernPackages,** einschließlich aller enthaltenen **EfA-Leistungen** bei der BayKommun ohne Ausschreibung beziehen.

EfA-Nachnutzung für Kommunen
Quelle: BayKommun

Wie geht das? Buchung von Leistungen aus den BayernPackages, einschließlich EfA-Angeboten

Die Kommunen können die Onlinedienste aus den BayernPackages einfach und aus einer Hand über den **DigitalMarkt der BayKommun** auswählen und buchen. Der Digitalmarkt enthält auch umfassende Leistungsbeschreibungen der angebotenen OZG und EfA-Dienste.

Zum Stand Januar 2026 sind bereits **mehr als 100 Leistungen** über den DigitalMarkt verfügbar, darunter **23 EfA-Angebote.** Die Zahl steigt stetig.

Funktionen DigitalMarkt
Quelle: BayKommun

Um Ihre gesetzlichen Aufgaben zu erfüllen, stellt die BayKommun den Kommunen in Bayern eine Reihe von unentgeltlichen Dienstleistungen und Angeboten bereit. Hierzu zählen neben dem Digitalmarkt u. a. auch das BayKoNet und das Kommunalwiki.

Das **BayKoNet** erlaubt es allen Mitarbeiterinnen und Mitarbeitern der Kommunen in Bayern, sich zu Themen der digitalen Verwaltung zu vernetzen, auszutauschen und gemeinsam an Problemlösungen zu arbeiten.

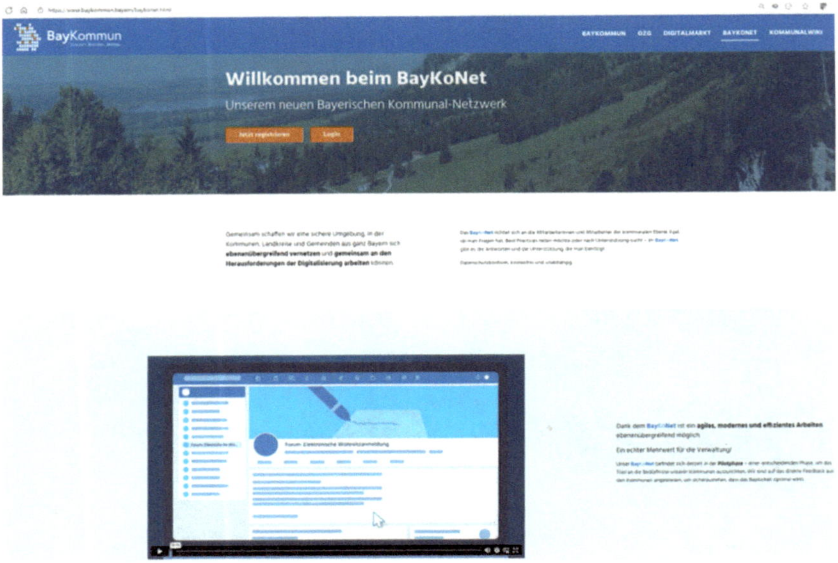

Das BayKoNet
Quelle: BayKommun

Über das KommunalWiKi können Informationen zu typischen Fragen der Verwaltungsdigitalisierung von den Kommunen abgerufen werden. Das KommmalWiKi wird von der bayKommun gepflegt. Es ergänzt das BayKoNet.

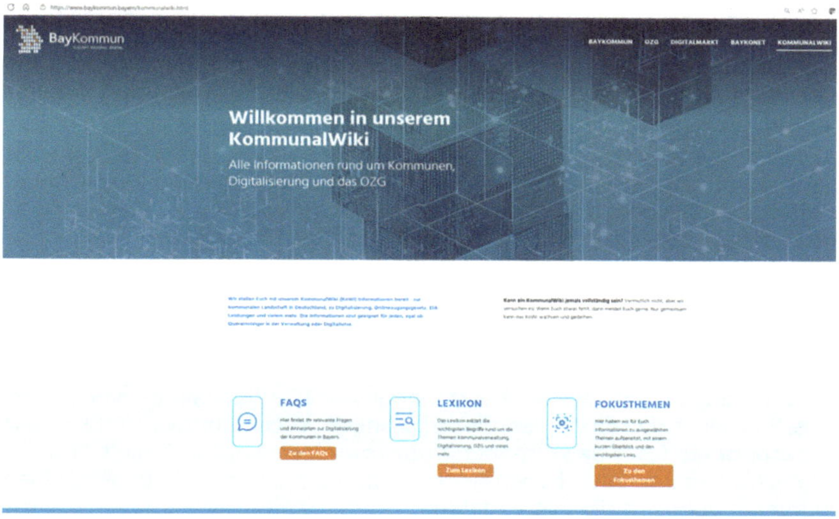

KomunalWiKi
Quelle: BayKommun

2. Digitale Verwaltung – vom Antrag zum Bescheid

2.1 Recht der Bürgerinnen, Bürger und Unternehmen in Bayern auf digitale Verwaltungsangebote

Das Bayerische Digitalgesetz gewährleistet einen **Kernbereich von „digitalen Zugangs- und Verfahrensrechten" für Bürger und Unternehmen.** Dahinter steht die Überlegung des Gesetzgebers, dass digitale Verwaltung originär bei den Bürgerinnen, Bürgern und Unternehmen als Nutzern von digitalen Verwaltungsangeboten ansetzen sollte.

Bayern ist damit das bisher **einzige Bundesland,** das nicht nur einen umfassenden und einheitlichen Rechtsrahmen für die digitale Verwaltung schafft, sondern auch Bürgerinnen, Bürgern und Unternehmen über Art. 12 Abs. 1 Satz 1 und Satz 2 BayDiG ein grundsätzlich auch gerichtlich **einklagbares „Recht auf digitale Verwaltung"** einräumt. Bürger und Unternehmen, die ihre Rechte auf elektronisches Verwalten einfordern, sollen auf diese Weise auch „Motor" der Verwaltungsdigitalisierung in Bayern sein.

Die in Art. 12 Abs. 1 BayEGovG verankerten **Rechte der Bürger** werden vom Gesetz unmittelbar mit den entsprechenden **Pflichten der Behörden gekoppelt,** die in **den Art. 16 bis 19** geregelt sind. Dadurch werden die **Rechte der Bürger präziser** gefasst. Andererseits wird so im Interesse der **Rechtssicherheit** klargestellt, dass die einklagbaren **Rechte der Bürger nicht über die gesetzlichen Verpflichtungen** der Behörden **hinausgehen**.

Art. 12 Abs. 1 Satz 3 BayEGovG stellt schließlich klar, dass der Bürger zwar ein Recht auf elektronisches Verwalten hat, dass aber in der Regel **keine Pflicht des Bürgers zur digitalen Abwicklung von Verwaltungsverfahren** besteht. Diese Pflicht trifft ausschließlich die Behörden.

BEACHTE:

Art. 12 Abs. 1 Satz 3 BayDiG begründet zwar grds. ein **Recht auf nicht digitale Verfahrensdurchführung**.

Davon siehe der Art. 20 Abs. 2 und 3 aber wichtige Ausnahmen vor. Art. 20 Abs. 2 eröffnet den Behörden die Möglichkeit, **Verwaltungsverfahren mit Unternehmen über das Organisationskonto** ausschließlich digital durchzuführen. Unternehmen haben gem. Art. 20 Abs. 2 nur in Härtefällen einen Anspruch auf nicht digitale Verfahren.

Gem. Art 20 Abs. 3 BayDiG können Verfahren im Bereich der **Personalverwaltung und Personalwirtschaft** ausschließlich digital durchgeführt werden (z. B. **das Mitarbeiterportal des Freistaats Bayern**).

Es ist darüber hinaus im Rahmen der anstehenden **Novelle des BayDiG (BayDiG 2.0.)** geplant, den Behörden generell die Möglichkeit zu eröffnen, Verfahren auch rein digital durchzuführen (also auch im Verkehr mit den Bürgern), soweit von den Behörden persönliche Beratungsmöglichkeiten angeboten werden. Welche Rechte räumt das BayEGovG den Bürgern, Bürgerinnen und Unternehmen nun konkret ein? Die folgende Tabelle verschafft hierzu einen Überblick:

Rechte von Bürgern und Unternehmen in der elektronischen Verwaltung in Bayern
• Recht auf elektronischen Zugang zu den Behörden (Art. 16 Abs. 1 Satz 1 BayDiG)
• Recht auf Schriftform ersetzende elektronische Kommunikation mit den Behörden (Art. 16 Abs. 1 Satz 1 BayDiG i. V. m. Art. 3a Abs. 2 und Abs. 3 BayVwVfG)
• Recht auf verschlüsselte Kommunikation mit den Behörden auf dem „Hin- und Rückkanal“, Art. 16 Abs. 1 Satz 3 BayDiG
• Recht auf elektronische Identifizierung in Online-Verfahren, die Identitätsnachweis erfordern (Art. 19 Abs. 3 BayDiG)
• Recht auf elektronische Inanspruchnahme von geeigneten Behördendiensten (erfasst werden grds. alle Verwaltungsdienstleistungen, Art. 17 Abs. 1 BayDiG)
• Recht auf elektronisches Bezahlen, dies umfasst auch hierzu geeignete E-Payment-Angebote (Art. 18 Abs. 1 BayDiG)
• Recht auf elektronische Rechnungsstellung gegenüber den Behörden im Rahmen des Art. 18 Abs. 2 BayDiG
• Recht auf elektronische Durchführung von geeigneten Verwaltungsverfahren (Art. 19 Abs. 1 BayEGovG)
• Recht auf die Nutzung ausfüllbarer elektronischer Formulare zum Download (Art. 19 Abs. 2 BayDiG)
• Recht auf mobile digitale Angebote des Freistaats gem. Art. 13 BayDiG i. V. m. § 7 Abs. 2 BayDiV: „Recht auf die BayernApp“.
• Darüber hinaus müssen **staatlichen Behörden** gemäß § 7 Abs. 3 Satz 2 BayDiV alle sonstigen von ihnen über die BayernApp hinaus freiwillig angebotenen Apps nicht nur über kommerzielle Playstores, sondern auch **als APK-Datei** unmittelbar zum Download anbieten. Damit soll sichergestellt werden, dass Bürgerinnen, Bürger und Unternehmen bei der Nutzung staatlicher Apps nicht auf kommerzielle Playstore Angebote zurückgreifen müssen.

Praxishinweis:

Kommunen wird bei ihren Apps lediglich empfohlen, diese auch als APK über eine Website zum Download anzubieten (Art. 7 Ab3 Satz 3 BayDiV). Es besteht also keine Pflicht zur APK-Bereitstellung aus der BayDiV für Kommunen. Die Pflichten der Kommunen aus der DSGVO bleiben aber unberührt.

PRAXISTIPP:

Vermeiden sich datenschutzrechtliche Risiken bei mobilen Lösungen. **Stellen Sie ihre Apps daher im Zweifel auch auf ihren kommunalen Websites als APK zum Download bereit.** Diese Anforderung kann bei der App-Entwicklung bzw. dem Einkauf von Standardlösungen mit dem Entwickler/Anbieter vereinbart werden.

2.2 Digitale Kommunikation

Die Kommunen waren bereits weit vor den Gesetzgebungen zur Verwaltungsdigitalisierung in Bund und Ländern persönlich, telefonisch oder schriftlich für die Bürger und Unternehmen erreichbar. Während die persönliche und telefonische Erreichbarkeit zeitlich (durch Öffnungszeiten) begrenzt ist, kann man sich papiergebunden (Briefpost) auch unabhängig von Öffnungszeiten an die Behörden wenden. Mit der zunehmenden Digitalisierung haben sich jedoch die Erwartungshaltung und damit auch die rechtlichen Rahmenbedingungen hinsichtlich der digitalen Kommunikation mit den Kommunen verändert. Nachfolgend werden daher die wesentlichen Vorschriften zur digitalen Erreichbarkeit (Kapitel 2.2.1), zum Schriftformersatz („digitale Unterschrift“, Kapitel 2.2.2) und zur verschlüsselten digitalen Kommunikation (Kapitel 2.2.3) dargestellt.

2.2.1 Digitale Erreichbarkeit

Der Gesetzgeber hatte die Frage der digitalen Erreichbarkeit lange Zeit in das Ermessen der Kommunen gestellt. Das Bayerische Digitalgesetz (BayDiG) begründet jedoch eine allgemeine Verpflichtung zur digitalen Erreichbarkeit. Die Behörden sind nach Art. 16 Satz 1 BayDiG dazu verpflichtet, einen sog. „Zugang“ für die Übermittlung digitaler sowie sog. schriftformersetzender Dokumente (im Sinne des Art. 3a Abs. 2 und 3 BayVwVfG) zu eröffnen (auf die „schriftformersetzenden Dokumente“ wird in Kapitel 2.2.2 näher eingegangen).

Die Verpflichtung zielt darauf ab, dass die Behörden **zusätzlich** zu den bereits etablierten Erreichbarkeiten auch **digital erreichbar** sein müssen. Art. 12 Abs. 1 Satz 3 BayDiG stellt in diesem Zusammenhang ausdrücklich klar, dass die Bürger und Unternehmen auch weiterhin die Möglichkeit haben müssen, die sie betreffenden Verfahren **auch nicht digital** (z. B. persönlich oder in Papierform) erledigen zu können. Die (verpflichtende) digitale Erreichbarkeit der Behörde tritt damit neben – und nicht an Stelle – der bereits angebotenen Möglichkeiten der Kontaktaufnahme:

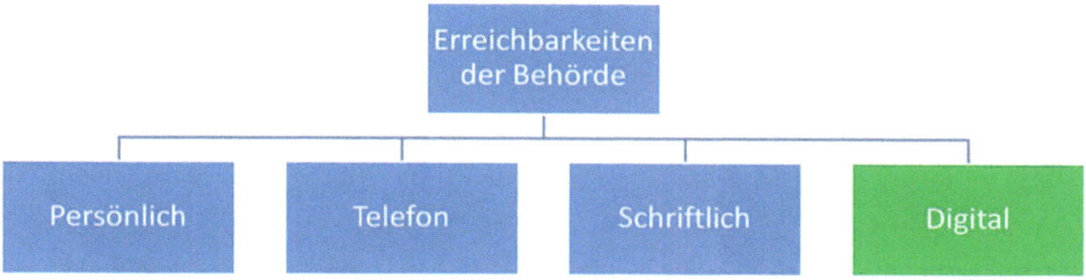

Erreichbarkeiten der Behörden im Überblick
(Quelle: Denkhaus/Geiger, Praxishandbuch zum Bayerischen Digitalgesetz, 2025, S. 84)

Die Kommune entscheidet grundsätzlich selbst, über welche technischen Verfahren sie digital erreichbar sein möchte. Das entsprechende Auswahlermessen der Kommunen ergibt sich aus Art. 16 Satz 4 BayDiG. Eine Ausnahme von diesem Grundsatz gilt z. B. für den Portalverbund Bayern (= Bayernportal und Organisationsportal Bayern), über den die Behörden digital erreichbar sein müssen (Art. 26 Abs. 2 Satz 1 Nr. 3 BayDiG); vgl. ergänzend Denkhaus/Geiger, Praxishandbuch zum Bayerischen Digitalgesetz, 2025, S. 82 ff.

2.2.2 Schriftformersatz („digitale Unterschrift")

Die Behörden müssen nicht nur (formlose) digitale Dokumente entgegennehmen, sondern auch sog. **schriftformersetzende Dokumente** i. S. d. Art. 3a Abs. 2 und 3 BayVwVfG (Art. 16 Satz 1 BayDiG). Was unter einem „schriftformersetzenden Dokument" zu verstehen ist, erschließt sich nicht unmittelbar und hängt eng mit den sog. Schriftformerfordernissen zusammen.

„Schriftformerfordernis" bedeutet in der Regel, dass z. B. ein Antrag eigenhändig unterschrieben werden muss. Diese Schriftformerfordernisse ergeben sich in der Regel aus dem Fachrecht. In der „Papierwelt" stellt die eigenhändige Unterschrift kein großes Problem dar; unterschreiben kann letztlich jeder. Damit diese Schriftformerfordernisse auch in der „digitalen Welt" bzw. in der digitalen Verwaltung erfüllt werden können, hat der Gesetzgeber verschiedene technische Verfahren zugelassen, mit denen die eigenhändige Unterschrift digital ersetzt werden kann (sog. schriftformersetzende Verfahren).

Mit der Verpflichtung, auch „schriftformersetzende Dokumente" entgegenzunehmen, sollen **durchgängig medienbruchfreie digitale Verfahren** ermöglicht werden. Denn ohne digitalen Schriftformersatz müsste bei rechtlich vorgegebenen Schriftformerfordernissen ein von der Gemeinde digital bereitgestellter Antrag ausgedruckt, eigenhändig unterschrieben und dann in Papierform an die Gemeinde übermittelt werden. Dieser Medienbruch soll vermieden werden:

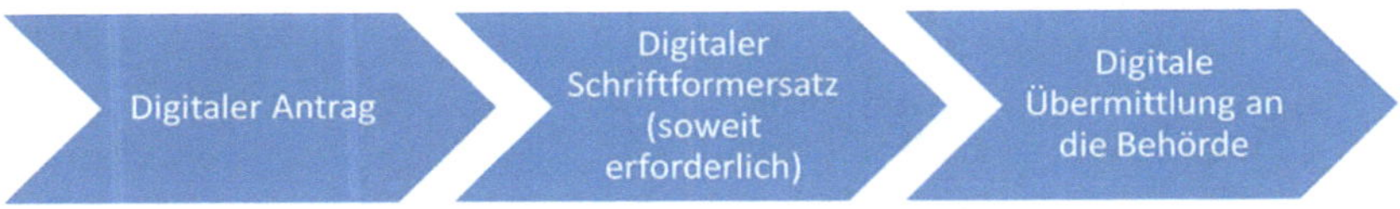

Medienbruchfreie digitale Antragstellung
(Quelle: Denkhaus/Geiger, Praxishandbuch zum Bayerischen Digitalgesetz, 2025, S. 85).

Nach Art. 3a Abs. 2 und 3 BayVwVfG kann die Schriftform z. B. ersetzt werden durch:

- ein elektronisches Dokument, das mit einer **qualifizierten elektronischen Signatur** versehen ist (Art. 3a Abs. 2 Sätze 1 und 2 BayVwVfG);
- unmittelbare Abgabe der Erklärung in einem elektronischen Formular, das von der Behörde in einem Eingabegerät oder über öffentlich zugängliche Netze zur Verfügung gestellt wird; bei einer Eingabe über öffentlich zugängliche Netze muss ein sicherer Identitätsnachweis mittels **Personalausweis** (§ 18 PAuswG), eID-Karte (§ 12 eID-Karte-Gesetz) oder **elektronischem Aufenthaltstitel** (§ 78 Abs. 5 AufenthG) erfolgen (Art. 3a Abs. 3 Nr. 1 BayVwVfG);
- Übermittlung einer von dem Erklärenden elektronisch signierten Erklärung an die Behörde aus einem besonderen elektronischen Anwaltspostfach, einem besonderen elektronischen Behördenpostfach oder einem besonderen elektronischen Bürger- und Organisationenpostfach, Art. 3a Abs. 3 Nr. 2 Buchst. a) bis c) BayVwVfG;
- **sonstige sichere Verfahren,** die durch **Rechtsverordnung der Staatsregierung** festgelegt werden, welche den Datenübermittler (Absender der Daten) authentifizieren und die Integrität des elektronisch übermittelten Datensatzes sowie die Barrierefreiheit gewährleisten (Art. 3a Abs. 3 Nr. 4 BayVwVfG i. V. m. § 1 BayDiV).

Die Kommunen entscheiden dabei grundsätzlich selbst darüber, für welche Form des digitalen Schriftformersatzes sie den Zugang eröffnen (Art. 16 Satz 4 BayDiG). In der Praxis bieten die Kommunen in der Regel gleichwohl mehrere Möglichkeiten des Schriftformersatzes bzw. der „digitalen Unterschrift“ an.

Die o. g. Möglichkeiten des digitalen Schriftformersatzes werden durch die Regelungen zum Portalverbund Bayern ergänzt. Hiernach sind die Behörden auch verpflichtet, ein **Nutzerkonto** bereitzustellen, das ergänzend zu den oben genannten Verfahren z. B. auch die Möglichkeit bietet, sich durch ein sicheres Verfahren nach § 87a Abs. 6 Satz 1 AO **(ELSTER)** zu identifizieren. Auch dieses Verfahren ersetzt im Falle der Identifizierung und Authentifizierung am Nutzerkonto eine durch Rechtsvorschrift angeordnete Schriftform (Art. 31 Abs. 3 BayDiG); vgl. ergänzend Denkhaus/Geiger, Praxishandbuch zum Bayerischen Digitalgesetz, 2025, S. 84 ff.

2.2.3 Verschlüsselte digitale Kommunikation

Das Bayerische Digitalgesetz verpflichtet die Behörden zudem dazu, geeignete sichere Verfahren für die Kommunikation mit dem Nutzer bereitzustellen (Art. 16 Satz 3 BayDiG). Dies gilt sowohl

- für die Kommunikation des Nutzers (Bürger, Unternehmen, Organisationen etc.) mit der Behörde (sog. Hinkanal) als auch
- für die Kommunikation der Behörde mit dem Nutzer (sog. Rückkanal).

Durch die Vorschrift sollen die technischen **Voraussetzungen** geschaffen werden, damit insbesondere personenbezogene Daten oder sonstige vertrauliche Informationen verschlüsselt digital übermittelt werden können. Entsprechend der Zielsetzung des Gesetzgebers soll so eine grundsätzlich medienbruchfreie digitale Kommunikation ermöglicht werden, ohne dass man dafür zwingend auf den Postweg „ausweichen“ muss.

Art. 16 Satz 3 BayDiG schreibt kein bestimmtes „sicheres Verfahren“ für die Kommunikation vor. Entsprechend der Zielsetzung der Vorschrift (grundsätzliche Möglichkeit zur digitalen Übermittlung von personenbezogenen Daten oder sonstigen vertraulichen Informationen) sind „sichere Verfahren“ nur dann „geeignet“ im Sinne von Art. 16 Satz 3 BayDiG, wenn sie diesen Anforderungen genügen. Die Entscheidung darüber liegt grundsätzlich im Organisationsermessen der jeweils zuständigen Behörde (Art. 16 Satz 4 BayDiG).

In der Praxis wird die Verpflichtung aus Art. 16 Satz 3 BayDiG am häufigsten durch die Bereitstellung von Verschlüsselungsverfahren im Rahmen eines E-Government-Portals bzw. über den Portalverbund Bayern (vgl. Art. 26 Abs. 2 Satz 1 Nr. 3 BayDiG) erfüllt. Der Freistaat Bayern unterstützt die Kommunen dabei wie folgt:

- Für die sichere Kommunikation mit der Behörde **(Hinkanal)** stellt der Freistaat Bayern den Kommunen ein **sicheres Kontaktformular** zur Verfügung, das die gesetzlichen Anforderungen erfüllt.

- Für die verschlüsselte Kommunikation der Behörde mit den Nutzern **(Rückkanal)** dient insbesondere der **Postfach-Dienst des Nutzerkontos.**

Das Zusammenspiel von sicherem Kontaktformular (Hinkanal) und dem Dienst „Postfach" des Nutzerkontos (Rückkanal) ist nachfolgend zusammenfassend dargestellt:

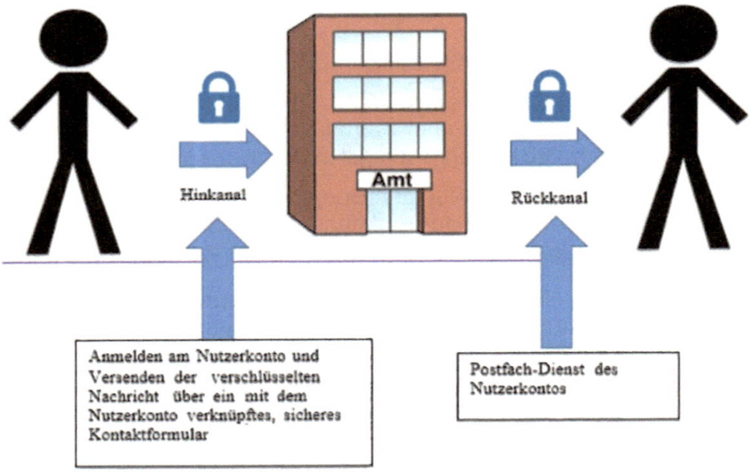

2.3 Digitale Identifizierung

Die sichere Identifizierung eines Beteiligten spielt auch bei Verwaltungsverfahren eine Rolle, die digital (z. B. über den Portalverbund Bayern) durchgeführt werden sollen. Selbst wenn sich Behördenmitarbeiter und Bürger nicht persönlich gegenüberstehen, muss die Behörde wissen, mit wem sie es zu tun hat bzw. wer einen Antrag stellt.

Die Behörden sind daher nach Art. 19 Abs 3 BayDiG verpflichtet, in digitalen Verwaltungsverfahren, in denen sie die Identität einer Person aufgrund einer Rechtsvorschrift festzustellen haben oder aus anderen Gründen eine Identifizierung für notwendig erachten, die Identifizierung über einen digitalen Identitätsnachweis anzubieten:

- nach § 18 des Personalausweisgesetzes,
- nach § 78 Abs. 5 des Aufenthaltsgesetzes,

- nach § 12 des eID-Karte-Gesetzes oder
- durch ein anderes sicheres Verfahren, z. B. ELSTER.

Die BayernID, die von allen Kommunen für die digitale Identifizierung von Antragstellern genutzt werden kann, bildet die rechtlich notwendigen Identifizierungsverfahren ab:

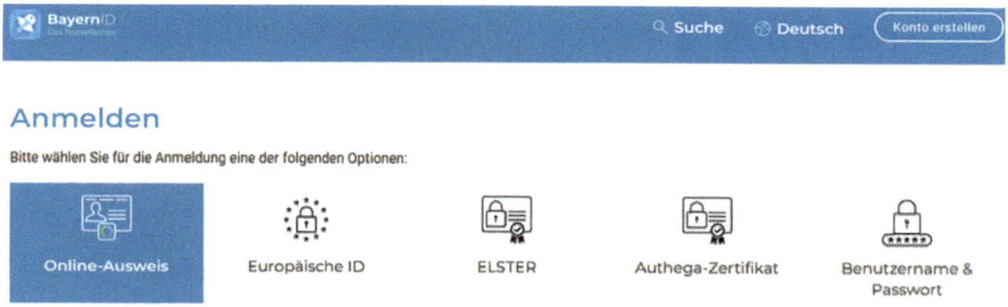

Möglichkeiten der digitalen Identifizierung im Nutzerkonto des Freistaats Bayern (BayernID)

In einigen verwaltungsrechtlichen Vorschriften wird das **persönliche Erscheinen** des Bürgers angeordnet. In diesen Fällen ist eine (rein) digitale Identifizierung nicht möglich.

Die Verpflichtung aus Art. 19 Abs 3 BayDiG korrespondiert mit dem **digitalen Schriftformersatz,** z. B. durch Einsatz der Online-Ausweisfunktion des Personalausweises bzw. des elektronischen Aufenthaltstitels oder des ELSTER-Verfahrens (s. hierzu Kapitel 2.2.2). Durch die Vorschrift soll sichergestellt werden, dass die Behörden nicht nur grundsätzlich verpflichtet sind, diese Verfahren als Schriftformersatz anzuerkennen, sondern dass die Bürger auch tatsächlich die technische Möglichkeit haben, diese Form des Schriftformersatzes zu nutzen (vgl. ergänzend Denkhaus/Geiger, Praxishandbuch zum Bayerischen Digitalgesetz, rehm Verlag, 2025, S. 90 ff.).

2.4 Digitale Anträge

Das Bayerische Digitalgesetz verpflichtet die Kommunen dazu, geeignete Verwaltungsleistungen zur Erfüllung von staatlichen Aufgaben sowie von Aufgaben im übertragenen Wirkungskreis auch digital anzubieten. In Angelegenheiten des eigenen Wirkungskreises „sollen“ Kommunen geeignete Verwaltungsleistungen auch digital anbieten werden (Art. 19 Abs. 1 BayDiG).

Zur Umsetzung dieser Verpflichtung können sich die Kommunen die notwendigen Onlinedienste entweder individuell auf dem Markt beschaffen oder auf die sog. BayernPackages zurückgreifen. Bei den BayernPackages handelt es sich um eine Auswahl von Onlinediensten, die zentral für alle bayerischen Kommunen zur Verfügung gestellt werden. Die Finanzierung dieser BayernPackage-Leistungen (v.a. Lizenzkosten) erfolgt in den meisten Fällen durch eine gemeinsame 50:50-Finanzierung zwischen Freistaat Bayern und Kommunen. Gegebenenfalls können jedoch z. B. Schnittstellenkosten für evtl. notwendige Anbindungen an Fachverfahren anfallen (vgl. zu den BayernPackages ergänzend Kapitel 1.6.2).

Die notwendigen Antragsunterlagen dürfen ebenfalls digital eingereicht werden, soweit durch Rechtsvorschrift nichts anderes bestimmt ist. Für bestimmte Verfahren oder im Einzelfall kann die Behörde aber auch die Vorlage eines Originals oder amtlich beglaubigter Kopien verlangen (Art. 23 Abs. 1 BayDiG).

Kostenpflichtige Verfahren können bereits bei der Antragstellung durch digitale Zahlungsverfahren vorab bezahlt werden (Art. 18 Abs. 1 BayDiG). Der Freistaat Bayern stellt den Kommunen hierfür den Dienst „ePayment“ zur Verfügung, der in kostenpflichtige Verwaltungsverfahren integriert werden kann (vgl. hierzu ergänzend Denkhaus/Geiger, Praxishandbuch zum Bayerischen Digitalgesetz, rehm Verlag, 2025, S. 93 ff.).

Der Ablauf eines digitalen Antragsprozesses stellt sich damit im Überblick wie folgt dar:

Digitaler Antragsprozess im Überblick

2.5 Digitale Aktenführung

Ziel der digitalen Aktenführung ist es, eine grundsätzlich vollständig digitale Führung der behördlichen Akten zu ermöglichen und damit die Voraussetzungen für ein medienbruchfreies, d. h. durchgängig digitales Arbeiten der Behörden zu schaffen:

Durchgängig medienbruchfreies Arbeiten im Überblick
(Quelle: Denkhaus/Geiger, Praxishandbuch zum Bayerischen Digitalgesetz, rehm Verlag, 2025, S. 100)

Die digitale Aktenführung wird in Art. 33 BayDiG geregelt. Die Vorschrift regelt insbesondere,

- welche Behörden grundsätzlich zur digitalen Aktenführung verpflichtet sind,
- welche Anforderungen bei digitaler Aktenführung zu beachten sind,
- was bei der Übermittlung digitaler Akten zu berücksichtigen ist sowie
- die Anforderungen an das ersetzende Scannen von Papierdokumenten.

Art. 33 Abs. 1 Satz 1 BayDiG ist für die **staatlichen Behörden** (mit Ausnahme der staatlichen Landratsämter, hierzu sogleich unten) als **„Sollvorschrift"** ausgestaltet. Die Regelung verpflichtet die staatlichen Behörden dazu, ihre Akten digital zu führen. Ausnahmen aus **wichtigem Grund** oder in **atypischen Fällen** sind jedoch möglich.

Landratsämter (auch als Staatsbehörde) und **Kommunen** entscheiden über die Einführung der digitalen Aktenführung nach eigenem **Ermessen** (Art. 33 Abs. 1 Satz 1 BayDiG). Die **Ausnahme** für die **Landratsämter** folgt aus deren Charakter als Doppelbehörde, nämlich als Kreis- und Staatsbehörde (vgl. Denkhaus/Geiger, Praxishandbuch zum Bayerischen Digitalgesetz, rehm Verlag, 2025, S. 100 f.).

Für die **elektronische Führung von Personalakten** gelten die Art. 103 ff. BayBG, die in Kapitel 2.5.4 gesondert dargestellt werden.

2.5.1 Anforderungen an die elektronische Aktenführung

Während Art. 33 Abs. 1 Satz 1 BayDiG regelt, welche Behörden grundsätzlich zur digitalen Aktenführung verpflichtet sind („ob"), konkretisieren die Sätze 2 und 3 das „Wie" der digitalen Aktenführung und legen hierfür **gemeinsame Anforderungen** fest. Wenn sich eine Behörde dafür entscheidet, ihre Akten im Anwendungsbereich des BayDiG digital zu führen, dann gelten damit für alle Behörden grundsätzlich dieselben Anforderungen:

- Die Grundsätze ordnungsgemäßer Aktenführung sind zu wahren (Satz 2).
- Die verarbeiteten Daten sind vor Informationsverlust sowie unberechtigten Zugriffen und Veränderungen zu schützen (Satz 3).

Entsprechend diesem „Wenn-Dann-Prinzip" muss behördenintern klar festgelegt sein, ab welchem Zeitpunkt, in welchem Umfang und in welchen Organisationseinheiten die Akten digital geführt werden und ob diese auch die „führende" Akte ist. Werden die Akten digital geführt, sind (wie bei papiergebundener Aktenführung auch) die Grundsätze ordnungsgemäßer Aktenführung zu wahren. Aus diesen Grundsätzen folgt insbesondere das

- Gebot der Aktenmäßigkeit, d. h. die Behörden sind verpflichtet, Akten zu führen;
- Gebot der Vollständigkeit und Nachvollziehbarkeit, d. h., alle wesentlichen Verfahrenshandlungen sind vollständig und nachvollziehbar abzubilden;
- Gebot wahrheitsgetreuer Aktenführung, d. h., alle wesentlichen Verfahrenshandlungen sind wahrheitsgemäß aktenkundig zu machen;
- Gebot der Aktenauthentizität und -integrität, d. h., Aktenteile dürfen nicht nachträglich entfernt oder verfälscht werden;
- Gebot der Aktenverfügbarkeit/-beständigkeit, d. h., der Aktenbestand muss für die Dauer der Aufbewahrungsfrist gesichert sein.

Darüber hinaus muss die **Verkehrsfähigkeit der elektronischen Akten** sichergestellt sein und dass die Inhalte in vertretbarer Zeit verfügbar sind und lesbar gemacht werden können (vgl. ergänzend *Denkhaus/Geiger*, Praxishandbuch zum Bayerischen Digitalgesetz, rehm Verlag, 2025, S. 101 f. m. w. N.).

2.5.2 Übermitteln elektronischer Akten

Nutzt eine Behörde die elektronische Aktenführung, soll sie Akten, Vorgänge und Dokumente gegenüber anderen Behörden unter Einhaltung der datenschutzrechtlichen Bestimmungen digital übermitteln (Art. 33 Abs. 2 BayDiG). Durch dieses Gebot der digitalen Übermittlung sollen Medienbrüche vermieden werden.

Bei der Übermittlung müssen die **datenschutzrechtlichen Bestimmungen** eingehalten werden. Dies gilt sowohl hinsichtlich der Zulässigkeit der Aktenübermittlung als auch in Bezug auf die Anforderungen an die Vertraulichkeit und Integrität der übermittelten Daten. Zur Aktenübermittlung per E-Mail kann insbesondere auf die Zertifikate der **Bayerischen Verwaltungs-PKI** zurückgegriffen werden, die sowohl eine Ende-zu-Ende-Verschlüsselung als auch eine elektronische Signatur ermöglichen. Mit der sog. **„BayernBox“** stellt der Freistaat Bayern den Kommunen darüber hinaus eine zentrale Infrastruktur für den sicheren Austausch von Dateien kostenlos zur Verfügung. Die Notwendigkeit eines solchen Datenaustauschs ergibt sich vor allem bei größeren Datenmengen, die nicht ohne Weiteres per E-Mail versandt werden können.

2.5.3 Ersetzendes Scannen von Papierdokumenten

Auch nach Einführung der elektronischen Akte werden behördenintern weiterhin Papierdokumente anfallen bzw. Schreiben in Papierform eingehen. Diese müssen in die „führende“ elektronische Akte übernommen und daher vorab entsprechend eingescannt werden. Art. 33 Abs. 3 BayDiG regelt die wesentlichen Anforderungen, die dabei zu beachten sind.

Art. 33 Abs. 3 Satz 1 BayDiG enthält zunächst den allgemeinen Grundsatz, dass die anfallenden bzw. eingehenden Papierdokumente in ein digitales Format übertragen und gespeichert werden sollen. Als Hilfestellung bei der technisch-organisatorischen Gestaltung des Scan-Prozesses kann auf die technische Richtlinie des Bundesamts für Sicherheit in der Informationstechnik zum ersetzenden Scannen **(TR-RESISCAN)** zurückgegriffen werden. Grundsätzlich gilt, dass die getroffenen Maßnahmen der rechtsstaatlich gebotenen Dokumentationsfunktion der elektronischen Akte gerecht werden müssen. Hilfreich kann hierbei eine Orientierung an der (ihrerseits Grenzen ausgesetzten) Vorgehensweise der papiergebundenen Aktenführung sein, die sich zwar hinsichtlich ihres Mediums, nicht aber hinsichtlich ihrer Dokumentationsfunktion von der elektronischen Akte unterscheidet.

Dies kommt auch in den modular abgestuften Anforderungen der TR-RESISCAN zum Ausdruck. Nach diesen Anforderungen eingescannte Papierdokumente dürfen nach Art. 33 Abs. 3 Satz 2 BayDiG **vernichtet** werden, soweit keine entgegenstehenden Pflichten zur Rückgabe oder Aufbewahrung bestehen. Die Vorschrift stellt damit die Zulässigkeit des sog. **ersetzenden Scannens** gesetzlich klar, d. h., das Original-Papierdokument wird durch das Ergebnis des Scan-Vorgangs ersetzt.

Der genaue Ablauf des Scan-Prozesses sollte in einer **Verfahrensdokumentation** bzw. einer **Scan-Dienstanweisung** festgehalten werden. Diese unterstützt auch die Beweisführung vor Gericht bezüglich der Einhaltung einzelner Maßnahmen, solange das Vorgehen der Dokumentation entspricht und keine konkreten Anhaltspunkte vorliegen, die für einen Verstoß gegen die Verfahrensdokumentation sprechen.

2.5.4 Elektronische Führung von Personalakten

Die Regelungen zur **elektronischen Personalakte** sind in Art. 104 Abs. 2 BayBG zusammengefasst. Damit wird klargestellt, dass auch die elektronische Personalakte eine Personalakte ist, für die die Art. 105 bis 110 BayBG unmittelbar gelten; eine eigenständige „Geltungsanordnung" der Vorschriften für die Personalakte in Papierform für die Personalakte in elektronischer Form ist damit entbehrlich.

Art. 104 Abs. 2 Satz 1 BayBG legt fest, dass die Personalakte vollständig oder in Teilen elektronisch geführt werden darf. Neu aufgenommen wurde die Legaldefinition für den Begriff der Hybridakte, um insbesondere Abgrenzungsprobleme zur Nebenakte (Art. 104 Abs. 1 Satz 3 BayBG) zu vermeiden. Die **Hybridakte** im engeren Sinne ist eine Akte, bei der einzelne Aktenteile in Papierform und andere Aktenteile in elektronischer Form geführt werden, aber niemals dieselben Teile sowohl in Papierform als auch in elektronischer Form oder dieselben Teile mehrfach in gleicher Form wie in der Grundakte oder Teilakten. Letzteres ist eine **Nebenakte.** Bei der Hybridakte sind die Aktenteile auf verschiedene Trägerformen verteilt. Art. 104 Abs. 2 Satz 5 BayBG regelt deshalb, dass in das Verzeichnis nach Art. 104 Abs. 1 Satz 4 BayBG eine Übersicht aufgenommen werden muss, welche Aktenteile in welcher Form geführt werden, damit jederzeit eine vollständige Personalakte „zusammengesetzt" werden kann. Das Verzeichnis ist in der Grundakte zu führen; diese kann sowohl in Papierform als auch in elektronischer Form geführt werden.

Art. 104 Abs. 2 Satz 2 BayBG stellt klar, dass die zur Personalakte gehörenden Unterlagen bei einer elektronischen Aktenführung in elektronischer Form erfasst und abgelegt werden; der Begriff der Unterlage umfasst daher auch die elektronische Unterlage. Die Vorschrift erlaubt zudem zu Beweiszwecken eine parallele Aufbewahrung der bisherigen Unterlagen in Papierform, also das Vorhalten des gleichen Inhalts auf unterschiedlichen

„Informationsträgern“. In diesem Fall handelt es sich jedoch nicht um eine Parallelakte in Papierform, weil die Unterlagen in Papierform gerade nicht mehr Teil der Personalakte sind, sondern davon getrennt und nur zur Klärung eventueller Beweisfragen aufbewahrt werden. Auch die Verarbeitung und der Zugang zu den bisherigen Unterlagen in Papierform ist nur für den genannten Beweiszweck zulässig, nicht jedoch für die allgemeinen Zwecke des Art. 103 BayBG.

Die „Benutzung“ und Führung der elektronischen Akte erfolgt durch ein **automatisiertes Verfahren,** das selbst jedoch nicht Teil der elektronischen Personalakte ist. Für dieses Verfahren (also nicht für die Personalakte selbst, sondern für das „Zugriffsinstrument“) ist Art. 111 BayBG anzuwenden. Die dort genannten bedeutsamen Schutzvorschriften des Personalaktenrechts sind wie bei allen anderen auch bei diesem automatisierten Verfahren zwingend zu beachten.

Art. 104 Abs. 2 Satz 4 BayBG regelt das **Scannen von Papierunterlagen**. Anders als der Wortlaut in Art. 33 Abs. 3 Satz 3 BayDiG müssen die Unterlagen hiernach in Papier- und elektronischer Form nicht nur inhaltlich, sondern auch bildlich übereinstimmen, um sicher mit dem in Personalangelegenheiten erforderlichen Beweiswert ausgestattet zu sein. Durch die Regelung soll eine eventuell auch nur geringfügige rechtliche Unsicherheit der Aussagekraft der elektronischen Personalakte u. a. aus Fürsorgegesichtspunkten vermieden werden. Vielmehr sollen sich die Beschäftigten darauf verlassen können, dass ihre Personalakte ihr Dienstverhältnis bis zu dessen Ende, d. h. einschließlich des Ruhestands, ausreichend und belastbar abbildet.

2.6 Elektronische Bekanntgabe und Zustellung

Art. 41 Abs. 2 Satz 2 BayVwVfG erlaubt die elektronische Bekanntgabe von Verwaltungsakten. Die Vorschrift ist an die Bekanntgabe per einfachem Brief (Art. 41 Abs. 2 Satz 1 BayVwVfG) angelehnt. Die **elektronische Bekanntgabe** kann z. B. **per (verschlüsselter) E-Mail** erfolgen.

Entsprechend gilt ein Verwaltungsakt, der im Inland oder in das Ausland elektronisch übermittelt wird, am vierten Tag nach der Aufgabe zur Post als bekannt gegeben (4-Tages-Fiktion; Art. 41 Abs. 2 Satz 2 BayVwVfG).

Dies gilt allerdings – wie bei der Bekanntgabe mit einfachem Brief – dann nicht, wenn der Verwaltungsakt nicht oder zu einem späteren Zeitpunkt zugegangen ist; im Zweifel hat die Behörde den Zugang des Verwaltungsaktes und den Zeitpunkt des Zugangs nachzuweisen (Art. 41 Abs. 2 Satz 3 BayVwVfG).

Mit der zunehmenden Digitalisierung der Verwaltungen gewinnt auch die **digitale Bekanntgabe** über Portale an Bedeutung. Der Gesetzgeber hat daher in Art. 24 BayDiG eine **Sonderregelung** für die digitale **Bekanntgabe über Verwaltungsportale** geschaffen. Diese geht auch der oben dargestellten Regelung des Art. 41 Abs. 2 BayVwVfG vor.

Die Bekanntgabe über ein Portal wird dadurch bewirkt, dass der Verwaltungsakt dem Beteiligten oder einem von ihm benannten Dritten zum Datenabruf über das Internet bereitgestellt wird (Art. 24 Abs. 1 Satz 1 BayDiG). Hierzu umfasst das Nutzerkonto (z. B. BayernID) auch ein Postfach, das die Bekanntgabe von Verwaltungsakten ermöglicht. Für den Abruf muss sich die abrufberechtigte Person authentifizieren; eine Authentifizierung mit (lediglich) Benutzername/Passwort ist dabei nicht ausreichend.

Der Verwaltungsakt gilt auch bei der Bekanntgabe über Portale am vierten Tag, nachdem die digitale Benachrichtigung über die Bereitstellung des Verwaltungsakts zum Abruf an die abrufberechtigte Person abgesendet wurde, als bekannt gegeben. Dies gilt nicht, wenn die digitale Benachrichtigung nicht oder zu einem späteren Zeitpunkt zugegangen ist. Im Zweifel hat die Behörde den Zugang der digitalen Benachrichtigung nachzuweisen. Gelingt ihr der Nachweis nicht, gilt der Verwaltungsakt in dem Zeitpunkt als bekannt gegeben, in dem die abrufberechtigte Person den Datenabruf durchgeführt hat. Dieser Zeitpunkt ist zu protokollieren.

Mit dem Bayerischen Digitalgesetz wurde auch die Zustellung über Portale ermöglicht (Art. 25 BayDiG). Diese Form der digitalen Zustellung tritt neben die weiteren Möglichkeiten der elektronischen Zustellung nach dem Bayerischen Verwaltungszustellungs- und Vollstreckungsgesetz (vgl. hierzu ergänzend: *Denkhaus/Geiger*, Praxishandbuch zum Bayerischen Digitalgesetz, rehm Verlag, 2025, S. 104 ff.).

3. E-Rechnung

3.1 Pflicht zur Entgegennahme von E-Rechnungen

Von großer wirtschaftlicher Bedeutung ist das Thema „E-Rechnung". Das BMI und die EU-Kommission gehen gerade hier von einem **erheblichen Einsparpotenzial** aus, sowohl für die Wirtschaft als auch für die Verwaltung gerade auch auf kommunaler Ebene (siehe Grafik).

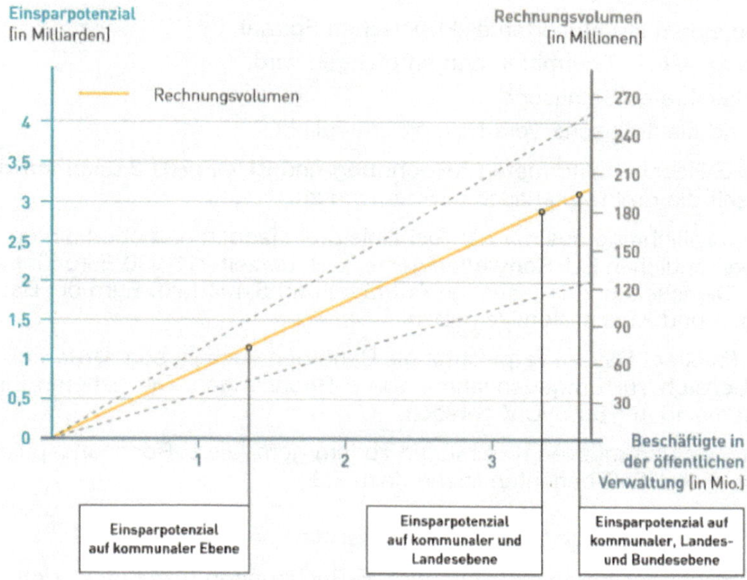

Abbildung 1: Rechnungsvolumen und Einsparpotenzial in der öffentlichen Verwaltung

Quelle: BMI

Praxishinweis: Mit dem Übergang zur E-Rechnung sind erhebliche Einsparpotenziale dann gegeben, wenn eine Kommune **komplett auf elektronischen Workflow** umstellt, also auch intern alle Prozesse digitalisiert. Dazu besteht aber derzeit gerade keine rechtliche Verpflichtung der Kommunen (hierzu im Folgenden).

Der Übergang zur E-Rechnung liegt nicht nur technisch im Trend, sondern wird in der Verwaltung auch durch neue **rechtliche Vorgaben** angeschoben:

Aufgrund der sog. **E-Rechnungs-Richtlinie 2014/55/EU** sind öffentliche Auftraggeber in Bayern verpflichtet, seit spätestens 18.4.2020 elektronische Rechnungen entgegenzunehmen. Im **Bayerischen Digitalgsetz** ist die elektronische Rechnung in **Art. 18 Abs. 2 BayDiG** geregelt.

Eine **Rechnung** ist gem. Art. 18 Abs. 2 Satz 2 BayDiG **elektronisch,** wenn sie

- in einem strukturierten elektronischen Format
- ausgestellt, übermittelt und empfangen wird,
- das ihre automatische
- und elektronische Verarbeitung ermöglicht.

Den E-Rechnungsformaten **XRechnung** und **ZUGFeRD 2.0** kommt dabei derzeit die größte praktische Bedeutung zu.

Die Verpflichtung aus der EU-Richtlinie greift jedoch erst oberhalb der vergaberechtlichen **EU-Schwellenwerte,** z. B. derzeit 216.000 Euro für Liefer- und Dienstleistungen (sonstige Aufträge) und 5,404 Mio. Euro bei Bauaufträgen und Konzessionsvergaben.

Der Freistaat Bayern verpflichtet die Behörden auch im sog. **Unterschwellenbereich** zur Entgegennahme von E-Rechnungen. Die näheren Einzelheiten sind in § 8 BayDiV geregelt.

Seit 1.1.2025 müssen Kommunen zudem ggfs. die E-Rechnungspflichten gem. **§ 14 UStG** beachten (siehe dazu 3.3.).

3.2 Keine Pflicht zur elektronischen Verarbeitung

Die Pflicht zur Entgegennahme von E-Rechnungen beschränkt sich gem. Art. 5 Abs. 2 Satz 1 BayDiG im Wesentlichen auf den **elektronischen Empfang der Rechnung.** Dies setzt zumindest beim E-Rechnungsstandard XRechnung eine technische Lösung voraus, die diese Rechnung in „lesbarer Form“ darstellt. Das Staatsministerium der Finanzen und für Heimat bietet den bayerischen Kommunen hierfür einen kostenlosen, webbasierten **E-Rechnungsviewer** an.

Die Pflichten der Behörden sind allerdings auch auf den (strukturierten) Empfangsvorgang begrenzt. Die Kommunen sind daher im Rahmen der Umsetzung der E-Rechnungs-Richtlinie der EU insbesondere nicht dazu verpflichtet, einen elektronischen Anordnungsworkflow einzuführen.

Praxishinweis: Keine Pflicht der Unternehmen zur Einreichung von E-Rechnungen.

Das BayEGovG **verpflichtet zwar die Kommunen** als öffentliche Auftraggeber zur Entgegennahme von E-Rechnungen. Die rechnungstellenden **Unternehmen sind** in Bayern aber nach wie vor **nicht verpflichtet**, Rechnungen auch elektronisch zu stellen.

Die elektronische Rechnungsstellung ist also ein **Recht der Unternehmen** in Bayern (vgl. 2.1), aber keine Unternehmenspflicht. Auf eine Verpflichtung der Unternehmen hat der Gesetzgeber verzichtet, um insbesondere **kleine und mittlere Unternehmen** nicht mit zusätzlichen bürokratischen Vorgaben zu belasten.

3.3. Weitergehende Pflichten für Unternehmen aus § 14 UStG

Das BayDiG **verpflichtet die Kommunen** als öffentliche Auftraggeber zur Entgegennahme von E-Rechnungen. Die rechnungstellenden **Unternehmen sind** in Bayern aber nach **BayDiG** nach wie vor **nicht verpflichtet,** Rechnungen auch elektronisch zu stellen.

Neue und über Art. 18 BayDiG hinausgehende Pflichten ergeben zur **E-Rechnungstellung für Unternehmen** ergeben sich seit 1.1.2025 allerdings aus dem **UStG.**

Mit dem Wachstumschancengesetz 2024 (BGBl. 2024 I Nr. 108 vom 27.03.2024) sind die Regelungen zur Ausstellung von Rechnungen nach **§ 14 UStG** für nach dem 31. Dezember 2024 ausgeführte Umsätze neu gefasst worden. Ab dem 1. Januar 2025 ist bei **Umsätzen zwischen inländischen Unternehmern** regelmäßig eine elektronische Rechnung (E-Rechnung) zu verwenden.

Für Kommunen hat die Neuregeung des § 14 UStG zur Folge, dass Kommunen, soweit sie **als Unternehmen** im Sinne des USt tätig sind, die elektronische Rechnung verwenden müssen.

Das Umsatzsteuerrecht sieht allerdings bei der Einführung dieser obligatorischen (verpflichtenden) „E-Rechnung" **Übergangsregelungen** vor. Siehe hierzu: https://www.bundesfinanzministerium.de/Content/DE/FAQ/e-rechnung.html.

Weiterführende Informationen:

https://www.bundesfinanzministerium.de/Content/DE/Downloads/BMF_Schreiben/Steuerarten/Umsatzsteuer/Umsatzsteuer-Anwendungserlass/2025-10-15-einfuehrung-obligatorische-e-rechnung.pdf?__blob=publicationFile&v=3

https://www.bundesfinanzministerium.de/Content/DE/FAQ/e-rechnung.html

https://www.lfst.bayern.de/steuerinfos/weitere-themen/e-rechnung

4. Aspekte der Informationssicherheit und des Datenschutzes

4.1 IT-Sicherheit in den Behörden

Die Gewährleistung der Sicherheit der informationstechnischen Systeme der Behörden ist und bleibt eine Herausforderung. So bewertet das Bundesamt für Sicherheit in der Informationstechnik die IT-Sicherheitslage 2025 in Deutschland als weiterhin angespannt (Bundesamt für Sicherheit in der Informationstechnik [Hrsg.], Die Lage der IT-Sicherheit in Deutschland 2025).

Dies deckt sich mit der Einschätzung im Bericht zur Cybersicherheit in Bayern 2025 (im Internet abrufbar unter https://www.stmfh.bayern.de/digitalisierung/it_sicherheit/). Auch nach diesem Bericht wird die Cybersicherheitslage im Berichtszeitraum (1.1.2024 bis 31.12.2024) als weiterhin angespannt bewertet. Bayerische Kommunen waren im Berichtszeitraum aufgrund der Herausforderungen der fortschreitenden Digitalisierung der öffentlichen Verwaltung das Ziel verschiedener Cyberangriffe. Die Sicherheitslage bei kommunalen Infrastrukturen sowie deren Resilienz bei erfolgreichen Angriffen haben sich nach dem Bericht seit Gründung des Landesamts für Sicherheit in der Informationstechnik deutlich verbessert (vgl. zu den Unterstützungsangeboten des Landesamts Kapitel 4.1.3). Die abstrakte Gefährdungslage für Behörden, Forschungseinrichtungen, Unternehmen und kritische Infrastrukturen, ist jedoch unverändert hoch geblieben.

Aufgrund dieser Gefährdungslage und weil die Sicherheit in der Informationstechnik eine wesentliche Voraussetzung für eine gelingende Verwaltungsdigitalisierung ist, wird die IT-Sicherheit auch im Bayerischen Digitalgesetz aufgegriffen. Die grundsätzlichen Regelungen sind in Teil 3 des Gesetzes zusammengefasst (Art. 41 – Art. 49c BayDiG) und gliedern sich in folgende Kapitel:

- Kapitel 1 – Allgemeine Vorschriften (Art. 41 – Art. 43 BayDiG),
- Kapitel 2 – Befugnisse (Art. 44 – Art. 47 BayDiG),
- Kapitel 3 – Datenschutz (Art. 48 – Art. 49 BayDiG),
- Kapitel 4 – Besondere Vorschriften für Einrichtungen mit Bedeutung für den Binnenmarkt (Art. 49a – Art. 49c BayDiG).

Die Vorschriften zur IT-Sicherheit gelten grundsätzlich für die öffentlich-rechtliche Verwaltungstätigkeit der Behörden der in Art. 1 Abs. 1 BayDiG genannten juristischen Personen und betreffen damit sowohl staatliche wie kommunale Behörden (Art. 1 Abs. 2 Satz 1 BayDiG).

Informationssicherheitskonzept

Art. 43 Abs. 1 BayDiG verpflichtet die Behörden (u. a. staatliche Behörden, Landratsämter und Gemeinden) dazu, die Sicherheit ihrer informationstechnischen Systeme im Rahmen der Verhältnismäßigkeit sicherzustellen. Zur Umsetzung dieser Verpflichtung müssen die Behörden angemessene technische, operative und organisatorische Maßnahmen treffen und die hierzu erforderlichen Informationssicherheitskonzepte erstellen. Die Gewährleistung der IT-Sicherheit der eingesetzten IT-Systeme wird damit zugleich als behördliche Aufgabe definiert. Im Rahmen der Prüfung der Verhältnismäßigkeit sind insbesondere

- Art und Ausmaß des Risikos,
- die Wahrscheinlichkeit des Risikoeintritts und
- die Kosten der Risikovermeidung

gegeneinander abzuwägen. Dies bedingt bei begrenzten personellen und finanziellen Ressourcen auch eine Priorisierung der Maßnahmen, indem z. B. zunächst besonders effektive Maßnahmen umgesetzt werden oder Maßnahmen, die gegen besonders hohe Risiken schützen. Art. 43 Abs. 1 Satz 2 BayDiG betont zudem das Zusammenspiel aus „angemessenen" technischen, operativen und organisatorischen Maßnahmen, um das notwendige Sicherheitsniveau zu erreichen. Beispielsweise kann der Schutzzweck technischer Lösungen oftmals auch durch organisatorische Maßnahmen erreicht werden. Entscheidend ist daher die Gesamtkonzeption im Rahmen des zu erstellenden (und fortzuschreibenden) Informationssicherheitskonzepts bzw. des Informationssicherheits-Managementsystems (vgl. ergänzend Denkhaus/Geiger, Praxishandbuch zum Bayerischen Digitalgesetz, 2025, S. 110 ff.).

Notwendig ist ein systematisches Vorgehen, das unter Berücksichtigung der Gefährdungslage und Risiken gewährleistet, dass die Aufgabe nach Art. 43 Abs. 1 Satz 1 BayDiG erfüllt wird. Informationssicherheitskonzepte sind daher nicht nur zu „erstellen" (wie der Wortlaut ggf. vermuten ließe), sondern müssen auch angewendet, regelmäßig überprüft und bei Bedarf fortgeschrieben werden.

Um die Kommunen bei der Erstellung dieses Informationssicherheitskonzepts zu unterstützen, hat die Innovationsstiftung Bayerische Kommune eine entsprechende Arbeitshilfe herausgegeben. Die Arbeitshilfe kann über die Internetseite der Innovationsstiftung kostenlos heruntergeladen werden (www.bay-innovationsstiftung.de/). Die Erstellung und Umsetzung des Informationssicherheitskonzepts vollzieht sich dabei in vier Schritten nach dem sog. Plan-Do-Check-Act-Zyklus:

Quelle: Innovationsstiftung Bayerische Kommune (Hrsg.), Arbeitshilfe zur Erstellung von Informationssicherheitskonzepten für Kommunen, 2023, S. 3.

4.1.2 Informationssicherheits-Managementsysteme

Neben der Erstellung (und Fortschreibung) eines Informationssicherheitskonzepts können die Verpflichtungen aus Art. 43 Abs. 1 BayDiG auch durch Implementierung eines Informationssicherheits-Managementsystems (ISMS) erfüllt werden. Ein ISMS wird ab einer bestimmten Behördengröße auch notwendig sein, um die Sicherheit der informationstechnischen Systeme sicherzustellen, etwa weil bei zahlreichen beteiligten Organisationseinheiten und Beschäftigten ein höheres Maß an „Formalisierung" notwendig ist.

Die nachfolgende Tabelle stellt die wesentlichen ISMS mit ihren jeweiligen Merkmalen kurz im Überblick dar:

Kriterien	VdS 10000	CISIS12	SiKoSH	ISO/IEC 27000-Reihe	BSI IT-Grundschutz
Herausgeber	VdS Schadenverhütung GmbH	IT-Sicherheitscluster e. V.	ITV.SH AöR	International Standards Organisation	Bundesamt für Sicherheit in der Informationstechnik
Zielgruppe	kleine und mittlere Unternehmen	kleine und mittlere Unternehmen, öffentliche Verwaltung, Hochschulen	Kommunalverwaltungen	Organisationen jeder Größenordnungen	Organisationen jeder Größenordnungen und öffentliche Verwaltung
Dokumentation	ca. 40 Seiten	Handbuch 35 Seiten, Katalog 976 Seiten, Norm 61 Seiten	Standard 50 Seiten; insgesamt ca. 70 Dokumente	ca. 400 Seiten	ca. 5.000 Seiten
Detaillierung	minimal verweisend	mittel, praxisnah	praxisnah	minimalistisch abstrakt	maximal detailliert
Aufbau	Selektierte Bausteine und Maßnahmen	Selektierte Bausteine und Maßnahmen	Bausteine und Maßnahmen der kommunalen Basisabsicherung	Maßnahmenempfehlungen	umfassende Bausteine, Gefährdungen und Maßnahmen
Umfang des Maßnahmenkatalogs	ca. 18 Kapitel plus Anhang, ca. 100 Maßnahmen	ca. 400 Maßnahmen	entsprechend Grundschutzprofil Basisabsicherung Kommunalverwaltung	ca. 150 Maßnahmen	ca. 1.100 Maßnahmen
Risikoanalyse	Verweise auf andere Regelwerke	Vorgesehen, indirekt beschrieben	entfällt (ausgelegt für Basisabsicherung mit normalem Schutzbedarf)	grundsätzlich	enthalten (ergänzend für höheren Schutzbedarf)

Kriterien	VdS 10000	CISIS12	SiKoSH	ISO/IEC 27000-Reihe	BSI IT-Grundschutz.
Umsetzung	Verweise auf andere Regelwerke; konkret formulierte Maßnahmen umsetzen	konkret formulierte Maßnahmen, teilweise Hinweis auf BSI IT- Grundschutz	Vorformulierte, anpassbare, behördenorientierte Richtlinien	allgemeingültig formulierte Maßnahmen umsetzen	Auswahl konkret formulierter Maßnahmen umsetzen
Mögliche Zertifizierung	VdS-Zertifizierung	CISIS12-Norm	Basisabsicherung nach BSI-Grundschutz	ISO-Zertifizierung	ISO-Zertifizierung nach IT-Grundschutz
Bezug der Standards für Kommunen	ca. 80 EUR	kostenlos	kostenlos	ca. 300 EUR (ISO 27001 +27002)	kostenlos

Quelle: Handreichung zur Ausgestaltung der Informationssicherheitsleitlinie in Kommunalverwaltungen, 3. Auflage, Oktober 2024, S. 16 f. m. w. N.

4.1.3 Landesamt für Sicherheit in der Informationstechnik

Dezentrale Maßnahmen alleine auf der Ebene der einzelnen Behörden reichen angesichts der Gefährdungslage und des hohen Grades an Vernetzung der Verwaltungs-IT nicht aus, um die Sicherheit der informationstechnischen Systeme sicherzustellen. Hinzu kommt, dass das hierzu notwendige Fachwissen nicht in allen Behörden in gleicher Weise vorhanden ist bzw. vorgehalten werden kann. Das im Dezember 2017 eingerichtete Landesamt für Sicherheit in der Informationstechnik (LSI) hat daher nach Art. 42 Abs. 1 BayDiG u. a. die Aufgabe,

- Gefahren für die Sicherheit der Informationstechnik an den Schnittstellen zwischen Behördennetz und anderen Netzen abzuwehren,
- die staatlichen und die sonstigen an das Behördennetz angeschlossenen Stellen bei der Abwehr von Gefahren für die Sicherheit in der Informationstechnik zu unterstützen,
- sicherheitstechnische Mindeststandards an die Informationstechnik für die staatlichen und die sonstigen an das Behördennetz angeschlossenen Stellen zu entwickeln und deren Einhaltung zu prüfen,
- alle für die Abwehr von Gefahren für die Sicherheit in der Informationstechnik, die Erkennung von Sicherheitsrisiken und die Bewertung von Sicherheitsvorkehrungen erforderlichen Informationen zu sammeln und auszuwerten sowie die staatlichen und sonstigen an das Behördennetz

angeschlossenen Stellen unverzüglich über die sie betreffenden Informationen zu unterrichten sowie
- der Leitungsebene und den Beschäftigten von Behörden Schulungen im Bereich Cybersicherheit anzubieten.

Hinzu kommen die Beratungs- und Unterstützungsangebote des LSI. So kann das LSI auf Ersuchen

- staatliche und kommunale Stellen,
- öffentliche Unternehmen,
- Betreiber kritischer Infrastrukturen und
- weitere Einrichtungen mit wichtiger Bedeutung für das staatliche Gemeinwesen

in Fragen der Sicherheit in der Informationstechnik unter Berücksichtigung der möglichen Folgen fehlender oder unzureichender Sicherheitsvorkehrungen beraten und unterstützen (Art. 42 Abs. 2 BayDiG). Das Beratungsangebot des LSI zur Informationssicherheit für Kommunen umfasst insbesondere folgende Themen:

- Schutz der IT-Infrastruktur,
- Organisation der IT-Sicherheit,
- Sicherheitsrichtlinien,
- IT-Resilienz,
- Siegel „Kommunale IT-Sicherheit“,
- Managementsysteme für Informationssicherheit (ISMS),
- Audits und Zertifizierung,
- Awareness-Kampagnen,
- Penetrationstests,
- Warn- und Informationsdienst zu Schwachstellen und aktuellen Bedrohungen,
- IT-Notfallmanagement.

Weiterführende Informationen sind auf der Internetseite des LSI unter www.lsi.bayern.de abrufbar.

4.1.4 Bayerisches Behördennetz (BYBN)

Mit dem Bayerischen Behördennetz steht der Verwaltung im Freistaat Bayern eine moderne, sichere und leistungsfähige Netzinfrastruktur zur Verfügung. Die aus den unterschiedlichen Aufgaben resultierenden Anforderungen, z. B. an Netzbandbreite, Verfügbarkeit und Servicebereitschaft, werden dabei berücksichtigt und abgedeckt.

Den Behörden dient das Behördennetz insbesondere als Basis

- für den internen Austausch von elektronischen Daten einer Vielzahl standortübergreifender Fachverfahren,
- für die Bereitstellung und Beschaffung von Informationen,
- für die Bereitstellung und Nutzung von Diensten und
- als Zugang ins Internet.

Die kreisfreien Städte und die Landratsämter sind unmittelbar an das Bayerische Behördennetz angeschlossen. Kreisangehörige Gemeinden haben ebenfalls die Möglichkeit, sich an das Bayerische Behördennetz anzuschließen.

Der Schutz und die sicherheitstechnische Weiterentwicklung des Bayerischen Behördennetzes sind Kernaufgaben des Landesamts für Sicherheit in der Informationstechnik (vgl. Teil 7, Kapitel 4.1.3). Im Bayerischen Behördennetz sind zum Schutz seiner Teilnehmer zahlreiche Sicherheitsinstanzen aktiv (Malwareschutz, URL-Filter, Sandbox etc.). Hinzu kommen ein intensives Netzwerkmonitoring und eine Angriffserkennung auf hohem Niveau. Die Anschlussteilnehmer profitieren dadurch von einem deutlich höheren Schutzniveau.

4.2 Datenschutz

Seit dem 25.5.2018 ist die von der Europäischen Union erlassene Datenschutz-Grundverordnung (DSGVO) in den bayerischen Behörden und sonstigen öffentlichen Stellen anzuwenden. Als europäische Verordnung ist die DSGVO unmittelbar geltendes Recht. Entgegenstehende Regelungen der Mitgliedsländer sind seit diesem Zeitpunkt nicht mehr anzuwenden. Vor diesem Hintergrund hat der Bayerische Landtag am 15.5.2018 ein neues Bayerisches Datenschutzgesetz (BayDSG) verabschiedet, das am 25.5.2018 in Kraft getreten ist.

Bei der Neufassung des BayDSG wurden daneben auch allgemeine und organisationsrechtliche Anforderungen der Richtlinie zum Datenschutz bei Polizei und Justiz in das bayerische Landesrecht umgesetzt (Art. 28 bis 37 BayDSG). Auf die Tätigkeit der Kommunen und sonstigen Behörden außerhalb des Polizei- und Strafverfolgungsbereichs sind die Art. 28 bis 37 BayDSG nur dann anwendbar, wenn Ordnungswidrigkeiten verfolgt oder geahndet werden und keine spezialgesetzlichen Vorschriften (z. B. im OWiG) bestehen (Art. 28 Abs. 1 Satz 2 BayDSG). Ebenso wurden Fachgesetze (wie das Bayerische Digitalgesetz) an die Regelungen der DSVGO angepasst.

Ausgewählte Aspekte dieser Neuerungen werden nachfolgend näher beleuchtet. Ergänzend wird auf die vom Staatsministerium des Innern, für Sport und Integration herausgegebenen **„Datenschutzreform-Arbeitshilfen“** sowie auf das Informationsangebot des Bayerischen Landesbeauftragten für den Datenschutz zur Datenschutzreform 2018 hingewiesen (https://www.datenschutz-bayern.de/datenschutzreform2018/).

4.2.1 Verantwortlicher

Die DSGVO weist dem **„Verantwortlichen“** bei der Verarbeitung personenbezogener Daten eine zentrale Rolle zu. „Verantwortlicher“ ist nach Art. 4 Nr. 7 DSGVO „die natürliche oder juristische Person, Behörde, Einrichtung oder andere Stelle, die allein oder gemeinsam mit anderen über die Zwecke und Mittel der Verarbeitung von personenbezogenen Daten entscheidet“.

Art. 3 Abs. 2 BayDSG stellt klar, dass Verantwortlicher für die Verarbeitung personenbezogener Daten im Sinne der DSGVO die für die Verarbeitung zuständige öffentliche Stelle ist, soweit nichts anderes bestimmt ist. Im öffentlichen Bereich ist damit weiterhin die **Behörde oder sonstige öffentliche Stelle** gemeint (z. B. die Gemeinde oder das Landratsamt), die eine Datenverarbeitung zur Erfüllung ihrer Aufgaben durchführt. Der Verantwortliche hat sicherzustellen, dass die materiellen Vorschriften über die Zulässigkeit der Verarbeitung personenbezogener Daten durch die öffentliche Stelle eingehalten werden. Die Zulässigkeit der Verarbeitung wird insbesondere in den Art. 5, 6 und 9 DSGVO, in Art. 4 Abs. 1 BayDSG und in fachgesetzlichen Datenschutzvorschriften geregelt. Weiterhin hat der Verantwortliche die Verfahrensvorschriften der DSGVO zu beachten. Dies gilt z. B. für

- die Führung des Verzeichnisses von Verarbeitungstätigkeiten nach Art. 30 DSGVO,
- die Melde- und Benachrichtigungspflichten nach Art. 33 und 34 DSGVO,
- die Durchführung von Datenschutz-Folgenabschätzungen nach Art. 35 DSGVO und Art. 14 BayDSG,
- die Erfüllung der datenschutzrechtlichen Informationspflichten nach Art. 13 und 14 DSGVO i. V. m. Art. 9 BayDSG und die sonstigen Rechte der Betroffenen (z. B. das Auskunftsrecht nach Art. 15 DSGVO und Art. 10 BayDSG, das Recht auf Löschung nach Art. 17 DSGVO und das Widerspruchsrecht nach Art. 21 DSGVO),
- das Ergreifen von geeigneten technischen und organisatorischen Maßnahmen zum Schutz der verarbeiteten Daten (Art. 24 Abs. 1, Art. 32

DSGVO und Art. 8 Abs. 2 Satz 2 BayDSG) und geeigneten sonstigen Datenschutzvorkehrungen (z. B. Datenschutzrichtlinien).

Wer die vielfältigen **Pflichten des Verantwortlichen** in der öffentlichen Stelle **konkret erfüllt,** ist von der Behördenleitung festzulegen. Regelmäßig ist dabei zwischen zentralen Ansprechpartnern für IT, Organisation und Datenschutz sowie den Fachabteilungen zu unterscheiden. Außerdem sind die Verwaltungsabläufe so zu gestalten, dass die Einhaltung der datenschutzrechtlichen Bestimmungen sichergestellt werden kann. Die Letztverantwortlichkeit verbleibt bei der Behördenleitung.

4.2.2 Behördlicher Datenschutzbeauftragter

Mit Anwendbarkeit der DSGVO und Inkrafttreten des neuen BayDSG wurden auch die Stellung und die Aufgaben des **behördlichen Datenschutzbeauftragten** neu geregelt (Art. 37 bis 39 DSGVO und Art. 12, 24 Abs. 5 BayDSG).

Nach Art. 37 Abs. 1 Buchst. a DSGVO hat jede öffentliche Stelle einen Datenschutzbeauftragten zu benennen. Der behördliche Datenschutzbeauftragte ist auf der Grundlage seiner beruflichen Qualifikation und insbesondere seines datenschutzrechtlichen Fachwissens zu benennen (Art. 37 Abs. 5 DSGVO). Dazu gehören Rechtskenntnisse bezüglich der einschlägigen datenschutzrechtlichen Regelungen sowie Grundkenntnisse der eingesetzten IuK-Technik.

Der behördliche Datenschutzbeauftragte ist frühzeitig in alle mit dem Schutz personenbezogener Daten zusammenhängenden Fragen einzubinden (Art. 38 Abs. 1 DSGVO). Er muss Zugang zum Verzeichnis der Verarbeitungstätigkeiten nach Art. 30 DSGVO erhalten (Art. 12 Abs. 1 Satz 1 Nr. 1 BayDSG). Der behördliche Datenschutzbeauftragte ist berechtigt und verpflichtet, der Behördenleitung unmittelbar zu berichten (Art. 38 Abs. 3 Satz 3 DSGVO).

Wesentliche Aufgaben des behördlichen Datenschutzbeauftragten sind insbesondere

- die Unterrichtung und Beratung des Verantwortlichen über dessen datenschutzrechtliche Pflichten,
- die Überwachung der Einhaltung datenschutzrechtlicher Vorschriften,
- die Zusammenarbeit mit der Aufsichtsbehörde,
- die Stellungnahme zu einem beabsichtigten Einsatz oder einer wesentlichen Änderung eines automatisierten Verfahrens, mit dem personenbezogene Daten verarbeitet werden,
- die Stellungnahme zu geplanten Videoüberwachungsanlagen und

- die Beratung des Verantwortlichen bei Datenschutz-Folgenabschätzungen (Art. 39 Abs. 1 DSGVO, Art. 12 Abs. 1 Satz 1 Nr. 2 und Art. 24 Abs. 5 BayDSG).

4.2.3 Zulässigkeit der Verarbeitung personenbezogener Daten

Neben den vorrangigen datenschutzrechtlichen Spezialvorschriften etwa im Schul- oder Krankenhausrecht ist Art. 4 Abs. 1 BayDSG i. V. m. Art. 6 Abs. 1 Buchst. e DSGVO wesentliche Grundlage für die Verarbeitung personenbezogener Daten durch bayerische öffentliche Stellen: „Die Verarbeitung personenbezogener Daten durch eine öffentliche Stelle ist unbeschadet sonstiger Bestimmungen zulässig, wenn sie zur Erfüllung einer ihr obliegenden Aufgabe erforderlich ist."

Ergänzend hierzu kommen als Rechtsgrundlagen für die Verarbeitung personenbezogener Daten durch bayerische öffentliche Stellen

- Art. 6 Abs. 1 Buchstabe a DSGVO (Einwilligung der betroffenen Person, vgl. dazu DSGVO-Erwägungsgrund 43),
- Art. 6 Abs. 1 Buchstabe b DSGVO (Verarbeitung für die Erfüllung eines Vertrags),
- Art. 6 Abs. 1 Buchstabe c DSGVO (Verarbeitung zur Erfüllung einer rechtlichen Verpflichtung) i. V. m. bestehenden spezifischen Vorschriften oder
- Art. 6 Abs. 1 Buchstabe d DSGVO (Verarbeitung, um lebenswichtige Interessen der betroffenen Person oder anderer Personen zu schützen)

in Betracht. Für die Verarbeitung besonderer Kategorien personenbezogener Daten enthalten Art. 9 DSGVO i. V. m. Art. 8 Abs. 1 BayDSG enger gefasste Erlaubnistatbestände.

Neben den jeweiligen Erlaubnistatbeständen müssen bei Verarbeitungen gespeicherter Daten zu anderen Zwecken als denen, die der Erhebung zugrunde lagen, zusätzlich die Voraussetzungen für eine Zweckänderung gem. Art. 6 Abs. 4 DSGVO und Art. 6 BayDSG beachtet werden.

Teil 8 Stadt- und Ortsentwicklung

Einleitung

Mit der Wahl wird politischen Mandatsträger*innen eine verantwortungsvolle und zugleich lohnende Aufgabe übertragen: die aktive Gestaltung der Zukunft unserer Städte und Gemeinden. Die vor ihnen liegenden Themen sind komplex, die Herausforderungen vielfältig. Doch in dieser Komplexität liegen auch echte Chancen.

Der vielleicht wichtigste Wandel in der modernen Kommunalpolitik ist der Abschied vom Denken in Ressortsilos. Erfolgreiche Stadtentwicklung betrachtet die Kommune nicht mehr als eine Ansammlung getrennter Aufgabenbereiche – hier das Bauamt, dort die Wirtschaftsförderung, daneben das Marketing –, sondern als einen komplexen Organismus, in dem alles miteinander verbunden ist. Ein neues Wohngebiet beeinflusst die Gewerbeansiedlung, beide wirken sich auf die Verkehrsströme aus, und alle zusammen sind von einer zukunftsfähigen Energieversorgung abhängig. Die isolierte Planung ist nicht mehr zeitgemäß, der Schlüssel zum Erfolg liegt vielmehr in einem integrierten Ansatz.

Das Kapitel „Stadt- und Ortsentwicklung" stellt die zentralen Säulen einer integrierten kommunalen Entwicklung vor – Bereiche, die jeweils für sich unverzichtbar sind und zusammen die Zukunftsfähigkeit einer Kommune sichern:

- **Integrierte und nachhaltige Konzepte** bilden das strategische „Betriebssystem" der Kommune. Sie sorgen dafür, dass alle politischen und administrativen Maßnahmen ineinandergreifen, Ressourcen effizient genutzt werden und langfristige Ziele – etwa die städtebauliche Entwicklung, der Klimaschutz oder demografische Stabilität – konsequent verfolgt werden.
- **Gewerbeflächenentwicklung** ist der Motor wirtschaftlicher Vitalität. Sie schafft den Rahmen, in dem Unternehmen investieren, Arbeitsplätze entstehen und lokale Wertschöpfung gesichert wird. Durch vorausschauende Planung wird der Wirtschaftsstandort der Kommune gestärkt und zukunftsfest gemacht.
- **Wohnen und Wohnformen** sind das Herzstück für Lebensqualität und die Voraussetzung für ein menschenwürdiges Dasein. Attraktive, vielfältige, zielgruppengerechte und bezahlbare Wohnangebote halten bestehende Einwohner in der Gemeinde, ziehen neue an und fördern ein lebendiges, generationenübergreifendes Miteinander.

- **Stadt- und Ortsmarketing** ist weit mehr als Werbung. Es prägt das Selbstbild der Kommune und bestimmt, wie sie nach außen wahrgenommen wird. Eine klare Positionierung stärkt das Vertrauen der Bürger, erhöht die Attraktivität für neue Einwohner und Unternehmen und macht den Ort unverwechselbar.

Drei zentrale Faktoren bestimmen den Erfolg von Mandatsträgern und finden sich in allen Handlungsfeldern wieder:

- **Strategische Rolle:** In keinem der folgenden Bereiche ist technisches Fachwissen erforderlich. Wichtig ist die Fähigkeit, Prozesse anzustoßen, Interessen zu moderieren und Entscheidungen zu treffen, die Veränderungen ermöglichen.
- **Datenbasierte Entscheidungen:** Eine fundierte, objektive Analyse der Ausgangslage ist die Grundlage für wirksames und rechtssicheres Handeln. Verlässliche Daten unterstützen sachliche Diskussionen und eine effiziente Ressourcennutzung.
- **Menschen als Partner:** Die Einbindung der Bürgerschaft, der Vertretungen von Unternehmen und Vereinen sowie weiteren wichtigen lokalen Stakeholdern schafft Akzeptanz und führt zu tragfähigen, kreativen und nachhaltigen Lösungen.

Dieses Kapitel soll als praxisorientierter Kompass dienen, um in den zentralen Handlungsfeldern der Stadt- und Ortsentwicklung zu navigieren und gemeinsam mit anderen wirksame Entscheidungen zu treffen. Dafür werden praxiserprobte Werkzeuge vorgestellt und konkrete Checklisten angeboten.

Und nicht zuletzt: Theorie ist bekanntlich wichtig, aber am besten lernt man aus konkreten Beispielen. Jedes Kapitel endet daher mit einer Auflistung von thematisch passenden Praxis-Projekten, bei denen Kommunen unterschiedliche Herausforderungen angegangen sind und erfolgreich gemeistert haben.

Wesentliche Grundlage für die Projektauswahl ist der Projektpool der Initiative Stadtimpulse (www.unsere-stadtimpulse.de). Dies ist eine deutschlandweite Best-Practice-Datenbank für Projekte, die Innenstädte und Ortskerne beleben und stärken sollen. Sie wurde 2021 von bedeutenden bundesweiten Akteuren wie dem Handelsverband Deutschland, dem Deutschen Städtetag, dem Deutschen Städte- und Gemeindebund sowie der Bundesvereinigung City- und Stadtmarketing ins Leben gerufen. Kommunen, Unternehmen und Initiativen können erfolgreiche Projekte einreichen, die von einer Fachjury ausgezeichnet und als Inspiration für andere Städte veröffentlicht werden. Dabei wird jedes Beispiel so aufbereitet, dass der praktische Nutzen und die Übertragbarkeit für die eigene Arbeit im Vordergrund stehen.

1. Integrierte und nachhaltige Konzepte

In der Vergangenheit dominierte oft eine Art Silo-Denken in den kommunalen Verwaltungen: Bauämter planten isoliert von den Wirtschaftsförderern, die wiederum getrennt von anderen Experten agierten. Heute erkennen wir, dass synergistische Effekte der Schlüssel zu nachhaltigem Erfolg sind. Die Sanierung eines historischen Marktplatzes (Stadtentwicklung) dient beispielsweise nicht nur der Ästhetik und dem Denkmalschutz, sondern schafft auch einen attraktiven Treffpunkt, der das soziale Miteinander stärkt (Soziales), die Besucherfrequenz erhöht und damit den Umsatz der umliegenden Geschäfte ankurbelt (Wirtschaft). Solche Konzepte stellen sicher, dass eine Maßnahme gleich mehrere positive Impulse in verschiedenen Ressorts setzt.

Dieser Wandel manifestiert sich besonders in unseren Innenstädten und Ortskernen. Nachdem der Handel seine Leitfunktion zunehmend verliert, entwickeln sich diese von reinen Einkaufsorten idealerweise zu multifunktionalen „Wohnzimmern“ – Orten für Arbeit, Wohnen, Kultur, Freizeit und Begegnung. Eine solch anspruchsvolle Transformation kann aber nur dann erfolgreich gelingen, wenn mit einer ganzheitlichen, integrierten Strategie gearbeitet wird, die alle Aspekte des städtischen Lebens berücksichtigt.

1.1 FAQ für den schnellen Einstieg

Bevor konkrete Maßnahmen geplant werden, ist ein grundlegendes Verständnis der strategischen Instrumente und typischen Herausforderungen unerlässlich. Für neu gewählte Mandatsträger*innen tauchen zu Beginn viele Fragen auf. Auf die häufigsten sollen zum Einstieg kurze Antworten gegeben werden. Diese Systematik wird auch bei den weiteren Kapiteln beibehalten.

Was bedeutet „integrierte Stadtentwicklung“ in der Praxis?

Integrierte Stadtentwicklung bedeutet, die Grenzen zwischen den verschiedenen Verwaltungsressorts zu überwinden. Statt separater Pläne für Verkehr, Wohnen, Wirtschaft und Soziales wird ein gemeinsames Konzept erarbeitet, das die Wechselwirkungen dieser Bereiche berücksichtigt. In der Praxis heißt das, von Anfang an alle relevanten Akteure an einen Tisch zu holen: Vertreter*innen aus Politik und Verwaltung, der Wirtschaft, von Vereinen und Verbänden sowie die Bürgerinnen und Bürger selbst. Ziel ist es, eine gemeinsame Vision zu entwickeln und die Maßnahmen so aufeinander abzustimmen, dass Synergien entstehen und Zielkonflikte vermieden werden. Ein solches Vorgehen ist von elementarer Bedeutung für die Akzeptanz und erfolgreiche Umsetzung von Projekten.

Was ist ein ISEK, ILEK, IDEK, GEK oder STEP und warum brauchen wir so etwas?

Diese Abkürzungen stehen für „Integriertes städtebauliches bzw. ländliches Entwicklungskonzept", „Integriertes Digitales Entwicklungskonzept", „Gemeindeentwicklungskonzept" oder „Stadtentwicklungsplan". Im Kern bezeichnen sie alle ein strategisches Planungsdokument, das als verbindlicher Fahrplan für die zukünftige Entwicklung einer Kommune für die nächsten 10–15 Jahre dient. Es ist weit mehr als eine lose Ideensammlung. Ein solches Konzept ist die formale Voraussetzung, um Zugang zu vielen Förderprogrammen von Land, Bund und EU zu erhalten. Man kann es sich als den „Businessplan" für die Zukunft der Kommune vorstellen: Es macht die Entwicklung planbar, transparent und vor allem finanzierbar.

Was sind typische Zielkonflikte und wie kann man damit umgehen?

Integrierte Planung bedeutet auch, Zielkonflikte offenzulegen und zu moderieren. Typische Konflikte sind:

- Der Wunsch des Einzelhandels nach maximaler Erreichbarkeit mit dem Auto versus den Wunsch von Anwohner*innen nach mehr Grünflächen und Verkehrsberuhigung.
- Die Notwendigkeit der energetischen Sanierung und des modernen Wohnungsbaus versus die Anforderungen des Denkmalschutzes.
- Die Förderung des Tourismus versus die Vermeidung von Massentourismus und dessen negativen Folgen wie Gentrifizierung.

Der Schlüssel zum Umgang mit diesen Konflikten liegt in einem transparenten und professionell moderierten Prozess. Alle Interessen müssen an den Tisch, die notwendigen Abwägungen sollten offen diskutiert und verhandelt werden.

Welche Fördermöglichkeiten gibt es?

Ein solides, integriertes Konzept (wie ein ISEK) ist der wichtigste Schlüssel zur Erschließung externer Finanzierungsquellen. Viele Projekte lassen sich erst durch gezielte Förderanträge oder innovative Partnerschaften (z. B. Sponsorennetzwerke) realisieren.

Was versteht man unter Integrierten Entwicklungskonzepten?
Darstellung CIMA 2025

1.2 Zentrale Themen und Handlungsfelder

Dieser Teil widmet sich den zentralen Themenfeldern der integrierten und nachhaltigen Kommunalentwicklung und zeigt die typischen Herausforderungen sowie Lösungsansätze und erprobte Praxisbeispiele auf.

1.2.1 Lebendige und resiliente Zentren: Die Transformation der Innenstadt

Der Strukturwandel im Einzelhandel führt in vielen Innenstädten und Ortskernen zu Leerstand und Monofunktionalität. Die reine Fokussierung auf den Konsum funktioniert nicht mehr, die Aufenthaltsqualität leidet sichtbar. Ein großes Anliegen der Politik ist es daher, die Zentren unabhängiger vom traditionellen Einzelhandel zu machen. Gefordert wird eine stärkere Nutzungsmischung, um die Attraktivität über das Shopping hinaus zu gewährleisten.

Diese Nutzungsmischung gilt es, aktiv zu fördern: Die Zukunft der Zentren liegt in der Vielfalt. Ein aktives Management der Erdgeschosszonen kann helfen, einen attraktiven Mix aus Einzelhandel, Gastronomie, Handwerk,

Kultur, Bildung, Wohnen und sozialen Dienstleistungen zu schaffen. Dies umfasst die Reaktivierung von Flächen, insbesondere in Obergeschossen, für innerstädtisches Wohnen und Arbeiten (z. B. Co-Working-Spaces). Ebenso wichtig ist die Stärkung von Dienstleistungen, Kultur und Freizeit, um die Innenstadt zum Begegnungsraum und Ort für kulturelle Veranstaltungen zu machen, wobei die Gastronomie als „Treiberin und Magnet" gilt.

Ein essenzieller Punkt ist der Umgang mit Leerstand: Politische Programme zielen darauf ab, den Leerstand, der durch den Strukturwandel im Handel entsteht, aktiv als Chance zur Umnutzung zu begreifen und durch flexible Förderinstrumente schnell nutzbar zu machen. Hierbei dienen Zwischennutzungen als Labor für Neues: Leer stehende Gebäude, insbesondere große ehemalige Kaufhäuser, sind keine Schandflecken, sondern wertvolle Experimentierflächen. Sie können temporär als „Reallabore" für neue Ideen, Pop-up-Konzepte, Kulturorte oder Co-Working-Spaces genutzt werden (hierfür existieren bereits viele Beispiele). Eine weitere Möglichkeit zur Belebung ist die Kreislaufwirtschaft als Frequenzbringer: Nachhaltige und innovative Konzepte der Kreislaufwirtschaft verlagern den Fokus von reinem Konsum hin zu einer gemeinschaftlichen, ressourcenschonenden Nutzung der Zentren. So können neue, kaufkräftige und engagierte Zielgruppen angezogen werden.

Die Transformation der Innenstädte erfordert einen „langen Atem" und eine neue Form der Zusammenarbeit. Auf der Ebene der Förderprogramme schafft und verlängert die Politik neben der laufenden Städtebauförderung auch Sonderprogramme auf Bundes- und Länderebene (z. B. „Zukunft Innenstadt"), um Kommunen finanziell zu unterstützen. Zudem wird die Notwendigkeit von datenbasierter Entwicklung politisch anerkannt, da faktenbasierte Strategien für zielgerichtete Investitionen und Maßnahmen essenziell sind. Schließlich wird die Bildung starker Allianzen zwischen Kommunen, Wirtschaft, Immobilienbesitzern und der Zivilgesellschaft gefordert, um die komplexen Veränderungsprozesse gemeinsam zu steuern und nachhaltig umzusetzen.

Probleme und Stolpersteine	Lösungsansatz
Starre Bauvorschriften und langwierige Genehmigungsverfahren stehen flexiblen und schnellen Zwischennutzungen oft im Weg.	→ Setzen Sie sich politisch für mehr Flexibilität ein, z. B. durch „Experimentierklauseln" im Baurecht für temporäre Nutzungen. Fördern Sie eine proaktive und lösungsorientierte Zusammenarbeit zwischen Bauamt, Wirtschaftsförderung und potenziellen Nutzern.
Immobilieneigentümer sind passiv, nicht erreichbar oder haben unrealistische Mietvorstellungen, die eine Zwischennutzung unmöglich machen.	→ Bauen Sie ein aktives Leerstandsmanagement auf, das als Kümmerer und Vermittler zwischen Eigentümern und kreativen, potenziellen Mietern agiert. Best-Practice: „alwin – Aktives Leerstandsmanagement Wittlicher Innenstadt" in Wittlich, „Zwischenzeit Steinweg" in Coburg

Quelle: Bayernstudie 2024

Exkurs: Bayernstudie

Die Bayernstudie – Handelsstandort Innenstadt 2025 wurde von der CIMA Beratung + Management im Auftrag und in Zusammenarbeit mit dem Handelsverband Bayern e.V. und der Günther Rid Stiftung für den bayerischen Einzelhandel erstellt. Gegenstand der Untersuchung ist die Einstellung der bayerischen Bevölkerung zu ihren Innenstädten – insbesondere in ihrer Funktion als Standorte des Einzelhandels. Dabei wurden zentrale Rahmenfaktoren wie die Erreichbarkeit, Digitalisierung, Nachhaltigkeit sowie das Innenstadterlebnis und die Aufenthaltsqualität berücksichtigt.

In die Studie flossen auch Vergleiche zur im Jahr 2024 von der CIMA veröffentlichten „Deutschlandstudie Innenstadt" ein. Wo es sinnvoll erschien, wurden Bezüge zu den Ergebnissen dieser deutschlandweiten Erhebung hergestellt.

Die Ergebnisse der Befragung zeigen deutlich, dass Bayerns Innenstädte vor vielschichtigen Herausforderungen stehen, aber ebenso vielfältige Chancen für die Zukunft besitzen. Wenn Politik, Stadtverwaltungen, Wirtschaft und Immobilieneigentümer gemeinsam Verantwortung übernehmen, können die Innenstädte wieder zu dem werden, was sie sein sollten: lebendige und einladende Mittelpunkte des städtischen Lebens.

Was zeichnet eine attraktive Innenstadt aus?	**Bis 10.000 Einwohner**	**bis 50.000 Einwohner**	**Über 50.000 Einwohner**
Kulturangebot	34,9%	36,0%	39,6%
Veranstaltungen & Events	35,9%	39,2%	40,5%
Attraktives Stadtbild	55,3%	54,5%	55,6%
Einzelhandel	58,7%	61,2%	58,3%
Gastronomie, Cafés	**60,1%**	**65,4%**	**66,5%**

Im bundesweiten Vergleich schneiden die bayerischen Innenstädte erfreulich gut ab – in fast allen Bereichen liegen sie über dem Durchschnitt. Dennoch bleibt Handlungsbedarf, denn besonders der Einzelhandel spürt den Druck des wachsenden Online-Geschäfts, das mit Preisvorteilen und Bequemlichkeit punktet. Ein zentrales Thema ist weiterhin die Erreichbarkeit der Innenstadt. Diese wird je nach Anlass und Stadtgröße sehr unterschiedlich bewertet. Insbesondere die Parkplatzsituation wird häufig als unbefriedigend empfunden. Das gilt vor allem in Klein- und Mittelstädten, in denen der PKW nach wie vor das bevorzugte Hauptverkehrsmittel zum Erreichen der Innenstadt ist.

Die Ergebnisse der Befragung liefern erstmals eine fundierte Grundlage für den weiteren kommunalpolitischen Dialog in Bayern. Deutlich wird: Die Menschen wünschen sich Innenstädte mit attraktivem Einzelhandel, ansprechender Gastronomie, hoher Aufenthaltsqualität und guter Erreichbarkeit mit allen Verkehrsmitteln. Um dieses Ziel zu erreichen, braucht es integrierte Gesamtkonzepte mit abgestimmten Maßnahmen und den Mut, neue Wege zu gehen.

1.2.2 Klimaanpassung und Lebensqualität: Umsetzung von grünen Visionen

Die Steigerung der Verweildauer und des Wohlbefindens der Menschen in der Innenstadt steht im Fokus der politischen Bemühungen. Dies umfasst in erster Linie die Förderung von Klimaresilienz durch mehr Begrünung, bessere Luftqualität und die Schaffung von sozialen Begegnungsräumen. Die Folgen des Klimawandels sind in unseren Städten bereits spürbar: Hitzestaus in stark versiegelten Innenstädten im Sommer, die Gefahr von Überflutungen bei Starkregenereignissen und der Verlust von Biodiversität sind drängende Probleme, die die Lebensqualität beeinträchtigen.

Um dem entgegenzuwirken, geht es darum, grüne Visionen umzusetzen und mehr Grün in die Stadt zu bringen. Dies kann durch die Begrünung von Dächern und Fassaden, die Anlage von kleinen Parks („Pocket Parks"), die Pflanzung von Stadtbäumen oder durch Konzepte wie die „essbare Stadt" geschehen, bei der öffentliche Grünflächen mit Nutzpflanzen bepflanzt werden.

Best-Practice: So etwa in Nürnberg, wo die Initiative „Essbare Stadt Nürnberg" öffentliche Räume in gemeinschaftlich nutzbare, essbare Gärten – sogenannte „Naschgärten" – verwandelt. Ziel ist eine gerechtere, enkeltaugliche Stadt, die von ihren Bewohner*innen aktiv mitgestaltet wird. Über zehn solcher Gärten sind bereits entstanden, alle frei zugänglich, ganzjährig offen und ohne Konsumzwang.

Parallel dazu soll Wasser erlebbar und nutzbar gemacht werden: Die Renaturierung von Bachläufen und Uferpromenaden schafft nicht nur ökologischen Mehrwert, sondern auch neue, attraktive Aufenthaltsräume, und innovative Wasserspiele können an heißen Tagen für Abkühlung sorgen.

Darüber hinaus sind Investitionen in die Grundausstattung des öffentlichen Raums, die sogenannte Möblierung und Infrastruktur, zentral für das Wohlbefinden. Dazu gehören mehr Sitzgelegenheiten, attraktive Plätze, Trinkbrunnen sowie die Bereitstellung von öffentlichen Toiletten, was laut Studien ein oft dringendes Bedürfnis darstellt. Um Akzeptanz zu schaffen, ist Aufklärung entscheidend: Klimaanpassung sollte nicht nur als technische Notwendigkeit, sondern als Chance für eine schönere und lebenswertere Stadt kommuniziert werden. Best-Practice: Projekte, die das Thema positiv und erlebbar machen, finden die größte Akzeptanz in der Bevölkerung. Wie Hameln mit der „Klima-Kiste" zeigt, kann eine mobile, begehbare Box an städtischen Hitze-Hotspots durch Verdunstungskälte unmittelbar spürbare Abkühlung schaffen – ein niedrigschwelliges, übertragbares Format, das Aufenthaltsqualität und Akzeptanz für Klimaanpassung zugleich erhöht.

Dos & Don'ts für Klimaanpassung im Zentrum

👍 Integrieren Sie Klimaschutz- und -anpassungsmaßnahmen immer in ein übergeordnetes Konzept, das auch Themen wie Aufenthaltsqualität, Erlebnis oder Stadtgestaltung umfasst. Isolierte Maßnahmen haben eine geringere Wirkung.	👎 Beschränken Sie sich nicht auf rein technische Lösungen. Der soziale, kommunikative und gestalterische Aspekt ist für die Akzeptanz und den Erfolg von Klimaanpassungsmaßnahmen entscheidend.
👍 Schaffen Sie interaktive und erlebbare Elemente. Menschen nehmen Veränderungen positiver an, wenn sie den Nutzen direkt spüren können (z. B. spürbare Abkühlung).	👎 Unterschätzen Sie nicht den Pflegeaufwand. Jede neue Grünfläche muss langfristig gepflegt werden. Planen Sie die Kosten und Verantwortlichkeiten für die Instandhaltung von Anfang an mit ein, um eine Verwilderung zu vermeiden.
👍 Suchen Sie aktiv nach Kooperationen mit der Zivilgesellschaft und der lokalen Wirtschaft. Best-Practice: Würzburger Patenschaftsmodell „Blumenpaten für eine blühende Stadt“	

Ergebnisse Bayernstudie 2024 – Gefragt, welche Maßnahmen für die Klimaanpassung der Innenstädte innerhalb der Bevölkerung die höchste Priorität haben, stand das Grün für die Menschen ganz oben. Der wichtigste Punkt war „Mehr Grün in der Innenstadt“. Gleich darauf folgte die Bedeutung von Bäumen für Mikroklima, Luftqualität und Verschattung.

1.2.3 Zukunftsfähige Mobilität

Die Neuverteilung des begrenzten Raums in der Innenstadt ist eines der emotionalsten und meistdiskutierten politischen Themen. Der politische Wille zielt auf die Reduktion der Auto-Dominanz ab, um Flächen für andere Nutzungen wie Fußgängerzonen, Außengastronomie und Grünflächen freizumachen. Die starke Dominanz des Autoverkehrs führt in vielen Mittel- und Großstädten zu Lärm, schlechter Luftqualität und einem Mangel an

Platz für andere Nutzungen; im ländlichen Raum hingegen fehlen oft attraktive Alternativen zum eigenen Pkw. Gleichzeitig wird der Umweltverbund durch massiven Ausbau und Attraktivierung des Öffentlichen Personennahverkehrs (ÖPNV) sowie der Fahrrad- und Fußverkehrs-Infrastruktur gestärkt.

Ergebnisse Deutschlandstudie 2024 – Bei der Frage, welche Mobilitätsangebote attraktive Innenstädte konkret bieten müssen, steht die Fußgängerfreundlichkeit ganz oben. Die Menschen fordern am häufigsten bessere Fußwege und eine hohe Fußgängerfreundlichkeit. Gleich darauf folgen die Wünsche nach einer verbesserten Erreichbarkeit und günstigeren Anbindung durch den ÖPNV.

Um dies zu erreichen, muss zunächst die Multimodalität gefördert werden: Entscheidend ist, den bequemen Wechsel zwischen den Verkehrsmitteln zu gewährleisten. Mobilitätsstationen, die an einem Ort Haltestellen des ÖPNV, Bike-Sharing, E-Roller und Car-Sharing-Fahrzeuge bündeln, sind hierfür das zentrale Instrument. Ergänzend dazu ist der Rad- und Fußverkehr konsequent zu stärken: Die Grundlage jeder nachhaltigen Mobilität ist ein sicheres und komfortables Umfeld für Fußgänger und Radfahrer. Dazu gehören der Ausbau durchgehender Radwegenetze und die Schaffung von autoarmen oder gänzlich autofreien Zonen in den Zentren.

Hinzu kommt die Entwicklung intelligenter, emissionsarmer Konzepte für die Warenbelieferung, bekannt als Citylogistik, um Konflikte zwischen Erreichbarkeit, Aufenthaltsqualität und Logistik zu lösen.

Schließlich ist es notwendig, bedarfsorientierte Angebote im ÖPNV zu schaffen: Wo ein fester Taktfahrplan nicht wirtschaftlich ist, können flexible On-Demand-Verkehre die Lücken schließen. Best-Practice: Der Hofer LandBus ist ein modernes Verkehrssystem im Landkreis. Hierfür stehen seit der Erweiterung im Oktober 2024 rund 1.450 Haltestellen zur Verfügung. Es gibt keinen Fahrplan, die Fahrten werden angefragt und die App teilt mit, wann das Fahrzeug an die gewünschte Haltestelle kommt. Ein Algorithmus hilft dabei, die Fahrten möglichst effizient zu berechnen, sodass auch doppelte Fahrten vermieden werden. Ein anderes erfolgreiches Projekt auf Landkreisebene mit per App buchbarem Bedarfsverkehr ist das „elbMOBIL“.

Probleme und Stolpersteine	Lösungsansatz
Die Reduzierung von Parkplätzen stößt oft auf heftigen Widerstand von Einzelhändlern und Anwohnern, die Umsatzeinbußen oder Komfortverluste befürchten.	→ Binden Sie die Betroffenen frühzeitig ein und kommunizieren Sie die Vorteile (höhere Aufenthaltsqualität, mehr Sicherheit, neue Laufkundschaft). Führen Sie temporäre Testphasen („Reallabore") durch, um die positiven Effekte erlebbar zu machen, bevor endgültige Entscheidungen getroffen werden. Best-Practice: Reallabore in Schorndorf und Karlsruhe
Kommunale Grenzen sind oft Hindernisse für den Aufbau durchgehender Radwege oder regionaler ÖPNV-Netze.	→ Suchen Sie die institutionalisierte, interkommunale Zusammenarbeit. Der Erfolg solcher Kooperationen hängt davon ab, dass sie über lose Absprachen hinausgehen und in festen Strukturen verankert werden.

1.2.4 Smart City und Digitalisierung

Die Digitalisierung ist kein Selbstzweck. Die Herausforderung besteht darin, digitale Technologien gezielt als Werkzeug einzusetzen, um konkrete Probleme zu lösen, Dienstleistungen für Bürger*innen und Unternehmen zu verbessern und die Kommune zukunftsfähiger zu machen.

In Augsburg unterstützt hier ein Digitalrat, 2021 als erster kommunaler Digitalisierungsbeirat in Deutschland eingerichtet. Er berät den Stadtrat und die Verwaltung umfassend in allen Fragen der Digitalisierung. Zudem fördert das Gremium den Austausch zwischen Politik, Wirtschaft, Bildung und Zivilgesellschaft und liefert praxisorientierte sowie wissenschaftlich fundierte Empfehlungen zur Entwicklung und Umsetzung digitaler Strategien und Strukturen in Bereichen wie Smart City, Resilienz und Verwaltungsdigitalisierung.

Ganzheitliche Strategie entwickeln: Die Integration der Digitalisierung ist unerlässlich, weil sie es der Kommune erlaubt, aktiv auf schnelle gesellschaftliche und technologische Veränderungen zu reagieren. Dadurch werden die Widerstandsfähigkeit (Resilienz) und die Nachhaltigkeit der städtischen Abläufe deutlich gestärkt. Indem die Digitalisierung als eigener Planungsbereich festgelegt wird, können ihre Möglichkeiten in konkrete, finanzierbare und machbare Projekte überführt werden.

Um diese Potenziale strategisch zu nutzen, ist statt unkoordinierter Einzelprojekte (Insellösungen) die Entwicklung einer ganzheitlichen Strategie entscheidend. Dies kann ein Integriertes Digitales Entwicklungskonzept (IDEK) oder ein Digitalisierungsfahrplan sein, um nachhaltige Perspektiven für die Innenstadt zu schaffen.

Das IDEK wird als umsetzungsorientiertes Maßnahmenprogramm analog zum klassischen ISEK (Integriertes Städtebauliches Entwicklungskonzept) erstellt. Es integriert digitale Infrastrukturen und Kompetenzen als eigenständiges Handlungsfeld in die Stadtentwicklung. Das Ergebnis ist ein konkretes Drehbuch für die Entwicklung von Kernstadt und Ortsteilen. Dieses Drehbuch beinhaltet Vorschläge für Fördermittel, Investitionsprogramme und die Priorisierung zentraler Zukunftsprojekte.

Digitalisierung für den lokalen Handel nutzen: Digitale Werkzeuge können eine Brücke zwischen der Online-Welt und dem stationären Handel schlagen. Beispiele sind digitale Gutschein- und Kundenbindungssysteme oder innovative Ladenkonzepte, die auch als physische Plattform für lokale Online-Anbieter dienen können. Best-Practice: Das Projekt „Smarter Handeln Bocholt" umfasst nicht nur eine digitale Strategie, sondern auch einen physischen „Smart Store Hub" in der Innenstadt, um digitale Innovationen für Händler und Kunden sichtbar und erlebbar zu machen.

Smarte Bürgerdienste und Kommunikation: Die Zukunft urbaner und regionaler Entwicklung liegt in vernetzten Lebensräumen, die digitale Intelligenz mit sozialer und ökologischer Verantwortung verbinden. Smart City und Smart Region sind keine Technikprojekte, sondern Plattformen für Kooperation, Innovation und Teilhabe. Digitale Werkzeuge entfalten ihren Wert erst, wenn sie mit physischen Orten, regionalen Netzwerken und menschlicher Interaktion verschmelzen – von Co-Working-Spaces und Pop-up-Hubs bis zu gemeinsamen Dateninfrastrukturen und nachhaltigen Mobilitätslösungen. Politik und Verwaltung müssen den Rahmen für diese integrativen Ökosysteme schaffen, statt isolierte Technologieinseln zu fördern.

Best-Practice: Beispiele für digitale Technologien sind vielfältig und reichen von digitalen Beteiligungsplattformen über multifunktionale Stadt-Apps bis hin zu interaktiven 360°-Stadtrundgängen. Projekte wie in Kempten (machmit.kempten.de) und Aschaffenburg (Digitale Manufaktur) zeigen, wie digitale Beteiligung und koordinierte Verwaltungsstrukturen erfolgreich etabliert werden. Das „Stadtlabor Amberg" verbindet einen reichweitenstarken regionalen Blog (digital) mit einem realen Co-Working- und Pop-up-Space (physisch) und schafft so ein Ökosystem für Kreativität und Unternehmertum.

1.2.5 Kommunale Wärmeplanung

Die Umstellung der Wärmeversorgung ist ein wesentlicher Bestandteil der Energiewende, da sie rund 60 Prozent des gesamten Energieverbrauchs ausmacht und maßgeblich zur Emission von Treibhausgasen beiträgt. Im Gebäudebestand wird die benötigte Wärme noch zu über 85 Prozent aus fossilen Brennstoffen erzeugt, weshalb der Umstieg auf alternative Wärmequellen unverzichtbar ist, um Deutschlands Ziel der Klimaneutralität bis 2045 zu erreichen.

Seit dem 1. Januar 2024 sind alle Kommunen in Deutschland gesetzlich zur Erstellung einer Kommunalen Wärmeplanung (KWP) verpflichtet, da das Wärmeplanungsgesetz (WPG) in Kraft getreten ist. Der daraus resultierende Wärmeplan gilt als entscheidendes Instrument, um den notwendigen Wandel der Wärmeerzeugung voranzubringen.

Die KWP ist eine informelle, strategisch ausgerichtete Maßnahme, die langfristig eine nachhaltige Wärmeversorgung anstrebt. Sie entfaltet keine direkte Außenwirkung und schafft keine unmittelbare rechtliche Verpflichtung für Bürger. Stattdessen dient sie als „Kompass“ und strategischer Fahrplan, der eine kostenwirksame, klimaneutrale Wärmeversorgung bis 2045 gewährleisten muss. Die zentrale Aufgabe ist es, Fehlinvestitionen in langlebige fossile Technologien zu vermeiden.

Der Erfolg der KWP stützt sich auf zwei Säulen: die Senkung des Energiebedarfs durch energetische Sanierung und die Deckung des verbleibenden Bedarfs durch lokal verfügbare erneuerbare Energien. Die KWP ist ein kontinuierlicher Prozess, der mit der ersten Planerstellung nicht abgeschlossen ist; Fortschritte werden überwacht (Monitoring), und der Plan muss alle fünf Jahre überarbeitet und an neue Bedingungen angepasst werden.

Entscheidend ist, dass dieser Wandel als sozio-politischer Transformationsprozess verstanden wird. Ein rein technischer Plan ist zum Scheitern verurteilt, wenn er nicht die notwendige gesellschaftliche Akzeptanz und breite Beteiligung findet. Die politische Führung muss daher den strategischen Rahmen setzen, Ressourcen bereitstellen und den Dialog zwischen allen Akteuren aktiv fördern.

1.3 Der passende Werkzeugkasten

In der Praxis ergeben sich je nach Kommune diverse Handlungsfelder von unterschiedlicher Brisanz für die jeweils vielfältige Ansätze zur Verfügung stehen. Solche „Werkzeugkästen“ stellen bewährte Methoden und Instrumente vor, mit denen Entwicklungsprozesse erfolgreich gesteuert und gestaltet werden können. In der Folge werden die wichtigsten vorgestellt.

1.3.1 Innovative Governance – Projekte richtig aufsetzen und Netzwerke bilden

Viele kommunale Bau- und Entwicklungsprojekte scheitern oder werden unnötig teuer, weil in der Frühphase entscheidende Weichen falsch gestellt werden. Hier setzt das Konzept der „Phase 0" an. Es beschreibt eine vorgelagerte, informelle Planungsphase, die noch vor den offiziellen Planungsleistungen nach der Honorarordnung für Architekten und Ingenieure (HOAI) stattfindet. In dieser Phase werden alle wesentlichen Akteure – Verwaltung, Politik, potenzielle Investoren und künftige Nutzer – an einen Tisch gebracht, um gemeinsam die grundlegenden Fragen zu klären. Die Vorteile dieses Vorgehens sind erheblich:

- Risikominimierung: Durch Machbarkeitsstudien und eine frühe Analyse werden Risiken (z. B. baurechtlicher, technischer oder finanzieller Art) identifiziert, bevor hohe Planungskosten entstehen. Fehlinvestitionen werden vermieden.
- Zielschärfung: In einem gemeinsamen Prozess wird ein klares, von allen getragenes Zielbild für das Projekt erarbeitet. Was soll hier wirklich entstehen? Welchen Bedarf soll es decken?
- Wirtschaftliche Steuerung: Eine frühe grobe Kostenschätzung und die Prüfung von Fördermöglichkeiten schaffen eine solide finanzielle Grundlage.
- Akzeptanzförderung: Durch die optionale, aber empfohlene frühe Einbindung von Bürger*innen und lokalen Akteuren wird von Anfang an Transparenz geschaffen und wertvolles lokales Wissen genutzt, was die spätere Akzeptanz des Projekts deutlich erhöht.

Die komplexen Herausforderungen der Stadtentwicklung kann eine Kommune heute kaum noch allein bewältigen. Erfolgreiche Governance-Modelle basieren daher auf institutionalisierter und strukturierter Kooperation zwischen öffentlichen und privaten Akteuren. Die Analyse erfolgreicher Projekte zeigt, dass formale Strukturen entscheidend sind. Eine lose Zusammenarbeit reicht oft nicht aus; es bedarf klar definierter Netzwerke, Vereine oder sogar Zweckverbände.

Public-Private-Partnerships (PPP) & Netzwerk-Modelle

Dos & Don'ts für Kooperationen

👍	Definieren Sie klare Ziele, Rollen und Verantwortlichkeiten in schriftlichen Vereinbarungen (z. B. Kooperationsvertrag, Satzung).	👎	Verlassen Sie sich nicht auf informelle Absprachen oder das persönliche Engagement einzelner Schlüsselpersonen. Strukturen müssen auch personelle Wechsel überdauern.
👍	Sorgen Sie für einen fairen Interessenausgleich und sichtbare Vorteile für alle Partner, um das Engagement langfristig zu sichern.	👎	Erzeugen Sie keinen „Logo-Friedhof". Eine Partnerschaft muss mehr sein als das bloße Abbilden von Firmenlogos auf einer Sponsorentafel. Es geht um aktive Mitgestaltung und einen echten Mehrwert für die Partner.

1.3.2 Bürgerbeteiligung – Akzeptanz schaffen, Wissen nutzen

Das Ziel ist, „Betroffene zu Beteiligten zu machen". Es geht nicht mehr nur darum, die Bürger über fertige Pläne zu informieren, sondern sie als Experten für ihren eigenen Lebensraum in den Planungsprozess einzubinden und gemeinsam Lösungen zu entwickeln.

Ein entscheidender Faktor für gelingende Beteiligung ist der richtige Methoden-Mix, der sowohl analoge als auch digitale Formate umfasst:

Analoge Formate wie klassische Bürgerversammlungen, thematische Workshops, Ideenwerkstätten oder Stadtspaziergänge sind unersetzlich für den direkten Dialog, die tiefgehende Diskussion und die gemeinsame Konsensfindung. Best-Practice: Beispiele wie die „Abendspaziergänge" in Markgröningen, bei denen ein Blick hinter die Kulissen lokaler Unternehmen geworfen wird, oder die Quartierswerkstätten im Rahmen des Hannoveraner Dialogs zeigen die Stärke dieser persönlichen Formate.

Digitale Formate erweitern die Reichweite der Beteiligung erheblich. Sie sind niedrigschwellig und ermöglichen es auch denjenigen, sich einzubringen, die aus zeitlichen oder anderen Gründen nicht an Abendveranstaltungen teilnehmen können. Best Practice: Städte wie Augsburg (augsburg.de/buergerservice-rathaus/smart-cit), Aschaffenburg (digital.aschaffenburg.de/dima), Kempten (machmit.kempten.de) sind hier bereits sehr weit.

Ein erfolgreich erprobtes Werkzeug ist eine interaktive Karte, auf der Bürger per Klick ortsgenaue Hinweise, Ideen oder Kritikpunkte platzieren können (z. B. „Hier fehlt eine Querungshilfe", „Dieser Leerstand wäre ideal für ein Café"). Diese Beiträge können von anderen kommentiert und bewertet werden, wodurch ein dynamischer Dialog entsteht. Best-Practice: Auch der Sitzbankradar Erlangen, bei dem Bürger online Vorschläge für neue Sitzbank-Standorte machen konnten, fällt in diese Kategorie.

So gelingt Beteiligung – Tipps aus der Praxis

1. **Erwartungen klären:** Kommunizieren Sie von Anfang an klar und ehrlich, in welchem Stadium sich ein Projekt befindet und wo genau die realen Mitgestaltungsmöglichkeiten liegen. Das vermeidet Frustration.
2. **Zielgruppenorientiert ansprechen:** Nutzen Sie eine Vielfalt von Kanälen (lokale Presse, soziale Medien, Vereins-Newsletter, direkte Ansprache), um unterschiedliche Bevölkerungsgruppen zu erreichen und nicht nur die „üblichen Verdächtigen".
3. **Perspektivenvielfalt sicherstellen:** Achten Sie aktiv auf eine ausgewogene Vertretung der Geschlechter und Lebensalter sowie weiterer relevanter Gruppen (z. B. in Lenkungsgruppen, Expertenteams und Workshops), um deren spezifische Erfahrungen, Kenntnisse und Lebensrealitäten zu integrieren. Werden diese Perspektiven ignoriert, entstehen einseitige Lösungen und wichtige Bedürfnisse aller Bevölkerungsgruppen (etwa in der Stadtplanung, Verkehrsinfrastruktur oder Gesundheitsversorgung) können übersehen werden.
4. **Ergebnisse sichtbar machen:** Zeigen Sie transparent auf, was mit den eingebrachten Ideen und Vorschlägen geschieht. Nichts ist demotivierender für die Teilnehmenden als das Gefühl, dass ihre Beiträge im Sande verlaufen.
5. **Analog und digital kombinieren:** Nutzen Sie die Stärken beider Welten. Digitale Tools eignen sich hervorragend für eine breite Ideensammlung, während analoge Formate für die vertiefte Diskussion und das Aushandeln von Kompromissen unerlässlich sind.
6. **Ressourcen bereitstellen:** Gute Beteiligung ist nicht zum Nulltarif zu haben. Planen Sie von Beginn an ausreichend finanzielle und personelle Ressourcen für Moderation, Raummieten, digitale Werkzeuge und die Auswertung der Ergebnisse ein.

1.3.3 Systematische Analyse von Innenentwicklungspotenzialen

Eine zukunftsfähige Flächenentwicklung erfordert eine ganzheitliche Betrachtung der Entwicklungsmöglichkeiten im bestehenden Siedlungsgefüge. Nur durch eine systematische und abgestimmte Analyse unterschiedlicher Aktivierungsansätze lassen sich vorhandene Reserven effizient nutzen und zusätzliche Flächeninanspruchnahmen im Außenbereich reduzieren. Die Differenzierung nach klar definierten Potenzialkategorien bildet dabei die Grundlage für eine strategische Priorisierung kommunaler Entwicklungsoptionen.

Potenzialflächen mit Planungserfordernis

Im Innenbereich, insbesondere in Ortsrandlagen, können ungenutzte Wiesenflächen identifiziert werden, die aufgrund ihrer Lage und der auslaufenden Siedlungsstruktur derzeit nicht kurzfristig baulich aktiviert werden können. Für diese Flächen ist zunächst die planungsrechtliche Grundlage (Schaffung von Baurecht) herzustellen.

Umnutzungs-/Umwandlungspotenziale

Umnutzungs- bzw. Umwandlungspotenziale bieten im Innenbereich eine qualitätsvolle Möglichkeit der Innenentwicklung, da auf bereits versiegelten oder vorgenutzten Flächen zusätzliche Wohn- oder Mischbauflächen geschaffen werden können. Hierzu zählen insbesondere Resthöfe, landwirtschaftliche Betriebsstandorte sowie sonstige Leerstände (z. B. ehemals gastronomisch genutzte Gebäude).

Potenzialflächen mit bestehendem Baurecht/Baulücken

Ungenutzte oder untergenutzte Grundstücke im Innenbereich stellen kurzfristig aktivierbare Flächenpotenziale dar. Eine Entwicklung ist insbesondere dann möglich, wenn ein rechtskräftiger Bebauungsplan vorliegt oder eine Zulässigkeit gemäß § 34 BauGB gegeben ist. Im Einzelfall sind mögliche Realisierungshindernisse (z. B. Eigentumsverhältnisse, Erschließung oder Immissionskonflikte) zu prüfen.

Bestandsoptimierung

Im bestehenden Siedlungsbestand können durch Aufstockungen, Nachverdichtungen oder den Ausbau von Dachgeschossen zusätzliche Wohnbaupotenziale erschlossen werden. Voraussetzung hierfür ist die Prüfung und Bewertung der baulichen sowie konstruktiven Eignung der vorhandenen Bausubstanz.

1.3.4 Datenbasierte Entscheidungen – Potenziale erkennen

Fundierte Daten sind neben der Beteiligung die zweite Säule guter Entscheidungen. Instrumente wie ein FlächenKompass helfen, die langfristigen finanziellen Konsequenzen von Flächenentwicklungen zu bewerten. Ein Kreislaufkompass hilft, eine lokale Kreislaufwirtschaft aufzubauen.

Werkzeug FlächenKompass

Kommunen treffen oft weitreichende Entscheidungen über die Entwicklung von Flächen – sei es für neue Wohn- oder Gewerbegebiete – ohne eine genaue Kenntnis der langfristigen finanziellen Konsequenzen. Die Folgekosten für Infrastruktur (Straßen, Kanalisation, Kitas) werden häufig unterschätzt, während die erhofften Einnahmen (z. B. Gewerbesteuer) unsicher sind. Hier setzt das Modell eines FlächenKompass als modulares Analyse- und Entscheidungswerkzeug an, das eine fundierte wirtschaftliche Bewertung von Flächenentwicklungsoptionen ermöglicht. Er hilft, zentrale Fragen zu beantworten: Welche Flächenpotenziale sind wirtschaftlich tragfähig? Welche Flächen sollten wir priorisieren? Wie hoch sind die langfristigen Belastungen für den kommunalen Haushalt?

<u>Best-Practice:</u> Die Gemeinde Halstenbek nutzte einen FlächenKompass, um die wirtschaftliche Tragfähigkeit eines geplanten Gewerbegebiets zu prüfen und eine solide Finanzierungsgrundlage zu schaffen. Die Gemeinde Alveslohe analysierte mit dem Werkzeug die fiskalischen und infrastrukturellen Auswirkungen eines künftigen Baugebiets und schuf so Klarheit über Chancen und Risiken.

Werkzeug KreislaufKompass

Angesichts von Klimawandel und Ressourcenknappheit stehen Kommunen unter Druck, nachhaltiger zu wirtschaften und die Prinzipien der Kreislaufwirtschaft umzusetzen. Oft fehlt es jedoch an einem systematischen Ansatz, um dieses komplexe Thema anzugehen. Der Kreislaufkompass kann daher als strategisches Instrument eingesetzt werden, das Kommunen dabei unterstützt, eine lokale Kreislaufwirtschaft aufzubauen. Er hilft bei der Analyse von Stoffströmen, der Identifikation von „Hotspots“ des Ressourcenverbrauchs und der Entwicklung einer konkreten Roadmap mit Maßnahmen. Anwendungsfelder sind die öffentliche Beschaffung, das Gebäudemanagement, die Abfallwirtschaft oder das Flächenrecycling.

<u>Best-Practice:</u> Das Projekt „Bergisch. Circular“ im Städtedreieck Wuppertal, Solingen und Remscheid zeigt, wie fruchtbar regionale Partnerschaften sein können, um die Kreislaufwirtschaft in einer ganzen Region voranzubringen.

1.4 Checkliste – Was nun zu tun ist

Die Checkliste dient als Fahrplan für die strategische Verankerung von integrierter und nachhaltiger Entwicklung in der Kommune:

- **Netzwerken:** Suchen Sie proaktiv das Gespräch mit den Schlüsselpersonen in Ihrer Verwaltung und den zentralen externen Akteuren (z. B. Stadtmarketing, Vereine).
- **Informieren:** Machen Sie sich mit den bestehenden strategischen Konzepten Ihrer Kommune vertraut (z. B. ISEK) und regen Sie bei fehlenden oder veralteten (>10 Jahre) deren Evaluation, Fortschreibung oder Neuerstellung an.
- **Lernen:** Schauen Sie über den eigenen Tellerrand, besuchen Sie Nachbarkommunen und nutzen Sie Plattformen wie unsere-stadtimpulse.de gezielt zur Inspiration und Recherche.
- **Initiieren:** Stoßen Sie eine kleine, sichtbare Maßnahme an (z. B. ein Workshop zur Zukunft einer Problemstraße oder die Initiierung einer „Phase 0" für ein anstehendes Projekt).
- **Kommunizieren:** Nutzen Sie Ihre politischen Kanäle, um für das Thema der integrierten Entwicklung zu werben, Chancen aufzuzeigen und eine positive Aufbruchsstimmung zu erzeugen.
- **Beteiligung planen:** Welche Formate (analog und digital) sind für das anstehende Projekt am besten geeignet, um Betroffene zu Beteiligten zu machen und lokales Wissen zu nutzen? Welche Gruppen müssen vertreten sein?
- **Datenbasis sichern:** Ist eine fundierte, objektive Analyse der Ausgangslage vorhanden, um sachliche Diskussionen zu führen und Ressourcen effizient zu nutzen?

Ablauf eines integrierten Entwicklungskonzeptes
Darstellung CIMA 2025

1.5 Erfolgsbeispiele aus der Praxis im Überblick

alwin (aktives Leerstandsmanagement Wittlicher Innenstadt) – Wittlich – Ein Projekt, das eine strategische Herangehensweise an das Leerstandsmanagement demonstriert. Es agiert als Kümmerer und Vermittler zwischen Immobilieneigentümern und potenziellen, kreativen Mietern.

aufHaus – Der begehbare Onlineshop – Ahaus – Ein innovatives Ladenkonzept, das dreieinhalb Jahre (bis Anfang 2025) als physische Plattform für lokale Online-Anbieter diente. Es schlug eine Brücke zwischen der Online-Welt und dem stationären Handel.

Blumenpaten für eine blühende Stadt – Würzburg – Ein Kooperationsmodell, bei dem Unternehmen und Bürger die Patenschaft für Grünflächen übernehmen. Dies ist ein effektives und kostengünstiges Modell zur Pflege und Gestaltung des öffentlichen Raumes.

Digitale Manufaktur – Aschaffenburg – Aufbau einer zentralen Koordinationsstelle (dima = „Digitale Manufaktur"), die digitale Prozesse in der Verwaltung steuert, Smart-City-Lösungen entwickelt und Bürgerprojekte aktiv unterstützt.

Digitale Präsenz 2.0 – Braunschweig – Ein Praxisbeispiel für die professionelle Online-Sichtbarkeit der Innenstadt. Mit vernetzter Content-Strategie, Händler-Einbindung und Service-Elementen wird die „digitale 1A-Lage" aufgebaut.

Digitales Entwicklungskonzept – Burgheim – Entwicklung eines Integrierten Digitalen Entwicklungskonzepts (IDEK) als strategische Grundlage zur nachhaltigen Weiterentwicklung der Gemeinde, das Digitalisierung gezielt mit städtebaulichen Zielen verknüpft.

elbMOBIL – Landkreis Harburg – Ein Projekt für bedarfsorientierte Mobilität, bei dem ein per App buchbarer Bedarfsverkehr im ländlichen Raum eingeführt wurde. Es schließt die Lücken, wo ein fester Taktfahrplan des ÖPNV unwirtschaftlich wäre.

Essbare Stadt Nürnberg – Nürnberg – Initiative, die öffentliche Plätze in frei zugängliche, gemeinschaftlich nutzbare „Naschgärten" verwandelt und niedrigschwellige Orte der Begegnung für Nachbarschaft, Umweltbildung und Teilhabe schafft. Das Engagement basiert auf Selbstorganisation, ökologischen Prinzipien und dem Commons-Gedanken, um gegen Kommerzialisierung und Ausgrenzung im öffentlichen Raum aktiv zu werden.

Hofer LandBus – Landkreis Hof – Ein modernes Verkehrssystem ohne festen Fahrplan, das seit Oktober 2024 rund 1.450 Haltestellen bedient. Fahrten werden über eine App angefragt; ein Algorithmus kombiniert die

Wünsche von Fahrgästen mit ähnlichen Zielen, um doppelte Fahrten zu vermeiden. Das Projekt dient der effizienten und flexiblen Mobilität für alle Generationen.

INNENSTADT.DIALOG – Hannover – Durch die Einbindung von 120 Akteuren aus allen Bereichen der Stadtgesellschaft konnte ein tragfähiger Konsens zur Innenstadtentwicklung erzielt werden. Das Projekt umfasste innovative „Experimentierräume“, in denen Bürger potenzielle Veränderungen (z. B. temporäre Autosperrungen) direkt erleben konnten.

Klima-Kiste – Hameln – Eine mobile, begehbare Box, die an den heißesten Orten der Innenstadt aufgestellt wird und durch Verdunstungskälte für spürbare Abkühlung sorgt. Das Konzept macht Hitzeresilienz greifbar, erhöht die Aufenthaltsqualität und ist auf andere Kommunen übertragbar.

Künftiges Baugebiet – Alveslohe – Die Gemeinde analysierte mithilfe des Werkzeugs cima-FlächenKompass die fiskalischen und infrastrukturellen Auswirkungen eines geplanten Baugebiets. Dies schuf Klarheit über die langfristigen Chancen und Risiken für den kommunalen Haushalt.

machmit.kempten.de – Kempten – Eine zentrale digitale Beteiligungsplattform, die Bürger transparent und aktiv in wichtige Entwicklungsprozesse der Stadt, wie ISEK oder Klimaschutz, einbindet.

Reallabor Mobilität – Schorndorf – Ein Forschungsprojekt der Stadt Schorndorf und wissenschaftlicher Institutionen (DLR, Hochschulen) zur Optimierung des öffentlichen Nahverkehrs (ÖPNV). Über einen Bedarfsbus-Service (On-Demand) in Schwachlastzeiten wurde ein flexibles Mobilitätskonzept erprobt und mittels wissenschaftlicher Evaluation sowie Bürgerbeteiligung auf seine Effizienz und Akzeptanz für mittelgroße Städte hin untersucht.

Reallabore Raumnutzung – Karlsruhe – Das Stadtplanungsamt Karlsruhe testet mit Partnern wie der Hochschule Karlsruhe neue Mobilitäts- und Raumnutzungskonzepte in zeitlich begrenzten Reallaboren. Die wissenschaftliche Evaluation liefert die Grundlage, um erfolgreiche Experimente direkt in dauerhafte, politisch beschlossene Stadtveränderungen zu überführen.

Smart City Strategie – Augsburg – Umfassender strategischer Ansatz zur Digitalisierung der Stadt. Die Strategie betrachtet Handlungsfelder wie Mobilität, Energie und Verwaltung im gesamtstädtischen Kontext zur Verbesserung der Lebensqualität. Dazu gehört eine multifunktionale Stadt-App als Beispiel für smarte Bürgerdienste und Kommunikation

Stadtlabor – Amberg – Ein Projekt, das einen reichweitenstarken regionalen Blog (digital) mit einem realen Co-Working- und Pop-up-Space (physisch) verbindet. Es schafft ein einzigartiges Ökosystem für Kreativität und Unternehmertum in der Stadt.

StudyFAB – Schweinfurt – Umwandlung eines ehemaligen Kaufhaus-Leerstands in einen modernen „Lern- und Kreativort" für Studierende und die Öffentlichkeit. Das Projekt vereint Bildung, Digitalisierung und die Belebung der Innenstadt.

Wiederschön – Leipzig – Ein Konzeptladen auf einer 550 m² großen, ehemals leer stehenden Fläche, der Angebote der Kreislaufwirtschaft bündelt. Er verwandelt einen prominenten Leerstand in einen Frequenzbringer und macht Nachhaltigkeit erlebbar.

Zwischenzeit Steinweg – Coburg – Die Wohnbau Stadt Coburg GmbH (WSCO) nutzt die leer stehenden Flächen zusammen mit der Wirtschaftsförderung als kreatives Sprungbrett für Start-ups, junge Unternehmen und Kunstschaffende. So wird aus Leerstand ein lebendiges Labor, das das ganze Viertel belebt.

2. Gewerbeflächenentwicklung – aktive Wirtschaftsförderung

Warum Gewerbeflächenentwicklung neu gedacht werden muss

Gewerbeflächenentwicklung ist ein zentrales Handlungsfeld, das über Wohlstand und Lebensqualität entscheidet. Frühere Spielregeln haben sich jedoch längst geändert. Die bloße Ausweisung und Vermarktung von Grundstücken reichen heute nicht mehr aus, vielmehr wird die Entwicklung von Wirtschaftsstandorten als integraler Bestandteil der Stadtentwicklung betrachtet. Die aktuelle Rezession in der Bundesrepublik führt zu grundlegenden Fragen der Standortpolitik. Von Restrukturierungen im Bestand, der aktiven Bestandspflege bis zur spitzen Positionierungsstrategie für Gewerbestandorte steht die kommunale Wirtschaftsförderung vor neuen Aufgaben.

Die Herausforderungen sind vielfältig: Flächen werden knapp, um sich greifender „Flächenfraß" verstärkt Wettbewerbseffekte um das rare Gut Boden, und Megatrends wie Digitalisierung und Klimawandel verändern die Anforderungen von Unternehmen an ihre Standorte grundlegend. Gefragt sind heute nachhaltige, gemischte, gut vernetzte und innovative Standorte – oftmals in urbanen Kontexten. Dies gilt vor allem für Unternehmensansiedlungen aus dem tertiären Sektor oder die Forschungs- und Entwicklungsabteilungen des produzierenden Sektors. Parallel gilt es die Standortbedürfnisse von flächenintensiven Branchen des produzierenden

Sektors, also reine Gewerbe- oder gar Industriegebietskategorien im Sinne einer attraktiven Angebotsmixtur, zu erkennen und zu bedienen. Gerade hier ist eine aktive Flächenbevorratung und strategischer Grundstückserwerb nach wie vor wesentliches Steuerungselement für eine aktive Wirtschaftsförderung.

Die kommunale Wirtschaftsförderung wandelt sich also vom Flächenverkäufer zum aktiven Gestalter zukunftsfähiger Gewerbestandorte, Innovationsquartiere und Arbeitswelten. Dazu bedarf es geeigneter agiler Organisationsstrukturen, Ressourcenausstattungen, kollaborativen Querschnittdenkens und auch aktiver Netzwerke in die Privatwirtschaft.

2.1 FAQ für den schnellen Einstieg

Was ist die Rolle eines Kommunalpolitikers in diesem Prozess?

Die Rolle ist vor allem strategischer Natur. Politiker setzen die politischen Rahmenbedingungen, fordern und beschließen qualifizierte Konzepte, stellen die Weichen für Nachhaltigkeit und interkommunale Kooperation und sichern durch transparente Verfahren die notwendige Akzeptanz in der Bevölkerung. Die Politik setzt den Handlungsrahmen und die finanziellen Schwerpunkte für die Wirtschaftsförderung, damit die Verwaltung den Herausforderungen mit qualifizierter Kraft begegnen kann. Anschließend können von der Verwaltung proaktive, durchdachte und zukunftsfähige Lösungen verlangt werden.

Warum kann nicht einfach ein neues Gewerbegebiet am Ortsrand ausgewiesen werden?

Dieser traditionelle Weg stößt zunehmend an seine Grenzen. Erstens ist die Ressource Fläche endlich. Zweitens schwindet die Akzeptanz für den Verbrauch von Agrar- und Naturflächen. Drittens ignoriert dieser Ansatz die großen Potenziale in bereits bebauten, aber untergenutzten Flächen. Und viertens sind im Wettbewerb um qualifizierte Arbeitskräfte zunehmend gut integrierte Standorte gefragt, da die Arbeitnehmer*innen deutlichen Einfluss auf unternehmerische Standortentscheidungen haben. Studien belegen über Zeitreihenanalysen die zunehmende Relevanz weicher Standortfaktoren (Umfeld- und Lebensqualität, Image und Sicherheit, Cityscape, Freizeit- und Kulturangebote) für die Standortbewertung aus Unternehmenssicht. Harte Faktoren, wie z. B. Erreichbarkeit, stagnieren hingegen. Relevant bleibt hier die Konnektivität der Standorte, sprich die digitale Infrastruktur.

Eine zukunftsfähige Strategie priorisiert daher konsequent die Innen- vor der Außenentwicklung.

Was sind die größten Treiber des Wandels?

Die drei entscheidenden Treiber sind die Digitalisierung, der Klimawandel und der Fachkräftemangel. Digitalisierung ermöglicht neue, flexible Arbeitsformen und erfordert eine erstklassige digitale Infrastruktur. Klimawandel erzwingt einen ressourcenschonenden Umgang mit Flächen, nachhaltige Energiekonzepte und klimaresiliente Bauweisen. Der Fachkräftemangel führt zu einer stärkeren Relevanz der weichen Standortfaktoren. Diese Trends führen dazu, dass gemischte, verdichtete und nachhaltige „urbane Standorte“ zu den Gewinnern gehören.

Grundsätzlich braucht es jedoch nach wie vor Differenzierung zwischen großstädtischen Räumen bzw. Metropolräumen und Standorten im ländlichen Raum. Während bestimmte Branchen (z. B. Kreativwirtschaft, Forschung+Entwicklung, Dienstleistungen, Informations- und Kommunikationstechnologie etc.) und Sektoren (tertiärer Sektor) in die urbanen Zentren drängen, sind emissionsstarke Unternehmen aus dem verarbeitenden Gewerbe (hierzu zählen auch Handwerksbetriebe) nach wie vor auf passende Standorte angewiesen, die zudem eine höhere Preissensibilität aufweisen. So weichen diese oft mittelständischen Unternehmen regelmäßig in die Randzonen der urbanen Räume und auch in den ländlichen Raum aus. Dort zählen zudem neben dem Arbeitskräftepotenzial auch die überregionale verkehrliche Erreichbarkeit als harter Standortfaktor.

Das Festhalten an veralteten Entwicklungsmodellen ist nicht nur ineffektiv, sondern birgt auch erhebliche politische Risiken. Die öffentliche Opposition gegen die Versiegelung von Grün- und Freiflächen kann Projekte zum Scheitern bringen, andererseits ist erheblicher Handlungsbedarf zur Absicherung von Bestandsbetrieben oder der Neuansiedlung gegeben. Ein proaktiver, transparenter und qualitativ hochwertiger Ansatz in der Gewerbeflächenentwicklung ist daher eine entscheidende Strategie zur politischen und wirtschaftlichen Risikominderung.

2.2 Zentrale Themen und Handlungsfelder

2.2.1 Innen vor außen: Potenziale im Bestand aktivieren

Der strategische Planungsansatz „Innenentwicklung vor Außenentwicklung“ ist eine ökonomisch kluge und ökologisch notwendige Strategie. Die Reaktivierung von Brachflächen und die intelligente Nachverdichtung bestehender Gewerbegebiete ist oft kostengünstiger, da vorhandene Infrastruktur genutzt wird. Kommunen können ihre Potenziale im Bestand durch folgende Methoden heben:

- **Systematische Erfassung:** Eine detaillierte Analyse von Leerstand, Brachen und Fehl- bzw. Mindernutzungen.
- **Aktive Eigentümeransprache:** Proaktiver Kontakt zu privaten Eigentümern, um deren Entwicklungsabsichten zu klären.
- **Kommunale Instrumente:** Nutzung von Vorkaufsrechtssatzungen, städtebaulichen Verträgen über die kommunale Planungshoheit hinaus und Vergabe von Grundstücken im Erbbaurecht.
- **Mehrgeschossigkeit fördern:** Förderung einer mehrgeschossigen Bauweise auch im Gewerbe, um Flächen zu sparen.
- **Gezielte Aufwertung und Transformation:** Entwicklung von Konzepten zur Aufwertung älterer Gewerbegebiete.

Der strategische Planungsansatz Innen- vor Außenentwicklung birgt Herausforderungen:

- **Die Aktivierbarkeit** der Flächenreserven muss im Dialog mit den Eigentümern geklärt werden, ansonsten können die Flächen nicht als Reserve in die Bilanz aufgenommen werden. Viele Flächen stehen nicht zum Verkauf, sondern werden von den Eigentümern als Entwicklungsreserve gehalten.
- **Überprüfung von Altlasten:** Bestandsflächen können Risiken der Kontaminierung durch Altlasten beinhalten. Diese Risiken sind im Vorfeld einer Aktivierung zu überprüfen. Altlastenkataster müssen überprüft werden, ggf. sind Einzelgutachten anzufertigen
- **Eine Frage der Bausubstanz:** Bei bebauten Grundstücken hängt die Frage einer tragfähigen Nachnutzung an der bestehenden Bausubstanz. Gebäude sind oftmals als sog. mono-use-Objekte konstruiert und können nicht einfach umgenutzt werden (Beispiel: Logistikhalle). Brandschutz und energetische Situation können eine Umnutzung zusätzlich erschweren. Ganzheitliche Prüfungen und Nachnutzungskonzepte sind erforderlich.
- **Umfeldanalyse:** Nachnutzungen können neue (Umfeld-)wirkungen erzeugen, die nicht durch Bestandsbaurechte oder -genehmigungen gedeckt sind. Hier ist baufeldbezogen eine dezidierte Vorprüfung obligatorisch.

Best-Practice: Die Realisierung eines öffentlichen Sportplatzes auf dem Dach eines Supermarktes in Erfurt ist ein funktionierendes Beispiel für strategisches Flächensparen. Ebenso bietet das Stapeln von Gewerbeflächen – wie in den Münchner Gewerbehöfen – eine Lösung für die Flächenknappheit in zentralen Lagen. Dort sind die Einheiten vertikal angeordnet und werden über Lastenaufzüge erschlossen, wodurch neue Mietflächen für Betriebe entstehen.

2.2.2 Nachhaltigkeit als Standortvorteil: Ökologie und Ökonomie verbinden

Nachhaltigkeit ist heute ein harter, kalkulierbarer Standortvorteil und oft ein entscheidendes Differenzierungsmerkmal. Sowohl auf Gebäudeebene als auch in Gewerbegebieten können heute Nachhaltigkeitszertifikate, wie z. B. durch die Deutsche Gesellschaft für nachhaltiges Bauen (DGNB), erworben werden, die mittlerweile ein Schlüssel für bessere Vermarktbarkeit, für Kostensenkungen (Betriebskosten), aber auch für höhere Mitarbeiterzufriedenheit darstellen.

Quelle: dgnb.de

Darüber hinaus wird das Konzept der Kreislaufwirtschaft (Circular Economy) wichtiger, da mittlerweile zunehmend Technologien und Konzepte der Wiederverwertung von Bestandsstoffen vorhanden sind, die eine Anwendung des Konzeptes wettbewerbsfähig machen. Der Übergang zu geschlossenen Kreisläufen kann eine wirtschaftliche Chance für Kommunen darstellen. Die wirtschaftlichen Potenziale der Kreislaufwirtschaft können sein:

- **Kosteneinsparungen:** Durch Abfallvermeidung und Nutzung von Sekundärrohstoffen.
- **Neue Arbeitsplätze:** Lokale Arbeitsplätze in den Bereichen Reparatur, Aufbereitung und innovative zirkuläre Dienstleistungen.
- **Stärkung regionaler Wertschöpfung:** Wertschöpfung bleibt in der Region, wenn Abfälle zu Rohstoffen werden.

- **Innovationsförderung:** Neue Technologien und Geschäftsmodelle können entstehen.

Best-Practice: „Leitlinie für eine nachhaltige Gewerbeflächenentwicklung", Bocholt. Die Stadt Bocholt hat ein innovatives Kriterien- und Punktesystem für die Vergabe von Gewerbegrundstücken entwickelt. Unternehmen können aus verschiedenen Kategorien wählen und werden bei Erreichen einer Mindestpunktzahl mit einem Grundstück belohnt. Wer freiwillig mehr tut, erhält einen finanziellen Bonus. Das Modell verbindet Flexibilität und unternehmerische Freiheit mit klaren ökologischen Zielen.

2.2.3 Verschlüsselte digitale Kommunikation

Alleiniges Handeln im eigenen „Kirchturm" ist eine strategische Sackgasse. Durch die Bündelung von Kräften und Ressourcen können Kommunen gemeinsam attraktivere Wirtschaftsräume schaffen und im Wettbewerb bestehen. Die Gründe für eine verstärkte Zusammenarbeit sind vielfältig:

- **Finanziell:** Die Entwicklung großer Gewerbeflächen ist für eine einzelne Kommune oft eine erhebliche finanzielle Last, die im Verbund besser geschultert werden kann. Zudem können regionale Konzepte weitere Fördergelder erschließen.
- **Räumlich und inhaltlich:** Eine regionale Abstimmung ermöglicht eine kluge Arbeitsteilung und Spezialisierung – die eine Kommune verfügt über geeignete Flächen, die Nachbarkommune über Know-how in der Entwicklung. So kann ein differenzierter Angebotsmix entstehen, der passgenau auf unterschiedliche Unternehmensbedürfnisse zugeschnitten ist.
- **Schonung der Ressource Boden:** Durch kluge interkommunale Ansätze können zu den Flächenbedarfen gebündelte Angebote entwickelt werden. Durch Zentralisierung in geeigneten Zielräumen werden Flächen gespart und sogar Clustereffekte gehoben.
- **Marketingbezogen:** Gemeinsam ist man sichtbarer. Ein regionales Standortmarketing hat eine größere Reichweite und professionellere Schlagkraft als die Einzelinitiativen vieler kleiner Kommunen.

Erfolgreiche interkommunale Kooperationen zeichnen sich durch bestimmte Merkmale aus, die über bloße Absprachen hinausgehen. Dazu gehören ein professionelles Management, das Kommunalverwaltungen entlastet, sowie eine gelebte Solidarität, bei der größere Städte kleinere Partner mit Fachwissen unterstützen. Auch die Wahl der richtigen Rechtsform, wie die Gründung eines Zweckverbands oder eines gemeinsamen

Kommunalunternehmens kann die Umsetzung von Projekten erheblich beschleunigen. Kooperation bedeutet demnach nicht den Verlust von kommunaler Autonomie, sondern einen Gewinn an strategischer Stärke und überregionaler Sichtbarkeit.

Best-Practice: Das interkommunale Gewerbegebiet Inning/Wörthsee ist ein gemeinsames Projekt der Gemeinden Inning a. Ammersee und Wörthsee. Es befindet sich in der Nähe der A96 und B471 und ist durch die gute Verkehrsanbindung zu den Wirtschaftszentren München und Augsburg gekennzeichnet. Die Flächen des Gewerbeparks sind bereits vollständig vermarktet und er gilt als Erfolgsprojekt, das sowohl die lokale Wirtschaft als auch den Tourismus der Region fördert.

2.2.4 Den Standort vermarkten: Unternehmen gewinnen und binden

Selbst die attraktivsten Gewerbeflächen verkaufen sich nicht von allein. Sobald die strategischen Grundlagen für die Entwicklung gelegt sind, muss ein professionelles und zielgerichtetes Standortmarketing folgen, um Unternehmen zu gewinnen und zu binden. Dabei geht es um die Markenbildung, die Aktivierung aller relevanten Akteure und die Nutzung moderner digitaler Werkzeuge.

Grundsätzlich gilt: Marketing kann nur dort erfolgreich sein, wo auch ein überzeugendes Produkt vorhanden ist. Die Instrumente des modernen Standortmarketings sind dabei vielfältig. Am Anfang steht die Entwicklung einer klaren Markenstrategie, die eine eindeutige Positionierung und eine authentische Identität des Standorts schafft. Parallel dazu kann ein gewerbliches Quartiersmanagement dazu beitragen, private Immobilieneigentümer und lokale Gewerbetreibende aktiv einzubinden. Ein weiterer zentraler Baustein ist das digitale Marketing, das mithilfe moderner Technologien den Standort auch online erlebbar macht.

Best-Practice: Gewerbegebietsmanagement Augsburg-Ost – Erfolg durch Standortinitiative! Das Gewerbegebiet Augsburg-Ost, das stärkste in Bayerisch-Schwaben mit rund 500 Unternehmen und ca. 11.000 Arbeitsplätzen, sichert seine Zukunftsfähigkeit durch die aktive Standortinitiative Augsburg Ost e.V. (SIA-Ost). Aus einem ExWoSt-Pilotprojekt hervorgegangen, ist die Initiative zentraler Motor und Sprachrohr der ansässigen Wirtschaft.

Quelle: augsburg-ost.de

In der Praxis ergeben sich diverse Handlungsfelder, für die eine Vielzahl von Werkzeugen und Ansätzen zur Verfügung steht. Solche „Werkzeugkästen" stellen bewährte Methoden und Instrumente vor, mit denen Entwicklungsprozesse erfolgreich gesteuert und gestaltet werden können.

2.2.5 Das Gewerbeflächenentwicklungskonzept (GEFEK) als die strategische Grundlage

Das Gewerbeflächenentwicklungskonzept (GEFEK) ist das wichtigste Steuerungsinstrument für die Entwicklung und Vermarktung von Gewerbeflächen. Es dient als politisches Bekenntnis und praktisches Handbuch für Entscheidungen. Ein gut gemachtes GEFEK transformiert eine reaktive Verwaltung in eine proaktive Gestaltungsmacht, indem es die Diskussion von Meinungen hin zu datenbasierten Fakten verlagert und so Entscheidungen verteidigt und Unterstützung sichert.

Baustein	Vorgehen & Leistungsumfang	Warum ist das für politische Entscheidungen wichtig?
Analyse (Wo steht die Kommune?)	Inhalte: Sozioökonomische Rahmenbedingungen (Lage, Pendler, Bevölkerung, Beschäftigung) und Nachfrage (Entwicklung von Gewerbeanmeldungen, Erkenntnisse der Wirtschaftsförderung). Umfang: Statistische Auswertung sowie detaillierte Analyse von Kompetenzfeldern, Leitbranchen und Qualifikationsprofilen im Abgleich mit Nachbarregionen.	Verstehen der wahren Stärke der lokalen Wirtschaft, um die richtigen Ziele zu setzen und Ressourcen effektiv einzusetzen.

Baustein	**Vorgehen & Leistungsumfang**	**Warum ist das für politische Entscheidungen wichtig?**
Bestand (Was ist vorhanden?)	Vorgehen: Systematische Erhebung aller bestehenden Gewerbestandorte. Umfang: Erfassung von Gewerbegebieten sowie grundstücksscharfe Erhebung von Leerstand, ungenutzten Potenzialen und sogenannten Fehlnutzungen (die wertvolle Flächen blockieren).	Schafft die Grundlage zur Mobilisierung von Innenentwicklungspotenzialen, bevor teure neue Flächen erschlossen werden. Nur wer innere Potenziale kennt, kann überzeugend argumentieren.
Bedarf (Was wird benötigt?)	Prognose: Zusammenführung von Angebot und Nachfrage zur Ermittlung des zukünftigen Flächenbedarfs. Umfang: Allgemeine Flächenprognose sowie differenzierte Prognose nach Standort- und Unternehmenstypen, ergänzt durch ortsspezifische Flächenkennziffern. Bewertung und Priorisierung aller identifizierten Potenzialflächen (Brachenreaktivierung, Baulückenschluss).	Ermöglicht die Entwicklung passgenauer Angebote statt einer „Gießkannen"-Politik, was zur Steigerung der Ansiedlungserfolge beiträgt.
Strategie (Was sind die nächsten Schritte?)	Ziele: Übersetzung der Analyseergebnisse in eine konkrete Strategie mit Entwicklungszielen und Handlungsprioritäten. Umfang: Allgemeine Ziele sowie ein konkretes Handlungsprogramm mit priorisierten Maßnahmen (z. B. Aktivierung von Brachen), Kosten-Nutzen-Analyse (KNA) und Vorschlägen zur Standortentwicklung.	Macht das Konzept zu einem umsetzbaren Fahrplan statt zu einem Papiertiger und bietet eine klare Entscheidungsgrundlage für Investitionen.

Baustein	Vorgehen & Leistungsumfang	Warum ist das für politische Entscheidungen wichtig?
Prozess (Sicherung der Umsetzung)	Abstimmung: Interne verwaltungsinterne Abstimmung der Maßnahmen. Umfang: Zusätzlich ein strukturiertes Beteiligungsverfahren mit Politik, Wirtschaft, Öffentlichkeit und weiteren relevanten Akteuren.	Sichert die politische und gesellschaftliche Akzeptanz für die Umsetzung der oft weitreichenden und kostenintensiven Maßnahmen.

2.3 Checkliste – Was nun zu tun ist

Die Entwicklung von Wirtschaftsflächen ist eine der komplexesten Aufgaben in der Kommunalpolitik. Die folgenden fünf Praxistipps fassen die zentralen Erkenntnisse dieses Kapitels zusammen.

- **Qualität einfordern:** Bestehen Sie auf einem qualifizierten Gewerbeflächenentwicklungskonzept (GEFEK) als strategische Grundlage für alle Entscheidungen. Nutzen Sie die GEFEK-Checkliste, um die Qualität der Konzepte zu bewerten.
- **Von innen nach außen denken:** Machen Sie die Aktivierung von Brachflächen und die Aufwertung bestehender Gewerbegebiete zur obersten Priorität, um teure neue Flächen zu vermeiden.
- **Nachhaltigkeit als strategisches Leitprinzip verankern:** Nutzen Sie die Wertschöpfungspotenziale der Kreislaufwirtschaft, forcieren Sie die Transformation bestehender Gewerbeflächen und schaffen Sie durch kooperative Anreizsysteme ökologisch, sozial und flächenoptimiert gestaltete Standorte.
- **Partner über die Stadtgrenze hinaus suchen:** Initiieren oder unterstützen Sie aktiv interkommunale Kooperationen, um Kosten und Nutzen fair zu teilen und strategische Spezialisierung zu ermöglichen.
- **Aktiver Gestalter und Moderator sein:** Verstehen Sie Ihre Rolle als Gestalter des Wandels, der Akteure an einen Tisch bringt und für transparente Prozesse sorgt, um Vertrauen zu schaffen.

2.4 Erfolgsbeispiele aus der Praxis im Überblick

Gewerbegebiet – Aachen-Nord – Das Gebiet wird als Beispiel für einen älteren Gewerbestandort genannt, der durch gezielte Transformationskonzepte aufgewertet werden muss. Es zeigt, dass Kommunen solche Standorte mit externer Begleitung analysieren und „neu gründen“ können.

Interkommunales Gewerbegebiet Inning/Wörthsee – Das Gebiet war in kürzester Zeit vermarktet und zeigt den Erfolg der Zusammenarbeit zweier Gemeinden mit wenig freien Flächenpotenzialen. Die Ansiedlungen sind überwiegend regionale Verlagerungen und erhalten damit die örtliche Wirtschaftskraft.

Gewerbehöfe – München – Die Münchner Gewerbehöfe sichern als städtisches Förderinstrument langfristig Gewerbeflächen für kleine und mittlere Betriebe sowie das Handwerk. Durch die gestapelte Bauweise mit Lastenaufzügen dient das Konzept dem Erhalt der städtischen „Münchner Mischung" und wirkt dem Verlust klassischer Gewerbeflächen entgegen.

Kaufland-Markt mit Sportdach – Erfurt – Auf einer innerstädtischen Brachfläche wurde ein Supermarkt mit einem öffentlichen Sportplatz auf dem Dach in Doppelnutzung realisiert. Ein Beispiel für flächensparendes Bauen und die Schaffung von multifunktionalem Mehrwert in dicht besiedelten Gebieten.

Leitlinie für eine nachhaltige Gewerbeflächenentwicklung – Bocholt – Die Stadt entwickelte ein flexibles Punktesystem zur Bewertung und Förderung der ökologischen Qualität von Bauvorhaben bei der Grundstücksvergabe. Sie belohnt nachhaltiges Engagement mit einem Nachlass auf den Kaufpreis und setzt auf Anreize statt auf Zwang.

Interkommunaler Zweckverband: INKOM Südwest – Rottweil/Zimmern – Eine erfolgreiche Kooperation der Großen Kreisstadt Rottweil und der Gemeinde Zimmern o. R., organisiert in einem kommunalen Zweckverband. Durch dieses Modell konnten die Kommunen gemeinsam einen hoch attraktiven Standort direkt an der A81 realisieren und die Gewerbesteuereinnahmen fair teilen.

Flächenpotenzialanalyse Nordoberpfalz – Die Landkreise Neustadt a. d. Waldnaab, Tirschenreuth und die Stadt Weiden erstellten eine Analyse im interkommunalen Schulterschluss. Das Projekt gleicht den branchenspezifischen Gewerbeflächenbedarf bis 2035 mit den verfügbaren Potenzialflächen ab und fördert das Bewusstsein für Flächensparen und die ressourcenschonende Entwicklung von Bauland.

Smarter Handeln Bocholt – Bocholt – Ein umfassender Masterplan zur Digitalisierung des lokalen Einzelhandels mit einer Perspektive bis 2025. Er kombiniert strategische Forschung mit sichtbaren Maßnahmen wie einem „Smart Store Hub" in der Innenstadt.

3. Wohnen und Wohnformen

Wohnen hat in der Kommunalpolitik einen herausragenden Stellenwert, weil es direkt die Lebensqualität der Bürger beeinflusst und als Voraussetzung eines menschenwürdigen Daseins gilt. Es ist ein zentraler Motor für die wirtschaftliche Wettbewerbsfähigkeit, da Unternehmen qualifizierte Fachkräfte nur dort finden, wo es attraktiven und bezahlbaren Wohnraum gibt.

Darüber hinaus ist bezahlbares Wohnen die Grundlage für soziale Stabilität und gesellschaftlichen Zusammenhalt, da es Segregation und Verdrängungsprozesse im Zuge von Gentrifizierung vorbeugt. Jede Entscheidung im Wohnungsbau prägt das Erscheinungsbild der Kommune langfristig und beeinflusst Stadtbild, Infrastruktur, Verkehr und Grünflächen. Wohnen ist somit ein Querschnittsthema, das fast alle Politikbereiche berührt und die Zukunft einer Stadt oder Gemeinde maßgeblich bestimmt.

3.1 FAQ für den schnellen Einstieg

Was bedeutet das Spannungsfeld der kommunalen Wohnungspolitik?

Kommunale Wohnungspolitik ist in Bayern von einem grundlegenden Spannungsfeld geprägt: den „divergierenden Wohnungsmärkten". Während in den Ballungszentren, insbesondere im Großraum München, die Mieten und Kaufpreise stark steigen und ein großer Bedarf an bezahlbarem Wohnraum besteht, kämpfen viele ländliche, periphere Regionen mit Abwanderung und hohem Leerstand.

In wachsenden bayerischen Städten liegt der Fokus auf der Nachverdichtung und der Sicherung sozialer Durchmischung, um dem enormen Druck auf den Wohnungsmarkt zu begegnen. Demgegenüber müssen ländliche Gemeinden intelligente Strategien für Leerstandsmanagement, Gebäudeumnutzungen und die Stärkung ihrer Ortskerne entwickeln. Hier geht es nicht primär um Neubau, sondern um die Revitalisierung bestehender Substanz.

Diese Gegensätze erzeugen politische Zielkonflikte. Eine in einer Metropole sinnvolle Maßnahme wie die maximale Verdichtung kann in einer schrumpfenden Region kontraproduktiv sein. Die entscheidende Aufgabe für Kommunalpolitiker ist es daher, eine ehrliche, datenbasierte Diagnose der eigenen lokalen Situation zu erstellen, um wirksame und passende Lösungen zu finden.

Was bedeutet der demografische Wandel konkret für meine Kommune?

Für Kommunen bedeutet der demografische Wandel eine fundamentale Veränderung, die weit über das einfache Älterwerden hinausgeht. Dieser wirkungsmächtige Trend betrifft fast alle Bereiche der Orts-, Stadt- und Regionalentwicklung, von der Wohnsituation bis zur Infrastruktur.

Die Herausforderung liegt in den sich verändernden Haushaltsgrößen und Lebensstilen, insbesondere im steigenden Anteil der Ein-Personen-Haushalte. In Bayern werden ältere Menschen bis 2040 einen bedeutenden Teil der Bevölkerung ausmachen, doch nur ein Bruchteil der Wohnungen ist aktuell barrierefrei. Damit klafft eine Lücke zwischen dem Wunsch vieler über 65-Jähriger, möglichst lange selbstbestimmt in den eigenen vier Wänden zu leben, und den realen Wohnbedingungen. Aus dieser Diskrepanz entsteht ein zunehmender Pflege- und Unterstützungsbedarf.

Weil häusliche Unterstützung und geeignete Wohnformen fehlen, steigt die Zahl der Pflegebedürftigen, die stationäre Versorgung benötigen, obwohl sie eigentlich lieber zu Hause bleiben würden. Dadurch nimmt der Druck auf Pflegeeinrichtungen und Fachkräfte weiter zu. Aus dieser Kombination von demografischem Wandel, unzureichendem Wohnungsbestand und fehlenden Unterstützungsstrukturen vor Ort erwächst der gegenwärtige und sich verschärfende Pflegenotstand.

Der Pflegenotstand ist längst auch eine kommunale Finanzfrage. Denn die Kommunen tragen die Kosten der „Hilfe zur Pflege“, wenn das eigene Einkommen und Vermögen älterer Menschen nicht ausreicht und das sowohl in der stationären als auch in der ambulanten Versorgung. Diese Ausgaben steigen bereits seit Jahren stark an und belasten die Sozialhaushalte zunehmend.

Um dieser Entwicklung entgegenzuwirken, sind die Kommunen gefordert, integrierte Lösungen auf Quartiersebene zu entwickeln. Ziel ist es, nicht nur zusätzlichen Wohnraum zu schaffen, sondern Versorgungssicherheit, soziale Teilhabe und eine funktionierende lokale Infrastruktur zu gewährleisten. Eine vorausschauende Quartiersentwicklung reduziert langfristig Pflegekosten, stärkt die Selbstständigkeit älterer Menschen und entlastet damit das kommunale Sozialbudget.

Best-Practice: In Traunstein entstand im Rahmen des Pilotprogramms „Demografiefeste Kommune“ eine eigene Demografie-Strategie. Der Stadtrat beschloss Demografie-Festigkeit als Ziel der Stadtentwicklung.

Bezahlbarer Wohnraum – Warum ist das eine kommunale Aufgabe und wo fange ich an?

Die Schaffung von bezahlbarem Wohnraum ist eine gesamtgesellschaftliche Aufgabe, bei der die Kommunen eine Schlüsselrolle spielen. Der Bund stellt Rekordmittel für den sozialen Wohnungsbau und die Städtebauförderung zur Verfügung. Der erste Schritt vor Ort ist daher eine Bestandsaufnahme:

Wie hoch ist der Bedarf an gefördertem Wohnraum? Über welche Grundstücke verfügt die Kommune, die für den Wohnungsbau mobilisiert werden könnten? Welche Wohnungsbaugesellschaften, Genossenschaften und Investoren sind vor Ort aktiv und wie kann eine Kooperation aussehen? Welche Flächen und Objekte bieten sich für den geförderten Wohnungsbau bzw. zu Realisierung von kleineren und barrierefreien Wohneinheiten an?

Gleichzeitig stellt sich die Frage, wo im bestehenden Baubestand Umnutzungspotenziale für altersgerechtes oder gemeinschaftsorientiertes Wohnen bestehen und wie diese baurechtlich gesichert werden können, etwa durch Anpassung von Bebauungsplänen, Nutzungsgenehmigungen oder durch Vereinbarungen im Rahmen von Konzeptvergaben. Ebenso entscheidend ist, wo die Kommune über Milieuschutzsatzungen eingreifen muss, um stabile Mieten und sozial durchmischte Quartiere zu erhalten. Nur wenn Umnutzung, Neubau und soziale Sicherungsinstrumente zusammengedacht werden, kann Wohnen langfristig bezahlbar und pflegegerecht bleiben.

Welche Zielkonflikte muss man kennen?

Wohnungspolitik ist ein ständiger Aushandlungsprozess. Ein Verständnis dieser typischen Zielkonflikte ist entscheidend, um wirksame und nachhaltige Entscheidungen zu treffen.

Ein zentraler Konflikt ist die Innenentwicklung vs. Freiflächenschutz. Die Notwendigkeit, Wohnraum zu schaffen, kollidiert mit dem Wunsch, wertvolle Grün- und Naturflächen zu erhalten. Während Ballungsräume wie München die Nachverdichtung priorisieren, kämpfen ländliche Gemeinden mit dem Verlust landwirtschaftlicher Flächen und zunehmender Versiegelung.

Ein weiterer Konflikt besteht zwischen Wohnen und Gewerbe. Die Ausweisung von Wohnbauflächen konkurriert direkt mit den Interessen der lokalen Wirtschaft, die Flächen für neue Betriebe und die Sicherung von Arbeitsplätzen benötigt. Gleichzeitig verändern sich die Anforderungen: Moderne Gewerbeformen streben zunehmend orts- bzw. stadtnah gelegene, kleinteilige Standorte an, die sich gut mit Wohnen und Nahversorgung verbinden lassen. Die Herausforderung für Kommunen besteht heute weniger in einer strikten Trennung, sondern in der klugen Verknüpfung von Wohnen und Arbeiten, um sowohl bezahlbaren Wohnraum als auch wohnortnahe Arbeitsplätze zu sichern und die Stadt funktional ausgewogen zu gestalten.

Besonders in Tourismusregionen, die in Bayern zahlreich sind, entsteht ein drängender Konflikt zwischen Tourismus und Dauerwohnen. Die steigende Zahl von Ferienwohnungen verdrängt oft den bezahlbaren Wohnraum für die einheimische Bevölkerung. Das führt laut Studien u. a. vom Bundesinstitut für Bau-, Stadt- und Raumforschung (BSSR), Bayerischen Landesamt für Statistik, Institut der Deutschen Wirtschaft dies in Regionen wie Garmisch-Partenkirchen, Berchtesgadener Land, Tegernsee, Oberstdorf oder Prien am Chiemsee zu erheblichem Druck auf den Mietmarkt, sodass Fachkräfte, etwa Pflegekräfte, Erzieher oder Handwerker ihren Wohn- und Arbeitsort kaum noch in Einklang bringen können. Die Folgen sind spürbar: Betriebe finden kein Personal, und die Daseinsvorsorge gerät unter Druck. Eine aktive kommunale Steuerung ist daher unerlässlich, sei es durch Zweckentfremdungssatzungen, Zweitwohnungssteuern oder Belegungsbindungen. Best-Practice: Dies wird auf der Insel Sylt bereits erfolgreich praktiziert.

Ein weiterer, häufig übersehener Zielkonflikt betrifft die ungleiche Verteilung von Wohnraum zwischen den Generationen. Viele ältere Menschen leben heute allein in großen, oft nicht barrierefreien Einfamilienhäusern oder großen Wohnungen, weil es an geeigneten Alternativangeboten im Quartier fehlt oder sie ungern ihre vertraute Umgebung verlassen möchten. Diese sogenannte Wohnraumbindung im Bestand führt dazu, dass dringend benötigter Wohnraum für Familien blockiert bleibt. Während Ältere in ihrem vertrauten Zuhause (Eigentum oder Miete) verbleiben, finden junge Familien in den gleichen Kommunen kaum noch bezahlbare Häuser oder größere Wohnungen. Das verstärkt den Mismatch zwischen Haushalts- und Wohnungsgröße und führt langfristig zu einer unausgewogenen Altersstruktur in den Quartieren. Kommunen stehen hier vor der Aufgabe, Anreize und Angebote zu schaffen, die einen freiwilligen Wohnraumaustausch erleichtern, wie etwa durch barrierefreie Alternativwohnungen, Wohnraumberatung oder Mehrgenerationenmodelle im Bestand.

3.2 Zentrale Themen und Handlungsfelder

3.2.1 Wohnraum für alle – Förderung von Umzugsketten

„Wohnen für alle“ ist eines der zentralen Ziele der deutschen Wohnungspolitik. Dahinter steht die Idee, allen Menschen – unabhängig von Alter, Einkommen oder Lebenssituation – angemessenen, bezahlbaren und menschenwürdigen Wohnraum bereitzustellen. Der Begriff ist keine rein juristische Kategorie, sondern eine zentrale politische und gesellschaftliche Leitlinie. Er umfasst das Recht auf menschenwürdige Wohnbedingungen mit sicherer Umgebung und funktionierender Infrastruktur, die Bezahlbarkeit des Wohnens, den Schutz vor Verdrängung sowie den Ausbau von sozialem und erschwinglichem Wohnraum. Ebenso spielt die ökologische Qualität des Bauens eine Rolle: Nachhaltige Baustandards, Energieeffizienz und gemeinschaftsfördernde Räume und Freiflächen sind Teil des Anspruchs. Ziel ist ein Wohnungsangebot, das den unterschiedlichen Bedarfen und Lebensphasen der Bevölkerung gerecht wird: von jungen Erwachsenen bis zu Seniorinnen und Senioren, von Einpersonenhaushalten bis zu Familien.

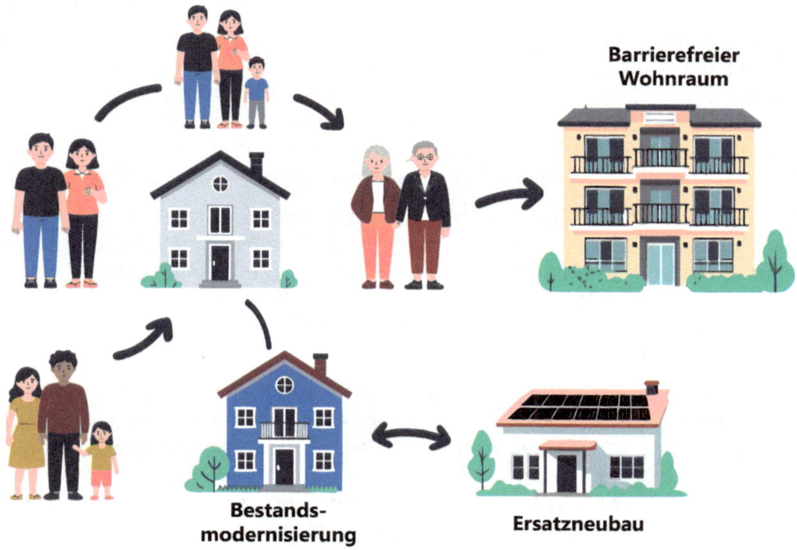

Idealtypischer Verlauf einer Umzugskette durch vorhandenen barrierefreien Wohnraum inkl. Umgang mit dem Bestandsobjekt
Darstellung CIMA 2025

Die Schaffung von Wohnraum für alle Generationen gelingt vor allem durch die Förderung bzw. Unterstützung sogenannter Umzugsketten. Werden kleinere, barrierearme oder kompakte Wohneinheiten für ältere Menschen oder junge Erwachsene geschaffen, entstehen in der Folge Bewegung und Dynamik im Bestand: Größere Einfamilienhäuser oder andere Bautypen werden frei und können von Familien oder jungen Paaren übernommen, modernisiert oder auch ersetzt werden. So werden vorhandene Grundstücke im Lebenszyklus erneut aktiviert und mit neuem Leben gefüllt. Zugleich bleibt älteren Einwohnerinnen und Einwohnern die Möglichkeit, in ihrer vertrauten Gemeinde zu wohnen – in einem Umfeld, das ihrem aktuellen Bedarf entspricht.

Darüber hinaus können Mehrgenerationenhäuser und gemeinschaftliche Wohnformen einen wichtigen Beitrag leisten, indem sie unterschiedliche Lebensphasen und Bedürfnisse unter einem Dach vereinen. Sie fördern gegenseitige Unterstützung, soziale Nähe und eine lebendige Nachbarschaftskultur. Solche Wohnformen tragen nicht nur zur effizienten Nutzung bestehender Flächen bei, sondern stärken auch den sozialen Zusammenhalt und die generationenübergreifende Verantwortung im Quartier.

Die kommunale Strategie zur Schaffung von bezahlbarem Wohnraum verschiebt sich zunehmend von der reinen Neubauoffensive hin zu kostengünstigeren, nachhaltigeren Lösungen im Bestand. Ein zentraler Ansatz ist die Reduktion von Standards beim Bauen, wie es der geplante „Gebäudetyp E“ vorsieht, der von nicht zwingend notwendigen Komfortstandards abweichen lässt, um bis zu zehn Prozent der Herstellungskosten zu sparen.

Ökologisch und ökonomisch ist der Umbau und die Umnutzung bestehender Gebäude die präferierte Strategie, da dies Flächenversiegelung vermeidet, die vorhandene Infrastruktur nutzt und die im Bauwerk gebundene „graue Energie“ (Ressourcenverbrauch bei Herstellung und Bau) erhält. Der Bestandserhalt ist somit der wichtigste Hebel für den Klimaschutz im Gebäudesektor.

Ein weiteres wichtiges Instrument zur Mobilisierung von Wohnraum ist der Wohnungstausch, der gerade in angespannten Märkten wie Potsdam aktiv gefördert wird. Hierzu hat die Stadt beispielsweise eine Koordinierungsstelle eingerichtet und Genossenschaften wie die wbg 1903 unterstützen den Tausch von großen, von Senioren untergenutzten Wohnungen gegen kleinere, seniorengerechte Einheiten. Solche Tauschbörsen aktivieren den „unsichtbaren Wohnraum“ in bereits existierenden, aber nicht bedarfsgerecht genutzten Wohnungen und schaffen so neue Kapazitäten für größere Haushalte oder junge Familien, ohne neue Bauflächen in Anspruch zu nehmen.

3.2.2 Zukunftsorientierte Quartiere gestalten: Das Leitbild des Versorgungsquartiers

Die demografische Entwicklung führt zu einem steigenden Pflegebedarf, der die Landkreise und kommunalen Sozialämter finanziell stark belastet.

Denn wenn Rente, Vermögen und Leistungen aus den Pflegeversicherungen nicht ausreichen, muss das Sozialamt über „Hilfe zur Pflege“ einspringen. Dies wiederum schmälert die Mittel für andere kommunale Aufgaben wie Schulen, Jugendhilfe und Abfallwirtschaft.

Das Leitbild der Sorgekulturen muss die Stadtentwicklung künftig mitbestimmen. Die Entwicklung von sogenannten Versorgungsquartieren kann dazu beitragen. Ziel ist es, die Inanspruchnahme stationärer Pflege zu vermeiden, indem ambulante und teilstationäre Unterstützungsformen, wie Verhinderungs-, Tages- und Kurzzeitpflege vor Ort gestärkt werden. Dadurch lässt sich nicht nur die Lebensqualität der Pflegebedürftigen erhöhen, sondern auch die kommunale Kostenbelastung im Rahmen der „Hilfe zur Pflege“ deutlich reduzieren. Einen entscheidenden Beitrag hierzu leisten Versorgungsquartiere, die auf den Aufbau ehrenamtlicher Strukturen, ein aktives Quartiersmanagement und die Bündelung versorgender, sozialer und pflegerischer Angebote vor Ort setzen. Ein Versorgungsquartier verbindet generationengerechtes Wohnen mit ambulanter Pflege, Nahversorgung und sozialer Infrastruktur direkt vor Ort. Es schafft kurze Wege und ein Umfeld, in dem Menschen auch bei zunehmendem Hilfebedarf selbstbestimmt und gut versorgt in ihrer vertrauten Umgebung leben können. Durch diese integrierte Struktur wird es möglich, Unterstützungsleistungen frühzeitig, wohnortnah und bedarfsgerecht zu organisieren. Das entlastet Angehörige, stabilisiert häusliche Pflegesituationen und verzögert den Eintritt in kostenintensive stationäre Versorgung.

GUT ZU WISSEN!

Von 2025 bis 2028 steht ein Förderbudget von 30 Millionen Euro pro Jahr aus dem Ausgleichsfonds der Pflegekassen zur Verfügung.

Dieses Förderprogramm nach § 123 SGB XI zielt darauf ab, innovative und nachhaltige Quartierslösungen zu gestalten, die sich dauerhaft selbst finanzieren können. Die Voraussetzung ist eine hälftige Kofinanzierung durch das jeweilige Bundesland und/oder die Kommune.

Dieser Ansatz ist ein Paradigmenwechsel: Statt einer funktional getrennten Stadt (Wohnen hier, Einkaufen dort, Pflege woanders) entsteht eine nutzungsgemischte und sozial widerstandsfähige Quartierslogik. Diese räumliche und soziale Durchmischung stärkt nicht nur die Versorgung, sondern fördert auch den Zusammenhalt und die gegenseitige Unterstützung der Generationen.

Die Entwicklung von Versorgungsquartieren erfordert ein integriertes Vorgehen. Es sollte eine zentrale Steuerung etabliert werden, zum Beispiel durch ein Quartiersmanagement, das als Knotenpunkt und Moderator für alle Beteiligten fungiert. Langfristig führt dieses Zusammenspiel aus Prävention, sozialer Einbindung und lokaler Versorgung zu einer spürbaren Entlastung der kommunalen Sozialhaushalte und stärkt zugleich den gesellschaftlichen Zusammenhalt im Quartier.

3.3 Der passende Werkzeugkasten

Wohnungspolitik ist kein Handeln nach „Bauchgefühl“, sondern erfordert strategisches Vorgehen und den gezielten Einsatz bewährter Instrumente. Dieser Werkzeugkasten stellt die wichtigsten Methoden vor, um die wohnungspolitischen Herausforderungen aktiv anzugehen.

3.3.1 Fundament legen: Analyse und Strategieentwicklung

Nachhaltige politische Entscheidungen basieren immer auf einer verlässlichen Datengrundlage. Um die richtigen Weichen für die Zukunft zu stellen, ist ein tiefgehendes Verständnis des lokalen Wohnungsmarktes unverzichtbar.

Fachbüros wie das CIMA Institut für Regionalwirtschaft stellen dafür ein umfassendes Set an Analyseinstrumenten bereit, das als Grundlage für strategische Entscheidungen dient. Dazu zählen Wohnungsmarktberichte, die eine fundierte Bestandsaufnahme liefern, Wohnraumversorgungskonzepte mit Prognosen, die zukünftige Entwicklungen aufzeigen, sowie Segmentuntersuchungen, die gezielte Antworten auf spezielle Fragestellungen geben. Ergänzend bietet ein Stadtentwicklungscheck Kommunen die Möglichkeit, ihren aktuellen Stand effizient zu überprüfen und Handlungsfelder klar zu erkennen.

3.3.2 Potenziale aktivieren: Wohnraum schaffen ohne neue Baugebiete

Die Ausweisung neuer Baugebiete auf der „grünen Wiese“ ist oft mit hohen Folgekosten für die Infrastruktur verbunden und verbraucht wertvolle Natur- und Landwirtschaftsflächen. Darüber hinaus nimmt der Prozess sehr viel Planungszeit in Anspruch und kann damit auf kurzfristige Bedarfe nicht reagieren. Der Grundsatz „Innenentwicklung vor Außenentwicklung“ ist daher nicht nur ökologisch, sondern auch ökonomisch sinnvoll. Ein enormes, oft übersehenes Potenzial zur Schaffung von Wohnraum im Bestand liegt in:

- **Aufstockungen:** Insbesondere Wohngebäude aus den 1950er- bis 1990er-Jahren bieten oft die statischen Voraussetzungen.
- **Umnutzungen:** Leer stehende Büro- und Verwaltungsgebäude, aber auch ehemalige Gewerbebauten oder Kirchen können zu attraktivem Wohnraum umgebaut werden.

- **Überbauung von Parkhäusern und Supermärkten:** Insbesondere eingeschossige Einzelhandelsobjekte oder Parkhäuser in zentralen Lagen bieten Flächen.
- Die **Konversion** von ehemaligen Industrie- oder Militärflächen ist eine weitere wichtige Strategie der Innenentwicklung.
- **Reaktivierung von ungenutzten oder brachliegenden Grundstücken:** Im bebauten Innenbereich finden sich oftmals Flächen, die untergenutzt oder sogar gänzlich brachliegen. Diese bieten großes Nachverdichtungspotenzial.

3.3.3 Menschen mitnehmen: Beteiligung, Kooperation und Kommunikation

Kein noch so gut geplantes Wohnprojekt kann erfolgreich sein, wenn es gegen die Menschen vor Ort durchgesetzt oder am Bedarf der zukünftigen Bewohnerschaft vorbei gebaut wird. Die Schaffung von Akzeptanz und das Schmieden von Allianzen sind entscheidende Erfolgsfaktoren für die moderne Wohnungspolitik, wobei stets das Motto gelten muss: „Betroffene zu Beteiligten machen!".

Zur Vermeidung von „Not-in-my-backyard"-Effekten (NIMBY) ist eine aktive und frühe Kommunikation seitens der Kommune unerlässlich. Häufig entstehen Widerstände nicht aus Ablehnung der Idee, sondern aus mangelnder Information über die konkrete Umsetzung. Kommunale Akteure müssen frühzeitig in den Dialog treten, Ängste adressieren – etwa vor steigendem Verkehr oder Lärm – und den Mehrwert für das bestehende Quartier transparent darstellen. Hierbei helfen Tools wie digitale 3D-Modelle oder begehbare Musterwohnungen, um abstrakte Planungen greifbar zu machen und so Vertrauen in den gesamten Prozess zu schaffen.

Gleichzeitig sollten die Ideen und Wünsche künftiger Bewohner von Anfang an in die Planung einfließen. Die Wohnbau GmbH Traunstein hat beispielsweise für ihre neuen Quartiere die Anforderungen an Gemeinschaftsräume frühzeitig über eine Abfrage ermittelt und in das Konzept integriert. Denn solche Räume funktionieren nur, wenn sie später angenommen, aktiv genutzt und wertschätzend behandelt werden. So kann gelebte Nachbarschaft von Beginn an erfolgreich gefördert werden.

Grundsätzlich müssen Wohnbauprojekte immer als Teil der gesamten Quartiersentwicklung betrachtet werden. Akzeptanz wird dann nachhaltig gestärkt, wenn der neue Wohnraum mit einem sozialen oder ökologischen Mehrwert für die gesamte Nachbarschaft verbunden ist. Dies kann die Schaffung von öffentlichen Grünflächen, die Einrichtung eines Mehrgenerationenhauses als sozialer Ankerpunkt oder die Aufwertung der Nahversorgung umfassen. Die Kommune agiert hierbei als entscheidender Moderator, um sicherzustellen, dass die neuen Bewohner und die Bestandsbewohner gleichermaßen und fair von den getätigten Investitionen profitieren.

3.3.4 Neues wagen: Generationenübergreifende Wohngemeinschaften

Solche Modelle bringen gezielt ältere und jüngere Menschen zusammen, um Wohnraum zu teilen und voneinander zu profitieren. Gleichzeitig bekämpfen sie das in allen Generationen zunehmend verbreitete Problem der Einsamkeit. Wenngleich hier noch keine Massenbewegung zu erkennen ist, so gehen diese Ansätze in die richtige Richtung und werden sich auch weiter ausbreiten.

EINSAMKEIT GEFÄHRDET DIE DEMOKRATIE, STEUERN SIE AKTIV DAGEGEN

Städte und Gemeinden sind wichtige Akteure im Kampf gegen die Einsamkeit. Auf kommunaler Ebene entscheidet sich, ob soziale Nähe und gesellschaftlicher Zusammenhalt gefördert werden oder zunehmend verloren gehen. Werden Kommunen hier aktiv, verbessern sie nicht nur die Lebensqualität, sondern leisten auch einen wichtigen Beitrag zur politischen Stabilität. Denn Einsamkeit gefährdet auch unsere Demokratie: Zahlreiche Studien belegen, dass isolierte Menschen dazu neigen, politisches Misstrauen zu entwickeln, ihr Interesse an der Politik schwindet, ihre Engagement-Bereitschaft nimmt ab.

Um diesem Trend entgegenzuwirken, sollten Kommunen gezielt Begegnungsstätten und Räume schaffen, die soziale Kontakte wachsen lassen. Die wirksamsten Instrumente dafür sind die Förderung von Nachbarschaftshilfen, die Einrichtung von Treffpunkten und die Unterstützung generationenübergreifender Projekte. Für die optimale Wirkung ist die Bündelung aller Angebote durch eine koordinierende Stelle ideal.

Best-Practice: Die konkreten Modelle variieren dabei je nach Träger, hier zwei anerkannte Beispiele: Ein etabliertes Beispiel ist das Programm „Wohnen für Hilfe“, das bereits seit 1992 existiert. Hierbei erhalten Studierende kostenfreien Wohnraum bei Senioren/-innen und unterstützen diese im Gegenzug mit alltäglichen Hilfsleistungen.

Einen begleitenden und plattformbasierten Ansatz verfolgt das Start-up InGemeinschaft, das im Oktober 2025 mit dem Münchner Gründerpreis ausgezeichnet wurde. Das für Vermieter kostenfreie Angebot vermittelt gezielt junge Menschen an Senioren mit freiem Wohnraum. Ziel ist es, Menschen zusammenzubringen, die ihren Alltag teilen möchten. Ältere Menschen, die oft viel Platz haben, treffen auf Studierende, Auszubildende oder Berufseinsteiger, die ein Zimmer suchen. Die Motivation der älteren

Generation ist dabei vielfältig: Viele suchen die Gesellschaft oder möchten die freie Fläche durch zusätzliche Mieteinnahmen sinnvoll nutzen.

Derartige Nischenmodelle füllen Marktlücken, die Kommunen oder große Investoren nicht bedienen können, und sollten daher durch positive Begleitung gestärkt werden. Die Kommune kann die Angebote sichtbar machen, in Netzwerke einbinden und für Akzeptanz werben.

3.4 Checkliste – Was nun zu tun ist

Für die Umsetzung einer erfolgreichen Wohnungspolitik ist ein konkreter Fahrplan unerlässlich. Die folgende Checkliste liefert neuen Mandatsträgerinnen und Mandatsträgern in Bayern zehn entscheidende Fragen. Sie dienen dazu, sich einen schnellen Überblick über die lokalen Herausforderungen und die vorhandenen Werkzeuge zu verschaffen.

- **Lokale Situation verstehen:** Liegt eine aktuelle, kleinräumige Wohnungsmarkt- und Bevölkerungsprognose vor, die die spezifische Dynamik unserer Gemeinde und ihrer Ortsteile abbildet? Welche Entwicklungen sind in Bezug auf Alterung, Haushaltsgrößen, Zuzug, Wegzug oder saisonale Nutzung zu erwarten?
- **Zielgruppen definieren:** Welche Bedarfe haben die unterschiedlichen Bevölkerungsgruppen, und wie unterscheiden sie sich in ihrer Lebenslage und ihrem Wohnverhalten? Dazu gehören insbesondere
  - ältere Menschen, die barrierearme, zentrumsnahe oder betreute Wohnformen benötigen,
  - Familien mit Bedarf an größeren, bezahlbaren Wohnungen oder Häusern,
  - junge Erwachsene und Berufseinsteiger, die kompakte, flexible und bezahlbare Mietwohnungen suchen,
  - Pflege- und Betreuungskräfte, die auf wohnortnahe Angebote angewiesen sind,
  - alleinlebende Menschen, die Gemeinschaft und soziale Einbindung im Quartier wünschen, sowie
  - Zuziehende und Rückkehrende, die neue Impulse in die Gemeinde bringen und spezifische Anforderungen an Lage, Mobilität und Infrastruktur haben.

  Eine klare Zielgruppenanalyse – auch unter Anwendung von Sinus-Milieu-Analysen – ist die Grundlage dafür, passgenaue Wohn- und Versorgungsangebote zu entwickeln und die kommunalen Ressourcen gezielt einzusetzen.

- **Förderprogramme nutzen:** Welche der bayerischen Förderprogramme (KommWFP, BayWoFG) nutzen wir bereits? Welche Voraussetzungen müssen wir erfüllen, um diese Mittel bestmöglich abzurufen?
- **Flächenressourcen aktivieren:** Gibt es ein systematisches Leerstandskataster und sind die Potenziale für Nachverdichtung im Innenbereich (bspw. Flächen, Leerstände), Aufstockung und Umnutzung von Gebäuden bereits erfasst?
- **Kommunale Grundstücke mobilisieren:** Welche Grundstücke befinden sich im Besitz der Kommune und wie können wir sie für den Bau von bezahlbarem Wohnraum aktivieren (z. B. durch Erbpachtvergaben)?
- **Interkommunal denken:** Gibt es eine Zusammenarbeit mit Nachbarkommunen, um regionale Konzepte zu entwickeln und Synergien zu nutzen?
- **Nachhaltigkeit und Innovation:** Welche Kriterien setzen wir bei der Vergabe von Grundstücken, um nachhaltiges, energieeffizientes und barrierefreies Bauen zu fördern?
- **Umgang mit Ferienwohnungen:** Wie steuern wir in tourismusstarken Gebieten die Umwandlung von Dauerwohnraum in Ferienwohnungen, um die Lebensgrundlage der Einheimischen zu sichern?
- **Strukturen schaffen:** Gibt es in der Verwaltung einen „Runden Tisch Wohnen" oder eine ämterübergreifende Arbeitsgruppe, um die Projekte koordiniert voranzutreiben?
- **Bürgerschaft aktiv einbinden:** Wie und zu welchem Zeitpunkt beziehen wir die Bevölkerung in Planungsprozesse ein, um Akzeptanz für Innenentwicklungsprojekte zu schaffen?
- **Kommunikation und Imagearbeit**: Wie kommunizieren wir Wohnraumentwicklung als Zukunftsthema der Gemeinde, um Akzeptanz, Mitwirkung und Investitionsbereitschaft zu fördern?
- **Soziale Infrastruktur mitdenken**: Wie entwickeln wir parallel zum Wohnungsbau Kitas, Schulen, Pflege- und Freizeitangebote, damit neue Quartiere lebenswert und generationengerecht funktionieren?
- **Mobilität und Erreichbarkeit sicherstellen**: Wie ist der öffentliche Nahverkehr, die fußläufige Erreichbarkeit und Barrierefreiheit von Versorgungseinrichtungen und die Anbindung an zentrale Orte gewährleistet? Welche Rolle spielt die Reduktion von Kfz-Stellplätzen zugunsten gemeinschaftlicher Mobilitätsangebote (Carsharing, E-Bikes etc.)?
- **Private Eigentümer aktivieren:** Wie können private Haus- und Grundstückseigentümer motiviert werden, Leerstände zu aktivieren, umzubauen oder zu teilen (z. B. im Rahmen von Wohnraumberatung oder durch finanzielle Anreize)?

- **Bestand energetisch und sozial erneuern**: Wie fördern wir Sanierung, energetische Ertüchtigung und gleichzeitige Mietpreisbindung im Bestand, um Klimaschutz und soziale Verträglichkeit zu verbinden?
- **Monitoring und Datenmanagement**: Gibt es ein regelmäßiges Monitoring der Wohnraumentwicklung (z. B. Leerstand, Preisentwicklung, Umzüge), um Maßnahmen datenbasiert zu steuern und Fortschritte sichtbar zu machen?
- **Kooperation mit Wohnungswirtschaft und Genossenschaften**: Wie können Kommunen mit Wohnungsbaugesellschaften, Genossenschaften und privaten Bauträgern zusammenarbeiten, um bezahlbaren Wohnraum zu sichern oder neue gemeinschaftsorientierte Wohnprojekte umzusetzen?
- **Finanzierung und Wirtschaftlichkeit:** Welche Finanzierungsmodelle können wir nutzen (z. B. revolvierende Fonds, PPP, Konzeptvergaben), um Projekte wirtschaftlich tragfähig zu gestalten und langfristig Refinanzierung sicherzustellen?

3.5 Erfolgsbeispiele aus der Praxis im Überblick

Demografiefeste Kommune – Traunstein – Ein Querschnittsprojekt, das Wohnen, Daseinsvorsorge, Beteiligung und Standortpolitik verknüpft. Es liefert konkrete Maßnahmen für altersgerechte Quartiere und generationengerechte Stadtentwicklung.

InGemeinschaft – Münchner Metropolregion, skalierbar – Die digitale Plattform vernetzt ältere Eigentümer mit jungen Wohnraumsuchenden (Azubis, Berufseinsteiger) und fördert das Zusammenleben durch professionelle Begleitung der Wohnpartnerschaften.

Kölner Wohnbündnis – Köln – Die Stadt schloss eine langfristige, verbindliche Kooperation mit der Wohnungswirtschaft, um die ambitionierten Wohnungsbauziele gemeinsam zu erreichen. Das Beispiel veranschaulicht die Notwendigkeit von institutionalisierten Allianzen zur Schaffung von Planungssicherheit und Wohnraum.

Konversion (ehemalige Kaserne) „OSTPARK – Neues Wohnen" – Bochum – Auf einer 43 Hektar großen Konversionsfläche entsteht ein großes Quartier mit 1.300 Wohneinheiten. Das Besondere ist die konsequente Integration eines Klimakonzepts (Grün-, Frei- und Wasserflächen) zur Anpassung an Hitze und Starkregen.

Ortsplanung und Quartiersmanagement – Teuschnitz, Mainleus, Mitwitz (Marktgemeinden) – Die Marktgemeinden nutzen die Städtebauförderung und externe Quartiersmanager zur Entwicklung und Stärkung ihrer lebendigen Ortskerne. Dies zeigt, wie auch kleinere Kommunen mit externer Begleitung erfolgreich ihre Ortsentwicklung vorantreiben können.

Prozessbegleitung „Wohnen im Alter" – Bubenreuth – Die Gemeinde initiierte einen moderierten Beteiligungsprozess (Bürgerbefragung, Workshops) als Reaktion auf die geplante Schließung des einzigen Pflegeheims. Der Erfolg lag in der echten Partizipation zur Erstellung eines von der Gemeinschaft getragenen Lastenhefts „Wohnen im Alter".

Steuerung Tourismus vs. Dauerwohnen – Gemeinde Sylt – Die Gemeinde ließ ein strategisches Beherbergungskonzept erarbeiten, um den Konflikt zwischen Ferienwohnungen und dauerhaftem Wohnraum für Einheimische proaktiv zu steuern. Dies dient als essenzielles Beispiel für alle stark touristisch geprägten Gemeinden, um die Balance zwischen Wirtschaft und Lebensgrundlage zu sichern.

Tausche Bildung für Wohnen e.V. – Duisburg-Marxloh, Gelsenkirchen-Ückendorf (u.a.) – Engagierte junge Erwachsene erhalten mietfreien Wohnraum in Leerstandswohnungen und engagieren sich im Gegenzug als Bildungspaten für Kinder aus dem Quartier. Das Projekt nutzt soziales Kapital und Vernetzung, um Leerstand, Bildung und Integration gleichzeitig anzugehen.

Wohnen für Hilfe – bundesweit – Das etablierte Tauschmodell vermittelt Studierende als Mieter an Senioren. Sie zahlen keine Miete, sondern erbringen alltagsbezogene Unterstützung (z. B. Gartenarbeit, Einkäufe). Das Konzept lindert studentische Wohnungsnot und bietet Älteren praktische Entlastung.

Wohnlösungen für ältere Menschen in Familiennähe durch Serienmodule – Modulare, barrierefreie Wohnlösungen verschiedener Anbieter schaffen temporären, familienergänzenden Wohnraum auf bestehenden Grundstücken (z. B. im Garten). Sie ermöglichen selbstbestimmtes Wohnen älterer Menschen in unmittelbarer Nähe zur Familie, reduzieren bauliche Hürden und sichern die alltägliche Versorgung.

4. Stadt- und Ortsmarketing

Stadt- und Ortsmarketing beschreibt die strategische Entwicklung und Vermarktung einer Kommune als Lebens-, Wirtschafts- und Erlebnisraum. Es umfasst Standortförderung, Leerstandsmanagement, die Belebung der Ortsmitten, den Dialog mit Bürgerschaft und Unternehmen sowie die Schaffung einer unverwechselbaren Identität mit dem Ziel eines gemeinsamen „Wir-Gefühls".

Die kommunalen Marketingaktivitäten umfassen

- verschiedene Zielgruppen (Bürger*innen, Unternehmer*innen, Tourist*-innen, ...)
- verschiedene Akteure (Verwaltung, Werbegemeinschaften, Unternehmer*innen, Vereine, ...)
- verschiedene räumliche Ebenen (Innenstadt, Gesamtstadt, Region),
- verschiedene inhaltliche Schwerpunkte (z. B. Standortförderung, Tourismusmarketing, City-Marketing, Verwaltungsmarketing, Kulturmarketing)

Beim Stadt- und Ortsmarketing handelt es sich nicht um ein „Nice-to-have", sondern um ein zentrales Steuerungsinstrument. Es reagiert flexibel auf die großen Herausforderungen – von Haushaltsengpässen über den Strukturwandel im Handel bis hin zu Klimaschutz und Smart-City-Strategien. Der Ansatz ist vor allem integrativ: Stadt- und Ortsmarketing verbindet Standortentwicklung mit kooperativen Prozessen. Erfolgreich ist dieser Ansatz, weil er Beteiligung ermöglicht und auf bewährte Methoden zurückgreift, die seit den 80er Jahren immer wieder an sich ändernde Herausforderungen angepasst wurden.

4.1 FAQ für den schnellen Einstieg

Was sind die zentralen Zielsetzungen eines Integrierten Stadt- und Ortsmarketings für die Kommunalpolitik?

Integriertes Stadt- und Ortsmarketing zielt auf die langfristige Stärkung der Wettbewerbsfähigkeit und Steigerung der Lebensqualität ab. Die wichtigsten Ziele für die Kommunalpolitik sind:

- **Verbesserung der „Produkt"-Qualität Stadt:**
  - Steigerung der Attraktivität als Wohnort, Wirtschaftsstandort, Einkaufs- und Erlebnisort.
  - Optimierung von Strukturen, Infrastruktur und Prozessen.
- **Profilierung und Imagebildung:**
  - Entwicklung einer klaren und unverwechselbaren Stadtmarke und deren Vermittlung.
  - Erhöhung des Bekanntheitsgrades und positiven Images in der Außendarstellung.
- **Stärkung des internen Zusammenhalts (Identifikation):**
  - Förderung der Bürgeridentifikation und des Engagements („Wir-Gefühl").
  - Intensive Kooperation und Vernetzung aller lokalen Akteure.

- **Effizienzsteigerung und Steuerung:**
  - Bündelung von personellen und finanziellen Ressourcen (z. B. für Fördermittel).
  - Schaffung einer klaren Richtschnur für kommunales Handeln (Prioritätensetzung).
- **Digitales Marketing als Querschnittsaufgabe:**
  - Schaffung einer überzeugenden digitalen Aufenthaltsqualität der Kommune.
  - Pflege des Online-Images der Kommune.
  - Unterstützung der lokalen Unternehmerschaft bei der Nutzung digitaler Tools.

Was sind die „Spielregeln" im kommunalen Marketing?

Damit der Ansatz Wirkung entfaltet, braucht es klare Rahmenbedingungen. Stadt- und Ortsmarketing sollte ein Teil der strategischen Stadtentwicklung sein und die Kommune als Ganzes betrachten. Wichtig sind frühe Partizipation von Bürger*innen und Unternehmen, eine professionelle Moderation der Prozesse und dass das Thema „Chefsache" ist – wenn die (Ober-)Bürgermeister*innen das Stadtmarketing im Sinne ganzheitlicher und dialogorientierter Stadtentwicklung zur Priorität erklären, steigen Akzeptanz und Verbindlichkeit.

Wie und mit wem sollen wir das finanzieren?

Die Finanzierung kommunaler Marketing- und Entwicklungsaufgaben ist essenziell für deren Erfolg und sollte auf einer Public-Private-Partnership (PPP) basieren, um die Kosten und das Engagement zwischen der öffentlichen Hand und privaten Akteuren zu teilen. Dieses Modell gilt als ideal, wobei bereits ein privater Anteil von 30 % ein echtes gemeinsames Interesse und damit eine höhere Projekt-Resilienz schafft. Um die finanzielle Schlagkraft zu erhöhen, ist ein Finanzierungsmix aus kommunalen und privatwirtschaftlichen Mitteln unerlässlich.

Die Städtebauförderung des Bundes stellt eine zentrale, aber befristete Säule der Finanzierung dar. Programme wie „Lebendige Zentren" und „Wachstum und nachhaltige Erneuerung" sind dabei wichtige Anker, die im Bundeshaushalt 2025 mit 790 Millionen Euro ausgestattet sind. Diese Mittel bieten Kommunen die Chance, Innenstädte zu stärken, Klimaanpassungsmaßnahmen zu finanzieren und Brachflächen zu revitalisieren. Über die Finanzierung aus kommunalen Mitteln und Anteilen der örtlichen Wirtschaft hinaus kann die finanzielle Resilienz durch einen Mix aus Fördermitteln, eigenen Einnahmen (z. B. durch Events oder Gutscheinsysteme) und innovativer Bürgerbeteiligung (Crowdfunding) erhöht werden. Während die

PPP das Risiko verteilt, sichert der ergänzende Mix die Handlungsfähigkeit über den Förderzeitraum hinaus und schafft ein breiteres Fundament für die an sich freiwillige Aufgabe des kommunalen Marketings.

Exkurs: Verwendung von Städtebauförderungsmitteln

Städtebauförderungsmittel können grundsätzlich für Maßnahmen eingesetzt werden, die der städtebaulichen Erneuerung und Entwicklung in festgelegten Gebieten (Sanierungsgebiete, Fördergebiete, Entwicklungsbereiche, die durch Beschluss oder sogar durch Satzung abgegrenzt wurden) dienen und aus einem Integrierten Städtebaulichen Entwicklungskonzept (ISEK) abgeleitet sind.

Die Mittel gliedern sich dabei in folgende Maßnahmentypen:

1. **Investive Maßnahmen**
   - **Zweck:** Schaffung, Wiederherstellung oder Aufwertung von materiellen Werten mit längerfristigem Nutzen.
   - **Beispiele:**
     - Modernisierung und Instandsetzung von Gebäuden (privat und öffentlich).
     - Gestaltung und Aufwertung des öffentlichen Raums (z. B. Straßen, Plätze, Grünanlagen, Beleuchtung).
     - Zwischennutzungen von Brachflächen oder Gebäuden (teilweise).
2. **Investitionsvorbereitende/Investitionsbegleitende Maßnahmen**
   - **Zweck:** Maßnahmen, die notwendig sind, um investive Projekte vorzubereiten, zu steuern oder zu ergänzen.
   - **Beispiele:**
     - Umfassende Planungen und Untersuchungen (z. B. vorbereitende Untersuchungen, Gutachten, ISEK-Erstellung).
     - Steuerung und Abwicklung der Erneuerungsmaßnahme (z. B. Personal- und Sachkosten für das Sanierungsmanagement/ Quartiersmanagement).
3. **Nicht investive Maßnahmen**
   - **Zweck:** Stärkung des Zusammenhalts, der Teilhabe und der Funktionsfähigkeit im Quartier, ohne direkten Bau- oder Investitionscharakter.
   - **Beispiele:**

- Quartiersmanagement (Personal- und Sachausgaben zur Koordination, Aktivierung und Begleitung von Projekten).
- Projekte zur Aktivierung bürgerschaftlichen Engagements (z. B. Verfügungsfonds-Projekte, Feste, Aktionen zur Imageverbesserung).
- Maßnahmen zur Integration, Inklusion oder Verbesserung der Nahversorgung (oftmals im Programm „Sozialer Zusammenhalt").

4.2 Themen und Handlungsfelder

4.2.1 Integriertes Stadt- und Ortsmarketing

Darstellung CIMA 2025

Integriertes Stadt- und Ortsmarketing ist ein strategischer, ganzheitlicher und langfristig angelegter Ansatz zur Entwicklung, Gestaltung und Positionierung einer Kommune.

Es zielt darauf ab, die Stadt als „Produkt" zu optimieren, ihre Attraktivität und Lebensqualität dauerhaft zu verbessern und alle relevanten Akteure sowie Handlungsfelder aufeinander abzustimmen. Damit ist es ein zentrales Instrument der Integrierten Stadtentwicklungspolitik, welche sich komplexen Aufgaben wie Transformation, Standortentwicklung und Community Management widmet.

Dieser Ansatz geht über reine Veranstaltungsorganisation oder Werbung hinaus und basiert auf der Theorie maximaler Kundenorientierung: Strategien und Maßnahmen werden konsequent nach den regelmäßig zu erhebenden Bedürfnissen der Zielgruppen (Bürgerschaft, Besucher, Touristen, Arbeitnehmer und Unternehmen) ausgerichtet.

Zusammengefasst heißt das:

Ressortübergreifend: Keine Einzellösungen, sondern Zusammenarbeit zwischen allen Fachbereichen (Wirtschaftsförderung, Planung und Bauen, Kultur, Soziales, Ordnung und Sicherheit etc.).

- **Akteursübergreifend:** Einbeziehung von Politik, Verwaltung, Bürgern, lokaler Wirtschaft, Einzelhandel und allen Interessengruppen.
- **Themenübergreifend:** Bündelung der klassischen Marketingbereiche:
  - **Standortmarketing:** Attraktivität für Unternehmen (Ansiedlung und Bestandspflege).
  - **City-/Innenstadtmarketing:** Stärkung von Handel und Aufenthaltsqualität.
  - **Tourismusmarketing:** Gewinnung von Besuchern und Gästen.
  - **Verwaltungsmarketing:** Serviceorientierung, Partizipation, Dialog und Bürgerfreundlichkeit.

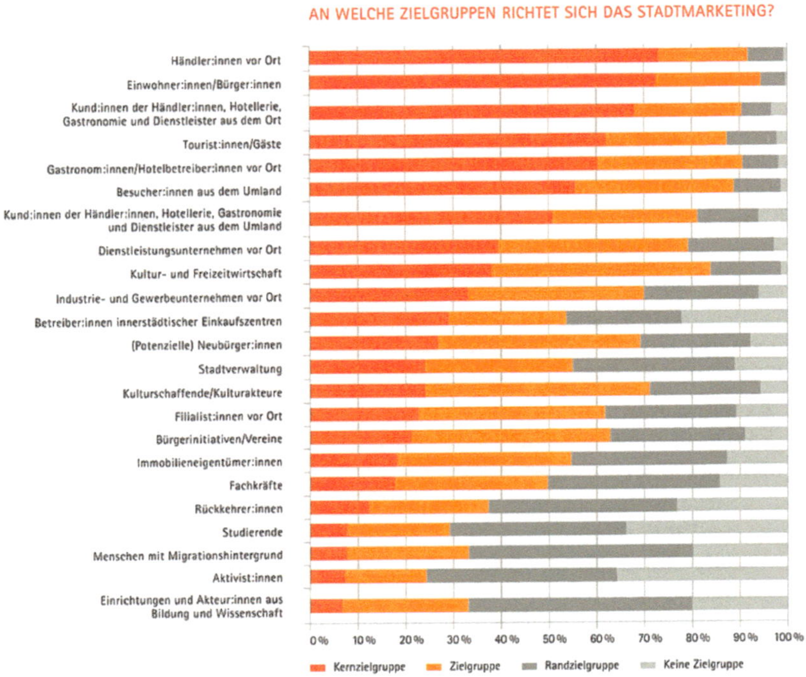

Quelle: bcsd e.V., 2022

4.2.2 Organisationsfindung

Die Suche nach der idealen Organisationsform für das kommunale Marketing ist entscheidend, um die angestrebte Schlagkraft und Effizienz zu erreichen. Daher soll dieser Aspekt hier ausführlicher beleuchtet werden. Ziel ist es, Kräfte zu bündeln, Ressourcen wirtschaftlich zu nutzen und die Organisation aus der Abhängigkeit von Einzelpersonen zu befreien. Unabhängig von den regionalen Unterschieden, wie der häufigen Wahl des Vereins in Süddeutschland, ist die grundlegende Anforderung, eine Struktur zu finden, die optimal zu den örtlichen Gegebenheiten passt.

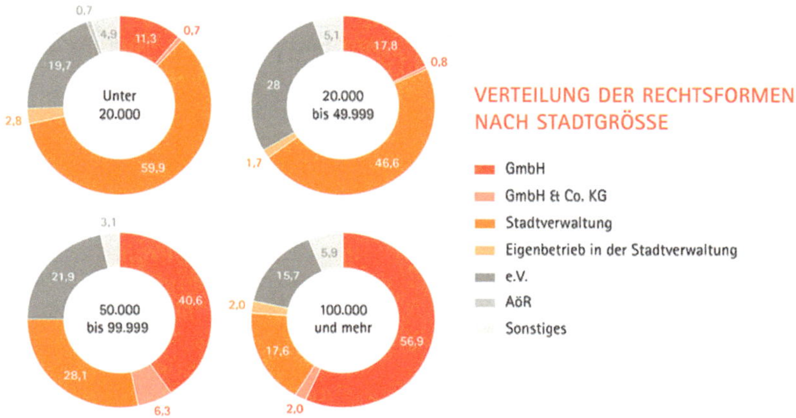

Quelle: bcsd e.V., 2022

Die Eignung einer Organisationsform hängt daher primär von der Funktion ab, die sie erfüllen soll – es gilt der Leitsatz „Form follows function". Bevor eine Rechtsform festgelegt wird, müssen zuerst die von der Organisation zu erledigenden Aufgaben und Geschäftsfelder („Wegstrecke") klar definiert werden. Dies umfasst neben finanziellen Ressourcen auch die beteiligten Akteure und die Phase, in der sich das Stadt- oder Ortsmarketingprojekt befindet.

Von zentraler Bedeutung ist, dass die gewählte Struktur die Partnerschaft zwischen privaten Akteuren und der öffentlichen Hand (PPP) widerspiegelt. Die wesentlichen Argumente für oder gegen eine Organisationsform, wie die Integration in die Verwaltung, der Verein, die GmbH oder die AöR, sind in der untenstehenden Tabelle zusammengefasst. Die Zuordnung zu einem politischen Ausschuss und die verwaltungstechnische Verortung spielen dabei eine große Rolle für die politische Einflussnahme und die Abläufe.

Worauf ist bei der Festlegung der Organisationsform zu achten?	
Potenzielle Stolpersteine	**Vermeidungs- und Lösungsansätze**
• Frühstart – unklare Budgets und Aufgaben • Allheilmittel GmbH, verfrühte Diskussion um Organisation • Parteiproporz im Aufsichtsrat/Vorstand • „Wer zahlt, sagt an" • Keine Ergebnisoffenheit • Rangelei um Vorstandsposten • Anhängsel an bestehende Ämter, Institutionen	– Erst die Aufgaben („Wegstrecke") definieren, dann die dafür passende Organisationsform („Fahrzeug") wählen – Echtes Stadt- und Ortsmarketing ist nicht als Profit-Organisation zu führen – Klare Geschäftsfeldplanung, ggf. eigenwirtschaftliche Geschäftsbetriebe bei GmbHs (Events, Flächenmanagement, Dienstleistungen, Sauberkeit) – Klare Definition von Kompetenzen – Kooperation muss sich in Geschäftsorganisation niederschlagen – Zwang zur Sacharbeit – kein Spiegelbild der Stadtratsverteilung – Über mind. zwei Jahre verbindliche Partnerschaft – echte PPP

STADTVERWALTUNG

+	−
- Geordnete Strukturen in der Frühphase - Stadtverwaltung als Träger ist gleichzeitig bewilligende und ausführende Behörde - Kontinuität - Gesicherte Finanzierung - Stadtverwaltung als neutrale Instanz - Presse- und Werbeamt sorgen für Vermarktung	- Finanzielle Sicherheit nur für Haushaltsjahr - Verwaltungsstrukturen nicht marktorientiert/mangelnde Flexibilität - Geringere Akzeptanz bei den Bürgern und Firmen - Direkte Einbindung privater Akteure schwer möglich - Verantwortung besteht gegenüber dem Stadtrat, nicht gegenüber den Aktiven im Stadt- oder Citymarketing - Kein formaler, verbindlicher „Schulterschluss" mit Wirtschaft etc.

Vergleich von Rechtsformen
Quelle: Zusammenstellung und Darstellung CIMA2025

EXTERN

+	−
- Hohe Professionalität - Know-how-Transfer aus anderen Projektstädten und anderen Fachbereichen (Marktuntersuchung, Regionalmarketing etc.) - Methodenkompetenz der Berater (Moderation, Präsentation etc.) - Leistungsgerechte Abrechnung der Maßnahmen - Unabhängigkeit; keine Betriebsblindheit - Motivation durch unbeeinflussten, externen Berater leichter möglich - In der Anfangsphase bereits professionelles Arbeiten möglich - Mehr Effizienz, weniger Frustration	- Finanzierungsaufwand für professionellen Berater auf Dauer zu hoch - Finanzierung muss kontinuierlich sichergestellt werden - „Neues Gesicht" in der Stadtentwicklungspolitik; „Fremdkörper" - „Vor-Ort-Präsenz" ist nur begrenzt möglich („Hilfe zur Selbsthilfe" ist Bedingung) - Gefahr des „Zurücklehnens" der Vor-Ort-Betroffenen - Kann Vor-Ort-Organisation auf Dauer nicht ersetzen

VEREIN

⊕	⊖
- Einfachste Gründung per Beschluss einer Satzung auf Gründungsversammlung mit Wahlen, danach Anmeldung beim Vereinsregister	- Mindestens 7 Gründungsmitglieder
- Keine notarielle Beurkundung nötig	- Beim ideellen Verein kein wirtschaftlicher Geschäftsbetrieb möglich, lediglich ideelle Vereinszwecke
- Gute Einbeziehung vieler Akteure, niedrige Hemmschwelle	- Bei Idealverein keine Mehrwertsteuer ausweisbar
- Unabhängigkeit von Administration	- Image „noch ein Verein?..."
- Einfache Buchhaltung	- Ehrenamtlichkeit
- Verwaltung unbürokratisch und kostengünstiger als GmbH	- „Vereinsleben"
- Unabhängig von Gewinnerwirtschaftung	- Wenig wirtschaftsnah
- Niedrige Betriebskosten	- Keine Haftungsausschluss für Vorstand möglich
- Da nicht gewinnorientiert, steuerliche Vorteile gegenüber der GmbH	- Haftung nach § 26 BGB (unbeschränkte Haftung für Vorstand)
- Voll rechtsfähig im Sinne einer juristischen Person	- Evtl. Schwierigkeiten bei der Einbindung der Stadt als Mitglied
- Kann Fördermittel beziehen	- Haftungsrisiken der Mitglieder in Sonderfällen
- Mehrjährige finanzielle Sicherheit durch Mitgliederbeiträge	- Geringe Verbindlichkeit der Mitgliedschaft
- Mitgliedsbeitrag als Geschäftsausgabe voll abzugsfähig	

GENOSSENSCHAFT

⊕	⊖
- Personenvereinigung mit wirtschaftlicher Förderungsaufgabe - Gründung per festgelegter Satzung, lediglich 3 Gründungsmitglieder (natürliche und oder juristische Personen) - Volle Rechtsfähigkeit der Genossenschaft - Kein Mindestkapital nötig, lediglich Zeichnung von Geschäftsanteilen - Lediglich ggü. Genossenschaftsverband und Registergericht nachweispflichtig - Haftung kann auf Genossenschaftsanteile beschränkt werden - Nachschusspflichten bei Insolvenz kann ausgeschlossen werden - Stimmrecht unabhängig von Kapitalbeteiligung - Beteiligungsrisiko für einzelne Genossen je nach Vereinbarung begrenzbar - Steuerliche Vorteile (Vorsteuerabzugsberechtigung) - Ein- und Austritt eindeutig in der Satzung geregelt - Keine Abhängigkeit von den Personen der Mitglieder - Höhere Verbindlichkeit der Mitgliedschaft	- Geringe Gewinnorientierung (Selbsthilfezweck) - Eintrag ins Genossenschaftsregister notwendig - Austritt für Mitglieder meist nur zum Ende des Geschäftsjahres möglich - Bestimmte Buchführungspflichten, seit 2006 bei kleinen eG´s jedoch stark vereinfacht - Beitritt zu genossenschaftlichem Prüfverband ist Pflicht, hierdurch jedoch auch Vorteile (Controlling!)

GMBH (+)	(−)
- Kapital vorhanden - Haftungsbeschränkung erleichtert kommunale Beteiligung - Meist vorsteuerabzugsberechtigt - Ergebnisorientierung mit Ertrags- und Kostenbewusstsein - Klare Zuweisung von Aufgaben und Verantwortung; wenig Abstimmungsbedarf, d.h. kurzfristige Entscheidungen möglich - Gegenüber Ämterlösung: unabhängig von haushaltsrechtlichen Bindungen - Eigenständigkeit - Wirtschaftlichkeit - Zielorientierung - Stabile Konstruktion - Schelle Reaktionszeit - Sanktionsmechanismen durch Gesellschafter	- Pflicht zur Gewinnorientierung / Profit machen (jährliche Zuschüsse, Beiträge) - Vernachlässigung der non-profit-Aufgaben (z. B. Mitgliederpflege) - Orientierung nicht am „besten", sondern am „günstigsten" - veranstaltungslastig, Trend zur Kommerzialisierung - Betriebskosten durch Gründung, Eintragung, oder bei Gesellschafterfluktuation höher - Koordinierungsaufwand über Gesellschafterversammlung nicht leistbar – Geschäftsführer wird „Pflicht" - Einbindung der Politik nur über begleitende Gremien - Schwierige Aufnahme von Institutionen/ Personen - Geringe bis fehlende Bürgernähe - Hohe Verwaltungskosten - Evtl. Schwierigkeiten bei der Einbindung der Stadt als Mitglied

4.3 Der passende Werkzeugkasten

4.3.1 Bausteine im Prozess

Das integrierte Stadt- und Ortsmarketing ist ein kontinuierlicher Prozess, der nicht nur auf einmalige Werbekampagnen, sondern auf nachhaltige Entwicklung ausgelegt ist. Hierbei gibt es idealtypisch anzuwendende Bausteine, die verschiedenen Prozessphasen zugeordnet werden können.

1. Analyse und Bestandsaufnahme (Wo stehen wir?):

Bevor Maßnahmen umgesetzt werden, braucht es auch hier eine fundierte Bestands- und Potenzialanalyse. Diese sollte nicht nur klassische Daten wie Gewerbestrukturen und Demografie umfassen, sondern auch das digitale Image der Kommune.

- Erstellung einer Stärken-Schwächen-Analyse (SWOT) des Standortes.
- Identifikation der Zielgruppen (Bürger, Unternehmen, Gäste).

2. Strategie und Leitbildentwicklung (Wo wollen wir hin?):

Auf den geschaffenen Grundlagen wird ein strategisches Konzept erarbeitet, das die Zielgruppen, Handlungsfelder, Ziele und Maßnahmen klar definiert. Dieser Prozess muss von einer breiten und professionell moderierten Beteiligung begleitet werden, um eine hohe Akzeptanz zu gewährleisten.

- Erarbeitung eines gemeinsamen Leitbildes unter Einbeziehung aller gesellschaftlichen Gruppen.
- Definition messbarer und widerspruchsfreier Ziele.
- Entwicklung der Stadtmarke.

3. Planung der Maßnahmen (Wie kommen wir dorthin?):

Die strategischen Entscheidungen werden in konkrete Handlungsprogramme überführt, die festlegen, wer was bis wann und mit welchen Ressourcen umsetzt. Hierbei geht es um die Strukturierung der Umsetzung und die Sicherstellung der Finanzierung.

- Festlegung der Marketingstrategie und der Organisationsform (z. B. Stadtmarketing-Gesellschaft, City-Management).
- Konkretisierung von Schlüsselprojekten (z. B. Entwicklung der Innenstadt, Wirtschaftsförderungs-Initiativen).
- Sicherung der Finanzierung (inkl. Drittmitteleinwerbung).

4. Umsetzung und Steuerung:

Nun geht es in die operative Phase zur Realisierung der geplanten Projekte. Die Bandbreite des kommunalen Marketings ist groß – sie reicht von Events (wie Stadtfesten oder verkaufsoffenen Sonntagen) und der Verwaltung von Gutscheinsystemen bis hin zur Entwicklung urbaner Markenstrategien, der Revitalisierung von Innenstadt-Leerständen und digitalen 360°-Stadtrundgängen. Zentral für den Erfolg ist die Steuerung, welche die Koordination aller Akteure sowie die flexible Anpassung des Projektfortschritts sicherstellt.

- Koordination der Projekte und Maßnahmen durch eine zentrale Stelle.
- Sicherstellung der kooperativen Stadtentwicklung („Aushandeln statt Anordnen").

5. Controlling und Anpassung:

Um den Erfolg des gesamten Prozesses sicherzustellen, ist eine fortlaufende Überprüfung der Zielerreichung notwendig. Dies ermöglicht eine flexible Reaktion auf sich ändernde Rahmenbedingungen und eine Optimierung der zukünftigen Aktivitäten.

- Regelmäßige Erfolgskontrolle (Überprüfung der Ziele).
- Kontinuierliche Anpassung des Konzepts an neue Herausforderungen und Trends.

4.4 Checkliste – Was nun zu tun ist

Die Checkliste dient der Strukturierung des Prozesses und der Klärung der organisatorischen und finanziellen Rahmenbedingungen für erfolgreiches kommunales Marketing:

- **Politische Priorität und Datenbasis schaffen:** Erklären Sie das Thema zur „Chefsache" und fordern Sie eine fundierte Analyse an (z. B. Leerstandsstatistiken, digitales Image), um eine datenbasierte Grundlage zu schaffen.
- **Aufgaben und Strategie definieren:** Klären Sie nach dem Prinzip „Form follows function" zuerst die notwendigen Aufgaben und Handlungsfelder, um daraus ein strategisches Konzept zur Profilierung der Kommune abzuleiten.
- **Partizipation und Kooperation initiieren:** Beginnen Sie frühzeitig mit der professionell moderierten Einbindung von Bürgern und Unternehmen und suchen Sie parallel aktiv nach Möglichkeiten der interkommunalen Kooperation.
- **Finanzielle Resilienz sichern (PPP und Fördermittel):** Etablieren Sie eine Public-Private-Partnership (PPP), um Kosten und Engagement zu teilen, und prüfen Sie systematisch die Städtebauförderung (z. B. „Lebendige Zentren").
- **Organisationsform wählen und Ressourcen lenken:** Legen Sie auf Basis der definierten Aufgaben die passende Organisationsform fest und lenken Sie die Ressourcen auf die Kernfelder City-/Leerstandsmanagement und digitale Aufenthaltsqualität.
- **Sichtbare Soforterfolge umsetzen:** Starten Sie mit einem „Quick Win" oder einem überschaubaren Projekt (z. B. Pop-up-Store, Social-Media-Start), um ein positives Momentum zu erzeugen.

4.5 Wo steht Ihre Kommune? Ein Schnelltest

Wo stehen Sie im Stadt- und Ortsmarketing?

Der Schnelltest für Ihre Kommune

1.	Gibt es ein „Wir-Gefühl" vor Ort?	ja	nein
2.	Kennt die Bürgerschaft die Stärken des Ortes und ist darauf stolz?	ja	nein
3.	Sind Ihnen die Themen vor Ort klar? Was sind Dauerbrenner und was sind die neuesten Entwicklungen?	ja	nein
4.	Können Sie eine Geschichte erzählen, die das Wesen Ihres Ortes erfasst und Einwohner sowie Besucher emotional anspricht?	ja	nein
5.	Haben Sie eine Vision für Ihren Ort und dazu eine Marketingstrategie?	ja	nein
6.	Wissen Sie, welche Angebote und Nutzungen vor Ort fehlen?	ja	nein
7.	Wissen Sie, welche Betriebe und Nutzungen sich vor Ort tragen oder noch tragen würden?	ja	nein
8.	Kennen Sie das Social-Media-Image Ihres Ortes?	ja	nein
9.	Welche digitale Sichtbarkeit hat Ihr Standort? Wie präsent sind die Kommune und Ihre Unternehmen im Netz?	ja	nein
10.	Kennen Sie die 15 - 20 engagiertesten Akteure vor Ort?	ja	nein
11.	Gibt es einen institutionalisierten Dialog dieser Akteure oder sogar eine Organisation, wo diese Kräfte gebündelt werden?	ja	nein
12.	Haben die maßgeblichen Akteure die gleiche Vorstellung davon, was mit Orts- und Stadtmarketing vor Ort erreicht werden soll?	ja	nein
13.	Liegt der Rathausspitze Stadt-/Ortsmarketing am Herzen?	ja	nein

Auflösung

über 10 x Ja	**Respekt!** Punktuell können Sie über externe Hilfestellung nachdenken, um den Prozess ggf. zielgerichtet weiterzuführen oder neuen Input zu erhalten.
5 – 10 x Ja	**Ausbaufähig!** Sie sind auf einem guten Weg. Es fehlt in manchen Bereichen noch an Analysen, Ideen, Methoden oder einer klaren Zielstellung. Versuchen Sie, das bisher Erreichte zu bewerten, weitere Ziele zu entwickeln und auf den Erfolgen aufzubauen.
Weniger als 5 x Ja	**Noch viel zu tun!** Hier fehlt es an der Grundlagenarbeit. Es müssen erst noch die Weichen für ein maßgeschneidertes Orts- und Stadtmarketing gestellt werden. Gehen Sie dabei Schritt für Schritt vor, eine fundierte Analyse stellt die Basis für die weitere Arbeit dar. Die maßgeblichen Akteure sollten sich austauschen und das weitere Vorgehen absprechen.

Quelle: Idee und Darstellung CIMA 2025

4.6 Erfolgsbeispiele aus der Praxis im Überblick

Organisationsfindung Marketing Tourismus Konstanz GmbH (MTK GmbH) – Konstanz – Fusion von zwei bestehenden Organisationen (Tourismus GmbH und Stadtmarketing GmbH), um Überschneidungen zu beseitigen und die kommunalen Marketingaufgaben in einer neuen, effizienten Einheit zielgerichtet zu bündeln.

Organisationskonzept Stadtmarketing – Neustadt a.d. Aisch – Unter Beteiligung von Politik, Verwaltung und Privatwirtschaft wurden die Aufgaben und Inhalte des Stadtmarketings in Neustadt a.d. Aisch definiert und daraufhin die Verwaltungsstrukturen entsprechend neu organisiert und angepasst.

Social-Media-Kampagne „@marburgliebe" – Marburg – Mit einem vergleichsweise geringen Budget wurde ein Instagram-Kanal geschaffen, der das Image der Stadt nachhaltig positiv steigert und die Stadtgesellschaft aktiviert. Dies ist ein schlankes Beispiel dafür, wie gezielte Social-Media-Arbeit ein hochwirksames Instrument zur Imagebildung sein kann.

Sponsorennetzwerk Bielefeld-Partner – Bielefeld – Ein formalisiertes Netzwerk, bei dem die lokale Wirtschaft das Stadtmarketing jährlich mit rund 250.000 € unterstützt. Dies ermöglicht die Finanzierung von Kampagnen und Projekten durch die Einbindung privater Mittel.

Standortmarketing Quartier Tempelhofer Damm – Berlin-Tempelhof – Die Kommune beauftragte externe Expertise, um das wichtige Geschäftsquartier gezielt aufzuwerten. Der Fokus lag auf der proaktiven Einbindung und Aktivierung der privaten Haus- und Immobilieneigentümer als wesentliche Akteure für die langfristige Entwicklung.

ÜBERGANGSWEISE: Transformation gemeinsam gestalten – Lübeck – Als Reaktion auf den Leerstand der zentralen Karstadt-Immobilie wurde ein agiler, modularer Prozess unter dieser Dachmarke gestartet. Die Projekte ÜBERGANGSHAUS und ÜBERGANGSRÄUME aktivieren Leerstände für gemischte Nutzungen (Kultur, Bildung, Kreativität) und demonstrieren, wie man komplexe Herausforderungen in sichtbare, positive Schritte zerlegen kann.

Unsere Stadt – Eine Imagekampagne für die Stadt – Nabburg – Ein lokaler Verein entwickelte eine unkonventionelle Imagekampagne, bei der weltbekannte Motive mit über 170 lokalen Bürgern an authentischen Schauplätzen nachgestellt wurden. Das Projekt beweist, dass eine immense Wirkung durch Kreativität, ehrenamtliches Engagement und Gemeinschaftssinn erzielt werden kann, auch bei überschaubarem Budget.

5. Quellen und weiterführende Informationen

- **Deutschlandstudie Innenstadt** – CIMA.monitor 2024

  – Repräsentative bundesweite Befragung, Konzeption und Auswertung CIMA Beratung + Management GmbH

- **Bayernstudie Handelsstandort Innenstadt 2024**

  Repräsentative bayernweite Befragung, Konzeption und Auswertung CIMA Beratung + Management GmbH

- **Projektpool unsere-stadtimpulse.de**

  Bundesweiter, zertifizierter Projektpool mit Best-Practice-Beispielen. Bewährte und geprüfte Lösungen für die aktuellen und zukünftigen Herausforderungen unserer Innenstädte und Ortszentren. Monatlich neue Projekte, Information zu Aktualisierungen über Newsletter möglich.

- **BCSD e.V. (Bundesvereinigung City- und Stadtmarketing Deutschland)**

  Die bcsd vertritt als Bundesverband City- und Stadtmarketingorganisationen aus mehr als 450 Städten des gesamten Bundesgebietes. Sie stärkt die Entwicklung des Stadtmarketings, erkennt neue Fragestellungen, bietet Expertise und schafft Netzwerke für die Diskussion um die Stadt der Zukunft. Regelmäßige Umfragen bringen Orientierung für das Stadtmarketing in Deutschland.

- **Difu (Deutsches Institut für Urbanistik)**

  Das Deutsche Institut für Urbanistik (Difu) ist als öffentlich gefördertes Stadtforschungsinstitut eine Einrichtung der Grundlagenforschung und beschäftigt sich mit den wesentlichen Themen kommunaler Entwicklung.

- **Hinweis zur Verwendung von künstlicher Intelligenz**

  Zur Erstellung dieses Kapitels können teilweise KI-gestützte Tools als Hilfsmittel genutzt worden sein. Diese Tools dienen ausschließlich der Unterstützung und Verbesserung der menschlichen Arbeit. Die Autoren sind im Umgang mit künstlicher Intelligenz hinsichtlich Chancen und Risiken geschult und setzen sie nur dort ein, wo sie einen risikoarmen Mehrwert für ihre Arbeit versprechen. Sämtliche inhaltliche Themensetzungen und fachliche Schlussfolgerungen wurden von den Autoren getroffen.

Teil 9 Diverse Themen von Interesse

1. Demografischer Wandel

1.1 Was ist demografischer Wandel?

Die Demografie beschreibt den Zustand und die Veränderung einer Bevölkerung mit den Mitteln und Möglichkeiten der Bevölkerungsstatistik. Demografischer Wandel ist insofern die Gesamtheit der mit statistischen Aussagen belegbaren Veränderungen in Umfang und Zusammensetzung einer Bevölkerung oder Teilen davon. Demografischer Wandel ist keine neue Erscheinung, denn Bevölkerung war immer Veränderungen in der räumlichen Verteilung oder auch im Altersaufbau unterworfen. Wanderungsverhalten, Lebenserwartung und generatives Verhalten sind demnach die wichtigsten Determinanten des demografischen Wandels.

Der gegenwärtig zu beobachtende demografische Wandel in Deutschland ist gekennzeichnet von rückläufigen Geburtenzahlen, steigender Lebenserwartung und geografisch unterschiedlichem Wanderungsverhalten. In der Zusammenschau ergibt sich für Deutschland insgesamt eine negative Bilanz, denn die Anzahl der Sterbefälle übertrifft die Anzahl der Geburten (Sterbeüberschuss); die Anzahl der Zuzüge ist zwar größer als die Anzahl der Wegzüge, kann aber diesen Sterbeüberschuss kaum mehr ausgleichen. Prognosen kamen deshalb zu dem Ergebnis, dass die Bevölkerung Deutschlands von jetzt ungefähr **83 Mio.** Menschen auf ungefähr 75 Mio. im Jahr 2030 schrumpfen wird. Tatsächlich ist seit 2015 aufgrund der weltweiten Fluchtbewegung und der sehr liberalen Asylpraxis in Deutschland eine andere Entwicklung eingetreten. Die Zuzüge führen zu einem Anstieg der Gesamtbevölkerung. Die Integration ist eine Kernaufgabe einer zunehmend ethnisch gemischteren Bevölkerung geworden. Was bleibt, ist ein eklatanter Fachkräftemangel, der den Zuzug qualifizierter Arbeitskräfte dauerhaft notwendig machen wird und eine zunehmende Überforderung der sozialen Leistungssysteme. Wegen der sehr unterschiedlichen Struktur treffen diese sich überlagernden Entwicklungen die Kommunen in Deutschland unterschiedlich: Neben bevölkerungsmäßig schrumpfenden und stagnierenden Städten und Gemeinden gibt es auch wachsende Kommunen und solche, die als Kristallisationspunkte von Migration an ihre Leistungsgrenzen kommen. Das Thema Wohnraumversorgung der Bevölkerung trifft immer mehr Kommunen unabhängig von ihrer Größe.

1.2 Welche Ursachen hat der demografische Wandel?

Die auffälligste Veränderung, die den demografischen Wandel in Deutschland mitverursacht, ist der Geburtenrückgang. Er setzt im Jahr 1965 ein. Bis dahin wurden durchschnittlich 2,1 Kinder je Frau geboren. Dies entspricht der sog. Nettoreproduktionsrate; das ist die Anzahl der Geburten, die für den „Generationenersatz“ erforderlich ist, die also ohne Wanderungsbewegungen und bei unveränderter Lebenserwartung eine konstante Bevölkerungszahl garantiert. Der beginnende Rückgang der Geburtenhäufigkeit fällt zeitlich in etwa mit der Markteinführung medikamentöser Empfängnisverhütung zusammen. Deshalb wird das veränderte generative Verhalten häufig als sog. „Pillenknick“ bezeichnet.

Die zuverlässigeren Methoden der Empfängnisverhütung sind sicherlich nicht die eigentliche Ursache für den Geburtenrückgang, denn es stellt sich nicht die Frage, wie es zum Geburtenrückgang kommt, sondern aufgrund welcher Motive. Die eigentliche Ursache scheint mit einer sich stark verändernden Arbeitswelt und dem Ausbau des Sozialstaates zu tun zu haben, denn der Geburtenrückgang ist für die meisten modernen und wohlhabenden Industriestaaten symptomatisch. So finden wir z. B. in den meisten westeuropäischen Staaten einerseits einen vergleichsweise hohen Anteil an Frauenerwerbstätigkeit und andererseits umfangreiche soziale Leistungen des Staates vor. Beide Sachverhalte wirken sich auf das generative Verhalten aus. Soweit es die sozialen Leistungen betrifft, machen sie die früher notwendigen Familienleistungen (z. B. der Altenversorgung) überflüssig. Andererseits bringt die Frauenerwerbsfähigkeit das Problem der Vereinbarkeit von Beruf und Familienfürsorge mit sich. Beide Umstände dürften im Zusammenwirken maßgeblich zum derzeitigen Geburtendefizit beitragen.

1.3 Medizinischer Fortschritt

Der medizinische Fortschritt und die verbesserte medizinische Versorgung haben im Verlauf der letzten Jahrzehnte das Durchschnittsalter der Deutschen stark ansteigen lassen. Die höhere Lebenserwartung hat für den Bevölkerungsumfang eine vergleichsweise geringe Bedeutung; von weitreichender Bedeutung ist sie jedoch für die altersmäßige Zusammensetzung der Bevölkerung. Die durchschnittliche Lebenserwartung beträgt heute für Männer ungefähr **78 Jahre, für Frauen 83 Jahre.** Zusammen mit dem Geburtendefizit ergibt sich eine Konstellation, in der eine geringer werdende Anzahl junger Menschen auf eine größer werdende Anzahl älterer Menschen trifft. **Neuerdings** ist die Gruppe der bis zu **45 Jahre** alten Menschen **ungefähr** genauso groß wie die Gruppe der über **45 Jahre** alten Menschen. Dieser statistische „Medianwert“ von **45 Jahren** ist eine

Momentaufnahme der Altersstruktur der deutschen Bevölkerung. Voraussichtlich wird der Vorgang des „demografischen Alterns“ anhalten und den Medianwert in den nächsten Jahrzehnten auf 50 Jahre und darüber verschieben. 2022 betrug die Zahl der unter 18-Jährigen 14,4 Mio oder 16,9 %. Der Anteil der 19- bis 65 Jährigen lag mit 51,1 Mio bei 61 %.

1.4 Wanderungsbewegungen

Der Bevölkerungsumfang auf einem Territorium ergibt sich zunächst auf „natürliche“ Weise aus dem jeweiligen generativen Verhalten und aus der Lebenserwartung. Eine Korrektur erfahren die Ergebnisse dieser Entwicklungen durch Zu- und Abwanderung (Migration). **Der in Deutschland für 2024 festgestellte** Sterbeüberschuss von ca. 330.000 konnte mit einem Wanderungsgewinn von **etwas mehr als 420.000 kompensiert** werden. Dieser Wanderungsgewinn fiel aber deutlich geringer aus als noch 2023. Da die Wanderungsbewegungen der einzige direkt beeinflussbare Faktor für das demografische Geschehen sind, können verlässliche Prognosen für die Zukunft nach wie vor nicht gemacht werden, weil nicht bekannt ist, wie die Zuwanderung künftig geregelt sein wird. Im Vergleich **zu der Zeit** unmittelbar nach Öffnung der Grenzen zum Osten ist der Wanderungsgewinn **zunächst signifikant zurückgegangen, um neuerdings wieder anzusteigen und später wieder abzusinken. Insgesamt gilt als gesichert**, dass das Geburtendefizit künftig ohne ausreichende Korrektur durch Migration direkt auf den Bevölkerungsumfang „durchschlägt“.

Wanderungsbewegungen sind stets mit wirtschaftsstrukturellen Entwicklungen verbunden. Die Menschen haben sich immer dorthin orientiert, wo sie die im Vergleich besseren Erwerbschancen und Lebensbedingungen insgesamt vermuten oder erkennen. Dies gilt trotz staatlicher Einschränkungen für Wanderungsbewegungen über nationale Grenzen hinweg ebenso wie für Wanderungsbewegungen innerhalb nationaler Grenzen zwischen einzelnen Regionen oder auch innerhalb von Regionen. Es **ist naheliegend,** dass wirtschaftliche Prosperität einer Stadt oder einer Region zumindest kurz- und mittelfristig genügend Wanderungsgewinne erzeugt **und so das generelle Geburtendefizit kompensiert.** Umgekehrt ist absehbar, dass strukturschwache Räume und Orte nicht nur wegen des Geburtendefizits, sondern auch wegen der Abwanderung schrumpfen werden. Inwieweit ländliche Räume zu den Gewinnern oder zu den Verlierern gehören werden, lässt sich demnach nur im Einzelfall prognostizieren. Dabei kommt es auch darauf an, inwieweit neben der wirtschaftlichen Prosperität konkurrenzfähige sonstige Lebensbedingungen gegeben sind.

1.5 Wie wirkt sich der demografische Wandel aus?

Veränderungen in Umfang und Zusammensetzung der Bevölkerung wirken sich in allen Bereichen unseres Gemeinwesens aus: Sowohl die staatliche Gesetzgebung und die kommunale Daseinsvorsorge als auch die Gesellschaft, d. h. jeder Einzelne, werden mit den Herausforderungen der weitreichenden Veränderungen konfrontiert und müssen reagieren.

Soweit es die Stagnation und die Schrumpfung des Bevölkerungsumfangs betrifft, ist zunächst festzustellen, dass die wirtschaftliche Wachstumsdynamik hierdurch empfindlich getroffen wird. So muss sich eine bisher auf Wachstum ausgerichtete Wirtschaft – zumindest in vielen Branchen – auf stagnierende oder nachlassende Nachfrage einstellen. Eine abnehmende Zahl von Menschen ist gleichbedeutend mit einer abnehmenden Anzahl von Konsumenten. Ein Staat, der den Verteilungskampf im pluralistischen Gesellschaftsgefüge bisher zum großen Teil aus Zuwachsraten bedient hat, muss mit schärferen Verteilungskonflikten fertig werden. Auch Staat und Kommunen werden es mit stagnierender oder nachlassender Nachfrage nach ihren Leistungen zu tun haben. Unausgelastete Infrastruktureinrichtungen sind die Folge, was z. B. zu steigenden Benutzungs- und Verbrauchsgebühren führen wird.

Unter den derzeitigen Bedingungen sind die staatlichen Leistungen für den kommunalen Finanzausgleich sehr eng an die jeweiligen Einwohnerzahlen gebunden. Bei schrumpfenden Einwohnerzahlen geraten deshalb gerade die finanziell bedürftigen Kommunen in ein Dilemma, weil sie mit geringeren finanziellen Mitteln auskommen müssen, obwohl ihr Aufwand wegen eines hohen verwaltungsmäßigen Fixkosten-Sockels nicht spürbar geringer wird.

Der Stagnations- und der Schrumpfungsprozess wirken sich allerdings nicht annähernd so problematisch aus wie die Verschiebung der Altersstruktur. Die demografische Alterung als qualitative Veränderung verursacht weit schwerer wiegende Auswirkungen.

In erster Linie trifft die Verschiebung der Altersstruktur die sozialen Sicherungssysteme. Sie funktionieren bisher nach dem Prinzip des sog. Generationenvertrages – einer gesellschaftlichen Übereinkunft darüber, dass jeweils diejenigen, die aktiv im Wirtschaftsleben stehen, für diejenigen sorgen, die als Ruheständler nicht mehr an der Herstellung des Sozialproduktes beteiligt sind. Diese Vorstellung folgt im Prinzip den Leistungen der früheren (Groß-)Familie. Die im Sozialstaat erfolgte Anonymisierung von Transferleistungen hat diesen Zusammenhang zwar verdeckt, aber nicht aufgehoben. Mit der kleiner werdenden Anzahl jüngerer Menschen und einer größeren Anzahl älterer Menschen ergibt sich mittlerweile für immer weniger „Aktive" eine immer größer werdende Versorgungslast. Dieser Sachverhalt ist Anlass für die Zweifel, ob der Generationenvertrag künftig tragfähig bleiben kann.

Eine relative Abnahme des Anteils jüngerer Menschen bewirkt auch Verschiebungen im Arbeitsmarkt. Die gegenwärtige Tendenz zur Frühverrentung wirkt auf die Gesamtheit der Beschäftigten zwar zunächst verjüngend, Arbeitsmarktexperten gehen allerdings davon aus, dass mittel- und langfristig die Beschäftigung älterer Arbeitnehmer wieder zunehmen wird. Unterstellt man, dass eine dynamische Wirtschaft besonders auf junge, leistungsfähige und innovative Mitarbeiter angewiesen ist, könnte mit dem in der Arbeitnehmerschaft vorzufindenden Alterungsprozess künftig ein wirtschaftsstrukturelles Problem entstehen.

1.6 Demografischer Wandel und Kommunen

Die Kommunen in Deutschland zählen wegen ihrer Bedeutung für die Daseinsvorsorge zu den Hauptbetroffenen des demografischen Wandels. Sowohl eine Schrumpfung der Bevölkerungszahlen als auch die demografische Alterung wirken sich in den Kommunen mittel- und langfristig in vielerlei Hinsicht aus: So gehen die Anmeldungen für Kindergärten und Grundschulen zurück, die Anzahl der alleinstehenden Senioren erhöht sich, die bisher bewohnten Ortskerne entvölkern sich, die Nachfrage nach Wohnungen und Bauland geht zurück und die Ver- und Entsorgungssysteme sind nicht ausgelastet – um nur die augenfälligsten Folgen zu benennen. Dies alles ist umso gravierender, je mehr eine Kommune ihre Kommunalpolitik bisher auf eine Wachstumsstrategie gegründet hat.

WICHTIG!

Nicht alle Kommunen sind in gleicher Weise vom demografischen Wandel betroffen, weil die Ergebnisse des generativen Verhaltens von jeweils unterschiedlichen Wanderungsbewegungen überdeckt werden. Deshalb ist es für jede Kommune unerlässlich, die jeweiligen ortsspezifischen Verhältnisse präzise zu erfassen und zu analysieren, um daraus die Zukunftsaussichten abzuleiten.

Das Problembewusstsein bei den kommunalen Entscheidungsträgern ist derzeit durchaus unterschiedlich entwickelt. Kommunen in strukturschwachen ländlichen Räumen sind wegen anhaltender Abwanderung längst für Fragen des demografischen Wandels sensibilisiert, wie andererseits viele Kommunen in Ballungsräumen wegen ihrer anhaltenden Anziehungskraft aktuellen Handlungsbedarf nicht erkennen.

Mittelfristig bringt der demografische Wandel wegen des regional unterschiedlichen Wanderungsverhaltens zunächst Gewinner und Verlierer zugleich hervor. Langfristig ist jedoch bei unveränderten staatlichen, politischen und gesellschaftlichen Rahmenbedingungen damit zu rechnen, dass fast alle Gemeinden schrumpfen werden.

Es gibt mittlerweile Prognoseinstrumente, die es zulassen, mittelfristige demografische Entwicklungen tendenziell vorauszusagen. So hat z. B. die Bertelsmann-Stiftung den „Wegweiser Demographischer Wandel 2020“ (Bertelsmann-Stiftung, Gütersloh 2006) entwickelt, der für die Kommunen als „Frühwarn- und Informationssystem“ dienen soll.

TIPP!

Für alle deutschen Kommunen mit 5.000 Einwohnern und mehr können unter **www.wegweiser-kommune.de** die wichtigsten Strukturdaten abgerufen werden. Sie sind in insgesamt **neun** Demografie-Typen zusammengefasst, für die dann unterschiedliche **Handlungsansätze skizziert werden.**

1.7 Was ist zu tun?

Demografische Alterung und Bevölkerungsrückgang haben Handlungsbedarf zur Folge, der auf zwei Ziele gerichtet ist: Zum einen gilt es, den Schrumpfungsprozess nach Möglichkeit zu stoppen, zum anderen ist es notwendig, Anpassungen an die veränderten demografischen Strukturen vorzunehmen. Die Anpassungsprozesse sind nötig, auch wenn es gelingen sollte, den Schrumpfungsprozess künftig aufzuhalten, weil dies nur langfristig erreicht werden kann.

Der Schrumpfungsprozess kann aufgehalten werden, wenn die Bereitschaft junger Menschen zunimmt, wieder mehr Kinder zu bekommen. Vermutlich sind es in diesem Zusammenhang sowohl die ideellen als auch die materiellen Bedingungen, die zugunsten von Kindern und jungen Familien verbessert werden müssen. Im Vordergrund stehen dabei alle Maßnahmen und Einrichtungen, die eine bessere Vereinbarkeit von Familie und Beruf bewirken, aber auch Regelungen der finanziellen Entlastung junger Familien. Hier sind in erster Linie die Gesetzgeber gefordert, in der Folge aber auch die Kommunen als verantwortliche Instanz für diesen Teil der Daseinsvorsorge. Ebenso wichtig ist jedoch generell ein höheres Maß an Kinder- und Familienfreundlichkeit der gesamten Gesellschaft.

Grundsätzlich können abnehmende Bevölkerungszahlen durch Zuwanderung kompensiert werden. In der Vergangenheit war Deutschland einem erheblichen Zuwanderungsdruck aus weniger entwickelten Ländern ausgesetzt. Dabei zeigte sich, dass die Zuwanderer **zu einem großen Teil** in unser Sozialsystem wanderten, denn trotz stark steigendem Ausländeranteil an der Bevölkerung stieg der Ausländeranteil an der Zahl der sozialversicherungspflichtig Beschäftigten nur unwesentlich. Kompensation durch Zuwanderung darf also nicht nur numerische Kompensation sein; ausfallende Produktivität und ausfallende Beitragszahlungen in das Sozialsystem müssen kompensiert werden. Das bedeutet, dass zunächst nur qualifizierte Zuwanderung ein geeignetes Lösungsmuster sein kann.

Zuwanderung kann erhebliche gesellschaftspolitische und kulturelle Risiken verursachen. Inwieweit Zuwanderung sich zur Kompensation von Bevölkerungsrückgang eignet, hängt insofern auch vom Integrationswillen der Zugewanderten und von der Integrationsfähigkeit der Bevölkerung ab. Die Integrationsfähigkeit wiederum ist dann gefährdet, wenn in einer Region, in einer Stadt oder auch in einem Stadtteil die ursprüngliche Mehrheitsbevölkerung zur Minderheit wird. Misslingt die Integration, besteht die Gefahr, dass sich aufgrund der Offenheit unserer Demokratie ethnisch-religiöse Absolutheitsansprüche durchsetzen. Damit wären Akzeptanz der Zuwanderung und der soziale Frieden nachhaltig infrage gestellt.

WICHTIG!

Für die Kommunen ergeben sich bei grob eingestellter Optik insgesamt 4 Bereiche, in denen Anpassungen an die demografische Alterung und – soweit sie prognostiziert wird – an die Bevölkerungsschrumpfung sowie Neuerungen vorzunehmen sind:

- Seniorenpolitik
- Kinder- und Familienpolitik
- Siedlungsstruktur und Raumordnung
- Infrastruktur.

Bei der Seniorenpolitik handelt es sich um eine Aufgabe, die alle Sektoren kommunaler Aktivität umfasst. Sie bezieht sich auf alle allgemeinen Programme, Planungen und Leistungsangebote. Der steigende Anteil älterer Mitbürger wird zu teilweise deutlichen Akzentverschiebungen in der Gesamtheit der kommunalen Daseinsvorsorge führen müssen. So erfordert die sog. „Seniorenpolitik", die noch vor einigen Jahren als Politikfeld kaum in Erscheinung trat, heute vermehrte Aufmerksamkeit. Sie hat in erster Linie die Mobilitätsbedürfnisse älterer Menschen, aber auch deren Bedürfnisse für Pflege und Betreuung sowie die zunehmende Notwendigkeit ärztlicher Versorgung stärker zu berücksichtigen. Das bedeutet zunächst zusätzliche Angebote für Wohnen und Unterbringung, aber auch verstärkte Anstrengungen zur Befriedigung von Mobilitätsansprüchen. In besonderer Weise wird dabei der ländliche Raum „gefordert", weil hier bereits seit einiger Zeit vermehrt Engpässe in der wohnortnahen ambulanten ärztlichen Versorgung erkennbar werden (vgl. Abschnitt über „Ländlicher Raum“ in Teil 7 „Aktuelle Trends“). Auch das im Vergleich zu Ballungsräumen vergleichsweise knappe ÖPNV-Angebot erfordert neue Wege: In einigen Kommunen findet z. B. das Angebot von sog. Bürgerbussen (Kleinbussen), die von ehrenamtlich tätigen Fahrerinnen und Fahrern betrieben werden, regen Zuspruch. Der Bürgerbus wird nach einem dem Anruf-Sammeltaxi ähnlichen Modell angeboten und soll – vorwiegend für ältere Mitbürger – die Mobilität im Alltag ermöglichen. Da kaum Lohnkosten entstehen, sind die Kommunen hier vor allem als Organisations-Plattform gefordert; für die Anschaffung des Fahrzeugs und zur Finanzierung von Treibstoff und Wartung werden häufig Spendenmittel eingesetzt.

Gewissermaßen die „Kehrseite der Medaille“ ist die rückläufige Kinderzahl. Die darauf bezogene Kinder- und Familienpolitik betrifft ebenfalls die Gesamtheit der kommunalen Daseinsvorsorge. Sie hat allerdings nicht nur dem quantitativen Aspekt derzeit rückläufiger Kinderzahlen Rechnung zu tragen, sie soll darüber hinaus durch kinderfreundliche und familienfreundliche Maßnahmen mittel- und langfristig das generative Verhalten beeinflussen. Es handelt sich dabei um eine klassische Querschnittsaufgabe.

Demografisches Altern und Bevölkerungsrückgang wirken sich mittel- und langfristig auch auf die Bevölkerungsverteilung im Raum aus. Der Bevölkerungsrückgang kann die Ausweisung neuer Siedlungsgebiete überflüssig machen und deshalb die Zentren der Kommunen wieder stärker in den Blickwinkel der Stadtentwicklung rücken: Modernisierung und Sanierung der Zentren erlangen auf diese Weise Vorrang vor Erweiterungen. Hier zeigt sich der Paradigmenwechsel von der Wachstumszielsetzung zur Konsolidierung stagnierender oder schrumpfender Strukturen am deutlichsten.

Die Veränderungen in der Siedlungsstruktur finden eine Entsprechung in der Veränderung der kommunalen Infrastruktur. Dabei ist im Einzelfall zu prüfen, welche Einrichtungen eventuell neu zu schaffen oder zu vergrößern sind und welche ggf. zu verkleinern oder gar aufzugeben sind. Gerade beim Abbau sich abzeichnender Überkapazitäten kann es sich als notwendig erweisen, Kooperationen mit Nachbarkommunen zu suchen. In vielen Fällen wird ein Kapazitätsabbau allein deshalb notwendig werden, weil unnötige Kosten vermieden werden müssen.

1.8 Bewältigung des demografischen Wandels als Chance

Der demografische Wandel mit seinen weitreichenden Folgen für die Kommunen ist verhältnismäßig spät ins Bewusstsein kommunalpolitischer Entscheidungsträger gelangt. Erst als sich nach der deutschen Vereinigung in ostdeutschen Regionen teilweise dramatische Wanderungsverluste ergaben, wurde der Bevölkerungsrückgang als kommunalpolitisches Problem in seiner gesamten Wirkungsbreite erkannt. Dabei hätte der demografische Wandel durchaus auch schon früher als kommunalpolitische Herausforderung erkannt werden können.

Da Stadtentwicklungspolitik bisher immer als Wachstums- und Vorwärtsstrategie verstanden worden war, musste die neue Situation deshalb als Bedrohung empfunden werden. Sieht man einmal von den Auswirkungen des Bevölkerungsrückgangs und des demografischen Alterns auf unser Sozialsystem ab, so können Anpassungsprozesse in den Kommunen durchaus auch als Chance begriffen werden.

2. Ländlicher Raum

2.1 Was ist „ländlicher Raum“?

Auf den ersten Blick scheint zweifelsfrei klar zu sein, was mit dem Begriff „ländlicher Raum“ beschrieben ist: Wir denken an dünn besiedelten Raum und von der Landwirtschaft geprägte Kulturlandschaft. Die Menschen, die dort leben, haben ein eigenes Selbstverständnis, einen eigenen Lebensstil, sie scheinen in höherem Maß als andere traditions- und naturverbunden zu sein. In der seit einigen Jahren engagiert geführten Diskussion über den ländlichen Raum geht es allerdings nicht nur um Dörfer sowie um Wald und Flur. Kleine und mittlere Städte werden allenthalben selbstverständlich als Bestandteil des ländlichen Raumes angesehen, wenngleich nicht alle. Eine allein aus Einwohnerzahlen oder der Einwohnerdichte abgeleitete Definition kann der Vielfalt unterschiedlicher Situationen nicht gerecht werden.

Versucht man die Begriffsbestimmung des ländlichen Raumes für Zwecke der Raumordnung und der Landesentwicklung vorzunehmen, empfiehlt es sich **zunächst,** die raumstrukturellen Kategorien z. B. des Landesentwicklungsprogramms (LEP) Bayern 2023 zu übernehmen. Das überarbeitete LEP unterscheidet weiterhin lediglich Verdichtungsräume und ländliche Räume und hält grundsätzlich am System der zentralen Orte fest. Es liegt auf der Hand, dass unter dem Sammelbegriff „ländlicher Raum“ durchaus unterschiedliche Konstellationen zusammengefasst sind. Sie sind in der 2023 vorgelegten Fortschreibung des LEP nur noch in zwei Kategorien eingeteilt – in „Allgemeiner ländlicher Raum“ und „Ländlicher Raum mit Verdichtungsansätzen“. Daneben werden – unabhängig vom „ländlichen Raum“ – „Teilräume mit besonderem Handlungsbedarf“ gesondert behandelt.

BEACHTE!

Der ländliche Raum ist – zumindest in Bayern – also kein einheitlich strukturierter Raum; er weist in sich Unterschiede hinsichtlich seiner geographischen Lage, der Verkehrsanbindung, der Wirtschaftsstruktur, der Infrastruktur und der Bevölkerungsstruktur auf.

Unter den Teilräumen „mit besonderem Handlungsbedarf“ werden die sogenannten „strukturschwachen Gebiete“ verstanden. Sie werden in der ab 2023 gültigen Fortschreibung verstärkt unter dem Blickwinkel der demografischen Entwicklung betrachtet und liegen in Bayern außerhalb der Verdichtungsräume, also im ländlichen Raum – und hier wiederum überwiegend im östlichen Bayern. Ihnen gilt die besondere Aufmerksamkeit bei der Entwicklung des ländlichen Raumes: So wird ihnen Vorrang eingeräumt, wenn es um Förderschwerpunkte und Fördermaßnahmen geht und um die Verteilung von Finanzmitteln, soweit damit gleichwertige Lebens- und Arbeitsbedingungen geschaffen werden sollen.

Die Teilräume „mit besonderem Handlungsbedarf“ weisen eine geringe Bevölkerungsdichte, eine unterdurchschnittliche wirtschaftliche Leistungskraft und hohe Auspendlerzahlen auf. Die Landwirtschaft hat in diesen Bereichen noch eine relativ große Bedeutung im Erwerbsleben und der Dienstleistungssektor ist unterentwickelt. Als ländliche **Teilräume** sind sie deshalb meist von Abwanderungstendenzen gekennzeichnet. Soweit sie als Problemregionen angesehen werden müssen, resultieren die Probleme meist daraus, dass es sich um periphere Räume handelt, die deshalb auch wirtschaftsstrukturelle Anpassungsprobleme haben.

2.2 Warum ist der „ländliche Raum“ Gegenstand der politischen Diskussion?

Ein Stadt-Umland-Gefälle hat es seit Bestehen größerer, mit eigener Verfassung ausgestatteter örtlicher Gemeinwesen stets gegeben. Dieses Gefälle drückte sich in unterschiedlicher Wirtschaftsstruktur, wohl auch in unterschiedlichem Wohlstand und in unterschiedlichen Lebensstilen aus. Mit der beginnenden Industrialisierung wurde dieses Stadt-Land-Gefälle zunehmend als Verschiedenartigkeit von persönlichen Lebenschancen empfunden und löste mit der sogenannten Landflucht umfangreiche Wanderungsbewegungen aus, in deren Folge die aufnehmenden Städte mit neuen, vor allem sozialen Problemen konfrontiert wurden. Das Stadt-Land-Gefälle ist als Verschiedenartigkeit der Lebensverhältnisse auch heute noch ein weltweites Phänomen.

Gleichartigkeit der Lebensverhältnisse in Stadt und Land herstellen zu wollen, ist ebenso illusorisch wie zweifelhaft; sieht man einmal davon ab, dass die Besiedlung eines Raumes niemals so gelenkt werden kann, dass sich als Ergebnis irgendwann Gleichheit in der Versorgungs- und Infrastruktur oder auch Gleichheit in den sonstigen räumlichen Verhältnissen einstellen würde, kann auch die Zielsetzung selbst nicht sinnvoll sein, weil die Menschen mit ihren unterschiedlichen Lebensentwürfen durchaus unterschiedliche Präferenzen hinsichtlich ihrer räumlichen Daseinsbedingungen entwickeln. Als Zielsetzung kann deshalb bestenfalls Gleichwertigkeit der Lebensverhältnisse angestrebt werden. Dem für den Staat verbindlichen Gleichbehandlungsgebot wird also dadurch Rechnung getragen, dass die unterschiedlichen Räume mit ihrer jeweiligen Lebensqualität als gleichwertig erkannt und anerkannt werden.

Die Herstellung von gleichwertigen Lebens- und Arbeitsbedingungen ist deshalb z. B. in Bayern ein seit Jahrzehnten verfolgtes Leitziel der Landesentwicklungspolitik. Auch die Ministerkonferenz für Raumordnung (MKRO) bekennt sich für das gesamte Deutschland zu diesem Ziel (vgl. Beschluss der 30. Ministerkonferenz für Raumordnung am 30.6.2006). Schließlich setzt sich auch die Europäische Union zum Ziel, „die Unterschiede im Entwicklungsstand der verschiedenen Regionen und den Rückstand der am stärksten benachteiligten Gebiete oder Inseln, einschließlich der ländlichen Gebiete, zu verringern“ (Art. 158 EG-Vertrag). Dieses Ziel sieht bereits in der Verringerung des Entwicklungsrückstandes eine Chance zur Gleichwertigkeit.

Die mit zunehmender Globalisierung einhergehende Steigerung der wirtschaftlichen Dynamik in den großen Verdichtungsräumen – erkennbar an Wanderungsgewinnen – führt dazu, dass mittlerweile gelegentlich die Frage gestellt wird, ob das Ziel der Schaffung gleichwertiger Lebensbedingungen künftig aufrechterhalten werden kann. Die Gleichwertigkeit in den ländlichen Räumen herzustellen bedeutet letztlich, die Lebensqualität auch in den ländlichen Teilräumen zu steigern, denn die sich stetig verbessernden Verhältnisse in den Verdichtungsräumen liefern die Maßstäbe. Unterstellt man, dass es künftig kaum mehr überall im Land Wohlstandssteigerungen geben wird, ist dieses Ziel tatsächlich kaum mehr erreichbar. Diese Befürchtungen wiegen umso schwerer, als sich in den letzten Jahren mit den sogenannten „Metropolregionen“ eine neue Kategorie in der Raumordnung herausgebildet hat, die als Kristallisationsräume der wirtschaftlichen und sozialen Entwicklung besondere Förderung für sich beanspruchen.

Die Gesundheitsversorgung im ländlichen Raum erweist sich in den letzten Jahren vermehrt als thematischer Schwerpunkt strukturpolitischer Diskussionen und deutet deshalb auf diesen Bereich als vordringliche kommunalpolitische Aufgabe hin. Gesundheitsversorgung umfasst sowohl die stationäre Versorgung in Krankenhäusern als auch die ambulante ärztliche Versorgung. In vielen ländlichen Regionen spricht man heute bereits von einem „Ärztemangel“. Er kommt gegenwärtig vor allem dadurch zustande, dass viele niedergelassene Ärzte aus Altersgründen die berufliche Tätigkeit beenden und sich für ihre Praxen nicht ausreichend viele Nachfolger finden lassen. Obwohl die Kassenärztliche Vereinigung als Körperschaft des öffentlichen Rechts über die Bedarfsplanung für die Sicherstellung der ärztlichen Versorgung zuständig ist, ist auch die Kommunalpolitik „gefordert“. Da der ärztliche Nachwuchs (sowohl bei den Allgemeinärzten als auch bei den Fachärzten) es gegenwärtig vorzieht, sich nach Möglichkeit in großen Städten niederzulassen, gibt es mittlerweile einige Initiativen auf örtlicher und regionaler Ebene, dem Ärztemangel im ländlichen Raum entgegenzuwirken. Ein Bespiel ist die Initiative **„Ärzte schnuppern Landluft“**, die in Mittelfranken den Studierenden der Medizin eine Famulatur auf dem Land anbietet **(www.aerzteschnuppernlandluft.de)**, um die Vorzüge des Lebens und Arbeitens „auf dem Land“ erlebbar zu machen. Ein anderes Beispiel, dem Ärztemangel im ländlichen Raum zu begegnen, ist das sog. **Rothenburger Modell (www.mvz-martinshof.de):** Im Landkreis Görlitz wird jungen Medizinern mit abgeschlossener Facharzt-Ausbildung angeboten, bei voller (übertariflicher) Bezahlung an nur vier Tagen der Woche zu praktizieren und am fünften Tag wissenschaftlich zu arbeiten (z. B. eine Promotion zu erarbeiten). Beteiligt sind auch die Universität Dresden, die Stadt Rothenburg/Oberlausitz und der Landkreis Görlitz sowie eine kirchliche Stiftung mit ihrer Einrichtung „Martinshof“.

Ebenso schwierig wie die hausärztliche Versorgung stellt sich gegenwärtig die Situation kleiner Krankenhäuser im ländlichen Raum dar. Wegen der geringen Bevölkerungsdichte haben kleine Landkrankenhäuser in der Regel geringere Chancen, ihre Kosten durch Erträge zu decken, was schließlich u. a. einer aufwendigen Apparate-Ausstattung entgegensteht. Die Bertelsmann-Stiftung hat deshalb Mitte 2019 als Ergebnis einer von ihr bestellten Studie mitgeteilt, dass in Deutschland eine Verringerung der knapp 4.000 Krankenhäuser auf deutlich unter 600 die Versorgung der Patienten verbessern würde! Diese Folgerung wurde allerdings aus den Gegebenheiten der sog. Versorgungsregion 5 in Nordrhein-Westfalen (Raum Köln/Leverkusen sowie benachbarte Landkreise Rhein-Erft-Kreis, Rheinisch-Bergischer Kreis und Oberbergischer Kreis) abgeleitet, wo es insgesamt 45 Krankenhausstandorte gibt. Obwohl die Situation in dünner besiedelten Gegenden (wegen der längeren Anfahrtswege) nicht vergleichbar ist, hat sich seit dieser Veröffentlichung der Druck auf kleine Landkrankenhäuser verstärkt. Die Gleichwertigkeit der Lebensverhältnisse verlangt aber – wenn man von Leistungen der Spitzenmedizin absieht – auch für den ländlichen Raum eine wohnortnahe stationäre Grund- und Regelversorgung. Es kommt deshalb nicht von ungefähr, dass der sog. „Gemeinsame Ausschuss“ (von Anbietern und Zahlern medizinischer Leistungen) für kleine Landkrankenhäuser bei Vorliegen bestimmter Bedingungen die Gewährung eines sog. „Sicherstellungszuschlags“ befürwortet hat.

2.3 Was ist eine „Metropolregion“?

Metropolregionen sind Verdichtungsräume, in denen – ggf. auch mehrere – Großstadtkerne zusammen mit ihrer teilweise ländlich strukturierten Umgebung unter dem Aspekt der Raumordnung internationale Bedeutung aufweisen. Sie sind insofern in Funktion und Ausdehnung mehr als Agglomerationen, die lediglich aus einer Kernstadt und dem sie unmittelbar umgebenden „Speckgürtel“ bestehen. Die Ministerkonferenz für Raumordnung (MKRO) hat für Deutschland seit 1995 elf solcher Europäischen Metropolregionen definiert, um deren wirtschaftliche, gesellschaftliche und kulturelle Bedeutung nicht nur für Deutschland, sondern für ganz Europa zu unterstreichen. Es sind dies: Rhein-Ruhr, Frankfurt/Rhein-Main, Berlin/Brandenburg, Hamburg, Hannover-Braunschweig-Göttingen, Stuttgart, Nürnberg, Sachsendreieck, München, Rhein-Neckar, Bremen-Oldenburg.

Für die Einstufung als Metropolregion müssen drei Funktionen erfüllt werden:

- Die Entscheidungs- und Kontrollfunktion:
  Die Region muss eine hohe Konzentration staatlicher, eventuell internationaler und ökonomischer Entscheidungsinstanzen aufweisen. Das können sowohl hohe Regierungs- und Verwaltungszentralen als auch Zentralen großer international agierender Unternehmen sein.
- Die Innovations- und Wettbewerbsfunktion:
  Die Region muss eine hohe Konzentration gesellschaftlicher, kultureller und technologischer „Keimzellen“ aufweisen. Das können sowohl Wissenschafts- und Forschungseinrichtungen als auch kulturelle und künstlerische Kristallisationspunkte sein.
- Die Gateway-Funktion:
  Die Region muss hochrangiger Umschlagplatz von Gütern, Dienstleistungen und Wissen sein. Dies manifestiert sich in sehr dichter Verkehrsinfrastruktur, wie z. B. als Knotenpunkt wichtiger Verkehrswege, einem internationalen Flughafen sowie Sitz wichtiger Messen oder auch von wichtiger Telekommunikationsinfrastruktur.

2.4 Die Metropolregionen und der ländliche Raum in Bayern

In Bayern gibt es zwei Metropolregionen: München (www.metropolregion-muenchen.eu) seit 1995 und Nürnberg (www.metropolregionnuernberg.de) seit 2005. Beide Metropolregionen gliedern sich jeweils in einen Kernbereich und ein darüber hinausgehendes „Netz“ (Nürnberg) bzw. in einen „Ausstrahlungsraum“ (München). Damit werden nicht nur die jeweiligen großen Verdichtungsräume umfasst, sondern auch Stadt-Umland-Bereiche im ländlichen Raum sowie ländliche Teilräume, die noch besonders gestärkt werden sollen. So sind z. B. in der Metropolregion Nürnberg, die sich unmittelbar nach ihrer „Ernennung“ im Jahr 2005 eine differenzierte Arbeits- und Entscheidungsorganisation gegeben hat, im Kernbereich acht kreisfreie Städte und zwölf Landkreise integriert. Zum metropolitanen Netz gehören weitere fünf kreisfreie Städte und 25 Landkreise.

Gerade die wirtschafts- und sozialstrukturellen Unterschiede zwischen Verdichtungsräumen und den **ländlichen Teilräumen** lösen immer wieder Diskussionen aus, ob es – vor allem für die ländlichen Teilräume – zielführend ist, sich unter das Dach einer Metropolregion zu stellen. Die Frage ist, ob es für so unterschiedliche Strukturen genügend Gemeinsamkeiten gibt. Die Skepsis in den ländlichen Teilräumen entsteht aus der Befürchtung, dass neben dem sich ohnedies im globalen Wettbewerb abzeichnenden Bedeutungszuwachs der Metropolkerne auch zu erwartende Fördermaßnahmen für die Metropolregionen in erster Linie den Kernen nützen werden. Inwieweit solche Skepsis berechtigt ist, lässt sich derzeit nicht abschätzen. Im Organisationsmodell der Metropolregion Nürnberg haben im Rat als dem Entscheidungsgremium alle Mitglieder – unabhängig von ihrer Einwohnerzahl oder ihrer Wirtschaftskraft – das gleiche Stimmrecht. Mit diesem „Prinzip der gleichen Augenhöhe“ von Kommunen im Metropolkern einerseits und Kommunen im ländlichen Raum andererseits soll gewährleistet werden, dass die Interessen des ländlichen Raumes angemessen berücksichtigt werden. Auch für die Metropolregion München wird eine Form der Zusammenarbeit angestrebt, die einen Ausgleich zwischen ländlichen und verdichteten Räumen ermöglicht und auf diese Weise eine gemeinsame Identität stiftet.

2.5 Stärkung des ländlichen Raumes

Inwieweit die Lebensbedingungen in den ländlichen Räumen im Vergleich zu städtischen Räumen gleichwertig sind, ist in erster Linie eine Frage des subjektiven Empfindens der jeweiligen Bewohner. Wanderungsbewegungen sind deshalb der sichtbare Ausdruck einer Bewertung durch die Bürger: Wegzüge aus ländlichen Teilräumen belegen, dass andere Räume für attraktiver gehalten werden – vor allem in Bezug auf die jeweiligen persönlichen Lebensbedingungen und Chancen.

Damit stellt sich die Frage, was gegen die Abwanderung aus ländlichen Räumen getan werden kann. Da sich Wanderungsbewegungen weltweit stets nach wirtschaftlich prosperierenden Räumen ausgerichtet haben und noch ausrichten, ist die wirtschaftliche Stärkung der ländlichen Räume geboten.

Die Schwäche einzelner ländlicher Räume ist fast immer die Folge einer unterdurchschnittlich entwickelten öffentlichen Infrastruktur. Verkehrsgeographische Abseitslagen, ein vergleichsweise geringes Angebot im Öffentlichen Personennahverkehr (ÖPNV) oder auch fehlende Breitband-Erschließung resultieren aus einem ungünstigen Verhältnis der die Fläche erschließenden notwendigen Kapazitäten zu den vergleichsweise wenigen Benützern. Deshalb verlangt die Stärkung des ländlichen Raumes zunächst eine (kostenträchtige) Verbesserung dieser infrastrukturellen Gegebenheiten. Gerade fehlende Breitbanderschließung erweist sich heute als ernst zu nehmender Standortnachteil.

Ländliche Räume sind trotz rückläufiger Bedeutung **der Landwirtschaft im volkswirtschaftlichen Gesamtzusammenhang von dieser** geprägt; sie dominiert die Flächennutzung und ist sowohl wirtschaftlicher als auch kultureller und sozialer Faktor. Sie erhält unsere natürlichen Lebensgrundlagen und sichert die Kulturlandschaft als Wirtschafts-, Siedlungs- und Erholungsraum. Sie unterlag in den letzten Jahrzehnten einem starken Wandel, der noch anhält und einerseits Intensivierung, Spezialisierung und Konzentration, andererseits Extensivierung, Diversifizierung und Dispersion mit sich brachte. Angesichts der Preisentwicklung in den Energiemärkten und des geschärften Umweltbewusstseins hat sich neben der Nahrungsmittelproduktion der Anbau nachwachsender Rohstoffe für die energetische Nutzung als neues Angebotssegment der Landwirtschaft herausgebildet. Mit der Nutzung von Bioenergie ergeben sich insofern für den ländlichen Raum neue Wertschöpfungsmöglichkeiten und Beschäftigungseffekte. Freilich ist derzeit noch Förderung durch den Staat und die Kommunen nötig, um für diese neuen Märkte eine tragfähige Basis zu schaffen.

Auch für die zur Stärkung des ländlichen Raumes notwendige Bereitstellung von Arbeits- und Ausbildungsplätzen sind (derzeit noch) staatliche und kommunale Hilfestellungen nötig. Die Arbeits- und Ausbildungsplätze werden zwar nicht von den öffentlichen Händen geschaffen; sie können jedoch für Bedingungen sorgen, die dies besser ermöglichen oder entsprechende Anreize bieten.

Die demografische Entwicklung dürfte im Zusammenwirken mit einwohnerzahlbezogenen Finanzausgleichsleistungen dazu führen, dass sich der Wettbewerb um Einwohner zwischen den Kommunen weiter verschärfen wird. Inwieweit Verdichtungsräume dabei ihren derzeitigen Vorsprung hinsichtlich der Attraktivität der Lebensbedingungen und Chancen halten können, wird künftig wesentlich davon abhängen, welchen Stellenwert die Besonderheiten der ländlichen Räume in der Einschätzung der Menschen einnehmen werden. Es spricht viel dafür, dass das „Leben auf dem Land" gegenüber dem in der großen Stadt wieder mehr Zuspruch finden kann, weil das „Landleben" mehr Mitwirkung des Einzelnen am öffentlichen Leben ermöglicht und Überschaubarkeit des Lebensraumes sowie intakte Natur und Umwelt bietet. Der ländliche Raum dürfte damit dem angesichts der Globalisierung stärker werdenden Wunsch nach Heimat und Identifikation eher entsprechen können als große Städte und Verdichtungsräume.

3. Kinder und Bildung

Moderne Standortpolitik hat nicht nur Verkehrsinfrastruktur und Arbeitsplätze im Fokus. Gerade wegen der demografischen Entwicklung ist die Familien- und Bildungspolitik in den Mittelpunkt kommunalpolitischer Überlegungen getreten. Die Kommunen haben als Sachaufwandsträger der Bildungs- und Betreuungseinrichtungen erkannt, dass die Vermittlung von Wissen und Fähigkeiten ein entscheidender Schlüssel für den Erfolg unserer Volkswirtschaft sind.

Bildung beginnt heute nicht erst in der Grundschule. Viele Fertigkeiten werden den Kindern bereits im Kleinkindalter vermittelt. Über Sinn oder Unsinn von Krippenplätzen zu diskutieren, über die Frage zu philosophieren, ob die Politik mit einem Rechtsanspruch gut bedient war, ist müßig. Fakt ist, dass viele Familien heute die Auswahl ihres Wohnsitzes auch danach treffen, wie vielfältig und strukturiert die Betreuungs- und Bildungseinrichtungen am Ort sind. Man darf sich auch nicht täuschen: Die Eltern sind kritisch, erwarten pädagogisch ausgerichtete Angebote, Professionalität und Qualität bei der Betreuung. Die Kommunen werden sich auf eine starke Zunahme der Nachfrage auf ganztägige Angebote mit Mittagsverpflegung einstellen müssen. Auch darauf, dass die Eltern sich die Schule, den Kindergarten, die Krippe für ihren Nachwuchs sehr bewusst aussuchen. Dabei muss der Standort der Betreuungseinrichtung nicht unbedingt identisch mit dem eigenen Wohnsitz sein. Entfernungen bis zu 15 km spielen im Zeitalter der unbeschränkten Mobilität keine Rolle. Noch schützen Sprengel die

Schulen bis zu einem gewissen Grad vor einem freien Wunsch- und Wahlrecht der Eltern, das es für Krippen und Kindergärten längst gibt. Es ist aber nur eine Frage der Zeit, bis auch die Schullandschaft sich dem Elternwunsch unterzuordnen hat.

Wer es deshalb versäumt seine Bildungsangebote anzupassen und in eine bedarfsorientierte Zukunft zu führen, ihnen Profil, Gesicht und Mehrwert zu geben, der wird zu den Verlierern einer individualisierten Gesellschaft gehören. Wenn Sie so wollen, hat der Kampf um die Kinder (und damit der Familien) längst begonnen.

Wir, die wir kommunalpolitische Verantwortung tragen, müssen den Tatsachen ins Auge sehen. So bitter es ist... aber die Schullandschaft wird sich schon deshalb verändern, weil immer weniger Schüler einer immer größer werdenden Angebotspalette gegenüberstehen. Wer hier Nischen erkennt und aus der Sicht der Kinder Angebote schafft, die die Lebenschancen verbessern, der hat die Chance unter den Gewinnern zu sein. Unter anderem bieten professionelle Ganztagesbetreuungen oder Ganztagesbeschulung, sowie die Entwicklung integrativer Bildungsansätze aber auch die Erarbeitung eines speziellen Schulprofils durchaus Chancen Standorte dauerhaft zu sichern. Nur wer den Mut hat Neues zu denken, neue Wege einzuschlagen, der wird auch die bildungspolitische Zukunft seiner Gemeinde zufriedenstellend lösen können.

Der verpflichtende Betreuungsanspruch fordert die Aufwandsträger massiv. Neben der Anpassung der baulichen Infrastruktur ist der harte Wettbewerb um qualifiziertes Personal eine Herausforderung. Schon jetzt stellt der Arbeitsmarkt nur knapp das zu Verfügung was aufgrund des demografischen Abgangs aus dem Erwerbsleben nachzubesetzen ist. Nach Schätzungen mehrerer Institute fehlen in Bayern aktuell schon weit mehr als 50.000 Arbeitskräfte in den sozialen Berufen.

Eine weitere Herausforderung stellt die Bereitstellung der KiTa Infrastruktur dar. Verändertes Buchungsverhalten, mehr und längere Betreuungszeit, Mittagsverpflegung, Migration, Zuwanderung, geänderte Einschulungskorridore und das freie, ortsungebundene Wunsch- und Wahlrecht der Eltern vermitteln alles andere als einen sicheren Planungshorizont.

TIPP

Versuchen Sie rechtzeitig eine eigene Planungs- und Prognosekulisse zu entwickeln. Nehmen Sie dabei auch die vorgesetzten Fach- und Kontrollbehörden mit in die Pflicht. Gehen Sie nicht davon aus, dass in den ländlicheren Räumen der Bedarf an frühkindlicher Betreuung geringer ist. Richten Sie sich mittel- bis langfristig darauf ein, dass Sie in der Regel mindestens so viele Plätze brauchen, dass Sie 2,3 Geburtenjahrgänge unterbringen können. Sind Sie Bürgermeister*in einer stark von Einzelhandel geprägten Kommune mit einer hohen Rate an Alleinerziehenden, sollten Sie sich darauf einstellen, dass der Bedarf nach Betreuung bis 21.00 Uhr an Sie herangetragen wird.

Bereiten Sie einen Notfallplan vor, für den Fall, dass Sie kurzfristig zusätzliche Gruppenräume brauchen. Containerlösungen und die vorübergehende Unterbringung in angemieteten Räumen müssen wegen der relativ strikten Vorgaben rechtzeitig mit den zuständigen Behörden abgeklärt werden. Sorgen Sie mit einer sozial und zeitlich gestaffelten Gebührenstruktur dafür, dass „Luftbuchungen" vermieden werden. Vor allem aber entwickeln Sie Ihr Konzept mit Ihrem Leitungspersonal und binden sie die Eltern (Beiräte) ein. Das Wunsch- und Wahlrecht und der Betreuungsanspruch fördern nicht nur, sie fordern vor allem uns, die wir die Infrastruktur zu sichern haben.

Die Digitalisierung der Schulen wird die Kommunen in den kommenden Jahren intensiv fordern. Administrativ und finanziell. Der Staat weigert sich verbindliche Standards vorzugeben. Es drohen teure Insellösungen je nach Geschmack der Schulleitungen. Das Personal ist nur zu einem Teil bereit und in der Lage, die neuen Unterrichtsmittel einzusetzen und effizient zu gebrauchen. Digitaler Unterricht ist mehr als der Einsatz eines Beamers statt eines Overheadprojektors.

Jeder Aufwandsträger ist gut beraten, sich fachkundig begleiten und betreuen zu lassen und bei mehreren Schulen für einheitliche Strukturen zu sorgen. Wichtig ist ein abgestimmtes Konzept und ein zeitlich gestreckter Roll-out-Plan, der auch die Förderkulissen, die Bund und Land bieten, optimal nutzt. Eine Vereinbarung mit der Schulleitung hinsichtlich der Nachqualifizierung des Personals ist empfehlenswert.

Ob die Kommunen sich in das Abenteuer der schulischen Systemadministration einlassen sollen wird aktuell heiß diskutiert. Wenn man die rechtlichen Rahmenbedingungen hinterfragt, liegt der schulische Sachaufwand bei den Kommunen. Administration ist aber Personalaufwand und nach diesem Verständnis Staatssache. Wer außer einem Pädagogen weiß besser, welche Anwendungsverfahren auf einer digitalen Plattform laufen sollen und welche Anforderungen die Anwendungssoftware an die Plattform selbst stellt.

3.1 Kommunale Bildungsverantwortung: Planung, Finanzierung und Realitäten

Der Themenkomplex Bildung kann hier nur kursorisch gestreift werden. Tatsache ist, dass sich Kommunen mit dem Thema Bildung umfassend zu beschäftigen haben. Sowohl die Sozialgesetze als auch die landesspezifischen Erziehungs- und Unterrichtsgesetze weisen den Kommunen Zuständigkeiten zu.

Eine umfassende Zuständigkeit sowohl personeller als auch sachlicher Art haben die kreisangehörigen und kreisfreien Kommunen im Bereich der Betreuung der Kinder bis zum sechsten Lebensjahr. Der Oberbegriff ist Kita Betreuung. Er umfasst Krippen, in denen Kinder im Alter von 0 bis 3 Jahren betreut werden, und Kindergärten, in denen die Betreuung von 3 Jahren an bis zum Schuleintritt erfolgt.

Daneben gibt es Horte. Sie sind ursprünglich für die Betreuung von Grundschulkindern außerhalb der schulischen Regel Unterrichtszeit gedacht. Es gibt aber unzählige Zwischenformen, in denen sowohl Kita- als auch Schulbetreuung stattfindet.

Regelungen finden sich im SGB VIII genau im Abschnitt 3 unter den §§ 22 bis 26. Seit dem 1. August 2013 besteht ein Rechtsanspruch auf einen Kita Platz für Kinder ab dem ersten Lebensjahr, § 24 SGB VIII. Landesgesetze umschreiben detaillierte Vorgaben zur Kindertagesbetreuung, vgl. BayKiBiG.

Auf kommunaler Ebene zuständig für die Umsetzung des Rechtsanspruchs zur Bereitstellung von Betreuungsplätzen sind aber nicht die Kommunen selbst, sondern die Landkreise als Träger der Jugendhilfe und die kreisfreien Städte.

Für die Kommunen, die verantwortlich sind, die entsprechenden Betreuungskulissen baulich vorzuhalten, wird es aufgrund der Volatilität des Buchungsverhaltens, aber auch aufgrund der Wanderungsbewegungen in der Bevölkerung und der Migrationsbewegungen zunehmend schwer, zuverlässig und bedarfsgerecht zu planen.

Da die Errichtung von Betreuungseinheiten und vor allen Dingen deren Bewirtschaftung sowie die Personalgestellung sehr kostenintensiv sind, ist eine vorausschauende Planung, die den Bedarf möglichst exakt ermittelt, von entscheidender Bedeutung. Hilfreich sind in diesem Zusammenhang rechtzeitige Bedarfserhebungen, die über die Kindergärten oder unmittelbar über die Einwohnermeldeämter an die jungen Familien adressiert werden sollten.

Entscheidend ist aber auch eine qualitätshaltige Jugendhilfeplanung, für die die Landkreise und die kreisfreien Städten als Träger der Jugendhilfe zuständig sind. In deren Rahmen werden ebenfalls Bedarfe erhoben und analysiert. Der Abgleich aller verfügbaren Informationen ist eine entscheidende politische Hilfestellung für die Planung der konkreten Infrastruktur

Die Finanzierung der Betreuungseinrichtungen ist in den Ländern unterschiedlich geregelt. In Bayern ist das BayKiBiG einschlägig. Es soll noch im Jahre 2025, wohl wirkend ab 2026 grundlegend reformiert und auch vereinfacht werden. Wichtig erscheint in diesem Zusammenhang der Hinweis, das die Kofinanzierung durch den Staat bei Weitem nicht ausreichend ist.

Während früher eine 40:40:20 Finanzierung angestrebt wurde (40 % Kommunen, 40 % Staat, 20 % Eltern), hat sich diese Relation seit der Einführung des BayKiBiG deutlich zulasten der kommunalen Ebene verschoben. Hinzu kommen ständig steigende Betriebskosten, das Problem, ausreichend qualifiziertes Personal zu rekrutieren, und der zunehmende Rückzug sogenannter freigemeinnütziger Träger aus der Kinderbetreuung.

Eine stabile, den Bedarf möglichst abdeckende Versorgung mit entsprechenden Betreuungsstrukturen ist ein entscheidender weicher Standortvorteil. Viele Familien sind auf zuverlässige Betreuung angewiesen. Eine weitere Herausforderung ist die Sicherstellung von Betreuungsangeboten während der Ferienzeit. Das kann entweder über die Einrichtungen selbst oder auch in Kooperation mit Vereinen oder speziellen Dienstleistern organisiert werden.

Politisch immer wieder diskutiert, allerdings mit einer fatalen Impulssetzung, wird die Freistellung der Eltern von Beiträgen. Das kann nicht empfohlen werden! Die Kommunen bieten hervorragende Betreuungsarbeit an, die es den Eltern ermöglicht, ihr persönliches Lebensbild umzusetzen. Dafür ist eine sozial angemessene Finanzierungsbeteiligung der Eltern zu erwarten. Nachdem unsere Sozialsysteme ohnehin sicherstellen, dass diejenigen, die sich eine Betreuung nicht aus eigenem Einkommen leisten können, staatliche Hilfe und Unterstützung erhalten, scheint eine angemessene Beteiligung der Eltern zumutbar. Zudem sind die Kommunen aufgrund der sich verändernden Gesamtfinanzsituation mehr denn je darauf angewiesen, auch im Rahmen ihrer Angebote Entgelte zu erheben. Auf den verwaltungsrechtlichen Grundsatz, dass der Verursacher oder Vorteilnehmer einer öffentlichen Leistung einen angemessenen Beitrag dafür zu leiten hat, sei hingewiesen.

Ebenso intensiv diskutiert wird die sogenannte flexible Betreuungszeit. Eltern sollen ihrem tatsächlichen Betreuungswunsch entsprechend unterschiedliche Buchungszeiten abrufen können. Montag drei Stunden, Dienstag gar nicht, Mittwoch ganztags usw. Das scheint zum einen pädagogisch wenig sinnhaft. Die qualitäthaltige Betreuung ist strukturiert und auf die Vorbereitung für die Schule ausgelegt. Deshalb sollen die pädagogischen Angebote auch durchgehend wahrgenommen werden. Ein zweiter Aspekt ist die schwierige Personalbewirtschaftung und Personalplanung, die durch jeweilige unterschiedliche Buchungsverhalten entsteht. Ferner sei darauf hingewiesen, dass sich die Bildung homogener Gruppen erschwert.

Im Bereich der schulischen Bildung sind die Kommunen die Sachaufwandsträger für die Grund- und Mittelschulen Art. 7a und Art. 32 BayEuG. Die Trägerschaft für die weiterführenden Schulen, also Realschule und Gymnasium, liegt bei den kreisfreien Kommunen bzw. den Landkreisen.

Unter Sachaufwandsträgerschaft ist zu verstehen, dass die Kommunen für den Bau und den Unterhalt der Schulgebäude und für deren sächliche Ausstattung zuständig sind.

Mit Blick auf die Digitalisierung im Schulbereich ist insbesondere die Zurverfügungstellung von Computern oder Tablets für die Schülerinnen und Schüler zu einer echten Herausforderung geworden. Die Geräte müssen regelmäßig gewartet, instand gesetzt, administriert und gegebenenfalls ersetzt werden. Es kann nur empfohlen werden, eine einheitliche DV-Struktur aufzusetzen und es nicht jeder Schule zu überlassen, welches Betriebssystem und welche Endgeräte eingesetzt werden.

Nur ein einheitlicher Ansatz hebt finanzielle und technische Synergien!

Bei der Überlassung von Endgeräten an die Schülerinnen und Schüler kann auch über ein Überlassungsmodell gegen Entgelt nachgedacht werden. Erfolgt die Überlassung etwa für 4 Jahre, kann pro Jahr ein Entgelt (z. B. 50 €) angesetzt werden. Gegen Ende der Überlassungszeit kann den Eltern das Wahlrecht eingeräumt werden, das Gerät zu einem bestimmten Ablösebetrag endgültig zu übernehmen oder zurückzugeben.

Der Staat hat im Bereich der Digitalisierung in den letzten Jahren versucht, den kommunalen Sachaufwandsträgern zusätzliche Aufgaben zu übertragen, die eigentlich seine originär eigenen sind. Die Stellung des in der Regel verbeamteten Lehrpersonals ist ausschließlich Sache des Staates. Die Ausstattung dieser Staatsbediensteten mit entsprechendem Arbeitsgerät ist ebenfalls Angelegenheit des Staates. Hier haben sich die Kommunen im Rahmen eines Kompromisses bereit erklärt, die Erstausstattung mit Lehrerdienstgeräten zu organisieren. Ein Südenfall! Die künftigen Ergänzungen der Ausstattung ist Angelegenheit des Staates!

Im Rahmen der Entbürokratisierungsdiskussionen wurden beginnend mit dem Jahr 2025 intensive Gespräche darüber geführt, wie künftige Raumprogramme und auch die künftige Abwicklung des Förderwesens im Schul- und Kitabau verändert werden sollen. Ein großes Ziel ist es, von den überkommenen Raumprogrammen und deren intensiver Vorabüberprüfung Abstand zu nehmen und stattdessen der kommunalen Ebene mit Vertrauen die konkrete Planung zu überlassen.

Ob es in Zeiten knapper Haushaltsmittel tatsächlich zwingend und sinnstiftend ist, ein Betreuungseinrichtung durchgängig barrierefrei zu gestalten, ist in diesem Kontext ebenfalls zu diskutieren. In vielen Fällen wird es nämlich möglich sein, das Erdgeschoss barrierefrei zu errichten und organisatorisch dafür zu sorgen, dass Kinder mit Handicap eben im Erdgeschoss unterrichtet und betreut werden können. Der Verzicht auf Fahrstühle spart nicht nur Ersteinrichtungskosten, sondern auch Unterhalt und Aufwand während des Betriebs.

Der Bundesgesetzgeber hat gegen den Rat der kommunalen Spitzenverbände einen Rechtsanspruch auf verbindliche Ganztagsbetreuung für Grundschüler bis zur vierten Jahrgangsstufe festgesetzt. Dies macht in vielen Fällen hohe, zusätzliche Bauaufwände notwendig. Mit Blick auf die aktuelle Arbeitsmarktsituation besteht auch das praktische Problem, dass nicht ausreichend viele qualifizierte Betreuungspersonen zur Verfügung stehen werden. Tatsache ist, dass durch den Bundesgesetzgeber eine gewisse Erwartungshaltung erzeugt wurde, trotzdem bei realistischer Betrachtung von Anfang an klar sein musste, dass das Betreuungsversprechen nicht durchgängig eingelöst werden kann. Ein weiteres, beredtes Beispiel für eine Politik, die nicht hält, was sie verspricht. Ein Beispiel dafür, wie auf Kosten und zulasten Dritter Regelungen geschaffen werden.

Bei den konkreten Ausformungen der jeweiligen Betreuungskulisse stehen mehrere Möglichkeiten zur Verfügung:

- Betreuung in einer Horteinrichtung
- Mittagsbetreuung und anschließend offene Ganztagsbetreuung unter Einschaltung von Dienstleistern oder Vereinen
- Gebundene ganztägige Beschulung im Rahmen des schulischen Bildungsangebotes.

Es lohnt den Aufwand, die konkreten Entscheidungen in enger Abstimmung mit Schulleitung und Elternschafft vorzubereiten.

Festzuhalten bleibt, dass die Schaffung der Neuerung der Bildungsinfrastruktur sowie die Rekrutierung von Personal im Bereich der Kitabetreuung eine sowohl fiskalisch als auch personell herausfordernde Aufgabe ist.

4. Arbeit und Cluster

4.1 Gleichwertige Arbeitsbedingungen

An anderer Stelle (siehe Teil 4 Kapitel 2.12.6 ff.) wurde in diesem Buch bereits auf die höchst ungleiche Verteilung von Arbeits- und Einkommenschancen sowie Wohlstand hingewiesen. Es wird besonders für die Mandatsträger in den wirtschaftsschwachen Räumen eine besondere Herausforderung sein, die Rahmenbedingungen am Ort (in der Regel mit wenig Geld) so zu gestalten, dass man als Standort attraktiv für die Menschen in der Region bleibt und attraktiv für die Wirtschaft per se ist.

Um gleich zu beruhigen: Betriebsansiedlungen sind zu 90 % Glückssache und haben in der Regel nichts mit den politischen Fähigkeiten einer Kommunalverwaltung zu tun. Freilich müssen die Grundvoraussetzungen passen, Flächen müssen vorhanden sein, ein leistungsfähiges Breitbandangebot, eine vernünftige Verwaltungsstruktur, die Ansiedlungswilligen zur Seite stehen kann.

TIPP!

Eine eigene Rubrik Gewerbe/Industrie auf der Homepage und eine Broschüre, die den Standort und seine Vorzüge beschreibt, vermitteln bei Anfragen einen guten Eindruck. Wird die Broschüre nebst Imagefilm etwa auf einem Datenträger, einem USB-Stick oder zum Download bereitgehalten, sieht der Investor sofort, dass die Kommune im Informationszeitalter angekommen ist.

Die Staatsregierung hat im neuen LEP und in der Bayerischen Verfassung das Prinzip der möglichst gleichwertigen Lebens- und Arbeitsbedingungen in ganz Bayern verankert. Das ist eine große politische Herausforderung, denn Bayern als Flächenland mit seiner Kleinteiligkeit weist völlig unterschiedliche Wirtschaftsräume auf.

Die Grenzöffnung Richtung Tschechien und die Wiedervereinigung haben in Ostbayern ab 1990 zu erheblichen, noch heute wirkenden Strukturveränderungen geführt. Die Abwanderung der Textil- und Glasindustrie, die Auflösung vieler Bundeswehrstandorte konnte bis heute nicht kompensiert werden. Die demografische Entwicklung, gepaart mit unzureichenden wirtschaftlichen Perspektiven lassen viele junge Menschen in die Zentren Bayerns abwandern. Seit einigen Jahren können wir durchaus von einer neuen Landflucht oder von einer forcierten Urbanisierung sprechen. Volkswirtschaftlich ein Szenario, das nicht zufriedenstellen kann. Die Oberzentren, insbesondere der Raum um München, stoßen an Wachstums- und Infrastrukturgrenzen. Überhöhte Preise, Mangel an Betreuungsangeboten für Kinder und Senioren sind die Folge. Nur gezieltes ordnungspolitisches Agieren der Politik, Förderprogramme und Anreize für Familien und Arbeitsplätze in der Fläche zu halten, kann dieser fatalen Entwicklung Einhalt gebieten.

Wenn die politischen Entscheider vor Ort nicht kapitulieren möchten, müssen sie versuchen, auf die Vorzüge ihrer Raumeinheiten hinzuweisen. Marketing und Standortmanagement sind die Schlüsselworte. Oft ist es sinnvoll, mit Nachbarkommunen die Interessen zu koordinieren, um in der größeren Einheit überregional als „interessanter Standort“ wahrgenommen zu werden. Das spart im Übrigen auch Kosten und Zeit. Oft sind Prozesse mit interkommunalen Ansätzen sehr schwierig.

TIPP!

Die Schulen für Landentwicklung bieten hervorragende Möglichkeiten der Prozessbegleitung. Die Ämter für ländliche Entwicklung leisten mit ihren Mitarbeitern vorbildliche Arbeit, um integrierte Entwicklungskonzepte als Grundlage für spätere wirtschaftsorientierte Einzelmaßnahmen aufzustellen.

Bund und Land haben erkannt, dass es nicht damit sein Bewenden haben kann, die Gleichwertigkeit der Lebensverhältnisse als Programmsatz zu beschwören. Der drohende Verkehrsinfarkt in den Ballungsräumen, die Schadstoffbelastungen, der hohe Wohndruck und die damit verbundene Preisentwicklung zeigen das natürliche Wachstumsende der Ballungsräume auf.

Volkswirtschaftlich ist diese Gesellschaft gut beraten, vorhandene, bisher zu wenig genutzte Ressourcen zu aktivieren. Diese liegen in der Fläche. Was die Menschen brauchen, sind in der zunehmend digitalisierten und damit auch räumlich unabhängigeren Welt Lebenschancen.

Es ist mit hoher Wahrscheinlichkeit anzunehmen, dass die diversen Arbeitsgruppen, die sich mit den Fragen der weiteren Entwicklung des Landes befassen, konkrete Handlungsempfehlungen aussprechen werden. Die Diskussionen um die Zukunft der Räume, intensiv zu verfolgen und gegebenenfalls die damit verbundenen Chancen kreativ zu nutzen, sei jedem Mandatsträger wärmstens empfohlen.

4.2 Cluster

Wenn jeder das Gleiche macht, ist es zwar nicht dasselbe, aber Standorte entwickeln kein wahrnehmbares Profil, wenn sie sich mit copy and paste zufriedengeben. Erfolgreiche Standorte leben auch von wirtschaftlicher und themenbezogener Vernetzung. So entstehen für Investoren interessante Räume, die sich technologisch, wirtschaftlich und infrastrukturell ergänzen und die durch ihr gebündeltes besonderes Know-how unverwechselbar, ja unkopierbar werden.

Beispiel: nachwachsende Rohstoffe Straubing, www.straubing-region-nowara.de oder www.cluster.bayern.de

Gerade im Bereich der Energietechnik oder auch der modernen kommunalen Kommunikation werden sich enorme Chancen ergeben. Aber auch hier gilt: Ohne ordnungspolitisches Zutun des Freistaates werden Investitionen, werden Initiativen kommunaler Akteure mittelfristig im Sande verlaufen. Wichtig ist immer auch ein wissenschaftliches Standbein, das über Aus- oder Neugründungen von Universitäten oder Hochschulen in den Clusterregionen geschaffen werden muss.

Wo Chancen und Möglichkeiten einer Clusteroffensive bestehen, leitet sich aus einer vorbildlichen Analyse der Stärken einer Region und der Entwicklung eines schlüssigen Handlungskonzeptes ab. Auch hierfür gibt es vielfältige staatliche Unterstützungsmöglichkeiten.

4.3 Die digitale Zukunft Bayerns

Wer von gleichwertigen Lebens- und Arbeitsbedingungen spricht, muss sich bewusst sein, dass die moderne Informationsgesellschaft in immer höherem Maße vom Austausch elektronischer Informationen lebt. Die Notwendigkeit der Digitalisierung der Gesellschaft beschränkt sich hierbei nicht auf einige wenige Gewerbebetriebe oder Industrien.

Bildung und Arbeitsplätze, aber auch der Lifestyle, hängen heute in hohem Maße von Geschwindigkeit, Verfügbarkeit und Transport von Informationen ab.

Leider sind Laptop und Lederhose nicht überall gleichermaßen möglich. In vielen Regionen Bayerns herrscht digitale Diaspora. Frau Merkel hatte 2013 50 MBit/s für jeden ab 2020 in Aussicht gestellt. Heute sprechen wir vom Gigabitzeitalter und haben dabei wie viele Politiker offensichtlich die Ballungsräume im Auge. 1 Mbit/s ist die erwartete Regelleistung. Flächendeckender Glasfaserausbau ist dafür Grundvoraussetzung. Dabei geht es um die Anbindung jeder Verbrauchsstelle ans Hochgeschwindigkeitsnetz. Zwar konnten Bayern und die Flächenländer in den vergangenen Jahren auch dank einer guten Förderkulisse kräftig aufholen. Dennoch bleibt für den flächendeckenden Vollausbau noch einiges zu tun.

Die Diskussion um den 5G-Ausbau zeigt, dass nicht auf ein Eigeninvest der Betreiber gesetzt werden kann. Wenn die Bundesrepublik den internationalen Anschluss nicht verpassen, will muss die Ausbaugeschwindigkeit weiter deutlich gesteigert werden. Gerade beim Funkausbau stoßen wir an die paradoxe Grenze des Bürgerwunsches einerseits und der Bürgerablehnung andererseits, wenn es um konkrete Maststandorte geht.

Es wäre mit Blick auf eine moderne digitale Infrastruktur durchaus Staatsaufgabe mit einer eigenen Infrastrukturgesellschaft zu investieren. Das hätte den Charme von preislichen Skalierungseffekten, eines EU-rechtlich problemlosen Ansatzes und einer deutlichen Steigerung der Ausbaugeschwindigkeit. Dass mit Förderprogrammen versucht wird die Gemeinden in die Ausbaupflicht zu nehmen, ist nicht nur halbherzig, sondern verschiebt die Pflicht zum Handeln auf diejenigen, die nicht zuständig sind.

Auskünfte gibt es bei der Breitbandberatung Bayern oder im bayerischen Breitbandberatungszentrum unter www.breitbandberatung.de oder www.schnelles-internet-in-bayern.de

5. Public Private Partnership (PPP)

5.1 Was ist PPP?

PPP ist die Abkürzung von Public Private Partnership, gelegentlich auch als ÖPP (Öffentlich-Private Partnerschaft) bezeichnet. Gemeint ist damit das partnerschaftliche Zusammenwirken von öffentlichem und privatem Sektor bei der Herstellung öffentlicher Infrastruktur und – ggf. damit zusammenhängend – öffentlicher Dienstleistung. Die dabei zugrunde liegende Idee unterstellt, dass beide Partner aus dem Zusammenwirken Nutzen ziehen können: Der private Sektor verspricht sich eine langfristig gesicherte Rendite, der öffentliche Sektor erwartet Effizienzvorteile bei Herstellung und Dienstleistung.

Seit einigen Jahren geraten die öffentlichen Hände vermehrt unter (finanziellen) Druck. Die in Phasen der wirtschaftlichen Prosperität vor Jahrzehnten geschaffene Infrastruktur ist sowohl im staatlichen als auch im kommunalen Bereich „in die Jahre" gekommen und verursacht mittlerweile erheblichen Sanierungs- und Modernisierungsbedarf, der häufig nur noch sehr schwer zu finanzieren ist. Zudem dürfen im kommunalen Bereich im Haushalt (vorausschauende) Sonderrücklagen für die Erneuerung von Vermögensgegenständen grundsätzlich nicht gebildet werden (§ 20 Abs. 4 S. 1 KommHV-Kameralistik). Vor diesem Hintergrund wird PPP häufig als geeignetes Instrument zur zumindest teilweisen Auflösung dieses Investitionsstaus angesehen. Dementsprechend beziehen sich die Anwendungsfelder von PPP derzeit vorwiegend auf Schulen, Sport- und Freizeiteinrichtungen, Versorgungs- und Entsorgungseinrichtungen sowie Verkehrsinfrastruktur.

Die aktuelle Diskussion von PPP-Projekten im Zusammenhang mit finanziellen Engpässen der betreffenden Aufgabenträger hat dazu geführt, dass PPP-Modelle aufgrund der Mobilisierung privaten Kapitals vorwiegend als entlastendes Finanzierungsinstrument gesehen werden. Dies entspricht jedoch nicht den tatsächlichen Gegebenheiten, denn auch der Einsatz privater Finanzmittel muss über Kapitaldienst bedient werden; insofern unterliegen PPP-Modelle vielfach den gleichen kommunalrechtlichen Regelungen wie eine Kreditaufnahme (vgl. Art. 72 BayGO). Das bedeutet, dass PPP-Modelle nicht zulässig sind, wo die jeweilige Haushaltslage auch eine Kreditaufnahme verbietet.

5.2 Welche Formen von PPP gibt es?

Grundsätzlich können PPP-Modelle zwischen den Partnern im Rahmen der allgemeinen Vertragsfreiheit zunächst frei gestaltet werden. Einschränkend für den öffentlichen Sektor wirkt allerdings die zwingende Beachtung kommunalrechtlicher, haushaltsrechtlicher, EU-beihilferechtlicher, vergaberechtlicher, zuwendungsrechtlicher und steuerrechtlicher Vorschriften.

Gerade für kommunale Aufgabenerledigung stehen als PPP-Modelle zunächst langfristige Miet-, Mietkauf- und Leasingverträge im Vordergrund. Sie sind hinsichtlich ihrer Wirtschaftlichkeit relativ leicht mit der herkömmlichen Herstellung in Eigenregie der öffentlichen Hand zu vergleichen: Die Vertragsgestaltungen sind relativ unkompliziert; die Risikoverteilung zwischen den Partnern ist überschaubar.

Eine Fortentwicklung der Miet- und Leasingmodelle ist das sog. Betreibermodell. Hier werden vom privaten Partner nicht nur Planung, Erstellung und Finanzierung eines Vorhabens geleistet, auch der Betrieb selbst und schließlich die Verwertung sind ebenfalls Leistungsbestandteil und werden durch ein Entgelt bezahlt. Es ist nachvollziehbar, dass gerade die Zusammenführung von Planung und späterem Betrieb in einer Hand Effizienzvorteile mit sich bringen kann. Beispielsweise bewirkt die Verringerung von Verkehrsflächen in der Planungsphase nicht nur geringere Baukosten, sondern z. B. auch geringere Reinigungs- und Heizkosten über Jahrzehnte. Wegen der Übertragung des Betriebes ist allerdings besonders darauf zu achten, dass der private Partner seine Aufgabe langfristig verlässlich erfüllen kann und z. B. auch für den Insolvenzfall Vorsorge getroffen ist.

Die bisher vorgestellten PPP-Modelle sehen Entgeltzahlungen der öffentlichen Hand an das vom privaten Partner gebotene Leistungsbündel vor. Im Unterschied hierzu werden beim sog. Konzessionsmodell die Leistungen des privaten Partners direkt vom Nutznießer bezahlt. Der private Partner erhält das Recht, ein Nutzungsentgelt zu erheben, das in der Regel der Pflicht zur Genehmigung durch die öffentliche Hand unterliegt (z. B. Straßen- oder Brückenmaut).

Das sog. Betreibermodell steht derzeit im Vordergrund der finanz- und ordnungspolitischen Diskussion. Demgegenüber können andere Formen der Koppelung privater und staatlicher bzw. kommunaler Elemente zur öffentlichen Aufgabenerfüllung vernachlässigt werden, wie z. B. Erfüllung öffentlicher Aufgaben durch privatrechtliche Organisationen, die vollständig der öffentlichen Hand gehören (sog. formale Privatisierung) oder auf gemischtwirtschaftliche Organisationen (z. B. Projektgesellschaften), die überwiegend der öffentlichen Hand gehören. Gleichwohl könnten beispielsweise durch Inhouse-Vergaben nach § 108 GWB die Vorteile der Lebenszyklusbetrachtung mit einer dauerhaften kommunalen Steuerungsmöglichkeit kombiniert werden. Gerade bei späteren Umbaumaßnahmen, z. B. aufgrund geänderter Lehrpläne, ist der Sachaufwandsträger nicht von einem privat getragenen Unternehmen abhängig.

5.3 Was spricht für PPP?

Alle PPP-Modelle haben gemeinsam, dass die öffentliche Hand ihre Bauherreneigenschaft – zumindest außerhalb der Zielvorgaben für das Vorhaben – an den privaten Partner abgibt. Das bedeutet, dass der aus der Bauherreneigenschaft resultierende Personalaufwand während der Planungs- und Bauphase entfällt. Eine solche Entlastung hat im Normalfall zwar keine direkte personalwirtschaftliche Auswirkung, kann allerdings positiv bewirken, dass vorhandenes Personal mit Aufgaben beschäftigt werden kann, die sonst extern zu vergeben gewesen wären.

Mit der Entscheidung für ein PPP-Modell fällt zunächst weiterer (politischer) Entscheidungsbedarf nicht mehr an. Der öffentliche Sektor gilt gerade wegen der Komplexität seiner Entscheidungsfindung als schwerfällig und langsam. Das bedeutet in diesem Zusammenhang, dass die Realisierungszeiträume bei PPP-Modellen deutlich kürzer sind als bei herkömmlicher Leistungserstellung. Außerdem können zeitaufwendige (und auch teure) Nachbesserungswünsche während der Bauphase besser abgewehrt werden.

Im Falle herkömmlicher Leistungserstellung fallen für den Aufgabenträger von Beginn der Maßnahme an – dem Baufortschritt entsprechend – laufend Herstellungskosten an. Demgegenüber fallen bei PPP-Modellen die vereinbarten Leistungsentgelte in der Regel erst mit der vollendeten Herstellung, also mit Beginn der Nutzung an. PPP-Modelle haben den Vorteil, dass „Vorfinanzierungen" dieser Art nicht notwendig sind; dies ist vor allem für kostenrechnende Einrichtungen von Bedeutung.

Bisherig realisierte PPP-Modelle scheinen durchgängig zu belegen, dass sich aufgrund der Zusammenführung von Planung und Herstellung und ggf. auch Betrieb in einer Hand Kostenersparnisse ergeben – sowohl im investiven Bereich als auch beim Betrieb selbst. Kostenoptimierung hat – bezogen auf die eingesetzten Ressourcen – Effizienzsteigerungen zur Folge. Solche gesteigerte Effizienz resultiert regelmäßig aus unkomplizierten und deshalb schnelleren Entscheidungsprozessen und aus der zuverlässigen „Ausschaltung“ politischer Motive während der Entscheidungsfindung und Bauphase.

Soweit sich die gesteigerte Effizienz in den von der öffentlichen Hand zu leistenden Entgeltzahlungen niederschlägt, ist darin ein quantifizierbarer Nutzen für den Aufgabenträger nachweisbar. Zu berücksichtigen ist bei dieser Feststellung allerdings, dass jeder Entscheidung für ein PPP-Projekt eine Wirtschaftlichkeitsuntersuchung vorauszugehen hat. Das Gebot der sparsamen und wirtschaftlichen Haushaltsführung (Art. 7 BayHO, Art. 61 GO, Art. 55 LKrO) verlangt, dass das beabsichtigte PPP-Modell sich mindestens ebenso wirtschaftlich darstellt wie die Leistungserstellung nach herkömmlichem Verfahren. Das bedeutet im Umkehrschluss, dass nicht wirtschaftliche PPP-Vorhaben nicht durchgeführt werden (dürfen) und dadurch als realisierte PPP-Vorhaben nur positive Beispiele zur Verfügung stehen.

5.4 Die Wirtschaftlichkeitsuntersuchung

Der erforderliche Wirtschaftlichkeitsvergleich, der überhaupt erst im Zusammenhang mit PPP-Modellen zwingend in den Mittelpunkt des Interesses rückt, dürfte bei Investitionsentscheidungen den eigentlichen Fortschritt für die politische Willensbildung markieren. Selbst wenn die rein kameralistische Betrachtungsweise öffentlichen Ausgabeverhaltens mittlerweile als überwunden angesehen werden kann und obwohl die Frage der Folgekosten für jede Investitionsentscheidung in den betreffenden Beschlusskörperschaften regelmäßig mit großer Ernsthaftigkeit erörtert wird, ist die ganzheitliche Betrachtung aller Kosten (für Planung, Bau, Finanzierung, Betrieb, Verwertung) unter Berücksichtigung des gesamten Nutzungszeitraumes heute eher noch die Ausnahme. Der Wirtschaftlichkeitsvergleich über den sog. Lebenszyklus-Ansatz (Gesamtkosten bezogen auf Gesamtnutzungsdauer) zwingt in diesem Zusammenhang, alle relevanten Größen ins Kalkül zu ziehen und Nutzen und Kosten alternativer Lösungen umfassend gegeneinander abzuwägen.

Insofern ist es für jede Beschlusskörperschaft von Vorteil, wenn bei geeigneten Investitionsvorhaben ein PPP-Modell geprüft wird, weil auf diese Weise ein „Wirtschaftlichkeits-Benchmarking“ erforderlich wird und damit bisher tendenziell vernachlässigte Aspekte automatisch in die Entscheidungsfindung einbezogen werden.

5.5 Was ist bei PPP-Modellen kritisch zu sehen?

Rechnungshöfe und Prüfungsorganisationen stehen PPP-Modellen tendenziell eher kritisch gegenüber, indem sie – durchaus nachvollziehbar –

darauf hinweisen, dass für PPP-Modelle die gleichen rechtlichen Rahmenbedingungen gelten wie für die herkömmliche Herstellung von Infrastrukturgütern und Dienstleistungen. Auch behauptete oder nachgewiesene höhere Effizienz im privaten Sektor könne bei entsprechendem wirtschaftsrationalem Verhalten der (politischen) Beschlusskörperschaften des staatlichen oder kommunalen Sektors auch erreicht werden; ein Systemvorteil des privaten Sektors sei insofern nicht automatisch gegeben.

Vor diesem Hintergrund erweist sich der Verzicht auf die Bauherreneigenschaft nicht mehr als Vorteil, sondern eher als Nachteil, weil man damit ein wichtiges Instrument lokaler oder regionaler Wirtschaftsförderung aus der Hand gibt. Die Entscheidung für ein PPP-Modell ist vergleichbar mit der Vergabe an einen **Generalunternehmer.** Die Beibehaltung der Bauherreneigenschaft ermöglicht demgegenüber die Vergabe von Einzelgewerken und bietet so vor allem kleinen mittelständischen Anbietern am Ort oder in der Nähe die Möglichkeit, sich um entsprechende Aufträge zu bemühen. Diese Form der Wirtschaftsförderung ist bei PPP-Modellen in der Regel nicht möglich, weil sie der betriebswirtschaftlichen Rationalität nicht entspricht, obwohl sie gesamtwirtschaftlich oder politisch durchaus gerechtfertigt sein kann.

Sieht man einmal von einfachen Miet- und Leasingmodellen ab, so erfordern alle weiter entwickelten PPP-Modelle regelmäßig ein sehr kompliziertes Vertragsbündel, das möglichst alle denkbaren Änderungsbedarfe der kommenden Jahre und Jahrzehnte (z. B. Veränderung der Einwohner- oder Schülerzahlen, Änderungen der Lehrpläne oder der technischen EDV-/Gebäudeausstattung) vorhersieht und adäquate, streitvermeidende Regelungen trifft. Im Einzelfall kann die Überwindung rechtlicher Hindernisse eine zusätzliche Komplizierung mit sich bringen. Die Komplexität der notwendigen Vertragsbeziehungen hat meist einen hohen Bedarf an fachlicher Beratung zur Folge, die im Vorfeld einer PPP-Entscheidung extern „eingekauft“ werden muss. Häufig erweisen sich diese „Vorlauf-Kosten“ als (politisches) Problem, weil im Zeitpunkt des Entstehens dieser Kosten noch nicht absehbar ist, ob und zu welchen Konditionen ein PPP-Modell sich als zielführend erweist. Großer Aufwand und fehlende Erfahrung werden deshalb häufig als Entscheidungsgründe gegen PPP-Modelle genannt.

5.6 Welche Vorschriften müssen bei Realisierung von PPP beachtet werden?

Die erwähnte Kompliziertheit des notwendigen Vertragsbündels bei PPP-Modellen resultiert direkt und indirekt aus den vielen Rechtsgebieten, deren Vorschriften bei der Realisierung eines PPP-Modells zu beachten sind. Die einschlägigen Vorschriften finden sich im kommunalen Haushaltsrecht, im Förderrecht, im Vergaberecht sowie im Steuerrecht. Aufgrund der vielen möglichen Fallgestaltungen können im Folgenden nur **einige wichtige** Fragestellungen genannt werden, die zunächst lediglich einer kursorischen Vorprüfung dienen können, ob die Realisierung eines PPP-Modells zweckmäßig ist.

Checkliste:

- ☐ Ist das PPP-Modell mindestens genauso wirtschaftlich wie die herkömmliche Herstellung (Art. 61 Abs. 2 GO; Art. 55 Abs. 2 LKrO)?
- ☐ Handelt es sich um ein kreditähnliches Rechtsgeschäft und können die Vorgaben für eine Kreditaufnahme eingehalten werden (Art. 71, 72 GO; Art. 65, 66 LKrO)?
- ☐ Ist das Vorhaben nach Art. 10 FAG förderfähig (Eigentum der Kommune oder kommunaler Baukostenzuschuss, Mindestnutzungsdauer)?
- ☐ Ist der private Partner bereit, die für Kommunen gültigen Vergabegrundsätze einzuhalten und sich diesbezüglich prüfen zu lassen?
- ☐ Ist das Vorhaben grundsteuer- und grunderwerbsteuerpflichtig?
- ☐ Ist das Vorhaben gewerbesteuerpflichtig?
- ☐ Wie groß ist der kommunale Einfluss in der Nutzungsphase und bei künftigen Umbaumaßnahmen?

TIPP!

Für weitergehende Vorprüfungen steht als „Projekt-Eignungstest“ eine 2-teilige Veröffentlichung des Bayerischen Staatsministeriums des Innern zur Verfügung **(www.ppp.bayern.de)**.

Im Übrigen empfiehlt es sich, zu den steuerrechtlichen Fragen beim Finanzamt mit einem schriftlichen Antrag eine verbindliche Auskunft einzuholen. Der Antrag ist mit näheren Angaben über das beabsichtigte Vorhaben an das Finanzamt zu richten, das bei der Realisierung des PPP-Modells voraussichtlich zuständig ist.

Wenn die Vorprüfung zu dem Ergebnis kommt, dass ein PPP-Modell zweckmäßig zu sein scheint, müssen Detailfragen mit der Kommunalaufsicht, den Zuwendungsgebern, den staatlichen Vergabestellen und den Finanzämtern geklärt werden. Hierfür ist es unabdingbar, für ein Vorhaben präzise Vorstellungen zu entwickeln, die der speziellen Interessenlage der jeweiligen Kommune Rechnung tragen.

TIPP!

Hierfür eignet sich der 4-teilige PPP-Leitfaden, der ebenfalls vom Bayerischen Staatsministerium des Innern veröffentlicht wurde. Er behandelt Grundlagen, Rechtliche Rahmenbedingungen und Finanzierung, Vergabe und Vertragsgestaltung sowie Informationen über Bauunterhalt und Betrieb **(www.ppp.bayern.de)**.

6. Bürgerdialog

Moderne Politik und Kommunalverwaltung versteht sich weniger als reiner Dienstleister am Bürger, denn als Bündelungsinstrument verschiedener Interessen.

Politik und auch Verwaltung hat immer mehr die Aufgabe widerstreitende Einzelpositionen zu filtern, zu gewichten und Entscheidungsprozessen zuzuführen. Die Akzeptanz der gefundenen Ergebnisse ist zum einen determiniert durch den rechtlichen Rahmen, aber auch bestimmt durch das Transparentmachen der Vorgänge bis hin zur Entscheidung.

Oft ist der verrechtlichte Prozess, z. B. des Planfeststellungsverfahrens, für den Betroffenen oder interessierten Bürger zu wenig durchschaubar. Ein weiteres Problem stellt die Verfahrensdauer dar. Welche Faktoren oder Einzelheiten, die ggf. schon Jahre zurückreichen, die Endentscheidung mitprägen, das ist nicht mehr erkennbar. Stuttgart 21 zeigt uns, dass selbst rechtsstaatlich abgesicherte Verfahren nicht mehr in der Lage sind, eine abschließend befriedende Wirkung zu erzeugen. Dies selbst dann nicht, wenn die Rechtmäßigkeit der Entscheidung gerichtlich festgestellt ist.

Das kommunale Entscheiden ist ungleich mehr auf breite Akzeptanz in der Bevölkerung angewiesen. Egal, ob Bebauungsplan, Sperrzeitverordnung oder Gebührensatzung, jede Regelung trifft den Bürger und er kennt den Veranlasser, nämlich die Mitglieder des Stadtrates, anders als bei den anderen Ebenen des politischen Handelns, in der Regel persönlich.

Wie schafft man aber Transparenz und Nachvollziehbarkeit in einer Zeit der Schnelllebigkeit und singulären Interessenswahrnehmungen?

Der moderne Mandatsträger muss seiner ureigenen Pflicht, nämlich repräsentativ gerechter Mandatsvertreter der Bevölkerung zu sein, nachkommen.

Diese Pflicht heißt entscheiden, nicht entscheiden lassen. Wenn also im Folgenden von den Möglichkeiten bürgerschaftlicher Partizipation die Rede ist, so ist damit nicht gemeint, dass die Meinung der jeweiligen Beteiligungsmehrheit an die Stelle der Entscheidung eines Mandatsträgers treten soll. Nein! Partizipation von **NGOs (= non government organisati-**

ons) oder Bürgern heißt, deren Meinung mit in die Entscheidungsprozesse einfließen zu lassen, heißt, durch eine gezielte Informationspolitik mehr Transparenz und damit mehr Verstehen zu ermöglichen.

Exkurs: Die Bürgerentscheide Art. 18a BayGO

Die Einführung des Bürgerbegehrens/Bürgerentscheid BayGO ist auf kommunaler Ebene im Bereich des eigenen Wirkungskreises als **plebiszitäres Element** eingeführt worden. Ob Bürgerentscheide ein guter Ersatz für eine abwägende und möglichst alle Argumentationsansätze berücksichtigende Entscheidung eines gewählten Gremiums sind, kann sehr differenziert beurteilt werden.

Nur einige Schlagworte seien genannt.

Der Mandatsträger ist für seine Entscheidung und deren Konsequenzen persönlich verantwortlich. Der Initiator eines Bürger- oder Volksbegehrens nicht. Als Beispiel sei das Nichtraucherschutzgesetz angeführt. Durch Volksentscheid, der das nötige **Beteiligungsquorum** knapp erreichte, darf in bayerischen Gaststätten nicht mehr geraucht werden. Dass dadurch vor den Betrieben erhebliches Lärmpotenzial durch die im Freien stehenden Raucher entsteht, was gerade in Altstadtlagen zu Belästigungen der Anwohner führt, wurde weder von den Initiatoren noch von den Abstimmenden selbst hinreichend bedacht.

Das Einleitungs- und Beteiligungsquorum für Bürgerentscheide ist so gering, dass eine erhebliche Gefahr besteht, dass Minderheiten Mehrheiten überstimmen. Wie stark ist aber eine Entscheidung durch den Willen des Volkes legitimiert, wenn nur knapp 50 % der notwendigen 20 % der Wahlberechtigten eine Entscheidung treffen?

Beispiel:

Die Gemeinde A hat 3.000 Wahlberechtigte, mit nur 300 Unterschriften kann ein Bürgerbegehren eingeleitet werden. Beteiligen sich später 600 Personen am Bürgerentscheid und stimmen 300 Personen für den Antrag, entscheiden letztlich 10 % der Wahlberechtigten über einen Kurs, der dann von 90 % getragen werden muss.

Dass die 80 %, die sich nicht beteiligt haben automatisch einem der beiden Lager, also Pro oder Contra zuzuschlagen sind, ist argumentativ falsch. Schweigen ist keine Willenserklärung.

Ob Bürgerentscheide in der jetzigen Form ein adäquater und angemessener Ersatz oder eine Ergänzung zur Entscheidung der repräsentativ Verantwortlichen sind, darf vor diesem Hintergrund zumindest als diskussionsbedürftig beschrieben werden.

Aber zurück zur Partizipation.

Entscheidungsprozesse einfach zu strukturieren und offenzulegen ergeben Sinn. Denn dadurch wird zumindest die Möglichkeit eröffnet, die Akzeptanz von Entscheidungen deutlich zu verbessern. Die Frage, wie Beteiligung organisiert werden kann und soll, hängt vom Thema und dessen Informationsdichte ab, aber auch natürlich vom Interesse der Bürger. Die Instrumentarien sind vielfältig, sie darzustellen würde den Umfang dieses Werkes sprengen. Dennoch seien einige Möglichkeiten exemplarisch genannt:

6.1 Bürgersprechstunden

An fest vorgeschriebenen Terminen stellt sich der Bürgermeister oder auch ein Mandatsträger den Fragen oder Anregungen der Bürger. Dabei geht der Mandatsträger auf die Bürger zu und nimmt ihnen Wege ab.

TIPP!

Wählen Sie neutrale Treffpunkte: Ein Gruppenraum der Ortsfeuerwehr, ein Pfarrsaal, ein Kleinbus, mit dem Sie in den Ortsteil fahren.

6.2 Bürgerforen

Gezielte themenbezogene Veranstaltungen, z. B. Sanierung eines Straßenabschnittes „An der Weichs“ im Zuge der Städtebauförderung, können hervorragende Themen eines Bürgerforums sein. Zu derartigen Foren wird in der Regel ein bekannter Kreis von Betroffenen persönlich eingeladen, daneben wird aber auch immer öffentlich eingeladen (Presse, Aushang, Internet), um eine breite Beteiligung aller Interessierten zu gewährleisten.

TIPP!

Lassen Sie sich nicht auf die Forderung ein, eine „zero sheet“-Strategie zu fahren. Dort würden die beteiligten Bürger selbst die Planung übernehmen. Viele kennen nur ihre eigenen Interessen und rechtliche Rahmenbedingungen sind ihnen egal. Das Ergebnis eines solchen Ansatzes kann nur Frustration sein, weil das, was der Bürger will, nicht erreichbar sein wird. Deshalb ist es zielführender, einen Plan- oder Konzeptentwurf zu haben, der den Rahmen absteckt, aber dann entsprechend modifiziert oder verbessert werden kann.

TIPP!

Legen Sie bei derartigen Veranstaltungen immer Listen aus, in der die Anwesenden bestimmte Themenbereiche der Ortspolitik ankreuzen können, an denen sie interessiert sind. Zusätzlich sollten sie vorsehen, dass die Anwesenden ihre Kontaktdaten, insbesondere ihre E-Mail-Adressen hinterlegen können. Auf diese Weise erhalten Sie schnell einen ansehnlichen Pool an Daten, die Sie für spätere themenspezifische Veranstaltungen oder Aktionen verwerten können.

6.3 Bürgerbefragungen

Das ist ein durchaus bewährtes Instrument, die Bürger in regelmäßigen Abständen über ihre Vorstellungen der Ortspolitik zu befragen. Auch hier sollten Sie sich fachkundig beraten und begleiten lassen. Schon bei der Bearbeitung der konkreten Fragestellung kann es sehr hilfreich sein, die Bürgerschaft einzubinden und mitwirken zu lassen. Die Schulen für Land- und **Dorfentwicklung**, z. B. in Plankstetten, bieten Schulungen zu Moderationsprozessen an und begleiten derartige Ansätze mit ihren Mitarbeitern sehr engagiert.

TIPP!

Beteiligungsquoten von zwischen 10 und 20 % sind die Regel. Das mag zwar ernüchternd sein, dennoch: Niemand wird Ihr Bemühen um mehr direkte Beteiligung der Bürger ernsthaft infrage stellen können.

6.4 Digitale Plattformen (Contentmanagement/ Feedbacksysteme)

Neben der klassisch papiergestützten Befragung entwickeln sich seit etwa 2010 digitale Plattformen, die eine unmittelbare Bürgerbeteiligung ermöglichen. Diese zusätzliche Alternative wird man in der modernen digitalen Welt zusätzlich nutzen müssen. Informationsgewinnung und Informationsverteilung ist längst nicht mehr auf Zeitung, Flugblatt, Aushang oder Bürgersprechstunde beschränkt. Nur, wer alle medialen Kanäle bedient und nutzt, wird eine effiziente Informationsbasis schaffen, die beim Bürger Vertrauen und Kompetenz vermittelt.

Wichtig für den Einsatz digitaler Medien ist eine einfache Handhabbarkeit für Bürger und Mitarbeiter, aber auch die Akzeptanz derjenigen in der Verwaltung, die als Anwender mit der neuen Struktur betroffen sind. Ohne Vollständigkeit einige Vor- und Nachteile der digitalen Beteiligungsplattformen:

Pro	**Contra**
baut Schwellenängste ab	anonym lässt sich's leicht machen
ist schneller und leichter handhabbar	kann durch Mehrfachnutzung Ergebnisse verfälschen
dokumentiert Vorgänge automatisch	erzeugt Handlungsdruck
prozessualer Aufwand wird durch datenbankgestützte Aufgabenzuweisung minimiert	Mitarbeiter müssen politisch denken und argumentieren können.

Pro	Contra
lässt kurze, knappe Darstellung zu	Bürger erwarten unmittelbares Feedback
ermöglicht Analyse eines Stimmungsbildes	komplexe Entscheidungen können nicht ausreichend abgebildet werden
	birgt datenschutzrechtliche Probleme, wenn Missbrauchsfälle durch Mehrfachvoting ausgeschlossen werden sollen

Fazit: Digitale Plattformen sind ein unverzichtbarer Bestandteil einer multivalenten Informationspolitik. Man ist gut beraten, sich eines versierten Providers zu bedienen, um Zeit und Kosten bei der Administration zu sparen.

6.5 Facebook, Twitter und Co

Neben einer professionellen Homepage, die für jede Kommune mittlerweile Standard ist, sollten Sie auch an die sozialen Netzwerke denken. Diese bieten Ihnen als Mandatsträger oder Bürgermeister völlig neue Ansätze, Politik zu gestalten und erlebbar zu machen. Die Wahl von Trump und die Umbrüche der Gesellschaft im Nahen Osten dokumentieren die politische Dimension der social medias in beeindruckender Weise. Dennoch sollte nicht verkannt werden: Politische Themen sind in der Regel nicht auf h.d.l. („Hab-dich-lieb")-Format verknappbar. Social Networks können aber als Medium zur Sensibilisierung und auch zur Organisation von politischen Veranstaltungen gut genutzt werden.

Auch hier gilt, Mitmachen und Dabeisein ist ein must.

TIPP!

Egal, ob Sie sich für eine eigene Homepage oder auch eine Mitgliedschaft bei Facebook, Twitter und Co entscheiden, Sie müssen sich Zeit nehmen, um die schnelllebigen Medien zu nutzen und zu füttern. Es gilt: no feed, no fact, no fun.

Wenn Sie die Medien als Plattform für die Kommune einsetzen möchten, dann achten Sie auf Professionalität, ci (= corporate identitiy) und cd (= corporate design) und auf einen Mitarbeiter, der Ihnen die Medien laufend und auch untertägig pflegt und aktualisiert. Achten Sie auch darauf, dass alle digitalen Plattformen smart media fähig sein sollten.

6.6 Radio, Fernsehen, Podcasts

Bedienen Sie sich in Ihrer politischen Informationsarbeit auch der Möglichkeiten durch Spots und redaktionelle Beiträge örtlicher Rundfunk- und Fernsehanstalten, um die Bürger optimal zu informieren. Gerade Spots sind gut geeignet, um für einen Themenbereich zu sensibilisieren.

By the way: Wenn Sie Botschaften über die social networks setzen wollen. Ein mit dem Handy selbst aufgenommener Videospot wird die Nutzer mehr ansprechen, als der noch so eindrucksvoll und intelligent gestaltete Textbeitrag.

Zunehmend beliebt sind Podcasts, die themenbezogen zu Downloads und ortsunabhängigem Konsum einladen. Ein Format, das zwar Aufwand verursacht, aber in der Lage ist, komplexere Themen gut zu durchdringen und z. B. durch Interviews oder einbezogene Experten spannend gestaltet werden kann.

6.7 Infobroschüren

Mit eigenen Mitteilungsblättern, die an jeden Haushalt versandt werden, können Sie komplexe Sachverhalte gut aufbereiten und darstellen. Achten Sie auf politische Neutralität und beschränken Sie sich auf die Wiedergabe von objektiven Fakten.

TIPP!

Bilder sagen mehr als 1.000 Worte.

7. Energiewende

Die bayerische Staatsregierung hat sich bereits 2011 unter dem Eindruck der Katastrophe von Fukushima das ehrgeizige Ziel gesetzt, 2021 die Hälfte des Strombedarfs durch erneuerbare Energien zu stellen. Dieses Ziel ist Herausforderung und Chance gleichermaßen. In der öffentlichen Debatte wird eine sehr verknappte Diskussion geführt, bei der es in der Hauptsache um die Erzeugung regenerativer Energie geht. Die Stichworte sind Photovoltaik, Solarthermie, Biogas, Erdwärme, Wind- und Wasserkraft. Insoweit herrscht, getrieben von Versorgungsunsicherheit und steigenden Energiepreisen nach wie vor Goldgräberstimmung.

7.1 Standortentscheidung

Wichtig an dieser Stelle: Wägen Sie sorgfältig ab, inwieweit Sie sich als Kommune mit Steuergeldern an sogenannten Bürgeranlagen beteiligen.

Stattdessen besteht auch die Möglichkeit, selbst und ausschließlich zu investieren. Bürgeranlagen vermitteln einerseits (vielleicht) mehr Akzeptanz bei Betroffenen. Sie versprechen aber andererseits nur (einigen wenigen) Anteilszeichnern volkswirtschaftlich von allen Bürgern finanzierte Sonderrendite. Die rein kommunalen Anlagen, die ausschließlich über die Kommune errichtet werden, legen demgegenüber das Geld aller Bürger an, erwirtschaften Gewinn, aber auch für die Kommune und damit wieder für alle Bürger.

WICHTIG:

Wählen Sie Standorte für Ihre Anlagen mit Bedacht und binden Sie die Bevölkerung rechtzeitig und transparent mit ein. Die Energiewende ist gesellschaftspolitisch zwar gewollt, aber ungern vor der eigenen Haustür. Ein Phänomen, das uns seit geraumer Zeit auch bei anderen Großprojekten beschäftigt. Die Interessen an einer Erzeugungsanlage und deren Beitrag zur Energiewende stehen oft im Gegensatz zu Natur, Umwelt, Immissionsschutz, Landschaftsbild und vor allem den Interessen einzelner Bürger, die man nie unterschätzen darf. Ein frustrierter und streitbarer Betroffener hat mehr Mobilisierungspotenzial als ein fleißiger und zukunftsorientierter Mandatsträger.

7.2 Geplantes Vorgehen

Die Energiewende kann und wird im Großen wie im Kleinen nur gelingen, wenn wir sie ausreichend strategisch planen. Neben den Erzeugungsanlagen spielen auch Themen wie Energieoptimierung, Energieverbünde, Energietransport und die Frage des Preises eine Rolle. Der bayerische Gemeindetag hat deshalb zusammen mit Partnern ein Konzept entwickelt, das Untersuchungsparameter vorgibt, um die Ergebnisse von einzelnen Standortanalysen schlussendlich verwertbar für den Planungsraum Bayern zur Verfügung zu haben. Neben der Analyse der Einsparmöglichkeiten (Effizienz) und der Produktionsmöglichkeiten priorisiert diese Untersuchungsmatrix einzelne Maßnahmen nach deren Wirtschaftlichkeit. Mittlerweile ist auch hier die neue Generation der Energienutzungspläne am Markt. Der sogenannte digitale ENPL.

TIPP!

Nähere Informationen: Hochschule Amberg/Weiden – www.haw-aw.de oder www.bay-gemeindetag.de – Stichwort Energiewende.

Wichtig erscheint in diesem Kontext auch der Hinweis, dass wir durch die EU in einem liberalisierten Markt leben. Das heißt, die Netze müssen für jeden Lieferanten offen sein und der Verbraucher entscheidet, wo und welchen Strom er kauft.

Insoweit ist der oft verwendete Begriff der „Energieautarkie“ nicht nur irreführend, sondern schlichtweg falsch. Wir können allenfalls anstreben, einen bilanziellen Ausgleich zwischen Verbrauchern und Erzeugern vor Ort anzustreben. Ob das volkswirtschaftlich sinnvoll ist, so zu agieren, ist höchst fraglich. Fest steht nämlich, in manchen Regionen Deutschlands wird heute schon wesentlich mehr (steuergeldfinanzierte) Energie produziert, als regional dort benötigt wird. Möglichst regional oder lokal zu denken, ist solange in Ordnung, als der globale Ansatz nicht vollkommen außer Acht bleibt. Denn letztendlich zahlt der Verbraucher die Zeche für eine ungesteuerte Fehlproduktion.

7.3 Stromnetze

Im Zusammenhang mit der Energiewende ist sehr massiv der Ruf nach Rekommunalisierung der Stromnetze laut geworden. Wir erleben ähnlich wie bei der Diskussion um das doppische Haushaltssystem, dass nur die Politik modern und bürgernah ist, die einem Trend (hier: **Rekommunalisierung**) folgt. Es ist nicht richtig, generell zu behaupten, dass die Übernahme von Stromnetzen durch eine Gemeinde oder die Stadtwerke der einzig richtige Weg ist. Mit dem oft kostspieligen Eigentum am Netz hat man zwar die Leitungsinfrastruktur, aber noch keinen einzigen Kunden. Wo der Verbraucher seinen Strom kauft, das darf er selbst entscheiden. Für den Betrieb und den Unterhalt des Netzes, der im Übrigen strikt von den Bereichen Einkauf und Verkauf von Strom (auch personell) zu trennen ist (sog. unbundeling), gibt es keinen Markt, sondern nur die von der Bundesnetzagentur festgesetzten Durchleitungsentgelte, die den Aufwand im jeweiligen Regulierungszeitraum nicht annähernd abdecken.

Die etwa für den Anschluss einer Energieerzeugungsanlage entstehenden Kosten finanziert der Netzbetreiber in der Regel vor.

Eine Kommune oder ein Stadtwerk, das keinerlei Erfahrung im Netzbau oder im Netzunterhalt hat, muss sich zudem personell neu aufstellen, dies sei nur am Rande erwähnt.

TIPP!

Wenn die Rekommunalisierung des örtlichen Stromnetzes zum Thema wird, ist fachkundiger objektiver Rat unerlässlich. Ob eine Rekommunalisierung wirtschaftlich Sinn ergibt kann nur ein Profi beurteilen. Fachkundige Begleitung leistet unter anderem der Bay. Kommunale Prüfungsverband (www.bkpr.de).

7.4 Energiewende vor Ort

Jede Gemeinde kann Vorbild sein. Die kommunalen Liegenschaften effizienter umzubauen, Straßenbeleuchtungen zu optimieren, ggf. selbst als Energieproduzent oder Wärmeverteiler aufzutreten und damit den Bürgern grundsätzlich Möglichkeiten aufzuzeigen, ist sehr wichtig. 40 % des heutigen Energiebedarfs müssen in den privaten Haushalten, in den Gewerbe- und Industriegebieten eingespart werden, um die aktuellen Ziele der Energiewende erreichen zu können. Die Sensibilisierung der Bürger über ihre entscheidende Rolle zur Bewältigung dieses wichtigen Zukunftsprojektes ist Schwerstarbeit.

TIPP!

Energetische Sanierungsförderung, Energieeinsparwettbewerbe, Wettbewerbe in den Schulen, kommunale Messen zur Demonstration der Techniken, Energiesparflyer, Energiebeiräte oder auch Einzelprojekte zur Energieeffizienz sind wichtige Bausteine, um die Bevölkerung wirksam zu beteiligen www.energiebeirat-abensberg.de.

Wesentlich wird es auch sein, dass die Regulierungsbehörden die Rahmenbedingungen für regionale Energiemärkte verbessern. Wer Strom zu Spitzenzeiten speichert, um ihn in produktionsarmen Zeiten dem Netz wieder zuzuführen, darf dafür nicht mit zusätzlichen Abgaben wie Steuern oder Durchleitentgelten belastet werden. Es kann nicht sein, dass ein Eigenverbrauch von Solarstrom in der Kläranlage nicht möglich ist, weil die Produktionseinheit PV Anlage im Eigentum der 100 %igen Tochtergesellschaft der Kommune steht, die als GmbH organisiert ist.

Es kann auch nicht sein, dass die Kommunen beim Ausbau der notwendigen Ladeinfrastruktur, um E-Mobilität zu verbessern, in die Hauptverantwortung gedrängt werden. Zuständig sind hier Staat, Automobilproduzenten und die Energiekonzerne.

Wer sich in diesen Bereichen dennoch engagieren will, ist gut beraten, die Projekte wirtschaftlich ganzheitlich zu Ende zu denken, ehe Investitionsentscheidungen getroffen werden.

8. Neuer Politikstil

Die Kommunalpolitik muss sich künftig wohl auf einen neuen und wesentlich volatileren Politikstil einstellen. Das betrifft nicht nur das eigene gemeindliche Handeln, sondern auch die Ebene des Landes und Bundes. Hintergrund ist wohl auch die zunehmende Digitalisierung der Gesellschaft. Kurze, oft oberflächliche Informationen der social medias bestimmen die Diskussionskultur. Nachhaltigkeit wird oft als antiquiert und wenig zeitgemäß empfunden. Die schnelle Schlagzeile überlagert die sorgfältig recherchierte Nachricht. Emotion geht vor Ratio.

Wir werden mit diesem Wandel zurechtkommen, und ihn auch konsequent für unser eigenes Arbeiten nutzen müssen. Was allerdings Sorge macht ist, dass dieses oberflächliche Agieren oft bewusst von Parteien genutzt wird, um Wähler zu binden.

Hinter dieser Entwicklung steckt die Sehnsucht der Menschen nach einfachen Lösungen und Erklärungen, die es in einem komplexen und auf bestmöglichen Ausgleich ausgerichteten demokratischen System von Natur aus nicht geben kann. Diese Sehnsucht nach dem Einfachen ist es auch, die bestimmte Parteien taktisch beflügelt.

8.1 Ordnungspolitische Aushöhlung der Selbstverwaltung

Wer ist schon dafür, dass Bienen, diese possierlichen und zudem nützlichen Lebewesen, nicht gerettet werden, wer will denn, dass Natur und Landschaft unwiederbringlich zerstört werden? Niemand . . . Aber wer befasst sich mit den Folgen und Auswirkungen der plebiszitären Initiativen? Wer denkt darüber nach, wie uns bestimmte Begriffe bewusst manipulieren? Da ist von Flächenfraß und von Flächenverbrauch die Rede. Semantische Absurditäten. Fläche kann nicht verbraucht, aber sehr wohl unterschiedlich genutzt werden.

Wenn nun einige Parteien zum Beispiel eine strikte Flächenverbrauchsobergrenze festlegen wollen (in Bayern ist aktuell von 5 ha pro Tag die Rede) und die Bevölkerung mit emotionalen Überschriften ködern: „Für den Erhalt unserer Natur und gegen Flächenfraß“, dann wird das viele motivieren mitzumachen.

Klingt doch vorderhand alles toll, nachhaltig und gut. Und die Akteure können sich wie bei komplexen Verträgen immer drauf verlassen, dass das Kleingedruckte oder die Konsequenz eines derartigen Vorschlages nicht bedacht oder gelesen wird. Oder gehören Sie zu den 0,09 % der Internetnutzer, die die AGBs von facebook, apple, Microsoft, Amazon und Co tatsächlich lesen? Echt? Dann können Sie das Nachfolgende überspringen, denn dann werden Sie eine derartige Initiative nie unterstützen:

Was ist die Folge einer strikten Flächenobergrenze?

Ein drastischer Eingriff in ihre gemeindliche Planungshoheit. Denn wenn Ihr kommunales Kontingent erschöpft ist, können Sie keinen Kindergarten mehr bauen, keinen Betrieb mehr ansiedeln, keine Wohnversorgung der Bevölkerung mehr sicherstellen, obwohl das Ihre Pflichtaufgaben sind. Ein kleines Rechenbeispiel: 50.000 qm pro Tag in Bayern sollen zur Verfügung stehen, mal 365 Tage, das sind für ganz Bayern 18.250.000 qm pro Jahr. Jetzt unterstellen wir mal, die Initiatoren billigen einen pro Kopf bezogenen Verbrauch zu. (Das wird allerdings nicht geschehen, weil schon jetzt Stimmen laut werden, dass den Ballungsräumen mehr Entwicklungsmöglichkeit eingeräumt werden soll.)

In Bayern leben aktuell rund 13 Mio. Menschen. Damit ergibt sich pro Einwohner ein jährliches Entwicklungskontingent von 1,4 qm. Eine 5.000-Einwohner-Gemeinde (über 1.000 Gemeinden in Bayern haben unter 5.000 Einwohner) hätte damit ein jährliches Flächenverbrauchskontingent von 7.019 qm. Das ist aber nicht das Kontingent, das den Gemeinden alleine zusteht. 7.019 qm Fläche für alle Maßnahmen, die Flächen in Anspruch nehmen. Egal, ob durch Bund, Land oder Kommune.

Reicht doch, werden jetzt manche vielleicht sagen. Aber was ist nach den derzeit geltenden Regeln verbrauchte Fläche? Im Grundsatz alles, was der landwirtschaftlichen Nutzung entzogen ist. Die Streuobstwiese, die als Ausgleichsfläche entsteht, indem ein intensiv genutzter Acker extensiviert wird, der Kindergarten, der Spielplatz, die Hochspannungstrasse, der Radweg, die gesamte Fläche eines Bebauungsplans.

Mit anderen Worten auch Flächen, die ein anderer Rechtsträger wie Bund oder Land für ihre Planungen nutzen, auf die die Gemeinden oft gar keinen Einfluss haben, gehen von dem obigen Kontingent ab. Der Neubau eines Radweges, einer Schienentrasse, einer Stromleitung kann schnell dazu führen, dass die Kommune über lange Zeit gar keine Flächen mehr zur Verfügung hat.

Stellen Sie sich vor, Sie sind Bürgermeister/in einer 5.000-Einwohner-Kommune, die von einer Stromtrasse durchquert wird. Die Trasse soll verlegt werden. Auf einer Länge von 3 km kreuzt die neue Trasse ihr Gemeindeareal. Nimmt man nur die durchschnittliche Trassenbreitebreite von 30 m, ergibt sich eine „verbrauchte Fläche“ von 9 ha! In der Gemeinde wären damit die Flächenkontingente für 12,82 Jahre verbraucht. Ein Kindergarten, Spielplatz, Radweg etc. kann nicht mehr errichtet werden. Der Bau von Häuserrn ist unmöglich. Das, obwohl der Leitungsbau von der Gemeinde weder geplant noch durchgeführt noch grundlegend beeinflusst werden kann.

Oder stellen Sie sich vor, in einer 5.000-Einwohner-Gemeinde mit strukturellen Schwierigkeiten würde sich ein beschäftigungsintensiver Betrieb mit 500 Arbeitsplätzen niederlassen wollen. Der braucht aber 1,5 ha Fläche und könnte nicht angesiedelt werden.

Dafür brauchen wir Ausnahmen, sagen die Flächenbegrenzer. Damit höhlen wir kommunales Planen und Entscheiden aus und verkomplizieren Abläufe, meinen wir.

Eine weitere Folge einerr strikten Obergrenze.

Wenn wir ein knappes Gut wie Grund und Boden zusätzlich künstlich verknappen wird das drastische Auswirkungen auf die Preise haben und das Verfassungsprinzip der gleichwertigen Lebensverhältnisse ad absurdum führen.

Natürlich soll nicht einer ungebremsten Flächennutzung das Wort geredet werden. Hier sind eigene Handlungskonzepte gefragt, die die Kommunen ihrer Situation und ihrer Entwicklungsabsicht entsprechend zu gestalten haben. Eine Reduzierung der Flächeninanspruchnahme oder besser der Flächenversiegelung muss dabei Ziel sein. Das betrifft aber nicht nur die Kommunen, sondern alle, die mit Grund und Boden zu tun haben. Unter anderem ist auch der flächige Einsatz von Folien in der Landwirtschaft intensiv zu diskutieren.

8.2 Wählerbindung durch Finanzentlastung zulasten der Kommunen

Eine weitere, Besorgnis erregende Entwicklung ist die großzügige Entlastung der Bürgerinnen und Bürger kurz vor oder im Zusammenhang mit Wahlen. Da werden Straßenausbaubeiträge abgeschafft, da werden Kindergartengebühren zum Teil erlassen. Ein genaueres Hinsehen und Hinterfragen dieses politischen Stils lohnt sich auch hier!

Es ist ein wesentliches, meines Erachtens sogar aus der Verfassung ableitbares Grundelement unserer demokratischen und sozialen Finanzstruktur, dass jeder Bürger in angemessenem, sozial verträglichem Umfang Sonderleistungen der öffentlichen Hand, die ihm zugutekommen, durch Gebühren und Beiträge mitfinanziert. Es gibt Stimmen, die dieses Prinzip auch zum Kern der kommunalen Finanzautonomie, einem Teilbereich unseres Selbstverwaltungsrechts, zählen.

Wer Straßenausbaubeiträge abschafft, Kindergartengebühren erlässt, legt die Axt an dieses wichtige solidargestützte Element der finanziellen Mitverantwortung. Nicht nur, dass damit von Landespolitikern zulasten der Kommunen Blankoschecks ausgestellt werden. Besorgniserregend ist vor allem, dass damit der Eindruck erweckt oder verstärkt wird, der Staat als eigenes, omnipotentes und von den Bürgern personendifferentes Wesen sei verantwortlich, jeden individuellen Anspruch sicherzustellen. Der Bürger empfindet sich immer weniger als Teil des Staates, den er mit formt und dessen untrennbarer Bestandteil er eigentlich ist. Er empfindet den Staat als Teil der Politik, die zu „Dienst leisten" hat. Der Staat als moderner deus ex machina ... Was mir nutzt, ist zu erbringen und natürlich vom Staat (der Politik) zu bezahlen. Damit fordert der Bürger, ohne sich das bewusst zu machen, für sich ein, dass alle für die Befriedigung seiner persönlichen und individuellen Ansprüche und Erwartungen aufzukommen haben. Eine gefährliche und schleichende Entwicklung, die weit über postkommunistische Philosophie und Gesellschaftsansätze hinausgeht und die im Kern unsolidarisch und demokratieschädlich ist, weil damit der Gedanke der Subsidiarität und Mitverantwortung völlig ad absurdum geführt wird.

Die pauschale Übernahme von Kindergartengebühren privilegiert Reiche und gut Situierte ohne Not und trägt nicht zur Verbesserung, sondern zur Verschlechterung der Betreuungsqualität bei. Besser wäre es gewesen, die soziale Staffelung von Gebühren nach Einkommen vorzuschreiben, aber in jedem Fall die angemessene Beteiligung der Nutzer sicherzustellen.

Die Abschaffung und nur höchst unzureichende staatliche Kompensation der Straßenausbaubeiträge ist nicht nur eine Attacke gegen die Finanzhoheit der Gemeinden, sondern auch eine weitere, geschickte Umgehung der Konnexität, die den Staat eigentlich verpflichtet, alle finanziellen Nachteile, die den betroffenen Kommunen durch ein gesetzgeberisches Handeln entstehen, auszugleichen. Dass es gerade die Freien Wähler waren, die sich in beiden Bereichen höchst kommunalfeindlich verhalten haben, zeigt, dass das Streben nach Macht und Einfluss nicht davor Halt macht, die Wurzeln der eigenen Herkunft infrage zustellen. Fest steht, ein nicht unbeachtlicher Teil der Wählerschaft lässt sich durch Emotion und Geldgeschenke ködern. Ob diese Politik der vollen Hände in konjunkturell schwierigeren Zeiten weiter verfängt, bleibt abzuwarten.

8.3 Bewusste Umgehung der Konnexität

In Art. 83 III BV ist seit 2003 verankert, dass der Staat dann, wenn er Gemeinden neue Aufgaben überträgt, auch die finanziellen Mittel zur Verfügung stellen muss. Das nennt man Konnexität.

Das ist die Theorie. In der Praxis versucht der Landesgesetzgeber sehr trickreich, sich aus der Verantwortung zu nehmen. Da wird argumentiert, Belastungen entstammten nicht der landesrechtlichen Ebene, sondern seien bundesgesetzlich oder gar europarechtlich vorgegeben. Besonders gerne benutzt im Bereich der Anhebung der sozialen Standards (neuerdings bei der verpflichtenden Ganztagsbetreuung der Grundschüler).

Noch beliebter ist allerdings das viel bemühte Gestaltungsprinzip der „Freiwilligkeit mit großzügiger Staatsunterstützung". Jüngst besonders gerne bemüht im Rahmen der bayerischen Koalitionsverhandlungen. Die Gemeinden können künftig Busse für den Transport von Kindergartenkindern einsetzen, die der Staat dann finanziell unterstützt. Natürlich ist gewollt, dass damit ein Lawineneffekt einsetzt. Eine feste Zuweisung von Kindern an einen bestimmten Standort gibt es nicht. Das Wunsch- und Wahlrecht der Eltern ermöglicht auch den Gang in die reiche Nachbarkommune, die es sich leisten will und kann, den Transport der Kinder inklusive Fahrer und notwendiger Begleitperson anzubieten. Der Staat beteiligt sich an den Kosten (in welcher Höhe auch immer). Wie lange die Gemeinderäte einem derartigen interkommunalen Vergleichsdruck standhalten werden, ist die spannende Frage.

Auch bei der notwendigen Digitalisierung der Schullandschaft hütet sich der Staat, Standards verbindlich vorzuschreiben, um seine finanzielle Mitverantwortung zu begrenzen.

9. Biodiversität

Die Bürger reagieren zunehmend sensibler auf Umweltthemen. Der Klimawandel ist für jeden greifbar. Allen ist klar, dass etwas geschehen muss. Etwas ... nur nicht bei mir! Die Verbraucher selbst und ihre Gewohnheiten tragen zu einem erheblichen Umfang an der Veränderung und Verschlechterung der Umweltbedingungen bei.

Wenn man überlegt, wie das exzessive Onlineshoppen verbunden mit den ebenso exzessiven Logistikbewegungen (Rücksendungen) zu Umweltbelastungen führt, welche Auswirkungen der Fleischkonsum, die Nahrungsmittelproduktion oder die Bauwirtschaft auf die Ökologie haben, wie die Schwellenländer in ihrem verständlichen Streben, den Wohlstandsanschluss nicht zu verpassen, mit Ressourcen umgehen, müssen wir zwangsläufig schlussfolgern: Die Politik kann machen, was immer sie will: Solange jeder Einzelne nicht bereit ist, seinen eigenen Beitrag zu leisten, seine Verhaltensweisen grundlegend zu ändern, werden wir den fatalen Kreislauf, auf Kosten künftiger Generationen zu leben, nicht durchbrechen.

Bewegungen wie Fridays for future oder Volksbegehren wie „Rettet die Bienen" mögen gut gemeint sein ... sie befriedigen die Menschen auch oberflächlich in ihrer Sehnsucht nach einfachen Lösungen. Mit unserem Protest, mit unserer Unterschrift zeigen wir, dass alles anders, besser, nachhaltiger werden muss. Aber all diese Ansätze bewirken wenig, denn sie wenden sich nicht unmittelbar gegen die Verursacher.

Mehr Biodiversität ist wichtig und richtig. Es ist auch ein Kern an Wahrheit daran, dass diejenigen, denen Grund und Boden anvertraut ist, in Teilen nicht besonders sorgsam mit diesem kostbaren Gut umgehen. Aber müssen wir uns nicht auch die Frage stellen, warum sie das tun? Wir leben in einer sozialen Marktwirtschaft, die in Teilen wegen eines eurokratischen Subventionierungssystems die echten Funktionsmechanismen des Marktes außer Kraft setzt. Weder Verbraucher noch Fördergeber belohnen Nachhaltigkeit! Belohnt wird nur Billig und Menge!

Wenn wir daran etwas ändern wollen, stehen wir vor einem schwierigen und langen Weg, für den ein langer Atem und auch Überzeugungsarbeit nötig ist. Wir, die wir kommunale Verantwortung tragen, können wenig an den globalen Rahmenbedingungen ändern. Aber wir können versuchen, unsere Bürger zu motivieren ihren Beitrag zu leisten. Wir können selbst Vorbild sein, soweit wir im und mit dem Markt agieren. Das betrifft unser Beschaffungswesen, das Catering bei unseren Veranstaltungen, die Fortbildungsangebote in unseren Bildungseinrichtungen, unsere eigene Energiewirtschaft, unsere kommunalen Flächen, unsere Planungstätigkeit. Dabei sollte es nie um einen ideologisch missionarischen Ansatz gehen, sondern immer um das Bemühen, zwischen den widerstreitenden Schutzgütern sorgsam abzuwägen und möglichst nachhaltige Ergebnisse zu erreichen.

Vor allem aber müssen wir das, was wir tun, und das, was wir damit erreichen, auch kommunizieren. Erfolge und gute Beispiele helfen wenig, wenn sie nicht das „Licht der Öffentlichkeit" erblicken. Und ... je mehr Bürger unmittelbar in die Umsetzung eingebunden sind, desto prägender und nachhaltiger werden unsere Bemühungen wirken.

Schlagzeilen sind gut, um emotional zu sensibilisieren. Aber hinter der Schlagzeile darf es nicht zu blindwütigem Aktionismus kommen, der nicht praktikabel ist oder zu unüberbrückbaren Blockaden bei wichtigen Partnern führt. Das „Beachte das Ende", das konsequente Zu-Ende-Denken aller Vorschläge muss zu einer permanenten und sensiblen Aufgaben- und Lösungskritik führen, die anpasst, modifiziert und optimiert.

TIPP!

Prüfen Sie, welche kommunalen Flächen biodivers umstrukturiert werden können. Bauen Sie in den Schulen in Kooperation mit Gartenbauverein oder BUND Nistkästen, Insektenhotels, prämieren Sie den biodiversesten Garten, bauen Sie eine regionale Bioprodukt-Vermarktung auf, binden Sie die Landwirtschaft, insbes. die Energiewirte, ein in Ihr Konzept. Es gibt vielfältige, auch blühende Alternativen zum Maisanbau. Nutzen Sie die Expertise von Fachleuten, insbes. der ländlichen Entwicklung und der Ämter für Landwirtschaft.

Verlieren Sie Umwelt und Ökologie nie aus Ihrem strategischen Auge. Niemand muss „Grüner“ sein, um eine nachhaltige und zukunftsorientierte Politik zu gestalten, die nicht nur die Menschen im Fokus hat, sondern sie als Teil des Ganzen fordert.

10. Bauturbo

... eine neue Chance für Kommunen

Vorbemerkung

Wohnraum, insbesondere bezahlbarer Wohnraum, ist in Deutschland knapp. Von den in 2024 versprochenen 400.000 neuen Wohnungen wurden nur 260.000 realisiert. Ursachen sind Preisentwicklung, mangelhafte Verfügbarkeit von Bauland, überbordende Vorschriften. Das gilt auch für Abensberg und das Umland von Regensburg.

Die in 2025 neu gewählte Bundesregierung verabschiedete daher in den nächsten Wochen Regelungen, § 246e, § 34 a BauGB, die das Bauen erheblich beschleunigen sollen. Die Regelungen sind zunächst 5 Jahre befristet und sie setzten voraus, dass auf einem Grundstück mindestens sechs Wohnungen entstehen.

Anwendungsbereich

Unbebauter Innenbereich, der zu Bauzwecken erst beplant werden müsste

Ortsrandlagen

Ortsrand, Außenbereich, der an Bebauung angrenzt

Konversionsflächen im Außenbereich, die ehedem privilegiert waren.

Hier kann in erheblichem Umfang vom Baurecht abgewichen werden. Insbesondere ist eine Bauleitplanung entbehrlich. Es steht zu erwarten, dass unter den Grundeigentümern eine Goldgräberstimmung aufkommt, weil ihr Acker oder ihre nur privilegiert nutzbare Fläche plötzlich Baulandcharakter erhält. Das wird auch die bekannten Investoren und Spekulanten auf den Plan rufen!

Genehmigungsanträge unter Berufung auf den Turbo könnten die LRA als untere Baubehörden überschwemmen. Die Einreichung des Bauantrags erfolgt ja seit 1.1.2025 digital unmittelbar bei den Landratsämtern.

Aber so einfach ist es nicht. Die Gemeinde muss nach den neuen Regelungen des Bauturbo ausdrücklich zustimmen, wenn von der Ausnahmeregelung Gebrauch gemacht wird. Sie kann auch durch städtebauliche Verträge ihre Interessen regeln.

Zu prüfen und mit der Rechtsaufsicht, ggf. einer Fachkanzlei, abzustimmen wären z. B. Regelungen wie:

- Vorgaben, dass alle oder ein Teil der Wohnungen dauerhaft oder befristet zu niedrigeren Preisen vermietet werden.
- Die Übertragung einer oder mehrerer Wohnungen an die Gemeinde zu verlangen und nur dann zuzustimmen.

Immissionsregelungen werden durch die neue Vorschrift nicht ausgehebelt, auch nicht der grundsätzliche Gebietscharakter.

Strategien und Konzepte

Die Kommunen sind gut beraten sich zügig für den Anwendungsbereich einen generellen Masterplan zurechtzulegen und auch verbindlich einzuhalten.

Überlegungen, ob eigene Bedarfe ggf. durch Kombination mit dem Bauturbo abgedeckt werden können: Da gibt es vielleicht den Bedarf nach einem Gemeinschaftshaus oder einer Kita auf einem Grundstück, das erst beplant werden müsste oder am Ortsrand liegt. Hier eröffnet möglicherweise eine kombinierte Wohnnutzung die Chance, das Projekt schnell und ohne großen Bauleitplanungsaufwand zu realisieren.

- Fest steht, die Kommune sollte potenziell geeignete Flächen schnell ermitteln und sich strategisch ein Konzept zurechtlegen, wie einheitlich verfahren wird.
- Flächenermittlung unter Berücksichtigung der Erschließungssicherung (Straße, Kanal, Wasser)
- Sicherung der Flächen durch Vertrag (auch Bebauung durch Dritte möglich, aber dann mit städtebaulichem Vertrag, der die Interessen von Abensberg wahrt).
- Achtung, unbedingt die Herstellungskosten Wasser, Abwasser, Straßen durch Vertrag sichern
- Klärung der baulichen und fördertechnischen Möglichkeiten mit Regierung LRA und ggf. BauMin (wer hier zuerst kommt, hat die Chance, ein bayernweiter Pilot zu werden).

Finanzierung

Für die Schaffung von (preisgebundenem) Wohnraum stehen umfangreiche Förderprogramme auf bayerischer Ebene zur Verfügung. Zu prüfen ist, ob sich nicht ein neues Betätigungsfeld erschließen kann, ggf durch Ausgründung einer Stadtbau-Tochter.

Die Möglichkeit eines standardisierten Baues, der Kosten senken kann, sollte geprüft werden. Denkbar wäre eine Kooperation mit Fertighausherstellern.

Wenn ein skalierfähiges Produkt entwickelt wird, das sich an den tatsächlichen Bedarfen (nicht Bedürfnissen) orientiert, entstehen Vorteile für den Anbieter und Besteller. Ein guter Standard unter maximal positivem Kosten-Nutzen-Verhältnis ist das Ziel. Anzustreben wären schlüsselfertige Häuser für 2.800 bis 3.000 €/qm.

Zur Schonung des Eigenkapitals der Stadtbau wären folgende Modelle denkbar:

Fundraising durch Bürgerbeteiligung

- Bürger zeichnen Beteiligungen, die von ihnen als festverzinsliche Darlehen an die Stadtbau gegeben werden. Das Darlehen wird in gleichen Raten z. B. innerhalb von 20 Jahren zurückbezahlt. Der vereinbarte Zins liegt 0,5 bis 0,8 % unter dem aktuell gültigen Darlehenszins der Banken (z. Zt. 3,6 % d. h. zugesagter DL-Zins über die Laufzeit 2,8 %). Der Zinssatz ist höher als der aktuelle für Festgeld.
- Bürger kaufen vorab Wohnungen und verpflichten sich zu sozialverträglichen Mieten oder zahlen mehr = Regensburger Modell
- Bürger zeichnen Beteiligungen im Rahmen eines KG oder Genossenschaftsanteils und werden nach einem festzusetzenden Verfahren an den Erträgen aus VuV beteiligt.

Nachteil: Mitspracherecht und schwierig zu prognostizierende Ertragslage, ggf. Prospekthaftungsproblem.

Fundraising durch Firmenbeteiligungen

- Ähnlich oben

Zusätzlich: Die zu beauftragende Baufirma, sonstige Unternehmen verpflichten sich, Wohnungen abzukaufen. Auch hier mit Verpflichtung zur Mietbindung gem. Regensburger Modell.

Nicht zu unterschätzen

Gegen den Bauturbo laufen verschiedene Verbände Sturm. Stichwort ist kein „Flächenfraß“. Dieses Paradoxon wird die Politik die kommenden Jahre begleiten: Berechtigten Forderungen nach Erweiterungs- und Entwicklungsmöglichkeiten für das Gewerbe, der verfassungsrechtlichen Pflicht zur Schaffung von ausreichendem Wohnraum steht das ebenfalls begründbare Interesse gegenüber, möglichst wenig neue Fläche baulich zu versiegeln.

Bürgerentscheide können im Einzelfall u. U. zu Verzögerungen oder Behinderungen des Bauturbo führen. Eine umfassende begleitende, aber auch strategisch gut getimte Information der Bevölkerung ist ebenso wichtig, wie zu vermeiden, die Karten zu schnell aufzudecken um Spekulationen gleich welcher Art einzudämmen.

11. Wärmeplanung

Das Gesetz zur kommunalen Wärmeplanung und Dekarbonisierung von Wärmenetzen (in Kraft seit 1.1.2024) verpflichtet die Bundesländer dazu sicherzustellen, dass bis zum 30.6.2026 alle Großstädte und bis zum 30.6.20 28 alle Gemeinden mit weniger als 100.000 Einwohnern kommunale Wärmepläne erstellen. Neben der Wärmeplanungspflicht legt das Gesetz das Ziel fest, bis zum Jahr 2030 die Hälfte der leitungsgebundenen Wärme klimaneutral zu erzeugen. Hiermit korrespondiert die Vorgabe, Wärmenetze bis 2030 zu einem Anteil von 30% und bis 2040 mit einem Anteil von 80% mit Wärme aus erneuerbaren Energien oder aus unvermeidbarer Abwärme zu speisen.

Ein herausragendes Ziel der Wärmeplanung ist es, den vor Ort besten und kosteneffizientesten Weg zu einer klimafreundlichen und fortschrittlichen Wärmeversorgung zu ermitteln. Bund und Länder unterstützen finanziell und beratend bei der Erstellung der Wärmepläne.

Der Freistaat Bayern hat und 2. Januar 2025 das Ausführungsgesetz zur Wärmeplanung in Bayern in Kraft gesetzt und regelt damit die kommunale Wärmeplanung in Bayern. Die Verordnung heißt Verordnung zur Ausführung energiewirtschaftlicher Vorschriften AVEn.

Gemeinden bis zu 10.000 Einwohnern können danach von einem sogenannten vereinfachten Verfahren Gebrauch machen. Zudem besteht die Möglichkeit, Wärmepläne zusammen mit anderen Kommunen gemeinsam zu erstellen.

Sofern Gemeinden bereits qualifizierte Energienutzungspläne erarbeitet haben, die auch das Thema Wärmeversorgung beinhalten, können ggf. auch diese Energienutzungspläne bereits ausreichend sein.

Für Bereiche, die sich nicht für eine Wärme- oder Wasserstoff-Netzversorgung eignen, ist eine verkürzte Wärmeplan vorgesehen.

Ziel der Planung ist es, Gebiete zu identifizieren, die für Fernwärme oder dezentrale Wärmeversorgung geeignet sind. Da der Freistaat Bayern die Klimaneutralität im Gebäudebestand bis spätestens 2045 erreichen möchte, besteht ein hoher Handlungsdruck für die Kommunen.

Wichtig ist: Planungen qualifiziert und kosteneffizient anzugehen, insbesondere immer die wirtschaftliche Realisierungsfähigkeit der vorgeschlagenen Konzepte zu hinterfragen.

Entscheidend ist auch, der Bevölkerung klarzumachen, dass in den meist überwiegenden Fällen eine zentrale Wärmeversorgung nicht möglich sein wird.

Ein wirtschaftlich rentierlicher Betrieb eines Wärmenetzes erfordert in der Regel einen leistungsstarken Dauerabnehmer, wie z. B. ein Hallenbad, ein Kühllager oder Ähnliches.

Leider besteht in der Bevölkerung ein falsches Bild von Wärmeplanung. Viele meinen, dass die Umrüstung ihrer eigenen Wärmeversorgung eine Angelegenheit ist, die nicht sie selbst, sondern die Gemeinde betrifft. Diese Fehlannahme muss von der örtlichen Politik richtiggestellt werden.

Der Ansatz, in eine flächendeckende Wärmeplanung einzusteigen, ist mit Blick auf die größten Brocken des Energieverbrauchs in Deutschland sicher richtig. An der Spitze der Verbraucher stehen die Haushalte, gefolgt von Handel und Dienstleistung, Industrie und Verkehr.

Wärmeplanungen sollen den kosteneffizientesten Weg zu einer klimafreundlichen Wärmeversorgung ermitteln. Daraus lassen sich folgende Gebiete ableiten:

- Gebiete für dezentrale Versorgung § 3 Nr 6 WPG
- Gebiete für Gasnetze mit grünem Methan (Prüfgebiete) § 3 Nr 10 WPG
- Wärmenetzgebiete § 3 Nr 18 WPG
- Wasserstoffnetz Gebiete § 3 Nr 23 WPG.

Wichtig ist, nochmals festzuhalten, dass Wärmeplanung keine Wärmenetzplanung ist. Bürger und Unternehmen in der Gemeinde erhalten eine Orientierung auf dem Weg zur Dekarbonisierung des Wärmesektors.

Was der kommunal Verantwortliche vor Ort wissen muss: Die Versorger haben keinen Sicherstellungsauftrag! Das heißt: Wird die Ölheizung stillgelegt, muss kein Versorger eine Alternative anbieten. Gleiches gilt bei der Stilllegung von Gasnetzen!

Da die Wärmestrukturen in jedem Ort unterschiedlich sind und auch die Abnehmersituation sehr divers ist, gibt es keine „one fits all" Lösungen, sondern es ist eine kleinteilige Untersuchung erforderlich.

Förderung

Die Planungen werden mit einer pauschalen Kostenerstattung für Planung und den Verwaltungsaufwand gefördert. Wo die Pauschalen nicht reichen, gibt es einen Härtefallfonds.

Der Freistaat Bayern stellt zudem hilfreiche Unterstützungen in Form von GisDaten-Kurzgutachten und Musterausschreibungen zur Verfügung.

Aktuell offen ist der Umgang mit den circa 50.000 Kilometer Erdgasverteilnetz. Wir empfehlen, Wasserstoffnetzgebiete nur auf Vorschlag des Konzessionärs entsprechend § 18 Absatz 4 WPG in die Wärmeplanung aufzunehmen.

Ein Gespräch mit dem Gasnetzbetreiber vor Ort über die Zukunft seines Netzes ist förderlich.

Während Artikel 2 Absatz 2 des Bayerischen Klimaschutzgesetzes feststellt, dass die Gemeinden ihre Wärmepläne auf das Jahr 2040 ausrichten müssen, hat der Freistaat Bayern selbst als gesetztes Ziel der Klimaneutralität das Jahr 2045 festgeschrieben.

Fest steht: Wärmeplanung ist eine Aufgabe, die zu erfüllen ist. Sie steht unter einem erheblichen Zeitdruck. Viele Rahmenbedingungen sind aktuell nicht geklärt. Insbesondere die Fragestellung nach auskömmlichen Wasserstoffnetzen, deren Betriebs- und Funktionsfähigkeit ist aktuell völlig offen.

12. GebäudeenergieG/HeizungsG

Seit dem 1. Januar 2024 ist das Gebäudeenergiegesetz in Kraft. Es regelt, dass neue Heizungen ab dem 1. Januar 2024 zu mindestens 65 % mit erneuerbaren Energien betrieben werden müssen.

Für Bestandsgebäude gelten Übergangsregelungen. Ziel des Gesetzes ist die Reduzierung von CO_2-Emissionen und die Reduzierung der Abhängigkeit von fossilen Brennstoffen.

Bei den Verbrauchern hat das Gesetz zu erheblicher Unruhe geführt, weil die Umrüstung mit hohen Investitionskosten verbunden ist. Der Gesetzgeber hat sich deshalb entschieden, Übergangsregelungen zu verabschieden und außerdem eine umfassende staatliche Förderung vorzusehen.

Ein Teil der Investitionskosten kann auch auf die Mieter umgelegt werden. Für Öl- und Gasheizungen, die älter als 30 Jahre sind, ist sogar eine Austauschpflicht vorgesehen.

Das Heizungsgesetz ist eng verzahnt mit der kommunalen Wärmeplanung. Nach der vorzeitigen Beendigung der rot-grünen Bundesregierung wird in der neuen Koalition eine Veränderung des Heizungsgesetzes intensiv diskutiert. Experten gehen davon aus, dass es zu einer signifikanten Absenkung der Förderung schon ab dem Jahr 2026 kommen soll. Ob dies dann zu einem Einbruch im Bereich der erneuerbaren Heiztechniken führt, wird allerdings infrage gestellt.

Die hohen Subventionen haben nämlich unter anderem dazu geführt, dass Wärmepumpen in Deutschland erheblich teurer sind als im europäischen Ausland.

2025 gab es eine Grundförderung von 30 %, einen Klimageschwindigkeits-Bonus von 20 %, sofern Eigentümer funktionierende Heizungen vorzeitig austauschen. Auch ein Einkommensbonus von 30 % ist Inhalt der Förderkulisse. Im Einzelfall kann damit ein Haushalt eine Gesamtförderung von 70 % erreichen.

Das wahrscheinlichste Alterativszenario geht nicht von einem völligen Ausstieg aus der notwendigen Transformation aus, nimmt aber eine erheblich reduzierte Staatsförderung von etwa 30 % an, bei einer gedeckelten Maximalförderung. Die engmaschige Beobachtung des Marktes wird zeigen, ob dies zu einem Einbruch bei der Installation alternativer Wärmesysteme führt oder Preisanpassungen nach unten stattfinden.

Im ersten Quartal 2025 hat sich der Absatz von Wärmepumpen stabilisiert. Der Verkauf von Gaseizungen ging um 48 % zurück. Der Anteil von Wärmepumpen am gesamten Heizmarkt in Deutschland erreichte im ersten Quartal 2025 ein Rekordhoch von 42 %.

Für die kommunalen Entscheider ist es wichtig, den Verbrauchern rechtzeitig Möglichkeiten aufzuzeigen, wie sie mit dem Thema Wärmeeffizienz umgehen können und welche Fördermöglichkeiten es gibt. Mit Flyern und einer digitalen Aufklärungskampfkampagne, eventuell einer mit den ansässigen Fachfirmen organisierten Aufklärungskampagne, kann hier vor Ort ein großer Beitrag zum Erreichen der Klimaziele geleistet werden.

13. Wassercent

Die Ressource Wasser ist nicht beliebig verfügbar. In Zeiten des spürbaren Klimawandels werden Extreme deutlich. Verheerende Unwetter, aber auch Hitze und Wassermangel in Regionen, in denen man das so nicht erwartet hätte, zeigen uns, dass der Umgang mit dem Lebensmittel Nummer eins zunehmend wichtiger wird. Es geht um das nachhaltige Schonen der natürlichen Wasserreserven, das Fördern von Grundwasserneubildung und auch um Verzicht.

Müssen Grün- oder Rasenflächen mit Trink-, Grund- oder Schichtenwasser bewässert werden? Ist intensive Bewässerung in der Landwirtschaft zwingend? Muss und soll der industrielle Einsatz von Wasser reduziert werden?

Einen interessanten Überblick zum Thema Wasser liefert die Heinrich-Böll-Stiftung mit ihrem Wasseratlas 2025.

Bayern ist eines von drei Bundesländern ohne sogenannten Wassercent. Dieser Wassercent ist eine Abgabe für die Entnahme und den Verbrauch von Wasser und soll auch Steuerungswirkung entfalten, um Verbraucher zum schonenden Wasserumgang zu motivieren. Bei einer Abgabe von 10 Cent je m^3 (= 1000 Liter) könnten in Bayern rund 60 Mio € jährlich vereinnahmt werden, die zweckgebunden für Grundwasserschutzprojekte eingesetzt werden könnten. Die grundsätzliche Sinnhaftigkeit dieser Abgabe ist unstreitig. Im Detail besteht aber erheblicher Dissens.

So soll auf die exakte Messung der entnommenen Wassermenge verzichtet werden, der Wassercent nur für Leitungsentnahmen erhoben werden, eine Freigrenze von 5.000 m^3 gelten, bestimmte Bereiche von der Abgabe ausgenommen werden u. v. m.

Wenn die Schonung und der Schutz des Wassers der Regelungszweck sind, dann müssen alle Wasserentnahmen (Brunnen, Gewässerentnahmen, Leitungsentnahmen u. s. w.) erfasst, gemessen und mit der Abgabe belegt werden. Der insoweit vorgetragene Einwand, dies sei zu bürokratisch, verfängt nicht. Es gibt fernauslesbare Wasserzähler! Die Erfassung aller Entnahmestellen und die Feststellung der entnommenen Mengen sind im Sinne einer nachhaltigen Ressourcenbewirtschaftung zwingend, die Gleichbehandlung aller Wassernutzer verfassungsrechtlich geboten.

Wie auch immer der Dissens entschieden wird, in der neuen Kommunallegislatur ab 2026 werden sich Bürgermeister, Mandatsträger und Verwaltung mit dem Thema auseinanderzusetzen haben.

14. Resilienz

Der Begriff der Resilienz prägt heute viele Diskussionen in unterschiedlichen wissenschaftlichen Fachbereichen wie der Soziologie, der Medizin oder der Materialkunde. Landläufig übersetzt wird der Begriff mit Widerstandsfähigkeit. Auf den Menschen bezogen sprechen wir von der Fähigkeit, problematische Lebenssituationen, Krisen oder Katastrophen zu bestehen oder bestmöglich auf sie eingerichtet zu sein. Mit Blick auf die sich veränderten Klimasituation wird Resilienz auch verstanden als Adaptionsprozess. Wie lernt der Mensch, mit den Risiken und Folgen der Klimaveränderungen zu leben und das eigene Verhalten entsprechend anzupassen. Der Gegenbegriff von Resilienz ist Vulnerabilität.

Wegen der Begriffsunschärfe bedarf es einer genaueren Bestimmung dessen, was im konkreten Kontext gemeint ist. Ein kluger Aufsatz von Michael Hanisch findet sich im Arbeitspapier Sicherheitspolitik Nr. 19/2016.

Seit der Coronapandemie, dem Ukrainekrieg, dem Cyberangriff auf den Landkreis Anhalt-Bitterfeld 2021 musste die Politik auf allen Ebenen erkennen, dass die deutsche Gesellschaft nicht ausreichend auf Krisensituationen vorbereitet ist. Frieden in Freiheit und Sicherheit schienen Gottgegeben. Die Aussetzung der Wehrpflicht war und ist auch vor dem Hintergrund einer resilienten (=widerstandsfähigen) Gesellschaft kontraproduktiv.

Kommunen müssen sich heute mit Krisensituationen und Kathastrophenszenarien unterschiedlicher Couleur auseinandersetzen, um für den Fall der Fälle bestmöglich gewappnet zu sein. Um es an dieser Stelle deutlich zu machen: Resilient zu sein bedeutet nicht, jedes Risiko auszuschalten oder zu beherrschen. Es geht eher um bestmögliche Krisenvorbereitung, optimales Krisenmanagement und Schadenbegrenzung.

Die Fragestellungen unterscheiden sich in manchen Fällen. Hochwasser ist eben nur für die Kommune unmittelbar von Belang, die wegen der topografischen Lage grundsätzlich betroffen sein kann. Cyberangriffe, Stromausfall, Treibstoffknappheit u. v. m. können hingegen jeden Ort betreffen.

Lassen Sie uns die Aufgabenstellung an einem Beispiel etwas konkreter machen:

Ein Hackerangriff legt in der gesamten Region die Stromversorgung lahm. Was sind die Folgen?

- Zusammenbruch der Kommunikation . . . kein Handybetrieb, kein Datenaustausch
- Keine Treibstoffversorgung (Pumpen funktionieren elektrisch)
- Ausfall der Wasserversorgung und Abwasserentsorgung
- Ausfall der Kühleinheiten in Supermärkten
- Ausfall der Kassensysteme in Banken und Geschäften u. v. m.

Diese Szenarien durchzuspielen, ihre Wahrscheinlichkeit einzuschätzen und Reaktionsmuster zu entwickeln, wird zunehmend Aufgabe der kommunalen Politik sein. Eines wird dabei schnell augenscheinlich: Kommunikation sicherzustellen, Meldeketten aufzubauen und zu unterhalten, ist zur Steuerung der Krise unabdingbar, ebenso wie der Schutz kritischer Infrastruktur und die Sicherung der geordneten Grundversorgung der Bevölkerung. Das ist personalintensiv. Hilfe von Polizei oder Bundeswehr kann in der Regel nicht erwartet werden. Auf die ehrenamtliche Feuerwehr kann man nur begrenzt zugreifen, weil sie aufgrund der Fachkenntnisse für prioritäre Aufgaben vorgehalten werden muss.

Wichtig ist es, auch ohne Pferde scheu zu machen, die Bevölkerung einfühlsam und vorbeugend ausreichend zu informieren.

Mittlerweile werden verschiedene Dienstleistungen rund um das Thema Krisenprävention und Management angeboten. Gerade für kleinere Kommunen kann das ein guter Ansatz sein.

Es würde den Rahmen sprengen, hier auf Details einzugehen. Dennoch einige Stichworte:

- Notstromaggregate für Wasserwerk, Kläranlage, Rathaus und Feuerwehr
- Einheitliche Krisenleitzentrale möglichst in einem umzäunten Bereich
- Eigene Tankstelle im Bauhof
- Walkie-Talkies und ausreichender Batterievorrat
- Fahrräder und Melder
- Besprechung mit Banken und Einzelhandel wegen Versorgung
- Wie können situationsangepasste Flyer erstellt werden und Durchsagen organisiert werden
- Schichtdiensteinteilung
- Verzahnung mit Rettungsdienst und FW
- Welche elektronischen Systeme können mit Notstrom unterhalten werden?
- Wie werden Dokumente und schriftliche Anweisungen hergestellt?
- Wie und wo stellt man im Winter eine gewisse Wärmeversorgung der Bevölkerung sicher?

In vielen Fällen wird man schnell zur Erkenntnis gelangen, dass nur rudimentäre Dienste zur Verfügung gestellt werden können. Die Konzentration auf das Wesentliche ist entscheidend; Sicherheit und Ordnung aufrechtzuerhalten, die Aufgabe. Das muss auch geübt werden. Bis in die späten 80-er dienten unter anderem die WINTEX Übungen (freilich mit anderem Hintergrund) dazu, Krisenmanagement und die Kooperation der betroffenen Organisationen zu üben.

15. Zukunftsaufgabe Digitalisierung

Die Digitalisierung der Verwaltung ist eine wichtige Zukunftsaufgabe. Digitalisierung bedeutet dabei nicht die Transformation von analogen Verwaltungsprozessen in digitale Alternativen. Echte Digitalisierung meint einen automatisierten End-zu End-Verfahrensprozess. Dazu ist eine andere Betrachtung von Verwaltungsabläufen notwendig. Dies bedeutet, dass Verfahrensvorschriften und Gesetze verändert werden müssen, um sicherzustellen, dass ein digitaler Verwaltungsprozess auch vollständig digital abgebildet werden kann.

Die größten Herausforderungen bestehen in einheitlichen Anwendungssystemen, aber auch im Datenschutz. Grundlegend ist ein bequemer Zugang für alle Bürgerinnen und Bürger, aber auch der systembruchfreie Austausch von Bestandsdaten unter den Behörden.

In der Digitalisierung liegen große Potenziale, um die Herausforderungen der schrumpfenden Arbeitsgesellschaft zu meistern, ohne Leistungsangebote reduzieren zu müssen.

In Bayern wurde 2024 eine staatlich-kommunale Zukunftskommission „Digitales Bayern 5.0“ eingesetzt, um die Digitalisierungsprozesse voranzutreiben.

Aktuell existieren in den Kommunen und Staatsbehörden eine Vielzahl unterschiedlicher Anwendungsverfahren und Plattformen.

Die Experten sind sich einig darüber, dass eine Vereinheitlichung der Systeme und möglichst einheitliche Anwendungsprogramme zwingende Voraussetzung dafür sind, dass die Verwaltung digital abgebildet und für Bürger und Mitarbeiter möglichst systembruchfrei dargestellt werden kann.

Eine der wichtigsten Aufgaben ist es u. a., einen digitalen Zugang der Bürger zu Verwaltungsleistungen zu ermöglichen. Stichwort: „Once Only Prinzip“. Der Bürger gibt einmal seine Daten ein, die dann für jeden weiteren neuen Verwaltungsprozess zur Verfügung stehen und auf die alle Behörden jederzeit zugreifen können. Dass hier eine Modifikation des Datenschutzes erforderlich ist, liegt auf der Hand.

Die größte Herausforderung ist tatsächlich die Vereinheitlichung der Systeme, weil sie viele Insellösungen entwickelt haben und die Marktakteure natürlich Interesse daran haben, ihre eigenen Produkte zu verkaufen. Dennoch zeigt ein Blick auf das europäische Ausland, dass die Vereinheitlichung eine wesentliche Voraussetzung für eine funktionsfähige digitale Verwaltung ist. Deutschland befindet sich hier im europäischen Vergleich eher im hinteren Drittel.

Für die kommunale Ebene ist es wichtig zu wissen und anzuerkennen, dass die Umstellung zur digitalen Verwaltung zunächst eine erhebliche Anstrengung für alle Mitarbeiter und auch die Planungseinheiten bedeutet. Prozesse müssen neu strukturiert, überdacht, finanziert und letztendlich auch systemisch umgesetzt werden. Dazu sind Mitarbeiterschulungen notwendig und es wird auch erforderlich sein, die Beschäftigten davon zu überzeugen, dass digitale Prozesse letztendlich, auch, wenn sie zu Beginn einen Mehraufwand abverlangen, zu erheblichen

Entlastungen führen. Das gilt auch in besonderer Weise für den Einsatz künstlicher Intelligenz.

Wichtig ist es, Digitalisierung als Change-Management-Prozess zu sehen und Ängste zu nehmen. KI und Digitalisierung sind Hilfestellungen und Unterstützungen und werden den Menschen in keinem Fall ersetzen.

Die Gemeinde, die modern aufgestellt sein möchte, wird sich mit dem Thema Digitalisierung inhaltlich intensiv und möglichst frühzeitig auseinandersetzen müssen. Auch mit der Fragestellung, ob Daten künftig dezentral an Ort und Stelle verwaltet werden oder ob Datenverwaltung, Programme und Administration über Cloud-Lösungen stattfinden.

Hier können durch externe Administrations- und Betreuungsleistungen erhebliche Synergien in personeller Hinsicht gehoben werden. Kleinere Kommunen haben in der Regel das Problem, nicht über ausreichend kundiges Fachpersonal zu verfügen. Zentrale Anbieter können dafür sorgen, dass die moderne digitale Welt auch in kleinere Verwaltungen Einzug hält, ohne dass der Aufwand an Ort und Stelle überbordend und zu teuer wird. Von der Digital Plattform Bayern erwarten sich die Kommunen eine deutliche Verbesserung der bisherigen IT-Infrastruktur und eine Erleichterung bei der Umstellung hin zur digitalen Verwaltung.

Stichwortverzeichnis

Die fetten Zahlen beziehen sich auf die Seiten.

A

B

F

G

S

W

Z